Lehr- und Handbücher zu Tourismus, Verkehr und Freizeit

Herausgegeben von Universitätsprofessor Dr. Walter Freyer

Bisher erschienene Werke:

Tourismus

Einführung in das
räumlich-zeitliche System

Von
Universitätsprofessor
Dr. Josef Steinbach

R. Oldenbourg Verlag München Wien

Bibliografische Information Der Deutschen Bibliothek

Die Deutsche Bibliothek verzeichnet diese Publikation in der Deutschen
Nationalbibliografie; detaillierte bibliografische Daten sind im Internet
über <http://dnb.ddb.de> abrufbar.

© 2003 Oldenbourg Wissenschaftsverlag GmbH
Rosenheimer Straße 145, D-81671 München
Telefon: (089) 45051-0
www.oldenbourg-verlag.de

Gedruckt auf säure- und chlorfreiem Papier
Gesamtherstellung: Druckhaus „Thomas Müntzer" GmbH, Bad Langensalza

ISBN 3-486-27308-6

Inhaltsverzeichnis

1. Einführung

1.1 Grundansatz

Vergleicht man die Lehrbücher, welche das Phänomen des Tourismus umfassend behandeln und im deutschen Sprachraum erschienen sind, so lassen sich im Prinzip zwei Gruppen unterscheiden:

- Zum Teil wird der Tourismus vorwiegend aus der Perspektive einer *wissenschaftlichen Teildisziplin* analysiert, wobei es allerdings immer auch Bezüge zu anderen Bereichen der Sozial- und Wirtschaftswissenschaften gibt. Solche dominanten Fachrichtungen sind etwa die Wirtschaftswissenschaft (W. FREYER, 2001) bzw. Management und Marketing als ihre Teildisziplinen (P.ROTH, A. SCHRAND, Hrsg. 1992; H. DETTMER, T. HAUSMANN, I. KLOSS, H. MEISL, U. WEITHÖNER, 1999), die Soziologie, die Psychologie und die Kulturwissenschaft (H.G. VESTER, 1999; H. HAHN, H. J. KAGELMANN, Hrsg. 1993; C. HENNIG, 1997) oder die Geographie (B. BENTHIEN, 1997).

- Zum Teil gehen die Autoren aber davon aus, daß man dem vielfältigen Erscheinungsbild des Tourismus nur dann gerecht werden kann, wenn man einen *interdisziplinären Ansatz* wählt, in dem die oben genannten Disziplinen sowie auch noch verschiedene andere Forschungsfelder (etwa aus der Ökologie) mehr oder minder ohne deutliche Schwerpunkte integriert sind. Als Beispiele dafür können genannt werden: J. W. MUNDT (1998), H. R. MÜLLER (1999), H. W. OPASCHOWSKI (1996) u.a.

Auch in der vorliegenden Arbeit wird versucht, den Tourismus eher interdisziplinär zu behandeln, wobei aber *räumlich-zeitliche Aspekte* mehr in den Vordergrund gerückt werden, als dies in den bisherigen Studien – auch in den geographischen – der Fall ist. Für die Betonung der räumlich-zeitlichen Aspekte gibt es einen ganze Reihe von Gründen:

- Zunächst stellen die *Angebote im Tourismus* eigentlich räumlich-zeitliche „Gebilde" dar. Es handelt sich nämlich um Aktionsräume, die sich entweder um (für die Dauer des Aufenthalts) fixe Übernachtungsstandorte erstrecken oder entlang der Routen von Rund- und Besichtigungsreisen. Diese Aktionsräume enthalten die Sehenswürdigkeiten, Attraktionen, Dienstleistungsketten etc., welche von den Touristen beansprucht werden. Dies geschieht in Form von oft recht regelmäßigen Tätigkeitfolgen in Raum und Zeit. Hier lassen sich charakteristische *Urlaubsstile* unterscheiden, auf die sich u.a. auch die Präferenzen und Erwartungen der Urlauber beziehen.

– Die räumlich-zeitlichen Aktivitätenmuster ihrer Gäste bestimmen auch die *wirt-schaftlichen und sozialen Prozesse in den Tourismusregionen*, zusätzlich hat hier natürlich auch die Saisonalität einen entscheidenden Einfluß. Dies trifft auch für die (oft sehr ausgedehnten) *Versorgungsnetzwerke* zu, über die Güter und Dienstleistungen vermittelt werden, welche die Urlauber in den Regionen konsumieren: Die sog. „Multiplikator-" und „Spill-Over"-Effekte des Tourismus, also seine indirekten Auswirkungen auf die Wirtschaft der betroffenen Regionen, werden nicht nur in bestimmten geographischen Zonen wirksam, sondern unterliegen auch einer ausgeprägten zeitlichen Variation.

– Auch die räumlich-zeitlichen Strukturen der *touristischen Unternehmen und Dienstleistungsketten* finden in der Literatur nicht immer die angemessene Beachtung. Dies gilt etwa für die in alle bedeutenden Tourismusgebiete reichenden Verflechtungen der internationalen *Veranstalter-Konzerne*, deren *organisatorische Netzwerke* (von der Planung ihrer Reiseprodukte bis hin zur Zielgebietsbetreuung) in ganz bestimmten und weltweit wechselnden zeitlichen Rhythmen funktionieren. Die Konzerne sind (mit eigenen Investitionen oder in Form von Beteiligungen) immer mehr als direkte Leistungsanbieter tätig (etwa im Hotelsektor oder im Transportwesen) und beeinflussen somit die Wachstumszyklen der wichtigen Tourismusregionen. Auch ohne genauere Kenntnis der Vertriebsstrukturen von touristischen Angeboten (die oft ebenso unter der Kontrolle der großen Tourismuskonzerne stehen) läßt sich das räumlich-zeitliche System des Tourismus nicht erklären. Die räumlichen Strukturen dieser *Vermarktungsnetzwerke* und ihre Zeitregime sind derzeit in einem tiefgreifenden Wandel begriffen, der etwa die traditionellen Reisebüros ganz besonders betrifft.

– Planungs- und Marketingmaßnahmen der *Gebietskörperschaften* und der *touristischen Interessensverbände* setzten die Rahmenbedingungen für die Tourismusentwicklung und bestimmen sie sogar in bedeutendem Ausmaß mit (z.B. durch die Finanzierung von „Schlüsselinvestitionen" in die touristische Infrastruktur von Ländern oder Gemeinden). Auch hier sind räumliche und zeitliche Aspekte von Bedeutung (Inwieweit stimmen Planungsregionen und Aktionsräume als „Tourismusregionen" überhaupt überein? Wie wirken sich Planungsentscheidungen oder Investitionen, welche bestimmte Standorte betreffen, auf die Tourismusregionen und ihre Angebotsbündel aus? In welchen Phasen der Wachstumszyklen von Regionen werden bestimmte Planungs- und Marketingmaßnahmen wirksam?).

– An Hand dieser exemplarischen Beispiele läßt sich die besondere Bedeutung von räumlich-zeitlichen Strukturen und Prozessen im Tourismus wohl recht gut zeigen. Wichtig ist aber auch das Verständnis der *Veränderungen*, denen dieses räumlich-zeitliche System des Tourismus unterliegt. Im Rahmen dieser Veränderungen werden neue touristische „Raum-Zeit-Regime" etabliert oder auch ältere „Regime" modifiziert, und zwar in verschiedenen Regionen der Erde und in bestimmter zeitlicher Abfolge. Unter den vielen Einflußfaktoren (z.B. Innovation bezüglich der Verkehrssysteme), denen diese Prozessen unterliegen, spielt der Wandel der Präferenzen der Nachfrager in den reichen Dienstleistungs- und Industriestaaten eine wesentliche Rolle: Mit dem immer rascheren Aufkommen von neuen Urlaubsstilen und der immer besseren (und billigeren) Erreichbarkeit der schönsten und attraktivsten Plätze der Welt können einerseits neue Regionen in ihre touristischen Wachstumszyklen eintreten, andererseits sind etablierte Zielgebiete, welche ihr „Reifestadium" schon erreicht haben, zur Modifikation ihrer (räumlich-zeitlichen) Angebotsstrukturen gezwungen.

Um die Strukturen und Funktionen der „Raum-Zeit-Regime" im Tourismus sowie ihren Wandel zu beschreiben und so gut wie möglich zu erklären, stützt sich die vorliegende Arbeit auf das *systemanalytische Paradigma*. Dies ist in der Tourismusforschung mehrfach der Fall, allerdings oft in recht generalisierter Form:

– Im *schweizerischen Tourismuskonzept* (J. KRIPPENDORF, 1986 u.a.) wird z.B. zwischen dem gesellschaftlichen, dem Umwelt-, dem Wirtschaftssystem und dem System des Staates unterschieden, welche die Wohnumwelt (Alltag) und die Freizeitwelt (Gegenalltag) der Bevölkerung beeinflussen.

– Im *„ganzheitlichen Tourismusmodell"* von W. FREYER (2001) wirken auf den Kernbereich des Tourismus verschiedene Teilsysteme (Module) ein. Sie werden von unterschiedlichen wissenschaftlichen Fachdisziplinen behandelt, welche das Phänomen des Tourismus jeweils aus ihren speziellen „Blickwinkeln" betrachten (Ökonomie-, Gesellschafts-, Umwelt-, Freizeit-, Individual- und Politik-Modul).

– B. BENTHIEN (1997) knüpft an die Tradition der in den ehemaligen sozialistischen Staaten entwickelten „Rekreationsgeographie" an. Er unterscheidet ein *„Teilmodell A"*, in dem die Rahmenbedingungen für die Konsumation von Freizeit und für die Erholung dargestellt werden, und ein *„Teilmodell B"*, das sich mit den räumlichen Beziehungen, Verflechtungen und Koppelungen innerhalb der Tourismusregionen und ihrem „Umfeld" befaßt. Allerdings bleibt das Modell B auf ein sehr allgemeines Niveau beschränkt und behandelt die oben aufgezeigten Problemfelder höchstens ansatzweise.

Allen genannten Autoren ist bewußt, daß sie die komplexen Strukturen und Funktionen innerhalb und zwischen den von ihnen unterschiedenen Teilsystemen (bzw. ihren generalisierten Abbildungen in Modellen oder Modulen) nur ansatzweise beschreiben und im noch geringeren Ausmaß erklären können. Dies gelingt u.U. etwas besser, wenn man sich mehr auf einzelne Teilsysteme konzentriert und die Einflüsse aus der „Systemumwelt" zwar in die Analyse mit einbezieht, aber nicht (oder nicht in jedem Fall) mehr einzeln hinterfragt. Diesem Prinzip entspricht in etwa die Vorgangsweise von J. KRIPPENDORF u.a. (1986) bei der Erstellung des *„dynamischen Wachstumsmodells von Tourismusregionen"*, in welchem Verknüpfungen und Rück-

koppelungen zwischen verschiedenen Boomfaktoren (Wachstumskreisel, Wohlstands-
kreisel, Landwirtschaftskreisel, Natur- und Landschaftskreisel, Kulturkreisel; siehe
Abschnitt 5.5.4.1) analysiert werden.

Die vorliegende Arbeit selektiert in ähnlicher Weise und beschränkt sich vor allem
auf das *räumlich-zeitliche System des Tourismus* mit seinen verschiedenen Teilsystemen. Bezüglich der Systemumwelt wird nur auf das *„Modell des sozialbestimmten räumlichen Verhaltens"* näher eingegangen, welches die Lebensbedingungen der
Touristen in ihren Heimatregionen und die Ausbildung (eines Teiles) der Urlaubsbedürfnisse beschreibt (siehe Abschnitt 3.3.1). Außerdem dient ein *„Modell der
Dienstleistungs- und Industriestaaten"* dazu, um den Wandel von ökonomischen
und sozialen Randbedingungen des Reisens aufzuzeigen (von der „Freizeit- und Erlebnisgesellschaft" des „Wohlfahrtsstaates" zur „Arbeitsgesellschaft" in „neoliberalen" und „neofordistischen" Wirtschafts- und Gesellschaftssystemen, siehe Abschnitt
5.3.1.2).

1.2   Systeme und Netzwerke

Allgemein versteht man unter einem *System* eine Reihe von Elementen, die durch
bestimmte Beziehungen (Prozesse) miteinander verknüpft sind. Die systeminter-
nen Beziehungen müssen quantitativ intensiver und qualitativ effektiver sein, als die
Beziehungen der Elemente des betrachteten Systems zu den „außenliegenden"
Elementen seiner Umwelt. Dieses Intensitäts- oder Effektivitätsgefälle markiert die
Systemgrenzen, welche man oft gar nicht räumlich-physikalisch bestimmen kann
(H. WILLKE, 1993). Manchmal sind die Grenzen so unscharf und fließend, daß man
die Systeme eher nach pragmatischen (auf den jeweiligen Analysezweck bezoge-
nen) Gesichtspunkten definieren muß.

Wie die meisten Systeme läßt sich auch das räumlich-zeitliche System des Tourismus mehr oder minder deutlich in eine Reihe von *Teilsystemen* untergliedern, etwa
in das *Verhaltenssystem der Gäste* einer Region, die ihr Quartier auf bestimmten
Übernachtungsstandorten beziehen und von hier aus ihre Aktivitätenmuster ausüben, wobei sie die Angebote eines mehr oder minder großen touristischen Aktionsraumes in Anspruch nehmen (siehe Abschnitt 2.2). Als weiteres Beispiel kann man
das *Versorgungssystem der touristischen Unternehmen* nennen, das dazu dient, den
Gästen verschiedenste Dienstleistungen an bestimmten Orten und zu bestimmten
Zeiten „gebrauchsfertig" zur Verfügung zu stellen (siehe Abschnitt 4.2). Aber auch
das Gesamtsystem des Tourismus läßt sich als Teilsystem von übergeordneten Systemen begreifen: Es hängt etwa sowohl auf der Angebots- als auch auf der Nachfrageseite vom *System des Staates* ab, das wieder – wie zu zeigen sein wird – aus den
beiden Hauptkomponenten der Regulationsweise (Produktion von Regeln und Normen für das soziale und wirtschaftliche Verhalten) und der Akkumulationsmecha-

nismen (z.B. Produktions-, Konsumptions- und Marktprozesse) besteht (siehe Abschnitt 5.3.1.2).

Die *Steuerung* all dieser Systeme beruht auf (freiwillig, mehr oder minder unbewußt oder gezwungenermaßen) akzeptierten „Sinnzusammenhängen" (Weltbilder, Werte, Normen, Verhaltensweisen) und auf verschiedenen „Steuerungsmedien" (wie Geld, Macht, Wissen, Vertrauen u.a.), welche die Beziehungen zwischen den Systemelementen stabil erhalten oder aber zu ihrer gezielten Veränderung beitragen sollen (H. WILLKE, 1993): Soziale Systeme sind nämlich in der Regel auch *selbststeuernd* und *selbstorganisierend* und können sich in gewissem Ausmaß an neue Randbedingungen anpassen. Sie werden ja von denkenden und planenden Menschen betrieben, die u.U. auch dazu in der Lage sind, Fehler zu erkennen, ihr Handeln zu rechtfertigen oder auch in Frage zu stellen (W. RITTER, 1993). Als Beispiel eines selbststeuernden touristischen (Teil-)Systems könnte man die *Umstellung von Dienstleistungsketten* nennen, an denen oft viele, recht unterschiedliche Unternehmen beteiligt sind: Wenn die Nachfrage nach den „älteren Urlaubsstilen" zurückgeht, auf welche eine Region ihre Angebote ausgerichtet hat, und bestimmte „neue Urlaubsstile" immer mehr in Mode kommen, so hängt die wirtschaftliche Existenz der Fremdenverkehrsregion von solchen kollektiven Adaptionsleistungen ab (siehe Abschnitt 5.5.4.1).

Diese komplexen Steuerungsmechanismen und die vielfältigen Wechselwirkungen zwischen Systemen und Teilsystemen führen dazu, daß man die Funktionen von sozialen Systemen oft sehr viel schwerer beschreiben und erklären kann, als dies im technologischen oder im biologischen Bereich der Fall ist: „Und hier stellt sich heraus, daß in komplexen, lebenden Systemen der Zusammenhang von Teilen und Ganzen und mithin – da jedes Ganze wieder ein Teil eines Ganzen sein kann – der Zusammenhang zwischen Systemen unterschiedlicher Ebenen gerade nicht einfach, linear oder kausal ist, sondern diskontinuierlich, non-linear, konterintuitiv und irreversibel" (H. WILLKE, 1993, S. 221). Es treten immer wieder *negative* oder *positive Rückkoppelungen* auf: Die *„Selbstzerstörung" von Tourismusregionen* kann als Beispiel für negative Rückkoppelungen dienen, wenn der unkontrollierte Ausbau von Bauten und Anlagen der touristischen Infrastruktur und ihre Folgewirkungen die Attraktivität der natürlichen und der – historisch gewachsenen – künstlichen Umwelt so sehr beeinträchtigen, daß letztendlich die Gäste ausbleiben (siehe Abschnitt 5.5.4.2). Hingegen kann die schon angesprochene Umstellung von Dienstleistungsketten positive Rückkoppelungsprozesse (ein kumulatives, sich selbstverstärkendes Wachstum des Tourismussektors) auslösen.

Wegen der Vielschichtigkeit und des hohen Ausmaßes der Vernetzung versucht man im Rahmen der Analyse von sozialen Systemen besonders relevante *„kritische" Variablen* und *„sonstige" Zusammenhänge* zu erfassen (H. SIMON, 1978), mit dem Ziel, Komplexität zu reduzieren und die wesentlichen Basisfunktionen der Systeme offenzulegen. In der vorliegenden Arbeit wird daher besonders auf die *Netzwerke im*

Tourismus Bezug genommen. Über Netzwerke laufen im Rahmen eines Systems entweder die geregelten und im Zeitablauf mehr oder minder stabilen Prozesse ab (dies trifft etwa für die *touristischen Vermarktungsnetzwerke* zu, siehe Abschnitt 4.3), oder sie dienen – im Rahmen der Selbststeuerung und Selbstorganisation – der planmäßigen und organisierten Entwicklung von neuen Systemstrukturen (hier stellen die touristischen *Planungs- und Marketingnetzwerke* wohl das beste Beispiel dar, siehe Abschnitt 4.4).

Die sog. *Netzwerkanalyse* beschreibt Netze oft sehr abstrakt als linienhafte Verbreitungsmuster aus „Knoten" und „Kanten". Personen (welche spezifische soziale, wirtschaftliche, kulturelle etc. Rollen ausüben), Objekte des Sachsystems (wie etwa technische Geräte, die „senden" und „empfangen") oder Ereignisse (als definierte Zustände in Handlungsabläufen, die im Netzwerk bestimmte „Transaktionen" auslösen) bilden in der Regel die „Knoten" der Netzwerke. Hingegen definiert man die „Kanten", welche die Netzknoten verbinden, als spezifische Beziehungen bzw. als „Ströme" von „Austauschmedien", wie analog oder digital vermittelte Texte und Bilder, Geld, Güter, Personen etc. (M. Callon, 1991). Netzwerke sind durch unterschiedliche Grade der Komplexität und der Konnektivität gekennzeichnet sowie durch verschiedene räumliche Dimensionen und durch mehr oder minder stabile (rhythmische) räumlich-zeitliche Abläufe von Ereignissen und Aktivitätenfolgen. Sie stellen die Grundmuster oder *„harten Kerne"* von räumlich-zeitlichen Systemen dar. Im wirtschaftlichen und sozialen Bereich wird auch zwischen *formellen* und *informellen Netzwerken* unterschieden (R. Fischer, 2002). Erstere bauen auf formalisierten Verbindungen auf (z.B. Verträge zwischen den Veranstaltern von Pauschalreisen und ihren einzelnen Leistungsanbietern, siehe Abschnitt 4.3.2), während informelle Netzwerke nur auf persönlichen Kontakten beruhen (z.B. zwischen den Stammgästen und ihren einheimischen Freunden und Bekannten oder zwischen den Unternehmern in einer Tourismusregion, siehe Abschnitt 5.5.4).

In der vorliegenden Arbeit werden verschiedene Typen von Netzwerken untersucht:

– *touristische Netzwerke* ergeben sich aus den Verflechtungsmustern von Gästen, die in ihren Ferienregionen verschiedene Urlaubsstile ausüben. Hier bilden die in den touristischen Aktionsräumen lokalisierten Attraktionen und Dienstleistungsangebote die „Netzknoten". Die Verbindungen („Kanten") der Netze entstehen aus den Interaktionen der Besucher, welche für die Konsumation dieser verschiedenen touristischen Angebote erforderlich sind (siehe Abschnitt 2.8);

– *Versorgungsnetzwerke* spannen sich zwischen den Anbietern solcher touristischer Dienstleistungen und ihren Zulieferern auf. Über ihre „Kanten" verläuft der Zustrom von Gütern und unternehmensbezogenen Diensten, die benötigt werden, um die touristische Infrastruktur zu errichten und instand zu halten sowie um den Urlaubern die nur beschränkt „lagerfähigen" touristischen Produkte immer wieder anzubieten (siehe Abschnitt 4.2);

– *Vermarktungsnetzwerke* dienen der Bereitstellung und dem Verkauf von touristischen Teil- und Gesamtangeboten (etwa Pauschalreisen). Hier sind die Leistungsanbieter auch in den Teilsystemen (touristische Netzwerke) der Tourismusregionen integriert, die Nachfrager und die Reisevermittler (Reisebüros) in den sozialen und ökonomischen Teilsystemen der Quellgebiete des Tourismus, während die Reiseveranstalter meist in den großen Wirtschaftszentren ihren Standort haben. Zwischen ihnen laufen (über die „Netzkanten") vor allem der Austausch von Informationen und geschäftlichen Vereinbarungen ab sowie auch finanzielle Transaktionen (siehe Abschnitt 4.3);

– *Planungs-, Marketing- und Werbenetzwerke* sind sehr heterogen, verzweigt und komplex. Sie verbinden private touristische Leistungsanbieter, öffentliche und halböffentliche Institutionen, Planungs- und Consultingbüros, Unternehmen aus dem Kommunikations- und Werbebereich etc. Ihre Aufgaben umfassen sowohl die Entwicklung neuer bzw. die Modifikation bestehender Produkte (touristische Aktionsräume und Netzwerke), als auch die Konstruktion der auf diese Angebote bezogenen Versorgungs- und Vermarktungsnetzwerke und schließlich die Werbung für die Produkte und ihre Tourismusregionen. Über die „Netzkanten" werden praktisch alle Arten der oben genannten „Austauschmedien" vermittelt (siehe Abschnitt 4.4).

Diese Typen von Netzwerken stehen zueinander in *hierarchischen Relationen*, mit den touristischen Netzwerken an der Basis und den Planungs-, Marketing- und Werbenetzwerken an der Spitze. Die niedrigrangigeren Netzwerke werden von den höherrangigeren im bedeutenden Ausmaß beeinflußt und gesteuert. Sie bilden die *„harten Kerne"* der wesentlichen Teilsysteme, welche gemeinsam das räumlich-zeitliche System des Tourismus konstituieren.

1.3 Zum Aufbau des Buches

Im vorliegenden Buch wird zunächst auf die einzelnen Ebenen und Netzwerktypen des touristischen Systems eingegangen, danach stehen wesentliche Aspekte des Wandels und der Entwicklungen im räumlich-zeitlichen System des Tourismus im Mittelpunkt der Betrachtungen, die aus dem Zusammenspiel von (endogenen und exogenen) Systemebenen und Netzwerken resultieren.

Das auf diese Einleitung folgende *zweite Kapitel* befaßt sich mit *touristischen Aktionsräumen und touristischen Netzwerken* als den eigentlichen Angebotsstrukturen

im Fremdenverkehr. Sie müssen über ein bestimmtes Spektrum an Ausstattungselementen (Sehenswürdigkeiten des Natur- und Kulturraumes, Einrichtungen der touristischen Infrastruktur, Dienstleistungsketten u.a.) verfügen, um den Gästen die
Ausübung ihrer präferierten Aktivitätenmuster (Urlaubsstile) auf bestimmten Standorten in der Region und zu bestimmten Zeiten zu ermöglichen. Für den Erfolg von
Tourismusregionen ist aber nicht nur die bedürfnisgerechte Planung der Aktionsräume und Netzwerke erforderlich, sondern auch die Verankerung ihrer wesentlichen – mit emotionalen und symbolischen Gehalten „aufgeladenen" – Images im
Bewußtsein der Nachfrager. Diese an die realen Strukturen „angehängten" Vorstel-
lungsbilder beeinflussen nicht nur die Wahl der Urlaubsregion, sondern sie prägen
auch das Verhalten und die Erwartungen der Gäste.

Darauf wird im *dritten Kapitel*, das sich mit der *touristischen Nachfrage* befaßt,
näher eingegangen. Es bezieht sich auch auf verschiedene, externe Systeme und
Teilsysteme, welche auf das Verhalten der Nachfrager entscheidend einwirken. Zum
Beispiel bestimmen die im „System des sozialbestimmten räumlichen Verhaltens"
wirksamen Prozesse wesentlich ihre Wohnmilieus, Lebensstile und persönlichen Ressourcen. Das System enthält in seinem „Kern" die „persönlichen Netzwerke" mit
den sozialen und beruflichen Kontaktstrukturen. Alle diese Faktoren prägen besonders die Wünsche nach Abwechslung und nach dem „Ausbruch" aus dem Alltagsleben. Demgegenüber werden Images der Zielregionen und ihre „touristischen Perspektiven" von den Marketing- und Werbenetzwerken des touristischen Systems
vermittelt. Gemeinsam mit den Vermarktungsnetzwerken steuern sie auch die Such-
und Auswahlprozesse der Nachfrager bezüglich der ihnen als geeignet erscheinen-
den Urlaubsstile und Destinationen. Die Urlaubserlebnisse werden im touristischen
Teilsystem der gewählten Zielregion generiert, durch die Inanspruchnahme der
Angebote auf den verschiedenen Stationen der Aktionsräume und der touristischen
Netzwerke. Schließlich hängt die Urlaubszufriedenheit der Gäste von ihren subjektiven Eindrücken bezüglich der Qualität der in den touristischen Netzwerken angebotenen Leistungen ab, aber auch vom Ausmaß der Erfüllung der über die Werbe-
und Marketingnetzwerke vermittelten Erwartungen.

Das *vierte Kapitel* des Buches nimmt auf diese höherrangigen *organisatorischen
Netzwerke* Bezug. Es werden zunächst die Grundtypen der Versorgungsnetzwerke
dargestellt sowie auch die über sie vermittelten Effekte auf die regionale Wirtschaft, welche durch die Produktion von Gütern und Diensten als Vorleistungen für
den Tourismus entstehen. Bis in die jüngere Vergangenheit konnte man die Vermarktungsnetze recht deutlich drei verschiedenen Grundtypen (Vertriebswegen)
zuordnen, wobei Reiseveranstalter (welche einzelne Leistungen zu Voll- oder Teilpauschalangeboten kombinieren) und Reisebüros (als Vermittler von einzelnen Leistungen und Pauschalen) in verschiedener Weise zwischen den Anbietern und den
Konsumenten dazwischen geschaltet waren. Mit der Einführung der elektronischen
Medien in die Reisebranche sind die Vermarktungsnetzwerke differenzierter und

komplexer geworden. Dies trifft auch für die Planungs-, Marketing- und Werbenetzwerke zu, wo etwa die Institutionen der Gebietskörperschaften, welche tourismusrelevante Planungsaktivitäten ausführen, oder die touristischen Verbände ihre
Strukturen und Aufgabenfelder wesentlich verändert haben. Am Ende des vierten
Kapitels steht ein zusammenfassender Überblick über das räumlich-zeitliche System des Tourismus mit seiner Hierarchie von touristischen und organisatorischen
Netzwerken.

Das *fünfte Kapitel* ist den *Veränderungen dieses Systems* gewidmet. Treibende Kräfte
sind Veränderungen in den „Systemen des Staates" und des „sozialbestimmten räumlichen Verhaltens" in den reichen Dienstleistungs- und Industriestaaten, wo der ökonomische, soziale und kulturelle Wandel ständig neue und vielfältige Urlaubswünsche generiert. Zudem konnten in der jüngeren Vergangenheit auch immer mehr
Nachfragegruppen an den Tourismusmärkten partizipieren. Die Planungs-, Marke-
ting- und Werbenetzwerke nehmen die neuen touristischen Präferenzen auf und
verstärken sie. Zusätzlich werden auch von der Seite der Anbieter neue Urlaubsformen entwickelt und entsprechend propagiert. Technische Innovationen, etwa neue
oder weiterentwickelte Sportgeräte, aber vor allem entscheidende Verbesserungen
der Verkehrs- und Kommunikationssysteme haben verschiedene Urlaubsformen erst
möglich gemacht und zur Verbreitung des Tourismus in immer entferntere Zielgebiete beigetragen. Dadurch können viele neue Tourismusregionen in ihre Wachstumszyklen eintreten, die oft mit einschneidenden – positiven und negativen – ökonomischen, sozialen, kulturellen und ökologischen Veränderungen verbunden sind.
Die von den sozialen Systemen der Nachfragestaaten und von den weitreichenden
Planungs-, Marketing- und Werbenetzwerken (in denen die international tätigen
Reiseveranstalter eine wichtige Rolle spielen) initiierten „Produkt-(Lebens-)zyklen"
ganzer „Familien von Urlaubsstilen" bestimmen entscheidend den Verlauf der
„Wachstumszyklen" der Tourismusregionen. An deren Ende stehen u.U. einseitig
auf den Fremdenverkehr ausgerichtete Gebiete, die aber nur mehr „alte Urlaubsstile" anbieten können, ihre Nachfrage weitgehend verloren haben und unter den materiellen und immateriellen Spätfolgen des Tourismus leiden.

Produktzyklen von Urlaubsstilen und Wachstumszyklen von Tourismusregionen
bestimmen also wesentlich die nahezu *weltweiten Verbreitungsmuster des Tourismus*. Diese kommen in *Kapitel sechs* kurz zur Darstellung, ebenso wie die wichtigen
Nachfrageströme zwischen den internationalen Quell- und Zielregionen. Aus den
Ergebnissen einer umfassenden Tourismusprognose lassen sich Anhaltspunkte über
die zukünftigen Strukturen des Welttourismus gewinnen.

Im *siebten* und letzten *Kapitel* werden schließlich wichtige Aussagen zum räumlich-
zeitlichen System des Tourismus nochmals zusammengefaßt, und zwar unter den
Gesichtspunkten ihrer *Relevanz für die Tourismusplanung*.

1.4 Zur Definition von „Tourismus"

Die vielen Schwierigkeiten und Probleme der Tourismusforschung zeigen sich schon
bei der Definition des Forschungsgegenstandes. Daher muß man in diesem Einfüh-
rungskapitel zunächst den Begriff: „Tourismus" definieren. In der Literatur findet
sich eine ganze Reihe von Definitionsversuchen, die aus den folgenden Gründen für
die theoretische und empirische Forschung nur bedingt geeignet sind:

Zu breiter Bezugsrahmen: Oft wird versucht, möglichst *alle Formen des Reisens* in
den Tourismusbegriff „hineinzupacken": „Fremdenverkehr (Tourismus) umfaßt die
Reise und den Aufenthalt von Personen, die am Aufenthaltsort nicht dauernd woh-
nen und arbeiten" (A. STEINECKE, 1993, S. 53; siehe etwa auch C. KASPAR, 1975).
Damit erstreckt man aber den Definitionsrahmen auf ein breites Spektrum: Er bezieht sich dann nämlich nicht nur auf – die schon sehr differenzierten – Formen der
Erholungs- und Vergnügungsreisen, sondern auch auf medizinisch gebundene Reisen („Kurreisen"), auf das breite Feld des beruflich orientierten Reiseverkehrs („Geschäftsreisen"), auf den Besuch von Kongressen, Seminaren und anderen Veranstaltungen zum Informationsaustausch bzw. zur Weiterbildung, auf den „Messen- und
Ausstellungsverkehr" sowie – in manchen Definitionsversuchen – sogar auf den
routinemäßigen „Einkaufs- und Veranstaltungsverkehr" in die regionalen (Ober-)
Zentren. In einem solchen Tourismusbegriff werden also unterschiedliche Reiseformen zusammengefaßt, denen weitgehend divergierende *Motivationsstrukturen*
zugrunde liegen und die auch durch sehr verschiedene *Verhaltensmuster* gekennzeichnet sind. In tiefergehenden Untersuchungen ist man daher gezwungen, die in
diesem generellen Tourismusbegriff enthaltenen „Touristengruppen" isoliert und
nacheinander zu behandeln, will man sich nicht auf die meist nur triviale Schnittmenge von Aussagen beschränken, die für alle diese Reiseformen gemeinsam Geltung haben. Daher gehen die vorliegenden Ausführungen von einem *engeren Tourismusbegriff* aus – *bezogen nur auf die Erholungs- und Vergnügungsreisen*. Die
zusätzliche Betrachtung der anderen Motivations- und Verhaltenstypen (die in anderen Fachbereichen, wie etwa in den Verkehrsanalysen, ebenfalls immer getrennt
behandelt werden) würde den Rahmen der Arbeit sprengen. Es darf aber das Faktum nicht vernachlässigt werden, daß es auch vielfältige *Mischformen* von Motiva-
tions- und Verhaltensmustern gibt: Der Besuch von Kongressen, Tagungen, Messe-
veranstaltungen etc. wird zum Beispiel oft zusätzlich mit Erholungs- und Vergnügungsaktivitäten gekoppelt, und die entsprechenden Nachfrager nehmen wenigstens
einen Teil der Angebote für die „normalen" Touristen in Anspruch. Solche Mischty-
pen von „Teilzeittouristen" (bezogen auf ihr Zeitbudget während des Aufenthaltes)
sind natürlich auch dann relevant, wenn man sich nur auf den engeren Tourismusbegriff bezieht, besonders in denjenigen Fällen, wo sie die Nachfragestruktur einer
Region deutlich prägen.

Auf die Übergangsform der *„Kurreise"* wird im Rahmen der Arbeit noch etwas eingegangen (siehe Abschnitt 5.4.2.1): Zwar sind auch hier die medizinischen Hauptak-

tivitäten als (zur Wiederherstellung des Gesundheitszustandes) *„erzwungen"* („essential") zu klassifizieren, und es fehlt – etwa ebenso wie im Fall der „Geschäftsreisen" – das Merkmal der (prinzipiellen) *„Freiwilligkeit"* („non essential", nach P. ADERHOLD, 1976), welches die Erholungs- und Vergnügungsreisen charakterisiert. In der Regel steht den „Kurgästen" jedoch ein bedeutender Anteil ihres Zeitbudgets (Nachmittag, Abend) für echte touristische Aktivitäten zur Verfügung (bei den „Kurreisen" des 19. Jh. hat das Gesundheitsmotiv zumeist nur als Vorwand für diverse Vergnügungsaktivitäten gedient). Dieses Aktivitätenspektrum bestimmt auch die Ausstattungs- und Angebotsstrukturen der meisten Kurorte, viele davon haben auch ein bedeutendes Klientel von „echten" Touristen. Im Gegensatz zu den Kurreisen trifft das Unterscheidungsmerkmal der „Freiwilligkeit" für den – ausführlicher behandelten (siehe Abschnitt 5.4.2.1) – *„Wellness- und Gesundheitstourismus"* in der Regel zu; demnach kann man diesen Urlaubsstil ohne definitorische Probleme zum „engeren" Tourismus zählen.

Zu enger Bezugsrahmen: Während also bei den Motivations- und Verhaltenstypen der Definitionsrahmen für „Tourismus" zu weit gezogen wird, trifft für die *zeitliche Komponente* oft das Gegenteil zu. Wenig problematisch ist zunächst die Unterscheidung zwischen dem *Tagestourismus* (ohne Übernachtung in einem Fremdenverkehrsort) und dem *Übernachtungstourismus* (mit mindestens einer außerhäuslichen Übernachtung). Wegen der fortgeschrittenen Entwicklung der Verkehrstechnologie und der enormen Verbilligung entsprechender Angebote, ist es aber heute nicht mehr ohne weiteres möglich, raumbezogene außerhäusliche Freizeitformen ohne Übernachtung als *„Naherholung"* zu bezeichnen (A. STEINECKE, 1993), denn dies würde dann ja auch etwa für einen eintägigen Städteflug von Wien, München oder Zürich nach London gelten. Eintägige Naherholungsreisen müßten also durch ein zusätzliches Distanzkriterium (etwa der 100 km-Radius um den Wohnstandort?) definiert werden. Hierbei ist aber ein gewisses *Maß an Willkürlichkeit* nicht auszuschließen.

Dies trifft noch wesentlich mehr für die in der Literatur verbreitete Unterscheidung zwischen *Kurzzeitreisen* und *Langzeit-(Ferien-)Reisen* zu. Oft (A. STEINECKE, 1993; C. KASPAR, 1975 u.a.) gilt die Definition, daß es sich bei ein bis drei Übernachtungen um Kurzzeitfremdenverkehr handelt, während Aufenthalte mit vier und mehr (bis zu einem Jahr) Übernachtungen zum Langzeitfremdenverkehr zählen. Eine solche allgemeine Festlegung ist natürlich willkürlich und kaum zielführend. Anstelle dieser „Überdefinition" sollte man sich besser vor Augen halten, daß die Länge der Reisezeiten von einer Reihe von *meist variablen* Randbedingungen abhängt, wie etwa von den sozialpolitischen Regelungen bezüglich der Wochen- und Jahresarbeitszeiten oder von den standardisierten Angeboten der Reiseveranstalter bzw. der Zielregionen. Diese beeinflussen (neben vielen anderen Faktoren) die Ausprägung von Urlaubsstilen, in deren Rahmen typische Aktivitätsmuster mit typischen Aufenthaltszeiten gekoppelt sind: etwa 3- bis 5-tägige Städtereisen, einwöchige Skiaufenthalte, 14-tägige Badeurlaube, dreiwöchige Rundreisen etc. Alle diese Angebotsformen haben zwar den *Charakter* von Kurz-, Mittel- oder Langzeitaufenthalten und erfüllen überdies – im Jahresablauf – die Funktion von Haupt- und Neben-(Kurz-) Urlauben, aber eine Städtereise mit drei Übernachtungen als Kurzzeitreise zu bezeichnen, eine Städtereise mit vier Übernachtungen hingegen als Langzeitreise, erscheint als einigermaßen problematisch.

2. Angebotsstrukturen im Tourismus: Aktionsräume und touristische Netzwerke

2.1 Räumlich-zeitliche Tätigkeitenmuster als Konsumvorgänge im Tourismus

Erholungs- und Vergnügungsreisen – nach der engeren Definition die Bezugsobjekte der Tourismusforschung – sind durch eine Vielzahl von Verhaltens- und Aktivitätenmuster der Touristen gekennzeichnet. Diese können mehr oder minder gut nach *„Urlaubsstilen"* klassifiziert werden, das sind spezifische Tätigkeitenmuster („Tages-" bzw. „Wochenabläufe") oder Bündel von charakteristischen „touristischen Rollen". In der Regel lassen sich die Urlaubsstile nach touristischen *„Schlüsselaktivitäten"* („Schlüsselrollen") differenzieren, welche den Urlaubsstil bestimmen – etwa Schwimmen, Erholen und „in der Sonne liegen" (als die Kernelemente des „Badeurlaubs"), Wandern, Skifahren, Besichtigen etc., die ebenfalls spezifische Hauptaktivitäten bilden können – sowie nach den verschiedenen *„Folge- oder Nebenaktivitäten"*, wie Einkaufen, Besuch von Diskotheken oder von kulturellen Veranstaltungen etc., welche das Tätigkeitenprofil – oft in vielfältiger Form – ergänzen und abrunden. Aber auch solche Kategorien von ursprünglichen Nebentätigkeiten können – im Falle besonders „spezialisierter" Urlaubsstile – ebenfalls als „touristische Schlüsselrollen" auftreten („Shoppingtourismus"; sogar „Discotourismus", etwa auf Mallorca). Alle Aktivitäten eines Urlaubs gemeinsam bilden spezifische „Abfolgen" in Raum und Zeit, oft mit ausgeprägt *rhythmischem Charakter*, d.h., bestimmte Tätigkeiten (z.B. Baden, Skifahren, Besichtigen) werden zu bestimmten Tageszeiten wiederholt, zum Teil auch auf denselben Standorten.

Die Abbildungen 2.1, 2.2 und 2.3 veranschaulichen die Ergebnisse von empirischen Analysen bezüglich der *charakteristischen Aktivitätenmuster* solcher Urlaubsstile, die in der Regel von *fixen Betten- (Übernachtungs-) Standorten* aus durchgeführt werden (Befragung von insgesamt ca. 800 Urlaubsgästen im Land Salzburg; J. STEINBACH, W. FEILMAYER, H. HAUG, 1983). Auf der senkrechten (y-) Achse der drei Diagramme sind die kumulierten (Prozent-) Anteile der Touristen aufgetragen, die bestimmte Aktivitäten ausüben, auf der waagrechten (x-) Achse die Tages- (und Nacht-) Zeit in Stunden. Die Größe der Rasterflächen im Diagramm bemißt die Bedeutung der Aktivitäten, ihre Abfolge (zu jeder Tagesstunde) von oben nach unten kennzeichnet das jeweilige Tätigkeitenspektrum der untersuchten touristischen Bezugsgruppe:

– Man erkennt sehr deutlich, wie bei den Urlaubsstilen des *„Wanderurlaubs"* (Abbildung 2.1) und des *„Skiurlaubs"* (Abbildung 2.3) die zentralen Aktivitäten besonders dominieren. So wird etwa das Wandern am Nachmittag von über 70 % der befragten Touristen ausgeübt, über 90 % betreiben in den Vor- und Nachmittagsspitzen den Skisport. Die Nebenaktivitäten bleiben beschränkt, mit Ausnahme der Abendunterhaltung (Tanzen, Kneipenbesuch) in den Skizentren.

– Hingegen erweist sich der Stil des *„Badeurlaubs"* (Abbildung 2.2) als deutlich differenzierter. Hier werden die Hauptaktivitäten (Baden, Schwimmen, Ausru-

Abbildung 2.1:   Durchschnittliches tägliches Aktivitätenmuster der Gäste in den „Wandergebieten" (nach: J. STEINBACH; W. FEILMAYR; H. HAUG u.a., 1983)

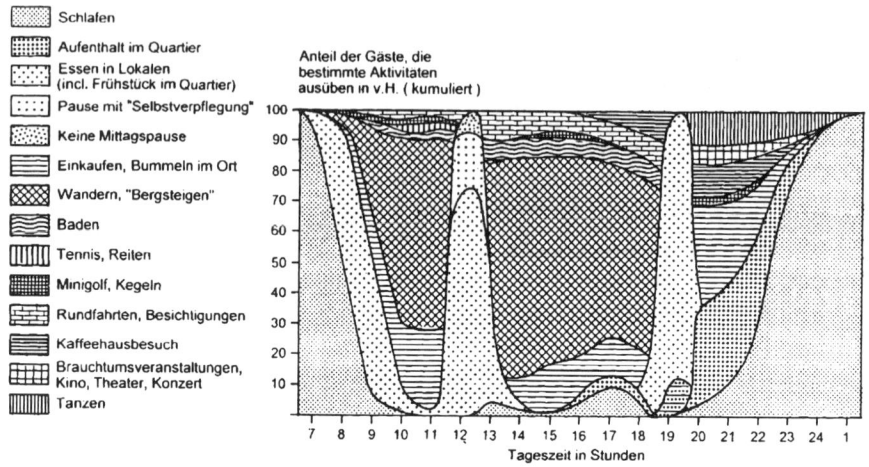

Abbildung 2.2:   Durchschnittliches tägliches Aktivitätenmuster der Gäste in den „Badegebieten" (nach: J. STEINBACH; W. FEILMAYR; H. HAUG u.a., 1983)

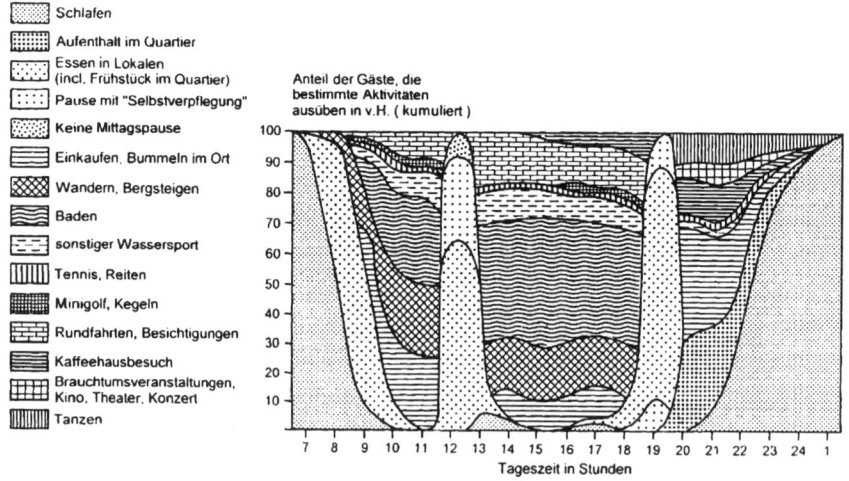

Abbildung 2.3: Durchschnittliches tägliches Aktivitätenmuster der Gäste in den „Skigebieten" (nach: J. STEINBACH; W. FEILMAYR; H. HAUG u.a., 1983)

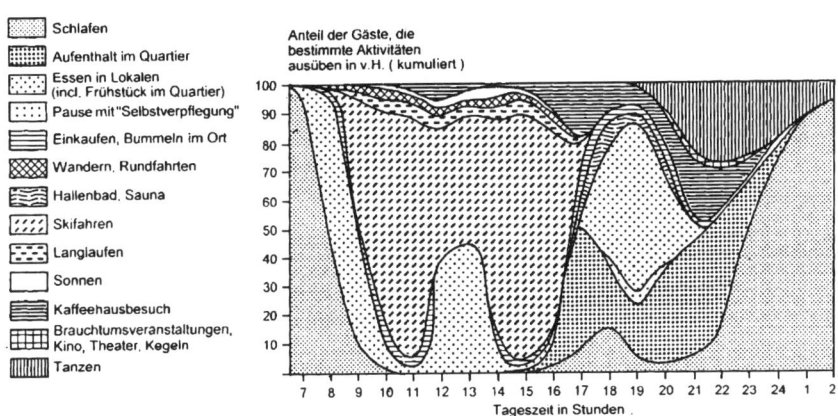

hen) durch ein breites Spektrum anderer wichtiger Aktivitäten (Wandern, Besichtigen, sonstiger Wassersport etc.) ergänzt.

Oft noch reglementierter als in den drei genannten Beispielen verlaufen die Aktivitätenmuster von organisierten „*Rundreisen*". Tabelle 2.1 zeigt die typischen Tagesabläufe des „*Kreuzfahrturlaubs*" (Beispiel: CARNIVAL CRUISE LINES, Westkaribik-Kreuzfahrt), wo sich zwei Grundmuster unterscheiden lassen (B. SCHOLZ, 1998):

– das Tagesprogramm mit Landausflügen (z.B. Playa del Carmen in Mexiko, Grand Cayman oder Ocho Rios auf Jamaika); hier werden als zentrale Aktivitäten Sightseeing, Shopping bzw. Wassersport (Schnorcheln, Tauchen) ausgeübt;
– das Tagesprogramm auf See mit Relaxen und Sonnenbaden, Animation, Information, Abendunterhaltung und ausgedehnten Mahlzeiten.

Somit stellen spezifische – oft sehr regelhaft ablaufende – räumlich-zeitliche Tätigkeitenmuster die Konsumvorgänge im Tourismus dar. Die „Schauplätze" der Haupt- und Nebenaktivitäten von Urlaubsstilen kann man aus geographischer Sicht als Stationen (Angebotselemente) von *Aktionsräumen* definieren (im Skitourismus etwa: Liftanlagen, Skipisten, Loipen, Skihütten und Restaurants, Hallenbäder, Discos, Geschäfte etc.). Diese Aktionsräume „spannen sich auf":

– entweder im näheren und ferneren Einzugsbereich von *permanenten Übernachtungsstandorten* (wie im Fall der Beispiele in den Abbildungen 2.1 bis 2.3)
– oder entlang des Verlaufes von *touristischen Routen* mit wechselnden Übernachtungsstandorten, wobei in manchen Fällen „mobile" Übernachtungsgelegenheiten (Kreuzfahrtschiffe wie im Falle des Beispiels aus Tabelle 2.1, Wohnwagen etc.) sogar mitgeführt werden.

Es zeigt sich also, daß Aktionsräume mit ihren verschiedenen Stationen die *eigentlichen Angebotsformen* im Tourismus darstellen, nicht einzelne Hotels oder andere Dienstleistungseinrichtungen, Sehenswürdigkeiten des Natur- oder Kulturraumes etc., aber auch nicht die touristischen Attraktionen einer Raumeinheit (Gemeinde, „Organisationsgebiet" eines Tourismusverbandes), deren Grenzen nicht oder nur wenig vom *aktionsräumlichen Verhalten* der Touristen bestimmt sind.

Tabelle 2.1: **Typische Tagesabläufe im Kreuzfahrttourismus (nach: B. SCHOLZ, 1998)**

Tageszeit in Stunden	Tagesablauf ...	
	mit Landprogramm	auf See
6 bis 7	Frühstück	Kabine/Schlafen
7 bis 8	von Bord	Frühstück
8 bis 9	Ausflüge/Einkaufen	Frühstück
9 bis 10	Ausflüge/Einkaufen	Infoveranstaltungen; Sonnenbaden/Pool
10 bis 11	Ausflüge/Einkaufen	Infoveranstaltungen; Sonnenbaden/Pool
11 bis 12	Ausflüge/Einkaufen	Sonnenbaden/Pool
12 bis 13	Ausflüge/Einkaufen; Mittagessen	Mittagessen
13 bis 14	Ausflüge/Einkaufen	Mittagessen
14 bis 15	Ausflüge/Einkaufen	Sonnenbaden/Pool
15 bis 16	Boarding	Sonnenbaden/Pool
16 bis 17	Sonnen/Relaxen am Pool; Kaffee	Sonnenbaden/Pool; Kaffee
17 bis 18	Sonnen/Relaxen am Pool; Kaffee	Sonnenbaden/Pool; Kaffee
18 bis 19	Sonnen/Relaxen am Pool	Aerobic/Tischtennis
19 bis 20	Kabine	Kabine
20 bis 21	Abendessen	Abendessen
21 bis 22	Abendessen	Abendessen
22 bis 23	Show	Show
23 bis 24	Show	Show
24 bis 1	Bar, Disco	Bar/ Disco
1 bis 2	Kabine/Schlafen	Bar/ Disco; Kabine/Schlafen
2 bis 3	Kabine/Schlafen	Bar/ Disco; Kabine/Schlafen
3 bis 6	Kabine/Schlafen	Kabine/Schlafen

2.2 Touristische Aktionsräume

Als theoretischer Rahmen zur Erfassung von touristischen Aktionsräumen können die Konzepte der sog. *„Zeitgeographie"* (T. HÄGERSTRAND, 1975; N. THRIFT, 1977 u.a.) dienen. In Bezug auf diese Konzepte kann man davon ausgehen, daß verschiedene Kategorien von Verhaltensbeschränkungen und eine Anzahl von mehr oder minder großen Partizipationschancen an den touristischen Attraktionen in den Einzugsbereichen der (permanenten oder wechselnden) Übernachtungsstandorte die Ausdehnung und die Strukturen touristischer Aktionsräume bestimmen:

- *Verhaltensbeschränkungen* sind etwa 1) biologische und soziale Grundbedürfnisse (Schlafen, Körperpflege, Essen, familiäre Kontakte u.a.), welche das verfügbare „Zeitbudget" für touristische Aktivitäten reduzieren (sog. *„Kapazitätsbeschränkungen"*), 2) *„Koppelungsbeschränkungen"*, die sich aus den Zwängen ergeben, eigene Aktivitäten (bezüglich: Zeitpunkt, Zeitdauer, Standort) mit den Aktivitäten der verschiedenen Bezugspersonen (Partner bei der Ausübung touristischer Rollen) abzustimmen, und schließlich 3) *„Autoritätsbeschränkungen"*, welche auf die verschiedenen Mechanismen sozialer und ökonomischer Kontrolle zurückgehen, denen auch die Urlaubsgäste unterliegen, z.B. Zeitdauer von Veranstaltungen, Eintrittspreise u.a.
- *Möglichkeiten zur Partizipation* an den in der Urlaubsregion angebotenen touristischen „Programmen" hängen einerseits von den individuellen Präferenzen und Urlaubserfahrungen, dem Image sowie von der persönlichen Einschätzung der verschiedenen Attraktionen ab. Andererseits werden sie auch von der Verfügbarkeit über die erforderlichen materiellen (Geld, (Sport-)Geräte u.a.) und immateriellen (Motivation, Fertigkeiten, u.a.) persönlichen Ressourcen bestimmt. Schließlich spielen auch die „Kapazitäten" der einzelnen Stationen des Aktionsraumes und das Ausmaß der Nachfrage durch „konkurrierende" Touristen eine entscheidende Rolle (J. Steinbach, 1984).

Von T. Hägerstrand (1975) und anderen Vertretern der „Zeitgeographie" wurden Konzepte entwickelt, welche das Zusammenwirken von Verhaltensbeschränkungen und Partizipationschancen als grundlegende Gestaltungsprinzipien von Aktionsräumen beschreiben:

- Abbildung 2.4 zeigt die *„Choreographie"* eines touristischen Raum-Zeit-Pfades. Hier stellt die senkrechte (y-) Achse die Zeitdimension dar, die waagrechten (x- und z-) Achsen bilden den zweidimensionalen Raum ab: Die Aktivitäten sind als Trajektionen in Raum und Zeit veranschaulicht, wobei das Verhaltensbeispiel eines Touristen zugrunde liegt, der einen Tag auf dem Areal eines Ferienclubs verbringt. Die Aktivitäten verlaufen:
  1) in den verschiedenen *Stationen* des Aktionsraumes, die zu bestimmten Zeiten und an bestimmten Orten aufgesucht werden, wobei oft der Kontakt zu anderen Personen hergestellt wird (etwa mit der Bedienung im Café oder mit anderen Touristen beim Plausch oder beim Flirt am Strand);
  2) als Interaktionen (hier: zu Fuß) auf den *„Wegen"* zwischen den einzelnen touristischen Angebotselementen (je kleiner der Winkel der Trajektionslinie zur Grundfläche, desto größer die Interaktionsgeschwindigkeit).
- Mit Hilfe des „Constraints-Konzeptes" lassen sich die *potentiellen Handlungsmöglichkeiten* (d.h., alle realisierbaren Aktivitätenfolgen oder Trajektionen in

Raum und Zeit) von Touristen mit bestimmten materiellen und immateriellen Ressourcen als Inputs in die verschiedenen Aktivitätenkategorien aufzeigen (bzw. die Gründe für durch die Randbedingungen verhinderten „Nichtereignisse"): Sind die für die Ausübung der verschiedenen Aktivitäten präferierten Zeitspannen bekannt, ebenso die räumliche Verteilung der verschiedenen Stationen, ihre „Nutzungszeiten" und Besucherkapazitäten sowie das Ausmaß der konkurrierenden Nachfrage, bzw. die Zeitaufwände für die entsprechenden Interaktionen zwischen den einzelnen Stationen, so läßt sich ein sog. *Raum-Zeit-Prisma* (siehe Abbildung 2.5) konstruieren (eigentlich zwei aufeinandergesetzte „Kegel", da hier der Raum auf eine Dimension reduziert wird). Es umfaßt alle jene (nach ihren Auslastungsgraden und den für den Zutritt erforderlichen Inputfaktoren „freien") Stationen, die – innerhalb eines vorgegebenen *Zeitrahmens* (etwa zwischen dem Verlassen des Quartiers am Morgen und der Rückkunft am Abend) und entsprechend ihrer *Betriebs- und Öffnungszeiten – entweder einzeln oder in bestimmten Kombinatio-*

Abbildung 2.4:   Raum-Zeit-Pfad in einer touristischen Enklave (Ferienclub)

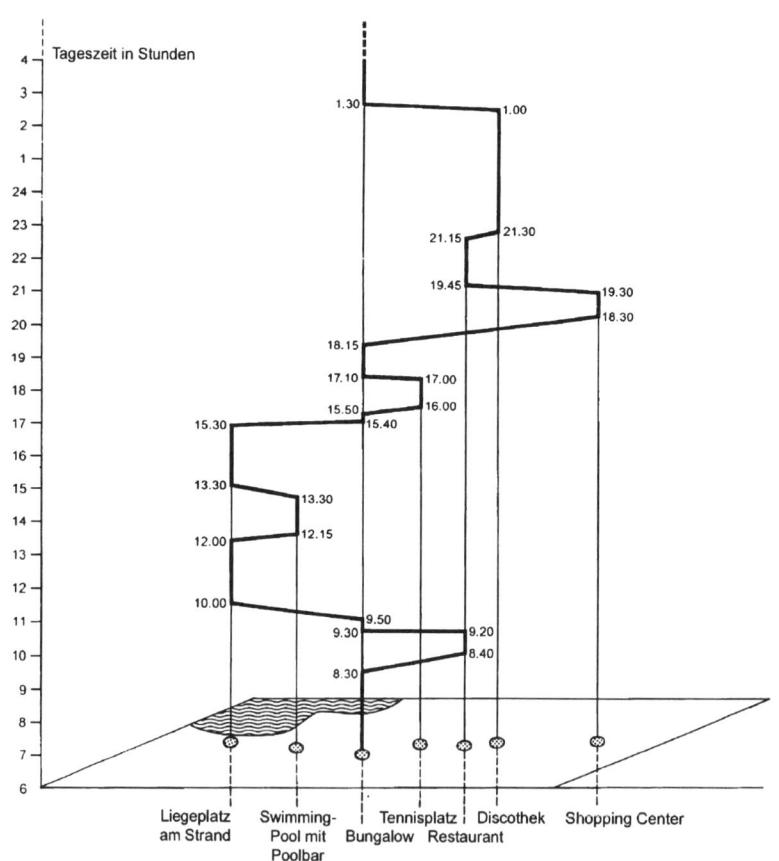

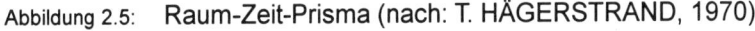

Abbildung 2.5: Raum-Zeit-Prisma (nach: T. HÄGERSTRAND, 1970)

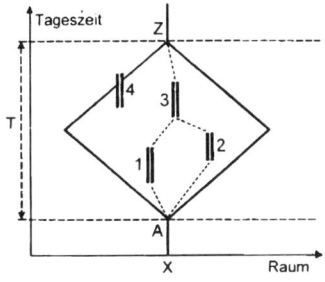
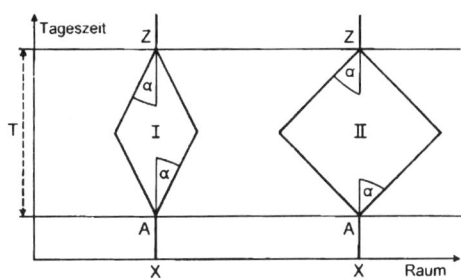

X   Unterkunftsstandort

A   frühester Zeitpunkt für das Verlassen der Unterkunft

Z   spätester Zeitpunkt für die Rückkehr

T   Zeitintervall für die Urlaubsaktivitäten außerhalb der Unterkunft

1, 2 3   touristische Einrichtungen auf unterschiedlichen Standorten im Aktionsraum der Unterkunft und mit unterschiedlichen "Öffnungszeiten" (unterschiedlicher Dauer der Aktivitäten), deren Nutzung nach den Randbedingungen des "Raum-Zeit-Prismas" hintereinandergeschaltet ("gekoppelt") werden kann (1,3 oder 2,3)

4   touristische Einrichtung, die aufgrund ihrer "Öffnungszeit" und ihrer Erreichbarkeitsbedingungen "innerhalb" des Raum-Zeit-Prismas nicht genutzt werden kann

α Geschwindigkeit der Fortbewegung im touristischen Aktionsraum

I II   touristische Aktionsräume des Unterkunftsstandortes X, die sich bei der Nutzung von unterschiedlichen Verkehrsmitteln (z.B. Fahrrad, öffentlicher Verkehr) ergeben

nen aufgesucht werden können. So veranschaulicht das Raum-Zeit-Prisma die Grundprinzipien der Gestaltung von touristischen Aktionsräumen.

Zählungen, (passive und teilnehmende) Beobachtungen und Befragungen sind die wichtigsten methodischen Instrumente zur *empirischen Erfassung* von touristischen Aktionsräumen. Als Beispiele einer solchen Analyse geben die Karten 2.1 und 2.2 Aufschlüsse über die Aktionsräume der *Regensburger Städtetouristen*, deren Verhalten durch eine außerordentlich große Bedeutung der Hauptaktivität „Kennenlernen und Besichtigen der Stadt" (98 % nach einer Befragung von ca. 500 Regensburger Touristen) bestimmt wird (J. STEINBACH, K. SCHLÜTER u.a., 1995, J. STEINBACH, 1998). Ausgangspunkte der Aktionsräume sind die Hotels im Stadtbereich (für die Übernachtungsgäste) sowie die Bus- und PKW-Parkplätze, der Hauptbahnhof u.a. (für die Tagestouristen).

Die Aktionsräume dieses „Besichtigungstourismus" konzentrieren sich im hochmittelalterlichen Kaufmannsviertel der Altstadt mit seiner *unregelmäßigen Gitterstruktur* aus schmalen Straßen, Gassen und Gäßchen, das zwar durch *größere und kleinere Platzanlagen* aufgelockert wird, aber über keine wirklichen Durchgangsstraßen verfügt (siehe Karte 2.1). Der Reichtum der Kaufleute dokumentiert sich in den aufwendigen *Patrizierhäusern* dieses Viertels. Diese Gebäude und vor allem ihre noch erhaltenen, teilweise kunstvoll ausgestatteten Wohntürme (ca. 20 von ursprünglich 40 Turmanlagen) geben dem Stadtbild ein einmaliges Gepräge, das auch vom *Dom St. Peter* als dem Hauptwerk der Gotik in Bayern geprägt wird, sowie von der *Steinernen Brücke*, die sich in 16 Bögen über die Donau spannt und als mittelalterliches

Weltwunder galt. Weniger bestimmend im Stadtbild sind die *Paläste der Gesandten* zum „Immerwährenden Reichstag", der von 1663 bis 1806 tagte. Analysiert man die Besuchshäufigkeiten dieser Regensburger Sehenswürdigkeiten, so zeigt sich ein deutliches Intensitätsgefälle zwischen verschiedenen Attraktionen des Besichtigungstourismus: 1) Dom St. Peter, Steinerne Brücke, Altes Rathaus und die meist zwischen diesen Baudenkmälern liegenden mittelalterlichen Gassen und Passagen (alle mit Besuchsraten von über 80 %); 2) Haidplatz (69 %), Reste der Porta Praetoria der ehemaligen römischen Stadtanlage (ca. 50 %) und 3) schon randliche und eher isolierte Sehenswürdigkeiten, z.B. die frühchristliche Basilika St. Emmeram, das Schloß Thurn und Taxis, der Alte Kornmarkt mit dem Römerturm sowie der Bismarckplatz mit dem Stadttheater (ca. 35 – 40 %).

Karte 2.1 zeigt die Lage dieser *Besichtigungsstationen* im Bereich der Altstadt und ihre jeweilige Nachfragehäufigkeit, darüber hinaus auch andere wichtige Stationen der Aktionsräume, wie Einrichtungen des *Gastgewerbes* und Geschäfte des *tourismusrelevanten Einzelhandels* (alle charakterisiert durch die Anteile der Touristen an der Gesamtzahl der Kunden). Dargestellt sind auch die (städtebaulich) *sehenswerten „Erlebnisräume"* (Silhouetten des Domes und der Wohntürme, Ensembles der Plätze und engen Gassen), die sich dem Betrachter an bestimmten Positionen entlang der touristischen *„Pfade"* durch die Altstadt eröffnen. Die Bedeutung dieser

Karte 2.1:   **Partizipation am touristischen Angebot in Regensburg (nach: J. STEINBACH; K. SCHLÜTER u.a., 1995), Legende**

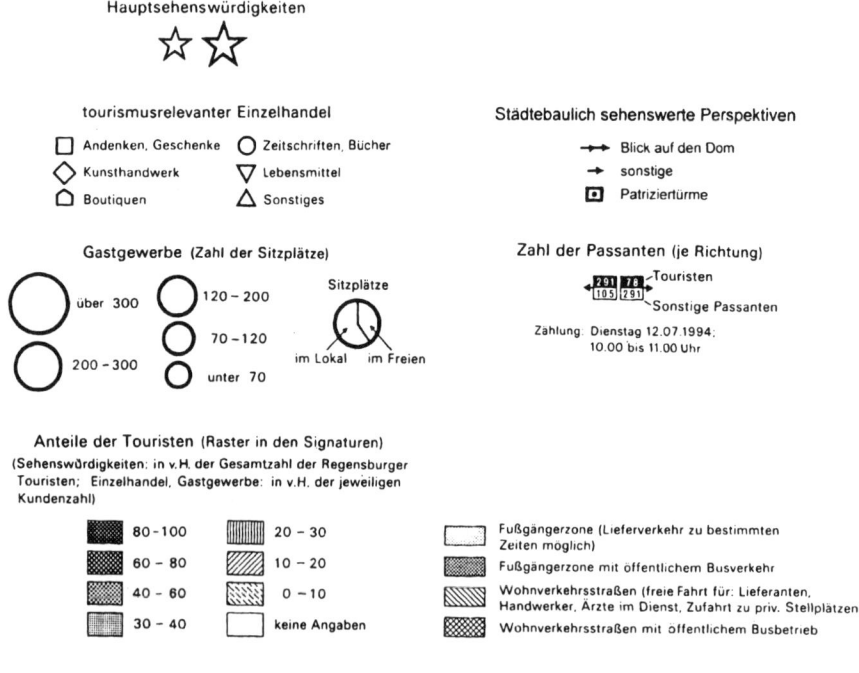

Karte 2.1: Partizipation am touristischen Angebot in Regensburg (nach: J. STEINBACH; K. SCHLÜTER u.a., 1995)

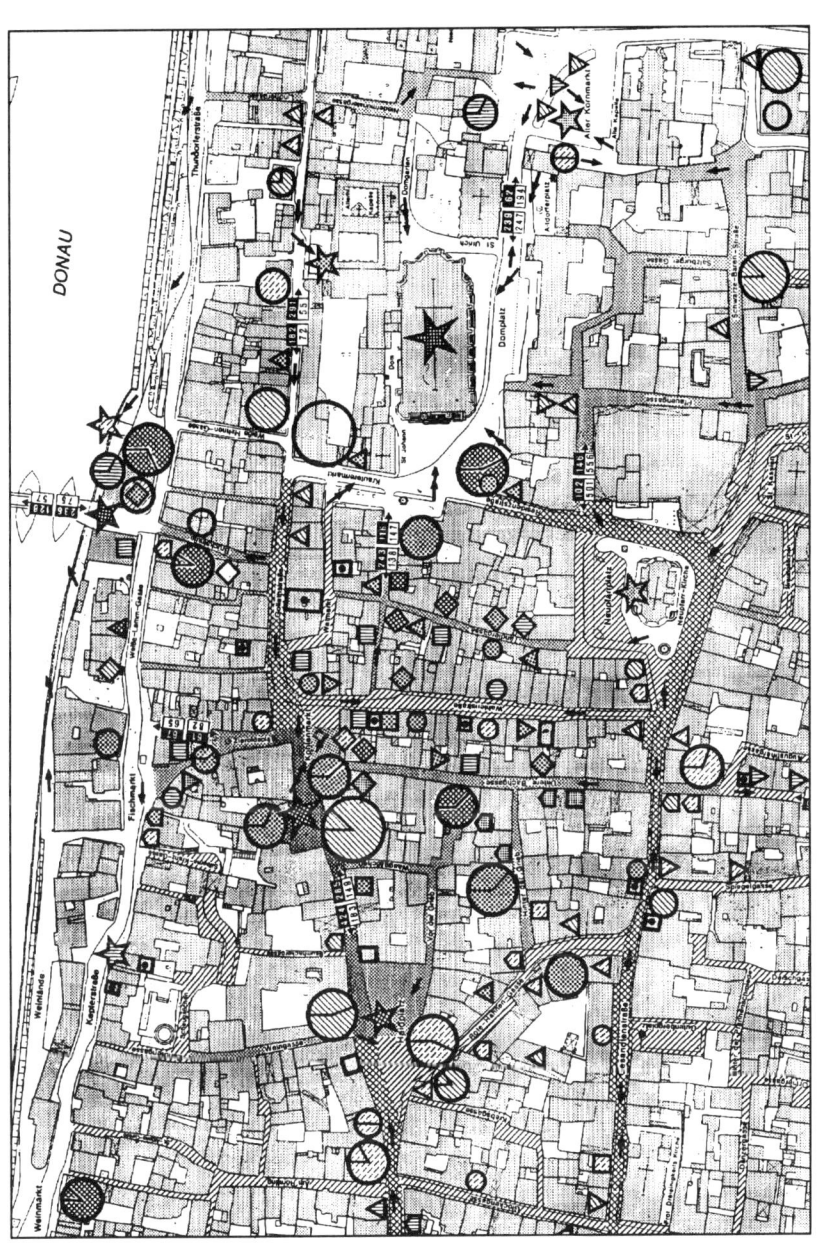

Pfade ist gekennzeichnet durch die Zahl der touristischen Passanten an ausgewählten Zählpunkten.

Unter Berücksichtigung der Besucherhäufigkeiten von Sehenswürdigkeiten, Geschäften und gastronomischen Einrichtungen sowie der Ergebnisse der Passanten-
zählungen lassen sich *drei aktionsräumliche Einheiten* des Regensburger Städtetourismus feststellen (siehe Karte 2.2):

– Der *zentrale Tourismusbereich* der Regensburger Altstadt zwischen den Be-
  sichtigungsschwerpunkten: Dom, Steinerne Brücke, Rathausplatz und Haidplatz
  mit vielen der engen Gassen des Kaufmannsviertels.
– Der *sekundäre Tourismusbereich*, welcher in drei Segmente zerfällt: Kornmarkt
  im Osten, die Gasse Unter den Schwibbögen mit der Porta Praetoria im Nord-
  osten und der Bereich um den Fischmarkt im Norden.
– Die *touristische Randzone*: Sie umschließt den Kernbereich im Westen und Süden, erstreckt sich aber auch in einen Teilbereich des Hauptgeschäftsviertels.

Karte 2.2:   Touristische Aktionsräume in Regensburg
              (nach: J. STEINBACH; K. SCHLÜTER u.a., 1995)

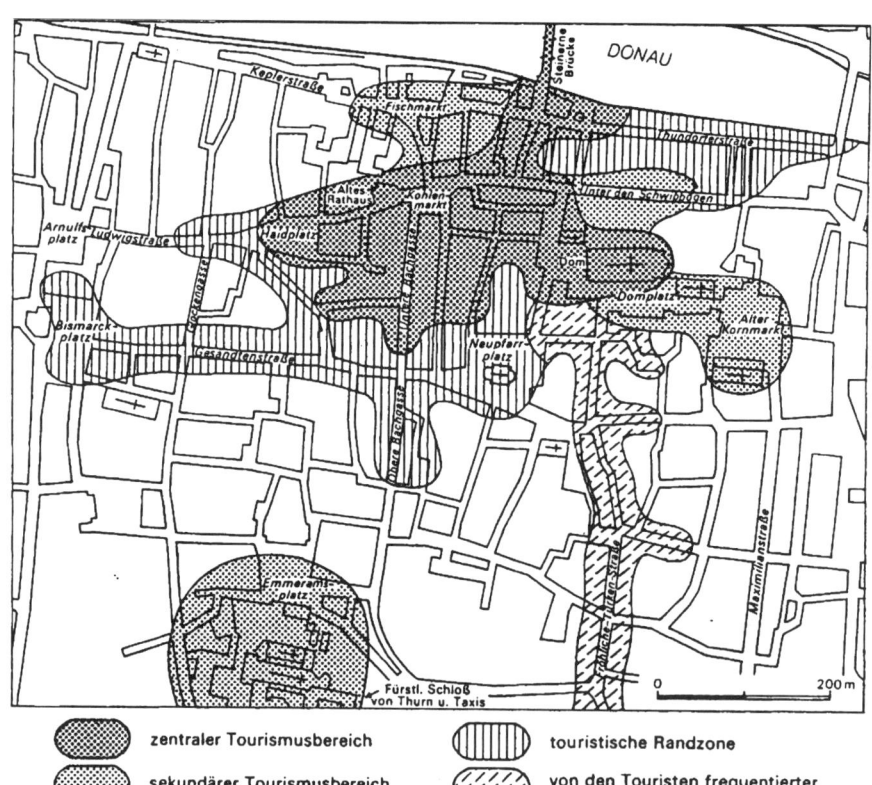

Mit den „Stationen", den „Erlebnisräumen", in denen die Stationen eingebettet sind, und den „Pfaden", welche „Stationen" und „Erlebnisräume" verbinden, veranschaulicht das dargestellte Beispiel die *wichtigen Bestandteile des touristischen Aktionsraumes*, d.h., des touristischen Angebotes. Im Folgenden wird auf diese Basiselemente näher eingegangen.

2.3 Behavior Settings als Grundeinheiten des touristischen Verhaltens

2.3.1 Grundansatz

Struktur und Funktion der „Stationen" als Grundeinheiten des räumlich-zeitlichen Verhaltensmodells von T. HÄGERSTRAND werden sehr viel deutlicher, wenn man sie mit einem Ansatz aus der Sozialpsychologie in Verbindung bringt (J. STEINBACH, 1984, 1999). Bei diesem Ansatz handelt es sich um die Theorie der *„Behavior Settings"* von R. BARKER (1968). Hier steht das Verhältnis von menschlichen Handlungen und der räumlichen Umgebung, in der diese Handlungen stattfinden, im Kern der Analyse. Unter Behavior Settings versteht BARKER die *räumlich-zeitlichen Grundeinheiten des individuellen Verhaltens*, in denen beide Phänomene zusammenwirken. Sie sind durch die folgenden, strukturellen und dynamischen Merkmale gekennzeichnet:

— Behavior Settings bestehen aus einem oder mehreren feststehenden *Handlungsmustern* (definiert durch bestimmte Regeln und soziale Normen), die an bestimmte Zeiten und an bestimmte Orte gebunden sind. Die teilnehmenden Personen sind austauschbar, sie „schlüpfen" in ihre Rollen, deren konstituierende Handlungsmuster bestehen bleiben, auch wenn die agierenden Personen wechseln. Beispiele aus dem Bereich des Tourismus sind etwa eine Stadtbesichtigung (mit einem Stadtführer und einer Gruppe von „Besichtigungstouristen" als die Ausübenden von komplementären sozialen Rollen), Entspannungs- und Bewußtseinsübungen in einem Wellnesscenter (mit einem Team von Therapeuten auf der einen und ihren Wellnessgästen auf der anderen Seite) oder einfach die Handlungsabläufe zwischen den „Gästen" und dem „Bedienungspersonal" in einem gastronomischen Betrieb.

— Die Aktivitäten eines Behavior Settings finden in einem „Milieu" aus *Elementen des Sachsystems* statt, die an sich unabhängig existieren und ihre Funktion so lange innehaben, wie das Behavior Setting andauert. Als Beispiele können etwa die Einrichtungsgegenstände eines Wellnessstudios genannt werden oder die Ausstattung eines „Erlebnisrestaurants". Alle diese Dinge und Sachen existieren nach der Beendigung der Wellness- und Fitneßkurse oder außerhalb der Öffnungszeiten des Restaurants natürlich weiter, es ruhen aber ihre Funktionen im Rahmen der entsprechenden Behavior Settings.

- Diese Milieus sind den Handlungen (sozialen Rollen) in ihren Strukturen angepaßt und umgekehrt („synomorphic"), es besteht die *„gegenseitige Angemessenheit"* („Essential Fittingness") zwischen der materiellen Ausstattung und den Aktivitätenmustern. Ohne diese wechselseitige Anpassung ist die Funktion der Behavior Settings gefährdet. Man denke etwa an eine schlecht präparierte Skipiste oder an eine Abfahrt, welche für das Können einer Gruppe von Skifahrern zu schwer ist.

- Ein Behavior Setting findet an einem bestimmten *geographischen Ort* und zu einer *bestimmten Zeit* statt. Seine Aktivitäten wiederholen sich in der Regel in einem bestimmten *zeitlichen Intervall* und haben jeweils eine bestimmte *zeitliche Dauer.*

- Zwei oder mehrere Behavior Settings gehören dem gleichen *Funktionstyp* an, wenn zwischen ihnen „Ausstattungselemente" (Personen oder Sachen) ausgetauscht werden können, ohne daß sich deswegen ihre charakteristischen Tätigkeitenabläufe verändern. Hier wird die weitgehende Unabhängigkeit der Behavior Settings von den Einflüssen einzelner Individuen deutlich: Ihre Funktionen sind „vorprogrammiert" und von wirtschaftlichen, sozialen und kulturellen Organisationen verschiedener „Autoritätsbereiche" (öffentliche Verwaltung, Interessensverbände usw.) festgelegt.

- Einzelne Individuen nehmen in den Behavior Settings ihre Plätze ein, üben die vorgesehenen Tätigkeitenmuster und sozialen Rollen aus und unterliegen dabei – je nach ihrer Position – einem differenzierten System von Normen und Regeln, etwa für die „Leiter" von Behavior Settings, für ihre „Mitarbeiter" oder „Kunden", für das „Publikum" oder für „Gäste" und schließlich für „außenstehende Beobachter".

Ein gutes Beispiel für urbane Behavior Settings gibt R. SENNETT (1991, S. 161) mit der Beschreibung seiner bevorzugten Restaurants in der östlichen Midtown von Manhattan, New York:

„Diese Restaurants sind französisch, aber sie sind nicht eigentlich schick; hier wird noch mit Butter, Schmalz und Sahne gekocht, die Patrons sind korpulente, gemütliche Leute, und die Speisekarte wechselt selten. Die Restaurants liegen im Erdgeschoß von Reihenhäusern und sind einander in ihrer Einrichtung sehr ähnlich: vorbei an einer Bar im vorderen Teil des Lokals gelangt man in einen langgestreckten Raum, den rote, mit Plüsch oder Leder bezogene Polsterbänke säumen; an den Wänden über den Bänken hängen von Sonntagsmalern gemalte französische Landschaften in Öl; im hinteren Teil des Lokals liegt die enge Küche. Es heißt, New York sei eine unfreundliche Stadt, und ich vermute, man könnte jedes dieser Restaurants zum Beweis dafür anführen. Den Kellnern – Italienern oder Franzosen, die meist ihre mittleren Jahre hinter sich haben – fehlt jene aufmunternde Vertraulichkeit, die der Tourist schätzt. Aber die Restaurants sind voller Leute, die anscheinend ganz zufrieden sind, daß man sie in Ruhe läßt – man sieht viele Stammgäste, die allein essen, und Paare, die sich ruhig miteinander unterhalten."

Hier wird auch die mögliche Untergliederung von Behavior Settings in sog. *„Synomorphs"* deutlich, als kleinere räumliche Subeinheiten, welche über die verschiedenen Aktivitätenprogramme verbunden sind. So ist etwa ein Restaurant untergliedert in Speiseräume, Bar, Küche, Vorgarten etc. Aber auch „natürliche Behavior Settings" sind differenziert, etwa im Fall von Badeständen in Spülzone, Sandstrand, Dünenbereich, Lagune etc.

Man kann also einen touristischen Aktionsraum als räumliches Muster von verschiedensten Typen von Behavior Settings analysieren, das sowohl das sog. „*abgeleitete Angebot*" der technischen Fremdenverkehrsinfrastruktur umfaßt – z.B. Hotels und Ferienwohnanlagen, Restaurants und Cafés, Erlebnisbäder und Fitneßcenter etc. – sowie auch mehr oder weniger umgestaltete Elemente des Natur- und Kulturraumes (*„ursprüngliches Angebot"*) – wie Badestrände, Almwiesen, Skipisten, historische Plätze, kulturelle Sehenswürdigkeiten u.a. Die Regeln und Normen aller dieser Behavior Settings repräsentieren in ihrer Gesamtheit das soziale (und gesetzliche) Ordnungssystem einer Fremdenverkehrsregion. Es besteht aus *„Vollzugsnormen"*, deren Beachtung zur Aufrechterhaltung der Funktionsfähigkeit von Behavior Settings unbedingt erforderlich ist (z.B. die Regeln der „Pistenordnung"), sowie auch aus *„Gestaltungsnormen"*, die eine Variabilität sozialer Kontakte zulassen. Zum Beispiel kann sich auch auf der Straße „trotz aller Kasuistik erlaubter Themen... aus der Frage nach dem Weg ein Flirt entwickeln" (H. P. BAHRDT, 1969, S. 71). Am Badestrand oder in einer Diskothek sind hingegen die diesbezüglichen sozialen Barrieren wesentlich lockerer.

Im folgenden Beispiel werden die charakteristischen *„Ausstattungsbündel"* mit Funktionstypen von Behavior Settings im österreichischen Fremdenverkehr kurz skizziert (J. STEINBACH, 1996). Bezugsgrundlage sind die ca. 50 wichtigsten Fremdenverkehrsorte, wobei die Daten allerdings leider nicht für die um diese Zentren aufgespannten Aktionsräume vorliegen, sondern nur für die jeweiligen Gemeindegebiete, welche oft nur einen eher kleineren Teil der tatsächlichen Aktionsräume der Gäste repräsentieren, die hier ihre Urlaubsquartiere bezogen haben. Dennoch vermitteln die dargestellten Analyseergebnisse einen wohl recht realistischen Eindruck über die regionalen Verbreitungsmuster der Behavior Settings, welche man im weiteren Sinn zur Fremdenverkehrsinfrastruktur rechnen kann.

Tabelle 2.2 enthält in den Zeilen eine Anzahl (entsprechend der verfügbaren Daten) von für den Tourismus wichtigen Behavior-Setting-Typen, in den Spalten charakteristische „Bündel" der Behavior Settings mit ähnlichen räumlichen Verbreitungsmustern. Diese wurden mit Hilfe des multivariaten mathematisch-statistischen Verfahrens der sog. Faktorenanalyse errechnet: Einen Output dieses Verfahrens bilden die in den einzelnen (Matrix-) Elementen von Tabelle 2.2 enthaltenen *Faktorenladungen*, welche die Beiträge der Ausgangsvariablen (Behavior Setting-Typen) zur Bildung der Ausstattungsbündel bemessen (höchstmöglicher positiver Beitrag = + 1,0). Es ergibt sich ein Überblick über die charakteristischen Ausstattungsmuster der Fremdenverkehrsgemeinden für die Sommer- bzw. Wintersaison:

– Jeweils zwei „Bündel" (*„Veranstaltungen und Veranstaltungsinfrastruktur"*) umfassen Angebote der Abendunterhaltung und sind für beide Saisonen sehr ähnlich strukturiert.

Tabelle 2.2: Angebotsbündel von Einrichtungen der Fremdenverkehrsinfrastruktur im österreichischen Sommer- und Winterfremdenverkehr (nach: J. STEINBACH, 1995)

Einrichtungen der Fremdenverkehrsinfrastruktur		Angebotsbündel (Faktorenladungen) [1]							
		Veranstaltungen und Veranstaltungsinfrastruktur		Unterhaltungslokale/ Aufstiegshilfen [2]		Sportinfrastruktur	seengebundener Wassersport	Langlaufangebote	Wintersport Nebenaktivitäten
Veranstaltungssäle	über 500 Personen	0,6995	0,8445						
	200 – 500 Personen	0,8684	0,6275		0,4626				
Veranstaltungen (Unterhaltungsmusik)	mit Tanz	0,8823	0,8907						
	ohne Tanz	0,8810	0,8826						
Veranstaltungen (ernste Musik)		0,8142	0,8447						
Diskotheken		0,4268	0,4610	0,6816	0,6775				
Lokale mit Live-Musik	mit Tanz			0,8098	0,7673				
	ohne Tanz	0,3856		0,6903	0,7348				
Lokale mit TV-Geräten		0,4409	0,4582	0,7193	0,6935				
Seilbahnen				0,5841	++				
Sessellifte				0,6434	++				
Schwimmbäder			*		*	0,7140		*	*
Hallenschwimmbäder			0,3907	0,4148	0,4587	0,4695			
Tennisplätze			*		*	0,7254		*	*
Tennishallen				0,8340		0,4035			
Minigolfplätze			*		*	0,6483		*	*
Gästekindergärten			*		*	0,3725		*	*
Segelmöglichkeiten			*		*		0,9378	*	*
Surfmöglichkeiten			*		*		0,9335	*	*
Ortsloipen		*		*		*	*	0,6383	
Gebietsloipen		*		*		*	*	0,7805	
Langlaufunterricht		*		*		*	*	0,6555	
Langlaufpauschalangebote		*		*		*	*	0,4474	
geräumte Wanderwege		*		*		*	*		0,5871
Rodelmöglichkeiten		*		*		*	*		0,7645
Pferdeschlittenfahrten		*		*		*	*		0,6507
erklärte Varianz je Faktor in % (getrennt für die Sommer- und Wintersaison)		33,2	33,6	12,3	14,2	9,8	7,3	6,0	5,9

1)   angegeben sind Faktorenladungen von über + 0,3600;
2)   nur Sommerbetrieb; für die Wintersaison werden die Aufstiegskapazitäten durch andere Indikatoren gemessen;
*   in der Sommer-/Wintersaison nicht in Betrieb bzw. nicht erhoben;
++   für die Wintersaison differenzierter erhoben, aber hier nicht berücksichtigt.

- Die *Aufstiegshilfen* haben als „Schlüsselinvestitionen" des Fremdenverkehrs ein ähnliches räumliches Verbreitungsmuster wie die *Unterhaltungslokale,* die ebenfalls zur Grundausstattung bedeutenderer Tourismusgemeinden zählen. Beide „komplementären" Einrichtungen sind für die Sommersaison in einem Verbreitungsbündel zusammengefaßt (für die Wintersaison wird die Leistungskapazität der Aufstiegshilfen durch komplexere Kennzahlen gemessen – siehe Abschnitt 5.3.2.2 – diese sind in der vorliegenden Faktorenanalyse nicht berücksichtigt).
- Die sonstigen, hier erfaßten Behavior Setting-Typen treten jeweils in zwei weiteren charakteristischen Kombinationsformen auf: *„Sportinfrastruktur"* und *„seengebundener Wassersport"* für die Sommersaison bzw. *„Langlaufangebote"* und *„Wintersport-Nebenaktivitäten"* für die Wintersaison.

2.3.2   Dienstleistungsqualität und Gästekontaktpunkte

Nach dem oben dargestellten Konzept sind also die Behavior Settings die Orte, an denen die touristischen Dienstleistungen an die Gäste vermittelt werden. Für die *„Dienstleistungsqualität"* sind hier die folgenden Faktoren maßgeblich:

1) der Zustand der materiellen Umgebung (etwa das Design und die Ausstattung eines „Erlebnisrestaurants");
2) die Art und die Eigenschaften von angebotenen Produkten (also etwa der konsumierten Speisen und Getränke);
3) die erbrachten Dienstleistungen (also etwa die Serviceleistungen und die Freundlichkeit des Personals) sowie
4) ein Preis-Leistungs-Verhältnis, das nach der subjektiven Einschätzung der Konsumenten den Qualitätsniveaus der genannten Dienstleistungskomponenten angemessen ist.

Wie schon oben dargestellt, lassen sich die angebotenen Dienstleistungen nur dann realisieren, wenn die Leiter der Behavior Settings oder ihre Mitarbeiter und die Kunden – im jeweils entsprechenden Rollensystem – direkt miteinander in Kontakt treten: Die Kunden müssen sich in der Regel selbst am Prozeß der Leistungserstellung beteiligen (wobei ihr Engagement unterschiedlich stark ausgeprägt sein kann) und somit sind sie eigentlich Konsumenten und Produzenten in Einem (T. BEZOLD, 1998). Neben diesem *Kundenbeteiligungsprinzip* gilt auch die *Simultanität von Produktion und Konsum* („uno actu-Prinzip") als charakteristische Besonderheit von Dienstleistungsangeboten. Hier ist ihre sehr beschränkte Lagerungsfähigkeit gemeint sowie auch ihre mehr oder minder große Heterogenität: Der Ausgang der Dienstleistungen ist zunächst offen und meist nur in Grenzen standardisierbar (W. HILKE, 1989).

Unter diesen Gesichtspunkten lassen sich drei Möglichkeiten zur Definition und Erfassung von in den Behavior Settings erbrachten Dienstleistungen unterscheiden (W. HILKE, 1989; B. WITTMANN, 1998):

1) die *Potential-Orientierung*: Hier steht die Leistungsfähigkeit und die Leistungsbereitschaft eines Behavior Settings (Dienstleistungspersonal mit bestimmten Fertigkeiten und Motivationen, plus materielle Ausstattung mit bestimmten Eigenschaften) im Blickpunkt. Aktivitäten und präsumtiver Output sind in diesem Zusammenhang lediglich Leistungsversprechen;

2) die *Ereignis-(Prozeß-)Orientierung* bezieht sich auf die räumlich-zeitlichen Aktivitätenmuster zur Erstellung der Dienstleistungen;

3) die *Ergebnis-Orientierung* ist ausgerichtet auf die nutzenstiftenden Wirkungen, also im Tourismus zumeist auf die Erträge der Nachfrager an Humankapital, wie etwa Fertigkeiten (die in einem Ski- oder Tenniskurs vermittelt werden), Gesundheit und Wohlbefinden (als Output von Wellnessaktivitäten) oder auch mehr generell auf das Zufriedenheitsniveau mit den erbrachten Dienstleistungsangeboten.

Als besonders wichtig für die Qualitätsanalyse von Dienstleistungsangeboten erscheint hier vor allem die Identifikation der entscheidenden *Kundenkontaktpunkte* innerhalb der Behavior Settings, an denen der Tourist mit ihren personellen und materiellen Elementen zusammentrifft (= prozeßorientierter Ansatz): „In den meisten Fällen durchläuft man bei der Dienstleistungsnutzung eine Reihe von personalen und nicht personalen Kontaktpunkten, an denen qualitätsrelevante Eindrücke gewonnen werden. Diese Einzeleindrücke haben zum einen Einfluß auf die Wahrnehmung und Erwartung der folgenden Kontaktsequenzen, zum anderen wirken sich die Einzeleindrücke im Ergebnis auf die Bewertung der Gesamtqualität aus." (T. BEZOLD, 1998, S. 36). In den verschiedenen Sequenzen der Ausübung einer touristischen Rolle finden also Qualitätsbewertungen statt, und das abschließende Gesamturteil ist das Resultat eines kumulativen Wahrnehmungsprozesses (siehe die Abschnitte 3.4.5 und 3.5.5).

Das folgende Beispiel für die Analyse von Dienstleistungsangeboten bezieht sich auf die *personellen und materiellen Kundenkontaktpunkte* der „Altmühltherme" im fränkischen Treuchtlingen mit ihren verschiedenen Behavior Settings (Thermalbad, Hallenwellenbad, Freibad, Erlebnissauna und Restaurant) bzw. den dazugehörigen „Synomorphs" (z.B. Ruhehalle, Wintergarten; J. STEINBACH, A. HOLZHAUSER u.a., 2000). Abbildung 2.6 zeigt die Aktivitätenmuster der verschiedenen Besuchergruppen sowie die angebotenen „*Dienstleistungsketten*" und ihre Verknüpfungsmöglichkeiten. Solche Ablaufdiagramme („Blueprints") bilden eine wesentliche Grundlage für die „ereignis-" (oder „prozeß-") „orientierte" Kundenzufriedenheit (siehe Abschnitt 3.5.5.3).

Ein weiteres – sehr unterschiedliches – Beispiel für die Analyse von Dienstleistungsketten veranschaulicht Abbildung 2.7 (nach CAFE/ARGOS, 1991). Hier sind Probleme dargestellt, welche sich bei der Lenkung der Besucherströme durch die Pariser *Kathedrale Notre Dame* ergeben, mit ca. 12 Mio. Besuchern im Jahr und mit ca. 30.000 an Spitzentagen eine der bedeutendsten touristischen Sehenswürdigkeiten der Welt. Die Probleme ergeben sich einerseits wegen der Besuchermassen, die sich im Eingangsbereich sowie im Zentrum des Kirchenschiffes stauen und nur über ein „Einbahnsystem" zu den ver-

Abbildung 2.6: „Dienstleistungsketten", Gästekontaktpunkte und Qualitäts-attribute in der Altmühltherme (nach: J. STEINBACH; A. HOLZHAUSER u.a., 2000)

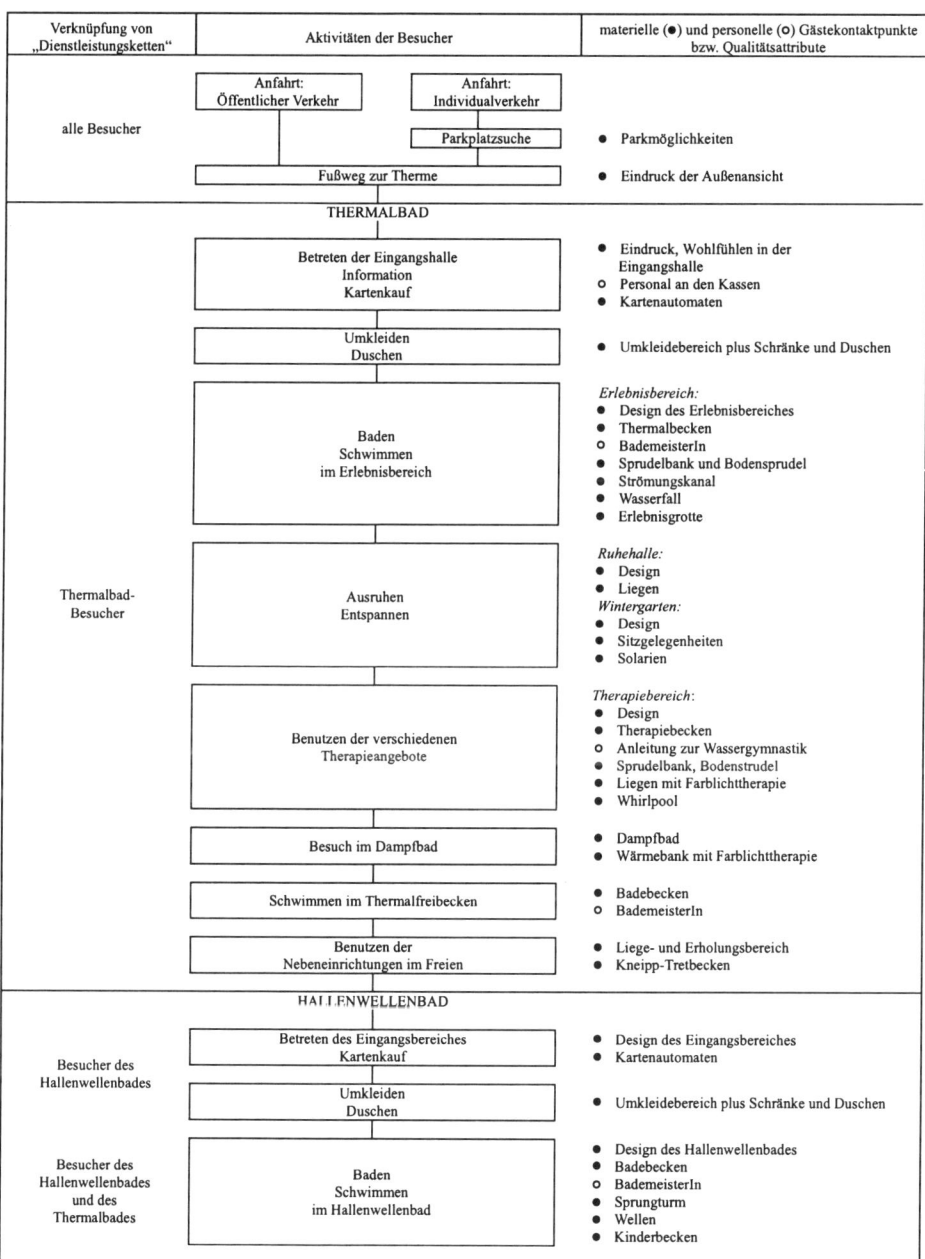

Verknüpfung von „Dienstleistungsketten"	Aktivitäten der Besucher	materielle (●) und personelle (○) Gästekontaktpunkte bzw. Qualitätsattribute
alle Besucher	**Anfahrt:** Öffentlicher Verkehr **Anfahrt:** Individualverkehr Parkplatzsuche Fußweg zur Therme	● Parkmöglichkeiten ● Eindruck der Außenansicht
	THERMALBAD	
Thermalbad-Besucher	Betreten der Eingangshalle Information Kartenkauf	● Eindruck, Wohlfühlen in der Eingangshalle ○ Personal an den Kassen ● Kartenautomaten
	Umkleiden Duschen	● Umkleidebereich plus Schränke und Duschen
	Baden Schwimmen im Erlebnisbereich	*Erlebnisbereich:* ● Design des Erlebnisbereiches ● Thermalbecken ○ BademeisterIn ● Sprudelbank und Bodensprudel ● Strömungskanal ● Wasserfall ● Erlebnisgrotte
	Ausruhen Entspannen	*Ruhehalle:* ● Design ● Liegen *Wintergarten:* ● Design ● Sitzgelegenheiten ● Solarien
	Benutzen der verschiedenen Therapieangebote	*Therapiebereich:* ● Design ● Therapiebecken ○ Anleitung zur Wassergymnastik ● Sprudelbank, Bodenstrudel ● Liegen mit Farblichttherapie ● Whirlpool
	Besuch im Dampfbad	● Dampfbad ● Wärmebank mit Farblichttherapie
	Schwimmen im Thermalfreibecken	● Badebecken ○ BademeisterIn
	Benutzen der Nebeneinrichtungen im Freien	● Liege- und Erholungsbereich ● Kneipp-Tretbecken
	HALLENWELLENBAD	
Besucher des Hallenwellenbades	Betreten des Eingangsbereiches Kartenkauf	● Design des Eingangsbereiches ● Kartenautomaten
	Umkleiden Duschen	● Umkleidebereich plus Schränke und Duschen
Besucher des Hallenwellenbades und des Thermalbades	Baden Schwimmen im Hallenwellenbad	● Design des Hallenwellenbades ● Badebecken ○ BademeisterIn ● Sprungturm ● Wellen ● Kinderbecken

Abbildung 2.6:   „Dienstleistungsketten", Gästekontaktpunkte und Qualitäts-
attribute in der Altmühltherme (Fortsetzung)

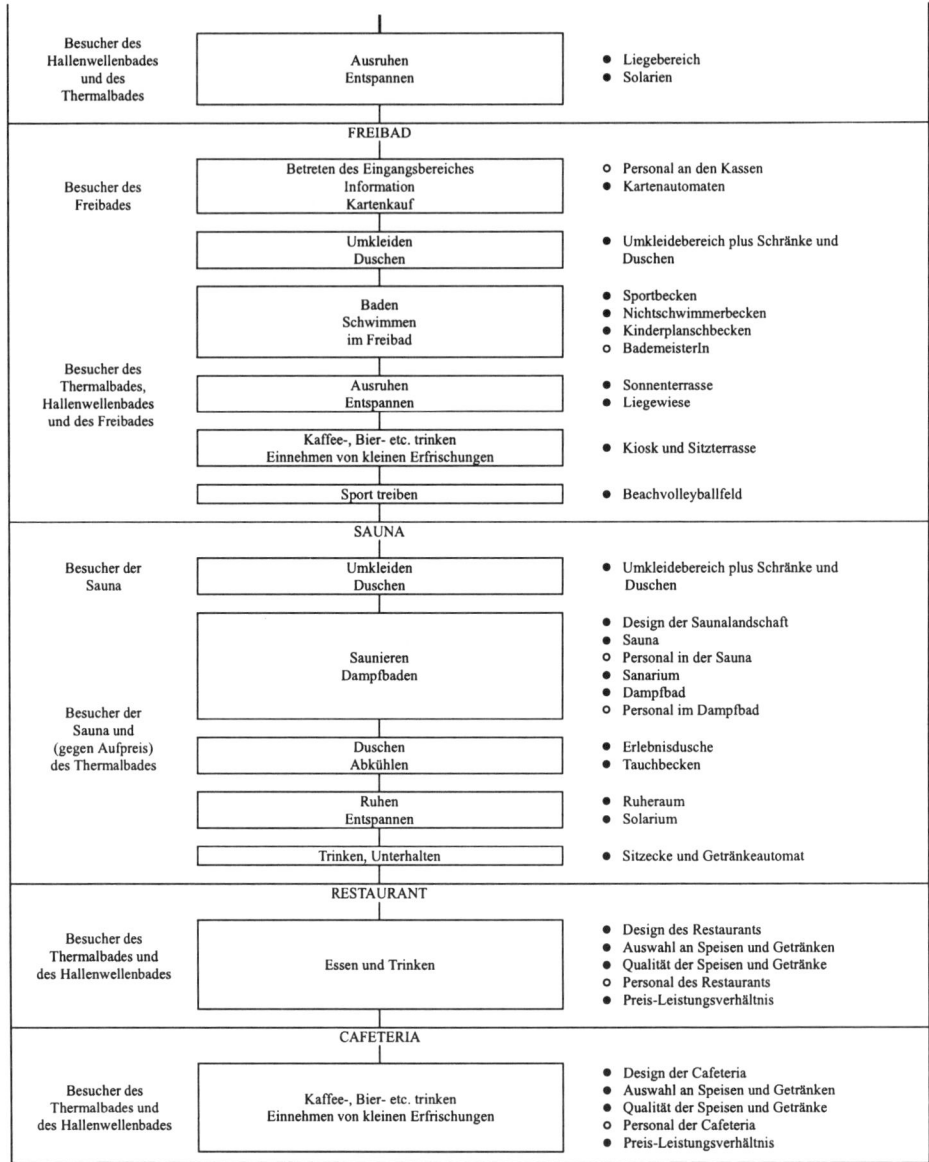

schiedenen Sehenswürdigkeiten und Besichtigungspunkten geschleust werden können.
Andererseits sind auch die „Rollenkonflikte" zwischen den beiden Hauptgruppen von
Besuchern kaum zu lösen: den (in der Mehrzahl einheimischen) Gläubigen, welche möglichst ungestört ihre Andacht verrichten oder an religiösen Veranstaltungen teilnehmen
möchten, und den Massen der Besichtigungstouristen, die auf die religiösen Bedürfnis-

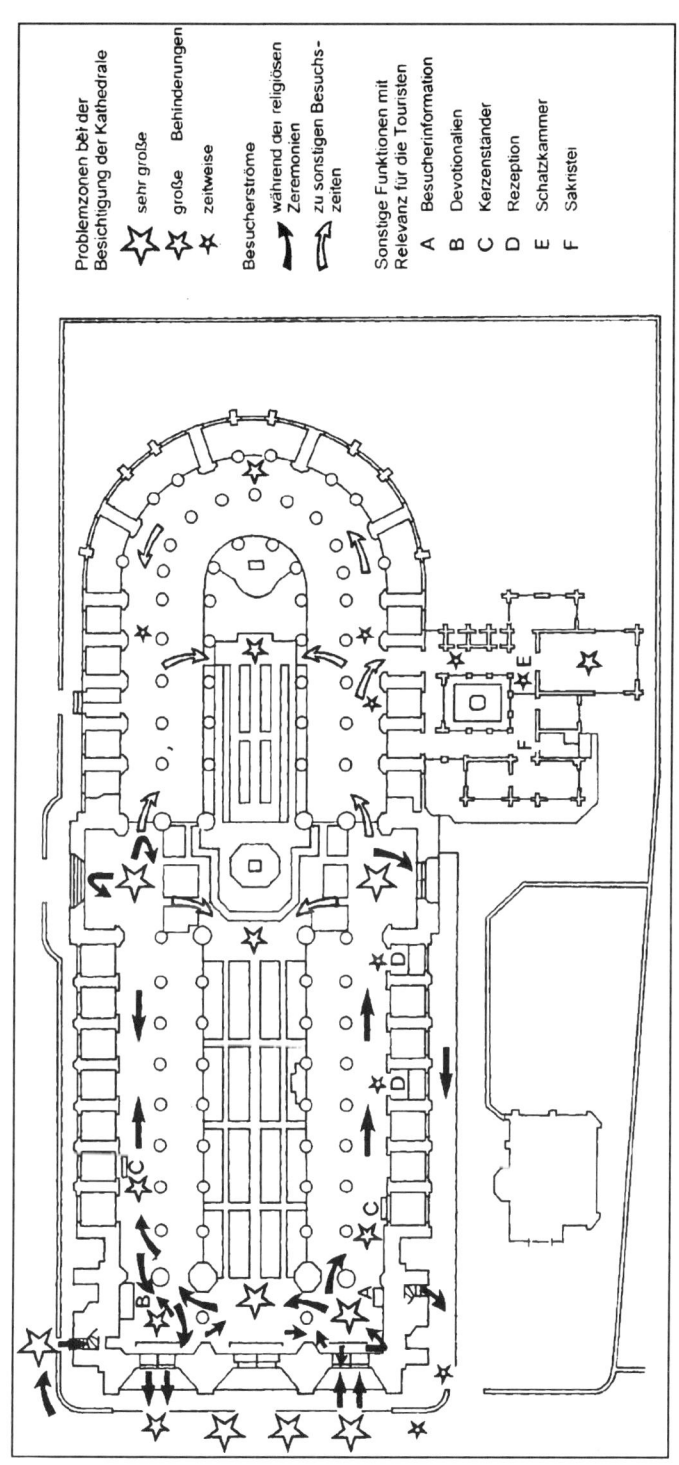

Abbildung 2.7: Besucherströme und Lenkungsprobleme in der Pariser Kathedrale Notre Dame (nach: CAFE, ARGOS, 1991; D. G. PEARCE, 1999)

se wenig Rücksicht nehmen, ebenso wie die in der Kirche tätigen Gästeführer. D.G. PEARCE (1999, S. 84) zitiert Père AUCOURT vom PASTORALE DU TOURISME ET DES LOISIRS (PRTL): „Our Churches have become tourist products".

2.3.3   Touristische Enklaven

In der soziologischen Theorie des *„Symbolischen Interaktionismus"* (E. GOFFMANN, 1959) wird zur Verdeutlichung des sozialen Interaktionsgeschehens auf die *Theateranalogie* Bezug genommen: Die Menschen stellen ihr Selbst auf der Bühne des Alltags dar, spielen dabei bestimmte „Rollen" und verfolgen bestimmte vorprogrammierte „Handlungen". Für den Lebensbereich des Tourismus läßt sich dieser Ansatz besonders gut anwenden, da gerade hier der Spaß an der Übernahme neuer, vom Alltagsleben sehr abgesetzter Handlungsmuster sowie auch das bloße „Spiel um dem Spielens willen" eine große Bedeutung haben (H. G. VESTER, 1999). In der Metaphorik des „Symbolischen Interaktionismus" kommt den Behavior Settings natürlich die Funktion der *Bühne* zu, mit ihren materiellen Elementen als Kulissen und Versatzstücke sowie mit den komplementären „Rollenträgern" (z.B. die Touristen und das Personal von Dienstleistungseinrichtungen) als Mitspieler oder mehr oder minder unbeteiligtes Publikum.

Nach einem solchen Konzept eines *„Staging Tourism"* (T. EDENSOR, 2000) kann man zunächst zwischen Behavior Settings oder ihren Teilelementen („Synomorphs") unterscheiden, die zur *Vorderbühne* (Frontstage) der touristischen Inszenierung zählen (etwa die in Abbildung 2.6 verzeichneten Elemente der „Altmühltherme") und den verschiedenen Stationen der *Hinterbühne* (Backstage), die etwa zur Vorbereitung und Lenkung von Dienstleistungen dienen, oder als Erholungsbereiche für das Personal (etwa die Wasseraufbereitungsanlagen der „Altmühltherme", die Büros des Managements oder die Pausenräume der Therapeuten und Fitneßtrainer). Für das touristische Publikum bleiben die Behavior Settings der Hinterbühne meist unzugänglich, da ein Blick „hinter die Kulissen" (etwa in die Küche eines Restaurants oder in die Quartiere der Mannschaft eines Luxuskreuzfahrtschiffes) die Glaubwürdigkeit der Inszenierung unter Umständen schwer erschüttern könnte. Dementsprechend sind die Grenzbereiche (mit Schildern, Pendeltüren, Durchreichen, Paravents etc.) auch entsprechend abgesichert (H. G. VESTER, 2000).

Oben wurde auf den besonderen Reiz der Übernahme neuer touristischer Rollen hingewiesen. Allerdings treten hier die Akteure auch auf *fremden Bühnen* gemeinsam mit unvertrauten Mitspielern und vor einem neuen Publikum auf. Daher besteht für den Touristen die latente Gefahr, die Zeichen der Selbstdarstellung anderer Mitspieler nicht richtig zu interpretieren und sich im „falschen Stück" mit unvorhergesehenem Handlungsverlauf wiederzufinden: Scham und Schuldgefühle können die Folgen sein, aber auch Blamagen vor einem mehr oder minder großen Publikum bis hin zu persönlichen Gefahren (H. G. VESTER, 2000).

Zum Schutz der Gäste vor solchen Situationen (die sich natürlich negativ auf die Urlaubszufriedenheit auswirken) kommt es vor allem in Fremdenverkehrsregionen mit längerer touristischer Tradition zur Einrichtung von *touristischen Enklaven* („Enclavic Space", T. EDENSOR, 2000), welche besonders auf die *Pauschaltouristen* ausgerichtet sind. Hier sorgen die internationalen Reiseveranstalter und Hotelkonzerne, aber auch die nationalen und regionalen Tourismusbehörden für den Ausbau eines Netzes von Behavior Settings, das sich an den „westlichen Standards" orientiert:

– Diese betreffen zunächst die *Gestaltung der materiellen Umwelt* in den Behavior Settings, wie Elemente des Designs und der Ausstattung von Gebäuden, Air Condition und Sauberkeit, Landschafts- und Gartenarchitektur. Zwar werden – etwa in den Zielregionen des Ferntourismus – durchaus „exotische" Milieus angestrebt, aber sie bleiben funktional und visuell auf diejenigen Kernaspekte des fremden Kultur- und Naturraumes beschränkt, welche den Gästen zumeist aus den Medien vertraut sind. „The cornucopia of infinite variety so often promised is a manufactured and 'controlled diversity' purveying pale suggestions of 'otherness' rather than a real of 'unconstrained social differences' " (D. MITCHELL, 1995; S. 119).

– Vor allem die großen internationalen Hotelanlagen, Ferienclubs oder Gesundheits- und Wellnessthermen sind als mehr oder minder *geschlossene Bereiche* konzipiert, mit vielfältigen eigenen Erholungs-, Freizeit- und gastronomischen Einrichtungen, eigenen Einkaufsgelegenheiten sowie Verkaufsausstellungen handwerklicher und künstlerischer Produkte (welche von der Partizipation an den entsprechenden Angeboten in der Region, etwa auf den Märkten der Umgebung, abhalten sollen), „exotischen" Shows und anderen „Simulationen" der lokalen Kultur. Solche Arrangements von möglichst geschlossenen Dienstleistungsketten sollen die Aktivitäten und Interaktionen der Touristen (und natürlich auch ihre monetären Ausgaben) sowie kontrollierte soziale Kontakte mit der einheimischen Bevölkerung möglichst auf die Bereiche des „Enclavic Space" beschränken. Aber auch die „Ausbrüche" der Gäste aus den Enklaven erfolgen oft nur kontrolliert und geregelt. „When they do venture out, typically it is in a bus with airconditioning and tinted windows which rushes through the countryside like an alien monster, with virually no impact on the villages it leaves in its wake. Then its passengers see a dance, visit a temple, admire a view, go shopping and are rushed back into quarantine again" (H. MABBETT, 1985, S. 229-230; zitiert nach J. CUNNELL, 1993). Nach T. EDENSOR (2000) bewegen sich die Urlauber bei solchen „Ausbrüchen" aus den touristischen Enklaven gleichsam in „Environmental Bubbles".

– Auch die *touristischen Sehenswürdigkeiten* selbst – wenigstens die höherrangigen davon – haben heute oft den Status von touristischen Enklaven, wobei die hier nicht beschäftigten Einheimischen manchmal sogar ausgeschlossen sind (etwa durch für sie nicht erschwingliche Eintrittspreise). Durch Leitsysteme (Pläne, Informationstafeln, elektronische Systeme) und Führer werden die Interaktionen hochgradig reglementiert und eine Reihe von Zusatzeinrichtungen (vom Souvenirver-

kauf und der Gastronomie bis hin zu den Toiletten und den PKW- und Buspark-
plätzen) sind ganz auf die Bedürfnisse der fremden Gäste ausgerichtet.

– All die genannten Funktionen der touristischen Enklaven können nur unter ständiger *Überwachung* wirklich zum Tragen kommen. Dies gilt sowohl für die Abschottung nach außen durch materielle Barrieren (Zäune, Mauern, elektronische
Überwachungssysteme) und Wachdienste, wie auch für die komplexere Aufgabe
der *„sanften Kontrolle"* (G. RITZER, A. LISKA, 1997) nach innen. Dazu zählen besonders die Aufsichtsfunktionen von Managern, Animatoren und sonstigen Angehörigen des Personals. Auch innerhalb der Touristengruppen selbst bestehen
soziale Kontrollmechanismen: gruppeninterne Normen zur Selbstdisziplin können Sanktionen auslösen (vom Reputationsverlust bis zum Ausschluß von Grup-
penaktivitäten), wenn man die Rollen in den Behavior Settings falsch spielt. Natürlich gibt es auch Handlungssituationen (etwa Tanzfeten in mallorquinischen
Discotheken von El Arenal oder Sauforgien beim „Ballermann 6"), wo die Kontrolle der Affekte nicht unbedingt erforderlich ist.

– E. GOFFMAN (1983) bezeichnet solche internalisierten Normen zur Verhaltensregelung in Behavior Settings als *Rituale*, d.h,. als soziale Rollen, in denen die
„Vollzugsnormen" nahezu ausschließlich dominieren, so daß für die individuellen „Gestaltungsnormen" nur wenig Raum bleibt. Sie werden in allen Kulturen
entwickelt und haben nicht nur in den traditionellen Gesellschaften (etwa: religiöse Zeremonien) große Bedeutung, sondern sind auch aus dem modernen Alltagsleben nicht wegzudenken. Im Tourismus sind die Rituale vielfach nicht mehr
nur einem Kulturkreis zuzuordnen, denn entsprechend seiner Internationalität
hat sich hier wenigstens teilweise ein *übergreifendes multikulturelles System* von
Regeln entwickelt (siehe Abschnitt 3.4.4), die besonders für die Behavior Settings
der touristischen Enklaven gelten: „An Flughäfen und in Flugzeugen, in internationalen Hotels, Restaurants und in Vergnügungsparks finden sich Menschen
aus unterschiedlichen Kulturen zurecht, weil überall mehr oder minder die selben Rituale der Interaktion vollzogen werden." (H. G. VESTER, 2000, S. 31). Nach
GOFFMAN helfen Rituale dabei, *Übergangssituationen* zu meistern. H. G. VESTER
(2000) führt als Beispiele die standardisierten Begrüßungsabläufe in Flugzeugen, Hotels oder Clubdörfern an, ebenso die „Wiedererkennungstänze" und
„Wiedereingliederungszeremonien" in den Ankunftshallen der Flughäfen. Aber auch
darüber hinaus bestimmen sie oft wesentlich die *„Gestaltung des touristischen Spek-
takels"* (D. CHANEY, 1993), etwa von Spielen, Festen und Wettbewerben oder den
choreographierten Ablauf von Führungen mit ihren typischen Phasen: der weitgehend sequentiellen und selektiven Besichtigung mit dosierter Information und
angeleiteten Photographierzeremonien (vorgegebene Standorte und Perspektiven), oft mit angeschlossenem Einkauf von Souvenirs und gastronomischem Zwischenstop.

– Nicht nur die Führer und Reiseleiter, sondern die meisten Beschäftigten in den
Behavior Settings der touristischen Enklaven spielen ihre Rollen nach weitge-
hend dem gleichen Script in immer *wiederholten Vorstellungen*: Während die
Touristen von den subjektiven Gefühlen geleitet werden, etwas Besonderes und

Einzigartiges zu erleben, bewerten ihre Gastgeber dieselbe Situation als bloße Routine: „Der Safaritourist etwa, der zum erstenmal ein Nashorn vor sich auftauchen sieht, befindet sich in einer aufregenden Situation, die für den professionellen Safaribegleiter alltägliche Routine ist.... Die Linie, die das Einmalige vom Regelmäßigen scheidet, entspricht der Grenze, welche die Welt des Touristen von der des Touristikers trennt" (H. G. VESTER, 2000, S. 34; siehe die karikaturistische Umsetzung einer solchen Situation von LARSON in Abbildung 2.8). Daher spielt in den touristischen Dienstleistungen das *„Management der Gefühle"* eine besondere Rolle. Der Emotionssoziologe A. R. HOCHSCHILD (1983) unterscheidet hier zwischen *„Surface Acting"* und *„Deep Acting"*. Im ersten Fall werden die Emotionen ohne große innere Beteiligung bloß dargestellt: Man trägt gleichsam eine Maske, die dem im Behavior Setting zugrundeliegenden Dienstleistungskonzept entspricht. Im Falle des „Deep Actings" versuchen die Dienstleister hingegen auch, ihre eigenen Gefühle in den Interaktionsprozeß einzubringen, die individuellen Motive der Gäste zu ergründen bzw. zu verstehen und ihre Emotionen positiv zu beeinflussen. Dies stellt allerdings in der Regel auch große Anforderungen an die „Gefühlsarbeiter", welche dem Streß eines ständigen inneren Engagements manchmal auf Dauer nicht gewachsen sind. Dennoch wird aber „Deep

Abbildung 2.8: Das „Einzigartige" und das „Alltägliche" – Rollen im Tourismus (LARSON, 1982)

Acting" in der ständig steigenden Konkurrenz von Tourismusunternehmen und Fremdenverkehrsregionen immer wichtiger, besonders auch im Rahmen der neuen Urlaubsstile (etwa: Wellnesstourismus, „Side-Events" des Snowboardtourismus). Emotionen sind immer ein wesentlicher Output touristischer Aktivitäten gewesen, aber die in den verschiedensten Typen von touristischen Behavior Settings (z.B. Events, Erlebnisparks) eingesetzten Strategien zu ihrer Produktion werden gerade in letzter Zeit immer differenzierter und komplexer. Im Rahmen der Diskussion des „touristischen Verhaltens" und des „Wandels von Urlaubsstilen" ist darauf noch ausführlich einzugehen (siehe Abschnitt 5.3.1).

Als Beispiel einer touristischen Enklave wird hier kurz auf das Luxusressort *Nusa Dua* Bezug genommen, das ab den späten 70er Jahren auf der Kalkhalbinsel Bukit im Süden von Bali errichtet wurde (siehe Karte 2.8). Die mit u.a. Weltbank-Geldern finanzierte Anlage umfaßt eine Fläche von 425 ha, auf der insgesamt acht internationale Fünfsterne-Hotels mit zusammen etwa 3.400 Betten stehen. Die Planung im Rahmen eines von der französischen Beratungsfirma SCETO entwickelten Masterplans für die Insel Bali ging davon aus, daß ein konzentrierter Tourismus fernab des Hauptsiedlungsgebietes viel weniger auf Kosten der Kultur- und Naturlandschaft erfolgt, als eine unkontrollierte Entwicklung (wie dies etwa in der nördlich gelegenen Region um Kuta der Fall ist, einem ehemaligen Treffpunkt der internationalen Hippies). Die Standortwahl fiel auf Bukit wegen des geringen landwirtschaftlichen Potentials (der Naßreisanbau ist infolge der hier herrschenden Trockenheit nicht

Abbildung 2.9:   Touristische Enklave: Vorderfront des „Bali-Hiltons"

Foto: J. STEINBACH, 1998

möglich), der weißen Sandstrände (die auf der Vulkaninsel Bali eher selten sind) sowie der Nähe zum Flughafen von Denpassar und zu den Handwerker- und Künstlerdörfern um Ubud (R. WALDNER, 1998). Die Enklave ist als tropischer Garten gestaltet und umfaßt neben den Luxushotels einen Golfplatz, ein internationales (in Dorfform gestaltetes) Einkaufszentrum sowie mehrere zusätzliche Restaurants. Das Design der Anlagen orientiert sich zum Teil an der balinesischen Tempelarchitektur (siehe die Frontpartie des Bali-Hiltons in Abbildung 2.9), ebenso die Mauer, welche die Enklave umschließt und durch die traditionellen „gespaltenen Tore" (kontrollierbaren) Einlaß bietet. Nusa Dua "is in Bali, but it is not of Bali" (J. CONNELL, 1993; zitiert nach C. MINCA, 2000).

Aber auch außerhalb der Enklave prägt der Tourismus die Wirtschafts- und Siedlungsstruktur: Zum einen haben sich die anliegenden Dörfer mit Restaurants, Souvenirgeschäften und Läden mit T-Shirts, Möbeln sowie mit anderen handwerklichen Produkten auf die Bedürfnisse der Touristen aus dem Ressort eingestellt, zum anderen dienen sie dem einheimischen Personal von Nusa Dua als Wohnorte und konnten auch dadurch einen beträchtlichen Wachstumsschub erfahren.

Allerdings können sich solche *Randgebiete der touristischen Enklaven* auch zu schwerwiegenden sozialen, kulturellen und politischen Problemzonen entwickeln. Dies ist besonders um solche Enklaven der Fall, welche die Reifestadien ihrer „Wachstumszyklen" bereits erreicht haben. Hier kommt es zur Überkonzentration der einheimischen Bevölkerungsgruppen, für die – oft relativ geringe und unregelmäßige – Einkünfte aus den Nebenausgaben der internationalen Touristen die Existenzbasis darstellen. Diese Einkünfte werden zu oft beträchtlichen Anteilen auch aus illegalen und kriminellen Aktivitäten erzielt, wie Drogenhandel und Prostitution, Straßenhandel mit gefälschten oder geschmuggelten Produkten, Durchführung von unkonzessionierten und unversicherten Touren und Besichtigungen, Diebstahl sowie andere Formen der Kleinkriminalität. Touristen, welche ihre Enklaven verlassen, sehen sich mit der steigenden Aggressivität der manchmal um das Überleben ihrer Familien kämpfenden einheimischen Anbieter von Waren und Diensten (sowie der vielen Bettler) konfrontiert. Unter bestimmten Umständen ist auch ihre Sicherheit nicht gewährleistet. Immer unattraktivere Formen der Bebauung (oft auch mit Merkmalen der Verslumung) sind weitere Kennzeichen dieser Randgebiete von touristischen Enklaven, wo auch die „touristische Begegnung der Kulturen" die „Entwurzelung" und den Identitätsverlust der hier lebenden sozialen Gruppen bedingt. Seelische Konflikte durch die Konfrontation mit inkompatiblen (traditionellen und abendländisch-modernen) Normen, die eigene Ablösung von oder der Ausschluß aus familiären, religiösen, sozialen oder politischen Netzwerken und verschiedene andere Faktoren können zu Problemsituationen führen. Diese bedingen dann unter Umständen asoziale oder kriminelle Verhaltensweisen, aber auch Krankheiten sowie die Flucht in den Alkohol- oder Drogenkonsum (siehe Abschnitt 3.4.4).

So bedingt die Errichtung der touristischen Enklaven auch die Ausbildung von „*pathologischen Räumen*" in ihren Umfeldern. Aus ihrer Existenz resultieren *zusätzliche Zwänge* zur noch intensiveren Abschottung der Enklaven und zur Beschränkung der touristischen Aktionsräume auf diese sicheren Bereiche. C. MINCA (2000) kennzeichnet solche Prozesse mit dem Begriff „*Bali-Syndrom*". Seiner Meinung nach stellt die oben beschriebene Situation von Nusa Dua ein illustratives Beispiel für die „*Implosion*" von touristischen Räumen dar. Hingegen bildet das nördlich gelegene Gebiet um *Kuta* einen Paradefall für die oft parallel ablaufenden „*Explosionsphänomene*": Das ehemalige Fischerdorf haben in den 70er Jahren des 20. Jh. zunächst Hippies als Paradies der billigen Drogen und der freien Liebe entdeckt, später folgten junge Surfer aus Australien. Mit dem Ausbau der Mittelklasse-Hotelerie und der Verbesserung des Flugverkehrs entwickelte sich Kuta als vom „wahren Bali" isolierte Destination für unterhaltungsbedürftige, besonders am Nachtleben orientierte, jüngere internationale Touristen (R. WALDNER, 1998). Es entstanden die touristischen Enklaven der großen Hotelkomplexe mit ihren Zusatzeinrichtungen sowie die umgebenden „pathologischen Räume": „Much of the landscape of Kuta has been transformed into a chaos of lights, noise, bars, discotheques and agencies which offer every possible service for a middle-class tourism in search of cheap thrills (the appearence of hard drugs and prostitution being but one symptom of this transformation)" (C. MINCA, 2000; S. 395).

2.3.4   Heterogene Räume

Die Randgebiete von Nusa Dua und Kuta stellen nach der Diktion von T. EDENSOR (2000) „*heterogene Räume*" („Heterogenous Space") dar, in deren Behavior Settings Akteure aufeinandertreffen, deren Verhalten von meist sehr verschiedenen Regeln und Normensystemen geleitet wird. Hier handelt es sich um *multifunktionale Räume*, in denen sich etwa kleine, arbeitsintensive, unter Umständen auch illegale (Familien-)Betriebe konzentrieren und wo die touristischen Funktionen auch in den Hintergrund treten können. In der Regel spielt die Wohnfunktion der einheimischen Bevölkerung eine wichtige Rolle. Viele der Aktivitäten finden in den öffentlichen und halböffentlichen Behavior Settings (Plätze und Gassen, Parkanlagen, Promenaden, Arkaden, Passagen und Nischen etc.) statt. Diese sind „Zentren des sozialen Lebens", wo man Geschäfte tätigt, Informationen und Geschwätz austauscht, wo aber auch politische, kulturelle und religiöse Veranstaltungen stattfinden, und bilden zudem oft Stätten der Unterhaltung sowohl für die Kinder als auch für die Erwachsenen. In all diesen vielfältigen Behavior Settings wirken verschiedenste Systeme der Macht und der Kontrolle – von lokalen politischen, ethnischen, religiösen, manchmal sogar kriminellen Gruppen – die den Touristen in der Regel nur wenig bekannt sind und deren Mechanismen sie meist nicht durchschauen können. Die angebotenen Einrichtungen der Fremdenverkehrsinfrastruktur entsprechen oft kaum den „westlichen" Standards (etwa der Hygiene in Hotels und gastronomischen Betrieben) der touristischen Enklaven.

Diese Strukturmerkmale von heterogenen Räumen – der Anreiz ihrer Vielfältigkeit und Exotik, aber auch ihre Unberechenbarkeit und ihre Risiken – bedingen ihre *touristische Ambivalenz*: „The bazaar or the street expresses through its own theatre the juxtaposition of pleasure and danger that constitutes the „outside" or the open, unenclosed space. The street is where one has interesting, and sometimes marvellous, encounters. They do not always eventuate but the place is pregnant with the possibility." (D. CHAKRABARTY, 1991; S. 26).

In seiner Studie über das Verhalten westlicher Touristen rund um das Taj Mahal in Indien unterscheidet T. EDENSOR (2000) *drei Grundmuster* von Reaktionen auf die Ambivalenzen des heterogenen Raumes:

- Erhöhte Sensibilität für die ungewohnte Situation, in der man die Regeln für das „angebrachte Verhalten" – wenn überhaupt – nur vage erahnen kann. Versuche, sich darauf einzustellen und Fehlleistungen mit Humor zu nehmen.
- Ärger oder sogar Panik als Reaktion auf die Situationen, in denen sich der Handlungsverlauf der eigenen Kontrolle entzieht, Flucht in den „sicheren Raum" der touristischen Enklave.
- Häufige Suche nach Kontakten im heterogenen Raum mit seinen Herausforderungen als Stimulus im Urlaub und als besonders anregende Form des Ausbrechens aus den Routinen der alltäglichen Lebenswelt.

Im internationalen Tourismus gibt es – neben den oben genannten Randzonen der touristischen Enklaven – natürlich eine Vielzahl von *Beispielen für heterogene Räume*. Wegen ihrer Vielfältigkeit und Exotik zählt die im indischen Ozean, östlich von Madagaskar und südlich der Seychellen gelegene *Insel Mauritius* (mit über einer Mio. Einwohnern) vermutlich zu den Besten davon. Abbildung 2.10 zeigt den zentralen Markt der Inselhauptstadt Port Louis (ca. 150.000 Einwohner) mit seinen überdachten Hallen (die Schmiede- und Steinarbeiten zählen zu den nationalen Kunstdenkmälern), dem Gewirr von Marktständen und den engen, übervölkerten Gassen und Durchgängen (leider ist Anfang der 80er Jahre die Hälfte der alten Bausubstanz abgebrannt). Gerade auf diesem Markt – mit seinen vielfältigen „Synomorphs", wo Obst und Gemüse, Fleisch und Fisch, Stoffe und Bekleidung, Hausrat und Möbel etc. angeboten werden – kann man den ethnischen, religiösen und kulturellen Mix sehr gut erleben. Dieser ist in der abwechslungsreichen Inselgeschichte begründet, mit ihren Phasen der arabischen (ab ca. 1.000 n. Chr.), portugiesischen, holländischen, französischen und englischen Kolonisation (Unabhängigkeit seit 1968). Mauritische Kreolen afrikanischer und madagassischer Abstammung (die Nachfahren der ins Land geholten Sklaven) stellen heute ca. 25 % der Bevölkerung, während auf die nach der Abschaffung der Sklaverei als Plantagenarbeiter eingewanderten Inder 70 % entfallen. Dazu kommen ca. 3 % Chinesen und ca. 2 % Weiße. Die Zugehörigkeit zu verschiedenen religiösen Gruppen führt zu einer weiteren Differenzierung dieser ethnischen Vielfalt: Während sich die Inder zum Hinduismus, zum Islam oder zum Buddhismus bekennen, sind die Kreolen, die Europäer und die Hälfte der Chinesen zumeist Christen (die übrigen Chinesen gehören ebenfalls dem buddhistischen

Abbildung 2.10: Zentraler Markt von Port Louis, der Hauptstadt der Insel
Mauritius

Foto: J. STEINBACH, 1998

Glauben an). Kreolisch (mit vornehmlich französischen aber auch afrikanischen und madagassischen Elementen) bildet die von allen Mauritiern verstandene Umgangssprache, während das Englische als offizielle Amtssprache dient und die Oberschicht auch das Französische beherrscht. Etwa die Hälfte der Bevölkerung versteht zudem Hindi, ca. 3 % sprechen das südindische Tamil, und die chinesischen Mauritier verstehen natürlich auch die kantonesische Sprache.

Man kann sich die Vielfalt und die Komplexität der Normen und Regelsysteme vorstellen, denen sich die Touristen (ca. 400.000 im Jahr) allein auf dem Markt von Port Louis konfrontiert sehen, sowie auch ihre Gefühle der Unsicherheit, die sich beim Aufenthalt in diesem Milieu ergeben, aber natürlich auch den besonderen Reiz, welchen dieser Markt auf seine Besucher ausübt. Auch im Strandleben (Abbildung 2.11 zeigt eine Szene nahe Trou aux Biches nördlich von Port Louis) wird diese Konfrontation der Kulturen sichtbar. Es sind keine wesentlichen Konflikte zwischen „Reisenden" und „Bereisten" bekannt geworden, wie auch die unterschiedlichen Bevölkerungsgruppen auf der Insel wenigstens bisher relativ friedlich zusammenleben. Ein wesentlicher Grund dafür ist die nicht ungünstige wirtschaftliche Situation, welche auf drei Grundlagen basiert – arbeitsintensive Exportindustrie in die EU, Zuckerrohranbau und Tourismus.

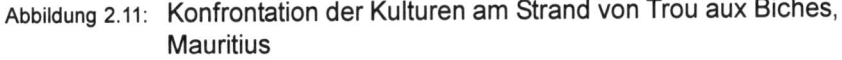

Abbildung 2.11: Konfrontation der Kulturen am Strand von Trou aux Biches, Mauritius

Foto: J. STEINBACH, 1998

Unterschiedliche Gruppen von Touristen reagieren also in spezieller Weise auf die Angebotselemente von heterogenen Räumen. Hier kommt natürlich den Unterschieden bezüglich der Regeln und Normen der Alltagskultur, die zwischen den „Reisenden" und den „Bereisten" jeweils bestehen, eine große Bedeutung zu. Wie in den Abschnitten 2.3.3 und 2.3.4 gezeigt, stellen die heterogenen Räume und die touristischen Enklaven mit ihrem jeweiligen Mix aus in mehr oder minder engem Verbund auftretenden Behavior Settings (welche die verschiedenen Dienstleistungsketten anbieten) die grundlegenden Elemente von Aktionsräumen im Fremdenverkehr dar. Durch die Filter der „touristischen Perspektive" gewinnen sie aber für die Besucher unterschiedliche Bedeutung.

2.4 Die touristische Perspektive

In seinem Konzept über die „touristische Perspektive" (the „Tourist Gaze") geht J. URRY (1990) von der Grundidee aus, daß nur eine beschränkte Zahl von über die menschlichen Sinne vermittelten Eindrücke, Situationen und Erlebnissen – betreffend die ursprünglichen kultur- und naturräumlichen Angebote einer Region – überhaupt die Aufmerksamkeit der Besucher findet, nämlich besonders diejenigen, welche das *Image* der Destination bestimmen, „the sum of beliefs, ideas and impressi-

ons that a person has regarding a tourist destination" (P.E. MURPHY, 1985, S. 25;
zitiert nach G. SHAW, S. AGARWAL, P. BULL, 2000). Diese mentalen Abbilder der Realität sind aus verschiedenen Elementen (Faktorengruppen) zusammengesetzt, wobei man zwischen *originären* und *derivaten* Faktoren unterscheidet: Die Erstgenannten beziehen sich auf einzelne, „sachhaltige" Angebote einer Tourismusregion,
also etwa auf bestimmte Dienstleistungen oder Sehenswürdigkeiten des Natur- und
Kulturraumes. Die Letztgenannten sind auf „nicht-sachhaltige" Eigenschaften ausgerichtet, d.h., auf die Region als Ganzes (A. HERMANNS, 1997).

Entscheidend ist also die „Vorprägung" der Touristen durch Informationen über diese
„Erlebnisinhalte" von Regionen und Aktionsräumen, die eine *Antizipation* des Urlaubs
ermöglichen, etwa durch Tagträume und Entfaltung von Phantasie. „The tourist gaze
is a mix of different scopic drivers by which things of significance in history/culture/
nature/experience are identified, signified and totalized" (J. URRY, 1992, S. 172). *„Agenten"*, welche diese Informationen verbreiten (und somit im Sinn vom M. FOUCALT,
1988 Einfluß und Macht auf die Touristen – als „Targets" – ausüben), sind etwa die
Marketingabteilungen der großen Reiseveranstalter und der Tourismusregionen mit
ihrer Flut an Prospekt- und Werbematerial. Dazu zählen aber auch die Verfasser von
Reiseführern sowie – in zunehmendem Maße – ein unübersehbares Spektrum von
Public-Relations-Managern, Autoren und Regisseuren, welche in Zeitschriften und
Reisemagazinen, Romanen, Filmen, Fernsehproduktionen und Internetauftritten etc.
entweder direkt auf die Beschreibung der Sehenswürdigkeiten und Besonderheiten
abzielen, oder (was sich oft als viel wirkungsvoller erweist) diese als spektakulären
Hintergrund für ihre „Stories" verwenden.

Alle diese auf so vielfältige Art verbreiteten Informationen tragen zur *„Konstruktion" der touristischen Perspektive* bei, indem sie bestimmte Charakteristika der
Urlaubsregion herausstellen, etwa Besonderheiten der Naturlandschaft und des kulturellen Erbes oder Attraktionen der modernen Kultur- und Unterhaltungsszene,
den Reiz von alten oder modernen städtischen Ensembles sowie ein Spektrum von
vielen anderen Merkmalen der Zielregionen. Es werden Zeichen und Images produziert, welche den touristischen Erlebniswelten den Charakter des Besonderen und
Außergewöhnlichen verleihen und sie so von den Alltagswelten ihrer Besucher möglichst weit abheben. Bei ihren Aufenthalten in den Zielgebieten vergleichen die Touristen ihre realen Eindrücke und Erfahrungen mit den vorgegebenen Vorstellungen
und Bildern der touristischen Perspektive. Die Realität wird nach diesen Vorbildern
interpretiert: Je höher die Übereinstimmung, desto größer ist in vielen Fällen die
Zufriedenheit mit dem Erlebten. So beurteilen die Touristen nicht das Abbild nach
der Realität, sondern die *Realität nach dem Abbild.* „Man sieht also nur das, wovon
man sich vorher (in seinem Gehirn) bereits ein Bild gemacht hat. Nur wenn man
weiß, was zu erwarten ist, worauf man sich einstellen muß, hat man auch eine Chance, es wahrzunehmen." (J. W. MUNDT, 1998, S. 177).

Dementsprechend ist auch die eigene Reproduktion der in der Wirklichkeit wieder-
erkannten Zeichen und Situationen durch Photos, Filme oder Videos so wichtig.

Man möchte eine *eigene Version der Szenen* herstellen, die man bereits vor Reiseantritt durch andere Bilder kennt (J. URRY, 1990), und die Abbildungen dienen als *Beweismaterial* für die Daheimgebliebenen, als Konservierung von Erlebten. So wird die konkrete touristische Situation oft schon im Augenblick des Erlebens danach beurteilt, wie sie sich später zu Hause präsentieren läßt (J. W. MUNDT, 1998).

Beispiele für die „Produktion" und Wiedergabe von kollektiven touristischen Perspektiven finden sich natürlich en masse. Dazu zählt etwa auch die an das Gemüt gehende Lyrik von Christine METZGER über die Savanne in Kenia („Afrika – absolut archaisch" im Reisemagazin GLOBO, Nr. 10, Oktober 1999, S. 55): „Über der Savanne geht blutrot die Sonne auf. Tausende von Zebras, Gnus und Antilopen ziehen vorüber. Die Savanne erstreckt sich bis zum Horizont – unübersehbar weit, von Baumgruppen gesprenkelt. Auf einer Anhöhe steht ein Löwe, das Haupt mit der mächtigen Mähne hoch erhoben. Zwei Büffel haben sich im Kampf verkeilt, ein Gepard duckt sich im Gras, setzt zum Sprung auf eine Gazelle an. Archaische Bilder sind das – der Kampf ums Dasein, nomadisches Umherziehen, Leben und Vergehen. Wenn es stimmt, daß in Ostafrika die 'Wiege der Menschheit' stand, dann sind diese Bilder vielleicht ganz tief in unserem Unterbewußtsein gespeichert, Urerfahrungen des Homo erectus, die der Homo sapiens noch immer in sich trägt. Als tiefe Sehnsucht, als Traum von der Magie Afrikas."

Dargestellt werden also zunächst die *typischen visuellen Merkmale* der Savannenlandschaft sowie – in recht vollständiger Aufzählung – auch die Fauna dieses Lebensraumes, einschließlich der charakteristischen Posen der verschiedenen Tiere. Es folgt die Beschwörung der archaischen *„Gegenwelt"* im Vergleich zum Alltag der Touristen, danach kommt die *mythische Beziehung* zur Sprache, die zwischen uns modernen Menschen und den Wurzeln unserer Existenz besteht, wodurch wir uns von dieser Landschaft quasi unausweichlich angezogen fühlen müssen. Schließlich gibt die Autorin auch noch Einblicke in ihre private Theorie bezüglich der genetischen Einflüsse auf die Entstehung der touristischen Perspektiven.

Die tatsächlichen psychologischen und sozialen Prozesse, welche zur Ausformung der kollektiven touristischen Perspektive unter Einfluß der oben genannten Medien führen, bezeichnet C. ROJEK (1997) als *„Indexierung"* der originalen Objekte: Besonders durch Filme und Fernsehshows werden diesen eine Vielzahl von Bedeutungen und Symbolen (*„electronically derived images"*, V. GALANI-MOUTAFI, 2000) „angehängt", so daß ihre Authentizität (d.h., ihre ursprüngliche kulturelle Bedeutung) manchmal mehr oder minder verloren geht bzw. auch gar nicht mehr so sehr nachgefragt wird: Manche Touristen sind von der Besichtigung bestimmter „Originalschauplätze" sogar eher enttäuscht, weil sie ohne unmittelbare Einbindung in die Stories der Filme, TV-Serien oder Romane viel von ihren Reizen verlieren. Daher ist die *Konkurrenz* der touristischen Destinationen durch das ständige Bemühen nach der „Pflege" alter und der Schaffung von neuen Images gekennzeichnet, mit dem Ziel, die Position in der *Rangordnung der kollektiven touristischen Perspektiven* (nach ihrer Attraktivität auf nationaler oder internationaler Ebene) zu erhalten oder zu verbessern.

Die „Indexierung" der originalen touristischen Objekte bezieht sich einerseits auf stereotype Erlebnisinhalte, andererseits auf verschiedene individuelle Besonderheiten von Sehenswürdigkeiten oder touristischen Aktionsräumen.

In den touristischen Perspektiven dominieren besonders die *visuellen stereotypischen Eindrücke*, etwa:

- vorgeblich typische *Verhaltensmuster* (das freizügige Verhalten französischer Liebespaare in der Öffentlichkeit, das Karnevalstreiben in Rio, biertrinkende Bayern oder das Landleben der Mitglieder der britischen Oberschicht);
- als charakteristisch dargestellte Merkmale der *Naturlandschaft* sowie der *ländlichen oder städtischen Kulturlandschaft* (die oben beschriebene ostafrikanische Savanne, tropische Strände mit weißem Sand und Palmenhainen, die Reisterrassenlandschaften auf den Philippinen oder auf Bali, die mittelalterlichen Stadtkerne der deutschen Klein- und Mittelstädte, die Wolkenkratzer der nordamerikanischen Downtowns etc.).

Zu den Stereotypen, welche die kollektiven Vorstellungen von touristischen Destinationen bestimmen, zählen aber auch Erlebnisinhalte, die nicht nur über das Auge, sondern in bedeutendem Ausmaß über den *Geschmacks-, Geruchs-* und *Gehörsinn* wahrzunehmen sind, wie:

- charakteristische *Speisen und Getränke* (Wiener Schnitzel, amerikanisches Fast-Food, bayerisches Bier, griechischer Ouzo etc.);
- spezielle *Ausdrucksformen der Musik und des Tanzes* (jamaikanischer Reggae, kubanischer Salsa, balinesische Gamelan-Musik etc.).

In wirklich attraktiven touristischen Perspektiven dürfen aber auch die *individuellen Besonderheiten* nicht fehlen, besonders die visuellen *Wahrzeichen der Natur- und Kulturlandschaft*. Unter den vielen Beispielen seien hier nur genannt: die Pitons auf der Karibikinsel St. Lucia, als von der Erosion herausgearbeitete harte Lavakerne von Zwillingsvulkanen, die sich aus der Formation des Regenwaldes erheben, oder das Matterhorn, welches den typischen alpinen Formenschatz (aus Gebirgskämmen, Gletschern, Almwiesen und Trogtälern) der Walliser Alpen überragt, die Stone Town von Zansibar (als einmaliges Ensemble der arabisch-afrikanischen Architektur) oder die Mid- und Downtown von Manhattan (mit ihrer charakteristischen, durch die Attentate vom 11. September 2001 so einschneidend veränderten Skyline aus Wolkenkratzern), der Markusplatz in Venedig oder der Eiffelturm auf dem Marsfeld in Paris.

Besonders die Konfrontation mit den individuellen Besonderheiten von touristischen Perspektiven vermittelt den Reisenden das Erlebnis von *Authentizität*. Es stellt ein wichtiges touristisches Bedürfnis dar, dessen Erfüllung mit dem Gewinn von „kulturellem Kapital" sowie von Eigen- und Sozialprestige verbunden ist: Der Konsum einer möglichst großen Anzahl von authentischen Sehenswürdigkeiten bildet für viele Touristen den Höhepunkt ihrer Reisen. Allerdings gibt es keine verbindliche Vorstellung darüber, was man unter dem Begriff "Authentizität" wirklich zu verstehen hat: „What may be interpreted by one visitor as authentic may not be so interpreted by another and, because of this, there is a necessity to investigate the attitudes, opinions and requirements of individual visitors and of visitor types with respect to the authenticity of holiday areas" (G. SHAW, S. AGARWAL, P. BULL, 2000, S. 276). Daher ergibt sich der paradoxe Fall, daß für manche Gruppen von Touristen auch Repliken von besonderen Sehenwürdigkeiten den Charakter des Authentischen erreichen.

2.5 Die touristische Reproduktion

Bei diesem Phänomen der *„materiellen Reproduktion"* von berühmten touristischen Perspektiven kann man *zwei charakteristische Ausprägungsformen* unterscheiden:

1) die *„endogene"* Reproduktion von touristischen Perspektiven innerhalb ihres originalen Kulturraumes zur „landestypischen" Ausstattung von touristischen Enklaven (siehe Abschnitt 2.3.3),
2) die *„exogene"* Reproduktion, d.h., den „Export" von touristischen Perspektiven in fremde Kulturräume und die Realisierung der Repliken in Enklaven auf weit entfernten Standorten.

Als Beispiel für die „endogene" Reproduktion kann wieder die touristische Enklave von *Nusa Dua* im Süden der Indonesischen Insel Bali dienen. Abbildung 2.9 zeigt ein imposantes Element der hier errichteten Repliken der traditionellen Architektur, die Vorderfront des Bali-Hiltons, orientiert am Design der großen Tempelbezirke. C. MINCA (2000; S. 398) faßt die Hauptmerkmale solcher Raumkonstruktionen zusammen: "(1) the stylized reconstruction, in micro-scale, of geographical places in the form of simulated landscapes; (2) the exhaustiveness and separateness of these microcosms with respect to their surroundings; (3) and, finally, the presence of metaphorical allusions to a past tradition, to some pastiche of Bali with its proliferation of simulacra, allegorical references to a reality that has never existed (with the most prevalent reference being that to the 'lost paradise' of Bali)". So kommen in den architektonischen Repliken, aber auch in den für die Touristen gefertigten Produkten des traditionellen Handwerks, den Surrogaten der traditionellen Tänze und Zeremonien etc. eigentlich abstrahierte, idealisierte und zeitlose „Ideen" der balinesischen Kultur zur Darstellung. „The essence of Bali is presented as frozen in time and space, feeding a vision of the 'incorruptibility' of Balinese customs. The Balinese spirit, transformed into a pure cultural icon, becomes simply another good on the tourist market – a commodity to be acquired" (C. MINCA, 2000; S. 399).

Solche „Gebrauchsartikel" lassen sich natürlich auch in fremde Tourismusregionen außerhalb des ursprünglichen Kulturraumes exportieren, wenn ihre Attraktivität als touristische Perspektiven nur groß genug ist, und die Repliken ihren Besuchern die Reise zu den Originalen ersparen. So haben etwa *„exogene Reproduktionen"* der touristischen Perspektiven von *Venedig* nahezu weltweite Verbreitung erfahren: Abbildung 2.12 enthält drei typisch venezianische Szenen (Kanäle mit ihren begleitenden Gassen und Arkaden, Brücken und Paläste) und zwar:

– ein venezianisches Original;
– einen Nachbau aus dem gründerzeitlichen Wien (um 1880) im Rahmen des auf dem Gelände des Praters (im Bereich des heutigen Riesenrades) errichteten Vergnügungsparks „Venedig in Wien", der bis 1897 in Betrieb war;
– eine Szene auf dem Gelände des luxuriösen Hotel-Casinos „The Venetian" in Las Vegas („Wenn die Gondeln Dollars tragen") mit 6.000 Suiten u.a. im nachgebauten Dogenpalast sowie mit Kopien des Campanile und der Seufzerbrücke (Baukosten ca. 2,2 Milliarden €).

In allen drei Abbildungen sind die Kompositionsprinzipien – die Anordnung der einzelnen Elemente im Vorder-, Mittel- und Hintergrund – praktisch ident: Beliebte „touristische Perspektiven" werden also zu *Stereotypen* mit manchmal sogar weltweiter Verbreitung.

Wie das Beispiel der venezianischen Repliken zeigt, stellt dieses Phänomen keine Erscheinung der Gegenwart dar und ist spätestens seit dem Industriezeitalter zu beobachten. Zwar bildet das Bestreben nach dem authentischen Erleben der „wirklichen Identität" fremder Kulturen und Alltagswelten nach wie vor einen der wichtigsten Motivationsfaktoren im Tourismus, jedoch ist die Bereitschaft zur Akzeptanz von künstlichen, nach den Sehnsüchten der Touristen konstruierten Räumen (als mehr oder minder originalgetreue Repliken oder sogar als reine Phantasieprodukte) gerade in jüngerer Zeit sehr viel größer geworden. „Wir haben es mit gezielten Raumkonstruktionen zu tun, die durch Ausschluß von sozialen Lebenswelten etwas *für* Touristen standardisiert vorhalten ... Diese Angebote stellen ... speziell für den Touristen(-geschmack) hergestellte Gegenwelten dar, in denen Touristen und Einheimische Rollenspiele veranstalten bzw. inszenieren" (K. H. WÖHLER, 2000, S. 105).

Somit eröffnen sich zusehends neue Segmente kultur-touristischer Angebote. Diese werden in Abbildung 2.13 (nach K. H. WÖHLER, 2000) veranschaulicht:

– Die Felder 1 und 3 des Diagramms kennzeichnen die Angebote der *authentischen touristischen Aktionsräume*, wobei allerdings besonders die auf die internationalen Absatzmärkte ausgerichteten Regionen oft als touristische Enklaven umgestaltet und nur mehr als Surrogate der ursprünglichen Kultur inszeniert werden, welche den Vorgaben der touristischen Perspektiven entsprechen: „Griechenlands Orte sind, so haben einheimische Tourismusmacher festgestellt, nur dann marktfähig, wenn sie dem fremden Vorstellungsbild: weiße Häuser, keine Fensterläden

Abbildung 2.12: Die touristische Reproduktion von Venedig, Original und Repliken: 1. ein venezianisches Original, 2. „Venedig in Wien" (um 1880), 3. Hotel-Casino „The Venetian", Las Vegas (2000)

1   2

Foto:
J. STEINBACH, 1994;
Kronzenzeitung, Wien;
Las Vegas Tourist Board

3

und Fernsehantennen, selbstproduzierendes Gewerbe, Gassen nur für Fußgänger etc. entsprechen. Diese Vorstellungen finden sich nun in Bauvorschriften wieder, und dies bedeutet, daß trotz des Wunsches der Einheimischen, ihre eigene Lebenswelt modern zu gestalten, griechische Orte zu baulichen Kulturdenkmälern verwandelt werden" (K. H. WÖHLER, 2000, S. 107).

– In den Feldern 2 und 4 sind diejenigen touristischen Aktionsräume zusammengefaßt, deren Angebote nicht mehr auf eigenen sondern, auf „importiertem" Kulturkapital aufbauen. Zum Feld 2 rechnet K. H. Wöhler z.B. botanische Gärten, Museen oder Lokale der Ethno-Gastronomie, zum Feld 4 gehören die von Transnationalen Konzernen gebauten und auf ein internationales Publikum ausgerichteten Erlebniswelten, also z.B. die oben erwähnte venezianische Replik in

Abbildung 2.13: Die Entwicklung von kultur-touristischen Angebotsfeldern (nach: K. H. WÖHLER, 2000)

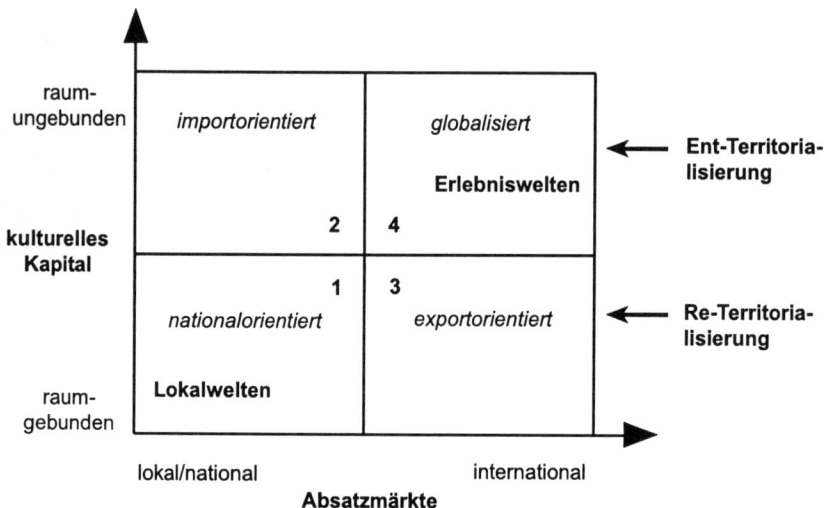

Las Vegas, welche den Betrachtern ehemals individuelle, aber wegen ihres Erfolges nun „stereotypisierte" „touristische Landschaftsbilder" bietet.

2.6 Touristische Landschaftsbilder

Touristische Landschaftsbilder als Angebotselemente von Aktionsräumen gehören dem sog. individuellen *„Anschauungsraum"* an, der wieder als Teil des sog. *„Wahrnehmungsraumes"* aufzufassen ist (T. HEYMANN, 1989).

„Der Wahrnehmungsraum existiert ausschließlich im Vollzug der Wahrnehmung, also in jener eigentümlichen Spannung, die zwischen dem wahrnehmenden Menschen und der wahrgenommenen Gegenstandswelt besteht. Darum ist er mit dem Raum der Gegenstandswelt auch in Hinsicht auf seine Seinsweise nicht identisch. Der Raum der Gegenstandswelt existiert auch ohne wahrgenommen zu werden, d.h., ohne Menschen.... In der Wahrnehmung wird das Materielle in die psychisch-geistige Sphäre, in das Bewußtsein transformiert und als etwas von der Materie qualitativ verschiedenes erlebt." (A. GOSZTONY, 1976, S. 834).

Jeder Mensch hat seinen *eigenen individuell geprägten* Wahrnehmungsraum, in Abhängigkeit von den Funktionen seiner Sinnesorgane, seiner physischen Anlage und seiner Bewußtseinsstruktur. Jedoch gibt es *Gemeinsamkeiten* („Schnittmengen") bezüglich der Inhalte von Wahrnehmungsräumen, die vor allem zurückgeführt werden auf:

- die prinzipielle Gleichartigkeit der Funktion der Sinnesorgane, die für alle Menschen gleichförmige Wahrnehmungen bedingen.
- Ähnlich wirken auch die Gleichartigkeit der Bewußtseinsfunktionen und
- die gemeinsame Referenz auf die konkreten Elemente (etwa Pflanzen, Tiere, Bauten etc.) der Gegenstandswelt (T. HEYMANN, 1989).
- Schließlich beruhen die Gemeinsamkeiten von Wahrnehmungsräumen aber noch wesentlich auf mehr oder minder identen *„Beurteilungsrastern"* (wie die oben dargestellte touristische Perspektive), die sich die Individuen im Laufe ihrer Sozialisation mehr oder minder bewußt aneignen. „In this view individuals may feel at the centre of their own visual experience, but they are actually only able to see within 'paths and networks' of socially constructed meaning." (N. BYRSON, 1988).
- In der Psychologie wird dieser sowohl von außen als auch von innen gesteuerte individuelle Prozeß mit den Konzepten der Perzeption und der Kognition erklärt. Unter *Perzeption* versteht man die selektive Wahrnehmung über die menschlichen Sinnesorgane. Diese können aus der Vielzahl der unterschiedlichsten Informationen, welche aus der Umwelt in der Regel auf sie einwirken, überhaupt nur eine sehr reduzierte Teilmenge registrieren. Natürlich lassen sich hierbei besonders starke Signale zumeist nicht ignorieren. Aber im Regelfall reagieren die Sinne vor allem auf jene Stimuli von außen, welche mit der aktuellen Bedürfnisstruktur in Beziehung stehen, während die anderen unbeachtet bleiben. Nach dieser ersten Selektion kommt es im Rahmen des Prozesses der *Kognition* zur mentalen Verarbeitung der aufgenommenen Umweltsignale, d.h., die neuen Informationselemente werden im Gehirn gespeichert, codiert und mit dem akkumulierten Wissen und den internalisierten Normen und Werten in Übereinstimmung gebracht. Wenn der individuelle Sozialisationsprozess mehr oder minder zum Abschluss gekommen ist, beeinflussen verfestigte Kognitionen schon die Selektionsraster des Prozesses der Perzeption: „Thus people respond not directly to their real environment, but to their mental representation or *image* of it, and as a result, the location of human activities and the spatial pattern of their movements will be the outcomes of perceptual and cognitive structuring of their environment." (R. G. GOLLEDGE; 1997, S. 191).

Wenn ein Individuum in einem über die Filter der Perzeption und Kognition gebildeten Wahrnehmungsraum einen bestimmten *Standort* bezieht, von hier aus *Rich-*

tungen und *Blickachsen* zur Orientierung auswählt, so wird mit diesem Bezugssystem ein „*Anschauungsraum*" festgelegt (T. HEYMANN, 1989), dessen Elemente zu touristischen Landschaftsbildern zusammentreten.

Seelischer Output des Erlebnisses von Anschauungsräumen (touristischen Landschaftsbildern) sind *Gefühle und Stimmungen*: „Die Stimmung, die im Raume lebt, ist meine Stimmung. Aber diese meine Stimmung haftet eben an dem, was ich sehe. Zugleich hat sie doch für mein Bewußtsein ihr Dasein nicht an einer bestimmten einzelnen Form. Sie ist gewiß durch die Gegenstände, *die ja erst diesen bestimmten Raum für mich schaffen*, und ihre Form bedingt. Aber sie ist nicht bedingt durch die Form des Einzelnen, sondern durch die Weise, wie die Gegenstände im Raum zusammen sind und sozusagen innerlich Zwiesprache halten; Zwiesprache unter sich oder mit Luft und Licht, in jedem Fall im Raume oder durch ihn hindurch.... Weil diese Stimmung am Raume haftet, so erleben wir sie in ihm und erleben alle Gegenstände in dieselbe getaucht oder davon umwoben" (T. LIPPS, 1906, S. 188 – 190, zitiert nach T. HEYMANN, 1989). Synergieeffekte der Elemente des touristischen Landschaftsbildes sind also entscheidend für die Gefühls- und Stimmungslagen der Betrachter. Allerdings hat etwa das oben angeführte Beispiel der Beschreibung von Landschaftsbildern der Savannen in Kenia gezeigt, daß in der touristischen Perspektive (und darüber hinaus natürlich auch im übergeordneten kulturellen Wertesystem) nicht nur vorgegeben wird *was* man zu sehen hat, sondern auch oft gleichzeitig *wie* man sich dabei zu fühlen hat.

In ihrem „*Drei-Sektoren Modell zur Ermittlung der Eigenart des Landschaftsbildes*" versuchen C. L. KRAUSE, K. ADAM und B. SCHÄFER (1983) die Grundeinstellungen zu definieren, welche hinter solchen gesteuerten „Gefühlsausbrüchen" stehen, wobei sie sich auf den deutschen Kulturkreis beziehen:

Die „*mythisch-verklärende Perspektive*" geht in ihren Wurzeln auf die Epoche der Romantik zurück, wobei die „naturromantischen" Eigenarten des Landschaftsbildes mit Wertkriterien verbunden werden, etwa: „wild", „ursprünglich", „außerordentlich", „erhaben", „gigantisch", aber auch „verwunderlich" und „kurios" sowie „unergründbar", „unheimlich" und „bedrohlich"; letztlich spielt die Intaktheit der Natur eine wichtige Rolle. Für die anthropogenen Elemente des Landschaftsbildes gelten Wertmaßstäbe, welche sich an traditionellen und bodenständigen Formen orientieren: Eine „kulturromantische" Betrachtungsweise versucht den Bedürfnissen nach Idylle, Geborgenheit und Individualität gerecht zu werden. Besonders wichtig sind die „Mikro-" und die „Mesoebene" als der „Vorder-" und der „Mittelgrund" des Landschaftsbildes, die etwa im Klischee einer bäuerlichen und kleingekammerten Landschaft dominieren, welche dem Betrachter noch körperliche Geborgenheit signalisiert. Jedoch dürfen auch Ausblicke auf die „Makroebene" (Gipfel, Gletscher und Bergkämme, Wälder oder Uferlinien und Meereshorizonte) nicht fehlen.

Das Schönheitsideal der „*klassisch-artifiziellen Perspektive*" beruht hingegen auf dem ausgewogenen Nebeneinander von natürlichen und menschlichen Elementen. Die anthropogenen Strukturen (Bauwerke, Plätze, Gärten, Felder u.a.) sind geometrisch geformt, aber dem Gelände und der sonstigen Natur angepaßt. Diese erscheint jedoch als geordnet und gezähmt, und es fehlt die „wilde Schönheit" der Romantik. „Harmonie" zwischen Natur und Kultur, „menschliche Maßstäbe", „Erfüllung von Traditionen" bilden hier die zugrundeliegenden Werte. Wichtig ist vor allem die „Mesoebene" des Landschaftsbildes, da hier harmonische Strukturen am Deutlichsten sichtbar werden.

Schließlich bezieht die dritte Kategorie der *„abstrakt-funktionalen Perspektive"* den – mehr oder minder intensiven – geistigen Nachvollzug der Prozesse mit ein, welche die im Landschaftsbild erkennbaren Strukturen (sowie deren Wandel) bedingen. Im Gegensatz zur „romantischen" Perspektive werden hier die Emotionen erst nach diesen Gedankenschritten freigesetzt: Die Gefühle von Ästhetik und Harmonie erwachsen aus dem „Erklärungswissen" und der Abstraktionsfähigkeit des aufgeklärten Betrachters der Landschaft. Für diese Perspektive sind die „Meso-" und besonders die „Makroebene" wichtig, da hier der Maßstab das Generalisieren und Erkennen von Zusammenhängen erleichtert.

Abbildung 2.14 zeigt am Beispiel von Ramsau im Berchtesgadener Land (im Südosten Bayerns) den Versuch, in zeichnerischer Abstraktion die Eigenarten der drei Perspektiven herauszustellen.

Als Beispiel für eine, nach diesen drei Grundeinstellungen entwickelte, komplexe Bewertung von Landschaftsbildern enthält Tabelle 2.3 eine Übersicht über die Eigenschaftenstrukturen der Durchbruchstäler durch das Rheinische Schiefergebirge (C. L. Krause, K. Adam, B. Schäfer, 1983) als Zielgebiete des *„Flußtourismus"*, etwa am Rhein oder an der Mosel (Flußkreuzfahrten, Hausbootfahrten, Wasserwandern, Radwandern, Wandern, Besichtigungstouren mit dem PKW etc.; J. Steinbach, 1995b). Dargestellt sind hier die nach den verschiedenen Perspektiven relevanten Sehobjekte und ihre Kombinationsformen, ihre räumlichen Ordnungsmuster, zeitlichen Variabilitäten sowie ihre Sensibilitäten gegenüber verschiedenen menschlichen Eingriffen.

Solche Landschaftsbilder, welche den „Flußtourismus" so attraktiv machen, bilden das Ergebnis sehr spezifischer Formen des *natürlichen und kulturellen Wandels:* Geologische, atmosphärische, geomorphologische, hydrologische, biologische u.a. Prozesse prägen den im Bild von Flußlandschaften meist dominierenden *natürlichen Formenschatz* wie: Grabenbruche, Durchbruchstäler, Talmäander und Umlaufberge, (subsequente) Täler am Fuße von Schichtstufen, Terrassentreppen u.a., aber etwa auch naturnahe Auezonen an den Ufern von Tieflandflüssen. Diese Strukturen bestimmen den *„Mesobereich"* des Landschaftsbildes sowie auch die Ausblicke in die „Makrostrukturen".

Oft weit zurückreichende *politische, wirtschaftliche und soziale Prozesse* haben den natürlichen Formenschatz überprägt. Es entwickelten sich *Typen der flußnahen Kulturlandschaft,* die durch die ökologische und visuelle Harmonie von natürlichen und anthropogenen Elementen gekennzeichnet sind.

Abbildung 2.14: Perspektiven der Landschaftsbetrachtung, dargestellt am Beispiel von Ramsau (Berchtesgadener Land)
(nach: C. L. KRAUSE; K. ADAM; B. SCHÄFER, 1983)

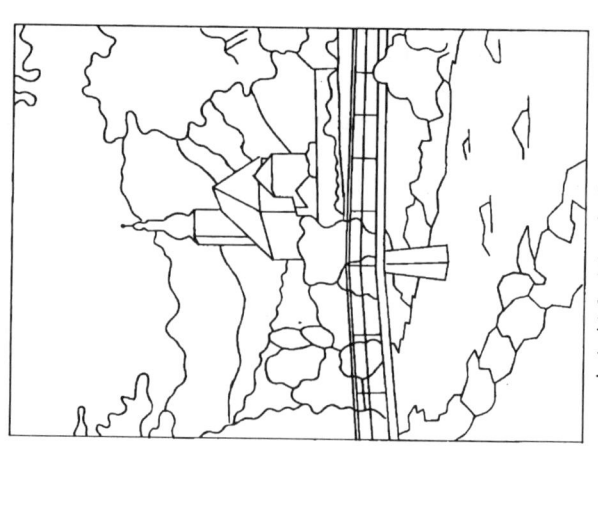

abstrakt-funktionale Perspektive

klassisch-artifizielle Perspektive

romantische Gestaltungsmerkmale:
mythisch-verklärende Perspektive

Tabelle 2.3: **Sehobjekte und ihre Kombinationsformen, dargestellt am Beispiel des Landschaftsbildes im Rheinischen Schiefergebirge (nach: C. L. KRAUSE; K. ADAM; B. SCHÄFER, 1983)**

Charakterzüge und Eigenartsstrukturen	Wildheit und Überraschung einerseits und die Harmonie Jahrhunderte während anthropogener Nutzung mit den natürlichen Standortbedingungen andererseits zeichnen den Charakter dieser Räume aus (Landschaft des Weins). Neben den klassisch-artifiziellen Strukturen des Weinbaues herrscht Geschichtlichkeit in Gestalt der Burgen und Ruinen (Nibelungensage u.a.), die großen Talräume der Flüsse prägen den dominanten erdgeschichtlichen Aspekt des Abstrakt-Funktionalen		
Formenbereich	Geomorphologische Struktur (Relief, Gewässer)	Vegetation (natürl., anthropogen)	Besiedlung
Sehobjekte und Atmosphäre	- Talformen häufig als Sohlenkerb- oder Kastentäler ausgebildet mit z. T. starken Mäanderbildungen (= Ausformung von Prall- und Gleithängen, Talasymmetrie) - hohe (z. T. 150 – 200 m) steilwandige bis stark geneigte Talhänge - Ausbildung von markanten Flußschleifen und Umlaufbergen (z.B. Saarschleife bei Mettlach, Moselschleife bei Traben-Trarbach, Lahn bei Weilburg u.a.) - Flußlauf im Tal, z.T. dominant (Mosel, Rhein, Saar, Lahn ...)	- in sehr steilen Tälern kaum Bewuchs (80 – 50°) oder Standort von Schluchtwäldern - in nicht besiedelten oder genutzten Talbereichen Auenvegetation - an süd- bis westexponierten Hängen Weinanbau (Mosel, Ahr, Rhein ...) - Grünlandwirtschaft in den Talauen	- dichte Haufendörfer mit an den Hängen anschließenden Weinbergen - typische Winzerdörfer mit Altsiedelkernen und/oder charakteristischem Ortsbild an der flußzugewandten Seite - auf Bergspornen und Umlaufbergen häufig Burgen (Rhein, Mosel) - bei engen Talquerschnitten liegen die Verkehrswege nebeneinander; Wasser, Straße, Eisenbahn
	Steile Hänge, Klippen, Felsnasen, Bergsporne über Wasserflächen der Flüsse; Formenvielfalt; Flußschlingen und Umlaufberge; Schluchtwälder; Trockenrasen; Felsvegetation; steile Rebbauterrassen an Rhein, Mosel, Ahr, Nahe, Main und Saar u.a.; plötzliche Talengen; enge Haufendörfer auf hochwassergeschützten Standorten; Klöster, Burgen und Ruinen auf sicheren Bergspornen über den Flüssen; vereinzelt Auewälder; z. T. alte Schleusen und Mühlen; Identität von Bauwerk und Baustoff; wechselnde Lichtverhältnisse		
Raum und Ordnung	Das Ordnungsmuster der natürlichen Leitlinien (Flüsse und Täler) dominiert; die anthropogenen Strukturen sind klar untergeordnet; die Bereichsbegrenzungen sind weitgehend unregelmäßig; geometrische Strukturen der Weinberge und Weinbauterrassen beeinflussen das Bild in diesen Abschnitten maßgeblich; bizarre Felsformen		
Zeit	Wechselnde Lichtverhältnisse, Fließgeschwindigkeiten, (Hoch-)Wasserstände, die Abfolge von Vegetation und Gestein bedingen hohe Aspektvarianz; morphodynamische Varianz durch Rutschungen, Abbrüche und Erosion (vor allem auf Weinbauterrassen)		
Sensibilitäten	Vegetationslose Befestigung an Gewässerrändern (Beton, Asphalt); Begradigung vorhandener Mäander- und Flußschlingen; Nivellierung der Mikrostruktur an den Felshängen; Überprägung der raumtypischen Bauweisen und Bauwerke; unharmonische, überdimensionierte Bauformen; Arrondierung und fehlende Pflege der Rebbauterrassen; Beeinträchtigungen der Wasserqualität und Luftreinheit; Einfügen von geometrischen, nicht den nat. Leitlinien folgenden Makrostrukturen		

Diese Harmonie geht auf die spezifische historische Entwicklung mancher europäischer Flußregionen zurück: Im Mittelalter waren die größeren *Flüsse Hauptträger des Verkehrs* und bildeten die Leitlinien der Wirtschafts- und Siedlungsentwicklung. Daher entstanden die bedeutenderen Städte des Altsiedellandes und der mittelalterlichen Kolonisationsgebiete (gewachsen aus ungeplanten Wik- und Marktorten oder auch als regelmäßige, gegründete Anlagen) an Knotenpunkten des Fluß- und des Landverkehrs, bzw. im Mündungsbereich schiffbarer Flüsse. Weltliche Macht und Herrschaft waren nur durch die militärische Kontrolle der größeren Tallandschaften (über Systeme von Burgen und Festungen) aufrecht zu erhalten. Ähnliche Funktionen im religiösen Bereich erfüllten die zahlreichen Klöster. Sie waren auch Ansatzpunkte für landwirtschaftliche Nutzungen der Talregionen, die in natürlichen Gunstlagen (etwa: vor kalten Nord- und Westwinden geschützte Talweitungen mit Lößauflagen) sehr intensiv und vor allem in den Spezialkulturen des Wein- und Obstbaus betrieben wurden. So entstand die kleinkammerige und vielfältige Kulturlandschaft vieler mittel- und westeuropäischer Flußtäler, die sich in wesentlichen Teilen bis heute erhalten hat.

Die Gründe dafür liegen im *Wandel der wirtschaftlichen Standortfaktoren*, der vor allem auf den Wechsel der Hauptverkehrsträger zurückgeht. Schon mit dem Ausbau des Kommerzialstraßensystems im Merkantilismus verringerte sich die Bedeutung der Flüsse als Verkehrsträger, mit der Entwicklung des Eisenbahn- und des motorisierten Straßenverkehrs ging sie weitgehend verloren. Es kam zu einer *differenzierten Entwicklung* verschiedener Flußabschnitte:

– Die *größeren Flußstädte* wurden aufgrund ihrer bereits vorhandenen politischen und wirtschaftlichen Bedeutung zu Knotenpunkten des Eisenbahnnetzes und später des übergeordneten Straßennetzes. Damit waren weitere wichtige Voraussetzungen für die Industrialisierung seit dem letzten Drittel des 19. Jh. gegeben und – in jüngerer Vergangenheit - für die Entwicklung zu postindustriellen Dienstleistungs- und Kulturzentren. Viele der Städte wuchsen weit über ihre mittelalterlichen Grenzen, so daß sich heute Siedlungsbänder in die Tallandschaften erstrecken.
– Andererseits gerieten viele Talabschnitte – oft auch in relativer Nachbarschaft der prosperierenden Städte – ins *wirtschaftliche Abseits*, wobei sich – neben der verlorenen Verkehrsgunst – die schlechte Eignung der engen Tal- und Beckenlagen für die moderne Landwirtschaft, Defizite an Industrie- und Gewerbeflächen und das Fehlen von Arbeitskräften als wesentliche Ungunstfaktoren erwiesen. Daher hielt sich die moderne Siedlungsentwicklung hier in Grenzen und viele Elemente der alten Kulturlandschaft (etwa mittelalterliche und barocke Kleinstädte, alte Winzerdörfer mit ihren Terrassenfluren) wurden mehr oder minder konserviert, so daß diese Tallandschaften heute in mythisch-verklärender Betrachtungsweise als „natur-" bzw. „kulturromantisch" empfunden werden (J. STEINBACH, 1995b).

2.7   Pfade und Routen

Flußtäler können also als Beispiele für Leitlinien von touristischen Interaktionen (vor allem auf besonders umweltfreundlichen Verkehrsmitteln wie Schiff, Boot oder Fahrrad) gelten (siehe Abschnitt 5.4.2.2), die dem Reisenden nicht nur eine Reihe von unterschiedlichen Landschaftsbildern erschließen, sondern auch eine Abfolge von verschiedenen Behavior Settings: natürliche oder kulturelle Sehenswürdigkeiten (wie etwa Wasserfälle oder Kirchen), gastronomische Einrichtungen, Sport- oder Unterhaltungsmöglichkeiten etc. Solche Leitlinien *strukturieren die touristischen Aktionsräume.* Bildet ein fester Standort den Ausgangs- und Endpunkt der Interaktionen – etwa ein Übernachtungsstandort im Rahmen eines längeren Urlaubaufenthaltes oder der PKW-Parkplatz von Tagesausflüglern am Rande eines Innenstadtbereiches – so kann man diese Leitlinien als *touristische Pfade* bezeichnen. Es sind dies im Prinzip von den Touristen häufig und regelmäßig nachgefragte Abschnitte der sog. *„primären Netzwerke".* Diese werden von Einrichtungen der Transportinfrastruktur gebildet, im einfachsten Fall von Wegen (für Fußgänger oder Radfahrer), welche die verschiedenen Behavior Settings als Stationen der touristischen Aktionsräume verbinden und so den Gästen eine Abfolge von Erlebnissen erschließen (siehe etwa das in Abschnitt 2.2 dargestellte Beispiel des Regensburger Städtetourismus mit der von den Besuchern häufig frequentierten Abfolge von Straßen und Plätzen). Aber auch Straßen als Träger des motorisierten Individualverkehrs oder die verschiedenen öffentlichen Verkehrsnetze – Bahn, Bus, in Wintersportregionen etwa auch „Skibussysteme" bzw. die Lift- und Seilbahnanlagen – dienen den Touristen als solche „primäre Netzwerke". Touristische Pfade können einfach aus dem Verhalten der Besucher resultieren, welche die Sehenswürdigkeiten in einer bestimmten Reihenfolge „ablaufen" oder „abfahren", oft werden sie aber auch von der regionalen Tourismusplanung entworfen und gestaltet. Einfache oder komplexere Leitsysteme (von Hinweisschildern bis zu elektronischen Orientierungs- und Informationssystemen) lenken die Touristenströme in die gewünschten Richtungen. Diesen Zweck erfüllen auch touristische Pläne und Karten oder die Beschreibungen in Reiseführern. Von Fremdenführern geleitete Rundgänge oder Besichtigungsfahrten bilden diejenigen Formen der Besichtigung entlang von touristischen Pfaden, welche für die Besucher mit dem geringsten Orientierungsaufwand verbunden sind.

Seit K. Lewin (1963) geht man in der Psychologie davon aus, daß sich für Individuen der Raum durch die Erfahrung von Wegen, wie etwa den vorgegebenen touristischen Pfaden, erschließt. Der so erlebte *hodologische Raum* stellt einen – über die Prozesse der Perzeption und Kognition (siehe Abschnitt 2.6) – strukturieren, aber mental nicht vollständig erfaßten Bereich dar, in dem Distanzen und Richtungen von der geographischen Lage der Raumelemente (z.B. Behavior Settings) abhängen, aber gleichzeitig auch von bestimmten psychischen Konditionen der Benutzer der Pfade. Dazu zählen etwa positive oder negative Grundeinstellungen bezüglich der ausgeübten Interaktionen und Aktivitäten bzw. die individuellen Bewertungen der in ihrem Rahmen gemachten Erfahrungen, wie freudige Stimmung beim Wandern in einer attraktiven Landschaft oder aber Streß durch Zeitdruck und fehlende Orientierung (T. Heymann, 1989).

In seiner berühmten Studie über die Kognition der städtischen Umwelt (in deren Rahmen befragte Personen die Grundelemente der Struktur ihrer Stadt in Form von „kognitiven", aus dem Gedächtnis erstellten Karten zu beschreiben hatten) kommt K. Lynch (1965) zu der Erkenntnis, daß der Anschauungsraum einer Stadt von fünf wesentlichen Elementen bestimmt wird:

- *Wege* als die „Kanäle", über die man in das Stadtgebiet eindringt, wozu auch die touristischen Pfade zählen, entlang denen sich die Besucher bewegen und von hier aus die Stadt beobachten.
- *Grenzlinien* (Ränder) entlang dieser „Kanäle" werden in der Regel durch Elemente der „Meso-" und „Makroebene" des Landschaftsbildes (siehe Abschnitt 2.6) gebildet, welche die Sichtfelder an den Seiten der Pfade als Linearelemente („seitliche Richtmarken") begrenzen.
- *Bereiche* stellen Teilräume einer Stadt dar, in die der Beobachter über die Pfade „hineingeht", und die (aus seiner Perspektive, d.h., von „außen" und/oder von „innen") als individuelle, unterscheidbare Gebiete zu erkennen sind, vor allem durch Elemente der „Mikroebene" des Landschaftsbildes, wie einzelne Behavior Settings (etwa Park-, oder Platzanlagen) bzw. charakteristische Kombinationsformen davon (z.B. Geschäfts- oder Vergnügungsviertel).
- *Brennpunkte* sind die strategischen Standorte im Stadtgebiet, wo sich die verschiedenen „primären Netzwerke" verknüpfen. Sie dienen als Ziel- und Ausgangspunkte von touristischen und nichttouristischen Interaktionen. Hier konzentrieren sich im tageszeitlichen Rhythmus die Bevölkerung und die Besucher.
- *Merk- oder Wahrzeichen* bilden schließlich herausragende „optische Bezugspunkte", welche sich als besondere Identitäten unter den Sehelementen der „Makro-" und „Mesoebene" herausheben (etwa Bauwerke oder besondere Formen der geomorphographischen Struktur, siehe Tabelle 2.3) und die oft auch zu den individuellen Elementen der touristischen Perspektive zählen.

Diese Grundelemente von „kognitiven" Strukturen bestimmen also die Anschauungsräume entlang der touristischen Pfade. Karte 2.3 enthält ein Beispiel für die *Analyse eines solchen touristischen Anschauungsraumes* (S.J. PAGE, 1997), wobei die kleine Stadt Armidale im Hinterland der australischen Touristenregion an der Küste von New South Wales die Beobachtungsgrundlage bildet. D.J. WALMESLEY und J. JENKINS (1992) haben in der Küstenstadt Coffs Harbour 115 Touristen sowie eine Referenzgruppe von 30 Einheimischen mittels eines detaillierten Fragebogens über ihre individuellen Kenntnisse der Raumstruktur befragt (um Verzerrungen der Ergebnisse durch die in die Regel sehr unterschiedliche Vertrautheit mit kartographischen Techniken zu vermeiden, verzichtete man hier auf die Anfertigung von „Mental Maps"). Es stellte sich heraus, daß den Einheimischen insgesamt 48 „Merk- oder Wahrzeichen" bekannt waren und ca. 30 verschiedene „Bereiche". Bei einer durchschnittlichen Aufenthaltsdauer von ca. vier Tagen haben die Touristen auf ihren Wegen in der Stadt ca. 50 bis 66 Prozent dieser Elemente des Anschauungsraumes ebenfalls kennengelernt.

Karte 2.4 zeigt das Beispiel einer „objektiven" Detailanalyse eines touristischen Pfades im Städtetourismus: die *Avenue de l'Opéra* im Zentrum von Paris (D. G. PEARCE, 1998), welche das Quartier um die „alte" Oper (wo die beiden großen Kaufhäuser „Printemps" und „Galerie Lafayette" ihre Standorte haben) mit dem Palais Royal und dem Louvre verbindet. Hier stehen nicht die „kognitiven Grundelemente" im

Karte 2.3: Elemente des städtischen Anschauungsraumes von Touristen: Armindale, New South Wales (nach: S. PAGE, 1992)

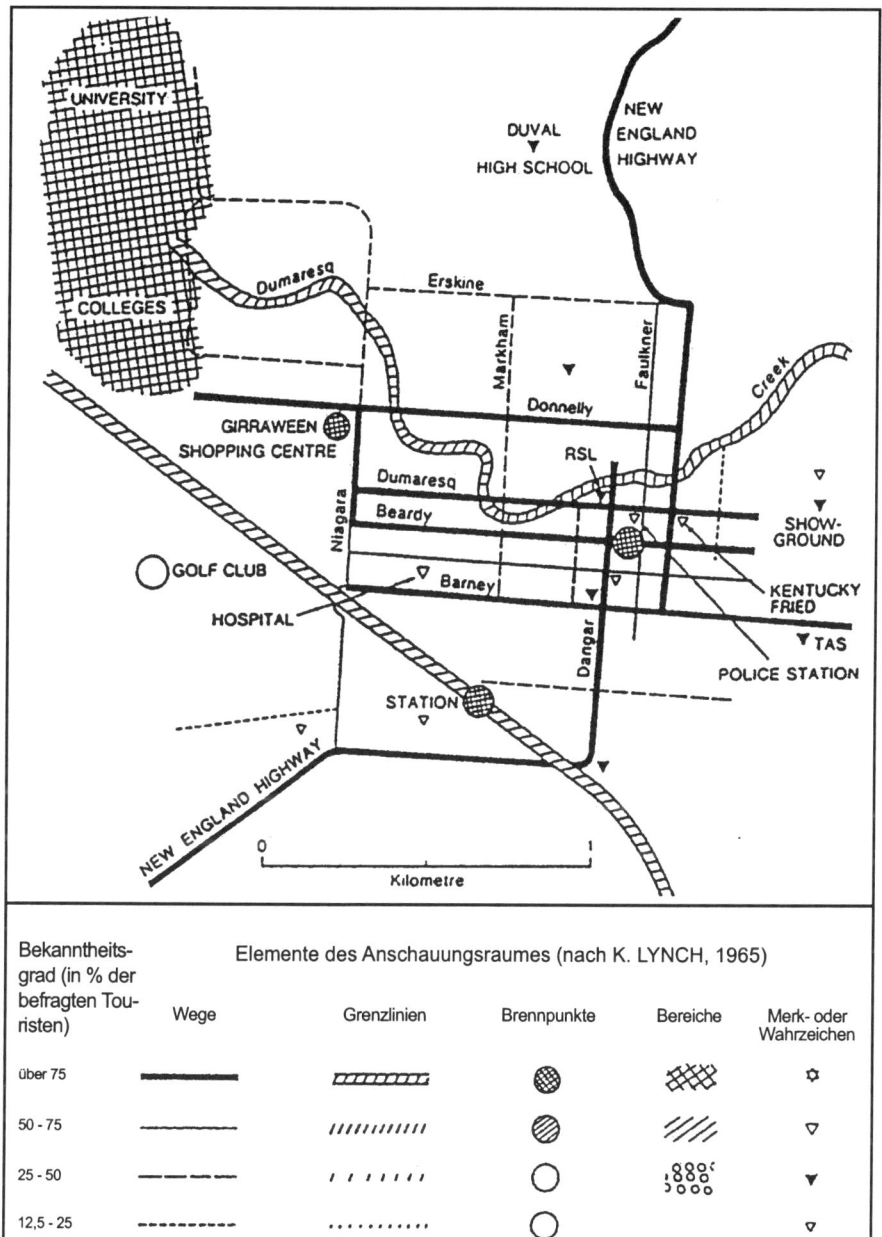

Bekanntheits-grad (in % der befragten Tou-risten)	Elemente des Anschauungsraumes (nach K. LYNCH, 1965)				
	Wege	Grenzlinien	Brennpunkte	Bereiche	Merk- oder Wahrzeichen
über 75					
50 - 75					
25 - 50					
12,5 - 25					

Karte 2.4:
Die Avenue de l'Opéra, Paris als touristischer Pfad
(nach: D. G. PEARCE, 1998)

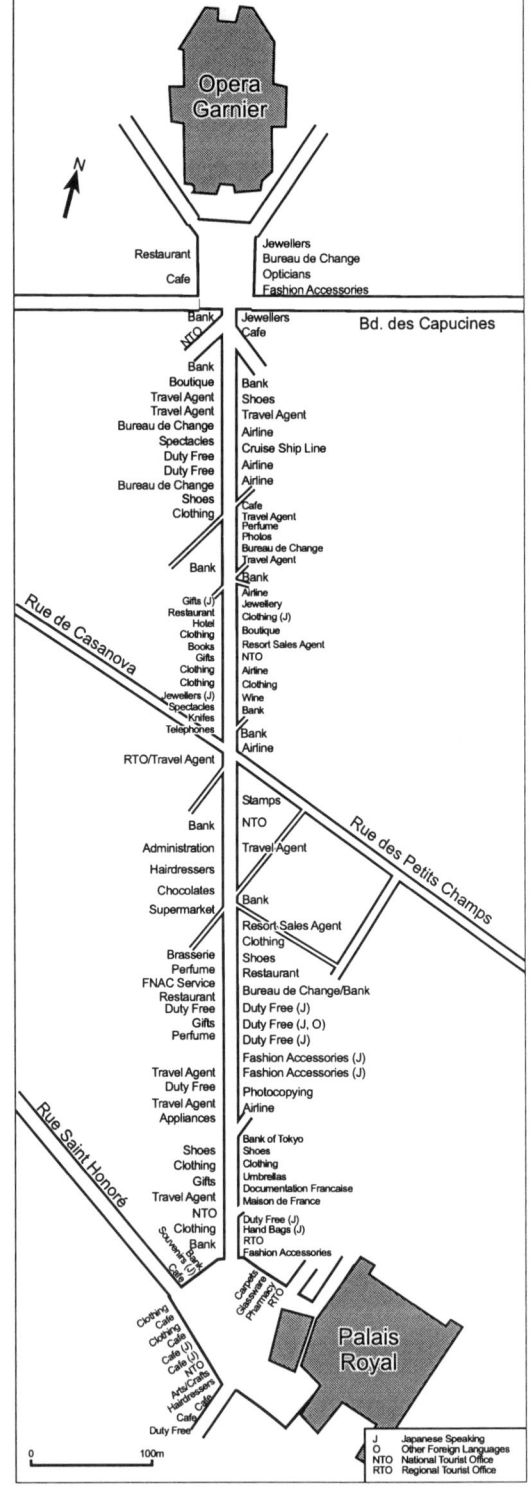

Mittelpunkt der Betrachtung, sondern die durch den Pfad erschlossene Abfolge von Behavior Settings. Man kann erkennen, daß auf dieser wichtigen Verbindung zwischen kulturellen Hauptattraktionen das Geschäftswesen dominiert, und zwar die Mode- und Bekleidungsbranche mit ihren wichtigen Accessoires (Schuhe, Juwelen, Parfümerieartikel): Die exklusiven Geschäfte (Lancel, Bailly etc.) konzentrieren sich eher im nördlichen Teilbereich, in der Nähe der beiden traditionellen Warenhäuser, während im südlichen Abschnitt – um den Louvre und das Palais Royal, welche besondere touristische Anziehungspunkte bilden – die eher auf die Alltagstouristen ausgerichteten Einzelhandelsbetriebe (Duty Free Shops, japanisch sprechendes Verkaufspersonal etc.) ihre Standorte haben. Man erkennt aber ebenso, welche Funktionen die Avenue de l'Opéra – als heterogener Raum – für das Pariser Publikum erfüllt: Reisebüros, Vertretungen von Fluglinien sowie von nationalen und regionalen touristischen Organisationen zeigen, daß die Straße auch ein Zentrum für die Nachfrager nach Tourismus-Diensten aus der Pariser Bevölkerung bildet.

Im Gegensatz zu den Pfaden stellen die *touristischen Routen* die Leitlinien von Rundreisen dar. Sie laufen ebenfalls über die verschiedenen „primären Netzwerke" ab und sind in der Regel nach Tagesetappen strukturiert (auf Rundreisen mit Wohnwagen, Trailern, Kreuzfahrtschiffen etc. wird das mobile Quartier „mitgeführt"). Erlebnisinhalte ergeben sich:

- auf den *Stationen* entlang der Route und zwar auf den Übernachtungsstandorten selbst sowie auf den Zwischenstationen der Tagesetappen. Die hier angebotenen Attraktionen sind entweder besonders vielfältig und abwechslungsreich oder auf ein bestimmtes Grundthema (z.B. auf eine bestimmte Kulturepoche oder auf „Essen und Trinken") ausgerichtet. Vor allem die Angebote der Aktionsräume von Übernachtungsstandorten können in die Rundreise integriert werden (Besuch von Abendveranstaltungen, Besichtigungen etc.).
- Aber auch während der Fahrt *auf der Strecke selbst* bieten sich meist vielfältige Sehenswürdigkeiten, z.B. die Tallandschaften, welche im Rahmen des „Flußtourismus" (siehe Abschnitt 5.4.2.2) vom Fahrrad oder vom Schiff aus erlebt werden. Auch hier bilden die touristischen Landschaftsbilder mit ihren Betrachtungsebenen (siehe Abschnitt 2.6) und die visuellen Sehelemente nach K. LYNCH (etwa: „Grenzlinien", „Merk- und Wahrzeichen") die wichtigen Erlebniselemente.

Touristische Routen werden in vielfältiger Weise geplant, ausgestattet und den Nachfragern angeboten. So machen Tourismusregionen (einzeln oder im Verbund) den *Individualtouristen* Vorschläge für Rundreisen mit vorstrukturierten Programmen, die über die verschiedensten Verkehrsmittel (Rad, PKW, Wohnwagen) ablaufen, und die – wie oben schon erwähnt – auch an bestimmten Themen orientiert sein können. Neben diesen bloßen „Anregungen" werden natürlich auch buchbare Leistungen (wie Transport, Quartier, Verpflegung, Eintritte etc.) angeboten. Die neuen elektronischen Medien beginnen bei der individuellen Ausgestaltung solcher Rundreisen eine wichtige Rolle zu spielen. Im *Pauschaltourismus* bieten die Reiseveranstalter eine Vielfalt an Kultur-, Bildungs-, Studien-, Vergnügungs- etc. Reisen an, die entlang einer ständig größeren Anzahl von touristischen Routen ablaufen. Dieser „Besichtigungstourismus" ist heute weitgehend globalisiert und umfaßt nahezu alle natur- oder kulturlandschaftlich attraktiven Regionen der Erde. Exotische heterogene Räume werden oft in den „Environmental Bubbles" (siehe Abschnitt 2.3.3) von Reisebussen, Luxuszügen, Schiffen, etc. durchquert.

Allein in der Bundesrepublik Deutschland existieren derzeit bereits etwa 155 offiziell beworbene touristische Routen. Die meisten davon wurden in den letzten 20 Jahren begründet und sind vor allem auf die Individualtouristen (Auto- und Radfahrer) ausgerichtet. Man kann unter ihnen zum einen *landschaftsbezogene Routen* unterscheiden (G. MÜLLER, 1994), wobei besonders die folgenden geographischen Varianten auftreten:

- Höhen-, Hoch-, Bergstraßen
- Panoramastraßen
- Routen entlang von Flußtälern und Küsten
- Alleen.

Als Beispiele dafür können genannt werden: die „Deutsche Alpenstraße", die „Wesertalstraße" oder die „Grüne Küstenstraße". Zum anderen herrschen *Themenrouten* vor, mit der ersten Untergruppe: *„kulturhistorische Thematik"*, wie:

- historische Handelswege
- historische Bauwerke (Burgen, Kirchen etc.)
- Kunstepochen (Barock, Klassik, Romantik etc.)
- spezielle Kulturträger (wie: Märchen, Dichter)
- Bodenschätze/Handwerk (wie Salz, Silber, Uhren etc.).

Dafür können etwa die „Straße der Romanik", die „Deutsche Märchenstraße" oder die „Deutsche Uhrenstraße" als Beispiele dienen. Die zweite Untergruppe der Themenstraßen bezieht sich auf *Wein und Bier* („Deutsche Weinstraße", „Deutsche Hopfenstraße"; G. MÜLLER, 1994).

Neben vielen Routen, die eher ein Schattendasein fristen, gibt es so bekannte touristische Straßen, wie die „Deutsche Weinstraße" oder die „Schwäbische Barockstraße", die auch das Gesamtimage der erschlossenen Regionen wesentlich beeinflussen und wirtschaftlichen Gewinn bringen (G. MÜLLER, 1994). Eine davon, die bereits 1941 gegründete „Romantische Straße", wurde von R. HARTMANN (1988) näher untersucht: Karte 2.5 macht deutlich, welche Bedeutung die „Romantische Straße" zwischen Rothenburg/T. und München (Füssen) bezüglich des Reiseverhaltens der jungen US-amerikanischen Touristen hat. Man kann auch erkennen, wie sich auf dieser touristischen Route die verschiedenen, von Norden nach Süden verlaufenden Reisewege bündeln.

Karte 2.5: Die „Romantische Straße" als Hauptroute junger amerikanischer Europatouristen (nach: R. HARTMANN, 1988)

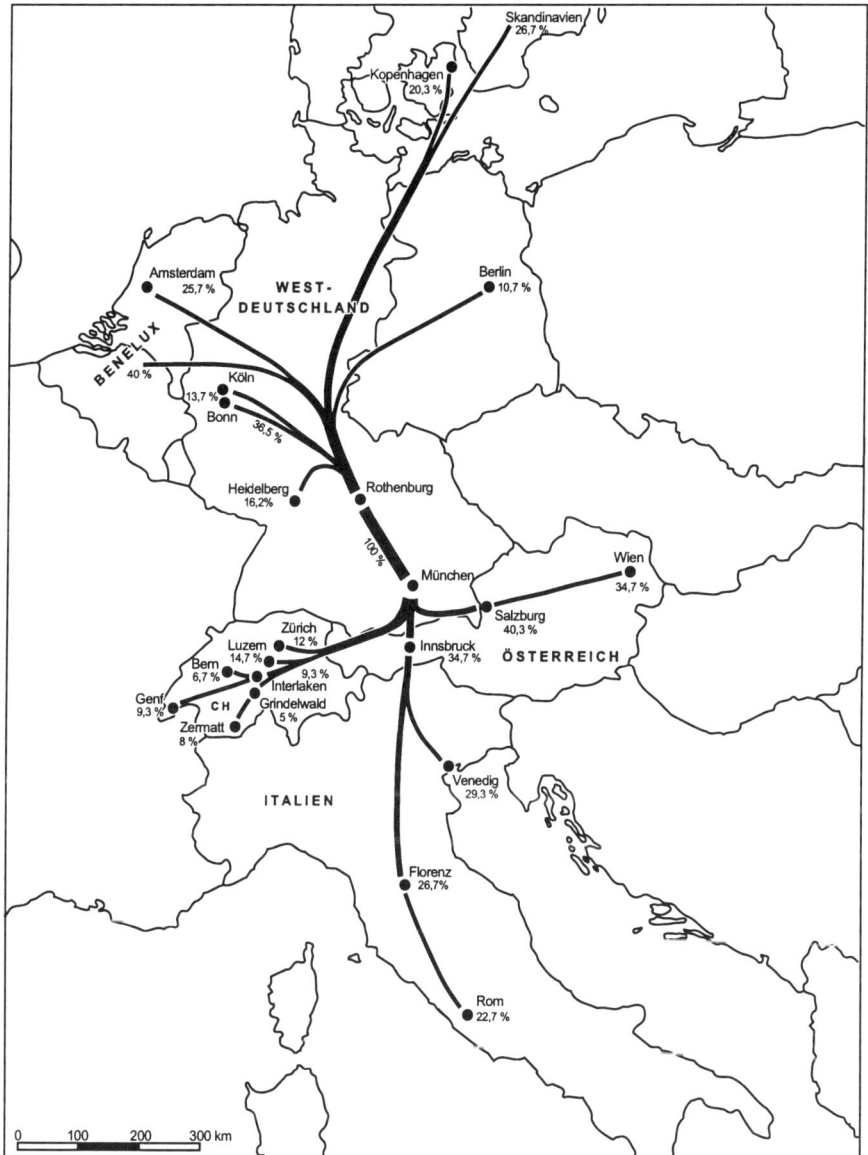

Die dargestellten Prozentwerte beziehen sich auf bereits absolvierte bzw. geplante Übernachtungen der jungen US-amerikanischen und kanadischen Touristen vor bzw. nach ihrem Aufenthalt in München.

Karte 2.6:   Landschaftsbilder entlang des Kernbereichs der Radroute VIA
RAETICA im Naturpark Altmühltal (nach: J. STEINBACH; S.
HILGER u.a., 1999)

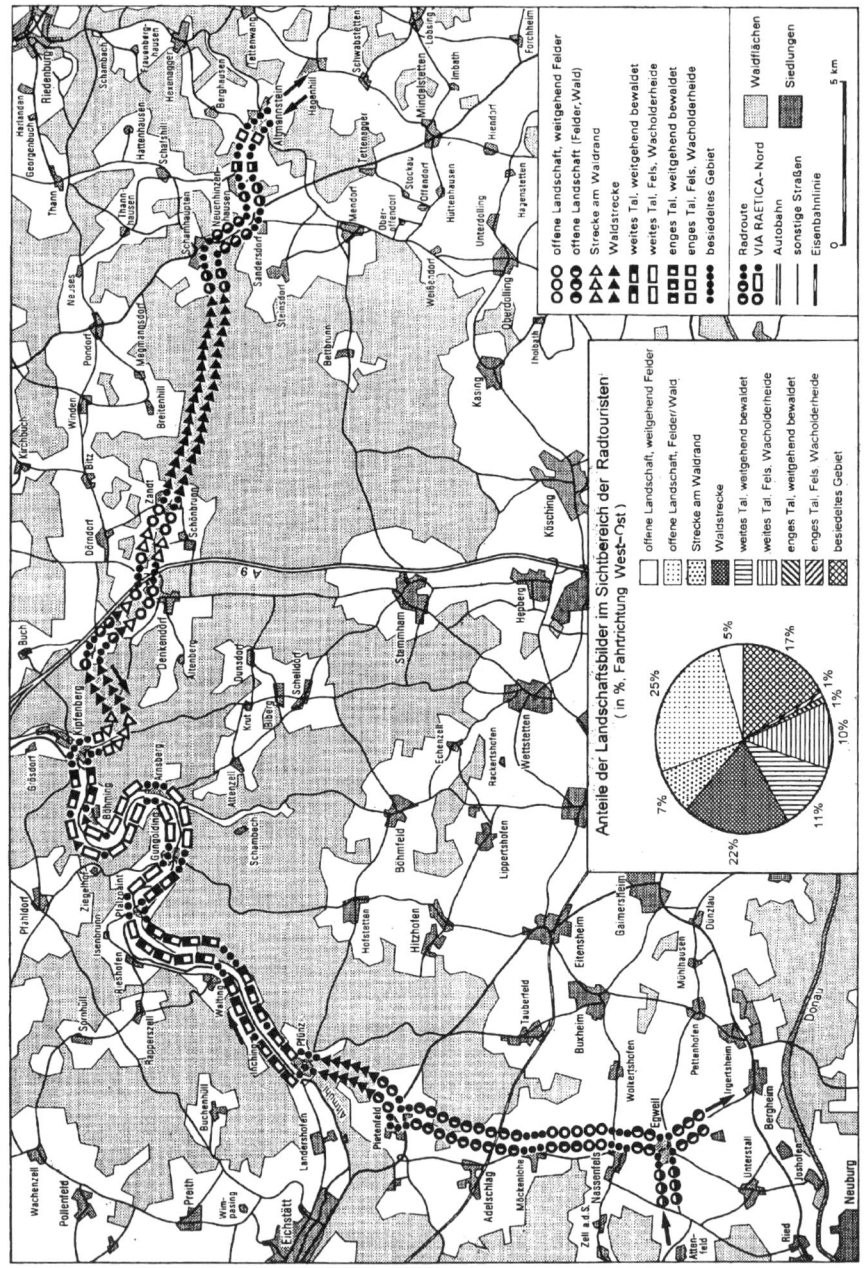

Karte 2.7: Gastronomisches Angebot entlang des Kernbereichs der Radroute VIA RAETICA im Naturpark Altmühltal (nach: J. STEINBACH; S. HILGER u.a., 1999)

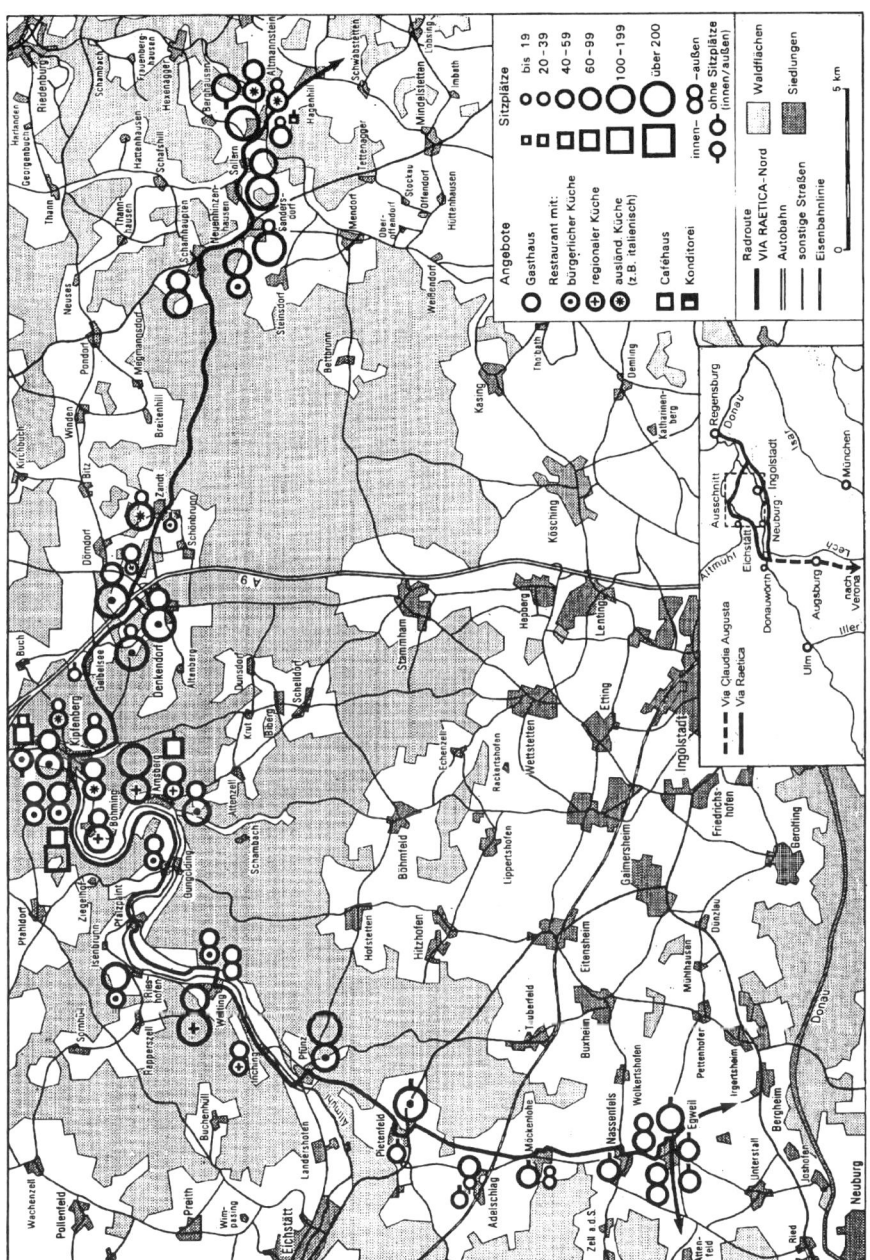

Die Attraktivität solcher touristischen Routen resultiert aus der Anzahl, der Art und den Qualitäten der entlang ihres Verlaufes „aufgefädelten" einzelnen Angebotselemente. Die folgenden Beispiele einer solchen *Bilanzierung* beziehen sich auf den Verlauf des Kernstücks der VIA RAETICA, einer neuerrichteten Radroute aus dem Raum Augsburg (Anschluß an die VIA CLAUDIA) über das Gebiet des bayerischen Naturparks Altmühltal in den Raum Regensburg (J. STEINBACH, S. HILGER u.a. 1999). Dargestellt ist einmal (Karte 2.6) eine Bilanzierung wesentlicher Elemente des Landschaftsbildes, wie sie sich aus den Perspektiven der Radfahrer (dementsprechend auch in beiden Fahrtrichtungen) bieten. Die im Routenverlauf erlebbare Vielfalt kommt hier recht gut zum Ausdruck. Karte 2.7 zeigt das gastronomische Angebot der Etappenorte entlang der Route, wobei (ebenso wie im Fall des hier nicht dargestellten gewerblichen und privaten Bettenangebotes) Defizite zu erkennen sind. Aus Abbildung 2.15 ist zu entnehmen, welche tourismusrelevanten Veranstaltungen entlang der Route zu unterschiedlichen Zeiten im Saisonverlauf abgehalten werden. Auch hier bestehen noch Defizite, welche die Attraktivität der touristischen Route als integriertes Angebotsbündel vermindern.

Abbildung 2.15: Tourismusrelevante Veranstaltungen im Saisonverlauf entlang der VIA RAETICA (nach: J. STEINBACH; S. HILGER u.a., 1999)

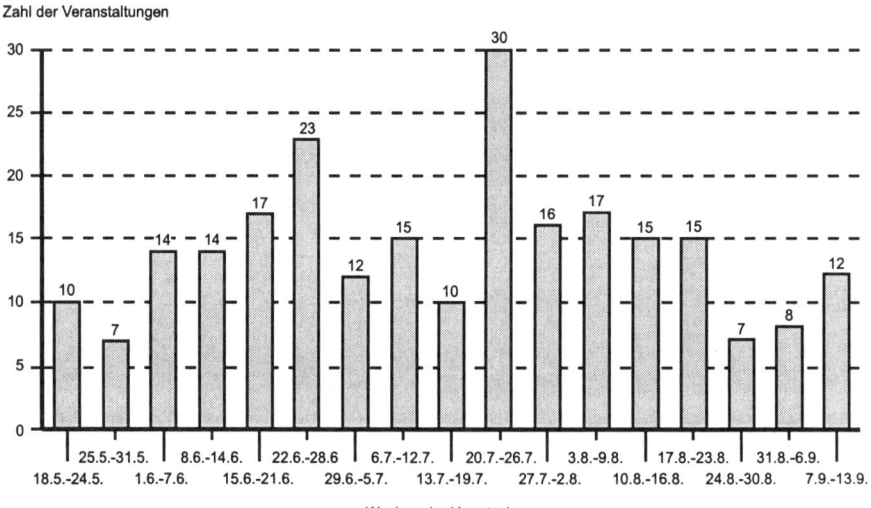

2.8 Lokale und regionale touristische Netzwerke

Begriffe wie „Netz" oder „Netzwerk" werden in jüngerer Zeit oft gebraucht, nicht nur in Wissenschaft, Politik und Planung, sondern immer häufiger auch bereits im täglichen Leben. Die rasche Verbreitung der Computertechnologie und der damit verbundene, immer einfachere Zugang zu weltumspannenden Informations- und Kommunikationsnetzen haben dazu wesentlich beigetragen: So ist im Amerikanischen das Verb „networking" schon in die Umgangssprache eingedrungen, wo es als Synonym für die intensive Kontaktpflege im Freundes- und Bekanntenkreis Verwendung findet. In der Wissenschaft werden „Netzwerke" als mehr oder minder stabile *Beziehungssysteme* zwischen einer Anzahl von *„Grundelementen"* (= Knoten der Netze, etwa Individuen, Organisationen, technische Artefakte oder Ereignisse) definiert. Im Rahmen der „Netzwerke" kommt es zum Austausch von verschiedenartigen *„Medien"* – wie Texte, Bilder, Güter und Sachen, Personen, Geld etc. – und zwar über *„Verbindungen"* (Kanten der Netze), die oft materieller Art sind (alle Arten von „Leitungen"), manchmal aber auch immateriellen Charakter haben können (etwa die Regeln, welche die Arbeitsteilung festlegen; siehe Abschnitt 1.2).

Diese abstrakte Definition, welche die Basis für die mathematische Erfassung von „Netzwerken" (im Rahmen der sog. „Graphentheorie") bildet, trifft auf eine Vielzahl von realen Netzen zu, nicht nur auf die *persönlichen Netzwerke* (als die regelmäßigen Kontakt- und Austauschbeziehungen von Individuen im engeren und weiteren Umfeld ihrer Wohnstandorte, siehe Abschnitt 3.3.1), sondern etwa auch auf die kontinentübergreifenden organisatorischen *Netze Transnationaler Unternehmen* oder auf die Austauschbeziehungen des *internationalen Handels*. Alle diese Beispiele kann man als *„sekundäre Netzwerke"* bezeichnen, da ihre Existenz und ihr Funktionieren in der Regel die Verfügbarkeit von „primären Netzwerken" (siehe Abschnitt 2.7) voraussetzt. Dazu zählen vor allem:

– die *technische Transportinfrastruktur* mit den Netzen des Straßen-, Schienen-, Flug- und Schiffverkehrs und
– die *technische Kommunikationsinfrastruktur*, welche sowohl die terrestrischen wie die satellitengesteuerten Funknetze umfaßt, als auch die leitungsgebundenen Systeme von Netzen aus Kupferkabeln bis hin zu den auf der Glasfibertechnologie aufbauenden „Datenhighways".

Auch im Fremdenverkehr kann man verschiedene „sekundäre Netzwerke" unterscheiden. Es sind dies vor allem: 1) die *„touristischen Netzwerke"*, welche durch das Verhalten der Gäste konstituiert werden; als *regelmäßige Interaktionsmuster* der Besucher laufen sie über die touristischen Pfade (um die Übernachtungsstandorte) sowie über die touristischen Routen (als Rundreisen) ab; 2) die *„Versorgungsnetzwerke"* von privatwirtschaftlichen Unternehmen, halböffentlichen und öffentlichen Institutionen, welche die Urlaubsaktivitäten bzw. das Funktionieren der „touristischen Netzwerke" gewährleisten, z.B. die Netzwerke von Hotels, die es den Betrieben ermöglichen, den Gästen Leistungsbausteine, wie: Übernachtung, Voll-, Halbpension etc. regelmäßig zur Verfügung zu stellen; 3) die *„Vermarktungsnetzwerke"*, über welche Einzelangebote zu marktfähigen Bündeln kombiniert und diese verschiedenen touristischen Angebote verkauft werden; und schließlich 4) die *„Planungs-, Marketing- und Werbenetzwerke"*, über welche

Gebietskörperschaften, touristische Verbände, Reiseveranstalter etc. die Rahmenbedingungen für die Konzeption der touristischen Angebote und für ihren Verkauf entweder selbst gestalten oder zumindest beeinflussen (siehe Abschnitt 4.1).

Im Rahmen der Diskussion der Angebotsstrukturen im Fremdenverkehr soll in diesem Kapitel auf die lokalen und regionalen „touristischen Netzwerke" eingegangen werden, besonders auf die Grundmuster derjenigen Netze, die sich auf den verschiedenen Pfaden um *ständige Urlaubsquartiere* der Touristen aufspannen (die „Netzwerke" des Rundreisetyps sind viel enger an die jeweiligen touristischen Routen gebunden).

Als Ergebnisse ihrer mehr oder minder regelhaften räumlichen und zeitlichen Interaktionsmuster entwickeln sich – etwa für ganze Gästegruppen mit bestimmten Urlaubsstilen – charakteristische *touristische Netze* mit den Bettenstandorten als Zentren, welche über bestimmte Pfade verlaufen, deren Stationen die häufiger aufgesuchten Behavior Settings sind. Es handelt sich um *Interaktionsmuster* als *rhythmische Phänomene in Raum und Zeit*, bestimmt von den „Öffnungszeiten" der Behavior Settings (Geschäfte, Gastronomie, Kultur-, Unterhaltungseinrichtungen, Sportanlagen etc.), aber auch von Tageszeiten und klimatische Gegebenheiten, von den Koppelungsbedingungen und natürlich auch von den Transport- und Interaktionszeiten zwischen den verschiedenen Stationen (siehe Abschnitt 2.2) . Hierbei bilden die touristischen Schlüsselaktivitäten oft die *„Schrittmacher"* (D. N. PARKES, N. THRIFT, 1975) für eine Anzahl vor- oder nachgelagerter Aktivitäten, die zum Teil (wie die Schlüsselaktivitäten) ebenfalls zyklischen Charakter haben, oder aber auch auf die spontane Ausnutzung entsprechender Gelegenheiten zurückgehen (z.B. der Lokalbesuch –„Einkehrschwung"– zum Abschluß eines Skitages). In der Regel können hier verschiedene *Zonen* der „Netzwerke" von unterschiedlicher Komplexität und touristischer Relevanz unterschieden werden. Ihr Umfang hängt wesentlich von der *Bereitschaft der Gäste zu längeren oder kürzeren Interaktionen* ab. Hier kommt vor allem der Attraktivität der aufgesuchten Behavior Settings große Bedeutung zu. Für die Touristen sind vor allem Zeit und das Image dieser besonderen Interaktionsziele „substitutionale Produktionsfaktoren" bei der Herstellung von „Erlebnis" und „Abenteuer". Je größer der „Erlebnisgehalt" und die „Einmaligkeit" einer touristischen Attraktion, desto größer auch die Bereitschaft, bestimmte Mengen der knappen Ressourcen Zeit (von der beschränkten Urlaubsdauer) und Geld (vom knappen Urlaubsbudget) für die Interaktionen und die Partizipation an den entsprechenden Behavior Settings aufzuwenden (R. MAGGI, 1988). So können die von einem Bettenstandort aus erreichbaren Angebote nach dem Ausmaß ihrer Attraktivität (d.h., der „Substitutionsbereitschaft" der Gäste) und der angestrebten Benutzungshäufigkeit verschiedenen *Netzzonen* zugeordnet werden:

- Die innere, *„lokale Zone"* umfaßt alle Behavior Settings, die von den Gästen nahezu täglich aufgesucht werden, vor allem also diejenigen, welche für die Ausübung der Schlüsselaktivitäten von Urlaubsstilen dienen, ebenso wie für die routinisierten Nebenaktivitäten (Bäder und Badestrände, Tennis- und Golfplätze, Skipisten, Kaffees, Restaurants, Diskotheken, Supermärkte usw.). Die Aktivitätenspektren mancher Urlaubsstile – etwa des *„Cluburlaubs"* – bleiben nahezu völlig auf diese „lokale Zone" der touristischen Netzwerke beschränkt.

– Zur Zone der *„Fremdenverkehrsregion"* zählen touristische Attraktionen „mittleren Ranges", als zwar herausragende, aber nicht einmalige Sehenswürdigkeiten des Natur- und Kulturraumes (etwa: „Regionalmuseen", Gletscherskigebiete, Haubenrestaurants u.a.), für die eine gewisse Bereitschaft zur Inkaufnahme von – allerdings nicht allzu großen – Distanzen besteht. Sie werden unter Umständen mehrmals im Verlauf eines Urlaubs aufgesucht.

– Schließlich enthält die *„Landeszone"* der touristischen Netze Stationen oder Events von höchster Attraktivität, für deren Besuch auch die Bereitschaft zu Tagesauflügen besteht. Entsprechende Beispiele sind: die Altstadt von Salzburg, Rieseneishöhlen, große Themen- und Erlebnisparks, ein Formel-Eins Grand Prix u.a.

Karte 2.8 enthält als exemplarisches Beispiel eine Skizze der drei Netzzonen, wie sie sich um die touristische Enklave von *Nusa Dua* im Süden der Touristeninsel Bali (siehe Abschnitt 2.3.3) anordnen. Hier bleibt die „lokale Zone" der touristischen Netzwerke mehr oder minder auf den ummauerten Enklavenbereich mit seinen Badeständen, Großhotels, Sportanlagen, Restaurants, Einkaufszentren u.a. beschränkt sowie auf das unmittelbare Umfeld mit den ergänzenden Angeboten der einheimischen Kleinunternehmer. Die Zone der „Fremdenverkehrsregion" erstreckt sich nach Westen bis an den Küstenbereich der Halbinsel Bukit mit dem Fischerdorf Jimbaran (siehe Abschnitt 5.5.4.3) und seinen Spezialitätenrestaurants. Im Nordwesten und Norden zählen weiters zur regionalen Zone: der Raum von Kuta (siehe Abschnitt 2.3.4) mit seinem breiten Spektrum an Unterhaltungs- und Einkaufsgelegenheiten sowie teilweise auch die, allerdings wenig attraktive, Hauptstadt Denpasar (Shopping Center, Kunstgalerien, Möbel). Am Übergang zwischen der „regionalen" und der „Landzone" erstreckt sich ein touristischer Pfad, welcher eine Reihe von auf die fremden Besucher spezialisierten Handwerkerdörfern verbindet: Batubulan (Steinarbeiten), Celuk (Juwelen, Silberarbeiten), Batuan (handgewebte Stoffe), Bona (Körbe, Hüte, Sandalen etc. aus Palmenblättern), Gianyar (Hahnenkämpfe), Mas (Holzschnitzereien), Peliatan (traditionelle Tänze) und schließlich das „multifunktionale" Künstlerdorf Ubud, das Zentrum der balinesischen Malerei. Die „Landesebene" umfaßt besonders die herausragenden Sehenswürdigkeiten im Südwesten, Norden und Osten der Insel, etwa die auf Felsklippen und Inseln gelegenen Tempelanlagen von Tanah Lot und Ulu Watu, die Reisterrassen von Jatiluwih, den Bratan See, ein mit Süßwasser gefüllter Kratersee im zentralbalinesischen Bergland mit der malerischen Tempel- und Gartenanlage Pura Ulun Danu, den Vulkan Gunung Batur und seine 12 km breite Kraterlandschaft, den „Muttertempel" Besakih am Abhang des über 3.000 Meter hohen Gunung Agung oder den „schwimmenden" Pavillon" in Amlapura in der Nähe der Ostküste. Alle diese Sehenswürdigkeiten sind

Karte 2.8: Touristische Netzwerke auf Bali

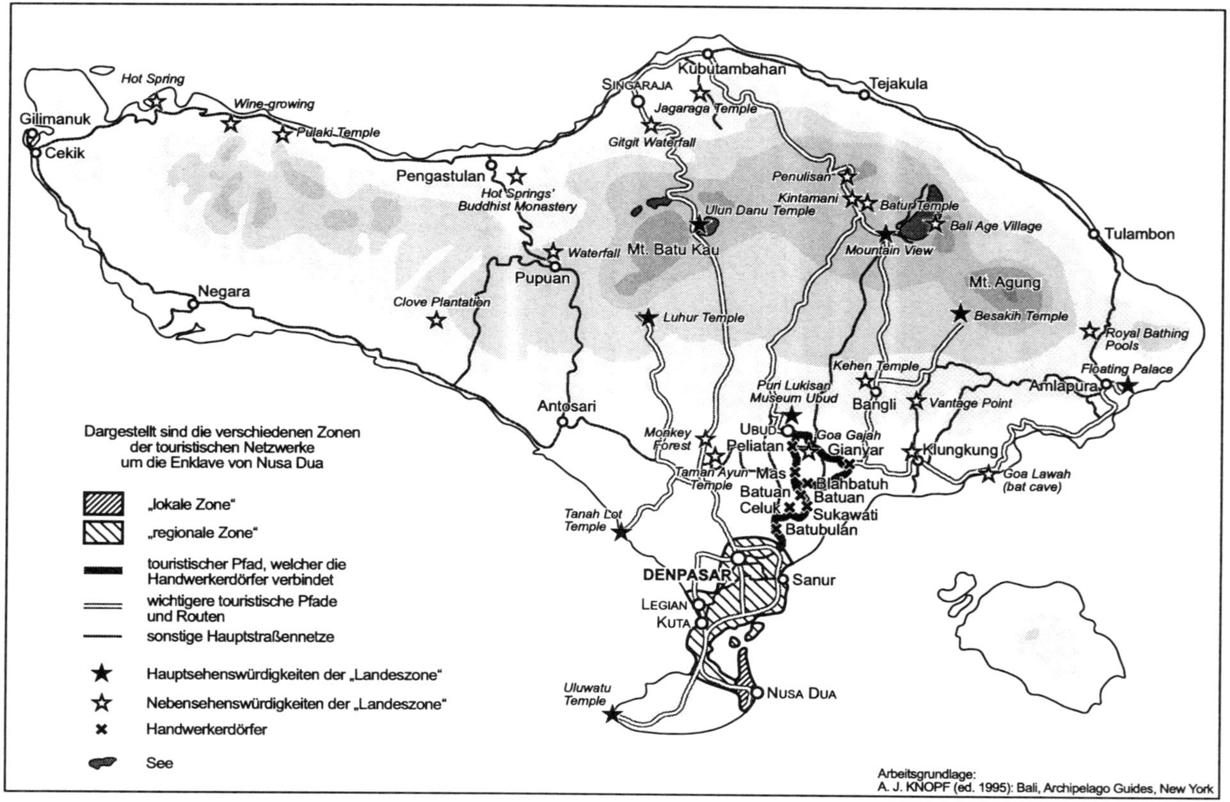

mit einem von den Touristenbussen und -PKW's intensiv genutzten Netz von touristischen Pfaden und Routen verbunden.

Abgesehen vom bereits genannten Beispiel der Areale von Ferienclubs sind die verschiedenen touristischen Behavior Settings den Netzzonen bestimmter Bettenstandorte nur in relativ seltenen Fällen exklusiv zugeordnet. In der Regel überlagern sich die Einzugsgebiete und „sekundären Netzwerke", so daß touristische Attraktionen von Gästen nachgefragt werden, die ihre Quartiere auf verschiedenen Standorten in der engeren und weiteren Umgebung bezogen haben. Natürlich wird die Mehrzahl der Behavior Settings auch nicht ausschließlich von den Gästen des Fremdenverkehrs genutzt und dient auch den Ansprüchen der lokalen und regionalen Bevölkerung. Daher sind die *Einflüsse der „Systemumwelt"* auf die Netzzonen von Bettenstandorten vielfältig und komplex. Ebenso überlagern und verzahnen sich ihre Grenzen. Sehr oft liegen sogar Teile der „lokalen" Zone außerhalb der Planungskompetenz der Behörden ihrer Bettenstandorte. Übergemeindliche Konzepte zur Gestaltung der Angebote von Aktionsraumebenen, von denen oft das Überleben des Tourismus entscheidend abhängt, sind dadurch oft sehr behindert.

2.9 Zusammenfassung: Die „objektive" und die „subjektive" Analyseebene von touristischen Aktionsräumen

Die Angebotsstrukturen im Tourismus werden hier unter zwei Aspekten analysiert, wobei auf der *„objektiven" Analyseebene* die touristischen Aktionsräume mit ihren verschiedenen Grundelementen – wie die Behavior Settings und die Dienstleistungsketten sowie die touristischen Pfade und Routen – die in der Regel integrierten und oft sehr komplexen Angebote im Fremdenverkehr bilden. Auf der *„subjektiven" Analyseebene* werden diese objektiven Strukturen über verschiedene Medien (Sprache, Bild, Film, Video etc.) abgebildet, wobei die „Agenten" dieser Prozesse (etwa die Verfasser von Reiseführern, die Journalisten oder die Public-Relations-Abteilungen der großen Touristikkonzerne) bestimmte Angebotselemente und Erlebnisinhalte besonders herausstellen und ihnen oft spezifische Bedeutungen und Symbole zuordnen. Die Nachfrager nach den verschiedenen Urlaubsstilen und Tourismusregionen werden nicht nur hinsichtlich ihrer Kaufentscheidungen durch diese „gefilterten" Abbilder der Realität beeinflußt. Von den Images ihrer Reiseziele hängen auch zu nicht unwesentlichen Anteilen ihre Erwartungen, ihr Urlaubsverhalten sowie ihre Urlaubszufriedenheit ab.

Theoretische Konzepte und empirische Analyseverfahren der interdisziplinären Tourismusforschung bezüglich dieser beiden Perspektiven des Fremdenverkehrsangebotes bilden wesentliche Grundlagen für die Planung von Fremdenverkehrsregionen sowie für die Konzeption von Marketingstrategien der Tourismusunternehmen.

Planung und Marketing erfordern vor allem, daß die *touristischen Aktionsräume* als *„objektive" komplexe Angebote* von Fremdenverkehrsregionen möglichst optimal an die räumlich-zeitlichen „Choreographien" angepaßt werden, die sich aus den im Rahmen der verschiedenen Urlaubsstile präferierten Tätigkeitenmuster ergeben. Dementsprechend bilden die Bettenstandorte und die Behavior Settings, in welchen die Schlüsselaktivitäten der Urlaubsstile ablaufen, die wichtigsten Stationen in den touristischen „Raum-Zeit-Prismen". Diese umfassen alle – nach der Zeitdauer der verschiedenen Urlaubsaktivitäten sowie nach den Interaktionszeiten zwischen den verschiedenen Aktivitätenstandorten – realisierbaren, einzelnen oder zeitlich hintereinander geschalteten Tätigkeiten. Solche „Raum-Zeit-Prismen" mit ihren „Aktivitätenpotentialen" aus touristischen Schlüssel- und Folgenrollen, bzw. die ihnen zugrunde liegenden, um die Bettenstandorte „aufgespannten" Aktionsräume, bilden die eigentlichen Angebotsformen des Tourismus. Dementsprechend muß man auch ihre Ausgestaltung als die zentrale touristische Planungsaufgabe ansehen.

Hierbei kommt den verschiedenen *Behavior Settings* große Bedeutung zu, welche als räumlich-zeitliche Grundeinheiten des individuellen Verhaltens die einzelnen Stationen der Aktionsräume („Raum-Zeit-Prismen") bilden. Sie bestehen aus – nach bestimmten Regeln und sozialen Normen definierten – Handlungsmustern und einem „Milieu" aus Elementen des Sachsystems, welches an diese Handlungsmuster angepaßt ist. In den verschiedenen Behavior Settings eines touristischen Aktionsraumes (Hotel, Restaurant, Badestrand, Skipiste) treten die Bediensteten im Fremdenverkehr mit ihren Kunden in Kontakt. Hier laufen die verschiedenen *Dienstleistungsketten* ab, wobei sich die Gäste in der Regel auch selbst in den Prozeß der Leistungserstellung einbringen müssen (Kundenbeteiligungsprinzip, Simultanität von Produktion und Konsum).

Die *personellen und materiellen Kundenkontaktpunkte* in den Behavior Settings bilden die entscheidenden Kriterien der Kundenzufriedenheit. Dies gilt vor allem für die Bereiche der *touristischen Enklaven*, als Netze von Behavior Settings, deren Rituale, personelle und materielle Ausstattung etc. besonders auf die Bedürfnisse der (Pauschal-) Touristen (auch nach Sicherheit und Kontrolle) ausgerichtet sind. Hingegen treffen in den *heterogenen Räumen* die oft recht inkompatiblen Regel- und Normensysteme der „Reisenden" und der „Bereisten" viel unmittelbarer aufeinander. Auch verschiedene Elemente des Sachsystems sind hier an die Bedürfnisse der Gäste sehr viel weniger angepaßt, was einerseits erst den Reiz des Eintauchens in fremde Lebenswelten ausmachen kann, andererseits aber von manchen Gästen auch als irritierend, wenn nicht sogar als bedrohlich empfunden wird.

Weitere wesentliche Elemente der touristischen Aktionsräume – gesehen aus der „objektiven" Perspektive – sind die Pfade und Routen. Als *touristische Pfade* kann man von den Gästen häufig und regelmäßig nachgefragte Abschnitte der sog. „primären Netzwerke" (etwa Wege, Abfolgen von Straßen und Plätzen etc.) bezeichnen, welche von festen Start- und Zielpunkten (oft von den Bettenstandorten) ausgehen und die verschiedenen Behavior Settings der Aktionsräume erschließen. Im Gegensatz dazu bilden die *touristischen Routen* die Leitlinien von Rundreisen und verbinden (etwa als Fahrrad- oder PKW-Routen, Bahnstrecken oder Schiffahrtslinien) die Zwischenstationen (Übernachtungsstandorte) von (Tages-)Etappen. Die Attraktivität von Pfaden und Routen resultiert aus den entlang ihres Verlaufes „aufgefädelten" einzelnen Angebotselementen, wesentlich aber auch aus den Qualitäten der verschiedenen „Sehelemente", die sich den Besuchern entlang der Wege und an ihren einzelnen Haltepunkten darbieten.

Solche touristischen *Landschaftsbilder* gehören den individuellen „Anschauungsräumen" der verschiedenen Betrachter an und sind somit Elemente der *„subjektiven"* Analyseebene des Angebotes im Fremdenverkehr, wobei es aufgrund einer Reihe von physiologischen, psychologischen und soziokulturellen Einflußfaktoren zahlreiche Gemeinsamkeiten („Schnittmengen") dieser Raumerlebnisse gibt. Sie zeigen sich etwa in den wesentlichen Elementen (Grenzlinien, Brennpunkte, Merk- oder Wahrzeichen etc.), welche sich beim visuellen Erfassen von städtischen Erlebnisräumen ergeben, oder bei der zu bedeutenden Anteilen soziokulturell vermittelten „Produktion" von Gefühlen und Stimmungen, die mit dem Landschaftserleben verbunden sind (z.B. orientiert an der „mythisch-verklärenden Perspektive", welche sich in ihren Wurzeln auf die Epoche der Romantik zurückführen läßt).

Solche vorgegebenen Stereotypen bezüglich der Perzeption und der Interpretion von Erlebnisinhalten sowie der damit zu verbindenden Empfindungen bilden Elemente der *touristischen Perspektive*. Sie stellt den „Leitfaden" für das individuelle Urlaubsverhalten und für die Beurteilung der Elemente des touristischen Angebotes dar. Ihre Inhalte – besonders Zeichen und Images, welche den Elementen touristischer Aktionsräume den Charakter des Besonderen und Außergewöhnlichen „anhängen" – werden zu großen Anteilen von der Fremdenverkehrswirtschaft und ihren Consultern im Marketingbereich produziert und reproduziert. Die Images sind zusammengesetzt aus *allgemeinen stereotypischen Erlebnissen* (sie werden besonders, aber nicht ausschließlich über das Auge vermittelt), welche generell für größere Raumeinheiten (etwa tropische Strände) Geltung haben, sowie aus *individuellen Besonderheiten* der einzelnen Regionen. Diese heben den Vorteil der Einzigartigkeit (Unique Selling Position) hervor. Hauptziel der Imageproduktion ist die möglichst günstige Positionierung der eigenen Regionen in den (wenig stabilen) nationalen und internationalen Rangordnungen nach dem Image der touristischen Destinationen.

Die Anziehungskraft von berühmten, in der internationalen Rangordnung ganz oben stehenden touristischen Images kann so groß sein, daß auch ihre *Reproduktion* auf ganz anderen Standorten noch rege Nachfrage findet. Obwohl solche *künstlichen Erlebniswelten* schon eine längere Tradition haben (wie etwa das dargestellte Beispiel von Venedig zeigt), gewinnen sie doch in jüngerer Zeit besonders an Bedeutung und treten mit den „authentischen" Attraktionen immer mehr in Konkurrenz: Es gibt also eine Rückkoppelung zwischen den objektiven Strukturen und ihren subjektiven touristischen Abbildern. Diese werden zunächst als „Derivate" aus der Wirklichkeit abgeleitet und dann – als auf bestimmte Grundmerkmale ihrer Images reduzierte Repliken oder als mehr der minder reine Phantasieprodukte – wieder in die Realität, d.h., in einen neuen touristischen Aktionsraum, transferiert.

Somit prägen „objektive" und „subjektive" Merkmale gemeinsam die Eigenschaften von Aktionsräumen als die eigentlichen Angebotsstrukturen im Tourismus. Aus der Nutzung dieser räumlichen Grundeinheiten durch die Gäste resultieren die *touristischen Netzwerke* als regelmäßige räumliche und zeitliche Nutzungsmuster (der touristischen Behavior Settings sowie der sie verbindenden touristischen Pfade und Routen). Vor allem um „fixe" Übernachtungsstandorte ergeben sich aus dem Verhalten der Touristen (das sich am erwarteten „Erlebnisgehalt" der Attraktionen im Umfeld sowie an den zu seiner Realisierung notwendigen Interaktionsaufwänden orientiert) die drei charakteristischen Zonen der *„lokalen"*, der *„regionalen"* und der *„Landeszone"* touristischer Netze. Diese Netzzonen um die Standorte der Quartiere der Gäste und ihre Überlagerungsmuster prägen die Raumstrukturen größerer Fremdenverkehrsgebiete.

Sie stellen einen Output des *Verhaltens der touristischen Nachfrager* dar, auf das im folgenden, dritten Kapitel eingegangen wird. Hier bilden zunächst die sozialbestimmten Verhaltenseinflüsse und die dahinter stehenden Bedürfnis- und Motivationsstrukturen den Ausgangspunkt der Überlegungen. Diese tragen maßgeblich zu den sog. „Push-Faktoren" der touristischen Nachfrage bei.

3. Die touristische Nachfrage

3.1 Sozialbestimmtes Verhalten

Das menschliche Verhalten wird von einer so großen Vielzahl von komplexen Einflußfaktoren bestimmt, daß alle Versuche, ein auch nur annähernd komplettes Bild der Entstehungszusammenhänge zu gewinnen – und damit das Verhalten zu „erklären" – zum Scheitern verurteilt sind. So gehen die Wirtschafts- und Sozialwissenschaften von vornherein davon aus , daß sich ihre Hypothesen und Konzepte nur auf bestimmte Aspekte des individuellen Verhaltens beziehen können, wobei jeweils die Annahme des Menschen als bewußt und zielbezogen handelndes Wesen zugrunde liegt. Die beiden wichtigsten Handlungsmodelle („Menschenbilder") stammen bekanntlich von W. PARETO und M. WEBER. Es sind dies:

– der am Ziel der Profit- und Nutzenmaximierung orientierte, total informierte und vollständig rational kalkulierende *„homo oeconomicus"*, dessen Handlungsstrategien in der Realität allerdings relativ selten, nur unter besonderen Randbedingungen und so gut wie nie in idealtypischer Form vorkommen (als Beispiel könnte etwa das Verhalten von Managern eines Transnationalen Unternehmens genannt werden, welche sich auf umfassende Beratungs- und Informationsdienste stützen);
– der *„homo sociologicus"*, welcher sein Handeln – oder wenigstens wesentliche Teilbereiche davon – so gestaltet, daß es den kulturellen Werten und sozialen Normen der Gesellschaft (bzw. von relevanten „Bezugsgruppen" innerhalb der Gesellschaft) angepaßt ist: Das „soziale Handeln" (nach M. WEBER, 1922/1972) besteht darin, daß Menschen ihr eigenes Tun an den Tätigkeiten Anderer orientieren und ihre Handlungspläne unter Berücksichtigung der erwarteten Aktivitätenmuster der Anderen gestalten. Ziel der Handlungen ist nicht die – unrealistische – Maximierung des individuellen Nutzens, sondern die möglichst weitgehende Befriedigung eines mehr oder minder großen Spektrums von Einzelbedürfnissen.

In der Tourismusforschung wird weitgehend auf das Handlungsmodell des „homo sociologicus" zurückgegriffen. Denn: „Der Tourist handelt nicht rational im Sinne der ökonomischen Theorie, er ist alles andere als ein homo oeconomicus. Seine Entscheidungen resultieren nicht aus einem Abwägen von Preis und erwarteter Gegenleistung, sondern es gehen darin Wünsche und Bedürfnisse ein, die sich einer ökonomischen Betrachtung entziehen" (C. HENNIG, 1997, S. 161). „Alles, was das Reisen und den Tourismus interessant macht – Motive und Emotionen, kulturelle Prägungen und Traditionen, Geschmacksvorlieben, Träumereien und Phantasien – entzieht sich weitgehend der Nutzenkalkulation. Die 'Rationalität'..... ist vielfältiger, als das Modell der 'rationalen Wahl' oder des zweckrationalen Handelns es unterstellt." (H. G. VESTER, 1999, S. 23).

Entsprechend der soziologischen Handlungstheorie wird der Mensch als *„soziales Produkt"* begriffen. Er ist bestrebt, auch in seiner Freizeit und im Urlaub sein Verhalten an die bestehenden Wertvorstellungen anzupassen. Allerdings liegt die *„Freiheit"* der Freizeit und des Tourismus darin, daß hier sehr viel größere Wahlmöglichkeiten unter verschiedenen Handlungsalternativen bestehen, als dies im Alltagsleben mit seinen äußeren Zwängen in der Regel der Fall ist. Die Wahl der Freizeit- und Urlaubsgestaltung kann somit eher als „eigene", viel weniger beeinflußte und freie Entscheidung empfunden werden, als dies in anderen Lebensbereichen der Fall ist. Aber – und darin liegt wieder die *„Unfreiheit"* der Freizeit – diese „eigenen" Entscheidungen werden wieder von einer Anzahl von Einflußfaktoren bestimmt, darunter auch die gesellschaftlichen Normen und Werte, welche die Touristen in den Sozialisationsphasen ihres Lebens internalisiert haben. Auch die „eigenen" Wünsche und Bedürfnisse, bzw. die daraus resultierenden Handlungen, sind demnach vom sozialen Umfeld wenigstens mitbeeinflußt (M. KAISER, 1994). Dazu kommen die zusätzlichen Einschränkungen, welche sich aufgrund der fortschreitenden Standardisierung von touristischen Angeboten ergeben, betrieben von den Reiseveranstaltern, wie von den Tourismusregionen, welche auch ihrerseits versuchen, ihre Produkte (Aktionsräume und Dienstleistungsketten) möglichst an den kulturellen und sozialen Hintergrund ihrer Zielgruppen anzupassen.

Daher ist es auch im Fall des Tourismus besonders schwierig, die von M. WEBER (1922/1972) unterschiedenen *vier Idealtypen des sozialen Handelns* auf bestimmte Aktivitäten eindeutig zu beziehen. Gerade im Tourismus sind die Übergänge zwischen den Typen fließend (R. VESTER, 1999):

- *Zweckrationales Handeln* ist darauf ausgerichtet, ein Ziel mit möglichst effizientem Mitteleinsatz zu erreichen. Touristische Nachfrager handeln z.B. bei der Planung ihrer An- und Abreisen in bzw. von den Urlaubsregionen meist einigermaßen „zweckrational", insofern, als der Einsatz von Zeit, Geld, psychischer und körperlicher Energie in einem angemessenen Verhältnis zur Attraktivität des Reisezieles und zur Aufenthaltsdauer stehen soll: Für die Konsumation besonderer und relativ einmaliger Urlaubserlebnisse wird auch der Einsatz entsprechend umfangreicherer Mittel an Sach- und Humankapital in Kauf genommen (siehe auch Abschnitt 2.8).
- *Wertrationales Handeln* bezieht sich hingegen nicht auf Zweck-Mittel-Überlegungen, sondern ist durch (ethnische, moralische, religiöse, ästhetische u.a.) Motive und Überzeugungen der handelnden Personen begründet. Selbsterfahrung, Lebensgenuß, Bildung oder auch „Reisen als Wert an sich" können hinter entsprechenden touristischen Handlungen stehen, ebenso etwa das Streben nach Gesundheit und Wellness, welches die Grundlage für das gegenwärtige Aufkommen eines neuen Urlaubsstiles darstellt.
- *Affektuell-emotionales Handeln* resultiert aus kurzfristigen Entscheidungen, welche aus aktuellen Gefühlen und Stimmungen getroffen werden. Last-Minute-Buchungen zählen dazu, allerdings nur dann, wenn sie etwa in einer euphorischen Stimmungslage getroffen werden. Sind sie aber auf der Basis von einge-

henderen Preis-Leistungs-Vergleichen getätigt worden, fallen sie in die Kategorie des zweckrationalen Handelns.

- *Traditionelles Handeln* erfolgt aus Gewohnheit und dient zur Reduktion von Entscheidungs- und Veränderungszwängen bzw. zur Vermeidung von Risken bezüglich des Handlungserfolges. Im Tourismus ist etwa das Verhalten von Stammgästen traditionell orientiert, die immer wieder zur gleichen Zeit den selben Ort aufsuchen, unter Umständen selbst dann, wenn sich das Preis-Leistungs-Verhältnis verschlechtert hat (R. VESTER, 1999).

So stehen verschiedene, oft auch kombinierte, „Logiken" hinter dem touristischen Handeln, wobei die meisten davon in vielerlei Hinsicht in einer Gesellschaft verwurzelt sind, durch die Prozesse der Sozialisation und der Aneignung von geistigen „Identitätsräumen" (mit „kulturellen Paradigmen" und daraus abgeleiteten Verhaltensregeln) sowie durch die in der sozialen Umwelt gegebenen Handlungszwänge. Dieses *Handlungssystem*, welches die Rahmenbedingungen für das sozialbestimmte individuelle Verhalten – und damit auch für die Handlungen der Nachfrager im Tourismus – festlegt, wird von T. PARSONS (1968; 1976) ausführlich beschrieben.

Er geht davon aus, daß es aus vier Subsystemen besteht, die nur rein analytisch zu trennen, in der Realität aber vielfach verkoppelt sind (siehe auch M. KAISER, 1994). Ihre wesentlichen Merkmale werden hier – ohne auf die Systemfunktionen näher einzugehen – nur kurz dargestellt:

- Das „*Kultursystem*" ist durch Symbole („kulturelle Paradigmen") bestimmt, als generalisiertes Wertesystem (= sinnhafte Deutung des Handelns) einer Gesellschaft und Interpretationsrahmen für das soziale Handeln.
- Das „*Sozialsystem*" baut auf diesen kulturellen Werten auf und wird konstituiert durch Normen und Regeln, welche die vielfältigen sozialen Rollen definieren (als Sets von „erforderlichen", „erlaubten" bzw. „verbotenen" Verhaltensweisen) und soziale Interaktionen bestimmen. Es bezieht sich auf die Ausrichtung des eigenen Handelns an die Handlungen anderer „Rollenträger" sowie auf deren vermuteten Erwartungen dem eigenen Handeln gegenüber.
- Über das „*Persönlichkeitssystem*" eines Individuums werden die Wertemuster des Kultursystems und die Normen des Sozialsystems im Rahmen von Lernprozessen (Sozialisierung) internalisiert. Daraus resultiert die individuelle Motivation in Bezug auf das Handeln, wobei T. PARSONS zwischen dem Befriedigungsaspekt (Streben nach Belohnung), dem Bewertungsaspekt (richtige Handlungsorientierung zur Vermeidung von Strafen) und dem moralischen Aspekt (Einstellung zu anderen Individuen) unterscheidet.
- Schließlich ist das vierte Subsystem, der „*Verhaltensorganismus*", durch die verschiedenen Bedürfnisdispositionen konstituiert und zwar sowohl durch Grundbedürfnisse (z.B. zur Selbsterhaltung des Organismus) sowie durch eine Vielzahl konkreter Einzelbedürfnisse (Wünsche, Neigungen, Interessen).

Jedes individuelle Handeln bildet das Resultat des Zusammenwirkens dieser vier Subsysteme, wobei die spezifische Handlungssituation und ihre Rahmenbedingungen die unterschiedlichen Konstellationen und Beziehungen der Subsysteme bestimmen. Insgesamt gilt das *„Vierfunktionenschema" (AGIL-Schema)*, welches sich auf vier grundsätzliche Systemprobleme und die spezifische Lösungskompetenz der Subsysteme bezieht:

A *„Anpassung" („adaption")* an die externen Rahmenbedingungen durch die Wahl entsprechender *Aktivitäten* (Rollen) und eines geeigneten *Mitteleinsatzes* (z.B. Leistungsorientierung, spezifische Rollenerwartungen). Diese Funktionen erfüllt das Handlungssubsystem: *„Verhaltensorganismus"*.

G *„Zielverwirklichung und Zielselektion" („goal-attainment" and „goal-selection")* erfordert etwa eine *affektive Orientierung* (positive oder negative Gefühle) des Handelnden sowie *partikularistische Orientierungsmuster* (d.h., die Verpflichtung gegenüber den Werten und Normen der an den zielbezogenen Handlungsmustern beteiligten Gruppen). Hier liegt die Hauptfunktion des *„Persönlichkeitssystems"*.

I *„Integration" („integration")* in eine bestehende Gesellschaft, z.B. die *Akzeptanz der Erwartungen anderer sozialer Gruppen*, bildet die wesentliche Aufgabe des *„Sozialsystems"*. Dazu sind etwa sowohl *partikularistische als auch universelle* (d.h., Verpflichtungen gegenüber allen gesellschaftlichen Gruppen) *Orientierungsmuster* erforderlich.

L *„Bewahrung latenter Strukturen" („latent pattern maintenance")* dient der Erhaltung der *grundlegenden Verhaltensmuster* der Gesellschaft und soll vom *„kulturellen Subsystem"* geleistet werden, u.a. durch *qualitative* (= Empfindungen der Zugehörigkeit zu den verschiedenen sozialen Gruppierungen der Gesellschaft ohne Rücksicht auf subjektive Nutzenrelationen) und *universelle* (= Verpflichtung gegenüber den Normen und Werten aller gesellschaftlichen Gruppen) *Grundhaltungen*.

Die auslösenden Faktoren des individuellen sozialbestimmten Verhaltens, das im Rahmen dieses Handlungssystems abläuft, sind *Bedürfnisse und Motive*. Nach T. PARSONS werden sie – wie oben dargestellt – im Subsystem des „Verhaltensorganismus" generiert und bilden die Triebkräfte für die durch das „Persönlichkeitssystem" (Phase G – „Zielverwirklichung und Zielselektion" – des AGIL-Schemas) an die sozialen und kulturellen Randbedingungen angepaßten Aktivitätenmuster.

3.2 Bedürfnisstrukturen

3.2.1 Grund- und Einzelbedürfnisse

In der Psychologie wird unter „Bedürfnis" ein innerpsychischer Spannungszustand verstanden, „der nach einer Lösung drängt", hervorgerufen durch ein „Gefühl des Mangels, verbunden mit dem Streben, ihn zu beseitigen". Bedürfnisse können zwar auch ungerichtet sein, orientieren sich aber zumeist an Erfahrungen und Eindrükken und sind daher in der Regel auf bestimmte Zustände und/oder Objekte bezogen (G. SCHERHORN, 1974, S. 292). Aus dem beobachteten Verhalten kann man eine Vielzahl verschiedenster Einzelbedürfnisse ableiten: „Die Zahl der konkreten Bedürfnisse ist so groß wie die Zahl ihrer Objekte; die Zahl der möglichen Objekte von Bedürfnissen ist aber unbegrenzt." (G. SCHERHORN, 1974, S. 292).

Nach den Annahmen der psychologischen Bedürfnis- und Motivationstheorie entstehen konkrete menschliche Einzelbedürfnisse aus dem Zusammenwirken von inneren (energetischen) und äußeren (situativen) Motivationsfaktoren, nach T. PARSONS eine Funktion des Subsystems des *„Verhaltensorganismus"*.

Die *inneren (energetischen) Faktoren* sind mentale Dispositionen, welche sich zum Teil auf schon bei der Geburt vorhandene biologische Merkmale zurückführen lassen, zum Teil werden sie aber auch als Produkte lebensgeschichtlicher Lernprozesse angesehen. Zu den Auslösern von solchen sog. „biogenen" oder „Primärtrieben" zählen z.B. Hunger, Durst, Beeinträchtigung der Körpertemperatur und der Atmung, Ermüdung, zu geringe Traumdauer und Sexualität (H. KRAUSS, 1993). Die Wirkungsweise der lebenserhaltenen Grundbedürfnisse wird mit dem *„homöostatischen Modell"* erklärt, nach dem der Organismus auf Abweichungen von biologisch vorgegebenen Normwerten reagiert, Schmerz vermeiden und lusterzeugende Situationen herstellen möchte (J. A. DEUTSCH, 1960). Zu den über die *sozialen Lernprozesse* entwickelten Basismotivationen zählt etwa auch das sog. *„Leistungsbedürfnis"* (J. W. ATKINSON, 1975) – die latente mentale Disposition des ständigen Strebens nach Befriedigung durch erbrachte Leistungen, welche durch die Erfüllung spezifischer Einzelbedürfnisse nicht, bzw. nur für eine bestimmte Zeitspanne, abgebaut wird. Seine Existenz hängt besonders von Lernvorgängen in der kindlichen Entwicklungsphase ab, wird also maßgeblich von den Werthaltungen der Eltern bestimmt.

Das wohl einflußreichste theoretische Konzept zur Entwicklung der energetischen Motivationsfaktoren des individuellen Verhaltens stammt von A. MASLOW (1954), der *fünf Kategorien menschlicher Grundbedürfnisse* unterscheidet: physiologische Bedürfnisse, Sicherheitsbedürfnisse, Bedürfnisse nach Zugehörigkeit und Liebe, Bedürfnisse nach Wertschätzung und Bedürfnisse nach Selbstverwirklichung (siehe Abbildung 3.1). MASLOW geht davon aus, daß die Erfüllung dieser Grundbedürfnisse von den Menschen sukzessive angestrebt wird. Sie stehen zueinander in hierarchischer Relation: „It is quite true that man lives by bread alone – when there is no bread. But what happens to man's desires when there is plenty of bread and when his belly is chronically filled? At once other (and higher) needs emerge and these, rather than physiological hungers, dominate the organism. And when these in turn are satisfied, again new (and still higher) needs emerge, and so on. This is what we mean by saying that the basic human needs are organized into a hierarchy of relative prepotency." (A. MASLOW, 1954, S. 83).

MASLOW's System der fünf Kategorien von Grundbedürfnissen ist allerdings empirisch wenig abgesichert. Sie werden – ebenso wie andere Systematiken verschiedener Autoren

Abbildung 3.1:   Die Hierarchie der Grundbedürfnisse von A. MASLOW
(nach: H. HECKHAUSEN, 1980)

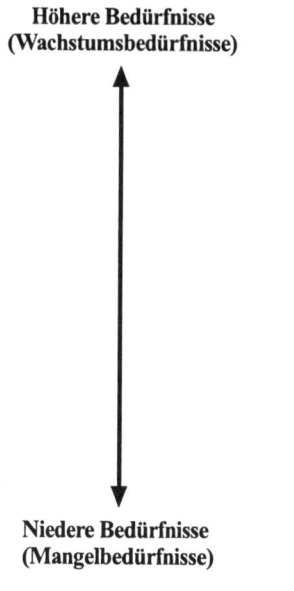

Höhere Bedürfnisse
(Wachstumsbedürfnisse)

5. Selbstverwirklichungsbedürfnis
(self-actualization needs):
Selbsterfüllung in der Realisierung der eigenen, angelegten Möglichkeiten und Fähigkeiten, Bedürfnis nach Verstehen und Einsicht

4. Selbstachtungsbedürfnisse
(esteem needs):
Bedürfnisse nach Leistung, nach Geltung, nach Zustimmung

3. Soziale Bindungsbedürfnisse
(needs for belongingness and love):
Bedürfnisse nach Liebe, nach Zärtlichkeit, nach Geborgenheit, nach sozialem Anschluß, nach Identifikation

2. Sicherheitsbedürfnisse
(safety needs):
Sicherheit und Schutz vor Schmerz, Furcht, Angst und Un-
geordnetheit. Bedürfnis nach schützender Abhängigkeit,
nach Ordnung, Gesetzlichkeit und Verhaltensregelung

1. Physiologische Bedürfnisse
(physiological needs):
Hunger, Durst, Sexualität etc., soweit sie homöostatischer und
organismischer Natur sind

Niedere Bedürfnisse
(Mangelbedürfnisse)

(z.B. B. R. CANTRILL, 1965) – als mehr oder minder „willkürlich" klassifiziert (z.B. G.
SCHERHORN, 1974; C. M. HALL; S. J. PAGE, 1999). Ebenso gelten die hierarchischen Relationen wohl nicht ausschließlich, da manche Grundbedürfnisse auch gleichzeitig akut
werden können. In Ausnahmesituationen ist es auch möglich, daß man einzelne Hierarchiestufen „überspringen" kann. Dennoch wird der Grundgedanke von MASLOW's Konzept heute weitgehend akzeptiert: In den verschiedenen Phasen ihres Lebens- (Famili-
en-, Haushalts-) zykluses streben die Menschen die sukzessive Realisierung von verschiedenen Bedürfnisketten an, wobei die Grundbedürfnisse unter dem Einfluß der *äußeren (exogenen) Motivationsfaktoren* zu konkreten Einzelbedürfnissen transformiert
werden.

Eine Reihe von psychologischen und soziologischen Basishypothesen bezieht sich
auf die Entstehung der sukzessive realisierten *Ketten von Einzelbedürfnissen*:

– Demnach bildet das sog. *individuelle Bezugssystem* (G. SINGER, 1976) die zentrale Schaltstelle zur Umsetzung der von den inneren Motivationsfaktoren „produzierten" Grundbedürfnisse. Es ist konstituiert durch eine Menge von Einstellungen, Erwartungen und Erfahrungen über die eine Person die äußere und innere Wirklichkeit erfaßt und interpretiert.
– Einen Output des individuellen Bezugssystems bilden die *Anspruchsniveaus* bezüglich der alternativen Möglichkeiten zur Bedürfnisbefriedigung. Bei der Aufnahme eines konkreten Bedürfnisses in das persönliche Anspruchsniveau orien-

tiert sich das individuelle Bezugssystem am subjektiv eingeschätzten „*Schwierigkeitsgrad*" der Bedürfniserfüllung (K. LEWIN, 1963). Dieser hängt ab:

1) vom *Aufforderungscharakter* oder von der *Valenz* eines Zieles. Die Valenz wird etwa dann als relativ groß angenommen, wenn das zu realisierende Einzelbedürfnis mit den im Bezugssystem (durch Lernprozesse) verankerten sozialbestimmten Wertorientierungen in besonderer Übereinstimmungen steht.

2) von der subjektiv empfundenen *Wahrscheinlichkeit* des *Erfolges* in einer gegebenen Handlungssituation.

Somit reguliert das individuelle Bezugssystem – unter der Voraussetzung eines halbwegs „rationalen" Verhältnisses zur sozialen Umwelt – das Anspruchsniveau derart, daß es auf Bedürfnisketten beschränkt bleibt, die keine Ansprüche enthalten, welche in der gegenwärtigen Lebenssituation von vornherein völlig unerfüllbar sind.

– Nach den dargestellten Hypothesen bezüglich der inneren Motivationsfaktoren bleiben die individuellen Anspruchsniveaus über einen längeren Zeitraum hin nicht konstant. Ihre Veränderungen werden u.a. durch Prozesse des Abbaus *kognitiver Dissonanzen* (L. FESTINGER, 1957) entscheidend beeinflußt. Es sind dies psychische Spannungszustände (Bedürfnisspannungen), welche sich aus dem Bewußtwerden von unvereinbaren kognitiven Elementen ergeben (wie etwa: der intensive Wunsch, ein gesetztes Ziel zu erreichen, bzw. das Wissen um die mit der Bedürfniserfüllung verbundenen Schwierigkeiten und Risikofaktoren). Entsprechend dem „homöostatischen Modell" (siehe oben) wird eine solche kognitive Dissonanz als psychisch belastender Zustand erlebt, zu dessen Veränderung unterschiedliche Lösungsmöglichkeiten bestehen:

1) Abbau von kognitiven Dissonanzen durch *erfolgreiches Handeln*: In diesem Fall kommt es nach einer bestimmten „*Sättigungszeit*" entweder zur neuerlichen Aktualisierung des gleichen Bedürfnisses und/oder zum Entstehen neuer Bedürfnisse – somit auch wieder zum Aufbau neuer kognitiver Dissonanzen, die nach einer Lösung drängen.

2) Abbau von kognitiven Dissonanzen durch *Reduktion des Anspruchsniveaus*: Wenn bestimmte Einzelbedürfnisse (etwa nach mehreren erfolglosen Versuchen) nicht erfüllt werden können, besteht eine andere Möglichkeit zur Dissonanzreduktion, nämlich durch die Veränderung (= Reduzierung) des Anspruchsniveaus selbst. Hierbei muß der Widerstand kognitiver Elemente (= Stärke der unerfüllten Wünsche) überwunden werden. Dieser ist prinzipiell umso größer, je genauer die subjektiven Kognitionen mit der Wirklichkeit übereinstimmen, so daß sie nicht ohne Auftreten neuerlicher Dissonanzen zu verändern sind: z.B. kann die positive Valenz eines Wunsches, den sich die Mehrzahl der Bezugspersonen in der sozialen Umwelt bereits erfüllt hat, nur schwer reduziert werden.

Gelingt es nicht, die Bedürfnisse des individuellen Anspruchsniveaus entweder innerhalb einer entsprechenden Zeitspanne zu erfüllen, oder das Anspruchsniveau selbst zu verändern, so kann sich der Zustand der psychischen Spannung als *relative Deprivation* auch über längere Zeiträume erhalten, wodurch unter Umständen die seelische und körperliche Gesundheit ernsthaft gefährdet ist.

– In Übereinstimmung mit den Grundannahmen der soziologischen Handlungstheorie wird die Aufnahme von Einzelbedürfnissen in die individuellen Anspruchsniveaus wesentlich durch die *Orientierung am Verhalten von sozialen Bezugs-*
   gruppen beeinflußt (J. S. DUSENBERRY, 1949); nach T. PARSONS (siehe oben) ist dies
   eine Funktion des „Persönlichkeitssystems". Hier unterscheidet man zwischen
   „komparativen" und „normativen" Bezugsgruppen (K. MERTON, 1957):

   + *Komparative Bezugsgruppen* dienen zwar als Vergleichsbasis und zur Einord-
      nung der eigenen Position in der sozialen Rangskala, jedoch sorgen die seeli-
      schen Mechanismen zur Reduktion von kognitiven Dissonanzen dafür, daß große
      Unterschiede hinsichtlich der Bedürfniserfüllung nicht als belastend empfun-
      den werden (etwa: Vergleich der eigenen Lebenssituation mit Beschreibungen
      der sozialen Standards von Prominenten in der „Yellow Press").

   + *Normative Bezugsgruppen* stellen hingegen die Vorbilder dar, an denen sich
      die individuelle Wunschbildung orientiert. Im Rahmen des Prozesses der sog.
      Normeninternalisierung werden die Einstellungen und Verhaltensweisen von
      Mitgliedern der normativen Bezugsgruppen als Ziele in das eigene Bezugs-
      system aufgenommen. Im Rahmen dieser *„Antizipatory Socialization"* (R. K.
      MERTON, 1957) konstituieren sich also Ketten von Bedürfnissen, welche die
      Mitglieder der normativen Bezugsgruppen bereits realisiert haben.

– Entsprechend dieser Hypothesen unterscheidet G. SCHERHORN (1974) zwischen dem
   Konsumniveau – als die Gesamtheit aller Sachen, Rechte und Dienste, die sich ein
   Konsument (Haushalt) für sein Geld leistet – und dem *Konsumstandard* – als dasje-
   nige Konsumniveau, das ein Konsument anstrebt, ein Komplex von Vorstellungen,
   der sich im Interaktionsprozeß mit der sozialen Umwelt gebildet hat. Ähnlich werden auch die weiter gefaßten Begriffe des *Lebensniveaus* und des *Lebensstandards*
   definiert, die sich nicht nur auf den Konsumsektor beziehen, sondern darüber hinaus
   auch noch Arbeitsbedingungen, Freizeitregelungen, Rechtsschutz, Freiheit, Freizü-
   gigkeit u.a. einschließen, natürlich auch die Freizeit- und Reiseinteressen sowie die
   daraus resultierenden Verhaltensweisen. Berücksichtigt man außerdem noch die Systeme der sozialen Mitgliedsrollen (als Komplexe aus den in einem Lebensabschnitt
   durchgeführten Schlüssel- und Folgerollen sowie die damit verbundenen gruppen-
   spezifischen Werthaltungen und Einstellungen), so bezieht man sich auf den Begriff des sog. *Lebensstils*. Auf diesen wird im Folgenden – bei der Übertragung der
   dargestellten soziologischen und psychologischen Grundkonzepte auf die Tourismusforschung – noch näher eingegangen (siehe Abschnitt 3.3.2).

3.2.2   Touristische Bedürfnis- und Motivationsstrukturen

Wie in der „allgemeinen" psychologischen Bedürfnisforschung gibt es auch in der
Tourismuspsychologie eine Vielzahl von Analysen von touristischen Bedürfnis- und
Motivationsstrukturen, meist Klassifikationen, die anhand von *Aussagen befragter*
Personen über sich selbst vorgenommen wurden.

Als Beispiele aus der deutschen Literatur kann zunächst die von K. D. HARTMANN maßgeblich durchgeführte DIVO-Studie (1962) genannt werden, wo sich vier zusammenfassende Bedürfniskategorien ergeben (siehe Tabelle 3.1): die als Urlaubsmotiv immer wieder stereotypisch genannte *„Erholung"* sowie das Bedürfnis nach *„Abwechslung und Ausgleich"* als Gegensätze zur alltäglichen Lebenssituation, was auch für die dritte Kategorie: *„Befreiung von Bindungen"* gilt, sowie schließlich eine Reihe von *„Erlebnis- und Interessensfaktoren"*. Schon hier zeigt es sich, daß die gefundenen Bedürfniskategorien mehr oder minder zur Gruppe der sog. *„Push-Faktoren"* zählen. Sie erfassen verschiedene Aspekte der „Flucht aus dem Alltag" (H. M. ENZENSBERGER, 1962). Hingegen sind die *„Pull-Faktoren"* – als Vorstellungen, die sich auf touristische Angebote beziehen und somit den Urlaubsbedürfnissen erst die Richtung geben (O. L. BRAUN, 1993b) – hier noch nicht so explizit enthalten. Sie werden eher in den acht Bedürfniskomplexen von H. OPASCHOWSKI (1977) berücksichtigt:

– *Rekreationsbedürfnis* als Suche nach Erholung, Entspannung und Wohlbefinden (Urlaubsstile des Erholungs- und Kururlaubs);
– *Kompensationsbedürfnis*: Bestreben nach Ausgleich, Ablenkung und Zerstreuung (adäquate Urlaubsform: Erlebnisurlaub);
– *Edukationsbedürfnis*: Kennenlernen, Weiterlernen, Umlernen (Bildungsurlaub, Studienreise);
– *Kontemplationsbedürfnis*: Suche nach Selbstbestimmung, Selbsterfahrung und Selbstfindung (kreativ-aktive Urlaubsformen);
– *Integrationsbedürfnis*: Wunsch nach Gruppenbezug, Sozialorientierung, gemeinsamen Lernerfahrungen etc. (Familien- und Gruppenreisen);
– *Partizipationsbedürfnis*: Präferenz bezüglich Mitbestimmung und Engagement (Teilnahme an Work-Camps, Gemeinschaftsdiensten etc.);
– *Enkulturationsbedürfnis*: Streben nach kulturellen Kontakten, kreativer Lebensentfaltung, Produktivität (Hobbyurlaub, Ferienkurs).

Ähnliche Bedürfnisstrukturen finden sich auch in der angloamerikanischen Literatur (etwa C. RYAN, 1991 oder G. DANN, 1980). Auch für sie gilt die Kritik von O. L. BRAUN (1993b), daß 1) hier zwar eine Klassifikation von Bedürfnissen vorgenommen wird, zu ihrer Genese (Anfänge, Entwicklung, Änderung) aber wenig Erkenntnisse vorliegen, 2) die Messung kaum über verbale Selbstberichte hinauskommt und 3) die Motivanregung (Rahmenbedingungen für die Entstehung der Bedürfnisse in der Alltagssituation der Touristen) nicht untersucht wird. Wenigstens in Ansätzen wird das Bedürfnismodell von P. PEARCE (1993) dieser Kritik gerecht: Der Autor bezieht sich auf den hierarchischen Ansatz von A. MASLOW (1954, siehe Abschnitt 3.2.1) und geht dementsprechend davon aus, daß die Urlauber im Rahmen ihrer Reisebiographie verschiedene Stufen einer *touristischen Bedürfnishierarchie* durchlaufen. Abbildung 3.2 zeigt diese „Leisure Ladder" mit ihren fünf Bedürfnisniveaus: „Relaxation/BodilyNeeds", „Stimulation", „Relationship", „Self-Esteem and Development" sowie „Fulfilment". Es wird nicht angenommen, daß ein Individuum in seiner Reisekarriere alle diese Stufen durchlaufen muß, „Verharren" und „Aussteigen" sind durchaus wahrscheinliche Alternativen.

Tabelle 3.1:   Gruppen von Reisemotiven (nach: K. D. HARTMANN, 1962)

I.   Erholungs- und Ruhebedürfnis

-   Ausruhen, Abschalten, Herabsetzung geistig-seelischer Spannung, Minderung des Konzentrationsgrades;
-   Abwendung von Reizfülle, keine Hast und Hetze.

II.   Bedürfnis nach Abwechslung und Ausgleich

-   Tapetenwechsel, Veränderung gegenüber dem Gewohnten;
-   neue Anregungen bekommen, etwas Neues ganz anderes erfahren und erleben als das Alltägliche, neue Eindrücke gewinnen;
-   im Alltag nicht beanspruchte Fähigkeiten verwirklichen, sich selbst entfalten, zu sich selbst kommen.

III.   Befreiung von Bindungen

-   Unabhängigkeit von sozialen Regelungen, tun, was man will, sich frei und ungezwungen bewegen, auf niemanden Rücksicht nehmen;
-   Befreiung von Pflichten, Ausbrechen aus den alltäglichen Ordnungen.

IV.   Erlebnis- und Interessenfaktoren

-   Erlebnisdrang, Neugierde, Sensationslust;
-   Reiselust, Fernweh, Wanderlust;
-   Interesse an fremden Ländern, Menschen und Kulturen;
-   Kontaktneigung;
-   Geltungsstreben, „oben sein", sich bedienen lassen.

Abbildung 3.2:   "The Leisure Ladder" (nach: P. PEARCE, 1993)

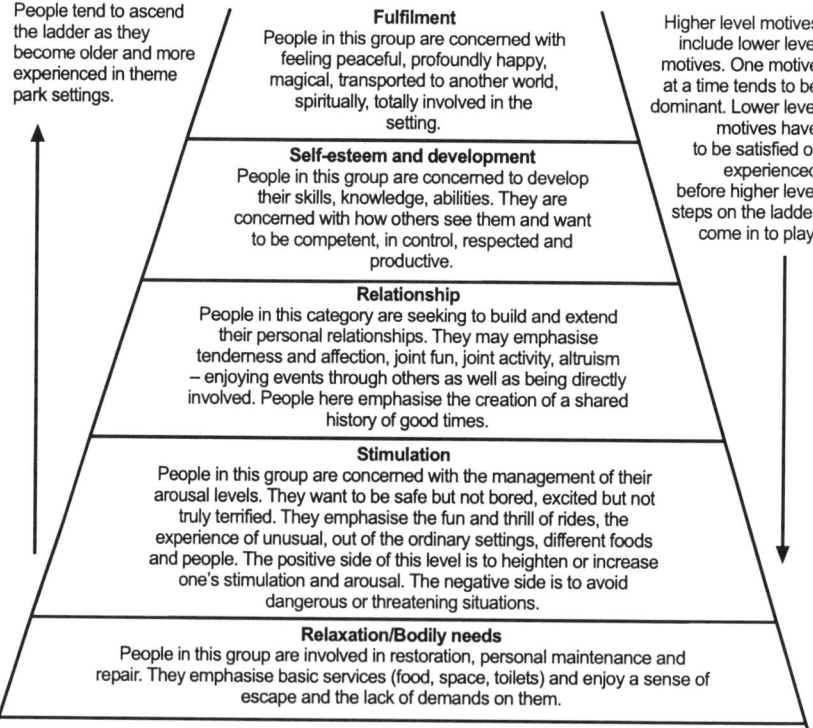

Insgesamt gesehen kann man der in der Literatur vorherrschenden Meinung nur zustimmen, daß die Erforschung touristischer Bedürfnisstrukturen noch wesentlicher Fortschritte bedarf. Aber selbst solche neuen Erkenntnisse allein können noch nicht zu wirklich vertieften Einblicken in das touristische Verhalten führen: Denn konkrete Entscheidungen über bestimmte Urlaubsstile und Zielregionen hängen ja – *neben den Bedürfnisstrukturen* – noch von einer Vielzahl anderer Bedingungen ab. Diese zusätzlichen Einflußfaktoren können etwa dazu führen, daß sich bestimmte Bedürfnisse als nicht realisierbar erweisen („Suppressed Demand" nach C. M. HALL und S. J. PAGE, 1999) oder nur in modifizierter Form zu befriedigen sind („Substitution of Demand"). G. TORKILDSEN (1992) gibt einen guten Überblick über die verschiedenen *(begünstigenden oder hemmenden) Einflußfaktoren*, welcher er in drei Gruppen zusammenfaßt (Tabelle 3.2):

– Persönliche Faktoren („Personal"; hier sind neben den Bedürfnissen und Motiven noch viele andere individuelle Merkmale und Ressourcen enthalten);
– Bedingungen der sozialen und der physischen Umwelt in der Heimatregion („Social and Circumstantial");
– Möglichkeiten und Angebote im Freizeit- und Tourismusbereich („Opportunity Factors").

Tabelle 3.2: **Einflußfaktoren von Freizeit- und Urlaubsbedürfnissen (nach: G. TORKILDSEN, 1992)**

Personal	Social and circumstantial	Opportunity factors
Age	Occupation	Resources available
Stage in life-cycle	Income	Facilities – type and quality
Gender	Disposable income	Awareness
Marital status	Material wealth and goods	Perception of opportunities
Dependants and ages	Car ownership and mobility	Recreation services
Will and purpose in life	Time available	Distribution of facilities
Personal obligations	Duties and obligations	Access and location
Resourcefulness	Home and social environment	Choice of activities
Leisure perceptions	Friends and peer groups	Transport
Attitudes and motivation	Social roles and contacts	Costs: before, during, after
Interests and preoccupations	Environment factors	Management: policy and support
Skill and ability – physical, social and intellectual	Mass leisure factors	Marketing
Personality and confidence	Education and attainment	Programming
Culture born into	Population factors	Organization and leadership
Upbringing and background	Cultural factors	Social accessibility
		Political policies

Die ersten beiden Gruppen beziehen sich also auf die „Push-Faktoren" des touristischen Verhaltens, während die dritte Gruppe „Pull-Faktoren" beschreibt. Theoretische Konzepte, welche zum besseren Verständnis des touristischen Verhaltens beitragen, sollten versuchen, die *komplexen Zusammenhänge* zwischen diesen vielfältigen Einflußvariablen wenigstens ansatzweise zu erfassen. Hier muß man vom Lebenszyklus und von den Lebensbedingungen der Urlauber ausgehen, nicht nur, weil praktisch alle Forscher darin übereinstimmen, daß die „Flucht aus dem Alltag" eine Hauptfunktion des Tourismus darstellt, sondern auch, weil das sozialbestimmte Verhalten, seine Variation im Verlauf des Lebens und die vielfältigen Einflüsse der Wohnumwelt prägende Faktoren der touristischen Nachfrage darstellen.

3.3   Ausbildung der „Push-Faktoren" der touristischen Nachfrage

3.3.1   Modell des sozialbestimmten räumlichen Verhaltens

Alle diese Randbedingungen und Einflußfaktoren bezüglich der Genese touristischer Bedürfnisse und der Urlaubspräferenzen werden im *„Modell des sozialbestimmten räumlichen Verhaltens"* (J. STEINBACH, 1980, 1984, 1999) abgebildet. Das Modell beruht auf einer Integration der Hypothesen von T. PARSONS zum sozialen Handlungssystem (siehe Abschnitt 3.1), der Konzepte der soziologischen Rollentheorie (siehe die Abschnitte 2.3.3 und 2.3.4), der Annahmen von T. HÄGERSTRAND zur Zeitgeographie (siehe Abschnitt 2.2), des „Behaviour Setting-Ansatzes" von R. BARKER (siehe Abschnitt 2.3.1) sowie der dargestellten Teilbereiche der psychologischen Bedürfnistheorie (siehe Abschnitt 3.2.1). Ziel des theoretischen Modells ist es, das individuelle Handeln abzubilden und zu erklären, soweit es von sozialen und ökonomischen Einflüssen sowie von den verhaltensregelnden Randbedingungen der räumlichen Umwelt bestimmt ist. Es bildet die Vorstufe zu einem zweiten, „angekoppelten" Modellansatz (siehe Abschnitt 3.4), der das touristische Verhalten analysiert.

Die *Grundannahmen* zur Erklärung des sozialbestimmten räumlichen Verhaltens beziehen sich auf die in einem Lebensabschnitt ausgeübten *Tätigkeitensysteme der sozialen Mitgliedsrolle*, als Komplexe sozialer Rollen, die in der Regel aus der sog. *Schlüsselrolle* (meist wirtschaftliche Tätigkeiten zum Erwerb des Lebensunterhaltes, aber z.B. auch Aktivitäten im Familienverband oder im Ausbildungsbereich) bestehen, sowie aus einem Set von *Folgerollen* (etwa im Freizeit- oder im sozialen Bereich), das an die Schlüsselrolle meist mehr oder minder angepaßt ist:

– Die Tätigkeitensysteme der sozialen Mitgliedsrollen sind als rhythmische Phänomene in Raum und Zeit zu verstehen, welche über *„persönliche Netzwerke"* von Behavior Settings ablaufen und sich in charakteristischen Segmenten (unmittelbares Wohnumfeld, regelmäßiges äußeres Netzwerk, unregelmäßiges äußeres und temporäres Netzwerk; J. STEINBACH, 1999) um die Wohnstandorte aufspannen.

– In den Behavior Settings der persönlichen Netzwerke (bzw. im Rahmen der verschiedenen sozialen Rollen) finden *Transaktionen von Sach- und Humankapital* statt: Sportliche Aktivitäten (z.B. Golf) erfordern etwa Eintritts-(Club-)gebühren und Ausrüstungsgegenstände (= materielles Kapital) sowie spezielle Fertigkeiten und „Handlungsenergie" (=Humankapital). Andererseits ergeben sich als Outputs solcher sozialer Rollen in der Regel auch Bestände an neuen persönlichen Ressourcen, die dann wieder in andere Aktivitäten investiert werden können. Solche Transaktionen finden besonders zwischen der Schlüsselrolle einer Person und ihren verschiedenen Folgerollen statt: Outputs der Schlüsselrolle (wie finanzielle Mittel, wirtschaftlicher oder politischer Einfluß etc.) stellen wesentliche Inputfaktoren in verschiedene Folgerollen dar, die in der Regel direkter auf die Befriedigung der individuellen Bedürfnisse ausgerichtet sind. Andererseits bilden aber auch Outputs von Folgerollen – besonders an Humankapital (etwa Gesundheit, körperliches Wohlbefinden oder Motivationen im Fall von sportlichen oder rekreativen Aktivitäten) – zum Teil unabdingbare Voraussetzungen zur Durchführung der Schlüsselrolle.
– Somit konstituieren die sozialen Rollen einer Person in ihrer Gesamtheit ein auf Wechselwirkung beruhendes *dynamisches System*, das auf die Akkumulation von Sach- und Humankapital zur Befriedigung der individuellen Bedürfnisse ausgerichtet ist. Dieses System wird besonders von denjenigen Beständen an Sach- und Humankapital gesteuert, denen die Funktionen von *fixen Inputfaktoren* zukommen (d.h., sie sind für eine bestimmte Zeit vorgegeben und können innerhalb dieser Periode kaum mehr verändert werden). Als Beispiele solcher fixer Inputfaktoren der Kategorie Sachkapital können etwa technische Geräte genannt werden, wie Kraftfahrzeuge, Computer oder Mobiltelephone, die Wohnung mit ihren Ausstattungselementen und schließlich – als für das individuelle Verhalten besonders wichtiger „komplexer Inputfaktor" – der standörtliche Handlungsspielraum des Wohnstandortes, welcher die wichtigsten Partizipations- und Nutzungschancen zum Aufbau der persönlichen Netzwerke bietet. Berufliche Fertigkeiten und Kenntnisse, als Vorbedingungen für die Ausübung von Schlüsselrollen im Erwerbsbereich, bilden wichtige fixe Inputfaktoren der Kategorie Humankapital. Persönliche Werthaltungen, Intelligenz, Sexualität, Macht und Verfügungsgewalt über Personen und Sachen sind weitere Beispiele.
– Zum Erhalt und zur Vermehrung des Bestandes an fixen Inputfaktoren sind ständige Re- und Nettoinvestitionen an *variablen Inputfaktoren* erforderlich und zwar aus Sachkapital (besonders finanzielles Einkommen aus Arbeit bzw. aus Transferzahlungen) sowie aus Humankapital (besonders „Handlungsenergie" und Zeit). Vom Ausmaß der geleisteten Reinvestitionen hängt die Funktionsfähigkeit der bestehenden fixen Inputfaktoren ab. Unzureichende Reinvestitionen führen zu ihrem Verfall (z.B. zum Verlust von Fertigkeiten durch mangelndes Training, zu gesundheitlichen Schäden infolge unzureichender medizinischer Versorgung etc.) und in weiterer Folge zu einem noch geringeren Output variabler Investitionsmittel als „Reinvestitionskapital". Somit initiieren unzureichende Reinvestitionen *„kumulative Verfallsprozesse"* von Sach- und Humankapital. Hingegen bewirken Nettoinvestitionen an variablen Inputfaktoren den Aufbau zusätzlicher fixer Inputfaktoren und lösen dementsprechend *„kumulative Wachstumsprozesse"* aus.

Tabelle 3.3:   Abschnitte des Lebenszykluses mit ihren sozialen Bezugssystemen, Entwicklungsaufgaben, Entwicklungsressourcen und Entwicklungskrisen (nach: E. EGAN; M. COWAN, 1979)

Life Stage	Key Systems	Developmental Tasks	Developmental Resources	Developmental Crises
Late adolescence (18 – 22)	Peer group School or work setting Family Surrounding community	Independent living Initial career decisions Internalized morality Initial sustained intimacy Relativistic thinking	Basic human support Knowledge and skills for: - financial independence - self-exploration - making decisions - deepening relationships - dealing with pluralism Responsibility for choices and consequences	Individual identity or identity confusion
Early adulthood (23 – 30)	New family Work setting Friendship network Surrounding community	Family living Initial parenting Career development Life-style management Capacity for commitment	Basic human support Knowledge and skills for: - family financial planning and management - interpersonal negotiating and conflict resolution - parenting - role discrimination and integration	Social-living competence and intimacy or incompetence and alienation
Pre-middle age transition (30 – 35)	Family Work setting Friendship network Surrounding community	Reevaluation of and rededication to commitments Parenting of older children Dealing with commitment Reevaluation on the part of significant others	Basic human support Opportunity for evaluation and renewed decisions regarding: - relationships - career - life-style Knowledge and skills to form broadly based interpersonal support system	Renewal or resignation
Pre-middle age (36 – 50)	Friendship network Family Work setting Surrounding community	Mid-life evaluation of commitments Children leave home Changes in relationship with spouse Involvement beyond self and nuclear family	Basic human support Knowledge and skills for higher-order role taking Higher-order role differentiation and integration	Achievement and meaning in social living or incompetence and meaninglessness
Middle age (51 – 65)	Family Friendship network Work setting Surrounding community	Involvement beyond family Completion and winding down of career involvement Confrontation with personal mortality	Basic human support Knowledge and skills for: - involvement of self in community systems - teaching and advising Increased reliance on cognitive rather than physical skills	Lasting contribution through involvement with others or self-stagnation
Old age (65 – death)	Family Friendship network Surrounding community	Increased dependence on others Evaluation of one's life Dealing with deaths of significant others Coping with one's own death	Basic human support Opportunity for meaningful involvement with others and in significant tasks Survival skills given diminished physical resources Capacity to say "good-bye" and grieve	Sense of meaning and worth or despair

– Veränderungen in der sozialen Mitgliedsrolle und manchmal sogar des gesamten Lebensstils ergeben sich in der Regel nicht nur mit dem *Wechsel der Schlüsselrolle* (etwa beim Übergang von der Ausbildungsphase in das Berufsleben oder mit dem beruflichen Aufstieg), sondern auch mit dem Eintritt in einen neuen Abschnitt des *Lebens- und Familienzykluses.* Tabelle 3.3 zeigt diese Phasen in der Systematik von G. EAGAN und M. COWAN (1979). Jeder Übergang erfordert die Übernahme neuer Rollen und Aktivitätenmuster („Developmental Tasks"), wozu in der Regel auch neue Bestände an Sach- und Humankapital erforderlich sind („Developmental Resources"). Oft werden solche Übergänge von psychologischen (aber z.T. auch materiellen) Entwicklungskrisen begleitet.

– Der Aufbau von *persönlichen Netzwerken* (mit dem Wohnstandort als Zentrum) bildet die Voraussetzung für den Ablauf der kumulativen Prozesse zur Produktion und zum Austausch von Sach- und Humankapital. Entscheidende Bedeutung kommt hierbei den Partizipationschancen an einer Vielzahl von Behavior Settings und Netzwerken zu, welche unter der Kontrolle der Familie, des Freundeskreises, der Wirtschaft, des Staates, von Interessensgemeinschaften etc. stehen. Daher werden Wohnstandorte, deren *standörtliche Handlungsspielräume* (die, ebenso wie die „touristischen Handlungsspielräume" im Aktionsraum der Bettenstandorte, von Zutritts-, Erreichbarkeits- und Koppelungsbedingungen abhängen, siehe Abschnitt 2.2) solche vielfältigen Nutzungsmöglichkeiten bieten, besonders nachgefragt. Sie sind in der Regel nur im eingeschränkten Ausmaß verfügbar und bilden Ziele von Migrationsströmen auf regionaler, nationaler und internationaler Ebene.

Die Struktur des „*Modells des sozialbestimmten räumlichen Verhaltens"* ist in Abbildung 3.3 dargestellt. Sie wird durch zwei Kreisläufe gekennzeichnet, die im Modell „hintereinander geschaltet" sind, in der Realität aber auch synchron ablaufen können.

Eine Phase des *ersten Modellkreislaufes* bildet – für eine betrachtete Person – die Durchführung der Tätigkeitenzyklen ihrer sozialen Mitgliedsrolle (Schlüsselrolle und Folgerollen) für einen bestimmten Lebensabschnitt ab. Diese Tätigkeitenzyklen sind gesteuert durch die im individuellen Anspruchsniveau enthaltenen Bedürfnisstrukturen, welche sich in der Vorphase des zweiten Modellkreislaufes ausgebildet haben. Das Anspruchsniveau enthält auch die Ansprüche an den standörtlichen Handlungsspielraum des Wohnstandortes (gebundene, vor Ort verfügbare, und über die Systeme der Verkehrs- und Kommunikationsinfrastruktur vermittelte Partizipationschancen an verschiedenen Typen von Netzwerken und Behavior Settings), welche die Ausübung der präferierten sozialen Rollen ermöglichen. Am Beginn einer neuen Lebensphase fällt zunächst die Entscheidung bezüglich des Wohnstandortes: Verbleib auf dem alten Wohnsitz oder Migration auf einem neuen Standort, welcher die angestrebten Partizipations- und Nutzungschancen in höherem Ausmaß bietet. Die verfügbaren finanziellen Ressourcen, das subjektive Informationsniveau bezüglich der Situation auf dem Wohnungsmarkt, die Abstimmung mit den Bedürfnissen anderer Haushaltsmitglieder, gefühlsmäßige Bindungen an das gewohnte Wohnmilieu etc. bilden wichtige Randbedingungen dieses

Abbildung 3.3:   Struktur des „Modells des sozialbestimmten räumlichen Verhaltens" (nach: J. STEINBACH, 1984)

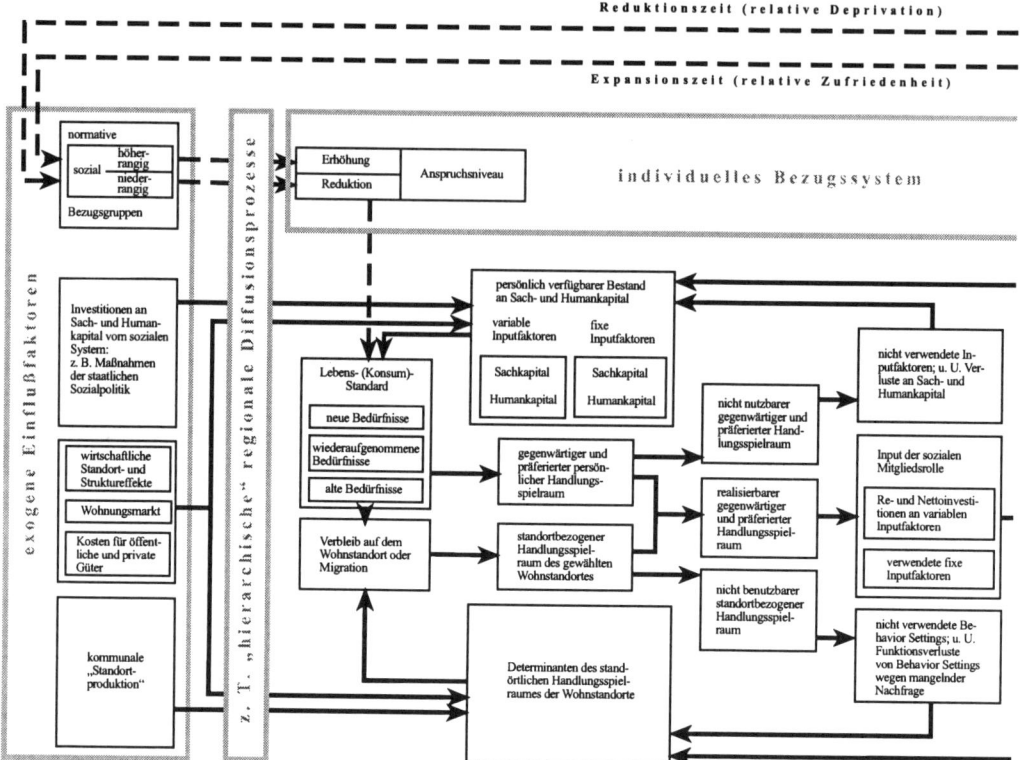

Entscheidungsprozesses. Ist die Entscheidung einmal gefallen, so liegt der *Handlungs-spielraum* für die Phase des ersten Modellkreislaufes fest:

1) Bestimmte soziale Rollen lassen sich unter Umständen wegen der am Wohn-standort fehlenden Partizipations- und Nutzungschancen nicht (mehr) ausüben. Es kommt somit zum *Verfall von fixen Inputfaktoren* an Sach- und Humankapi-tal, für die keine Verwendungsmöglichkeiten mehr bestehen oder für deren Er-halt keine Reinvestitionen getätigt werden können.

2) Andererseits kann aber auch der Fall eintreten, daß bestimmte, am Wohnstand-ort gebotene Partizipationschancen nicht genutzt werden, da der betrachteten Person hierfür die notwendigen Ressourcen an Sach- und Humankapital fehlen. Dies trägt möglicherweise mit zum *Verfall der entsprechenden Behavior Set-tings* bei, die dann aus Mangel an Nachfrage sukzessive aufgegeben werden müssen.

3) Aus der Schnittmenge (persönliche Ressourcen/standörtliche Partizipations- und Nutzungschancen) des *„realisierbaren Handlungsspielraumes"* ergeben sich die

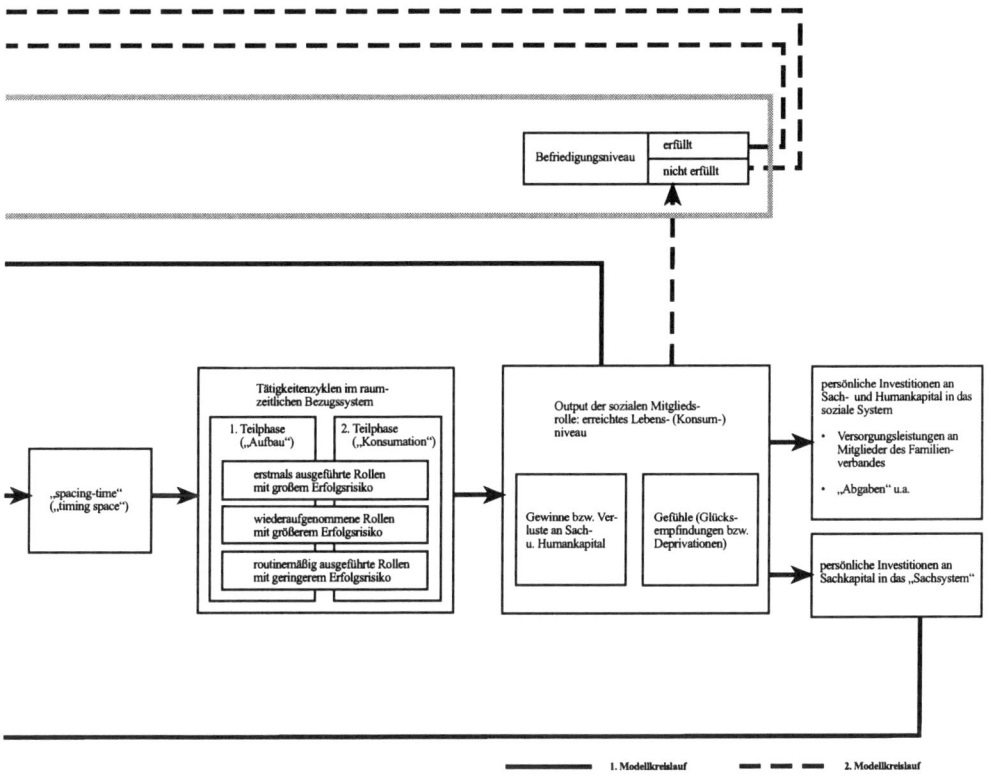

sozialen Rollen für die betrachtete Modellphase, die entsprechenden Einsätze von fixen und variablen Inputfaktoren sowie die räumlich-zeitliche Organisation der verschiedenen Aktivitätenmuster und des persönlichen Netzwerkes.

Mit der Durchführung dieser wechselseitig verknüpften Tätigkeitenzyklen kommt es im Verlauf der Modellphase zum *kumulativen Wachstum* oder zum *kumulativen Verfall* der persönlichen Ressourcen an Sach- und Humankapital. Ebenso ergeben sich aus dem Vergleich des erreichten Lebens-(Konsum-)niveaus mit den zu Beginn der Phase gestellten Ansprüchen Gefühle (Zufriedenheit bzw. Deprivation), die dem *Ausmaß der erzielten Befriedigung* entsprechen.

Diese Gefühle bilden einen Output des ersten und einen *Input in den zweiten Modellkreislauf,* der sich auf die Veränderung des individuellen Anspruchsniveaus bezieht. Wenn in der vorhergehenden Phase des ersten Modellkreislaufes das angestrebte Anspruchsniveau erreicht wurde, so kommt es nach einer Zeitspanne der *„relativen Zufriedenheit"* aufgrund des Einflusses der inneren Motivationsfaktoren in der Regel zum Aufbau von *neuen Bedürfnisspannungen*, eventuell auch bedingt durch die sukzessive Umorientierung an die Vorbilder von anderen (oft sozial höherrangigen) Bezugsgruppen, welche bereits höhere Lebensniveaus erreicht haben. Nach dem Ablauf dieser *„Expansionszeit"* hat sich ein *neues Anspruchsniveau* gebildet, das dann wieder in eine folgende Phase des ersten Modellkreislaufes eingeht.

Im Fall des Mißlingens aller Versuche, die Ziele des Anspruchsniveaus zu erreichen, können die daraus resultierenden kognitiven Dissonanzen eine allmähliche Veränderung der nicht realisierbaren Wünsche bewirken. Nach einer entsprechenden *„Reduktionszeit"* konstituiert sich (z.T. auch durch den Wechsel der Bezugsgruppen) ebenfalls ein neues Anspruchsniveau, welches dann einer folgenden Phase des ersten Modellkreislaufes zugrunde liegt.

Somit vollziehen sich soziale Auf- oder Absteige bzw. der kumulative Verfall oder das kumulative Wachstum persönlicher Ressourcen, über hintereinandergeschaltete Phasen der beiden Modellkreisläufe. Wie schon dargestellt, kommt hier den am Wohnstandort gebotenen Lebenschancen eine wesentliche Steuerungsfunktion zu. Ebenso werden diese „Lebensprozesse" aber auch von verschiedenen anderen Rahmenbedingungen beeinflußt, etwa von einem System gesellschaftlicher *„Aufstiegsbahnen"* und *„Aufstiegsbarrieren"*, z.B. über bestimmte „Bildungswege" erworbene Qualifikationsniveaus und der dadurch mögliche (verhinderte) Zugang zu verschiedenen Berufen, welche den sozialen Aufstieg und die Realisierung von angestrebten *„Lebensniveaus"* oder *„Lebensstilen"* begünstigen bzw. erschweren.

3.3.2   Milieubedingte Lebensstile und ihr Wandel im Lebenszyklus

Die soziologische Lebensstilforschung unterscheidet – auf der Basis einer Vielzahl von empirischen Untersuchungen – eine „ausufernd - inflationäre" Vielzahl von Konzepten (H. W. OPASCHOWSKI, 1993). *„Lebensstil"* wird hierbei zunächst sehr allgemein definiert, als eine Reihe von „empirisch festgestellten Merkmalen, die einer Gruppe von Menschen gemeinsam sind" (H. W. OPASCHOWSKI, 1993, S. 176), wobei die Inhalte der Arbeitswelt ihre Leitbildfunktion zum Teil verlieren, und die Freizeitorientierung der Lebensstile kontinuierlich zunimmt. Allerdings zeigt das „Modell des sozialbestimmten räumlichen Verhaltens" eine nach wie vor enge Verknüpfung beider Lebensbereiche: In der Regel setzen die in den Tätigkeitenzyklen der persönlichen Schlüsselrolle produzierten Ressourcen an Sach- und Humankapital wesentliche Rahmenbedingungen für die Freizeit- und Urlaubsaktivitäten. Daher wird hier auf ein „Lebensstilkonzept" Bezug genommen, das diese Beziehungen berücksichtigt:

Beim Aufbau seines Konzeptes geht S. HRADIL (1987) von „Dimensionen sozialer Ungleichheit" aus und kommt über die Analyse ihrer Verknüpfung (funktionale Äquivalente, Substitutions- und Kompensationsmöglichkeiten) zunächst zur Definition von *„sozialen Lagen"*. Es sind dies relativ dauerhafte (d.h., für bestimmte Lebensphasen gültige), typische Konstellationen von Lebensbedingungen, wobei der Autor zwischen dominierenden (primären), wichtigen (sekundären) und unwichtigen Bedingungen unterscheidet. Tabelle 3.4 enthält die Zusammenfassung der „sozialen Lagen" für die Bundesrepublik Deutschland. Hier wird das Ausmaß der jeweiligen Verfügbarkeit der Lebensbedingungen mit Noten von 1 – 6 bewertet. Man erkennt, daß in den oberen Bereichen dieser Hierarchie einigen wenigen Kategorien von fixen Inputfaktoren (Macht, Bildung) und variablen Inputfaktoren (Geld) die weitgehend alleinige Bedeutung zukommt, weil ihre Verfügbarkeit den Zugang zu allen anderen Ressourcen garantiert. Diese zusätzlichen fixen Inputfaktoren (wie Wohn-, Arbeits- und Freizeitbedingungen, d.h., die Handlungsspielräume der Wohnstandorte) gewinnen erst in den mittleren und unteren Hierarchiestufen an Bedeutung, wo die Hauptfaktoren entweder gänzlich fehlen, oder nur mehr sehr beschränkt eingesetzt werden können. Hier spielen auch die Vorsorgemaßnahmen und Markteingriffe des Staates eine immer wichtigere Rolle. Da es sich um ein sog. „Haushaltskonzept" handelt, in dem nur die gemeinsamen Ressourcen aller Haushaltsmitglieder betrachtet werden, sind hier berufslose Hausfrauen und Kinder nicht als eigene Kategorie angeführt. Die Zugehörigkeit zu einer solchen „sozialen Lage" – die man als *Output einer ersten Phase des „Modells des sozialbestimmten räumlichen Verhaltens"* interpretieren kann – stellt auch für das Urlaubsverhalten eine entscheidende Randbedingung dar: Aufgrund der jeweils verfügbaren Ressourcen an fixen und variablen Inputfaktoren bleiben die touristischen Aktivitäten der von den spezifischen „sozialen Lagen" betroffenen Gruppen auf bestimmte „Bandbreiten" beschränkt.

In einem weiteren Analyseschritt versucht S. HRADIL (1987) *„milieuspezifische Lebensstile"* zu definieren, welche auf den nach objektiven Kriterien bestimmten „sozialen Lagen" aufbauen: Es werden hier Gruppen von Individuen zusammengefaßt, welche auf die „objektiven", äußeren Lebensbedingungen (Struktur) mit gleichen oder ähnlichen „subjektiven", inneren Einstellungen und Verhaltensweisen reagieren (Praxis). In Bezug auf das „Modell des sozialbestimmten räumlichen Verhaltens" handelt es sich also hier um soziale Gruppen, für welche sich *in den Durchläufen der beiden Modellphasen ähnliche Verhaltensmuster und Reaktionen* ergeben. Als charakteristische *Makromilieus* (sie umfassen alle Menschen mit ähnlichen Lebensstilen, auch wenn sie ganz unterschiedlichen Kontaktkreisen angehören und sich niemals begegnen) in der Bundesrepublik Deutschland kennzeichnet S. HRADIL (1987) die in Tabelle 3.5 angeführten Gruppen. Hier sind auch ihre vorherrschenden Lebensziele dargestellt sowie die jeweils relevanten Dimensionen ungleicher Lebensbedingungen: „So stehen z.B. im 'hedonistischen Milieu' die Lebensziele 'Selbstverwirklichung', 'Entlastung' und 'Integration' im Vordergrund; daher ist zu erwarten, daß, einerlei in welcher Lage sich die Milieumitglieder befinden, im Alltag des 'hedonistischen Milieus' den Lebensbedingungen besondere Bedeutung zugemessen wird, die Menschen helfen, so zu handeln, daß diese drei Bedürfnisse erfüllt werden." (S. HRADIL, 1987, S.168). Diese Grundeinstellung gilt entsprechend auch für das Urlaubsverhalten. Neben der „sozialen Lage" und dem „milieuspezifischen Lebensstil" beeinflußt aber auch die *Position im Lebens- und Familienzyklus* die im „Modell des sozialbestimmten räumlichen Verhaltens" dargestellten Prozesse der Lebensgestaltung und somit auch das Urlaubsverhalten.

Tabelle 3.4:   Soziale Lagen in der Bundesrepublik Deutschland
(nach: S. HRADIL, 1987)

Name der Lage	Primäre Dimensionen ungleicher Lebensbedingungen und deren Ausprägungen	Sekundäre Dimensionen ungleicher Lebensbedingungen und deren Ausprägungen
Macht-Elite	Formale Macht 1	Geld 1-2 Formale Bildung 1-2 Prestige 1-2
Reiche	Geld 1	Formale Bildung 1-3 Prestige 1-2 Formale Macht 1-3
Bildungselite	Formale Bildung 1	Geld 2-3 Prestige 1-2 Formale Macht 2-3
Manager	Formale Macht 2	Geld 1-2 Formale Bildung 1-2 Prestige 2 Arbeitsbedingungen 2-4 Freizeitbedingungen 3-4
Experten	Formale Bildung 2	Geld 1-3 Prestige 2-3 Formale Macht 2-4 Arbeitsbedingungen 2-4 Freizeitbedingungen 2-4
Studenten	Formale Bildung 3	Geld 3-5 Arbeitsbedingungen 1-3 Freizeitbedingungen 1-3
„Normalverdiener" mit geringen Risiken	Geld 3-4 Risiken 1-2	Formale Bildung 3-4 Prestige 3-4 Formale Macht 3-4 Arbeitsbedingungen 1-3 Freizeitbedingungen 1-2 Wohnbedingungen 2-3
„Normalverdiener" mit mittleren Risiken	Geld 3-4 Risiken 3-4	Formale Bildung 3-4 Prestige 3-4 Formale Macht 3-4 Arbeitsbedingungen 2-4 Freizeitbedingungen 2-4 Wohnbedingungen 2-4 Soziale Absicherung 2-4
„Normalverdiener" mit hohen Risiken	Geld 3-4 Risiken 5-6	Formale Bildung 4-5 Prestige 4-5 Formale Macht 4-5 Arbeitsbedingungen 3-5 Freizeitbedingungen 2-4 Wohnbedingungen 3-4 Soziale Absicherung 3-5
Rentner	Geld 2-4 Soziale Rollen 4-5	Prestige 4 Soziale Absicherung 3-5 Freizeitbedingungen 3-4 Wohnbedingungen 2-5 Demokratische Institutionen 4-5 Soziale Beziehungen 3-5
Arbeitslose (langfristig)	Geld 4-5 Risiken 5-6	Formale Bildung 4-5 Prestige 4-5 Soziale Absicherung 4 Wohnbedingungen 2-5 Demokratische Institutionen 4-5 Soziale Beziehungen 3-5 Soziale Rollen 4-5
Arme (keine Erwerbspersonen)	Geld 6	Prestige 5 Soziale Absicherung 4-5 Freizeitbedingungen 3-5 Wohnbedingungen 4-5 Demokratische Institutionen 4-5 Soziale Beziehungen 3-5

Tabelle 3.5: **Soziale Milieus in der Bundesrepublik Deutschland
(nach: S. HRADIL, 1987)**

Name	Vorherrschende „allgemeine Lebensziele"	Vorherrschende Dimensionen ungleicher Lebensbedingungen
Konservativ gehobenes Milieu	Erfolg Macht	Formale Bildung Formale Macht
Kleinbürgerliches Milieu	Erfolg Sicherheit Wohlstand	Formale Bildung, Berufsprestige Risiken Geld
Traditionelles Arbeitermilieu	Sicherheit Wohlstand Entlastung	Risiken, soziale Absicherung Geld Arbeits- und Freizeitbedingungen
Aufstiegsorientiertes Milieu	Erfolg Wohlstand	Formale Bildung, Berufsprestige Geld
Technokratisch-liberales Milieu	Partizipation Erfolg Selbstverwirklichung	Demokratische Institutionen Formale Bildung Soziale Rollen
Hedonistisches Milieu	Selbstverwirklichung Entlastung Integration	Soziale Rollen Arbeits- und Freizeitbedingungen Soziale Beziehungen
Alternativ-linkes Milieu	Integration Partizipation Selbstverwirklichung	Soziale Beziehungen Demokratische Institutionen Soziale Rollen

Auf das entsprechende Konzept von G. EGAN und M. COWAN (1979) wurde oben bereits hingewiesen. Tabelle 3.3 zeigt einen Überblick über die verschiedenen Lebensphasen und führt die wichtigen Herausforderungen an, mit denen sich ein Individuum in den verschiedenen Lebensabschnitten jeweils konfrontiert sieht. Besondere Bedeutung kommt hier dem *biologisch bedingten Abbau* von fixen und variablen Inputfaktoren der Kategorie: Humankapital zu, ebenso dem *„biographischen" Erbe* an Gewohnheiten und Einstellungen, die mit abgeschlossenem Sozialisationsprozeß und fortschreitendem Lebensalter im individuellen Bezugssystem vorherrschen können, sowie natürlich auch dem *Wandel in den Lebensformen* (voreheliche Alleinlebende; nichteheliche und eheliche Lebensgemeinschaften, mit und ohne Kinder, wobei oft das Lebensalter des jüngsten Kindes einen verhaltensbestimmenden Einfluß ausübt; nacheheliche Alleinlebende) mit ihren unterschiedlichen sozialen Netzwerken.

Zusammenfassend können bezüglich der Genese touristischer Bedürfnisse und der Ausprägung von Urlaubspräferenzen in Abhängigkeit von der individuellen Lebenssituation die folgenden Aussagen getroffen werden:

– Urlaubs- und Freizeitaktivitäten stellen in der Regel – ebenso wie die „alltäglichen" Aktivitätenmuster – rhythmische Phänomene dar und sind in das *Rollensystem der sozialen Mitgliedsrolle* (erster Kreislauf des „Modells des sozialbestimmten räumlichen Verhaltens") integriert.
– Die touristischen Bedürfnisse und Motivationsstrukturen werden zu wesentlichen Anteilen von den Einstellungen und Verhaltensweisen der *Lebensstil-*

gruppen, denen eine Person angehört, beeinflußt, und zwar sowohl durch die Gruppierungen des *Mikromilieus* (persönliche Netzwerke in der Familie, in der Nachbarschaft, im Kollegen-, Freundeskreis etc.) sowie durch das *Makromilieu* (Menschen mit ähnlichem Lebensstil, zu denen zwar keine unmittelbaren Kontakte bestehen, die aber als normative Bezugsgruppen dienen).

– Die „Umsetzung" der touristischen Bedürfnisse in konkrete *Aktivitätenmuster* (Urlaubsstile) hängt von den Bedingungen der *„sozialen Lage"* ab, also von den verfügbaren fixen und variablen Inputfaktoren an Sach- und Humankapital. Entscheidende Bedeutung kommt hier vor allem der *sozialen Schlüsselrolle* zu, in deren Rahmen einerseits die für den Urlaub notwendigen „Investitionsmittel" produziert werden, für die aber andererseits auch die touristischen Aktivitäten wichtige Inputfaktoren (körperliche Regeneration, Gesundheit, Motivation etc.) bereitstellen. Als besonders wichtig ist auch der *standörtliche Handlungsspielraum* des Wohnstandortes zu bewerten, da hier verfügbare (fehlende) Partizipations- und Nutzungschancen im Freizeit- und Erholungsbereich bestimmte Urlaubsbedürfnisse kompensieren (stimulieren) können.

– Das Ausmaß der Urlaubszufriedenheit stellt einen wesentlichen Inputfaktor in den zweiten Kreislauf des „Modells des sozialbestimmten räumlichen Verhaltens" dar: Sie trägt wesentlich zu einer *„positiven Gefühlsbilanz"* in einem Lebensabschnitt bei und kann negative Alltagserlebnisse im bedeutenden Ausmaß kompensieren. Dementsprechend bildet aber ein als „mißlungen" bewerteter Ferienaufenthalt eine gefühlsmäßige Belastung, die sich im Alltagsleben lange auswirken kann.

Somit läßt sich auf der Basis der Hypothesen zum „Modell des sozialbestimmten räumlichen Verhaltens" sowie der Ansätze zu den milieubestimmten Lebensstilen und zum Lebens- und Familienzyklus die Genese von touristischen „Push-Faktoren" in wesentlichen Aspekten ableiten. Die genannten Konzepte bilden den Rahmen für ein „Modell des Verhaltens der Nachfrager im Tourismus".

3.4   Verhalten der Nachfrager im Tourismus

3.4.1   Das individuelle Anspruchsniveau und seine Einflußfaktoren

Die Grundstruktur dieses *„Modells des Verhaltens der Nachfrager im Tourismus"* ist in Abbildung 3.4 dargestellt. Man erkennt hier zunächst die aus dem sozialbestimmten räumlichen (Alltags-)Verhalten resultierenden Einflußfaktoren auf das individuelle Anspruchsniveau für den Urlaub: die Zugehörigkeit zu einer milieubedingten Lebensstilgruppe, die Phase im Lebens- und Familien-(Haushalts-)Zyklus, das bisher erreichte Anspruchsniveau, die Wohn- und Wohnumweltverhältnisse sowie die verfügbaren Bestände an fixen und variablen Inputfaktoren an Sach- und Humankapital („soziale Lage").

Neben diesen „Push-Faktoren" der Alltagswelt wird das Anspruchsniveau aber noch von einer Reihe von *„Pull-Faktoren"* aus dem Tourismusbereich bestimmt. Dazu zählen vor allem verschiedene *Elemente der „allgemeinen touristischen Perspektive"* (siehe Abschnitt 2.4):

- die im Gesellschaftssystem entwickelten Grundsätze der *„Kultur des Tourismus"*, welche etwa bestimmte Verhaltensweisen (Urlaubsstile), Reiseformen oder Zielregionen positiv oder negativ bewerten;
- die direkte (*„Beschreibung"*) oder indirekte (*„Indexierung"*) Darstellung von touristischen Verhaltensweisen, von Tourismusregionen, touristischen Attraktionen, von Verkehrssystemen bzw. Verkehrsbedingungen etc. in den verschiedenen Medien (Zeitungen, Zeitschriften inklusive Reisejournale, Bücher inklusive Reiseführer, tourismusbezogene und sonstige Karten, Filme, TV-Serien, TV-Nachrichten und Reiseberichte, Präsentationen im Internet, elektronische Informationssysteme u.a.; siehe Abschnitt 2.4);
- *Marketing- und Werbestrategien der Tourismuswirtschaft*, wie z.B. regionale und Themenprospekte, Direct Mailing, Touristische Karten, Package-, Sonder- oder Last Minute-Angebote etc.;
- direkte (über die persönlichen Netzwerke) oder indirekte (über die Medien) Informationen über das *Urlaubsverhalten von Mitgliedern der „normativen" Bezugsgruppen*, welche Vorbilder für das Urlaubsverhalten darstellen.

Alle diese Kenntnisse über „allgemeine" Elemente der „touristischen Perspektive", welche durch die Filter der Kognition und Perzeption in das individuelle Bezugssystem gelangen, werden ergänzt durch die *„persönlichen Elemente"* des *„Tourist Gaze"* als Produkte der eigenen Urlaubserfahrungen. Besonders in den mittleren und späteren Phasen des Lebenszykluses kann die *„touristische Biographie"* der Reisenden einen dominanten Einfluß auf die Ausbildung der Anspruchsniveaus ausüben, z.B. hinsichtlich der Bereitschaft zum Wechsel von Urlaubsstilen und Urlaubszielen. E. COHEN (1972) unterscheidet etwa folgende Grundtypen von Verhaltensstereotypen nach der touristischen Biographie:

- die *„organisierten Massentouristen"*, welche sich mehr oder minder nur in touristischen Enklaven (siehe Abschnitt 2.3.3) bewegen;
- die *„individuellen Massentouristen"*; sie nutzen zwar die Grundangebote der Reiseveranstalter, besuchen aber auch individuell touristische Sehenswürdigkeiten im heterogenen Raum (siehe Abschnitt 2.3.4);
- die *„Entdecker"* organisieren ihren Urlaub selbst und suchen ebenfalls Kontakte mit den sozialen und kulturellen Milieus ihrer Zielregionen;
- die *„Drifter"* meiden die Zentren des Tourismus mehr oder minder vollständig und bemühen sich am intensivsten um die Integration in das Gemeinschaftsleben der Zielregion.

Abbildung 3.4:   Struktur eines „Modells des Verhaltens der Nachfrager im Tourismus"

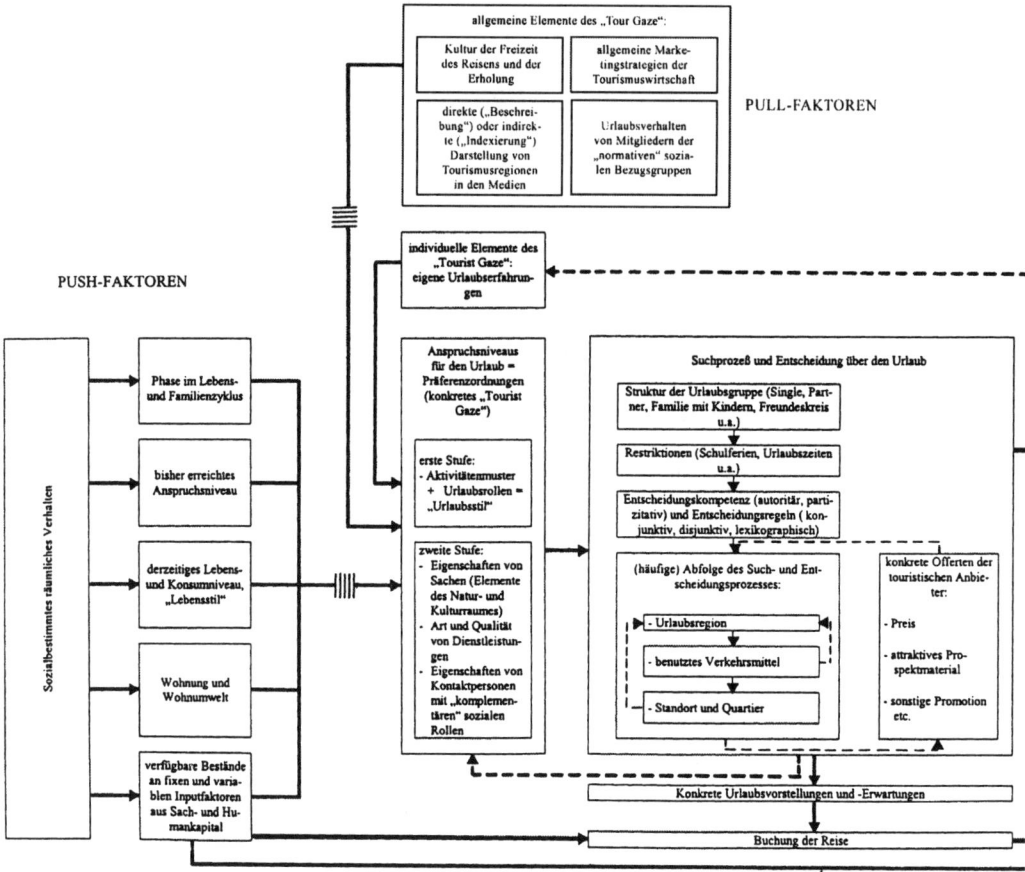

Die „Push-Faktoren" des sozialbestimmten räumlichen Verhaltens und die „Pull-Faktoren" der „allgemeinen" und „individuellen Touristischen Perspektive" stellen die wesentlichen Einflußfaktoren bezüglich der Ausbildung des *individuellen Anspruchsniveaus* an den Urlaub dar. Im Fall eines einigermaßen rational ablaufenden Such- und Entscheidungsprozesses (nach den Prinzipien des zweck- oder wertrationalen Handelns, siehe Abschnitt 3.1) dürfte das touristische Anspruchsniveau (die *„konkrete touristische Perspektive"*) derart strukturiert sein, daß sich zwei einander ergänzende Präferenzordnungen ausbilden (J. STEINBACH, 1989; siehe Abbildung 3.4):

– *Präferenzordnungen erster Stufe* beziehen sich auf die angestrebten *Tätigkeitenmuster*, also auf die gewünschte Art des Urlaubs, den Urlaubsstil mit seinen Haupt- und Nebenaktivitäten;

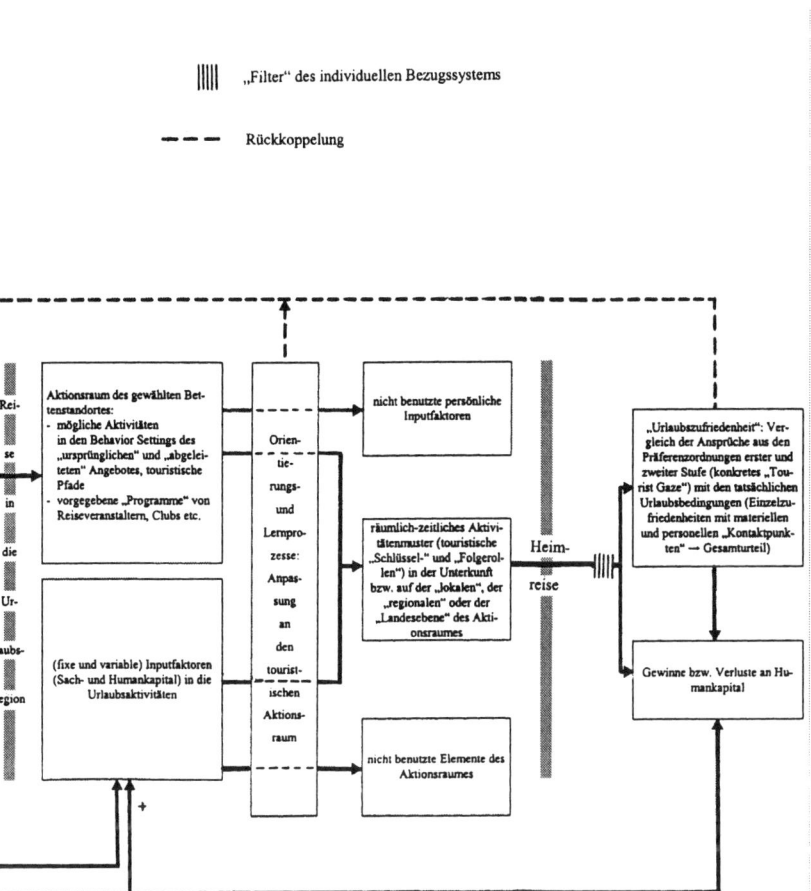

IIII „Filter" des individuellen Bezugssystems

— — — Rückkoppelung

– *Präferenzordnungen zweiter Stufe* hängen von den Urlaubswünschen der ersten
Stufe unmittelbar ab und beinhalten die aus dem angestrebten Urlaubsstil abgeleiteten *Ansprüche an die Ausstattung und die Stationen der touristischen Aktionsräume.* Daher sind hier Wünsche enthalten betreffend:

+ *Eigenschaften von Sachen* als Ausstattungselemente von Behavior Settings,
z.B.: Merkmale von Skipisten oder Badestränden, von Landschaftsbildern oder
von architektonischen Ensembles von Altstadtkernen, Gestaltungsmerkmale von Hotels (bezogen etwa auf die Zimmer und Appartements, den Garten
mit der Poolanlage, das Fitneß-Center etc.), von Lokalen der Erlebnisgastronomie, Discos u.a.

+ *Eigenschaften von Personen,* die in den Behavior Settings komplementäre
Rollen ausüben, z.B. von Mitgliedern bestimmter Lebensstilgruppen als prä-

ferierte Gäste und Kontaktgruppen im gewählten Hotel, des Publikums am Badestrand, der Partner im Tanzlokal u.a.

+ Art und Qualität der konsumierten *persönlichen Dienstleistungen (Dienstleistungsketten)* und *Produkte.*

+ Preis-Leistungsverhältnis der verschiedenen Angebotselemente.

Diese so gegliederten individuellen Anspruchsniveaus sind Produkte von Informations-, Erfahrungs- und Lernprozessen, in welche die Nachfrager in ihrem Alltagsleben („zwischen den Urlauben") involviert sind. Struktur und Funktion der individuellen Bezugssysteme (siehe Abschnitt 3.2.1) spielen hier eine wichtige Rolle, etwa die Fähigkeit zur Reduktion von kognitiven Dissonanzen durch die Auswahl von „realistischen" Zielen, der Umgang mit Zweifel und Unsicherheiten, die richtige Einschätzung der Authentizität von Angebotselementen etc. (C. M. HALL; S. J. PAGE, 1999). Die Anspruchsniveaus enthalten zunächst einen *„latenten Bedarf"*, der dann im Rahmen eines mehr oder in der gezielten *Such- und Entscheidungsprozesses* konkretisiert, unter Umständen auch modifiziert wird.

3.4.2 Suchprozesse und Entscheidung über den Urlaub

Art und Verlauf der Such- und Entscheidungsprozesse wird davon bestimmt, ob die *Grundmuster des „latenten Bedarfs"* im Zeitablauf (seit dem letzten Urlaub) konstant geblieben sind, oder ob sich bedeutendere Änderungen in den Anspruchsniveaus ergeben haben (L. MOUTINHO, 1987; D. FODNESS, B. MURRAY, 1999):

— Im Falle eines geplanten *Wiederholungs- und Routineurlaubs* bleibt der Such- und Entscheidungsaufwand zumeist auf ein Minimum beschränkt. Das Einholen von speziellen, zusätzlichen Informationen über die Urlaubsregion ist in der Regel nicht erforderlich. Die eigene Erfahrung reicht als Entscheidungsgrundlage meist aus, so daß „extern" (d.h. außerhalb der Entscheidungsgruppe) nur die Buchungs- und Reservierungsaktivitäten erforderlich sind.

— *Limitierte Such- und Entscheidungsaktivitäten* werden etwa dann notwendig sein, wenn in bereits bekannten Zielregionen Änderungen von Urlaubsroutinen geplant sind, etwa neue Aktivitäten oder alternative Routen auf der Anreise. In solchen Fällen reichen die eigenen Kenntnisse über das Zielgebiet meist nicht mehr aus, und es müssen gezielte Zusatzinformationen (Regionsprospekte, Routenpläne etc.) herangezogen werden.

— *Extensive Such- und Entscheidungsprozesse* beziehen sich auf neue, persönlich nicht oder nur wenig bekannte, unter Umständen auch weiter entfernte Urlaubsangebote. Sie dienen etwa der Vorbereitung auf eine Kreuzfahrt in der Karibik oder auf eine Safari in Ostafrika. Hier genügt der im Alltagsleben und anläßlich der bisherigen Urlaubsaufenthalte „gesammelte" Erfahrungsschatz den Informationsbedürfnissen bei weitem nicht, und es wird eine Vielzahl von „externen" Informationsgrundlagen verwendet, meist sowohl als bloße „ergänzende" Quellen –

wie etwa Reiseführer, Reisemagazine, Prospekte etc. – als auch als „maßgebliche" Entscheidungshilfen – wie die Meinungen von Experten aus den Reisebüros oder die Ratschläge von reiseerfahrenen Freunden und Verwandten.

Die *Struktur der Urlaubsgruppe* kann die Such- und Entscheidungsprozesse in zweifacher Hinsicht beeinflussen: Zum einen resultiert hieraus oft eine Reihe von *zusätzlichen Randbedingungen*, wie etwa die Zeiten der Schulferien von Kindern, die Urlaubstermine von Partnern etc. Zum anderen müssen auch divergierende Präferenzordnungen abgestimmt werden, wobei die *Entscheidungskompetenz* – autoritär oder partizipativ – eine Rolle spielt, sowie auch die *Entscheidungsregeln*. Hier unterscheiden I.L. CROMPTON und P.K. ANKOMAH (1993) drei Grundtypen:

– Im Falle von *disjunktiven Entscheidungen* wird unter einer Reihe von Alternativen diejenige gewählt, welche die größere Anzahl an positiven Aspekten aufzuweisen hat.
– *Lexikographische Entscheidungsprozesse* beruhen auf einem Vergleich der Einzelattribute von Zielregionen, wobei ein hierarchisches Ordnungsprinzip zugrunde liegt: Zunächst wird das Vorhandensein der lexikographischen – d.h., der nach den Anspruchsniveaus unbedingt erforderlichen – Attribute geprüft (etwa Partizipations- und Nutzungschancen bezüglich der Schlüsselrollen des gewünschten Urlaubsstils). Alle Alternativen, welche diese Anforderungen nicht erfüllen, scheiden aus. Sodann erfolgt unter Umständen eine weitere Auswahl nach substitutiven Attributen, d.h., fehlende, aber nicht unbedingt erforderliche Angebote können unter Umständen durch andere ersetzt werden.
– Schließlich basieren *konjunktive Entscheidungen* vor allem auf dem Vergleich der als negativ empfundenen Aspekte alternativer Urlaubsziele: Hier wird die noch am wenigsten „ungünstigste" Alternative gewählt.

C. RYAN (1997) stellt wohl zurecht fest, daß reale Such- und Entscheidungsprozesse in der Regel nicht nach derart konsistenten Logiken ablaufen und – wenn sie nicht völlig spontan erfolgen – eher als Mix dieser drei Grundansätze zu charakterisieren sind, wobei aber die *positiven Aspekte* der Destinationen im Vordergrund stehen. Die konjunktiven Regeln kommen z.B. nur in solchen Entscheidungssituationen zur Anwendung, wo zwar relativ fixe Vorstellungen bezüglich des Urlaubsstils bestehen, aber finanzielle Restriktionen oder auch eine wegen der großen Nachfrage ungünstige Buchungssituation die Standortwahl beschränken: Dann wird unter suboptimalen Zielen noch das „relativ attraktivste" ausgewählt.

All diese Such- und Entscheidungskriterien bestätigen sich etwa in empirischen Untersuchungen von D. FODNESS und B. MURRAY (1999). Ihrer Erkenntnis nach variieren die Suchaufwände besonders hinsichtlich:

– des beabsichtigen *Urlaubsstils* (so benötigen etwa bloße Besuche von Freunden oder Verwandten kaum Informationsaufwände, da diese ja über die Gegebenheiten in der Urlaubsregion voll informiert sind, während etwa individuell organisierte Radtouren in der Regel eine intensive Vorbereitung erfordern), der *Aufenthaltsdauer* in den Urlaubsregionen, der *Anzahl von Destinationen* und *touristischen Sehenswürdigkeiten*, deren Besuch beabsichtigt ist, sowie der *Höhe der voraussichtlichen Urlaubsausgaben*;

– eine Rolle spielt auch die *Zusammensetzung der Urlaubsgruppe*: z.B. bemühen sich Familien, die mit Kindern reisen, besonders um zusätzliche, „externe" Informationen bezüglich der für die Kinder relevanten Rahmenbedingungen, während sich reiseerfahrene Senioren viel mehr auf ihre bereits erworbene Routine verlassen.

Aus Abbildung 3.4 sind die hauptsächlichen *Verläufe dieser Such- und Entscheidungsprozesse* ersichtlich: Vor allem dann, wenn bisher noch nicht besuchte Destinationen zur Auswahl stehen, kann man mit einer bestimmten Wahrscheinlichkeit davon ausgehen, daß nach den Zielvorstellungen des Anspruchsniveaus (besonders der Präferenzordnung der ersten Stufe) zunächst verschiedene, für den gewählten Urlaubsstil geeignete *Urlaubsregionen* ins Auge gefaßt werden. Sodann wird die *Erreichbarkeit* dieser potentiellen Zielregionen mit dem gewünschten Verkehrsmittel überprüft (das oft mehr oder minder vorgegeben ist, z.B. aus finanziellen Gründen, wegen logistischer Probleme oder wegen der gewünschten Bequemlichkeit der Reise), wobei schlecht erreichbare Ziele aus der Wahl ausscheiden können. Schließlich sucht man in den verbleibenden Regionen nach geeigneten *Standorten* und *Quartieren*. Konkrete touristische Angebote (wie *pauschale Arrangements* der Reiseveranstalter oder *„Packages"* aus den Fremdenverkehrsregionen) können in diesem Suchverfahren eine entscheidende Rolle spielen, wobei sich unter Umständen die in Abbildung 3.4 durch die Pfeile angedeuteten Rückkoppelungen ergeben. Im Falle eines Mißlingens der Such- und Entscheidungsprozesse kann es auch – als umfassenderes Rückkoppelungsphänomen – zur *Korrektur der Präferenzordnungen* kommen (vermutlich ist wohl die Ordnung zweiter Stufe davon eher betroffen als die erste Stufe), wonach wieder ein neuer Suchprozeß auf geänderter Grundlage einsetzt.

Allerdings hält sich der Umfang der Suchprozesse wegen der *beschränkten Kapazitäten* der touristischen Nachfrager (bezüglich Zeit, finanzieller Aufwände, Handlungsenergie etc.) meist in einem relativ engen Rahmen. C. RYAN (1991) stellt in diversen Studien über das Verhalten von Touristen aus Großbritannien fest, daß im Durchschnitt nur etwa zwei bis fünf Regionen verglichen werden.

Outputs dieser hier skizzierten Such- und Entscheidungsprozesse sind schließlich konkrete Vorstellungen und Erwartungen bezüglich des geplanten Urlaubs: „The stages that lead to a decision about, and subsequent booking of a holiday, are important in that the holiday becomes an anticipated event. In several senses the experience of a holiday begins before the vacation actually starts." (C. RYAN, 1991, S. 55). Informationssuche und Diskussionen über den kommenden Urlaub können positive Gefühle der Vorfreude auslösen, die eigentlich schon Bestandteile der Urlaubserlebnisse darstellen. Dies gilt etwa für das Studium der Kataloge von Reiseveranstaltern oder für Recherchen im Internet, denen wohl schon in naher Zukunft eine wichtige Bedeutung (Auswahl von individuellen und speziellen Kombinationen von Angebotselementen) bei der Reisevorbereitung zukommen wird (siehe Abschnitt 4.3.3.2).

3.4.3   Urlaubserlebnis

Als wesentliches Element des Urlaubserlebnisses ist auch schon die *Anreise an den Urlaubsort* anzusehen. Die Strapazen einer langen und unbequemen Anfahrt erfordern einen meist nicht unbeträchtlichen zusätzlichen Erholungsaufwand, was sich auch besonders negativ auf die kritische Einstiegsphase auswirkt, die ersten Orientierungs-, Lern- und Erfahrungszwänge am Urlaubsort. Hingegen kann eine bequeme und entspannte Anreise, eventuell auch ein möglichst frühes Eintreffen im Quartier, diesen Einstieg wesentlich begünstigen.

Für diese *Orientierungs- und Anpassungsphase an den touristischen Aktionsraum* gelten die Hypothesen von D. N. PARKES und N. THRIFT (1975) über die individuelle Raumvorstellung:

– Demnach sind im individuellen Bezugssystem einer Person – über die Prozesse der *Perzeption* und *Kognition* (siehe Abschnitt 2.6) – zwei Arten von Informationen über die Gegebenheiten von Aktionsräumen gespeichert (siehe Abbildung 3.5): *„Harte Informationen"* stellen ein subjektiv als sicher empfundenes Wissen über die räumliche Verteilung von Behavior Settings, die Struktur von „Bereichen" (siehe Abschnitt 2.7), den Verlauf von „Pfaden", die für Interaktionen erforderlichen Zeitaufwände etc. dar. Auf dieser Basis können die Urlaubsaktivitäten relativ problemlos geplant werden. Hingegen sind *„weiche Informationen"* mit mehr oder minder großen Unsicherheitsfaktoren belastet. Ihre Inhalte reichen nicht aus, um die volltändige Orientierung im Raum zu gewährleisten und um sich konkrete Vorstellungen („Realized Place") über den Verlauf von räumlich-zeitlichen Tätigkeitenfolgen zu machen. Unsicherheit und Streß sind die Folgen solcher Informationsdefizite, welche die Touristen in ihrer ersten Zeit in einer neuen Urlaubsregion natürlich besonders belasten.
– „Harte" und „weiche" Informationen setzen sich aus einer *räumlichen* (Verteilung von Elementen im Raum) und einer *zeitlichen* (Entfernungen über die verschiedenen Transportsysteme, „Betriebszeiten" von Behavior Settings etc.) *Komponente* zusammen. Für jede dieser beiden Komponenten stehen prinzipiell zwei Kategorien von „harten" und „weichen" Informationen zu Verfügung: Für die *räumliche Dimension* zählen zu den *objektiven („locational") Informationselementen* etwa Karten oder Prospekte, textliche Beschreibungen in Reiseführern sowie eventuell auch Abfragen in elektronischen Informations- und Orientierungssystemen. Die entsprechenden *„subjektiven" („experiential") Informationselemente* sind im individuellen Bezugssystem gespeicherte mentale Wissensinhalte oder „Mental Maps" (siehe Abschnitt 2.7). *„Objektive" Informationen* über

Abbildung 3.5:   „Harte" und „weiche" Informationen über touristische Aktionsräume
                  (nach: D. N. PARKES; H. THRIFT, 1975)

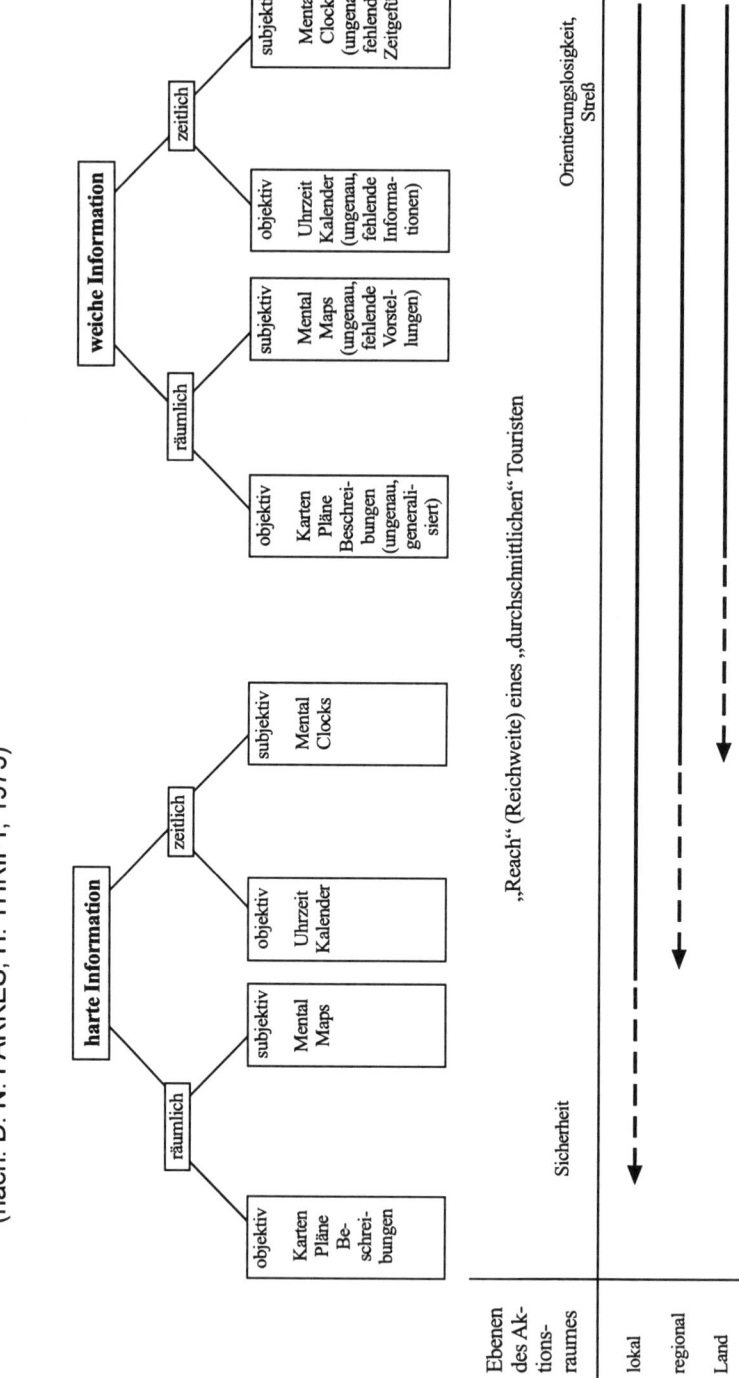

die *zeitliche Dimension* beziehen sich auf physikalische Relationen, wie sie mit Hilfe von Uhren oder mit dem Kalender gemessen werden, *„subjektive"* *Informationen* basieren auf dem mentalen Zeitempfinden („Mental Clocks"), als teils sozio-kulturell tradierte, teils nach der psychischen und physischen Veranlagung subjektiv empfundene zeitliche Spannen (etwa die „richtige" Zeit für bestimmte Erholungs- und Freizeitaktivitäten oder die „zumutbare" Zeit, um bestimmte Aktivitätenstandorte zu erreichen).

– „Mental Maps" und korrespondierte *„Mental Clocks"* konstituieren gemeinsam die individuellen Raumvorstellungen („Perceived Time" and „Perceived Space"), die Art und Weise, wie Individuen die Außenwelt (außerhalb ihres Körpers) in ihrem individuellen Bezugssystem (innerhalb ihres Körpers) abbilden. In der Orientierungs- und Anpassungsphase der Touristen an ihre Aktionsräume ist dieses innere Bild der Umwelt vor allem durch „ weiche" oder gar fehlende Informationen bestimmt.

Jeder Urlauber, der zum ersten Mal sein Quartier auf einem bestimmten Bettenstandort bezieht, sieht sich ja mit der Aufgabe konfrontiert, seine *„Reichweite"* *(„Reach")* neu aufzubauen, als Vorstellungen („Szenarien") von notwendigen Interaktionen und Aktivitäten in Raum und Zeit (im einfachen Fall etwa: Wo befindet sich das Restaurant des Ferienclubs? Wie komme ich dorthin? Wann beginnt das Abendessen? etc.), welche man sich bei der Ankunft oft nur relativ ungenau vorstellen kann. Dazu muß man die „mitgebrachten" „harten" und „weichen" Informationen (etwa aus Prospekten oder Reiseführern), die Informationen, welche nach der Ankunft „vor Ort" gesammelt wurden (etwa Auskünfte des Hotelpersonals oder der Touristeninformation) sowie die Ergebnisse erster eigener Erkundungen so kombinieren, daß sich möglichst rasch ein Bild der Strukturen und Nutzungsmöglichkeiten des touristischen Aktionsraumes ergibt. In aller Regel werden hierbei zuerst die Voraussetzungen für die Erfüllung von „Grundbedürfnissen" (Essen, Trinken, Einkaufen) erkundet sowie diejenigen Behavior Settings, welche für die Ausübung der Schlüsselaktivitäten des Urlaubs notwendig sind (Pool, Strand, Tenniscourt etc.).

So kommt es in aller Regel schon am ersten Urlaubstag zum allmählichen Aufbau eines touristischen Netzwerkes auf der *lokalen Ebene* des Aktionsraumes, dessen Aktivitätenmuster relativ bald zur Routine werden, da sie immer mehr auf „harten" räumlichen und zeitlichen Informationen aufbauen. Im weitern Verlauf des Urlaubs steigt dann auch die Vertrautheit mit der *regionalen* und der *Landesebene* des touristischen Aktionsraumes (soweit sich die Aktivitäten – wie etwa beim Cluburlaub – nicht völlig auf die lokale Ebene beschränken). Die Grundelemente kognitiver Strukturen (nach K. Lynch, 1965; siehe Abschnitt 2.7), wie „Wege", „Grenzlinien", „Bereiche", „Brennpunkte", „Merk- oder Wahrzeichen", sowie die entsprechenden räumlichen und zeitlichen Relationen bilden die wesentlichen Gedächtnisinhalte. Jedoch erreichen höchstens Teilbereiche des Aktionsraumes den Status von „Realized Place", während bezüglich der Sektoren abseits der absolvierten „Pfade" oder „Routen" zumeist mehr „weiche" als „harte" Informationen vorliegen. Diese bleiben somit auch weiterhin hodologische Räume, d.h., sie sind mental nicht vollständig durchstrukturiert (siehe Abschnitt 2.7).

Die Orientierungs- und Lernprozesse konzentrieren sich somit besonders auf den Urlaubsbeginn und stellen eine kritische, manchmal mit besonderem Streß verbundene Phase dar. Anbieter von touristischen Leistungen sollten daher diesen Einstieg in die Urlaubswelt durch flankierende Maßnahmen (verständliches Informations- und Kartenmaterial, Einführungsveranstaltungen, sonstige besondere – wenn notwendig auch individuelle – Betreuung) erleichtern. Dies erweist sich als umso wichtiger, als in der Lernphase auch bereits der *Bewertungsprozeß der Urlaubsangebote* einsetzt. Nach C. RYAN (1997) handelt es sich um die Meinungsbildung bezüglich *„enttäuschter Bedürfnisse"* und *„enttäuschter Erwartungen"*. Im ersten Fall wird das mehr oder minder vollständige Fehlen von Behavior Settings oder Dienstleistungsangeboten bemerkt, die für bestimmte Aktivitäten und touristische Rollen erforderlich sind (es bleiben also Ansprüche der Präferenzordnung erster Stufe unerfüllt). Im zweiten Fall kommt es zur negativen Bewertung von Ausstattungselementen der Behavior Settings bzw. von materiellen oder personellen Kundenkontaktpunkten (siehe Abschnitt 2.3.2; hier sind also die Bedingungen der Präferenzordnung zweiter Stufe verletzt). Im Verlauf des Urlaubs können sich diese ersten und oft spontanen (Vor-)Urteile dann noch weiter verstärken, allmählich abschwächen oder sogar völlig wandeln.

Nach der ersten Orientierungs- und Lernphase haben sich die *touristischen Schüssel- und Folgerollen* (in der Unterkunft, auf der „lokalen" oder „regionalen" bzw. der „Landesebene" des Aktionsraumes um den Bettenstandort) in der Regel mehr oder minder eingespielt, als „Schnittmenge" der persönlichen Ressourcen der Urlaubsgäste an Sach- und Humankapital mit ihren in der Region gegebenen Einsatzmöglichkeiten. Oft kommt es auch zu beträchtlichen *Abweichungen* gegenüber den ursprünglichen Urlaubsvorstellungen; bedingt teils durch Reaktionen auf die „enttäuschten" Bedürfnisse und Erwartungen, teils aber auch wegen der mehr oder minder spontanen Nutzung von „unvorhergesehenen" Gelegenheiten, die sich in der Urlaubsregion ergeben. Wie dies (siehe das „Modell des sozialbestimmten räumlichen Verhaltens") oft am Wohnstandort der Fall ist, werden manchmal auch im Urlaub bestimmte persönliche Inputfaktoren nicht in der gewünschten Weise genutzt („enttäuschte Bedürfnisse"), da im Aktionsraum des Bettenstandortes die entsprechenden Gelegenheiten fehlen. Ebenso besteht unter Umständen auch für gewisse touristische Angebote zu wenig Nachfrage, weil die Gäste nicht über die dazu notwendigen persönlichen Ressourcen verfügen.

Nach einem psychologischen Konzept (M. CSIKSZENTMIHALYI, 1975) bildet das sog. *„Flow-Erlebnis"* den Höhepunkt des Urlaubsgenusses. Es kann dann erreicht werden, wenn sich eine Person ganz auf die augenblicklichen Aktivitäten konzentriert: „Alle banalen oder wichtigen Alltagsprobleme verblassen. Das Zeitgefühl geht verloren. Denken und Tun verschmelzen zu einer Einheit ... man geht selbstvergessen in der Tätigkeit auf. Man spürt den starken Drang danach, das was man in diesem Moment getan hat, wieder zu tun" (M. ANFT, 1993, S. 141). Einen solchen Zustand bezeichnet M. CSIKSZENTMIHALYI als *Negentropie*, das ist eine „optimale" Handlungssituation, in der die individuellen Fertigkeiten genau den Anforderungen entsprechen (übersteigen hingegen die Anforderungen die Fähigkeiten zum Handeln, so stellen sich Angst und Sorge ein, fühlt man sich aber unterfordert, so resultiert daraus Langeweile). Jedoch sucht bei weitem nicht jeder Tourist Situationen, die ihn in derartige Zustände der Erregung und der Selbstvergessenheit versetzen, z.B. wird in vielen Formen des Erholungsurlaubs gerade das Gegenteil angestrebt. Hingegen spielen Flow-Zustände bei der Ausübung verschiedener Sportarten (nicht nur solcher mit hohem Risiko) eine wichtige Rolle (Skifahren, Snowboarden, Laufen etc.). Sie steigern das Selbstbewußtsein und das Selbstvertrauen (Beherrschung von oft sehr speziellen Fertigkeiten) sowie manchmal auch das Zugehörigkeitsgefühl zu einer besonderen „Elite", welche sich durch ihr „Können" deutlich von den übrigen sozialen Gruppierungen abhebt. Erlebnisse, die wenigstens in Ansätzen Flow-Charakter haben, können sich aber auch als Output einer Anzahl von anderen touristischen Aktivitäten ergeben, z.B. beim Flanieren durch das urbane Zentrum einer Global-City oder beim Betrachten des romantischen Sonnenunterganges über einem tropischen Meer (was sich etwa auf dem Mallory Square in Key West zu einem touristischen Ritual entwickelt hat).

3.4.4 Die touristische Begegnung von Kulturen

Am Beispiel des heterogenen Raumes zeigt sich die Bedeutung und Problematik der „touristischen Begegnung" von Angehörigen („Reisende" und „Bereiste") unterschiedlicher Kulturen:

- Wie oben schon erwähnt (siehe etwa Abschnitt 2.3.4), stellt das Kennenlernen fremder und möglichst *„authentischer" Lebenswelten* und die wenigstens ansatzweise Partizipation an Aktivitäten und sozialen Rollen in *„exotischen" Milieus* für viele Reisende einen sehr wichtigen Attraktionsfaktor des Urlaubs dar.
- Andererseits kann aber die Konfrontation mit fremden sozialen und kulturellen Milieus auch die Ursache von Verunsicherung sowie des Entstehens von Feindbildern sein (siehe Abschnitt 2.3.4) und im Extremfall sogar sog. *„Kulturschocks"* auslösen, mit kognitiven (Informationsmangel, Orientierungsverlust), affektiven (Angst, Gefühle des Verlassenseins und der Ohnmacht) und verhaltensbezogenen (Handlungsunfähigkeit, Überreaktion, Aggressionen) Symptomen (H. D. ROSACKER, 1992).

Hypothesen über den Verlauf der Begegnung von Kulturen im Tourismus sollten von einer Definition des Kulturbegriffes ausgehen, der in der modernen Sozialwissenschaft sehr umstritten ist (oft aber auch gar nicht recht hinterfragt wird). Ohne auf diese Diskussion einzugehen wird hier nur kurz ein *Konzept von „Kultur"* (J. STEINBACH, 1997) vorgestellt, das den folgenden Ausführungen zugrunde liegt. Es stützt sich auf Ansätze der modernen Geographie und Soziologie (etwa von B. LATOUR, 1987; J.FRIEDMANN, 1994; D. MITCHELL, 1995 u.a.):

- Kultur wird hier als *offenes , historisch gewachsenes System von Ideen und Regeln* verstanden, die im „Kultursystem" einer Gesellschaft (siehe Abschnitt 3.1) erzeugt und über symbolische Medien, wie Sprache, Gesten, Bilder, Design u.s.w. vermittelt werden. Sie bestimmen oder bewerten: 1) *ethische Konzepte* (Moral, Religion,

Definition von „Erfolg"); 2) *Verhaltensweisen* (einfache tägliche Rituale, soziale Rollen, Lebensstile); 3) *Personen* (tot oder lebend, real oder imaginär, denen positive oder negative Vorbildfunktionen beigemessen werden) und 4) *Elemente des Sachsystems* (wie architektonische Objekte, Mode etc.). G. H. HOFSTEDE's (1993) „Layers of Culture" sind in dieser Klassifikation teilweise enthalten. Aus den Definitionen und Bewertungsmustern resultieren stereotype Bilder der (in der Regel positiv bewerteten) eigenen Gesellschaft und ihrer Lebenswelt *(Autostereotypen)*, aber auch (oft negativ bewertete) Stereotypen von fremden Gesellschaften *(Heterostereotypen)*.

– Kultur als *„Komplexe von Ideen"* wird in der Regel von einflußreichen gesellschaftlichen Gruppen „produziert" und kann auch als Instrument der sozialen Kontrolle verwendet werden. Sie erfüllt dann die Funktion von *Ideologien*, als partielle Interpretationen der Wirklichkeit, die aber Anspruch auf Allgemeingültigkeit erheben (S. SMITH, 1990), Unterschiede zwischen „uns" und „den anderen" definieren und Geschichte, Gegenwart und Zukunft einer Gesellschaft im Rahmen einer mehr oder minder umfassenden „Weltanschauung" darstellen (D. MITCHELL, 1995).

Produzenten dieser „Komplexe von Ideen" sind die *„Captains of Culture"*, die in verschiedenen Gruppen und Koalitionen sowie auf verschiedenen räumlichen Ebenen tätig werden. Ihre internationale Elite umfaßt zum Beispiel Spitzenpolitiker und – diplomaten, Führer von religiösen Gemeinschaften oder Repräsentanten internationaler Organisationen. Aber auch Spitzenmanager der Transnationalen Konzerne gehören heute dieser Elite an. Sie verkaufen Lebensstile und ihr materielles Zubehör, welche Unterschiede zwischen den eigenen und fremden Gruppen sichtbar machen (J. GARREAU, 1991). Ebenso zählen dazu: die führenden Manager der elektronischen und der Printmedien, renommierte Künstler, internationale Kunsthändler u.s.w. – „directly involved in producing images of the world and images for the world" (J. FRIEDMANN, 1994, S. 206). Sie repräsentieren somit wesentliche Elemente des „Kultursystems", als eines der vier Subsysteme, welche nach T. PARSONS (1968, 1976) die Rahmenbedingungen des sozialbestimmten Verhaltens festlegen (siehe Abschnitt 3.1).

Unter dieser obersten Hierarchieebene der „Captains of Culture" agieren die Heere der *„Makers of Distinction"*, wie Autoren und Journalisten, Kritiker und Rezensenten, Lokalpolitiker und Lehrer etc., die damit befaßt sind, Unterschiede zwischen Gruppen zu erfassen, zu beschreiben und zu verbreiten. Alle benutzen sie Netzwerke verschiedenster Art (etwa in den Bereichen: Fernsehen, Film, Verlagswesen, Parteien, Gewerkschaften etc.) um die „Komplexe von Ideen" zu rekonstruieren und an die verschiedenen Zielgruppen zu vermitteln. Damit erfüllen die „Makers of Distinction" Schlüsselfunktionen im Rahmen des PARSONS'schen „Sozialsystems", welches die sozialen Normen und Regeln produziert. Ihre Verbreitung und Durchsetzung erfolgt meist mit friedlichen Mitteln durch „Überzeugung" und „Werbung", manchmal aber auch unter Einsatz von politischem, sozialem, ökonomischem oder religiösem Druck.

Geistige *„Identitätsräume"* von Individuen (J. FRIEDMANN, 1994) stellen den historischen und aktuellen Output dieser Prozesse des „Machens" von Kultur dar. Sie enthalten Bewertungsmuster und Stereotypen als kulturelle Paradigmen. Viele Elemente davon (mit bereits abgeschlossener Diffusion über die Mitglieder einer Gesellschaft) werden schon im Rahmen des Sozialisierungsprozesses von Kindern und Jugendlichen vermittelt. Sie sind also – meist unbewußt – tief in der Bevölkerung verwurzelt. Daher kann die Konfrontation mit neuen „kulturellen Ideen" zu tiefgreifenden Konflikten führen, sowohl im Seelenleben einzelner Personen als auch im sozialen und politischen Umfeld gesellschaftlicher Gruppen. J. FRIEDMANN (1994) unterscheidet zwischen *„strong" and „weak" internalization of culture*, wobei im ersten Fall die Inhalte eines geistigen „Identitätsraumes" voll akzeptiert werden, während es im zweiten Fall nur zur Übernahme von einzelnen Elementen kommt, die mehr oder weniger gut mit dem ursprünglichen Wertesystem übereinstimmen und oft schwerwiegende Orientierungsprobleme schaffen.

Behavior Settings – etwa der in Abschnitt 2.3.4 erwähnte Markt von Port Lois, der Inselhauptstadt von Mauritius – bilden die *Schauplätze der kulturellen Konfrontation*, als Grundeinheiten des individuellen Verhaltens (siehe Abschnitt 2.3.1), oft auch als Symbole von kulturellen Ideen (wie etwa das ebenfalls erwähnte Taj Mahal).

Sieht man eventuell von der untersten Stufe („außenstehender Beobachter") der Partizipationsebenen (siehe Abschnitt 2.3.2) von Behavior Settings ab, so müssen bei der Ausübung der „programmierten" Tätigkeitsmuster und bei der Kommunikation mit den anderen „Rollenträgern" immer auch noch die *kulturspezifischen Rituale* (etwa: Formen des Grüßens, Wahl der zur jeweiligen Situation passenden Worte, Ehrerbietung etc.) und *Symbole* (Kleidung, Haartracht, Statussymbole) berücksichtigt werden:

– Einheimische Partizipanten der Behavior Settings beurteilen Fremde in der Regel anhand ihrer *eigenen kulturellen Normen*: Somit erscheint ihnen deren Benehmen (besonders die Mißachtung von „Gestaltungsnormen") manchmal als unhöflich, naiv oder dumm. Ihre Bereitschaft, die Verhaltensmuster vor dem Hintergrund der anderen Kultur zu verstehen und zu akzeptieren, bleibt oft gering.
– Die fremden Besucher müssen in gewisser Weise den *Sozialisierungsprozeß ihrer Kindheit* wiederholen und ihr gewohntes Alltagsverhalten in vieler Hinsicht verändern. Auch wenn sie zu einer solchen Umstellung prinzipiell bereit sind, fehlt es zumeist an einer ausreichenden Anleitung, um die oft komplexen Regeln und Rituale kennenzulernen. Ebenso steht zumeist auch viel zu wenig Zeit zum Einleben in die fremden Milieus zur Verfügung.

J. R. HÖFLICH (1993) geht davon aus, daß die *Kommunikation zwischen Angehörigen verschiedener Kulturen* von zwei extremen Positionen aus ansetzen kann (wobei die Mehrzahl der in der Realität geknüpften interkulturellen Beziehungen wohl eher nach Prinzipien erfolgt, die im „Übergang" zwischen den beiden Extremsituationen liegen):

– Zum einen können sich die Partner dazu entschließen, sich über die Regeln der eigenen Kultur hinwegzusetzen (was vor allem dann besser gelingen wird, wenn man die entsprechenden geistigen „Identitätsräume" gar nicht voll akzeptiert: „weak internalization of culture"; siehe oben) und die Kommunikation nach eigens entwickelten, *persönlichen Regeln* (bis hin zu „Idiosynkrasien") gestaltet. Bei dieser Art der individuellen Kommunikation besteht die Gefahr, daß sich die Beteiligten Vorurteilen, eventuell auch Sanktionen, von Seiten der Angehörigen ihrer jeweiligen kulturellen Gruppen aussetzen, eine Situation, welche auch im Tourismus (vor allem in den heterogenen Räumen) anzutreffen ist.

– Zum anderen besteht auch die Möglichkeit, daß sich Formen der *interkulturellen Kommunikation* entwickeln, die zwar durch die Identifikation mit der eigenen Gruppe und deren Regeln und Normen getragen sind, gleichzeitig aber auch von der Bereitschaft, sich die *Unterschiede zu anderen Kulturen bewußt zu machen, zu verstehen,* im gewissen Ausmaß zu *akzeptieren* (G. H.. HOFSTEDE, 1993) und so – siehe oben – in einem sekundären „Sozialisierungsprozeß" einzutreten. Nach dem hier vertretenen Konzept von Kultur ist dies aber nur dann wahrscheinlich, wenn (wenigstens die regionalen und lokalen) „Captains of Culture" die dazu notwendigen Initiativen setzen, welche dann von den „Meinungsführern" („Makers of Distinction") aufgenommen und ausdifferenziert werden. Nach denselben Prinzipien funktioniert allerdings auch die Entstehung und Verbreitung von ethnozentrischen Vorurteilen („Heterostereotypen"), welche die interkulturelle Kommunikation erschweren oder gar verhindern. Zur Bewahrung des eigenen „kulturellen Erbes" (bzw. – als „internes Ziel" – zur Sicherung der eigenen sozialen, politischen und wirtschaftlichen Macht) werden solche Strategien von den Eliten besonders der Zielregionen des Ferntourismus auch oft angewendet. Mit der Promotion und Verbreitung eigener Regeln und Rituale versuchen hingegen die „touristischen Captains of Culture" – vor allem das leitende Management der großen Fluglinien, Reiseveranstalter und Hotelketten – ihre eigene „*interkulturelle Kultur*" zu entwickeln, welche die ungestörte und rationelle Abwicklung der Geschäfte im globalen Maßstab erleichtert. Sie bestimmt besonders die Aktivitäten der touristischen Enklaven (siehe Abschnitt 2.3.3).

Bei den Versuchen zur interkulturellen Kommunikation und auch bei den Bemühungen bezüglich der Promotion von Grundregeln einer „interkulturellen Kultur" sind jeweils sowohl Kommunikationsbarrieren als auch Normenkonflikte zu überwinden.

Im Falle der *Kommunikationsbarrieren* müssen nicht nur die sprachlichen Hindernisse überwunden werden: In verschiedenen Kulturen kommt auch den non-verbalen Elementen der Kommunikation größere Bedeutung zu. E. T. HALL (1976) spricht in diesem Zusammenhang von „High-Context"- und Low-Context" Kommunikation. Während eine „*Low-Context"-Kommunikation* wesentlich durch die sprachlich kodierten Botschaften bestimmt ist (und das non-verbale Verhalten eher untergeordnete Bedeutung hat), spielt in einer „*High-Context"-Kommunikation*" die explizite Botschaft eine geringere Rolle. Ihre eigentliche Bedeutung ist viel mehr aus non-verbalen Codes zu erschließen, z.B. aus Verhaltensmerkmalen der Personen oder aus Merkmalen der Behavior Settings, in denen die Interaktionen stattfinden. Als Beispiel einer „High-Context"-Kultur wird die für Japaner kennzeichnende Interaktionsbeziehung des „*enrya-sasshi*" genannt (S. A. ISHII, T. BRUNEAU, 1988; J. R. HÖFLICH, 1993), welche das Verhältnis zwischen dem „Sender" einer Information und ihrem „Empfänger" bestimmt: Der Sender liefert explizit nicht den vollen Inhalt der Information („enrya"), dieser ist vielmehr vom Empfänger aus der Kommunikationssituation heraus zu vermuten, zu erschließen und zu interpretieren („sasshi"). Im Gegensatz dazu steht etwa das „Low-Context"-Verhalten der Amerikaner mit starker Betonung der verbalen Kommunikationskomponente, wobei der Empfänger zum Erkennen des eigentlichen Sinns der Mitteilung oft Reduktionsleistungen bezüglich der sprachlichen Inhalte zu erbringen hat.

Normenkonflikte hat H. G. HOFSTEDE (1993) im Rahmen seiner Studie über die Unterschiede in den arbeits(platz)bezogenen Wertmustern in 53 Staaten oder Regionen untersucht. Er unterscheidet verschiedene *Dimensionen der Kultur.* Es sind dies:

- „*Power Distance*": als die Akzeptanz von Verteilungen der Macht in wirtschaftlichen und gesellschaftlichen Systemen;
- „*Uncertainty Avoidance*": starke Bindung der Verhaltensabläufe in Behavior Settings oder übergeordneten sozialen Netzwerken an starre Regeln und Rituale („Vollzugsnormen") im Gegensatz zu mehr flexiblen, situationsbezogenen Arrangements (Dominanz der „Gestaltungsnormen");
- „*Individualism*" *versus* „*Collectivism*": Normen- und Regelsysteme, welche entweder das individuelle oder das kollektive soziale oder wirtschaftliche Verhalten begünstigen;
- „*Masculinity*" *versus* „*Femininity*": Vorherrschen von „maskulinen Werten" – wie: berufliche Aufstiegsorientierung oder Reputation im gesellschaftlichen Bereich – gegenüber „femininen Werten" – wie: soziale Fürsorge oder Lebensqualität.

Abbildung 3.6 zeigt die Position der untersuchten Staaten in einem zweidimensionalen Merkmalsraum nach den Indices von „Power Distance" bzw. „Uncertainty Avoidance": „In large power distance and strong uncertainty avoidance countries, organizations will tend to be structured as *pyramids*: decision making and control from the top. The opposite form, the *village market*, found in countries with small power distance and weak uncertainty avoidance, is characterized by the lack of decisive hierarchy and flexible rules.... Small power distance combined with strong uncertainty avoidance creates the image of an organization as a *well oiled machine*. Like the pyramid, this organizational model is characterized by a focus on rules, but it does not share the tendence towards centralization of authority... The fourth model, the *family*, is a combination of large power distance and weak uncertainty avoidance ... strong personal authority combined with a few formal rules." (R. OLIE, 1994, S. 142, kursive Schrift vom Autor eingesetzt). Man erkennt in Abbildung 3.6 etwa, daß wirtschaftliche (und soziale) Organisationsformen der westeuropäischen Staaten dem Typ des „Village Markets" entsprechen, während das deutschsprachige Mitteleuropa (Deutschland, Schweiz, Österreich) eher am Typ der „Well-oiled Machine" orientiert ist, Indien und die südostasiatischen Kulturen hingegen an den

Abbildung 3.6:   Typen der Staaten nach der Ausprägung der kulturellen
Dimensionen „Verteilung von Macht" und „Vermeidung von
Unsicherheit" (nach: G. H. HOFSTEDE, 1991; R. OLIE, 1995)

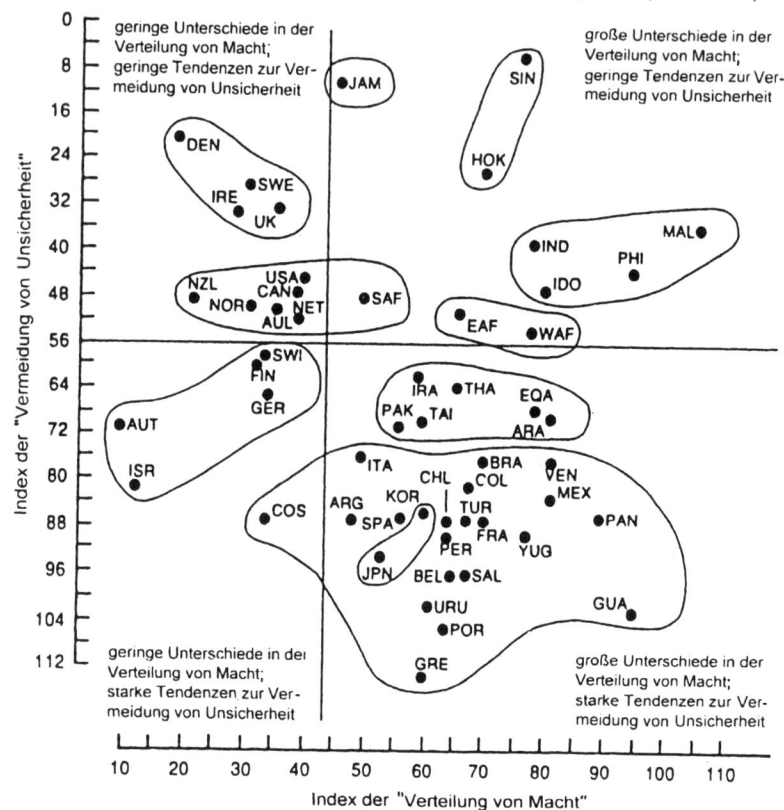

familienorientierten Organisationsprinzipien. Schließlich gehören die Staaten mit
romanisch beeinflußter Kultur (Südwest- bis Südosteuropa, Lateinamerika) und die
ostasiatischen Staaten dem hierarchiebetonten Typ der „gesellschaftlichen Pyrami-
den" an. Die Kulturen des „Village Markets" sind außerdem noch meist durch vor-
herrschend „individualistisch" und in Ansätzen auch „feministisch" ausgerichtete
Regelsysteme gekennzeichnet, die Kulturen des „Family"-Typs durch „kollektivisti-
sche" Normen. In den Wertesystemen der „gesellschaftlichen Pyramide" dominieren – neben der großen Akzeptanz von „Machtungleichgewichten" und dem ausgeprägten Bestreben zur „Reduktion von Unsicherheit" – zumeist auch noch die Tendenzen zum „Kollektivismus" und zum „Machismus".

Natürlich beeinflussen diese Unterschiede auch die touristischen Begegnungen von
Kulturen sehr maßgeblich. Entsprechende Konfliktsituationen ergeben sich etwa im
Umgang der (individualistischen, feministischen, antiautoritären etc.) westeuropäi-
schen Reisenden in Destinationen mit hierarchischen, autoritären, kollektivistischen

und machistischen Regelsystemen, etwa in der Kommunikation mit Angehörigen von Behörden, der Polizei, dem Aufsichtspersonal in Kulturstätten oder der Bedienung in gastronomischen Betrieben.

Im Falle einer Überwindung der Kommunikationsbarrieren und der Normenkonflikte kann es – unter bestimmten Randbedingungen – auch zur *Akkulturation*, d.h., zur Übernahme von Inhalten der fremden Kultur kommen. Betroffen sind davon eher die „Bereisten", die ja mit den Ideen und Regeln der Kultur ihrer Gäste über einen längeren Zeitraum hin konfrontiert werden, während sich die „Reisenden" im Normalfall zu kurz in der fremden Umgebung aufhalten. In der Regel werden auch von den Einheimischen nur ausgewählte Elemente der „Identitätsräume" ihrer Besucher übernommen („Weak Internalization"). Dies ist aber im bedeutenderen Umfang nur dann möglich, wenn zumindest ein Teil der traditionellen „Captains of Culture" – als sog. „Pförtner" – in der Übernahme der fremden Paradigmen voranschreitet, oder wenn sich eine neue Elite von sozialen, an der fremden Kultur orientierten Vorbildern (z.B. erfolgreiche Politiker oder Wirtschaftstreibende) gegenüber den Exponenten der alten Normen durchzusetzen vermag. Bei der Diskussion der Akkulturationsprobleme darf aber nicht übersehen werden, daß

1) die Kulturen der Zielregionen auch wesentliche Inhalte der *„touristischen Perspektiven"* (siehe Abschnitt 2.4) bilden. Sie werden von den „externen" Beobachtern nicht nur in den verschiedenen Medien beschrieben und reproduziert, sondern auch gleichzeitig (um-)definiert, indem sie die einzelnen Elemente durch die Filter ihrer eigenen Vorstellungswelt beurteilen, so daß eigentlich nur Heterostereotypen zur Verbreitung kommen;

2) stellt sich die einheimische Bevölkerung – wenigstens zum Teil – auf die Erwartungen der Gäste ein und paßt ihr Verhalten an die Inhalte der „touristischen Perspektiven" (als das *„kulturelle Kapital"* ihrer Tourismusregion) an, die dann gleichsam *„ex post" realisiert werden* (siehe Abschnitt 5.5.4.1);

3) erfahren die „traditionellen" Kulturen der Fremdenverkehrsregionen aber auch immer wieder *direkte Veränderungen von „außen"*, in der Vergangenheit etwa durch die Politiken der kolonialen Mächte, gegenwärtig durch den Tourismus (z.B. durch ausländische Investoren und Anbieter, die kulturelle Klischees vermarkten, sowie durch Gäste, die Elemente ihrer eigenen oder der internationalen Kultur verbreiten; siehe etwa den Abschnitt 2.3.3 über die touristischen Enklaven) sowie durch andere Effekte der Globalisierung.

Daher bestreitet etwa J. CONNEL (1993), daß es auf Bali seit dem Kolonialzeitalter überhaupt eine authentische Kultur gegeben hat: „Since 1597 the Balinese have responded flexibly, through strategic adaption, to diverse colonial presences. Culture has always changed and been changing – it is symbolically constitued, changed and recreated. It can be used or discarded, segmented or homogenized... It is not passive but it is also whatever the others want it to be." (J. CONNEL, 1993, S. 657).

3.4.5 Urlaubszufriedenheit

Gewinne, manchmal – beim Mißlingen geplanter Aktivitäten – aber auch Verluste an Humankapital sind die Hauptoutputs der Urlaubserlebnisse (siehe Abbildung 3.4). Im Fall von Gewinnen kann es sich um *neu erworbene Fertigkeiten* handeln (etwa im sportlichen, kulturellen oder sozialen Bereich), die dann als neue fixe Inputfaktoren in zukünftigen Aktivitäten und sozialen Rollen zu verwenden sind. Vielfach tragen die touristischen Aktivitäten aber auch zum *Erhalt oder zur Erneuerung von Humankapital* bei, etwa bezüglich physischer und psychischer Körperfunktionen.

Mit all dem verbunden ist die *Produktion von positiven Gefühlen (Freude, Glück)* im Rahmen der in den verschiedenen Behavior Settings durchgeführten touristischen Rollen, wobei etwa das oben kurz dargestellte „Flow-Erlebnis" eine besondere Form des Glücksempfindens darstellt. Dementsprechend zählt auch das Erleben von positiven Gefühlen zu den wichtigsten Versprechen in den Pauschalangeboten der Reiseveranstalter: „Der Tourismus kann als groß angelegter Versuch angesehen werden, Emotionen zu organisieren. Vergnügen, Spaß („Fun"), Heiterkeit, Fröhlichkeit, Ausgelassenheit, Euphorie, Glückseligkeit gehören zu den emotionalen Erlebnissen, die man sich vom Reisen erwartet, und die die Tourismusindustrie mehr oder weniger verspricht" Aber: „Für Emotionen gibt es weder Garantien noch kann man sich gegen sie versichern" (H. G. VESTER, 1999, S. 50).

Daher können im Urlaub neben Freude und Glücksempfindungen auch alle anderen Kategorien von *„primären Emotionen"* relevant werden, welche nach Meinung der Emotionsforschung bestehen. Sie werden in den verschiedenen sozialen und kulturellen Lebenswelten unterschiedlich „modelliert", wobei man jeder „primären Emotion" bestimmte soziale Szenarien zuordnen kann, nach deren Mustern (soziale Verursachung in Behavior Settings, Verhaltensreaktionen, persönliche Empfindungen und längerfristige soziale Konsequenzen) der Produktionsprozeß verläuft. Zu diesen Grundtypen von Empfindungen zählen neben: „Freude/Glück" auch noch folgende Primäremotionen (H. G. VESTER, 1991):

– *Ärger/Wut* entstehen besonders dann, wenn als unerfreulich empfundene Diskrepanzen zwischen dem erwarteten und dem tatsächlichen Verlauf von Erlebnissen (nach den Präferenzordnungen erster und zweiter Stufe) wahrgenommen werden (verhinderte Pläne, unterbrochene Aktivitäten, als unfair empfundene Behandlung, Bedrohung von Status oder Macht etc.). Entsprechende Auslöser im Tourismus können sein: Stau, verspätete oder abgesagte Flüge, schlechte Serviceleistungen, Ausstattungsmängel im Hotel etc. In solchen Situationen bilden Proteste und Beschwerden die normale Reaktion des Emotionsszenarios. Allerdings können auch Randalieren und mutwillige Zerstörungen (z.B. im Fußballtourismus) extreme Formen der Abreaktion von Wut oder Ärger bilden.
– Im Falle der Gefühle von *Traurigkeit* fehlen solche Reaktionen der Betroffenen mehr oder minder. Hier sind Verluste eingetreten (von Personen, Objek-

ten, Gefühlen, wie: Liebe, Zuneigung, Selbstwert etc.), von denen man im Augenblick subjektiv der Meinung ist, daß sie nicht mehr wiedergutzumachen sind. Im Urlaub können z.B. gescheiterte Beziehungen die Auslöser von Traurigkeit sein.
– *Furcht und Angst* entstehen angesichts unsicherer und als bedrohlich empfundener Situationen, wie etwa durch den Verlust der Orientierung (Defizit an „harten" Informationen, siehe Abschnitt 3.4.3). Sie können auch durch subjektiv empfundene Gefährdungen ausgelöst werden oder – für manche Touristengruppen – schon allein durch die Konfrontation mit dem Fremden und Unvertrauten. In Abschnitt 2.3.3 wird dargestellt, wie die Tourismusindustrie versucht, der Entstehung dieser negativen Emotionen durch den Ausbau von touristischen Enklaven entgegenzuwirken.

Macht (als das Vermögen über Menschen, Sachen, soziale Situationen etc. Kontrolle auszuüben) und *Status* (Ehrbietung, Ansehen, Anerkennung, Gefolgschaft) sind fixe Inputfaktoren aus Humankapital, deren „Bestand" auch im Urlaub gefährdet sein kann, wobei auf entsprechende Verluste mit den Primäremotionen Ärger/Wut oder Furcht/Angst reagiert wird. In vielfältiger Weise ist den Touristen oft die Kontrolle über die Situation und über die eigene Person entzogen, nicht nur beim „Eindringen" in den „heterogenen Raum" mit seinen komplexen Einfluß- und Herrschaftsstrukturen, sondern auch in den sicheren Bereichen der touristischen Enklaven (siehe die Abschnitte 2.3.3 und 2.3.4), wo Reiseveranstalter, Reiseführer, Flug- und Hotelpersonal etc. die Kontrolle ausüben. „Machtmißbrauch" von ihrer Seite oder die fehlende Bereitschaft der Touristen zum notwendigen „Machtverzicht" bilden hier die Quellen von Konflikten. Bezüglich der Wahrung ihres Status erwarten die Gäste Aufmerksamkeit und Respekt seitens des Personals der touristischen Behavior Settings sowie ein gewisses Ausmaß an Achtung und Wohlwollen von der Bevölkerung der Fremdenverkehrsregion, nicht zuletzt aber auch von ihren Mitreisenden: „Die soziale Bestätigung des Selbst verschafft gute Gefühle, während Mißachtung verärgert" (H. G. VESTER, 2000, S. 55). Für viele Touristen liegt ja auch ein Reiz des Urlaubs in dem, in der touristischen Sonderwelt möglichen, vorübergehenden Statusgewinn. Auch dieser stellt ein integriertes Angebotselement des Tourismus dar.

Wie in Abschnitt 3.4.3 schon gezeigt, setzt bereits in den ersten Phasen des Urlaubs der *Bewertungsprozeß* ein(„enttäuschte Bedürfnisse": nicht erfüllte Elemente der Präferenzordnung erster Stufe; „enttäuschte Erwartungen": nicht erfüllte Elemente der Präferenzordnung zweiter Stufe), der sich dann über die gesamte Reise hin fortsetzt, bis zu einer Schlußbilanz bei der Rückkehr nach Hause. Aber auch diese subjektive Bewertung muß noch kein endgültiges Urteil darstellen: Sie kann sich auch nach Beendigung des Urlaubs noch weiter verändern, etwa aufgrund des Vergleichs mit den Urlaubserlebnissen von Freunden und Bekannten oder aufgrund von späteren, eigenen Urlaubserfahrungen.

Beim Bewertungsprozeß des Urlaubs handelt es sich um einen äußerst komplexen mentalen Vorgang, auf dessen *Grundmodell* hier zunächst kurz eingegangen wird:

– Im Prinzip liegt diesem Bewertungsprozeß das sog. *Erwartungs-Erfüllungsmodell* (O. L. BRAUN, 1993c) der Urlaubszufriedenheit zugrunde: Es beruht auf der Annahme, daß die Touristen ihre individuellen Erwartungen mit den entsprechenden Erlebnissen vergleichen und daraus eine Gesamtbilanz ziehen. Hier geht, neben den entsprechenden Erfüllungsgraden (Erwartung im Vergleich mit der Zufriedenheit), auch die unterschiedliche Wichtigkeit der verschiedenen Aktivitäten sowie ihrer Rahmenbedingungen (Ränge in den beiden Präferenzordnungen) ein.

– Auch bei jeder *Einzelbewertung* handelt es sich im Grunde um ein integriertes Urteil. Wenn dieser Vorgang einigermaßen rational abläuft, so kommt es zunächst zur Bewertung der Rahmenbedingungen für eine bestimmte Aktivität (etwa: Erholung in einer Wellnesstherme oder Skifahren), also der materiellen oder personellen *Kundenkontaktpunkte* in den beanspruchten Behavior Settings und Dienstleistungsketten (siehe Abschnitt 2.3.2). Die entsprechenden Erfüllungsgrade (Erwartungen versus Zufriedenheit) empfindet man als umso wichtiger, je höher die entsprechenden Kundenkontaktpunkte (Behavior Settings) in der Präferenzordnung zweiter Stufe gereiht werden.

– Aus dieser differenzierten Bewertung der Rahmenbedingungen ergibt sich dann das Urteil über den *Erfolg/Mißerfolg der betrachteten Urlaubsaktivität*. Es baut sich also „*von unten her*" auf der Basis der Einschätzungen der verschiedenen materiellen und personellen Umweltfaktoren (Präferenzordnungen zweiter Stufe) auf, aber zusätzlich fließt hier oft auch noch die *Beurteilung der eigenen Leistung* („persönliche Disposition") mit ein. Die Präferenzordnung erster Stufe bestimmt das Gewicht, welches den einzelnen rollenspezifischen Erfüllungsgraden in der Gesamtbeurteilung des Urlaubs zukommt. Natürlich hat hier die touristische Schlüsselrolle eine besondere Bedeutung.

– Alle diese hier dargestellten einzelnen und komplexen Bewertungsschritte sind untrennbar mit der *Produktion von Gefühlen* der oben genannten Primärkategorien verbunden, so daß in jeder Phase des Bewertungsprozesses eine *Gefühlsbilanz* (Freude gegenüber Ärger/Wut, Furcht/Angst, eventuell auch Traurigkeit) aus den Zufriedenheitsniveaus und Erfüllungsgraden resultiert, bzw. diese auch bestimmt, da ja – siehe Abschnitt 2.3.2 – die Zufriedenheit/Unzufriedenheit bezüglich bestimmter Aktivitäten oder Rahmenbedingungen Einfluß auf die Erlebnisqualität zeitlich nachgelagerter Phasen des Urlaubs haben kann. Ein gelungener Urlaub erfordert zumindest eine positive Endbilanz, d.h., einen deutlichen „Gefühlsüberschuß" an Freude und Glück als „*soziale Energie*" (R. COLLINS, 1993), welche (siehe oben) als wesentlicher Inputfaktor in die zukünftige soziale Mitgliedsrolle benötigt wird.

Dieses idealtypische Grundmodell des subjektiven Bewertungsprozesses der Urlaubserlebnisse kann aber auch dann, wenn die individuellen Bezugssysteme der betroffenen Touristen mehr oder minder entsprechend den Prinzipien des zweckrationalen oder des wertrationalen Handelns reagieren, und affektiv-emotionale Stimmungslagen weniger Einfluß haben (siehe Abschnitt 3.1), noch *einschneidenden Veränderungen* unterliegen, etwa in den folgenden Fällen:

– Wenn der Aktionsraum des Urlaubsstandortes *unvorhergesehene „Gelegenheiten"* bietet, über die man vorher nicht bzw. nur unvollständig informiert war, oder zu deren Nutzung man sich erst vor Ort entschließt (z.B. Teilnahme an einem „Schnupperkurs" in Golf oder Segeln), können die ursprünglichen (bei der Urlaubsplanung bestehenden) Präferenzordnungen kurzfristig derart umgestellt werden, so daß der Bewertung der Urlaubserlebnisse eine völlig neue Perspektive zugrunde liegt.

– In der Regel besteht bei den Touristen auch eine starke Motivation, einen *„erfolgreichen Urlaub"* zu verbringen. Aus einer solchen mentalen Disposition können sich wieder kognitive Dissonanzen (siehe Abschnitt 3.2.1) ergeben, wenn die unvereinbaren Wissensinhalte: „Erfolgszwang" und „geringe Urlaubszufriedenheit" einander gegenüber stehen. Die nachträgliche Veränderung von Präferenzordnungen bildet einen Ausweg zum Abbau dieser seelischen Spannungen. Außerdem erfordert auch die *Wahrung des touristischen Status* gegenüber den Daheimgebliebenen, daß die Urlaubserlebnisse positiv bewertet werden müssen (C. RYAN, 1997).

– Schließlich hat auch die *zeitliche Abfolge* von als besonders positiv oder besonders negativ empfundenen Erlebnissen einen nicht unbeträchtlichen Einfluß auf die Genese der Urlaubszufriedenheit. Negative Eindrücke und Gefühle, die sich in den ersten Phasen des Ferienaufenthaltes ergeben, können im weiteren Verlauf eher kompensiert werden, als Wut und Ärger, Angst oder Furcht, die erst gegen Ende der Reise in massiver Form auftreten.

In jedem Fall aber ergänzt und modifiziert das Gesamturteil über den Urlaub den Bestand an eigenen Urlaubserfahrungen (das „individuelle Tourist Gaze"; siehe Abbildung 3.4) und bildet einen *Einflußfaktor* bezüglich der Veränderungen der Präferenzordnungen erster und zweiter Stufe sowie bezüglich der zukünftigen Urlaubsplanungen. Eventuell kommt es dann:

– zu einem Aufstieg in der Bedürfnishierarchie der „Leisure Ladder" (siehe Abschnitt 3.2.2) und somit zur Übernahme eines neuen Urlaubsstiles;

– zur Beibehaltung des Urlaubsstiles, aber zum Wechsel der Destination, etwa im Falle Diffusion entsprechender Angebote auf nationaler, kontinentaler oder globaler Ebene, oder

– zum traditionellen Verhalten, wobei der Urlaubsstil und die aufgesuchte Fremdenverkehrsregion gleich bleiben.

3.5 Empirische Erfassung des Urlaubsverhaltens

3.5.1 Das Verhaltensmodell als Bezugsbasis

Im dargestellten „touristischen Verhaltensmodell" werden alle *wichtigen Phasen des Urlaubserlebnisses* zusammengefaßt: von der Ausbildung und Modifikation der Anspruchsniveaus in den Zeitabschnitten „zwischen den Urlauben" über die Such- und Entscheidungsprozesse, die Anreise und die Orientierungsphase in der

Urlaubsregion, den Ablauf der räumlich-zeitlichen Aktivitätenmuster der Urlaubs-stile bis hin zum Bewertungsprozeß, der schon mit dem Urlaubsbeginn einsetzt, und aus dem sich das Zufriedenheitsniveau mit der Reise entwickelt. Das Verhal-tensmodell berücksichtigt auch die wichtigen Randbedingungen bezüglich der Ur-laubsentscheidung, nämlich die *Push-Faktoren* (wie „soziale Lage", „milieuspezifi-scher Lebensstil", Handlungsspielraum des Wohnstandortes), die den Output des „sozialbestimmten räumlichen Verhaltens" darstellen und auf die sich die Grundbe-dürfnisse nach Urlaub und Erholung zurückführen lassen, sowie die *Pull-Faktoren*, als die allgemeinen und individuellen Elemente des „Tourist Gaze", welche die ent-scheidenden Anreize für die Ausprägung der touristischen Einzelbedürfnisse bil-den.

Somit kann das „Modell des Verhaltens der Nachfrager im Tourismus" als theoreti-sches *Bezugskonzept für die empirischen Analysen des Nachfragerverhaltens* dienen:

– Zum einen werden hier die wichtigsten *Phasen des Nachfragerverhaltens* defi-niert. Das Modell beschreibt für jede Phase die relevanten Rahmenbedingungen und die wichtigen oder die „idealtypischen" Formen des touristischen Verhal-tens. Es kann somit als Grundlage für die Konzeption und die Interpretation von empirischen *„Querschnittsanalysen"* Verwendung finden, die sich auf bestimm-te Nachfragegruppen, Heimat- oder Zielregionen beziehen und die Grundlagen für Marketingstrategien von Anbietern touristischer Leistungen (Reiseveran-stalter, Tourismusverbände u.a.) bilden.
– Zum anderen lassen sich auf der Grundlage des Modells auch Bezüge zwischen den Ergebnissen von empirischen Querschnittsanalysen herstellen, welche die *verschiedenen Verhaltensphasen* beschreiben. Es trägt also zum Verständnis integrierter Prozesse des touristischen Nachfrageverhaltens bei.

Im Folgenden soll eine Reihe solcher empirischen Querschnittsanalysen kurz dar-gestellt werden. Diese bilden Beispiele für die Erfassung des touristischen Verhal-tens in den einzelnen Modellphasen. Es soll auch gezeigt werden, wie sich das theo-retische Modell zur Interpretation der empirischen Ergebnisse verwenden läßt.

Entsprechend der Abfolge der Modellphasen werden zunächst zwei Untersuchun-gen vorgestellt, welche sich auf die *Strukturen von touristischen Anspruchsniveaus* und auf ihren *Wandel im Zeitablauf* beziehen. Es handelt sich 1) um Analysen der Nachfrage nach kultur- und unterhaltungsbezogener „touristischer Infrastruktur" (J. STEINBACH, K. SCHLÜTER, 1996), welche in Abhängigkeit von den „milieubestimm-ten Lebensstilen" signifikant variiert, sowie 2) um die Erfassung der Präferenzen der Käufer von Reiseführern bezüglich des notwendigen Informationsangebotes (P. KLEIN, 2000). Eine Studie von D. FODNESS und B. MURRAY (1999) bezieht sich auf das in der zweiten Modellphase behandelte *Such- und Entscheidungsverhalten* der Urlaubergruppen. Zwei weitere Arbeiten behandeln *räumlich-zeitliche Verhaltens-muster*, und zwar 1) in den Aktionsräumen der Bettenstandorte von Urlaubern (S. KUHN, 1998) sowie 2) das freizeitbezogene Verhalten im Einzugsbereich von Wohnstandorten (D. LEINOR, 1996). Empirische Beispiele, welche sich auf die Erfassung der *Zufriedenheitsstrukturen* beziehen (J. STEINBACH, K. SCHLÜTER, 1996; P. KLEIN, 2000), runden die Vorstellung von empirischen Verhaltensanalysen ab.

3.5.2   Anspruchsniveaus

3.5.2.1   Ansprüche an die Ausstattung von Fremdenverkehrsregionen mit Einrichtungen des kulturellen, Unterhaltungs- und gastronomischen Bereichs

Derzeit sieht sich die Tourismuswirtschaft mit einem immer rascheren Wechsel der Anspruchsniveaus vieler Nachfragergruppen konfrontiert. Zum Beispiel läßt sich die Krise des Sommertourismus in den *„traditionellen"* Fremdenverkehrsregionen des alpinen Raumes (inklusive des Alpenvorlandes) und der Mittelgebirge wesentlich auf diesen Einflußfaktor zurückführen, der durch einen generationsbedingten Wechsel ihrer Gäste (vornehmlich ältere oder mittlere Jahrgänge) zusätzlich verstärkt wird (J. STEINBACH, K. SCHLÜTER, 1996):

– Der Wandel von Werthaltungen und Einstellungen und die daraus resultierende Nachfrage nach neuen oder wenigstens modifizierten Urlaubsstilen ist gekennzeichnet durch die zunehmende *Segmentierung nach Interessensbereichen*, etwa bezogen auf verschiedene Sportarten oder Hobbies (die immer „professioneller" betrieben werden), auf Gesundheit und Fitneß, auf verschiedene kulturelle Bereiche u.s.w. Andererseits wird aber auch die *Koppelung verschiedener „Stilelemente"* innerhalb des Urlaubs immer wichtiger, wobei etwa „Gesundheit und Wellness", „Unterhaltung, Sport und Spiel" oder „persönliche Weiterentwicklung, Bildung und soziale Integration" hinter- oder nebeneinander geschaltet werden.
– Der Wechsel von Urlaubergenerationen verschärft diese Situation, besonders das allmähliche Ausfallen der *„älteren Senioren"*, deren Werthaltungen und „traditionelles" Urlaubsverhalten noch von den Lebensbedingungen der Wiederaufbauphase nach dem zweiten Weltkrieg (z.T. noch der Zwischenkriegszeit) geprägt sind („milieuspezifische Lebensstilgruppen": der „kleinbürgerlichen" und „konservativ gehobenen" Milieus; nach S. HRADIL, 1987). Diese Urlaubergeneration wird ersetzt durch die sog. *„neuen Senioren"*: Ihre Anspruchsniveaus bildeten sich in einer fast vierzigjährigen Phase steigender Wohlstandsentwicklung aus, sie haben meist langjährige Erfahrungen als Auslandstouristen und sind unter dem Einfluß der über Filme, Fernsehen, Internet und andere Medien verbreiteten, internationalen, stark aus dem englischsprachigen Raum beeinflußten Kultur aufgewachsen („milieubedingte Lebensstilgruppen" der „technokratisch-liberalen", „hedonistischen" oder „alternativ-linken" Milieus; nach S. HRADIL, 1987).

Im Rahmen des *Umstellungsprozesses der „traditionellen" Fremdenverkehrsregionen* und ihrer *Neuprofilierung* kommt dem Kultur-, Unterhaltungs- und gastronomischen Sektor besondere Bedeutung zu, da die traditionellen Schlüsselaktivitäten „Wandern", „Baden" und „Radfahren" zusehends an Attraktivität verlieren und immer mehr durch entsprechende Zusatzangebote zu ergänzen sind. Eine wesentliche Voraussetzung für eine solche integrierte Angebotsplanung bilden 1) Kenntnisse der *Ansprüche* von verschiedenen Gästegruppen bezüglich der Behavior Settings des Kultur-, Unterhaltungs- und gastronomischen Bereiches sowie 2) des voraussichtlichen mittelfristigen *Wandels* dieser Präferenzstrukturen.

Die hier vorgestellten Ergebnisse entstammen einer Befragung („offenbarte" Präferenzen) der Fremdenverkehrsgäste (ca. 330 Personen, ausgewählt nach einer geschichteten Zufallsstichprobe mit den Kriterien: Altersgruppen bzw. Kurgäste und sonstige Touristen) im *Füssener Land*, einer Fremdenverkehrsregion im Südwesten der Bundesrepublik Deutschland am Übergang der Allgäuer Kalkhochalpen in die mit Seen und Mooren durchsetzte Jungmoränenlandschaft des Alpenvorlandes. Es liegt hier der sog. *„merkmalsorientierte Ansatz"* der Präferenz- und Zufriedenheitsmessung zugrunde (siehe Abschnitt 3.5.5.2), bei dem nach der *allgemeinen Wunschintensität* (ausgedrückt in einer Notenskala von 1 = sehr wichtig bis 5 = sehr unwichtig) bezüglich der Partizipation an einer Reihe von Behavior-Setting Typen gefragt wird. (Hier wurden die Fragen nach den Wunschintensitäten sowohl den derzeitigen Nutzern der Behavior Settings gestellt, als auch denjenigen Personen, welche diese Einrichtungen im gegenwärtigen Urlaub nicht beanspruchen, oder dies wegen fehlender Angebote auch gar nicht können). In Abbildung 3.7 bemißt die senkrechte y-Achse des Diagramms die *Mittelwerte* der Wunschnoten aller befragten Personen, während auf der waagrechten x-Achse die entsprechenden *Standardabweichungen* aufgetragen sind: Größere Standardabweichungen zeigen eine bedeutendere Streuung der Einzelnoten um ihre Mittelwerte an und weisen somit auf ein zugrunde liegendes, mehr oder minder uneinheitliches Bewertungsmuster hin. Durch die Gestalt der Signaturen ist auch noch der *Partizipationsgrad* dargestellt, wobei man – wie erwartet – erkennen kann, daß einem höheren Wunschniveau auch ein größerer Partizipationsgrad entspricht (Korrelationskoeffizient = 0,7).

Die Verteilung der Signaturen in Abbildung 3.7 bildet die (für den Füssener Raum) *durchschnittliche Struktur der Präferenzordnung zweiter Stufe* (= aus dem Urlaubsstil abgeleitete Ansprüche an die Stationen des touristischen Aktionsraumes, siehe Abschnitt 3.4.1) bezüglich der Elemente des Kultur-, Unterhaltungs- und gastronomischen Angebotes ab. Man erkennt, daß die Punkteverteilung dem Verlauf einer *„bananenförmigen"* Präferenzkurve entspricht:

– Verschiedene Angebote werden relativ einheitlich (= geringere Standardabweichungen) als wichtig beurteilt. Zu diesem *lexikographischen (limitationalen) Bereich* der Präferenzordnung zählen besonders die erste, etwas abgeschwächt auch die zweite der unterschiedenen Stufen von Angeboten nach der Wunschintensität, mit Restaurants (bürgerliche Küche bzw. regionale Spezialitäten) und Cafés/Konditoreien an der Spitze, gefolgt von Festen, Museen, Märkten, Stadtführungen, Wanderungen, Spielen für Kinder u.a.

Abbildung 3.7: Wünsche der Touristen im Füssener Land bezüglich der Kultur-, Unterhaltungs- und gastronomischen Angebote (nach: J. STEINBACH; K. SCHLÜTER, u.a., 1995)

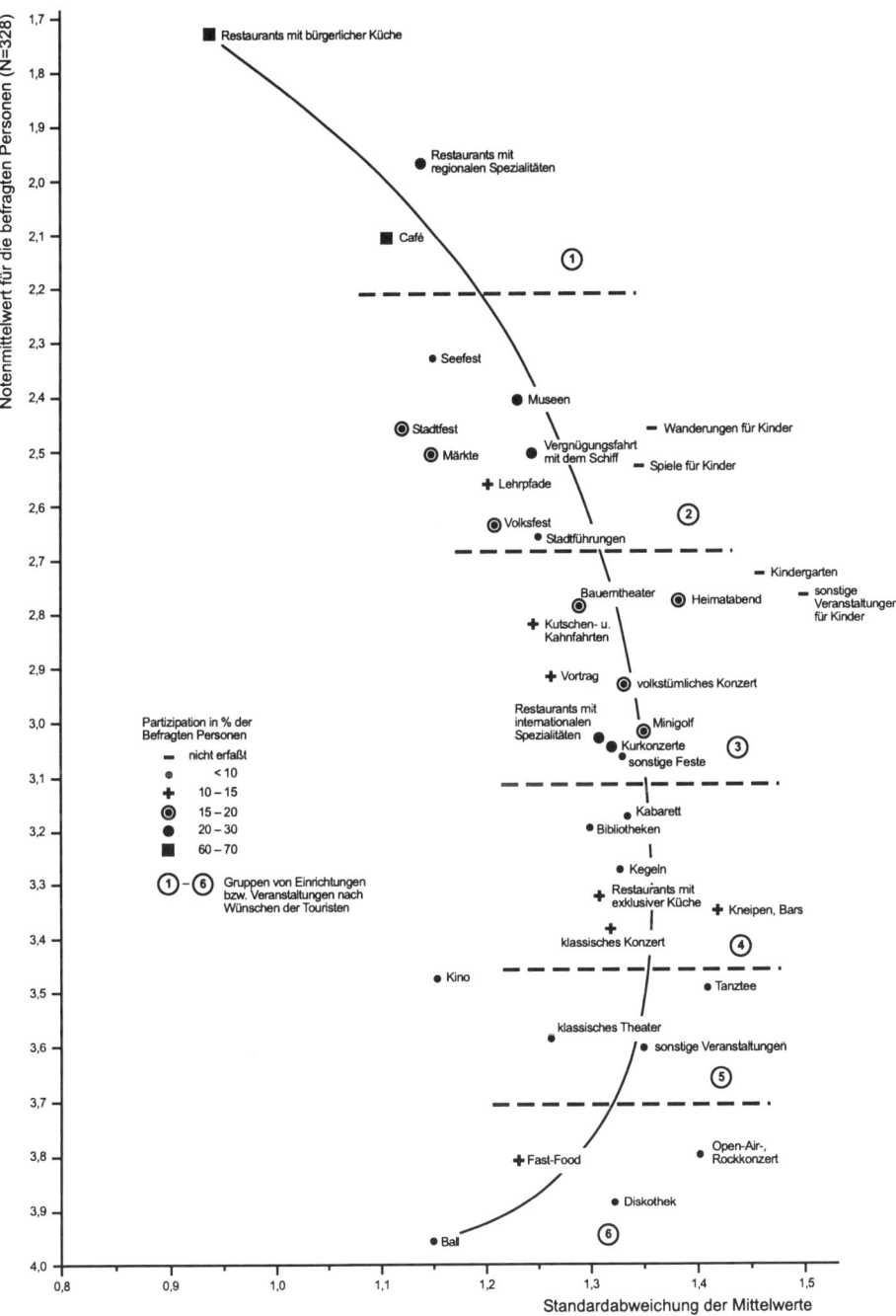

- Es folgt eine mittlere Gruppe von Behavior Settings, für die sich durchschnittliche Wunschnoten ergeben, ebenso wie höhere Standardabweichungen, welche darauf hinweisen, daß die entsprechenden Angebote noch teilweise als lexikographisch, öfter aber auch bereits als *subsitutiv* betrachtet werden. Dazu zählen u.a. verschiedene volkstümliche Veranstaltungen, Kurkonzerte und Restaurants, welche internationale Spezialitäten anbieten.
- Am unteren Ende der Rangordnung finden sich Angebote mit relativ geringen durchschnittlichen Wunschintensitäten und wieder geringeren Standardabweichungen. Dies ist darauf zurückzuführen, daß bei einer größeren Anzahl der Füssener Urlaubsgäste nur *wenig Nachfrage* nach diesen Typen von Behavior Settings besteht, und sie nur in den Präferenzordnungen bestimmter, nicht allzu häufig vertretener Urlaubergruppen substitutive oder gar lexikographische Positionen erreichen. In diese unteren Angebotsgruppen fallen etwa klassische Konzerte, aber auch Open-Air-Veranstaltungen der Popmusik, Restaurants mit exklusiver Küche, aber auch Fast-Food-Angebote etc.

Schon aufgrund dieser kurzen Darstellung ist zu erkennen, daß in diesem durchschnittlichen Bewertungsmuster die Ansprüche von recht unterschiedlichen Nachfragergruppen zusammengefaßt sind. Als Bezugsbasis für eine differenziertere Analyse wurde zunächst versucht, aus den Präferenzmustern der befragten Urlaubsgäste *charakteristische Kombinationsformen* von Ansprüchen herauszufiltern. Dazu eignet sich besonders das mathematisch-statistische Verfahren der *Faktorenanalyse*, mit welchem einzelne Angebote, die sich bestimmte Nachfragegruppen jeweils mit relativ hoher oder auch mit relativ geringer Intensität wünschen, zu „*Anspruchsbündeln*" (Faktoren) zusammengefaßt werden. Tabelle 3.6 enthält die Ergebnisse einer solchen Faktorenanalyse (Standardversion, VARIMAX-Rotation). Hier sind die einzelnen Angebote (Veranstaltungen oder Einrichtungen) in den Zeilen angeordnet, die ermittelten Anspruchsbündel in den Spalten. Die Elemente dieser Matrix bilden Signaturen, welche die Ausprägung der sog. *Faktorenladungen* anzeigen. Diese Kennzahlen bemessen bekanntlich den Zusammenhang zwischen den Input-Variablen der Analyse (Einzelwünsche) und den neu gewonnenen Dimensionen (Anspruchsbündel).

Es zeigt sich, daß die Faktorenanalyse sieben klar strukturierte Wunschbündel ergibt: drei kulturelle Grundausrichtungen sowie vier funktionelle Komplexe (*Feste, Nebenaktivitäten, gehobene Gastronomie, bodenständige Gastronomie* und *Cafés/Konditoreien*), welche die Kulturformen mehr oder minder übergreifen. Die drei *Kulturformen* kommen in den Wunschbündeln folgendermaßen zum Ausdruck:

- Die erste Dimension faßt die Wünsche nach Angeboten der *volkstümlichen Kultur* zusammen, mit höheren Faktorenladungen für: volkstümliche Musik bzw. Kurkonzerte, Bauerntheater, Heimatabende/Musikantentreffen und Tanzveranstaltungen.
- Hingegen kennzeichnet das zweite Wunschbündel die Präferenzen für die *traditionelle Kultur*. Hier werden besonders die Wunschintensitäten bezüglich klassischer Konzerte, Vorträge, Museen/Galerien/Ausstellungen, Stadtführungen, Bibliotheken und Lehrpfade zusammengefaßt.

Tabelle 3.6:   Anspruchsbündel bezüglich des Kultur-, Unterhaltungs- und gastronomischen Angebotes (nach: J. STEINBACH; K. SCHLÜTER u. a., 1995)

Veranstaltungen/ Einrichtungen	Anspruchsbündel							
	1	2	3	4	5	6	7	8
	volks-tümliche Kultur	tradi-tionelle Kultur	Feste	Pop-kultur	Neben-aktivi-täten	gehobene Gastro-nomie	boden-ständige Gastro-nomie	Café, Kondi-torei
klassisches Konzert	+	*						
volkstüml. Konzert	•							
Kurkonzert	⊙	+						
Open Air / Rockkonzert				⊙				
Bauerntheater	⊙							
Heimatabend/ Musikantentreffen	•							
Tanztee	*			+				+
Discothek				•				
sonstige Tanzveranstalt.	+			+				
Vortrag		*						
Volksfest			⊙					
Stadtfest			•					
Seefest			•					
Vergnügungsfahrt mit dem Schiff					+			+
Museum/Galerie/ Ausstellung		*						+
Stadtführung		⊙						
Markt	+	*						
Bibliothek		⊙						
Minigolf					•			
Kegeln				+	⊙			
Lehrpfad		•			+			
Kutschen- und Kahnfahrt		+			*			+
Restaurant mit bürgerlicher Küche							•	
Restaurant mit exklusiver Küche						•		
Restaurant mit regionalen Spezialitäten					+		⊙	
Restaurant mit interna-tionalen Spezialitäten						•		
Fast-Food/ Schnellimbiß					*	+		
Café/ Konditorei								•
Kneipe/Bar				⊙				
erklärter Varianz-anteil der Faktoren — einzeln	23,2	10,3	7,0	5,3	4,6	4,3	4,0	3,6
erklärter Varianz-anteil der Faktoren — kummuliert	23,2	33,5	40,5	45,8	50,4	54,7	58,7	62,3

Faktorenladungen: • über 0,75; ⊙ 0,60 bis 0,75; * 0,45 bis 0,60; + 0,30 bis 0,45

Tabelle 3.7:   Einflußfaktoren der Anspruchsbündel bezüglich des Kultur-, Unterhaltungs- und gastronomischen Angebotes (nach: J. STEINBACH; K. SCHLÜTER u. a., 1995)

Bedürfnis-komplexe	Merkmale der Urlauber bzw. ihrer sozialen Urlaubsgruppe					
	Alter	Kur-teilnahme	Alter und Kurteil-nahme	sozioöko-nomischer Status	Kinder in der Gruppe	Urlaubsaus-gaben für die Gruppe
volkstümliche Kultur	•			o	o	
traditionelle Kultur	•	•				
Popkultur	•					
Feste	•		•			o
Nebenaktivitäten	•	o		•	•	•
gehobene Gastronomie			o			
bodenständige Gastronomie		•			•	
Café, Konditorei						

Signifikanzniveau der Varianzanalyse: • unter 1 %   o unter 5 %

– Open Air-Veranstaltungen, Discotheken und Kneipen/Bars bilden die kennzeichnenden Elemente des vierten Bündels, das somit die Präferenzen für die *Popkultur* abbildet.

Mit Hilfe von einfachen und multiplen *Varianzanalysen* (hier bilden die sog. *Faktorenwerte* die Datenbasis, welche für jede befragte Person die Präferenzen bezüglich der Wunschbündel bemessen) kann überprüft werden, ob sich die Ausprägung dieser Wunschbündel von spezifischen Gästegruppen – gebildet nach den Merkmalen: Alter, Teilnahme am Kurbetrieb, sozioökonomischer Status, Kinder in der Urlaubsgruppe und Urlaubsbudget – statistisch signifikant von den Ausprägungen der Wunschbündel über das gesamte Sample unterscheiden: Ist dies der Fall, so kann man davon ausgehen, daß die Wunschintensitäten von den entsprechenden Merkmalen der Gästegruppen wenigstens teilweise beeinflußt sind. Aus Tabelle 3.7 ist zu erkennen, daß die Bedürfnisstrukturen ganz wesentlich vom *Lebensalter* beeinflußt werden: nur die drei Wunschbündel, welche sich auf den gastronomischen Bereich beziehen, bleiben gegenüber den Alterseinflüssen invariant.

Abbildung 3.8: Bewertung der kulturellen Bedürfniskomplexe der Touristen im Füssener Land: Altersgruppe: über 60 Jahre (nach: J. STEINBACH; K. SCHLÜTER, 1996)

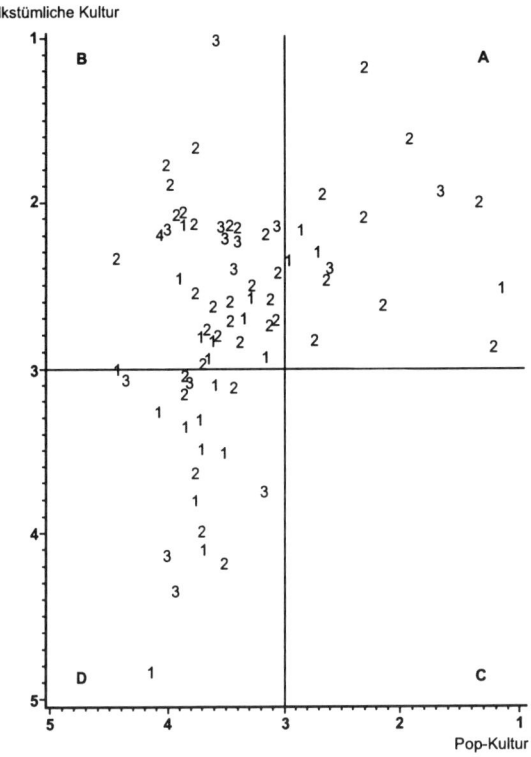

Ziffernsignaturen 1 - 5 = Bewertung der traditionellen Kultur
Die Bewertung erfolgt in einer Notenskala von 1 (= sehr wichtig) bis 5 (= sehr unwichtig)

Zur Analyse des *altersbedingten Wandels der Präferenzstrukturen* wurden zunächst die dimensionslosen Faktorenwerte in die Skala der Ausgangsvariablen (als „gewichtete" Notenmittelwerte) zurückgeführt. In den Abbildungen 3.8 bis 3.10 sind diese Notenmittelwerte der befragten Füssener Urlauber dargestellt, und zwar getrennt nach den Altersgruppen: „über 60", „40 bis 60" und „unter 40 Jahre". In jedem der Diagramme kennzeichnet die waagrechte x-Achse die Noten für die Popkultur, während die senkrechte y-Achse die Bewertungen für die volkstümliche Kultur abbildet. Die Position der befragten Individuen in diesem zweidimensionalen Merkmalsraum ist durch eine „Ziffernsignatur" (1 bis 5) markiert, welche der jeweiligen Note für den traditionellen Kulturbereich entspricht: Mit zwei Schwellenwerten – jeweils die Note 3 für die volkstümliche und die Popkultur – kann der Merkmalsraum in *vier Felder (A bis D)* unterteilt werden Diese sind für jede Altersgruppe charakteristisch besetzt:

Abbildung 3.9:   Bewertung der kulturellen Bedürfniskomplexe der Touristen im Füssener Land: Altersgruppe: 40 - 60 Jahre (nach: J. STEINBACH; K. SCHLÜTER, 1996)

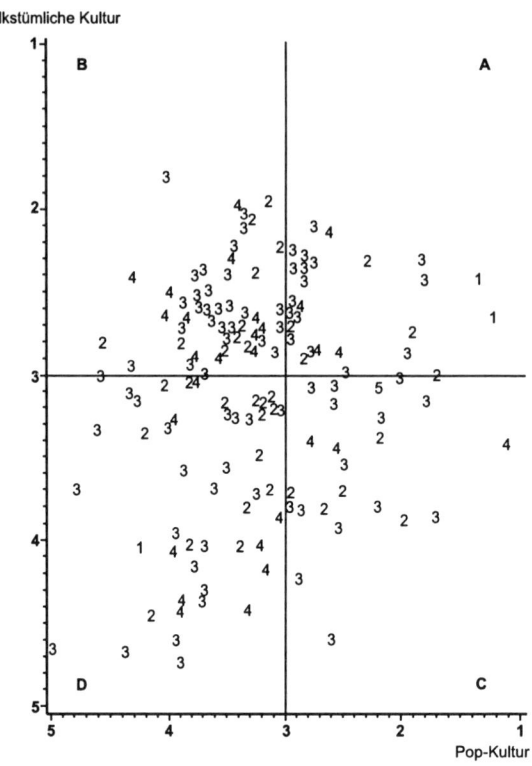

Ziffernsignaturen 1 - 5 = Bewertung der traditionellen Kultur
Die Bewertung erfolgt in einer Notenskala von 1 (= sehr wichtig) bis 5 (= sehr unwichtig)

– Es verwundert nicht, daß für die *über 60jährigen* (Abbildung 3.8) das Feld C (höhere Bewertung der Popkultur, geringere Bewertung der volkstümlichen Kultur) überhaupt frei bleibt, und die größte Anzahl der Individuen in das Feld B (mit umgekehrtem Bewertungsmuster) fällt. Hier sind aber auch (mit nur einer Ausnahme) zumindest durchschnittliche, meist aber höhere Noten für die traditionelle Kultur festzustellen. Diese wird im Feld D (niedrige Bedürfnisse nach volkstümlicher Kultur- und Popkultur) sogar noch deutlich besser bewertet. Hier sind die ausschließlichen Anhänger der traditionellen Kultur konzentriert. Mit relativ wenigen Individuen ist auch das Feld A (höhere Bewertungen der Pop- und der volkstümlichen Kultur) besetzt. Aber auch hier wird die traditionelle Kultur meistens höher eingeschätzt.

– Abbildung 3.9 demonstriert recht eindrucksvoll den Wertewandel, der sich mit dem Übergang zu den *40 bis 60jährigen Urlaubsgästen* (als den zukünftigen „neuen Senioren") vollzieht. Am Auffälligsten ist der Bedeutungsverlust der traditio-

Abbildung 3.10:   Bewertung der kulturellen Bedürfniskomplexe der Touristen im Füssener Land: Altersgruppe: unter 40 Jahre (nach: J. STEIN-BACH; K. SCHLÜTER, 1996)

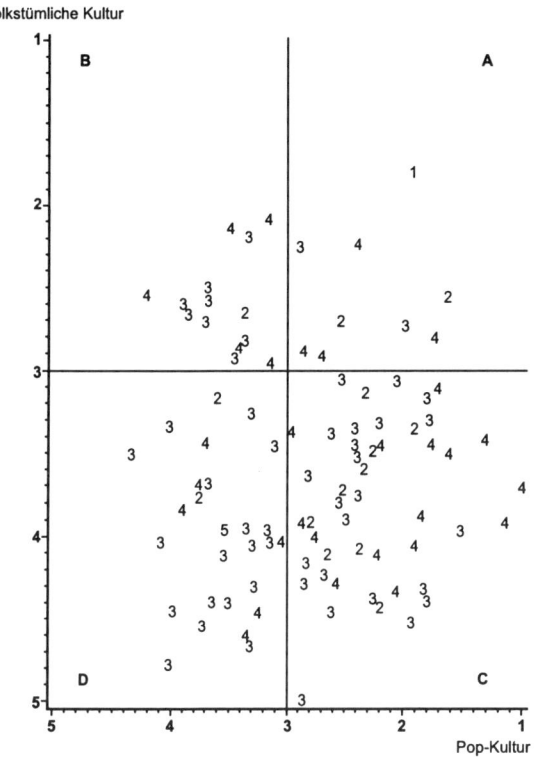

Ziffernsignaturen 1 - 5 = Bewertung der traditionellen Kultur
Die Bewertung erfolgt in einer Notenskala von 1 (= sehr wichtig) bis 5 (= sehr unwichtig)

nellen Kultur. Dies gilt auch für das Feld D (geringe Bedeutung der beiden anderen kulturellen Dimensionen), wo es nur mehr sehr wenige ausschließliche Anhänger der traditionellen Kultur gibt. Dafür tritt hier auch eine Gruppe von Gästen auf, welche *keinem* der drei Bedürfniskomplexe besondere Bedeutung beimißt. Den stärksten Besatz hat das Feld B mit der höheren Einschätzung der volkstümlichen Kultur. Aber ca. ein Drittel der 40 bis 60jährigen entfällt bereits auf die beiden Felder A und C (= höhere Einschätzung der Popkultur).

– In Abbildung 3.10, welche die Präferenzmuster der *unter 40jährigen* veranschaulicht, ist der Besatz der Felder A und B (volkstümliche Kultur) bereits sehr ausgedünnt. Die meisten Beobachtungsfälle konzentrieren sich nun im Feld C (Popkultur), wobei manchmal auch die traditionelle Kultur wieder höher eingeschätzt wird, sowie im Feld D: Hier ist die eher geringere Bedeutung aller drei Dimensionen festzustellen.

Tabelle 3.8:   Tendenzielle Bedürfnistypen bezüglich des kulturellen Angebotes (nach: J. STEINBACH; K. SCHLÜTER 1996)

Altersstufen	Bedürfnistypen (Reihung nach der Bedeutung)		
über 60	V/T	T	
40 bis 60	V	F/T	P
unter 40	F	P	P/T

V = volkstümliche Kultur;
T = traditionelle Kultur;
P = Popkultur;
F = mehr oder minder fehlende Orientierung an den kulturellen Bedürfniskomplexen,
    größere Bedeutung der funktionellen Komplexe.

In einem generalisierten Schema (Tabelle 3.8) kann man den Einfluß des Lebensalters auf die kulturellen Bedürfniskomplexe erkennen. Hieraus läßt sich nicht nur für das Füssener Land, sondern auch für viele andere Fremdenverkehrsregionen im alpinen und Mittelgebirgsbereich, die Planungsaufgabe ableiten, ihre Angebote hinsichtlich der Bedürfnisstrukturen derjenigen Gästegruppen zu erweitern, welche eher den von der Popkultur beeinflußten Nachfragerkreisen angehören, oder welche überhaupt nicht so sehr an einer der drei Grundrichtungen orientiert sind, sondern eher auf die verschiedenen kulturübergreifenden Angebotskomplexe. Daneben muß natürlich auch noch die „Bestandspflege" der „traditionellen" und „volkstümlichen" Angebote betrieben werden.

3.5.2.2   Ansprüche an die länderkundlichen Inhalte von Reiseführern

Anhand einer Studie über die Interessen der *Benutzer von Reiseführern* (P. KLEIN, 2000) lassen sich ebenfalls die Zusammenhänge zwischen verschiedenen Präferenzmustern und ihren Einflußfaktoren aufzeigen. Diese Erkenntnisse bilden die Grundlage für neue, mehr nachfragegerechte Konzeptionen von Reiseführern.

Aus den Präferenzen für die verschiedenen länderkundlichen Themen lassen sich zunächst (wieder über faktorialanalytische Verfahren) drei größere *zusammenhängende Themenfelder* ableiten, welche Aufschlüsse über die strukturellen Grundelemente der verschiedenen „touristischen Perspektiven" geben: gesellschaftsbezogene („Bevölkerung", „Alltag", „Gesellschaft", „Tourismus" etc.), naturbezogene („Geologie und Relief", „Fauna und Flora", „Landwirtschaft") und kulturbezogene („Kunst und Architektur", „Musik und Literatur", „Essen und Trinken" etc.) Informationsbündel (siehe Tabelle 3.9). Mit Hilfe des Rechenverfahrens der Regressionsanalyse kann man zeigen, daß zwischen diesen Themenkomplexen und den von den befragten Personen präferierten *Mustern von Urlaubsaktivitäten* (faktorialanalytische Dimensionen aus 23 Einzel-

Tabelle 3.9: **Von den Käufern von Reiseführern nachgefragte länderkundliche Themenfelder (nach: P. KLEIN, 2000)**

länderkundliche Themen	zusammenhängend nachgefragte Themenfelder (Faktoren)		
	gesellschafts-bezogen	natur-bezogen	kultur-bezogen
Geologie und Relief		●	
Klima und Wetter		⊙	
Flora und Fauna		●	
Wirtschaft	○	⊙	
Landwirtschaft		●	
Siedlung	○	○	
Verkehr	○	○	
Umweltschutz	⊙	○	
Geschichte			⊙
Politik	⊙	+	
Bevölkerung	●		
Religion und Kirche	+	+	
Alltag	●		
Gesellschaft	●	+	
Kunst und Architektur			●
Musik und Literatur	○		⊙
Bräuche und Traditionen	○		○
Tourismus	●		
Essen und Trinken			⊙
erklärter Varianzanteil der Faktoren (%) — einzeln	42,0	10,8	8,2
erklärter Varianzanteil der Faktoren (%) — kummuliert	42,0	52,7	60,9

Faktorenladungen: ● über 0,75 (sehr hoch)   ⊙ 0,60 bis 0,75 (hoch)
○ 0,45 bis 0,60 (durchschnittlich) + 0,30 bis 0,45 (unterdurchschnittlich)

variablen) die zu erwartenden signifikanten statistischen Beziehungen bestehen (siehe Tabelle 3.10): Käufer von Reiseführern, welche besonders die *gesellschaftsbezogenen Themen* nachfragen, zeigen in ihren Urlauben eine besondere Vorliebe für „regionalbezogene Aktivitäten" (Kontakte mit Einheimischen, Besuch von regionalen Festen, regionale Speisen). Ebenso geht die Präferenz für *naturbezogene Themen* in der Reiseliteratur mit den besonderen Wünschen nach „aktiven Naturerlebnissen" Hand in Hand, die Vorliebe für *kulturbezogene Informationen* mit „Besichtigungsaktivitäten". Dagegen stehen die Aktivitätenmuster „Entspannen" und „Popkultur" mit allen drei Interessensfeldern in einem signifikant negativen Zusammenhang.

Als Bezugsbasis für weiterführende Vergleiche wurden mit Hilfe des Klassifikationsverfahrens der Clusteranalyse *Nachfragegruppen nach länderkundlichen Informationen* in Reiseführern gebildet. Hier zeigt es sich, daß den drei Themenfeldern auch relativ homogene Käufergruppen von Reiseführern entsprechen, welche ihre spezifischen Interessensbereiche bevorzugt nachfragen, wobei sich aber die „natur-

Tabelle 3.10: Zusammenhänge zwischen Urlaubsaktivtäten und nachgefragten länderkundlichen Themenfeldern (nach: P. KLEIN, 2000)

Aktivitäten-bündel	Themenfelder		
	gesellschafts-bezogen	natur-bezogen	kultur-bezogen
Besichtigungen	◐	◐	●
Entspannung	○	□	◉
aktives Naturerleben	◐	●	○
regionaltyp. Aktivitäten	●	◐	◉
Popkultur	◉	◉	□

Intensität des Zusammenhanges:	● über 0,5 (stark positiv)	◐ 0,2 bis 0,5 (positiv)
	◉ -0,2 bis 0,2 (kein Zusammenhang)	○ -0,2 bis 0,5 (negativ)
	□ unter -0,5 (stark negativ)	

Tabelle 3.11: Nachfrage nach länderkundlichen Informationen (nach: P. KLEIN, 2000)

Nachfragetypen	Themenfelder		
	gesellschafts-bezogen	natur-bezogen	kultur-bezogen
naturbezogene Nachfrager	–	●	◉
uninteressierte Nachfrager	–	–	–
kulturbezogene Nachfrager	◉	–	●
gesellschaftsbezogene Nachfrager	●	○	–

Intensität des Zusammenhanges zwischen Nachfragetypen und Themenfeldern:	● über 0,8 (sehr stark)	◉ 0,4 bis 0,8 (stark)
	○ 0 bis 0,4 (teilweise)	– unter 0 (kein Zusammenhang)

bezogenen" Urlauber auch für Informationen über den kulturellen Bereich interessieren und die „kulturbezogenen" Nachfrager auch für gesellschaftliche Themen (siehe Tabelle 3.11). Als vierter Käufertyp kristallisiert sich eine Gruppe „ohne besondere Präferenzen" für einen der länderkundlichen Themenschwerpunkte von Reiseführern heraus. Diese vier Grundtypen von Benutzern der Reiseliteratur unterscheiden sich deutlich (und statistisch signifikant) nach den Merkmalen ihrer „milieuspezifischen Lebensstile" und ihrer Stellung im Lebenszyklus (siehe die Abbildungen 3.11 bis 3.13):

- Bezüglich der *ausgeübten Berufe* dominieren die Nachfrager mit niedriger Qualifikation (Arbeiter, Rentner, Hausfrauen) unter den „uninteressierten Nachfragern", während die Studenten im „gesellschaftsorientierten" Typ überproportional vertreten sind. Leitende Angestellte und Beamte dominieren hingegen in den Kategorien der „natur-" und „kulturbezogenen Nachfrager". Ähnliche Unterschiede kommen auch bezüglich des *Bildungsniveaus* zum Tragen. Hier herrschen die Käufer mit Hochschulabschluß unter den „natur-" und „gesellschaftsbezogenen" Nachfragern vor.

Abbildung 3.11: Berufsstruktur der Nachfragetypen nach länderkundlichen Informationen in Reiseführern (nach: P. KLEIN, 2000)

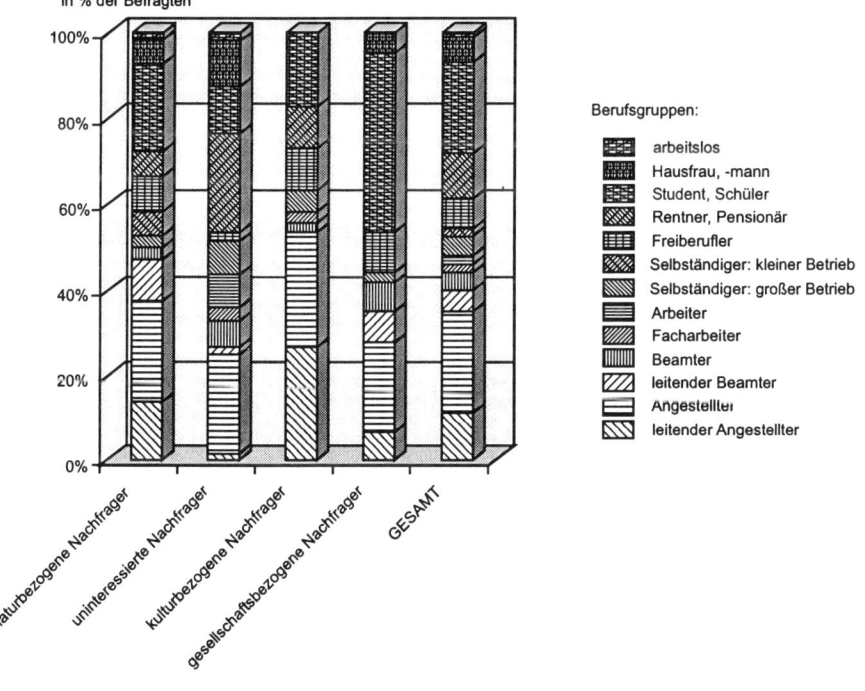

Abbildung 3.12: Altersstruktur der Nachfragetypen nach länderkundlichen Informationen in Reiseführern (nach: P. KLEIN, 2000)

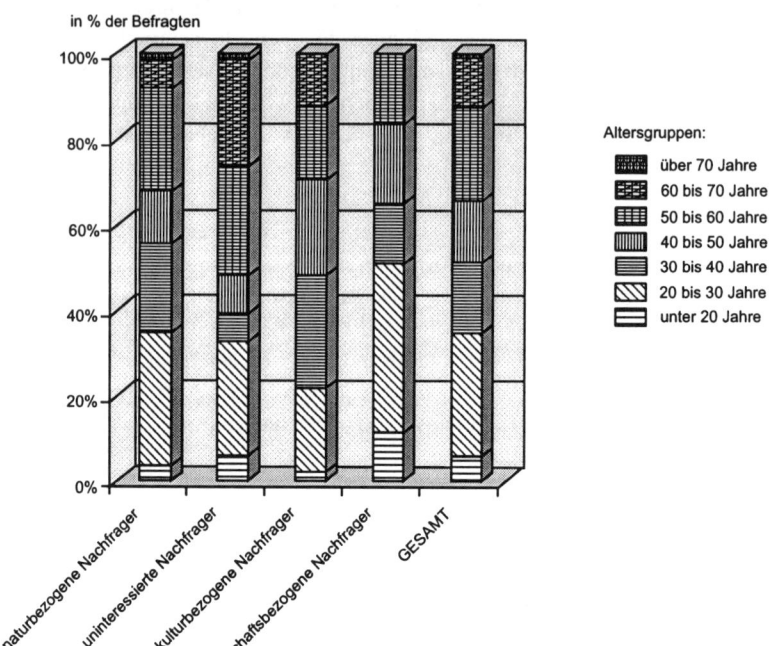

– Vergleicht man nach dem *Lebensalter*, so ist zu erkennen, daß die Gruppe der „Uninteressierten" besonders überaltert ist, während soziologische Themen in erster Linie von jüngeren Reisenden gewünscht werden. Unter den „kulturbezogenen" Nachfragern haben vor allem die mittleren Jahrgänge ein Übergewicht, während die Personen, welche „naturbezogene" Inhalte bevorzugen, eher zu den jüngeren Nachfragergruppen zählen.
– Schließlich sind bei der Trennung nach dem *Geschlecht* die Frauen in der „uninteressierten" Nachfragergruppe überrepräsentiert.

So zeigen sich hier deutlich die Einflüsse der Lebenssituation und des Lebenszyklus auf die Reiseinteressen (d.h., auf die individuellen Elemente des „Tourist Gaze", siehe Abschnitt 3.4.1) und auf die präferierten Urlaubsaktivitäten. Für die Verleger von Reiseführern ergeben sich aus der Untersuchung deutliche Hinweise darauf, daß der bisher häufig angebotene „allgemeine und interessensübergreifende" Wissenskanon wohl nur mehr begrenzt nachgefragt wird. Eher unkonventionelle und gruppenspezifisch differenzierte Ansprüche kennzeichnen die neuen Käufertypen.

Abbildung 3.13: Geschlechtsstruktur der Nachfragetypen nach länderkundlichen Informationen in Reiseführern (nach: P. KLEIN, 2000)

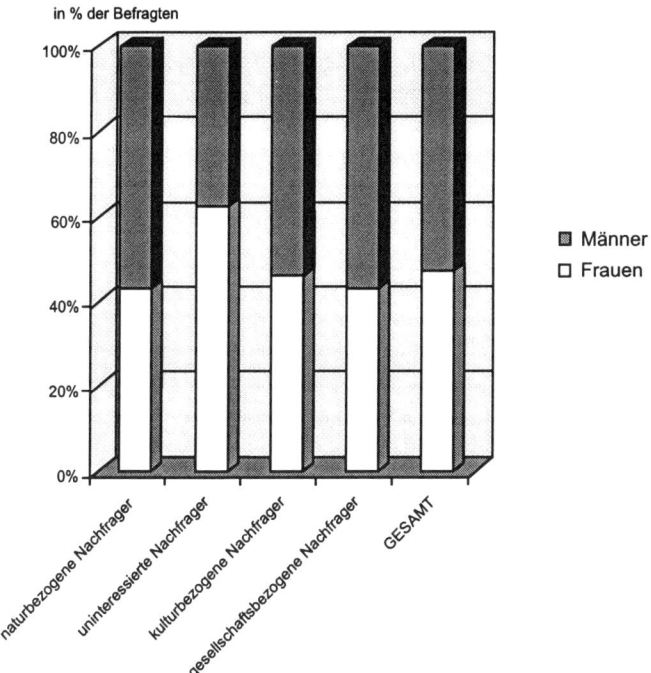

3.5.3   Such- und Entscheidungsprozesse

Wie in Abschnitt 3.4.2 dargestellt, bestimmen zunächst das *Grundmuster des „latenten Bedarfes"* (Wiederholungs- und Routineurlaub ohne großen Informationsbedarf; limitierte Such- und Entscheidungsaktivitäten im Falle der Änderung von Ur-
laubsmodalitäten in bereits bekannten Zielregionen; extensive Such- und Entscheidungsprozesse bei der Planung von neuen Urlaubsaktivitäten und/oder der Vorbereitung von Aufenthalten in mehr oder minder unbekannten Zielregionen) sowie die
Struktur der Urlaubsgruppe die Abläufe der Such- und Entscheidungsprozesse vor
dem Antritt der Reise. Hierbei bestehen drei *„Grundstrategien der Informationssuche und Informationsverwertung"*, welche in der Regel kombiniert werden (D. FOD-
NESS, B. MURRAY, 1999):

1) Die *Auswahl von verschiedenen Informationsquellen*, und zwar sowohl von *internen Quellen* – als im individuellen Bezugssystem gespeicherte Wissensinhalte, z.B.
„harte" und „weiche" Informationen („Realized Place") über die Tourismusregionen
– als auch von *externen Quellen*, das sind die (über persönliche Kontakte, Medien
etc.) verfügbaren Elemente des allgemeinen „Tourist Gaze".

2) Die Verfolgung von *besonderen Suchstrategien,* nämlich einerseits die *„fortlaufende Informationssuche",* wobei auch im Zeitabschnitt „zwischen den Urlauben" Informationen über potentielle (aber oft noch nicht konkrete) Urlaubsziele gesammelt werden (entsprechend den in den Präferenzordnungen enthaltenen individuellen Bedürfnisstrukturen), andererseits die *„spezifische Informationssuche"* („prepurchase") im Rahmen der eigentlichen Entscheidungsphase (siehe Abschnitt 3.4.2).

3) Die Anwendung von *Entscheidungsstrategien,* welche den verschiedenen internen und externen Informationsquellen unterschiedliche Bedeutung bezüglich der Entscheidungsfindung beimessen, als *„ergänzende Quellen"* oder als *„maßgebliche Entscheidungshilfen"* (siehe Abschnitt 3.4.2).

D. FODNESS und B. MURRAY (1999) haben das Such- und Entscheidungsverhalten von ca. 600 Automobiltouristen in der Zielregion Florida untersucht. Tabelle 3.12 gibt zunächst einen Überblick über die von den befragten Pesonen benutzten *externen und internen Informationsquellen,* wobei – nach der Häufigkeit der Inanspruchnahme – den Informationen aus dem Bekanntenkreis, den „Highway Welcome Centers" und den Automobilclubs die größte Relevanz zukommt. Die Tabelle gibt auch Aufschluß über die *Grundmuster des „latenten Bedarfes"* (= Zahl der beanspruchten Informationsquellen): Hier verlassen sich ca. 28 % der Befragten nur auf *eine* Informationsquelle, meist die eigene Erfahrung oder den Rat von Freunden oder Bekannten, während ca. 41 % zwei oder mehr Informationsquellen benutzen, vor allem wieder externe Ratschläge, aber auch kommerzielle Reiseführer.

Die in Tabelle 3.13 zusammengefaßten Ergebnisse eines clusteranalytischen Klassifikationsverfahrens zeigen, daß man unter den befragten Automobiltouristen verschiedene *Typen nach dem Such- und Entscheidungsverhalten* unterscheiden kann:

– Vier der insgesamt sieben Gruppen sind dadurch gekennzeichnet, daß die betroffenen Urlauber – neben einem mehr oder minder großen Spektrum an „ergänzenden" Quellen – nur jeweils *eine „maßgebliche Entscheidungshilfe"* in Anspruch nehmen: die persönliche Erfahrung als Produkt einer „fortlaufenden" und internen Suchstrategie (Cluster 3:14 % des Samples); den Rat von Freunden und Bekannten sowohl in „fortlaufenden" als auch in „spezifischen" extern orientierten Such- und Entscheidungsprozessen (Cluster 5: 27 %); die Empfehlungen von Automobilclubs („spezifische Informationssuche") unterstützt durch einen Mix von externen Informationen als „ergänzende Quellen" (Cluster 6: 24 %); sowie die („spezifischen") Konsultationen von Agenten in Reisebüros, ebenfalls begleitet von – weniger umfassenden – externen Zusatzinformationen aus verschiedenen Quellen (Cluster 7: 12 %).

– Die drei übrigen „Suchtypen" sind durch die kombinierte Verwendung eines *umfassenderen Spektrums von verschiedenen, „ergänzenden Informationsquellen"* gekennzeichnet, ohne wesentliche Inanspruchnahme von „maßgeblichen Entscheidungshilfen". Es handelt sich um zwei Strategien der „spezifischen" („prepurchase") Suche (Cluster 1: 11 %, Cluster 2: 8 %), wobei im zweiten Fall die Informationen der lokalen Tourismusbüros und der Automobilclubs eine etwas

Tabelle 3.12: Externe und interne Informationsquellen von Automobiltouristen in Florida (nach: D. FODNESS; B. MURRAY, 1999)

| Informationsquellen | gesamtes Sample (n = 585) | | | Anzahl der benutzten Informationsquellen | | | | | | | | | durchschnittliche Anzahl der benutzten Quellen | |
| | | | | nur die eine (in der Zeile angegebene) Quelle (n = 163) | | | die angegebene Quelle und eine mehr (n = 167) | | | die angegebene Quelle und zwei oder mehr andere (n = 242) | | | | |
	#	%	Rang	#	%	Rang	#	%	Rang	#	%	Rang	Mittelwert	Median
Automobilclubs	200	34,2	3	27	16,6	3	64	38,3	3	108	44,6	3	3,09	3
Prospekte von Hotels, Attraktionen usw.	128	21,9	4	8	4,9	5	27	16,2	4	92	38,0	4	3,73	4
Reiseführer	70	12,0	8	5	3,1	7	6	3,6	10	58	24,0	7	4,24	4
Freunde und Verwandte	281	48,1	1	42	25,8	2	82	49,1	1	156	64,5	2	3,10	3
Autobahn Informations-Center	263	45,0	2	8	4,9	5	80	47,9	2	174	71,9	1	3,47	3
lokale Tourismusbüros	58	10,0	9	3	1,8	11	5	3,0	11	50	20,7	8	4,26	4
Magazine	86	14,7	6	5	3,1	7	15	9,0	6	65	26,9	6	4,14	4
Zeitungen	54	9,2	10	4	2,4	10	7	4,2	9	42	17,4	9	4,35	4
staatliche Reiseinformationen	85	14,6	7	5	3,1	7	11	6,6	8	68	28,1	5	4,26	4
persönliche Erfahrung	102	17,5	5	58	35,6	1	21	12,6	5	23	9,5	11	1,89	1
Reisebüro	48	8,2	11	10	6,1	4	13	7,8	7	25	10,3	10	3,0	3

Tabelle 3.13: **Typen von Automobiltouristen in Florida nach der Suche nach Reiseinformationen (nach: D. FODNESS; B. MURRAY, 1999)**

Cluster	Suchstrategie	Verhaltensmerkmale
3	persönliche Erfahrung (14 %)[1]	fortlaufende, interne Suchstrategie; gestützt fast nur auf die persönliche Erfahrung; niedrigste Zahl (1,3) der im Durchschnitt verwendeten Informationsquellen
5	Freunde und Verwandte (27 %)	sowohl fortlaufende als auch spezifische, externe Suchstrategien; besondere Bedeutung von Freunden oder Verwandten als maßgebliche Entscheidungshilfen; durchschnittlich 2,4 Informationsquellen
6	Automobilclub (24 %)	spezifische („prepurchase"), externe Suchstrategie; Automobilclubs als maßgebliche Entscheidungshilfen, zusätzlich auch Freunde und Verwandte; moderater Gebrauch von ergänzenden Quellen, wie Reiseführer, Zeitungen, staatliche Reiseinformationen; durchschnittlich 2,4 Informationsquellen
7	Reisebüro (12 %)	spezifische („prepurchase"), externe Suchstrategie; häufigster Bezug auf Reisebüros als maßgebliche Entscheidungshilfen; eingeschränkter Gebrauch von ergänzenden Quellen, wie Reiseführer, Zeitungen, staatliche Reiseinformationen; durchschnittlich 1,6 Informationsquellen
1	„Prepurchase-Mix" (11 %)	spezifische, externe Suchstrategie; intensiverer Gebrauch von verschiedenen ergänzenden Quellen, wenig Bezug auf die maßgeblichen Entscheidungshilfen; durchschnittlich 3,6 Informationsquellen
2	lokale Tourismusbüros (8 %)	spezifische, externe Suchstrategie; intensivste Nachfrage nach lokalen Tourismusbüros und staatlichen Reiseinformationen als ergänzende Informationsquellen; eingeschränkter Bezug auf Automobilclubs als maßgebliche Entscheidungshilfen; durchschnittlich 4,1 Informationsquellen
4	fortlaufende Information (4 %)	fortlaufende, externe Suchstrategie; häufigster Gebrauch von Magazinen und Zeitschriften als ergänzende Quellen; eingeschränkter Bezug auf Automobilclubs oder Reisebüros als maßgebliche Entscheidungshilfen; höchste Zahl (5,6) der im Durchschnitt verwendeten Informationsquellen

[1] Anteil an der Gesamtzahl der Automobiltouristen

größere Rolle spielen. Ein letzter Cluster (4), auf den allerdings nur 4 % der befragten Personen entfallen, charakterisiert schließlich die „zwischen den Urlauben" wirklich ständig „fortlaufenden" und auf eine breite Informationsbasis (durchschnittlich 5,6 Quellen) gestützten Suchprozesse.

So ergibt die Untersuchung von D. FODNESS und B. MURRAY (1999) ein breites Spektrum an Informationstypen, die wenigstens zum Teil wohl auch für andere touristische Nachfragerschichten gelten, wenngleich in manchen Fällen diejenigen Gruppen, welche sich eines umfassenderen Spektrums an Informationsquellen bedienen, vermutlich stärker besetzt sind, als dies unter den Automobiltouristen in Florida der Fall ist.

Die Tabellen 3.14 und 3.15 – sie entstammen ebenfalls der Arbeit von D. FODNESS und B. MURRAY (1999) – belegen einige der schon in Abschnitt 3.4.2 dargestellten *Einflußfaktoren des Informationsverhaltens*. Tabelle 3.14 enthält die Verteilung der befragten Automobiltouristen (in %) über die Typen nach dem Such- und Entscheidungsverhalten, und zwar untergliedert in Subgruppen nach dem „latenten Informationsbedarf" sowie nach der Struktur der Urlaubsgruppe. Die Unterschiede in diesen Verteilungsmustern sind statistisch signifikant (siehe die angeführten Ergebnisse von Chi-Quadrat Tests). Hier zeigt sich zunächst, daß der Planung von *Wiederholungs- und Routineurlauben* eher „fortlaufende", aber kaum umfangreiche Informationsstrategien zugrunde liegen, wobei der Rat von Freunden und Verwandten (Cluster 5) oft die „maßgebliche Entscheidungshilfe" darstellt. Im Fall von *limitierten Such- und Entscheidungsaktivitäten* (bezogen auf mehr oder minder bekannte Zielregionen) spielen „spezifische" („prepurchase") Suchprozesse eine wichtigere Rolle, wie die Konsultationen der Experten in Reisebüros und Automobilclubs (Cluster 6 und 7). Die *extensiven Such- und Entscheidungsprozesse* (bezogen auf wenig bekannte Urlaubsregionen) sind gekennzeichnet durch die umfassendere Analyse eines Spektrums von ergänzenden Quellen (Cluster 1), wobei aber zusätzlich die Auskünfte von Automobilclubs (Cluster 6) als „maßgebliche Entscheidungshilfe" dienen können. Entgegen den Basishypothesen spielt hier auch die „eigene Erfahrung" (Cluster 3) eine gewisse Rolle, was von den Autoren als Effekt der hohen Quote von Wiederholungsurlauben im zugrundeliegenden Sample interpretiert wird.

Die in Tabelle 3.14 dokumentierten Ergebnisse belegen auch den *Einfluß der Zusammensetzung von Urlaubsgruppen* auf das Suchverhalten: *Familien mit Kindern* bemühen sich im Rahmen einer „prepurchase"-Strategie besonders um „ergänzende" externe Informationen (Cluster 1) und holen den Rat von Experten (Cluster 6, 7) als „maßgebliche Entscheidungshilfen" ein. *Partner, die ohne Kinder verreisen,* verlassen sich besonders auf externe Quellen und zwar im Rahmen der „spezifischen" („prepurchase") Reisevorbereitungen. Sie sind z.B. die bedeutendsten Nachfrager nach den Informationen der lokalen Touristenbüros (Cluster 2). Schließlich gibt Tabelle 3.14 auch Hinweise darauf, daß im *Ruhestand* lebende Personen mit ihrer in der Regel bereits größeren Reiseerfahrung eher „fortlaufende" Informationsstrategien (Cluster 4) bevorzugen, mit Freunden und Automobilclubs (Cluster 5, 6) als „maßgebliche" Entscheidungshilfen.

Tabelle 3.15 veranschaulicht die Ergebnisse von einfachen Varianzanalysen (ANOVA). Sie zeigen, daß hinsichtlich der *Aufenthaltsdauer,* der Anzahl der *besuchten Destinationen und Sehenswürdigkeiten* sowie hinsichtlich der *Ausgaben für Vergnügen und Unterhaltung* statistisch signifikante Unterschiede bezüglich der Ausprägung der in der Clusteranalyse ermittelten Informationstypen bestehen, d.h., Struktur und Intensität der Such- und Entscheidungsprozesse werden von diesen Einflußfaktoren ebenfalls wesentlich beeinflußt.

Tabelle 3.14: Einflußfaktoren des Informationsverhaltens der Automobiltouristen in Florida I (nach: D. FODNESS; B. MURRAY, 1999)

Suchstrategie	Planungsperiode ($\chi^2 = 27{,}19$; $p < .007$)			Struktur der Urlaubsgruppe ($\chi^2 = 24{,}76$; $p < .016$)		
	kurz (Routineurlaub) (< 1 Monat)	eingeschränkt (1–6 Monate)	ausgedehnt (> 6 Monate)	Familie mit Kindern	Paare (ohne Kinder, nicht im Ruhestand)	Rentner
„Prepurchase Mix"	8,0	10,6	12,7	14,8	7,4	10,3
Reisebüro	7,2	8,0	7,6	3,0	13,1	6,7
persönliche Erfahrung	13,6	10,9	19,8	14,8	14,8	13,3
fortlaufende Information	2,4	5,3	5,1	3,7	2,8	5,9
Freunde und Verwandte	37,6	27,5	16,6	22,2	28,4	28,1
Automobilclub	18,4	23,9	30,0	25,2	17,1	28,5
Reisebüro	12,8	13,9	8,3	16,3	16,5	7,0

Tabelle 3.15: Einflußfaktoren des Informationsverhaltens der Automobiltouristen in Florida II (nach D. FODNESS; B. MURRAY, 1999)

Suchstrategie	Urlaubsdauer ($F = 2{,}44$; $p < .018$) (Nächte)	Zahl der besuchten Übernachtungsstandorte ($F = 3{,}62$; $p < .001$)	Zahl der besuchten Attraktionen ($F = 2{,}36$; $p < .022$)	Ausgaben für Vergnügen und Unterhaltung ($F = 3{,}17$; $p < .003$) (in Dollar)
„Prepurchase Mix"	18,4	2,4	1,8	167
Reisebüro	19,7	2,4	2,1	185
persönliche Erfahrung	23,7	1,8	1,3	139
fortlaufende Information	30,5	2,8	2,2	173
Freunde und Verwandte	17,7	2,0	1,4	105
Automobilclub	18,2	2,3	1,6	74
Reisebüro	9,5	1,8	1,4	109

Wie aus den im vorhergehenden Abschnitt dargestellten Analysen von touristischen Präferenzstrukturen lassen sich also auch aus den Untersuchungen zum Informations- und Entscheidungsverhalten wesentliche Erkenntnisse für die Gestaltung des Marketings von Reiseveranstaltern oder von Tourismusverbänden ableiten, etwa bezüglich des Einsatzes von Promotions- und Werbemaßnahmen. Auf immer engeren Märkten können sich durch eine entsprechende Anpassung der Verkaufsstrategien nicht unerhebliche Vorteile gegenüber der Konkurrenz ergeben.

3.5.4 Aktionsräumliches Verhalten

3.5.4.1 Lokale und regionale touristische Aktionsräume

Ein Beispiel für die Untersuchung der *Orientierungsprozesse* am Urlaubsstandort wurde bereits in Abschnitt 2.7 kurz dargestellt, nämlich die Analyse von D. J. WAL-MESLEY und J. JENKINS (1992) über die sukzessive Ausbildung des touristischen An-schauungsraumes in der australischen Küstenstadt Coffs Harbour, wo die Gäste etwa die Hälfte der von den Einheimischen registrierten „Merk- und Wahrzeichen" all-mählich ebenfalls kennenlernen. Über solche Orientierungsphasen, die besonders in den ersten Tagen des Aufenthaltes in der Urlaubsregion ablaufen, erschließen sich den Urlaubern allmählich die touristischen Pfade auf den verschiedenen Aktions-raumebenen („lokale", „regionale", „Landesebene") um den Standort des Urlaubs-quartiers.

Als Beispiel für die *empirische Erfassung von (lokalen und regionalen) Aktionsräumen* kann man etwa die Untersuchung von S. KUHN (1998) über das Gästeverhalten im bayerischen Naturpark Altmühltal verwenden. Die Grundlage dazu bildet eine Befra-gung von ca. 500 Urlaubern, von denen ca. 70 % auf einem „fixen" Bettenstandort ihr Quartier bezogen hatten, während sich die restlichen 30 % auf einer Rundreise mit mehreren Quartierstandorten befanden. Im Rahmen der Interviews wurden die be-fragten Personen gebeten, ihre jeweils am Vortag ausgeübten Aktivitäten zu beschrei-ben, inklusive der besuchten Orte und Sehenswürdigkeiten sowie der entsprechenden Aufenthaltszeiten. Aus diesem Datenbestand konnten für jede besuchte Gemeinde im Naturpark die Übernachtungsstandorte ihrer Besucher (in der Gemeinde selbst oder in ihrer engeren und weiteren Umgebung) erfaßt werden: Die entsprechende Matrix mit den „Besuchsorten" in den Spalten, den Bettenstandorten in den Zeilen und den Zahlen der Besuche (von den Gästen der Bettenstandorte in den „Besuchsorten") in den Matrixelementen bildete die Datenbasis für eine Faktorenanalyse. Es ergaben sich fünf Dimensionen (Faktoren), in denen *Bettenstandorte mit ähnlichen Aktionsräu-men* ihrer Gäste zusammengefaßt werden. Tabelle 3.16 enthält diese „Aktionsraum-faktoren" mit den Faktorenladungen der „Besuchsorte" ihres Einzugsbereiches.

Hier kann man erkennen, daß der Kernraum des Naturparkes – das Tal der Altmühl – von zwei signifikanten Aktionsräumen eingenommen wird (siehe Karte 3.1):

- Der Aktionsraum des *oberen Altmühltales* erstreckt sich von Treuchtlingen im Nordwesten bis nach Eichstätt und umfaßt auch noch die Gemeinden des *Frän-kischen Seenlandes* im Norden, als wichtige Etappenorte der Rundreisetouri-sten, in der Regel Radreisende, die von hier aus das Altmühltal befahren.
- Der Aktionsraum des *unteren Altmühltales* hat (siehe die Faktorenladungen) seine Schwerpunkte im Osten des Naturparkes mit den Gemeinden am Main-Donau-Kanal (Beilngries, Berching, Dietfurt, Riedenburg, Essing und Kelheim).

Tabelle 3.16: „Bettenstandorte" und ihre Aktionsräume im Naturpark Altmühltal (nach: S. KUHN, 1998)

„Bettenstandorte"	Aktionsräume (Faktoren)				
	oberes Altmühltal	Nebenorte im westlichen Naturpark	Nebenorte im mittleren Naturpark	mittleres Altmühltal/ Schwarzachtal	unteres Altmühltal
außerhalb, über 30 km	●				
außerhalb, unter 30 km	●				
Neues Fränkisches Seenland	●	+			
Weißenburg		⊙	⊙		
Berolzheim		○			
Treuchtlingen	⊙	⊙			
Monheim		●			
Pappenheim	●				
Solnhofen	⊙				
Mörnsheim	●				
Dollnstein	●				
Wellheim			○		
Schernfeld			+		
Titting			⊙		
Eichstätt	●				+
Walting	●				+
Kipfenberg				○	○
Kinding				⊙	○
Greding				⊙	+
Beilngries				+	●
Berching					●
Dietfurt					⊙
Riedenburg					●
Altmannstein				○	○
Essing					⊙
Kehlheim					●

Faktorenladungen: ● über 0,75;   ⊙ 0,60 bis 0,75;   ○ 0,45 bis 0,59;   + 0,30 bis 0,44

– Verbunden sind diese beiden touristischen Schwerpunktgebiete durch eine nur
schwach ausgeprägte aktionsräumliche Einheit: das *mittlere Altmühltal* mit dem
nördlichen Seitental der Schwarzach. Sie wird von den Gemeinden im Einzugsbereich der Autobahnzufahrt (A 9): „Altmühltal" gebildet (Kinding, Greding,
Kipfenberg).
– Die ebenfalls nur schwach ausgeprägten Aktionsräume der *Nebenorte im
westlichen und mittleren Naturpark* kennzeichnen die spärlichen und unterentwickelten sonstigen touristischen Ansatzpunkte abseits der Kernzone im
Altmühltal.

Karte 3.1: Aktionsräume der Touristen im Naturpark Altmühltal
(nach: S. KUHN, 1998)

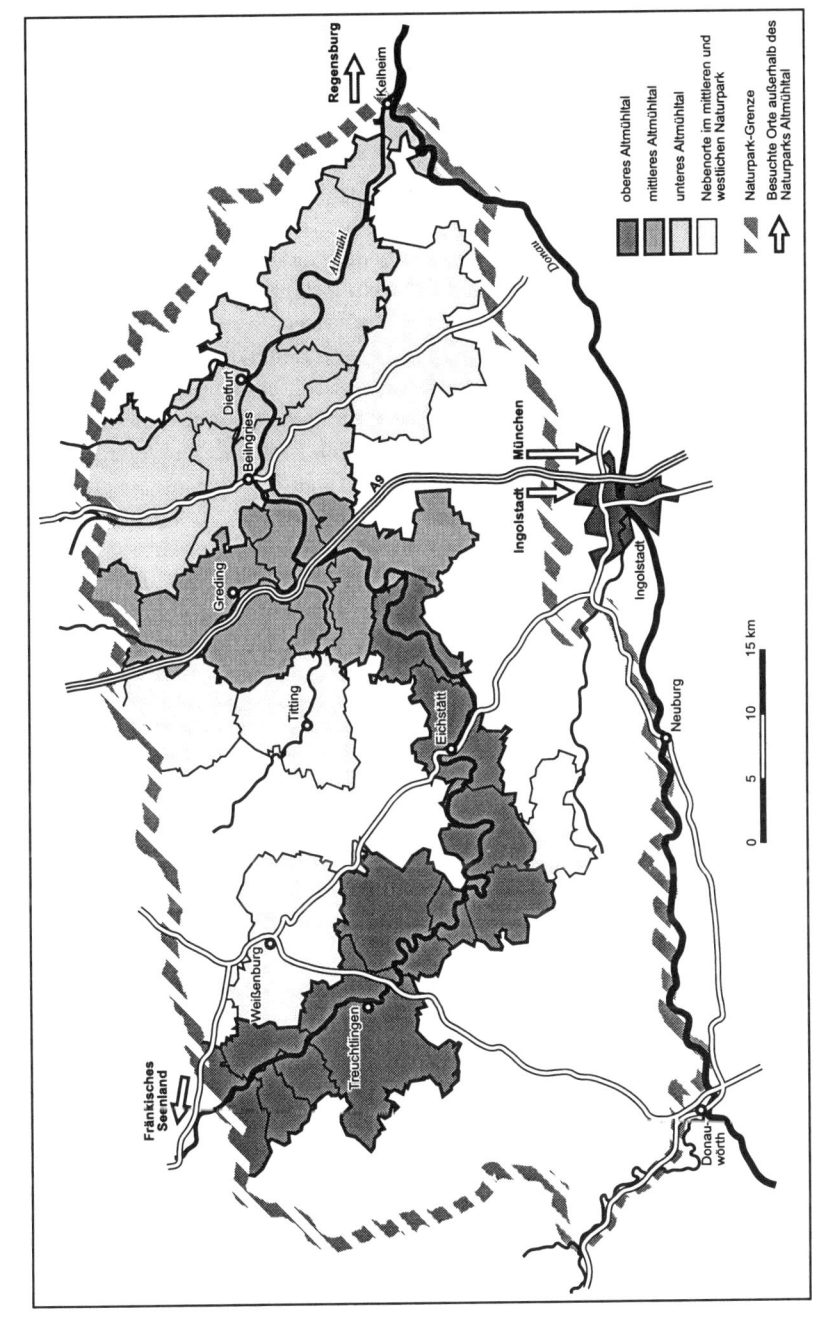

Für die *Tourismusplanung* im Naturpark Altmühltal sind die Erkenntnisse über
die aktionsräumlichen Strukturen nicht unerheblich: Obwohl die Angebote unter einer Dachmarke verkauft werden, legen die hier erfaßten Verhaltensmuster
eine Grundkonzeption nahe, die von zwei Schwerpunkträumen ausgeht. Dies
umso mehr, als in den beiden wichtigsten touristischen Aktionsräumen teilweise auch unterschiedliche Angebotsschwerpunkte bestehen: So bildet im *oberen
Altmühltal*, neben der Tallandschaft mit ihren natur- und kulturräumlichen Komponenten (siehe Abschnitt 2.6), besonders das „Erbe der Jurazeit" (Naturdenk-
mäler, Museen mit z.T. einmaligen Fossilienfunden, Steinbrüche, z.T. mit Möglichkeiten zum Fossiliensuchen) eine bedeutende touristische Attraktion. Diese
könnte noch viel mehr zu einer Profilierung (Unique Selling Position) unter den
vielen konkurrierender Regionen (die Radfahren, Wandern, Besichtigen und z.T.
auch Baden ebenfalls als Hauptaktivitäten anbieten) beitragen. Hingegen bilden
im *unteren Altmühltal* der viel breitere, seit seiner Bauphase durch diverse Ge-
staltungs- und Begrünungsmaßnahmen einigermaßen in seine Umgebung integrierte Main-Donau-Kanal, sowie die höhern, steileren und felsigeren Talhänge
die wichtigen Komponenten eines noch attraktiveren Landschaftsbildes („mythisch-verklärende Perspektive", siehe Abschnitt 2.6). Außerdem stellen hier die
Flußschiffahrt und die teilweise touristisch genutzten Burgen und Schlösser
weitere attraktive Angebotselemente dar. Auch auf dieser Basis ließe sich ein
teilweise eigenständiges Konzept entwickeln, so daß man durch Planungs- und
Vernetzungsmaßnahmen die Besonderheiten der beiden Aktionsräume noch verstärken und durch eine entsprechende Werbung (besonders ausgerichtet auf
Kurzurlaube und Tagesausflüge aus den benachbarten Agglomerationen) bekannt
machen könnte. In einem solchen Konzept bildet der Radtourismus einen integrierten Faktor, da er von der gesteigerten Attraktivität beider Aktionsräume
profitieren kann (siehe: J. STEINBACH, A. HOLZHAUSER u.a., 2002).

Hinweise darauf, daß die Aktionsräume von den Urlaubern – wenigstens teilweise
– auch unterschiedlich genutzt werden, gibt eine von S. KUHN (1998) durchgeführte Analyse der räumlichen Verbreitung von *Urlaubertypen nach ihren Urlaubsstilen und Aktivitätenmustern* (Tabelle 3.17): Hier zeigt es sich, daß die *Rad-
und Kultururlauber* mehr oder minder gleichmäßig auf die Gemeinden der beiden
Hauptaktionsräume verteilt sind. Da in der vorliegenden Analyse die Dauer- und
Rundreiseurlauber zusammengefaßt werden, kombinieren sich diese beiden Aktivitätenkategorien. Für die Dauergäste trifft dies wohl auch zu, weniger hingegen
für diejenigen Radtouristen, welche sich auf einer Rundreise befinden und daher
sehr viel weniger Zeit für den Kulturkonsum aufwenden. Relativ gleichmäßig verteilt sind auch die *Boot- und Paddelurlauber*, während sich die *Wasser(=Bade)-
Urlauber* im Fränkischen Seenland sowie z.T. im anschließenden oberen Altmühltal konzentrieren, die *Wanderurlauber* eher den unteren und den mittleren Talbe-
reich bevorzugen und die *Erholungsurlauber* tendenziell in den Nebenlagen anzutreffen sind.

Tabelle 3.17: Verbreitung der Urlaubertypen in den Aktionsräumen des Naturparks Altmühltal (nach: S. KUHN, 1998)

„Bettenstandorte" und ihre Aktionsräume	Verbreitung der Urlaubertypen					
	Kultur- und Radurlauber	Wander- urlauber	„Wasser"- urlauber	Erholungs- urlauber	Rad- und Paddel- urlauber	Mischtyp
Fränkisches Seenland (A1)	⊙	– –	•	–	–	o
Gunzenhausen (A1)	–	o	•	–	– –	– –
Treuchtlingen (A1)	⊙	–	⊙	o	–	⊙
Pappenheim (A1)	o	–	⊙	o	⊙	o
Solnhofen (A1)	o	–	o	•	o	o
Mörnsheim (A1)	•	–	o	–	o	⊙
Dollnstein (A1)	⊙	o	o	o	o	–
Eichstätt (A1)	•	– –	o	⊙	o	⊙
Walting (A1)	o	–	•	–	–	o
Kipfenberg (A2)	o	o	o	o	•	o
Kinding (A2)	o	–	o	⊙	o	o
Greding (A2)	⊙	•	–	o	o	– –
Beilngries (A3)	⊙	⊙	–	–	o	o
Berching (A3)	⊙	⊙	– –	–	•	⊙
Dietfurt (A3)	o	o	o	–	⊙	⊙
Riedenburg (A3)	⊙	⊙	o	o	o	–
Essing (A3)	o	o	•	–	– –	o
Kelheim (A3)	o	⊙	o	–	– –	⊙
Weißenburg (N1)	–	– –	–	•	•	⊙
Berolzheim (N1)	⊙	–	•	–	– –	– –
Wellheim (N2)	•	–	– –	•	– –	– –
Titting (N2)	–	•	o	–	o	– –
Altmannstein (N2)	– –	•	– –	–	– –	– –
Thalmässing (N2)	– –	•	– –	–	– –	– –
Mittelwert insgesamt	29,5	24,0	20,9	9,0	7,0	9,6

Verbreitungsstufen: • stark überdurchschnittlich   ⊙ überdurchschnittlich   o durchschnittlich
– unterdurchschnittlich   – – stark unterdurchschnittlich

Aktionsräume: A1 oberes Altmühltal   A2 mittleres Altmühltal   A3 unteres Altmühltal
N1 Nebenorte im westlichen Naturpark   N2 Nebenorte im mittleren Naturpark

3.5.4.2   Freizeitbezogene Aktionsräume im Wohnumfeld

Ein alternativer Ansatz zur Erfassung von Aktionsräumen sowie zur Typisierung von Nachfragergruppen nach ihren aktionsraumlichen Verhaltensmustern wurde von D. LEINOR (1996) entwickelt. Die Untersuchung bezieht sich auf die Erholung im Wohnumfeld (untersucht wurde ein Sample von ca. 300 Bewohnern in drei Gemeinden des Umlandes von München), jedoch läßt sich die hier entwickelte Methode zur Ermittlung eines *Freizeitindikators* analog auch im Tourismusbereich anwenden.

Die Grundlage zur Berechnung des Indikators bildet die Frage nach den *Nutzungshäufigkeiten* (Aktivitäten der Naherholung) von Freiflächen (Parkanlagen; Gewässer, bes. Seen; Wälder; landwirtschaftliche Flächen) in den Aktionsräumen der Wohnstandorte. Zunächst wurden aus den Antwortenkategorien der Befragung Annahmen bezüglich der Zahl der jährlichen Nutzungen einer Freifläche getroffen:

Antwortkategorie bezüglich der Besuchshäufigkeiten	Zahl der angenommenen jährlichen Nutzungen
nie	0
gelegentlich	2
1 bis 4 mal im Monat	30
mehrmals wöchentlich	180

Bei jahreszeitlich beschränkten Nutzungsmöglichkeiten mußte man die so erhaltenen Werte mit einem Abminderungsfaktor (0,25 für jede „nutzbare" Jahreszeit) multiplizieren.

Diese Kennzahlen, welche nun die jährliche *Benutzungshäufigkeit* einer Fläche durch eine befragte Person bemessen, wurden in weiteren Schritten so modifiziert, daß auch noch die entsprechende *Aufenthaltsdauer* Berücksichtigung findet: Dazu dienten Angaben über die *durchschnittlichen* Besuchszeiten der betreffenden Flächenkategorien an Werktagen sowie zum Wochenende als weitere Gewichtungsfaktoren. Als Summe der so gewichteten Zahl der jährlichen Nutzungen über alle von einem Befragten angegebenen Flächen erhält man den *personenbezogenen Freizeitindikator*, einen Schätzwert der Jahresaufenthaltsdauer der betrachteten Person im Erholungsraum des Wohnstandortes. Er bildet die Basis für den Vergleich des Freizeitverhaltens und der Nutzung von Freizeitflächen zwischen Nachfragergruppen.

Neben dem personenbezogenen wurde aber auch noch ein *flächenbezogener Freizeitindikator* ermittelt, und zwar durch die Summierung der Schätzwerte für die Jahresaufenthaltsdauer aller jener Personen, die eine bestimmte Freifläche im Einzugsbereich ihrer Wohnstandorte nachfragen. Damit läßt sich die Bedeutung der Freizeitstandorte einer Region vergleichen und bewerten.

Abbildung 3.14 veranschaulicht einen solchen *Vergleich der verschiedenen Kategorien von Freiflächen* in den drei Münchner Umlandgemeinden Kirchheim, Unterhaching und Karlsfeld. Hier wurden die flächenspezifischen Freizeitindikatoren zum besserem Vergleich normiert (Durchschnittswert über alle untersuchten Freiflächen = 1,00). Deutlich lassen sich fünf Stufen nach der Attraktivität der Freiflächen unterscheiden, wobei vor allem die Badeseen in der Spitzengruppe liegen. Karte 3.2 zeigt beispielhaft die *Situation in der Gemeinde Kirchheim*: Hier kennzeichnen die Flächensignaturen die verschiedenen Nutzungstypen (sie werden zusätzlich noch in „Wertstufen" nach der landschaftlichen Attraktivität untergliedert), während die Punktsignaturen die Ausprägung der jeweiligen flächenbezogenen Freizeitindikatoren veranschaulichen.

Abbildung 3.14: Freizeitindikatoren für die Freiflächen in drei Münchner Umlandgemeinden (nach: D. LEINOR, 1996)

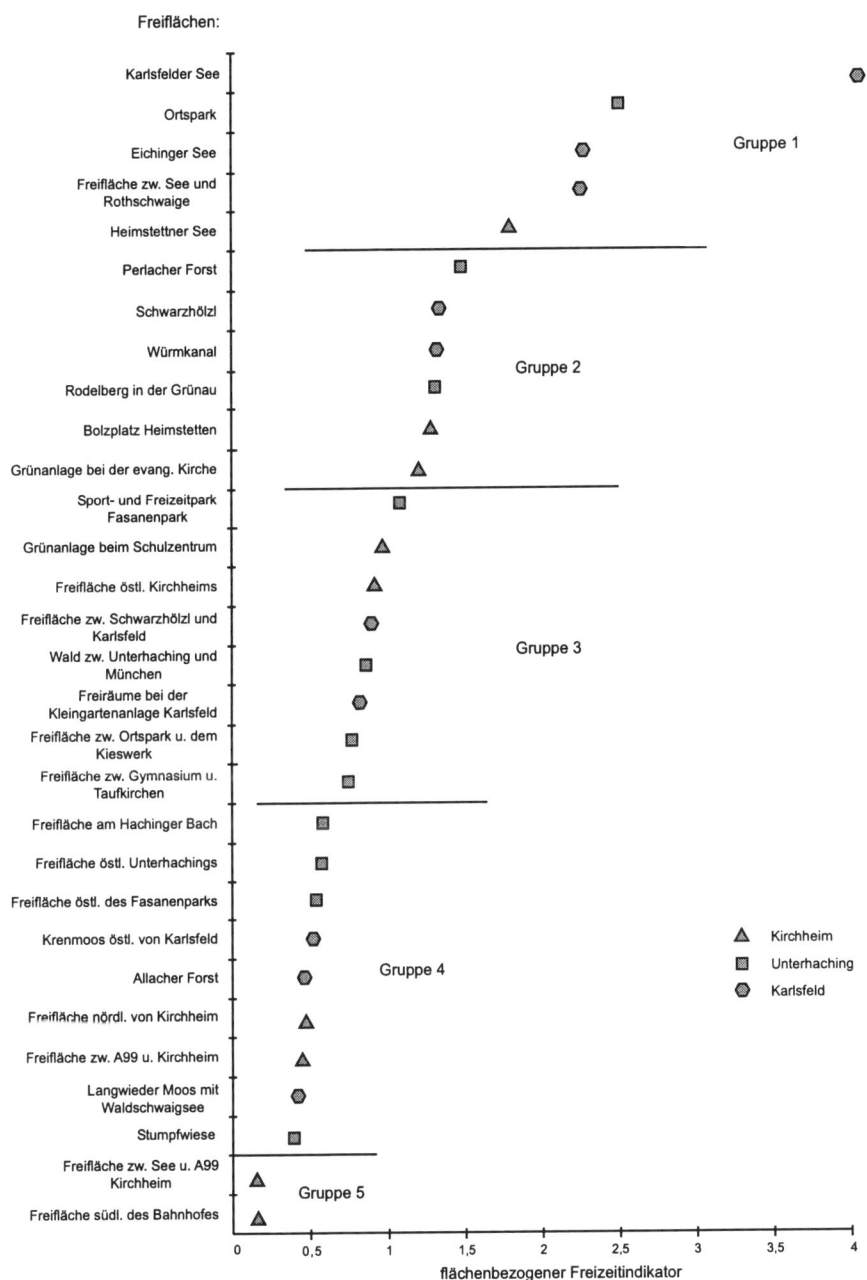

Karte 3.2:   Freiflächen und ihre Freizeitindikatoren in der Münchner Um-
              landgemeinde Kirchheim (nach: D. LEINOR, 1996)

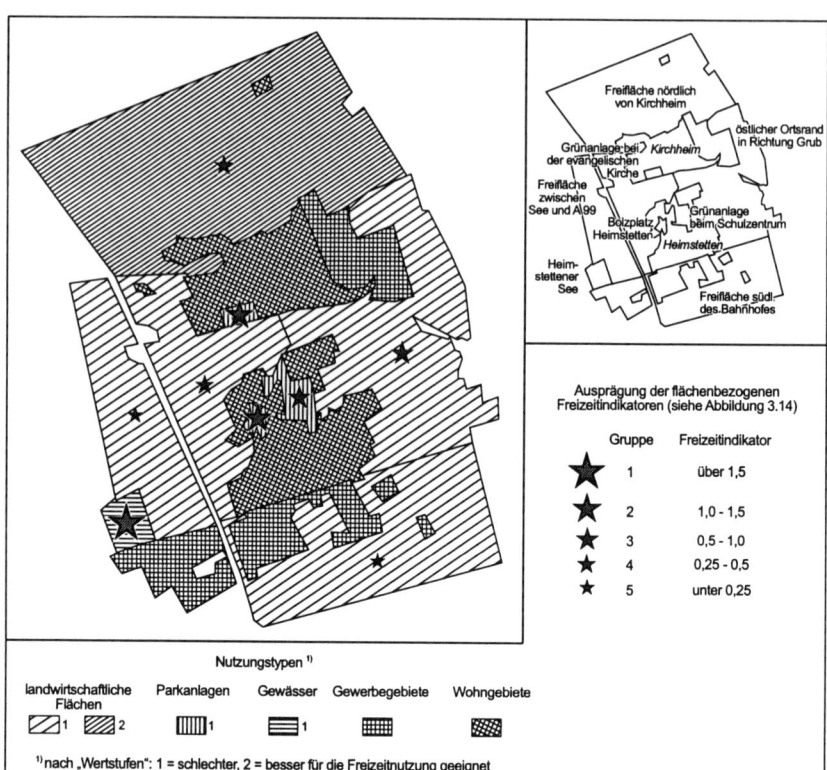

Schließlich sind in Abbildung 3.15 verschiedene durchschnittliche Ausprägungsformen des *personenbezogenen Freizeitindikators* dargestellt, wobei auch
statistisch signifikante Unterschiede deutlich werden: Es zeigt sich die Bedeutung von demographischen und sozioökonomischen Merkmalen der Nutzer
von Freizeitflächen, von denen nicht nur die Häufigkeit der Nachfrage abhängt,
sondern auch die „Distanzsensibilität" bezüglich der Freizeitaktivitäten im
Wohnumfeld.

Die beiden, hier als exemplarische Beispiele kurz dargestellten Analysen sollen – ebenso
wie die in Abschnitt 2.2 enthaltenen Untersuchungen zum Regensburger Städtetourismus – die Bedeutung von aktionsräumlichen Ansätzen in der Tourismusforschung
aufzeigen. Nur unter Anwendung derartiger Methoden ist es überhaupt möglich, die
tatsächlich relevanten touristischen Angebotsstrukturen in einer Region zu erfassen,
sowie das Ausmaß ihrer Inanspruchnahme durch die Urlaubsgäste.

Abbildung 3.15: **Personenbezogener Freizeitindikator in drei Münchner Umlandgemeinden (nach: D. LEINOR, 2000)**

Altersgruppe: unter 55 Jahre

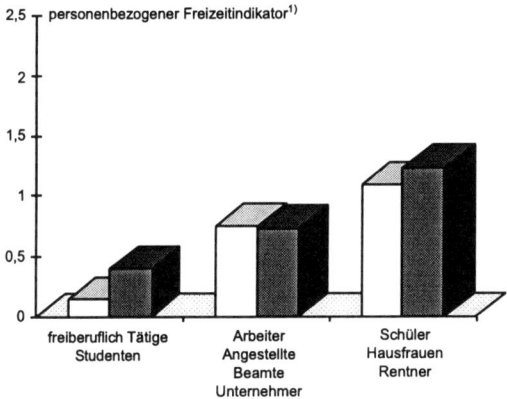

Altersgruppe: über 55 Jahre

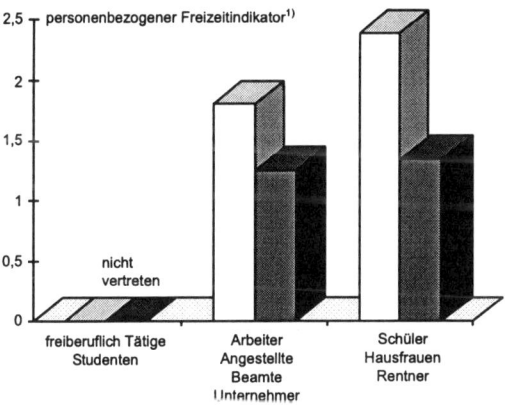

Interaktionsaufwände von den Wohnstandorten
zu den Freizeitflächen:

☐ unter 1.000 Meter

■ über 1.000 Meter

[1] Durchschnittswert über alle befragten Personen = 1,0

3.5.5   Zufriedenheitsstrukturen

3.5.5.1   Grundansätze

Im „Verhaltensmodell der Nachfrager im Tourismus" resultieren Gewinne und/oder Verluste an Humankapital als wesentlicher Output aus den räumlich-zeitlichen Aktivitätenmustern, welche auf den verschiedenen Ebenen touristischer Aktionsräume ablaufen (siehe Abbildung 3.4). Ebenso wird eine (vorläufige) Bilanz der Urlaubszufriedenheit gezogen, welcher das sog. Erwartungs-Erfüllungsmodell (siehe Abschnitt 3.4.5) zugrunde liegt. Die Methoden zur Messung der Urlaubszufriedenheit bauen auf diesen theoretischen Konzepten auf. Entsprechend den grundsätzlichen Möglichkeiten zur Definition und Erfassung von in den touristischen Behavior Settings erbrachten Dienstleistungen (siehe Abschnitt 2.3.2) kann die Messung von Zufriedenheitsstrukturen nach den Prinzipien der „Ergebnisorientierung" und der „Ereignis-(Prozeß-)orientierung" erfolgen (T. Bezold, 1998):

1) Auf der Perspektive der „Ergebnisorientierung" beruht der sog. *merkmalsbezogene Ansatz*. Hier geht man von der Grundvorstellung aus, daß die Touristen die verschiedenen Komponenten einer Dienstleistung – bezogen meist sowohl auf Elemente des Sachsystems (etwa die Ausstattungselemente einer Thermenanlage), als auch auf das Verhalten von Personen (etwa die Betreuung durch das Personal der Thermenanlage) – zunächst einzeln bewerten und aus diesen merkmalsbezogenen Teilzufriedenheiten *nach dem Ende des Dienstleistungskonsums ein Urteil über die Gesamtzufriedenheit* ableiten.

2) Dem gegenüber steht bei dem aus der zweiten Perspektive abgeleiteten *ereignisbezogenen Ansatz* der Dienstleistungsprozeß im Mittelpunkt des Interesses: Es wird davon ausgegangen, daß im Rahmen der *Dienstleistungsketten* (als aufeinanderfolgende Interaktionen und Kontakte mit materiellen und personellen „Angeboten") Episodenzufriedenheiten entstehen. Diese sind aber (wie beim merkmalsorientierten Ansatz) keine „statischen" Größen, die man am Ende der Konsumation gegeneinander aufrechnen kann. Beim ereignisbezogenen Ansatz wird in Rechnung gestellt, daß die zeitlich jeweils vorgelagerten positiven oder negativen Qualitätserlebnisse die Wahrnehmung und Beurteilung der nachfolgenden Episoden der Dienstleistung entscheidend beeinflussen (B. Stauss, B. Weinlich, 1996). Daher ist es vor allem wichtig, diejenigen *kritischen Ereignisse* im Rahmen einer Dienstleistungskette zu identifizieren, welche (im positiven oder negativen Sinn) nachhaltig auf das Gesamterlebnis (die Gesamtbeurteilung) einwirken.

Beide Grundansätze zur empirischen Erfassung der Kundenzufriedenheit werden derzeit mehr oder minder alternativ angewendet, ohne daß sich einer davon bisher als besonders überlegen erwiesen hat (M. Fuchs, K. Weiermair, 1998). Man kann wohl durchaus auch das Argument vertreten, daß die Verfahren einander ergänzen: Der merkmalsorientierte Ansatz eignet sich eher zur Bewertung der Rahmenbedingungen von Dienstleistungsaktivitäten (etwa der Ausstattung und des Serviceangebotes von touristischen Aktionsräumen), während mit Hilfe des ereignisorientierten Ansatzes der konkrete Ablauf von Dienstleistungsprozessen innerhalb dieser Strukturen bewertet werden kann.

3.5.5.2   Merkmalsbezogene Messung

Hier kommen zumeist sog. *„kompositionelle" Verfahren* zum Einsatz, in deren Rahmen die befragten Kunden ausgewählte Qualitätsmerkmale der analysierten Dienstleistungsketten bewerten. Diese Einzelbewertungen werden dann zu einem Gesamturteil zusammengefaßt. Bei den *„dekompositionellen" Verfahren* vermeidet man hingegen direkte Fragen nach der Bewertung oder nach der generellen Bedeutung von Dienstleistungselementen. Die befragten Kunden sollen hier verschiedene Angebotskonfigurationen vergleichen und in eine Präferenzreihenfolge bringen (Conjoint Measurement; T. BEZOLD, 1998).

Die „kompositionellen" Verfahren der merkmalsorientierten Qualitätsmessung werden zumeist als sog. *„kompensatorische" Modelle* konzipiert, d.h., man geht davon aus, daß eine schlechte Qualitätsbeurteilung eines Merkmals durch andere, günstigere Bewertungen aufgewogen wird (während bei den „nicht kompensatorischen" Modellen positive Gesamtbewertungen nur dann möglich sind, wenn die einzelnen Beurteilungen der Elemente einer Dienstleistungskette bestimmte minimale Niveaus nicht unterschreiten; T. BEZOLD, 1998).

Als Beispiele für „kompositionelle" und „kompensatorische" merkmalsorientierte Verfahren, in deren Rahmen Kundenzufriedenheit und Dienstleistungsqualität als Ergebnisse eines Vergleichsprozesses zwischen erwarteter und tatsächlicher Leistung erfaßt werden, können die sog. „Wert-Erwartungsanalyse" und der „SERVQUAL-Ansatz" aus der Tourismusforschung genannt werden.

Die *Wert-Erwartungsanalyse* wurde in den sechziger Jahren von mathematisch-statistisch orientierten Psychologen entwickelt und seit den siebziger Jahren in die Konsumforschung eingeführt (M. FISHBEIN, 1967; B. CARMICHAEL, 1992). Der Grundansatz geht davon aus, daß die Qualitätserlebnisse der Kunden durch eine multiplikative Verknüpfung der kognitiven Einflußfaktoren (= Vergleichsstandards, Anspruchsniveaus) mit den effektiven Einflußfaktoren (= Wahrnehmung der Qualität einer beanspruchten Leistung) abzubilden sind, wobei sich die Einschätzungen der einzelnen Elemente einer Dienstleistungskette zu einem Gesamtnutzen (einer Gesamtqualität) summieren (F. SALEH, C. RYAN, 1992):

$$A_j = \sum_n B_i\, a_{ij}$$

A_j Gesamtbewertung (individueller Nutzen) des Angebotes einer Dienstleistungskette (z.B. einer Tourismusregion) j über alle einzelnen (materiellen und personellen) Angebotselemente: i = 1 bis n

B$_i$ generelle Bedeutung (Anspruch, Wunsch), die einem Angebotselement i im Rahmen der untersuchten Dienstleistungskette beigemessen wird (z.B. Erwartung bezüglich des Angebots an Skipisten in einer Wintersportregion) = kognitiver Einfluß

a$_{ij}$ spezielle Bedeutung (Wahrnehmung der Qualität, Zufriedenheit) eines Angebotselementes i im Rahmen der Dienstleistungskette j = affektiver Einfluß

n   Anzahl der Angebotselemente i einer Dienstleistungskette j.

Die kognitiven und affektiven Bewertungen werden als *„offenbarte Präferenzen"* durch die Befragung der Kunden der untersuchten Dienstleistungseinrichtungen ermittelt, zumeist jeweils über eine *fünfstufige Skala*, wobei die generelle Bedeutung mit 1 = „sehr wichtig" bis 5 = „sehr unwichtig" bewertet wird, die Qualitätswahrnehmung des untersuchten Angebotselementes mit 1 = „sehr zufrieden" bis 5 = „sehr unzufrieden". Aus dem Vergleich der Gesamtbewertungen für eine Anzahl von Dienstleistungsketten ein und desselben Grundtyps (z.B. Tourismusregionen, Geschäftszentren) ergibt sich eine *Reihung der Angebote nach den Qualitätsbewertungen* ihrer Nachfrager.

Während also die Wert-Erwartungsanalyse von einer multiplikativen Verknüpfung der Bewertungen der Wichtigkeit und der Zufriedenheit ausgeht, orientiert sich der *SERV-QUAL-Ansatz* (V. A. ZEITHAML, A. PARASURAMAN, L. L. BERRY, 1992) an einem subtraktiven Verfahren: Die Qualität von Dienstleistungen soll anhand von „perceptions-minus-expectations measures of service quality" meßbar gemacht werden (M. FUCHS; K. WEIERMAIR, 1998). Dazu gehen die Autoren des SERVQUAL-Modells von zehn (später fünf) *standardisierten Qualitätsdimensionen* aus (wie: Zugangsmöglichkeit, Kommunikation/Information, Kompetenz, Höflichkeit, Zuverlässigkeit, Sicherheit, Kenntnis/Verständnis der Kunden), für die, wieder nach einer fünf-Punkte-Notenskala, die Meinungen der Nutzer der verglichenen Dienstleistungseinrichtungen zu ihrer „Wichtigkeit" und „Zufriedenheit" erhoben werden. Zusätzlich müssen die interviewten Kunden noch ein gesamtes Qualitätsurteil (wieder in Zufriedenheitsnoten von 1 bis 5) über ihren Gesamteindruck der beanspruchten Dienstleistungskette abgeben. Dieses *„Finalurteil"* soll nach der Empfehlung der Autoren als abhängige Variable einer multiplen Regressionsanalyse (über die gesamten befragten Personen der Erhebung) dienen, mit den „Erfüllungsgraden" (= „Wichtigkeit" minus „Zufriedenheit") der Qualitätsdimensionen als Einflußgrößen. Die in diesem Verfahren ermittelten partiellen Regressionskoeffizienten der Qualitätsdimensionen stellen dann die *Gewichte* dar, welche den Einfluß der einzelnen Qualitätselemente auf die Gesamtbeurteilung bemessen. Sie bilden Indikatoren bezüglich der *subjektiven Bedeutung* der Qualitätsdimensionen und sollen in die Summenbildung zur Ermittlung einer gesamten Qualitätskennzahl für jede untersuchte Dienstleistungskette als Gewichtungsfaktoren der Einzelnoten für die Qualitätsdimensionen eingehen. Mit diesen Gesamtkennzahlen können die untersuchten Dienstleistungsketten oder Dienstleistungsangebote – wie im Fall der Wert-Erwartungsanalyse – wieder in eine *Rangfolge nach der Kundenbewertung* gereiht werden.

Wegen der viel zu vereinfachten empirischen Abbildung der Relation zwischen den Einzel- und Gesamtbewertungen der Dienstleistungselemente führt dieses skizzierte

Verfahren in der Regel zu keinen plausiblen und statistisch signifikanten Ergebnissen. Es fehlen die theoretischen Konzepte zur Darstellung solcher komplexer Zusammenhänge. Hier kann man auch durchaus darüber diskutieren, ob die befragten Personen überhaupt so rational agieren, daß sich wirklich ein statistisch nachvollziehbarer Zusammenhang zwischen individuellen Teil- und Gesamturteilen herstellen läßt.

An Hand dieser beispielhaften Beschreibung von merkmalsbezogenen Verfahren zur Messung der Kundenzufriedenheit wird eines ihrer zentralen Probleme recht deutlich: die *Festlegung der Modellarithmetik*, besonders 1) der *Verknüpfungsregel* von Bedeutungs- und Eindruckskomponente, 2) der *Aggregationsregel* zur Bildung eines Globalwertes der Dienstleistungsqualität sowie 3) der *Gewichtungsregel* zur eventuellen Berücksichtigung der unterschiedlichen subjektiven Bewertungen der Einzelelemente von Dienstleistungsketten. „Zum Beispiel impliziert die Additivität der einzelnen Qualitätsmerkmale zur Bildung des Globalwertes eine isolierte Wirkung der einzelnen Qualitätsmerkmale, die Linearität zwischen Teil- und Gesamturteil unterstellt proportionale Änderungen, und die Kompensationsannahme zwischen einzelnen Qualitätsmerkmalen unterschlägt den häufigsten Fall, daß Mindestanforderungen an die einzelnen Qualitätsmerkmale vorliegen" (T. BEZOLD, 1998, S. 27). Daher sind die Gesamtindikatoren der merkmalsbezogenen Zufriedenheitsmessung in der Regel durch einen sehr hohen Abstraktionsgrad gekennzeichnet, nicht eindeutig interpretierbar und somit nur begrenzt planungsrelevant. Dies gilt allerdings nicht so sehr für die *Ebene der Teilurteile*, auf der sehr wohl konkrete, dienstleistungsbezogene Stärken-Schwächen-Profile abgeleitet werden können.

Neben der Modellarithmetik ergeben sich bei der empirischen Umsetzung der Verfahren weitere Probleme, etwa bezüglich der *Auswahl der Befragungsmerkmale*: Oft sind schon a priori konkrete Vorstellungen über die relevanten Qualitätsmerkmale einer Dienstleistungskette notwendig. Meist erfordert die begrenzte Bereitschaft der interviewten Kunden zur Beantwortung eines umfangreichen Fragenkataloges bedeutendere Abstriche, die sich später als problematisch erweisen können. Schwierig ist etwa auch die *Gestaltung und Anordnung der Merkmale im Fragebogen*: Vor allem bezüglich der Fragestellung nach der Qualitätswahrnehmung besteht in der Konsumforschung keine einheitliche Auffassung. Auch die Anordnung und Erklärung (der inhaltlich sehr ähnlichen) Fragen nach der Bedeutungs- bzw. der Eindruckskomponente muß sehr genau überlegt werden.

Zufriedenheit mit den Einrichtungen des kulturellen, Unterhaltungs- und gastronomischen Bereichs:

Wegen ihrer erhebungstechnischen Umsetzungsvorteile (weitgehend standardisierte Fragen), ihrer klaren Trennung in Bewertungs- und Erfahrungskomponente und ihrer Eignung für ein breites Spektrum unterschiedlichster Dienstleistungsangebote hat sich die merkmalsorientierte Messung von Dienstleistungsqualität in einer Reihe von Analysen durchaus bewährt. Als Beispiel einer solchen Untersuchung, die sich wegen der dargestellten Aggregationsprobleme auf die Ebene der Teilurteile beschränkt, wird hier

Abbildung 3.16: Wünsche und Zufriedenheit der Touristen im Füssener Land
bezüglich des Kultur-, Unterhaltungs- und gastronomischen
Angebotes (nach: J. STEINBACH; K. SCHLÜTER u.a., 1995)

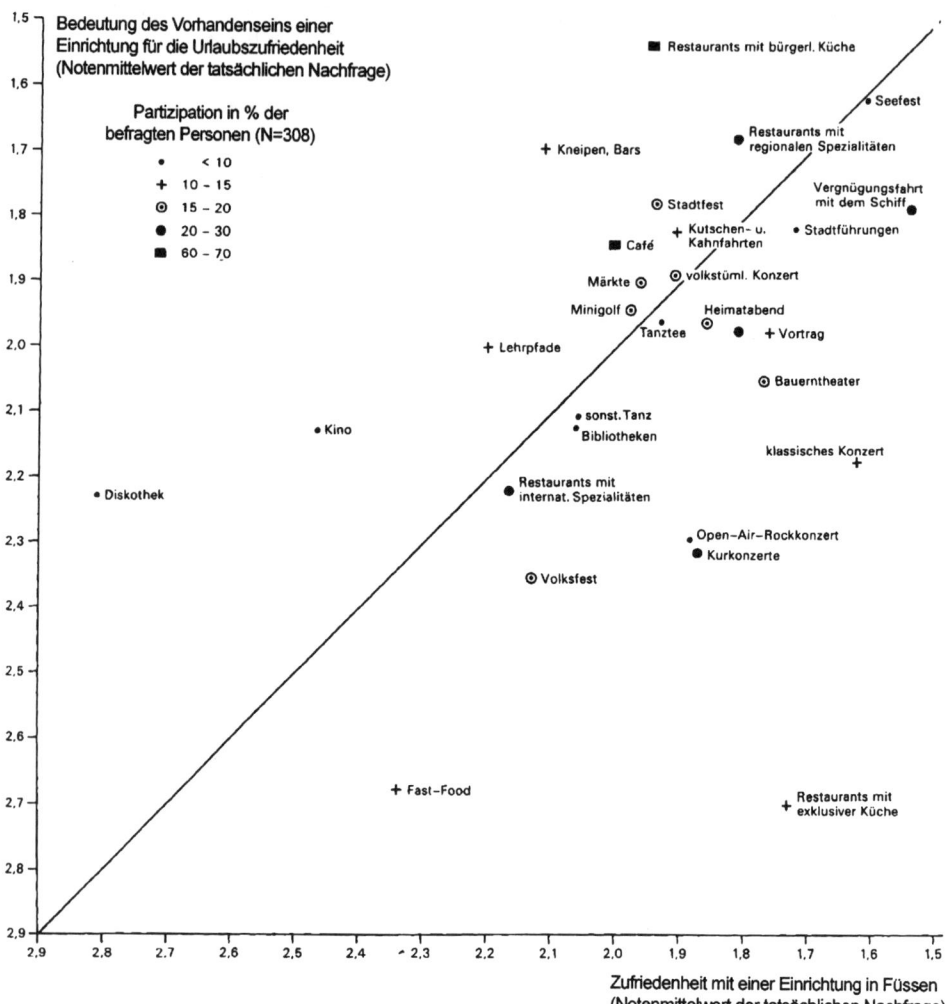

Zufriedenheit mit einer Einrichtung in Füssen
(Notenmittelwert der tatsächlichen Nachfrage)

zunächst auf die *Zufriedenheitsstrukturen der Urlaubsgäste im Füssener Land* eingegangen (J. STEINBACH, K. SCHLÜTER u.a., 1995), deren Anspruchsniveaus und kulturelle Grundausrichtungen bereits oben (siehe Abschnitt 3.5.2) dargestellt wurden (siehe besonders die Abbildung 3.7 mit der durchschnittlichen – d.h., über alle 330 befragten Urlaubsgäste ermittelten – Präferenzordnung zweiter Stufe). In Abbildung 3.16 sind nun diesen *Wunschniveaus* bezüglich der Inanspruchnahme von Behavior Settings des Kultur-, Unterhaltungs- und gastronomischen Bereiches (gemessen auf der senkrechten y-Achse des Diagramms) die entsprechenden *Zufriedenheitsniveaus* (gemessen auf der waagrechten x-Achse) gegenübergestellt: Für Angebotselemente, die an der 45-Grad Geraden liegen, entsprechen Wunschintensität und Zufriedenheit einander weitgehend. Befindet sich eine Signatur deutlicher links („oberhalb") der 45-Grad-Gerade, so wird die subjektive Wichtigkeit eines Behavior Settings höher bewertet als die Zufriedenheit mit der Partizipation an dieser Einrichung in Füssen. Im Fall der umgekehrten Konstellation (d.h., die Signaturen liegen rechts oder „unterhalb" der Gleichverteilungsgerade) übersteigen die Zufriedenheitsgrade die Wunschintensitäten. So werden die Stärken und Schwächen der untersuchten touristischen Angebote im Füssener Land deutlich.

Bezüglich der *Schwächen* ist vor allem die Unzufriedenheit mit den wichtigsten Elementen des gastronomischen Angebotes zu erkennen (besonders: Restaurants mit bürgerlicher Küche, abgeschwächt auch: Restaurants mit regionalen Spezialitäten und Cafés/Konditoreien), die für praktisch alle Nachfragegruppen „lexikographische" Bedürfniskomplexe darstellen. Daher sind hier Verbesserungen dringend anzustreben. Die größten Abweichungen zwischen den Wunsch- und Zufriedenheitsniveaus ergeben sich für: Kneipen/Bars und Discotheken. Beide Angebotselemente rangieren zwar in der allgemeinen Präferenzordnung weit hinten, rücken aber bei den 20 – 40jährigen, das sind die Hauptnachfrager nach der „Popkultur" (siehe Abschnitt 3.5.2), in das Mittelfeld auf. Angesichts des absehbaren Generationswechsels der Urlaubsgäste muß hier die Attraktivität erhöht werden. Schließlich erreichen auch einige andere, nach den Wunschintensitäten wichtige Angebote nicht ganz die entsprechenden Zufriedenheitsniveaus. Es sind dies vor allem die Attraktionen: Stadtfeste und Märkte, die sich ebenfalls bei den Gästegruppen jüngeren und mittleren Alters größerer Beliebtheit erfreuen.

Zu den besonderen *Stärken* des Füssener Angebotes zählen vor allem die Konzerte, wobei das gesamte Spektrum (klassische Konzerte, Open Air-, Rockkonzerte und Kurkonzerte) durch deutlich über den Wunschniveaus liegende Zufriedenheitswerte gekennzeichnet ist. Somit sind die Ansprüche der Angehörigen aller drei kultureller Bedürfniskomplexe (traditionelle, volkstümliche und Popkultur) hier gut erfüllt. Weitere Angebotselemente, für die eine günstige Zufriedenheitskonstellation ebenfalls zutrifft, sind (siehe Abbildung 3.16): Teile des folkloristischen Bereiches (Bauerntheater, Heimatabend, Volksfest), weiters die traditionellen Kulturangebote: Museen, Ausstellungen und Stadtführungen sowie der Unterhaltungsbereich (Vergnügungsfahrten mit dem Schiff) und schließlich auch das „obere" (Restaurants mit exklusiver Küche) bzw. das „untere" Ende (Fast Food) des Gastronomiespektrums.

Somit ergibt sich aus der merkmalsorientierten Zufriedenheitsmessung ein *Stärken-Schwächen-Profil* des Kultur-, Unterhaltungs- und gastronomischen Angebotes, das eher den Ansprüchen der konservativen (älteren) Nachfragergruppen gerecht wird: Besonders nachgefragte Elemente aus den Bedürfniskomplexen der volkstümlichen und der traditionellen Kultur werden günstig bewertet. Bedeutendere Zufriedenheitsdefizite bestehen hingegen bei wichtigen kulturübergreifenden Funktionen des gastronomischen Sektors sowie bei den Angeboten der Popkultur.

Abbildung 3.17: Wünsche und Zufriedenheit bezüglich länderkundlicher
Informationen in Reiseführern: uninteressierte Nachfrager
(nach: P. KLEIN, 2000)

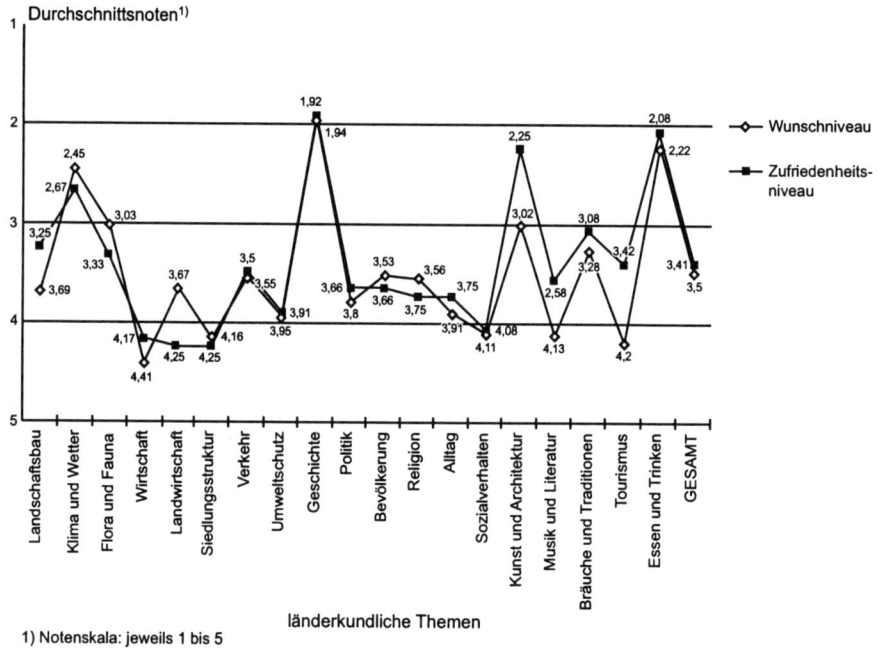

1) Notenskala: jeweils 1 bis 5

Zufriedenheit mit den länderkundlichen Inhalten von Reiseführern:

Eine merkmalsbezogene Zufriedenheitsanalyse hat auch P. KLEIN (2000) im Rahmen
seiner Studie über die *Bedeutung von länderkundlichen Informationen in Reiseführern*
durchgeführt. Die wichtigsten Ergebnisse kann man in den Abbildungen 3.17 bis 3.20
erkennen. Hier sind die durchschnittlichen Wunschniveaus bezüglich der verschiedenen
Kategorien von länderkundlichen Informationen der Nachfrager nach Reiseführern (erhoben beim Kauf in einer Münchner Buchhandlung) ihren entsprechenden Zufriedenheitsniveaus (erhoben nach dem Abschluß ihrer Reise) gegenübergestellt, und zwar für
die vier charakteristischen Nachfragergruppen (siehe Abschnitt 3.5.2.2):

– Es zeigt sich, daß die *„uninteressierten Reisenden"* (siehe Abbildung 3.17) als
einzige Gruppe mit den in ihren Reiseführern enthaltenen länderkundlichen Informationen mehr oder minder voll zufrieden sind.

– Den Präferenzen der *„kulturbezogenen Reisenden"* (Abbildung 3.18) kommen
die Inhalte der vielfach eher traditionell konzipierten Reiseführer wenigstens in
Teilen entgegen: Beim Kernthema „Geschichte" werden z.B. die Erwartungen
übertroffen und auch für „Kunst und Architektur" liegt das Anspruchsniveau

Abbildung 3.18: Wünsche und Zufriedenheit bezüglich länderkundlicher
Informationen in Reiseführern: kulturbezogene Nachfrager
(nach: P. KLEIN, 2000)

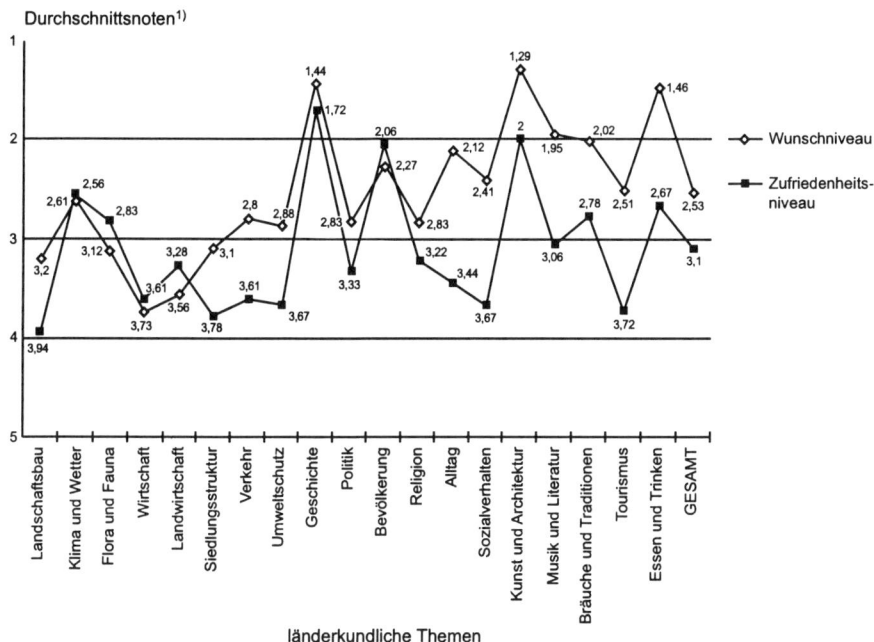

1) Notenskala: jeweils 1 bis 5

nur relativ knapp über der durchschnittlichen Zufriedenheit. Allerdings kann
man auch große Zufriedenheitsdefizite erkennen, unter den Kernthemen dieser
Lesergruppe vor allem bei „Musik und Literatur", aber auch bezüglich „Alltag",
„Sozialverhalten", „Wirtschaft" etc.

- Die *„gesellschaftsbezogenen Nutzer von Reiseführern"* (Abbildung 3.19) bilden
  eine im Prinzip recht unzufriedene Lesergruppe, welche besonders mit der
  Behandlung ihrer spezifischen Interessensgebiete: „Umweltschutz", „Politik", „Bevölkerung", „Alltag", „Tourismus" und besonders „Sozialverhalten" wenig zufrieden sind. Dagegen werden ihre Erwartungen bezüglich der Themen
  „Geschichte" sowie „Kunst und Architektur" deutlich übertroffen.
- Schließlich ergeben sich bei den *„naturbezogenen Reisenden"* (Abbildung 3.20)
  die höchsten Zufriedenheitsdefizite, wieder bezüglich ihrer spezifischen Kernthemen „Landschaftsbau", „Klima und Wetter" sowie „Pflanzen und Tiere", aber
  sogar noch ausgeprägter bei: „Wirtschaft", „Landwirtschaft" und „Siedlungsstruktur", während für „Geschichte" bzw. „Kunst und Architektur" (als Randthe-
  men dieser Interessensgruppe) die Bewertungsunterschiede eher gering sind.

Abbildung 3.19:   Wünsche und Zufriedenheit bezüglich länderkundlicher
Informationen in Reiseführern: gesellschaftsbezogene Nachfrager (nach: P. KLEIN, 2000)

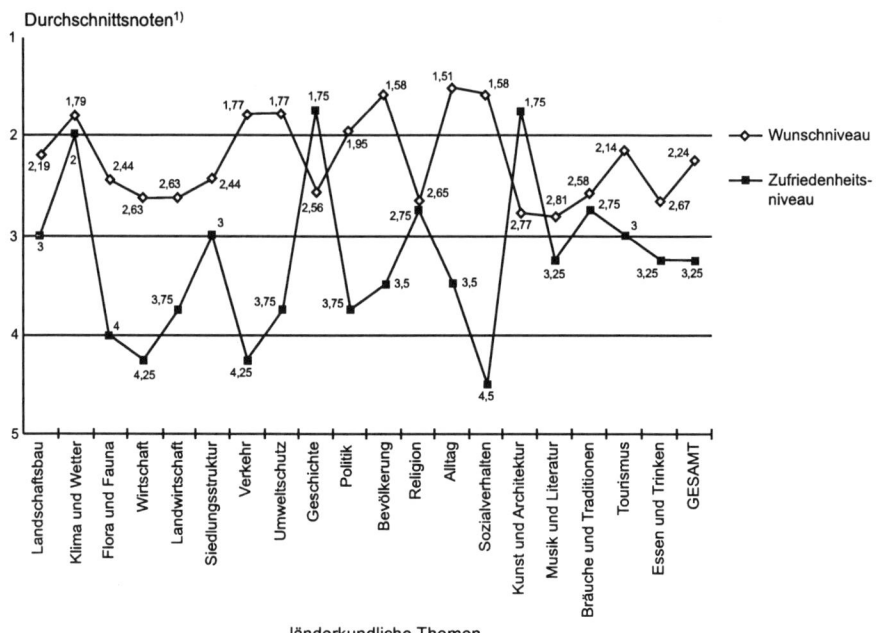

1) Notenskala: jeweils 1 bis 5

Auch hier weist also die merkmalsbezogene Zufriedenheitsanalyse auf wesentliche Schwächen des Angebotes hin: Es besteht eine deutliche Segmentierung der Nachfrage nach Reiseführern nach sehr unterschiedlichen Interessensschwerpunkten. Noch deutlicher als die Erfassung der Präferenzstrukturen (siehe Abschnitt 3.5.2.2) zeigt auch die Analyse der Zufriedenheit der Lesegruppen, daß für die verschiedenen Marktsegmente eigene Typen von Reiseführern mit unterschiedlichen inhaltlichen Schwerpunkten entwickelt werden müssen.

Die beiden hier kurz skizzierten Beispiele, bezogen auf spezielle Dienstleistungsangebote im Füssener Land sowie auf die länderkundlichen Inhalte von Reiseführern, demonstrieren wohl recht eindrucksvoll die Eignung des merkmalsbezogenen Ansatzes der Zufriedenheitsanalyse. Es zeigt sich allerdings, daß bei der summarischen merkmalsbezogenen Erfassung von Teilurteilen besonders dann Schwierigkeiten auftreten, wenn sie sich auf touristische Behavior Settings beziehen, in denen stark *personalorientierte* Dienstleistungen angeboten werden: Hier sind die Qualitätsurteile vor allem von einzelnen Kontakten zwischen den Kunden und dem Personal der Dienstleistungsanbieter beeinflußt. Bei der Umsetzung solcher *„Schlüsselerlebnisse"* in die wesentlich abstrakteren Beurteilungsraster der Merkmalsanalyse (so-

Abbildung 3.20: **Wünsche und Zufriedenheit bezüglich länderkundlicher Informationen in Reiseführern: naturbezogene Nachfrager (nach: P. KLEIN, 2000)**

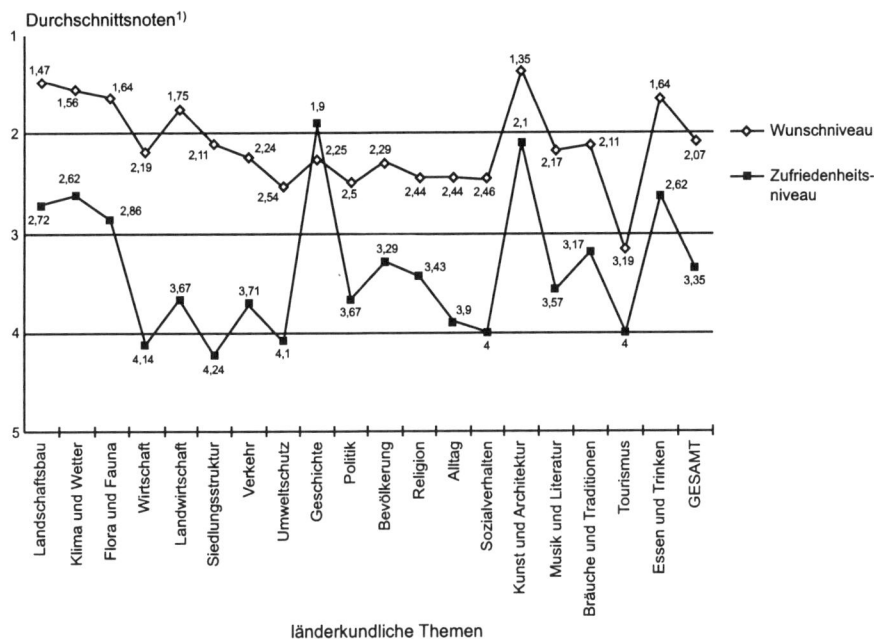

1) Notenskala: jeweils 1 bis 5

wie durch deren additive Verknüpfung) dürften viele relevanten Informationen verloren gehen. Daher bildet für die Analyse besonders personenkontaktintensiver Dienstleistungsketten der ereignisorientierte Ansatz die in der Regel bessere Methode (T. BEZOLD, 1998).

3.5.5.3 Ereignisbezogene Messung

Zur Analyse der ereignisbezogenen Kundenzufriedenheit bestehen zwei wichtigere Verfahren: die „Critical Incident Technique" und die „Sequentielle Ereignismethode" (ihre kurze Darstellung beruht auf: T. BEZOLD, 1998).

Die *Methode der kritischen Ereignisse* (Critical Incident Technique, B. STAUSS, 1994; B. HENTSCHEL, 1992) gilt als das Basisverfahren des ereignisbezogenen Ansatzes. Hier fordert man die Kunden mittels standardisierter, direkter und offener Fragen auf, sich an den Ablauf ihrer Aktivitäten und Kontakte an den verschiedenen Stationen einer Dienstleistungskette zu erinnern, insbesondere auch an die damit verbundenen negativen und positiven Empfindungen. Im Rahmen der Auswertung dieser Daten werden zunächst die wirklich *relevanten krischen Ereignisse* ermittelt (zeitlich abgeschlosse-

ne und nachvollziehbare Kontaktsituationen, die starke Zufriedenheits- oder Unzu-
friedenheitsgefühle erzeugen), danach erfolgen die Festlegung eines *Bezugsrahmens
für die Klassifikation der Ereignisse* (Qualitätsdimensionen, Erlebnisphasen, indukti-
ve Kategorien u.a.) sowie die *Darstellung der analysierten Problemsituationen* und
der *Vorschläge zur „Entschärfung" von kritischen Situationen.*

Die *Sequentielle Ereignismethode* stellt eine Weiterentwicklung der Critical Incident
Technique dar, insofern, als die kritischen Ereignisse nicht mehr ex post aus den
Erfahrungsberichten der interviewten Dienstleistungskunden abgeleitet, sondern
in einem eigenen, vorgeschalteten Arbeitsschritt erfaßt werden: Diese Phase der
Kontaktpunktanalyse dient der Ermittlung der typischen „Wege", welche die Kunden bei der Inanspruchnahme einer Dienstleistungskette durchlaufen, und zwar als
Abfolge von personellen und materiellen Kontakten, die dann in einem Ablaufdia-
gramm *(Blueprint)* zur Darstellung kommen. Dieser Blueprint bildet dann den Leitfaden für die mündliche Befragung, in deren Rahmen die Kunden gebeten werden,
den Ablauf des Dienstleistungskonsums zu rekapitulieren und über die Beantwortung offener, strukturierter Fragen zu jedem Kontaktpunkt ihre positiven und negativen Eindrücke darzulegen. Bei der Auswertung dieser Befragungsergebnisse kann
man z.B. ein *dreistufiges Verfahren* anwenden, wobei positive und negative Kontakt-
bewertungen für die *gesamte Dienstleistungskette* bilanziert werden (etwa für ein
ganzes Freizeitzentrum), ebenso für die einzelnen *Typen von Kundenkontaktpunkten* (in der Regel geordnet nach der Reihenfolge ihrer Inanspruchnahme) sowie auch
für *jeden einzelnen, im Blueprint enthaltenen Kontaktpunkt.* Mit diesem dreistufigen Auswertungskonzept kann ein detailliertes Stärken-Schwächen-Profil der untersuchten Dienstleistung erstellt werden, als Basis für die Verbesserungsmaßnahmen.

Somit erweist sich die Sequentielle Ereignismethode als das wohl geeignetste Verfahren zur Messung der Dienstleistungsqualität in allen jenen Fällen, wo personelle
Kontakte überwiegen, und die Nachfrager mehr oder minder *vorgegebene Abfolgen
von Stationen und Kontaktpunkten* durchlaufen (z.B. in Ferienclubs oder Erlebnisparks). Das Verfahren ist allerdings sehr aufwendig. Es erfordert „geduldige"
Interviewpartner und ein geschultes Befragungsteam. Besonders im Fall von längeren Nutzungssequenzen werden die *Grenzen des Machbaren* erreicht (T. BEZOLD,
1998, spricht von max. 15 Kontaktpunkten). Im Gegensatz zur merkmalsorientierten Methode, die besser zur Standardisierung geeignet ist, fehlt hier auch die *Ver-
gleichbarkeit* und somit die *Konkurrenzorientierung.* Es werden zwar Verbesserungs-
potentiale offengelegt, aber die Beziehungen zu am Markt angebotenen (vielleicht
attraktiveren) Alternativen sind nicht unmittelbar herzustellen.

Als Beispiel einer ereignisbezogenen Messung der Zufriedenheitsstrukturen wird
hier die Analyse der *Dienstleistungsketten in der Altmühltherme* (J. STEINBACH, A.
HOLZHAUSER u.a., 2000) angeführt, auf deren Grundmuster (Ablaufdiagramme/Blue-
prints) mit den wichtigen Kundenkontaktpunkten (siehe Abbildung 2.6) bereits in
Abschnitt 2.3.2 kurz eingegangen wurde.

In den Abbildungen 3.21 und 3.22 sind nun ausgewählte Ergebnisse (für die Behavior Settings Thermalbad und Restaurant) der ereignisbezogenen Qualitätsmessung dargestellt. Hier bemißt die senkrechte y-Achse die durchschnittliche Bewertung der materiellen und personelle Kontaktpunkte des Thermalbades und der gastronomischen Einrichtungen durch ca. 500 interviewte Besucher (Einheimische und Urlaubsgäste) nach einem Notensystem (von 1 = „sehr zufrieden" bis 5 = „sehr unzufrieden"). Die waagrechte x-Achse bildet die Werte der jeweils entsprechenden statistischen Standardabweichungen ab und zeigt somit wieder das Ausmaß der Homogenität der Qualitätsurteile: geringe Standardabweichungen bedeuten, daß ein betrachtetes Attribut von den Besuchern relativ einheitlich bewertet wird.

Bei der Untersuchung der personellen und materiellen Kontaktpunkte in den einzelnen Teilbereichen der Altmühltherme schneidet das *Thermalbad* (Abbildung 3.21) am relativ besten ab, was sich in einer ganzen Reihe von Durchschnittsnoten im Bereich von 1,6 bis 1,8 zeigt. Im Einzelnen sprechen vor allem der Erlebnisbereich des Thermalbades sowie der Strömungskanal, die Sprudelbank und das Design der Anlage die Besucher an. Weniger gut, aber noch mit einem recht akzeptablen Durchschnittswert um 2,2 wird der Erholungsbereich des Thermalbades bewertet. Daneben haben aber auch einige andere Kontaktpunkte aus den Dienstleistungsketten des Thermalbades etwas weniger Zuspruch gefunden, vor allem der Kartenautomat, der Umkleidebereich sowie die „funktionslose" Erlebnisgrotte und die Liegen mit Farblichttherapie, bei denen eine Anzahl von Besuchern offenbar die therapeutischen Effekte nicht versteht. Die personellen Kontaktpunkte des Thermalbades liegen im durchaus günstigen Bewertungsbereich zwischen 1,8 und 1,95.

Ein im Verhältnis zu den anderen Angebotselementen relativ niedriges Zufriedenheitsniveau läßt sich hingegen für die *Gastronomie* (Abbildung 3.22) feststellen (Noten zwischen 2,0 und 2,55). Hier werden die Einrichtungen und das Design sowie das Personal mit Noten um 2,0 noch am besten bewertet. Die Benotung der Speisen und Getränke fällt deutlich ungünstiger aus, vor allem bezüglich des Preis-Leistungs-Verhältnisses. Somit ergeben sich für die beiden gastronomischen Einrichtungen Restaurant und Cafeteria mittlere bis „unentschiedene" Zufriedenheiten, also zwar im Prinzip keine schlechten, aber im Verhältnis doch die ungünstigsten Bewertungen unter den Angeboten der Altmühltherme.

Aus der Zusammenschau der Ergebnisse der ereignisbezogenen Zufriedenheitsanalyse ergibt sich ein Stärken-Schwächen-Profil für die Altmühltherme. Trotz der insgesamt recht günstigen Einschätzungen werden hier dennoch Qualitätsunterschiede deutlich. Um ein hohes Qualitätsniveau zu erreichen und zu erhalten können Ausbau-, Gestaltungs- und Verbesserungsmaßnahmen durchaus auch schon für diejenigen Angebote überlegt werden, die in die Notenstufe der relativen Zufriedenheit fallen.

Abbildung 3.21: **Bewertung der materiellen und personellen Gästekontakt-punkte in der Altmühltherme: Thermalbad (nach: J. STEINBACH; A. HOLZHAUSER u.a., 2000)**

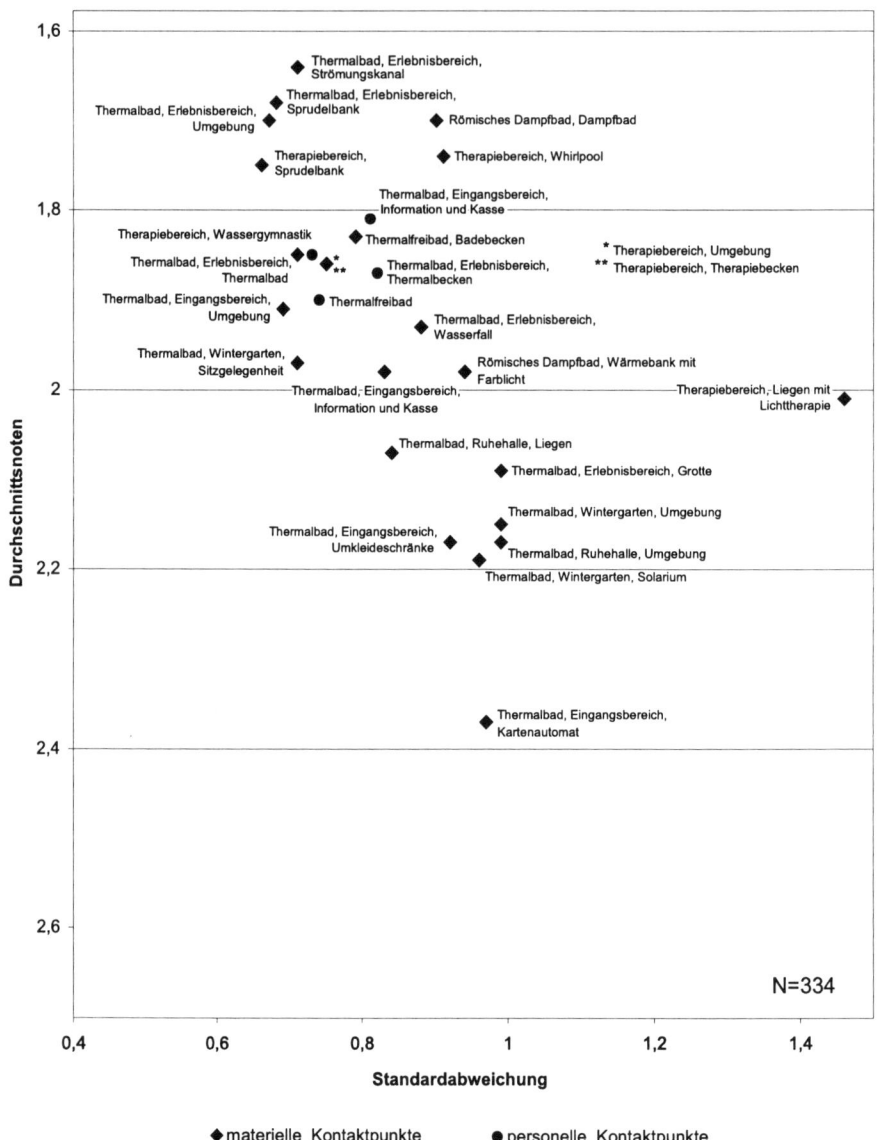

Noten: 1= sehr zufrieden; 2= zufrieden; 3= unentschieden; 4= unzufrieden; 5= sehr unzufrieden

Abbildung 3.22: Bewertung der materiellen und personellen Gästekontaktpunkte in der Altmühltherme: Gastronomie
(nach: J. STEINBACH; A. HOLZHAUSER u.a., 2000)

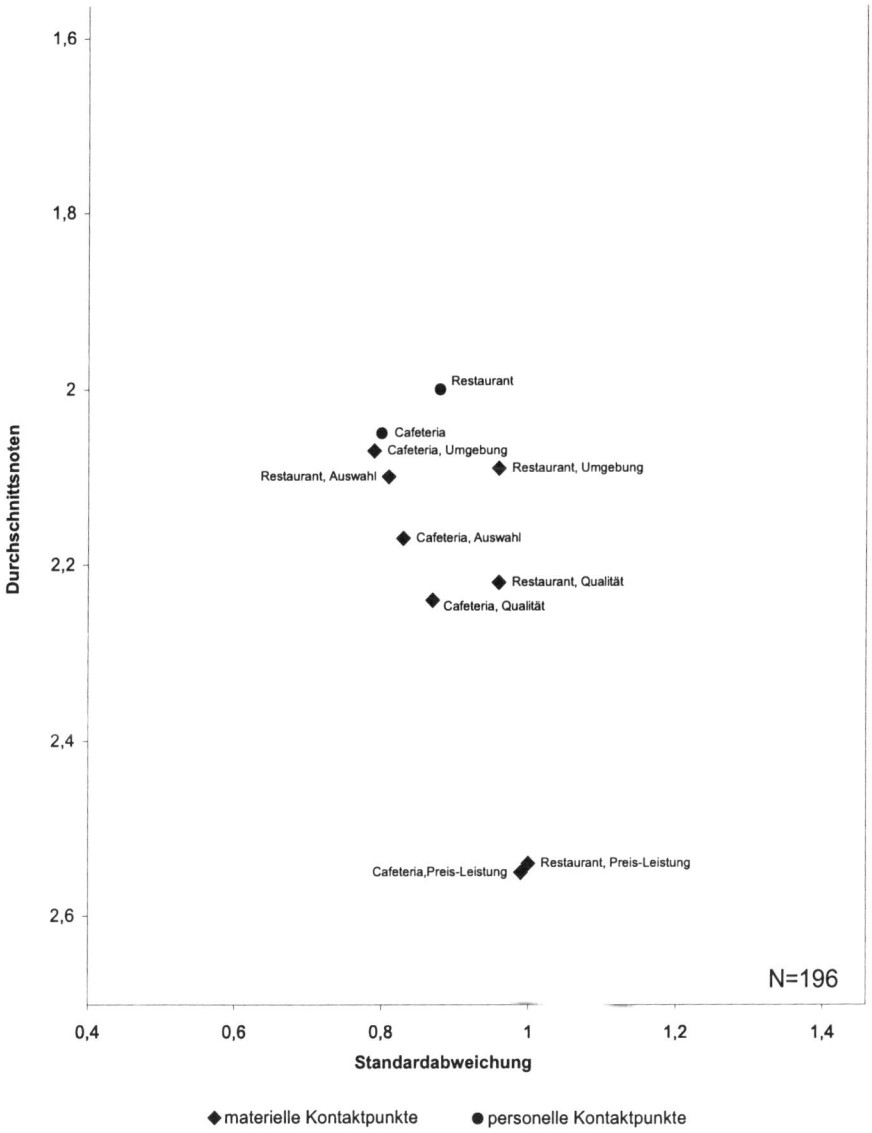

Noten: 1= sehr zufrieden; 2= zufrieden; 3= unentschieden; 4= unzufrieden; 5= sehr unzufrieden

3.6 Zusammenfassung: Die Hauptphasen des Urlaubsverhaltens

Das Stärken-Schwächen-Profil der Altmühltherme mit den unterschiedlichen Einschätzungen der personellen und materiellen Kundenkontaktpunkten ihrer verschiedenen Behavior Settings hängt wesentlich ab von den *Präferenzordnungen zweiter Stufe* der Thermenbesucher. Diese beziehen sich – wie oben dargestellt – auf die Ansprüche (Eigenschaften von Sachen und Personen in Relation zum Preis-Leistungsverhältnis) an die Stationen von touristischen Aktionsräumen. Sie sind ihrerseits bestimmt von den *Präferenzordnungen der ersten Stufe*, welche die angestrebten Tätigkeitenmuster (Urlaubsstile mit Haupt- und Nebenaktivitäten) enthalten. Bei der Genese dieser so definierten Ansprüche an den Urlaub handelt es sich um einen – oft länger andauernden – psychologischen Prozeß, der von einer ganzen Reihe endogener und exogener Einflüsse gesteuert wird, wobei man generell zwischen „Push"- und „Pull"-Faktoren unterscheiden kann.

Die wichtigen *Push-Faktoren*, welche dazu beitragen, die – eher generellen und manchmal gar nicht voll bewußten – endogenen Grundbedürfnisse nach Urlaub und Erholung in die auf konkrete Ziele bezogenen Präferenzordnungen zu transformieren (u.a. über die psychischen Prozesse der Selektion von Anspruchsniveaus oder des Abbaus kognitiver Dissonanzen), ergeben sich besonders aus den individuellen Lebensumständen der Nachfrager. Hier kommen vor allem den biologischen Alters- und den Haushaltszyklen sowie den Bedingungen der *sozialen Lage* große Bedeutung zu. Davon hängen die ausgeübten Schlüssel- und Folgerollen sowie die in ihrem Rahmen produzierten persönlichen Ressourcen an Sach- und Humankapital wesentlich ab: Einerseits bildet ihre Verfügbarkeit eine unabdingbare Voraussetzung für den Urlaub, andererseits dienen die Ferien aber auch dazu, um Defizite an Humankapital aufzufüllen, die für die Bewältigung des Alltagslebens mehr oder minder dringend benötigt werden. Auch die *Freizeit- und Erholungsqualität des Wohnumfeldes* spielt eine nicht unwesentliche Rolle, da sie verschiedene konkrete Urlaubsbedürfnisse sowohl kompensieren als auch stimulieren kann. Auf solche objektiven Rahmenbedingungen reagieren verschiedene Personengruppen aber oft auf recht unterschiedliche Weise, wobei sie zumeist von den Einstellungen und Verhaltensweisen der Mitglieder ihrer *Lebensstilgruppe* entscheidend beeinflußt werden, besonders wenn sie mit diesen über ihre persönlichen Netzwerke verbunden sind.

Zu den *Pull-Faktoren*, welche die sehr komplexen Prozesse der Ausbildung touristischer Anspruchsniveaus ebenfalls bestimmen, zählen zunächst die über die verschiedenen Medien vermittelten Elemente der *allgemeinen touristischen Perspektive*, vor allem die direkte („Beschreibung") und indirekte (durch „Indexierung" an andere Inhalte „angehängte") Darstellung von touristischen Verhaltensweisen, Attraktionen, Fremdenverkehrsregionen etc. Diese Images werden nicht zuletzt durch die Marketing- und Werbestrategien der Tourismuswirtschaft verbreitet und von ihrem Zielpublikum über die Filter der Kognition und Perzeption mehr oder minder selektiv aufgenommen. Auch hier spielt die Vorprägung – vor allem durch die spezifischen Interessenslagen von Lebensstilgruppen – eine bedeutende Rolle. Schließlich tragen auch noch die *„persönlichen Elemente"* der touristischen Perspektive zur Ausbildung der Präferenzordnungen bei, als die im Rahmen der „touristischen Biographie" der Reisenden gewonnenen Eindrücke und Erfahrungen.

Im Rahmen der den Urlaubsaufenthalten vorangehenden *Such- und Entscheidungsprozesse* kommt es zur weiteren Konkretisierung der Vorstellungen und Erwartungen, nicht selten auch zu ihrer Modifikation. Art, Verlauf und Intensität der Informationssuche hängen von den bestehenden Erfahrungen bezüglich des geplanten Urlaubsstiles ab (Routine oder neue und unerprobte Aktivitätenmuster) sowie vom Wissensstand über die Bedingungen in der Zielregion. Wichtig ist auch die *Zusammensetzung der Urlaubsgruppe,* da die einzelnen Gruppenmitglieder in der Regel unterschiedlichen Randbedingungen (bezüglich des Zeitpunktes und der Dauer des Urlaubs, bezüglich bestimmter Verhaltensweisen etc.) unterliegen, und daher Kompromisse zu schließen sind. Hier können verschiedene *Entscheidungsregeln* und *Entscheidungskompetenzen* die Wahl der Urlaubsstile und der Urlaubsziele beeinflussen.

Am Beginn der Urlaubserlebnisse steht die *Orientierungs- und Anpassungsphase* an die Gegebenheiten der Zielregion, wobei „weiche", d.h., unvollständige Informationen über die Gegebenheiten der touristischen Aktionsräume, möglichst rasch durch „harte" Informationsinhalte (etwa an die Realität angepaßte „Mental Maps") zu ersetzen sind, so daß die Abläufe der Urlaubsaktivitäten in Raum und Zeit einigermaßen sicher zu planen sind. So können sich die *touristischen Schlüssel- und Folgerollen* in der „lokalen", der „regionalen" und der „Landesebene" der Aktionsräume allmählich einspielen, manchmal allerdings auch unter beträchtlichen Abweichungen gegenüber den ursprünglichen Plänen (enttäuschte Bedürfnisse oder spontan genutzte, unvorhergesehene Gelegenheiten). Unter günstigen Bedingungen – wenn die individuellen Intentionen und Fertigkeiten genau den gebotenen Handlungsbedingungen entsprechen – werden auch die sog. *„Flow-Erlebnisse"* erreicht, und man geht selbstvergessen in den touristischen Aktivitäten auf.

Besonders in heterogenen touristischen Räumen kann es zur *Konfrontation der Kulturen* von „Reisenden" und „Bereisten" kommen. Hier treffen dann oft inkompatible Vorstellungen und Regeln aufeinander, die sich auf ethnische Konzepte (Moral, Religion etc.) beziehen, auf Verhaltensweisen (soziale Rollen, Rituale) oder auf Personen (mit positiver und negativer Vorbildfunktion) und Sachen (etwa Architektur, Mode). Die Einheimischen beurteilen das Verhalten ihrer Gäste oft nur anhand ihrer eigenen kulturellen Normen, und den Besuchern fehlt es an Anleitung und Zeit – sowie oft auch an der grundlegenden Bereitschaft – um sich durch eine auch nur oberflächliche Sozialisation an die fremden Milieus anzupassen. Daher sind die Chancen zur *interkulturellen Kommunikation* meist nur gering, und manchmal bleibt den Partnern aus verschiedenen Kulturen nur die Möglichkeit, ihre Kontakte nach individuellen und persönlichen Regeln zu gestalten, was sie dann auch Vorurteilen und Sanktionen von Angehörigen der involvierten kulturellen Gruppen aussetzt. Allerdings entsteht im internationalen Tourismus derzeit eine eigene – wenigstens ansatzweise – *„interkulturelle Kultur".*

Angestrebte *Outputs der Urlaubserlebnisse* sind vor allem Gewinne an Humankapital, wobei es sich um neu erworbene Fertigkeiten (etwa im sportlichen, kulturellen oder sozialen Bereich) handeln kann oder um den Erhalt bzw. um die Erneuerung von physischen und psychischen Körperfunktionen. Vor allem aber soll
der Urlaub der Produktion von *positiven Gefühlen* wie Freude und Glück dienen.
Allerdings können daneben auch andere „primäre Emotionen" auftreten – wie Ärger
und Wut, Traurigkeit oder sogar Furcht und Angst – wenn sich die vorgefaßten
Erwartungen nicht erfüllen, oder unvorhergesehene Störungen auftreten. *„Enttäuschte Bedürfnisse"*, als nicht erfüllte Elemente der Präferenzordnungen erster
Stufe, oder *„enttäuschte Erwartungen"*, als nicht erfüllte Inhalte der Präferenzordnungen zweiter Stufe, kommen als Auslöser von solchen „negativen Gefühlen"
in Frage. Sie entstehen im Rahmen des *Bewertungsprozesses* der Urlaubserlebnisse, welcher bereits in den ersten Urlaubsphasen beginnt und sich dann über die
ganze Reise hin fortsetzt, bis zu einer Endbilanz, die sich allerdings in der Zeit
nach dem Urlaub – etwa auf Grund des Vergleiches mit den Erlebnissen von Freunden und Bekannten – auch noch modifizieren kann. Man geht davon aus, daß dem
Bewertungsprozeß des Urlaubs das sog. *Erwartungs-Erfüllungsmodell* zugrunde
liegt, wobei die individuellen Erwartungen mit den entsprechenden Erlebnissen
verglichen werden. Im Normalfall baut ein Tourist sein Urteil über den Erfolg/
Mißerfolg einer Urlaubsaktivität gleichsam *„unten her"* auf, indem er zunächst
einmal die Rahmenbedingungen (materielle und personelle Kundenkontaktpunkte) nach seinen Erwartungen (der Präferenzordnung zweiter Stufe) bewertet und
daraus sein Urteil über den Erfolg/Mißerfolg der analysierten Aktivität ableitet
(wobei hier auch die Zufriedenheit mit der eigenen Leistung oder die „persönliche
Disposition" mit einfließt). Die Präferenzordnung erster Stufe bestimmt dann das
Gewicht, mit welchem die einzelnen rollen- und aktivitätsspezifischen Erfüllungsgrade in die *Gesamtbeurteilung* des Urlaubs eingehen.

Am Ende aller dieser Bewertungsschritte steht die *Gefühlsbilanz* des Urlaubs, im
Erfolgsfall ein Überschuß an Freude und Glück, der dann als „soziale Energie" einen
wesentlichen Inputfaktor in das Alltagsleben „zwischen den Urlauben" darstellt.
Die Urlaubserfahrungen bilden einen Einflußfaktor auf das zukünftige touristische
Verhalten. Sie können z.B. den Aufstieg in der Hierarchie touristischer Bedürfnisse
und die daraus resultierende Übernahme von neuen Urlaubsstilen oder den Wechsel
auf neue Destinationen (mit)bedingen. Das Verhalten der Nachfrager im Tourismus
steht also in der Kontinuität ihrer „touristischen Biographien".

Wesentliche Voraussetzungen für das touristische Verhalten bilden die *organisatorischen Netzwerke*. Sie dienen der Planung, Bereitstellung und Gewährleistung von
einzelnen Elementen und komplexen Bündeln der Angebote im Fremdenverkehr.
Im vierten Abschnitt wird zunächst auf die Grundstrukturen der organisatorischen
Netzwerke eingegangen. Sodann kommen die verschiedenen Netztypen (wie regionale Versorgungsnetze, Hotelketten, Vertriebssysteme von Reiseveranstaltern, Touristischen Karten etc.) zur Darstellung.

4. Organisatorische Netzwerke

4.1 Grundstrukturen

Nach den Ausführungen in Kapitel 2 kann man unter „touristischen Produkten" die Inhalte der *Aktionsräume* von Bettenstandorten verstehen, welche die Ausübung von verschiedenen *Urlaubsstilen* ermöglichen. Dazu zählen vor allem:

– die verschiedenen Typen von *Behavior Settings* als räumlich-zeitliche Grundeinheiten des Verhaltens und als Basiselemente des Fremdenverkehrsangebotes (siehe Abschnitt 2.3);
– die touristischen *Pfade* und *Routen*, welche die Leitlinien zur Inanspruchnahme von hintereinandergeschalteten Angebotselementen bilden (siehe Abschnitt 2.7), sowie
– die lokalen und regionalen touristischen *Netzwerke* als die regelmäßigen Interaktions- und Verhaltensmuster in Raum und Zeit von Gästen mit bestimmten Urlaubsstilen (siehe Abschnitt 2.8), welche sich bei der Konsumation der „touristischen Produkte" ergeben.

Im Rahmen der „touristischen Konsumation" werden mehr oder minder gleichzeitig *Dienstleistungen* in Anspruch genommen, aber auch die verschiedensten „*Elemente des Sachsystems*" (von den Einrichtungen der technischen Fremdenverkehrsinfrastruktur bis hin zu den verschiedensten Elementen des Natur- und Kulturraums) sowie auch die *sozialen Kontaktfelder* (Bevölkerung, andere Besucher), welche die Sachsysteme „überlagern" (siehe Abschnitt 2.3). Solche integrierten Produkte sind (im Vergleich zu Konsumgütern) oft nur beschränkt „lagerfähig", d.h., sie müssen für den Gebrauch durch die Urlauber immer wieder neu erzeugt werden. Daher bilden komplementäre *organisatorische Netzwerke* eine Grundvoraussetzung für das Funktionieren der touristischen Netzwerke. Man kann darunter regelhafte (in Raum und Zeit) marktmäßige oder kooperative Beziehungen von touristischen Anbietern, Arbeitskräften, Zulieferern, technischen und Wirtschaftsdiensten, Geldgebern, öffentlichen Institutionen, Verbänden etc. verstehen, welche die Bereitstellung von Leistungen im Fremdenverkehr gewährleisten. Es lassen sich verschiedene *Grundtypen* von organisatorischen Netzwerken unterscheiden:

1.1) *Monozentrale Versorgungsnetzwerke* sind auf die Erfüllung *einer bestimmten touristischen Grundleistung* (als kleinste konsumierbare Einheit) bezogen, oder auf die Gewährleistung *eines Leistungsbausteins* (als kleinstes marktfähiges Angebot, das sich aus mehreren Grundleistungen zusammensetzt), die jeweils nur auf *einem Standort* (in einem Behavior Setting) angeboten werden. Als Beispiele können hier etwa angeführt werden:
+ Versorgungsnetzwerke von Hotelbetrieben, die es ermöglichen, Grundleistungen wie Übernachtung, Voll-, Halbpension oder All-Inclusive-Verpfle-

gung, diverse Wellness- und Fitneßangebote, Abendunterhaltung etc. in
unterschiedlicher Kombination als Leistungsbausteine anzubieten, oder
+ Versorgungsnetzwerke von Naturparken, welche die Dienstleistungen von
   Informationszentren gewährleisten, ebenso die touristischen Leit- und Len-
   kungssysteme, die Besucherbetreuung und Überwachung durch Parkran-
   ger, die Bereitstellung von diversen Transportdiensten, wie Fahrrad- oder
   Bootsverleih etc.

1.2) *Multizentrale Versorgungsnetzwerke* sind ebenfalls auf die Gewährleistung
   von *bestimmten touristischen Grundleistungen* oder *Leistungsbausteinen* bezogen, welche aber auf *verschiedenen Standorten* angeboten werden. Dazu
   können etwa zählen:
   + die Dienstleistungs- und Serviceorganisation einer ganzen Hotelkette;
   + Transfer- und Ausflugsdienste für Touristen, die in einer größeren Frem-
     denverkehrsregion mit verschiedenen Zentren angeboten werden;
   + das gesamte Organisations- und Ticketmanagement der Aufstiegshilfen (Lif-
     te, Seilbahnen) und Skipisten einer Wintersportregion (etwa der südtiroler
     Verbund: „DOLOMITI SUPERSKI");
   + die zentrale Bettenvermittlung einer Fremdenverkehrsregion.

Beide genannten Typen von Netzwerken kann man als organisatorische Netze *„erster Ordnung"* bezeichnen, da sie nur auf die Bereitstellung von *einzelnen touristischen Leistungsbausteinen* ausgerichtet sind.

2) Hingegen dienen organisatorische Netzwerke *„zweiter Ordnung"* (oder *Vermarktungsnetzwerke)* zur Bereitstellung und zum Verkauf von *komplexen touristischen Gesamt- und Teilangeboten.* Diese Funktion können Nachfrager (als *Individualtouristen)* im gewissen Ausmaß auch selbst ausüben, indem sie aus den Angeboten von touristischen Aktionsräumen ihre Auswahl treffen und die gewählten
   Angebotselemente so kombinieren, daß sich ihre gewünschte Urlaubsform realisieren läßt (etwa: Unterkunft auf einem Bettenstandort, dessen Aktionsraum bestimmte Urlaubsstile ermöglicht; Rundreise mit bestimmtem Verlauf oder Kombination aus beiden Varianten). Die Nachfrager können aber auch – als *Pauschaltouristen* – auf ganze Angebotsbündel zurückgreifen, wobei die Aufgabe der Kombination von kommerziellen Anbietern oder öffentlichen Organisationen übernommen wird. Diese koordinieren die Leistungsbausteine der Produzenten von Ein-
   zelleistungen (mit Einflußnahme oder Feedback auf deren „primäre" organisatorische Netze) und ergänzen diese Angebotsbündel fallweise auch durch eigene Teilangebote (wozu sie eigene Versorgungsnetze aufbauen müssen). Zu solchen inte-
   grierenden Netzwerken „zweiter Ordnung" zählen etwa:

   + *Reiseveranstalter* und *Reisevermittler,* die verschiedenste Formen von Pau-
     schalaufenthalten (einschließlich des An- und Abtransportes) sowie von Rund-
     reisen organisieren und/oder anbieten;

+ *Tourismusverbände* und *Incoming-Agenturen*, welche z.B. die kulturellen Unterhaltungs- und gastronomischen Angebote ihrer Region koordinieren, gewisse Veranstaltungen selbst organisieren und den Besuchern spezielle „Programme" anbieten; eventuell auch in Form von *Touristischen Karten*, die noch viel umfangreichere Bündel von Leistungsbausteinen enthalten;

+ *Computer-Reservierungs-Systeme* (CRS) oder *Informations- und Buchungssysteme*, die sich ebenfalls auf eine breitere Palette von Leistungsbausteinen beziehen;

+ *Behörden, sonstige öffentliche oder halböffentliche Institutionen*, etwa auf städtischer, Landes- oder Bundesebene, welche ein integriertes Kulturmanagement betreiben, das ganz oder teilweise auf den Tourismus ausgerichtet ist.

Viele dieser Vermarktungsnetzwerke sind oft auch der Kategorie der Planungs-, Marketing- und Werbenetzwerke zuzuordnen und davon nicht scharf zu trennen, da die verschiedenen Funktionen manchmal von den gleichen Unternehmen (Organisationen) und in integrierter Form ausgeübt werden.

3) *Planungs-, Marketing- und Werbenetzwerke* können sich auf nur einen touristischen Leistungsbaustein beziehen (etwa auf die Aufstiegshilfen von „DOLOMITI SUPERSKI" oder auf die Angebote der Hotelkette BEST WESTERN). Es überwiegen aber die Netzwerke für komplexere touristische Gesamtangebote, wie etwa für Fremdenverkehrsregionen (z.B. für das Ötztal in den Tiroler Alpen) oder für noch umfassendere Bereiche (z.B. das österreichische Bundesland Tirol, oder der gesamte österreichische Tourismus). In der Regel sind Planungs-, Marketing- und Werbenetzwerke komplexer als die übrigen organisatorischen Netzwerke, da hier neben den privaten Leistungsanbietern und den öffentlichen bzw. halböffentlichen Institutionen noch zusätzliche, tourismusorientierte Dienstleistungen eingebunden sind, wie z.B. Planungs- und Consultingbüros, wissenschaftliche Institutionen, Unternehmen aus dem Kommunikations- und Werbebereich sowie die verschiedenen Print- und elektronischen Medien. Zu den *Aufgaben* der Planungs-, Marketing- und Werbenetze (die nicht in jedem Fall vollständig erfüllt werden) zählen vor allem:

+ die Gestaltung der materiellen (z.B. Siedlungsstruktur) sowie der immateriellen (z.B. Gesetze, Verordnungen) Rahmenbedingungen für den Tourismus;

+ die Entwicklung neuer, bzw. die Modifikation bestehender touristischer Produkte (= gesamte touristische Aktionsräume bzw. Elemente davon);

+ die Konstruktion der komplementären organisatorischen (Versorgungs- und Vermarktungs-) Netzwerke zur „Erzeugung" der touristischen Leistungsbausteine sowie zu ihrer Distribution (Absatzwege, Verkaufstechniken) auf den verschiedenen Märkten;

+ die Festlegung von Zielgruppen und Werbestrategien für touristische Produkte und Regionen; die Bestimmung der Ziele und Strategien für die Öffentlichkeitsarbeit: z.B. der Aufbau oder die Verbesserung des Images nach
   außen oder die Entwicklung einer „Corporate Identity" innerhalb der organisatorischen Netzwerke bzw. der Fremdenverkehrsregionen.

Man kann die Planungs-, Marketing- und Werbenetzwerke als organisatorische
Netze „dritter Ordnung" bezeichnen: Ihr Output umfaßt nicht nur Elemente der
touristischen Aktionsräume, Pfade und Routen (als die auf dem Markt angebotenen bzw. den Nachfragern „frei" zur Verfügung gestellten Produkte). Die Netzwerke dienen darüber hinaus auch der Gestaltung von wirtschaftlichen und sozialen Rahmenbedingungen für den Tourismus. Zu ihren Aufgaben zählt schließlich
auch die Einrichtung der Vermarktungsnetze, welche die teilweise nicht lagerfähigen touristischen Produkte zum Gebrauch verfügbar machen und für ihren Verkauf sorgen.

4.2   Organisatorische Netzwerke „erster Ordnung": Versor-
         gungsnetzwerke

4.2.1   Monozentrale Versorgungsnetzwerke

Monozentrale organisatorische Netze „erster Ordnung" sind um spezifische zentrale Fixpunkte aufgespannt, z.B. um Fremdenverkehrsbetriebe, die lokale und
regionale Zulieferer und Dienstleistungsanbieter nutzen, den regionalen Arbeitsmarkt ausschöpfen, Geschäftsbeziehungen und Kontakte zu Reiseveranstaltern
in den Wohngebieten ihrer Gäste aufrecht erhalten usw. (C. STAUDACHER, 1995).
Solche Beziehungsfelder bestehen nicht nur um Einzelbetriebsunternehmen, sondern in der Regel auch um die Knoten (Betriebsstätten) von Unternehmensnet-
zen (= multizentrale touristische Netzwerke, siehe oben): Auch Filialbetriebe,
Franchiseunternehmen etc. beziehen mehr oder minder große Anteile ihres
Güter-, Dienste- und Personalbedarfes aus monozentralen regionalen Netzwerken.

Abbildung 4.1 (nach W.F. KANIG, K.H. KREUZIG, J. MERK, R. SCHMID, 1995) zeigt die
Grundstruktur eines monozentralen organisatorischen Netzes „erster Ordnung" am
Beispiel eines Hotelbetriebes mit seinen verschiedenen regionalen Verflechtungen
und Verflechtungsebenen, welche Beiträge zum Bau der Anlage leisten sowie zu
ihrer Instandhaltung und zu ihrem laufenden Betrieb:

– Im Fall von Einzelbetrieben ist der Unternehmenssitz des (der) Eigentümer (1.
   Netzstufe in Abbildung 4.1) oft im Hotelbetrieb selbst integriert. Vom *Immobi-
   lienbesitzer* abhängig sind die Verflechtungen zu den Unternehmen des Bau-
   und des Ausbaugewerbes, welche die Anlagen errichtet haben. In dieser 2. Netz-

Abbildung 4.1: Ein monozentrales organisatorisches Netzwerk und seine Multiplikatoreffekte
(nach: W. F. KANIG; K. H. KREUZIG; J. MERK; R. SCHMID, 1995; J. W. MUNDT, 1998)

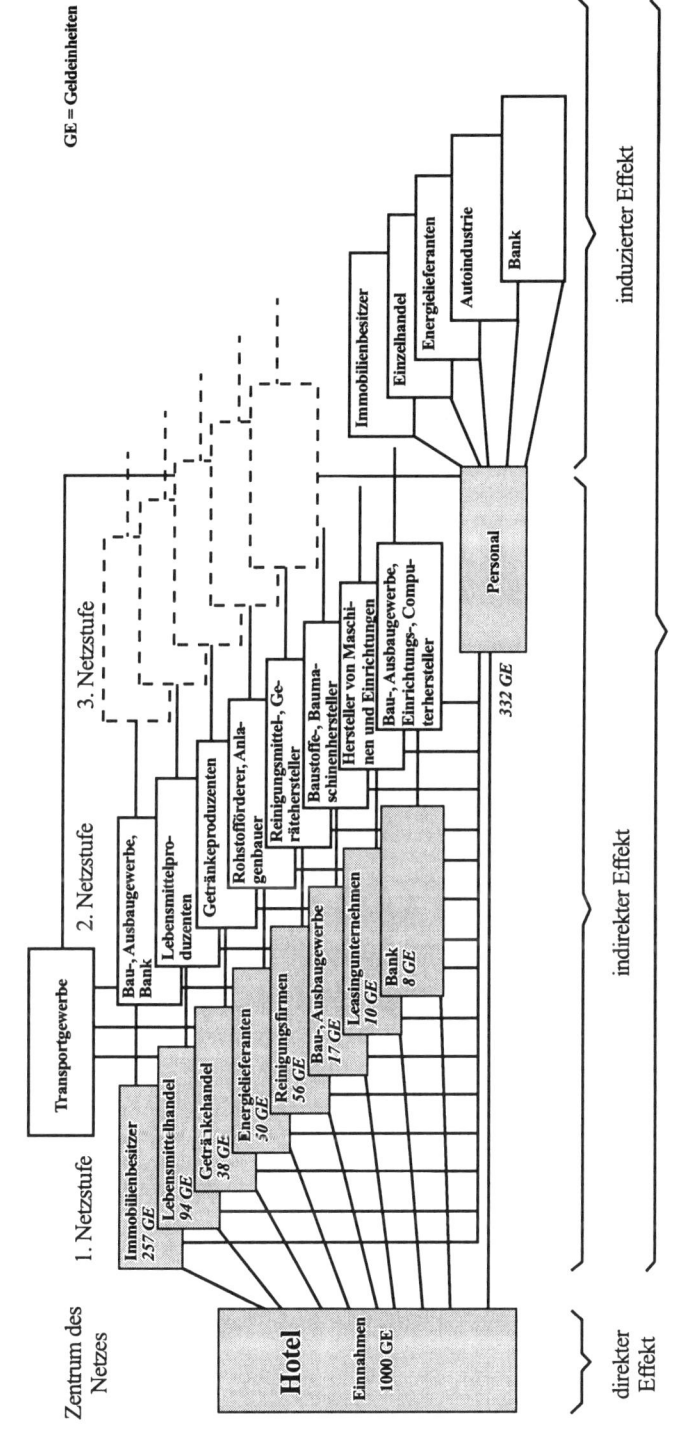

GE = Geldeinheiten

stufe spielen auch Banken eine wichtige Rolle, als Financiers der Investitionen, z.T. auch als Miteigentümer. Im Fall der Zugehörigkeit des Betriebes zu einer Hotelkette oder im Fall eines Pachtverhältnisses sind die Eigentümer auf anderen Standorten – oft außerhalb der Tourismusregion – lokalisiert, und das Hotel ist im mehr oder minder starken Ausmaß auch in das entsprechende *multizentrale Netzwerk* eingebunden. Dies gilt ebenso bei Franchiseverträgen, wo die Leitung der jeweiligen Unternehmenskette dem an sich selbständigen Betrieb Management-, Vermarktungs-, Ausstattungs- und Ausbildungshilfen zur Verfügung stellt. Bei all diesen Abhängigkeitsverhältnissen ist es auch eher wahrscheinlich, daß die Investitions- und Finanzierungsleistungen der 2. Netzstufe von außerhalb in die Tourismusregion „importiert" werden.

– Für den Betrieb des Hotels stellen der *Lebensmittel-* und *Getränkehandel* wesentliche Elemente des monozentralen Netzwerkes dar. Diese Branchen sind ihrerseits (auf der 2. Netzstufe) wieder mit den entsprechenden produzierenden Unternehmen verbunden.

– Ebenso hängt der Hotelbetrieb von den Leistungen der *Energielieferanten* ab, welche sich ebenfalls auf ihre entsprechenden „Vorlieferanten" (Rohstofförderer, Anlagenbauer) stützen.

– Weitere, im vorliegenden Beispiel angeführte Elemente des monozentralen Netzes sind *Reinigungsfirmen*, das *Bau- und Ausbaugewerbe* (welches die laufende Instandhaltung bzw. die notwendige Adaptierung der Anlagen auszuführen hat), *Leasingunternehmen* (z.B. für die im Hotelbetrieb benötigten Kraftfahrzeuge) und *Banken* (Abwicklung der laufenden finanziellen Transaktionen, Kredite etc.). In Abbildung 4.1 sind auch hier die wichtigsten der (in der 2. Netzstufe) jeweils vorgelagerten wirtschaftlichen Funktionen verzeichnet, ebenso wie das *Transportgewerbe*, das zur Abwicklung von vielen der letztlich auf das Netzzentrum ausgerichteten Transaktionen von Gütern und Personen benötigt wird.

– Wegen der Komplexität der Zusammenhänge nicht darstellbar – und daher im Diagramm nur angedeutet – sind die vielfältigen Verflechtungen der *3. Netzstufe*, also die Zulieferbeziehungen zu den Vorlieferanten der eigentlich tourismusrelevanten Branchen (auf die sich – im vorliegenden Beispiel – die wirtschaftlichen Effekte des Hotels meist auch nur mehr marginal auswirken).

– Schließlich enthält die Abbildung 4.1 auch noch das *Personal* des Hotelbetriebes als wichtiges Netzelement, allerdings nicht differenziert nach der breiten Palette an Funktionen und Qualifikationsstufen, welche für den Betrieb eines Qualitätshotels unbedingt erforderlich ist. Angedeutet sind auch die Effekte auf die Wirtschaft (bzw. auf die hier besonders relevanten Branchen), welche sich dadurch ergeben, daß die Beschäftigten des Hotels größere Teile ihres Einkommens wieder in der Region ausgeben.

– Im Diagramm fehlen wesentliche „Äste" des monozentralen Netzwerkes, vor allem solche, die nicht mit direkten oder indirekten Geldströmen verbunden sind. Dazu zählen etwa die Kontakte zu den *lokalen und regionalen Behörden*, zu den *Wirtschaftskammern, Tourismusorganisationen* und zu anderen *kooperieren-*

den touristischen Unternehmen (etwa Incoming-Agenturen oder die regionalen Gästebetreuungsorganisationen der Reiseveranstalter).

Zusätzlich zu diesen Strukturmerkmalen des monozentralen Netzwerkes wird in Abbildung 4.1 auch dargestellt, welche *wirtschaftlichen Auswirkungen* in Form von finanziellen Transaktionen von dem betrachteten Hotel im Zentrum über das organisatorische Netz auf die „Netzelemente" der 1. Stufe ausgehen (für die 2. Stufe werden keine Aussagen mehr gemacht). Zugrunde liegt hier die Analyse der durch den Tourismus ausgelösten zusätzlichen regionalen Einkommen. Diese *indirekten Effekte* resultieren aus den Anteilen der direkten Einnahmen (im vorliegenden Beispiel werden für den Hotelbetrieb Einkünfte von 1.000 Geldeinheiten (= GE) im Jahr angenommen), welche zur Entlohnung der Leistungen der Zulieferbetriebe von Gütern und Dienstleistungen verwendet werden müssen. Ebenso tragen die Ausgaben des touristischen Personals zu diesen indirekten Effekten bei (J.W. MUNDT, 1998).

In der Volkswirtschaftslehre dient der sog. *Einkommensmultiplikator (M)* zur Schätzung dieser indirekten Einkommenzuwächse, die sich in einer Region dadurch ergeben, daß ursprünglich im Tourismus entstandene Einkommen wieder und wieder ausgegeben werden und so weitere Einkommen entstehen. Er wird folgendermaßen berechnet:

$$M_E = \frac{\Delta Y_i - \sum_{j=1}^{n} \Delta Y_j}{T_i}$$

M_E Einkommensmultiplikator: Er gibt an, welches Gesamteinkommen (in Geldeinheiten) in einer Regionalwirtschaft als indirekte und induzierte Effekte aus einer Geldeinheit resultiert, die hier von den Touristen ausgegeben oder in die Tourismusinfrastruktur investiert wurde;

T_i Summe der Tourismusausgaben und –Investitionen in der Region i;

ΔY_i gesamtes zusätzliches Einkommen, das in der Region i über die indirekten und induzierten Effekte aller Netzstufen durch die direkten Tourismusausgaben und –Investitionen entstanden ist;

ΔY_j in der Region i entstandenes indirektes und induziertes Einkommen aus dem Tourismus, das aus der Bezugsregion i in die Regionen j = 1 bis n abfließt, wo Unternehmen ihren Standort haben, die über Versorgungsnetze mit den touristischen Anbietern oder Investoren aus i verbunden sind.

In der Praxis ergeben sich schon bei der Berechnung von Einkommensmultiplikatoren für die *gesamte Wirtschaft* einer Region große Schwierigkeiten, etwa bei der Schätzung der induzierten zusätzlichen Einkommen mit ihren beiden Komponenten (Entlohnung für Vorleistungen zu den auf den regionalen Märkten direkt verkauften Gütern und Dienstleistungen bzw. zu den für ihre Herstellung getätigten Investitionen). Diese Probleme sind noch umfassender, wenn man nur die *touri-*

stisch relevanten Wirtschaftssektoren und ihre entsprechende Nachfrage betrachtet: Z.B. lassen sich die tourismusrelevanten Ausgaben der in- und ausländischen Nachfrager ohne umfangreiche Zusatzerhebungen meist nur grob schätzen, ebenso die Importanteile von Gütern und Dienstleistungen. Da die benötigten volkswirtschaftlichen Daten nur auf der gesamtstaatlichen Ebene vorliegen, muß man sie auf die einzelnen Tourismusregionen eines Landes, wo die dargestellten monozentralen Netze wirtschaftlich besonders relevant sind, disaggregieren. Dies ist aber oft nur auf der Basis von Schätzungen mit wieder meist nur beschränktem Genauigkeitsgrad möglich.

Aus all diesen Gründen liegen Berechnungen von Multiplikatoren des Tourismuseinkommens meist nur für ganze Staaten vor. Sie können auch nur „tendenziell" verglichen werden, da unterschiedliche Datengrundlagen und Schätzmethoden Verwendung finden. J.W. MUNDT (1998) hat aus der Literatur (1989 – 1996) einige Beispiele für *interne Tourismusmultiplikatoren* zusammengestellt (Tabelle 4.1). Es lassen sich hier aber doch zwei wesentliche ökonomische Effekte von monozentralen Versorgungsnetzen feststellen:

Tabelle 4.1:   Multiplikatoren des Tourismuseinkommens in verschiedenen Staaten (nach: J. W. MUNDT, 1998)

Staat	Einkommensmultiplikator
Türkei	1,96
Ägypten	1,23
Jamaika	1,23
Dominikanische Republik	1,20
Zypern	1,14
Bermuda	1,09
Hong Kong	1,02
Mauritius	0,96
Antigua	0,88
Seychellen	0,88
Bahamas	0,79
Fidschi Inseln	0,72
Cayman Islands	0,65
British Virgin Islands	0,58
Solomon Islands	0,52
Palau	0,50
West Samoa	0,39

- die Auswirkungen des *Entwicklungsstandes einer regionalen Wirtschaft*: Je mehr von den Touristen nachgefragte Produkte „innerhalb" der monozentralen Netzwerke eines Staates (einer Region) erzeugt und angeboten werden können, desto größere Werte erreicht der Indikator des internen Tourismuseinkommens. Hingegen werden Entwicklungsländer, welche nicht dazu in der Lage sind, die im internationalen Tourismus nachgefragten, differenzierten und qualitativ hochwertigen Güter und Dienstleistungen selbst herzustellen, zu umfangreichen Importen gezwungen, wodurch sich die erzielten Einkommen wesentlich verringern (siehe etwa die niedrigen Werte der Multiplikatoren für verschiedene karibische und pazifische Inselstaaten);
- die *Auswirkungen von touristischen Wachstumszyklen*: In der Wachstumsphase des Tourismus müssen in die Infrastruktur der betroffenen Regionen umfangreiche Investitionen getätigt werden (Flughäfen, Straßen, Hotels, Lift-Seilbahnanlagen etc.), welche dann in hohen Multiplikatoren ihren Niederschlag finden (siehe etwa die Werte für die Türkei und Ägypten). In der Reife- oder gar in der Schrumpfungsphase einer Tourismusregion reduzieren sich die indirekten Effekte der monozentralen Netze sehr wesentlich (Bedeutungsverlust der Bauwirtschaft; Rationalisierungseffekte, z.B. Personaleinsparungen).

Wegen der dargestellten Probleme bei der Berechnung von Einkommensindikatoren wird zur Erfassung der regionalen wirtschaftlichen Effekte von monozentralen organisatorischen Netzwerken oft vom sog. *Wertschöpfungsmodell* ausgegangen: Hier versucht man, die in jeder relevanten Branche über die verschiedenen Netzstufen (siehe Abbildung 4.1) erbrachten Vorleistungen zu den touristischen Endprodukten zu erfassen, meist bezogen auf die Bruttowertschöpfung (Wert des betreffenden Produktes bzw. der betreffenden Dienstleistung minus des Wertes der von anderen Unternehmen bezogenen Inputs, wobei auch die Importe entsprechend berücksichtigt werden). Das Wertschöpfungsmodell erfordert umfangreiche empirische Datengrundlagen, welche aus Befragungen der Gäste über ihr Ausgabeverhalten zu gewinnen sind (direkter touristischer Umsatz) sowie aus Befragungen der Tourismusbetriebe und der Unternehmen der Wertschöpfungskette, d.h., der verschiedenen Stufen monozentraler Netze (direkte und indirekte touristische Umsätze, Vorleistungen, Investitionen, Einkommen).

Trotz einiger methodischer Bedenken (Definition von „Tagesbesuchern", Auswahl der Stichprobe; siehe: J.W. MUNDT, 1998) stellt die Studie von H. RÜTTER, H. R. MÜLLER, D. GUHL und J. STETTLER (1995) über die *regionale Wertschöpfung des Tourismus im Kanton Bern* eine der umfassendsten einschlägigen Untersuchungen in der Tourismusforschung dar. Abbildung 4.2 zeigt die analysierten Wertschöpfungsketten sowie die Erhebungsmethoden der Studie. Insgesamt ergab sich für das Jahr 1994 ein Beitrag des Tourismus zur Bruttowertschöpfung des Kantons Bern von 8,3 %, und 9,7 % der Beschäftigten verdanken ihre Arbeitsplätze der touristischen Nachfrage. Auf einen Schweizer Franken direkter touristischer Wertschöpfung entfallen 81 Rappen, die im Rahmen der Vorleistungen anderer Wirtschaftsbranchen verdient wurden, von jedem Arbeitsplatz im Tourismus hängen 0,62 Arbeitsplätze in den vorgelagerten Branchen ab. In Tabelle 4.2 sind einige Wirtschaftszweige zusammengefaßt, welche im Rahmen der monozentralen

Abbildung 4.2:   Wertschöpfungsketten des Tourismus und Erhebungsmethoden der Studie für den Kanton Bern (nach: H. RÜTTER;
H. R. MÜLLER; D. GUHL; J. STETTLER, 1994)

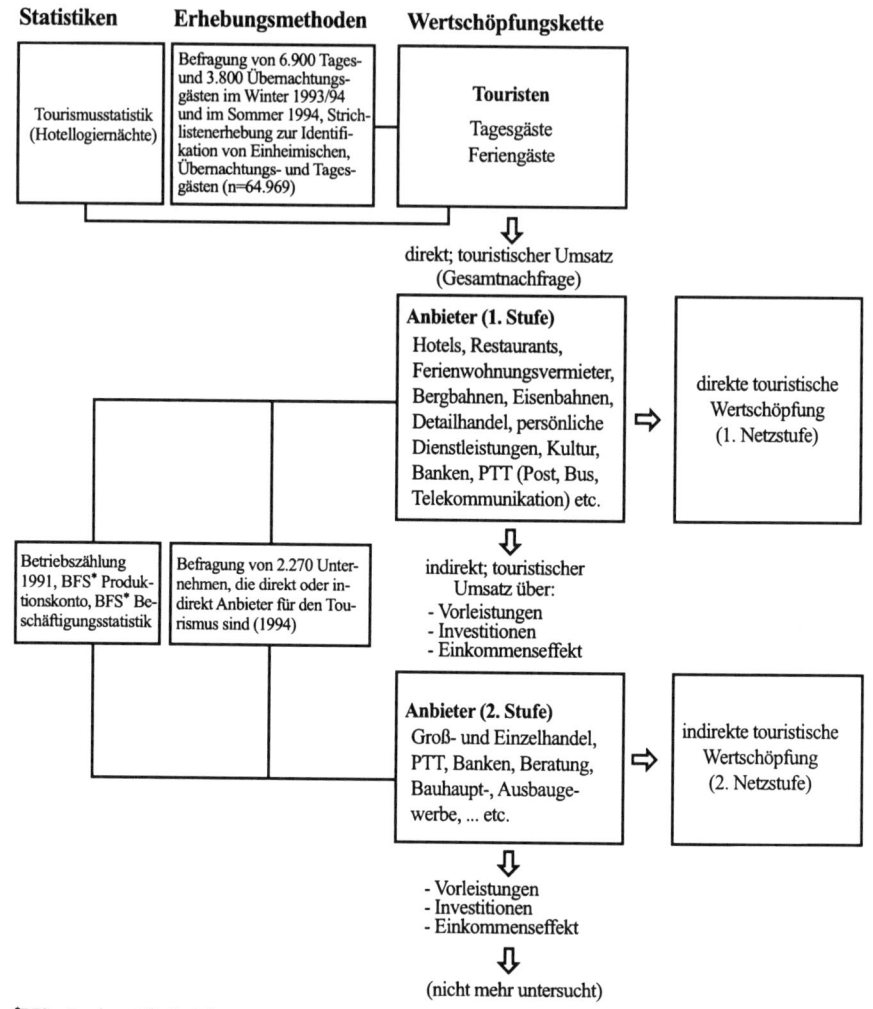

*BFS = Bundesamt für Statistik

Tabelle 4.2: Wirtschaftszweige in Teilregionen des Kantons Bern, die von den indirekten Effekten des Tourismus profitieren (nach: H. RÜTTER; D. GUHL; H. R. MÜLLER, 1996)

Wirtschaftszweig/Region	Touristischer Anteil am Gesamtumsatz in %		
	direkt induziert	indirekt induziert	Total
Großhandel			
Berner Oberland	0,5	11,0	11,5
Berner Mittelland	0,0	2,3	2,3
Stadt Bern	0,0	3,0	3,0
Berner Jura	0,0	5,5	5,5
Mittelbünden	2,0	20,0	22,0
Nachrichtenübermittlung (PTT)			
Berner Oberland	20,0	8,0	28,0
Berner Mittelland	4,5	2,0	6,5
Stadt Bern	5,0	3,0	8,0
Berner Jura	3,5	1,0	4,5
Mittelbünden	40,0	12,0	52,0
Banken			
Berner Oberland	13,0	17,0	30,0
Berner Mittelland	2,0	6,0	8,0
Stadt Bern	2,0	7,0	9,0
Berner Jura	3,0	5,0	8,0
Mittelbünden	33,0	12,0	45,0
Versicherungen			
Berner Oberland	6,0	10,0	16,0
Berner Mittelland	1,0	2,0	3,0
Stadt Bern	1,5	2,5	4,0
Berner Jura	1,0	1,0	2,0
Mittelbünden	15,0	30,0	45,0
Getränkeindustrie			
Berner Oberland	0,1	45,0	45,1
Berner Mittelland	0,2	25,0	25,2
Stadt Bern	0,2	25,0	25,2
Berner Jura	3,0	55,0	58,0
Mittelbünden	0,0	0,0	0,0

Wirtschaftszweig/Region	Touristischer Anteil am Gesamtumsatz in %		
	direkt induziert	indirekt induziert	Total
Holzbearbeitung			
Berner Oberland	13,0	6,5	19,5
Berner Mittelland	0,5	1,5	2,0
Stadt Bern	0,0	4,0	4,0
Berner Jura	3,5	4,5	8,0
Mittelbünden	3,0	13,0	16,0
Graphische Erzeugnisse			
Berner Oberland	1,0	19,0	20,0
Berner Mittelland	0,0	3,0	3,0
Stadt Bern	1,0	3,0	4,0
Berner Jura	0,0	2,0	2,0
Mittelbünden	2,0	60,0	62,0
Bauhauptgewerbe			
Berner Oberland	9,0	12,5	21,5
Berner Mittelland	0,2	4,5	4,7
Stadt Bern	0,0	3,0	3,0
Berner Jura	3,0	6,5	9,5
Mittelbünden	2,0	26,0	28,0
Ausbaugewerbe			
Berner Oberland	2,0	18,0	20,0
Berner Mittelland	1,0	3,0	4,0
Stadt Bern	0,0	4,5	4,5
Berner Jura	1,2	6,5	7,7
Mittelbünden	5,0	49,0	54,0
Energie-, Wasserversorgung			
Berner Oberland	3,0	11,0	14,0
Berner Mittelland	0,6	0,8	1,4
Stadt Bern	0,0	1,0	1,0
Berner Jura	2,5	1,5	4,0
Mittelbünden	8,0	13,0	21,0

Abbildung 4.3: Direkte und indirekte regionalwirtschaftliche Effekte des Tourismus im Bregenzerwald (nach: B. BREZINA; K. CERON; W. FEILMAYR; G. GRABHER; H. STRÖBINGER, 1986)

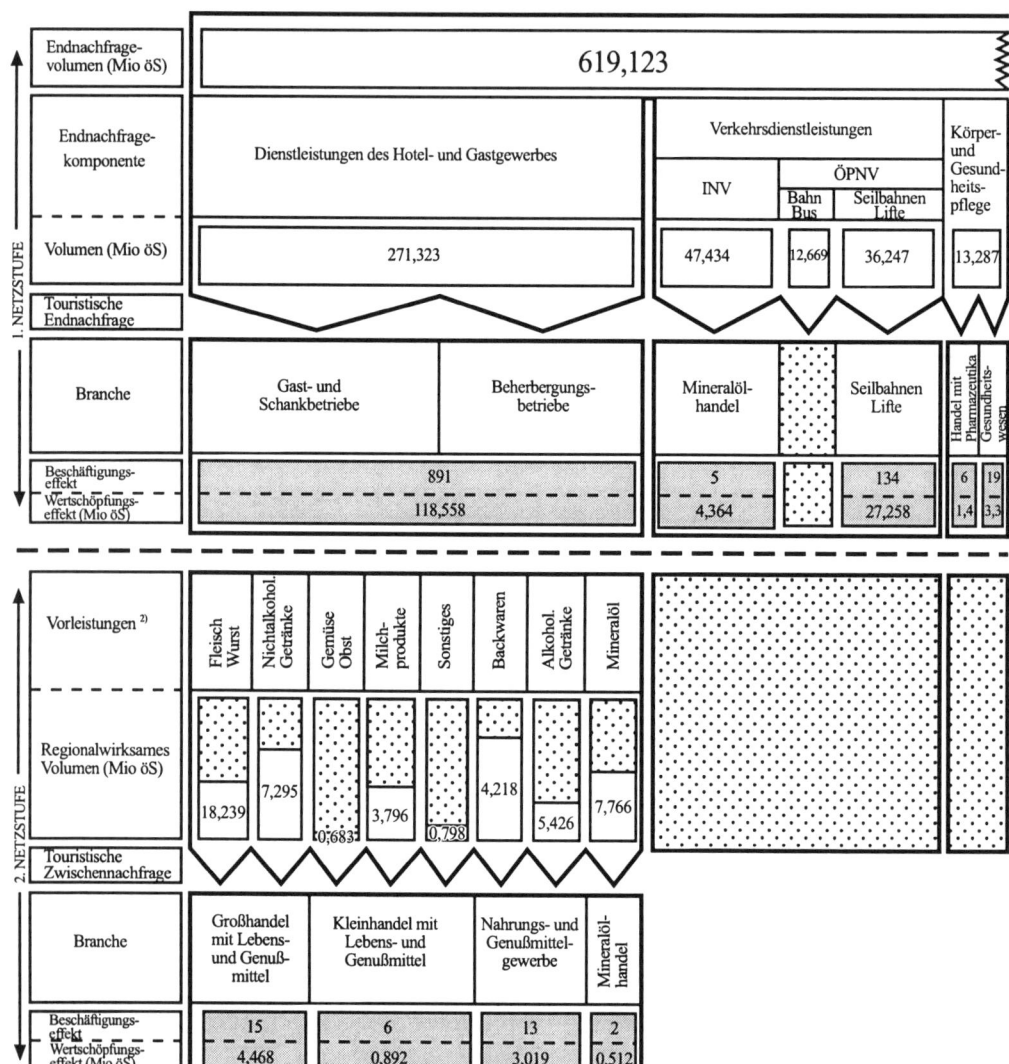

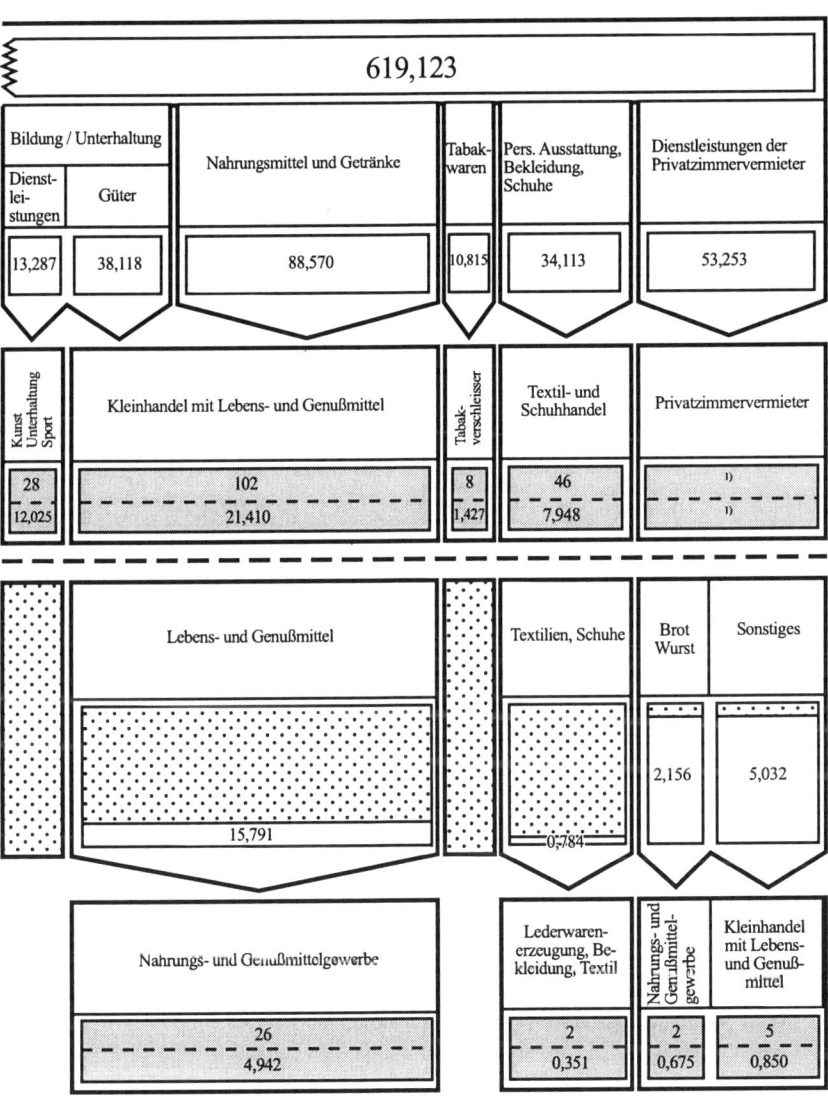

619,123					
Bildung / Unterhaltung		Nahrungsmittel und Getränke	Tabakwaren	Pers. Ausstattung, Bekleidung, Schuhe	Dienstleistungen der Privatzimmervermieter
Dienstleistungen	Güter				
13,287	38,118	88,570	10,815	34,113	53,253

Kunst Unterhaltung Sport	Kleinhandel mit Lebens- und Genußmittel		Tabakverschleisser	Textil- und Schuhhandel	Privatzimmervermieter
28	102		8	46	1)
12,025	21,410		1,427	7,948	1)

Lebens- und Genußmittel		Textilien, Schuhe	Brot Wurst	Sonstiges
			2,156	5,032
15,791		0,784		

Nahrungs- und Genußmittelgewerbe	Lederwarenerzeugung, Bekleidung, Textil	Nahrungs- und Genußmittelgewerbe	Kleinhandel mit Lebens- und Genußmittel
26	2	2	5
4,942	0,351	0,675	0,850

:::::: regional nicht wirksam bzw. regionalwirtschaftlich irrelevant

1) nicht quantifizierbar   2) „Ganzjahresbeschäftigtenäquivalent"

Versorgungsnetze in den verschiedenen Teilregionen des Kantons Bern im besonderem Ausmaß von den indirekten Effekten des Tourismus profitieren.

In einer Studie über die *Bedeutung des Fremdenverkehrs in der Regionalentwicklung des Bregenzerwaldes* (im österreichischen Bundesland Vorarlberg; B. BREZINA, K. CERON, W. FEILMAYR, G. GRABHER, N. STRÖBINGER, 1986) werden u.a. die regionalen Defizite in der Versorgung mit tourismusrelevanten Gütern und Diensten über die monozentralen organisatorischen Netze aufgezeigt. Ausgewählte Ergebnisse sind in Abbildung 4.3 dargestellt. Man kann erkennen, daß in die – stark landwirtschaftlich orientierte – Region nicht nur die Vorleistungen für die Angebotsbereiche des individuellen und öffentlichen (einschließlich Seilbahnen und Lifte) Verkehrs, der Gesundheits- und Körperpflege, der Dienste aus Kultur und Unterhaltung sowie der Bekleidung und ihrer Accessoires von „außen" importiert werden müssen, sondern auch größere Anteile des touristischen Nahrungsmittel- und Getränkebedarfes. Durch entsprechende Planungsmaßnahmen sollte die regionsinterne Produktion von qualitativ höherwertigen Nahrungsmitteln und Getränken für den Tourismusbedarf gefördert werden, ebenso ihre Vermarktung über die monozentralen Versorgungsnetze.

4.2.2   Multizentrale Versorgungsnetzwerke

Wie oben schon angeführt dienen multizentrale Versorgungsnetzwerke der Gewährleistung eines touristischen Leistungsbausteins, der auf verschiedenen Standorten angeboten wird. Hier bestehen verschiedene Formen der Vernetzung (siehe auch C. STAUDACHER, 1995):

1) *Kooperative Beziehungen* zwischen selbständigen Unternehmen als im Prinzip gleichrangige Partner, welche wenigstens teilweise auf informellen Regeln beruhen, wobei auch die sozialen Beziehungen und das daraus resultierende Vertrauen zwischen den Entscheidungsträgern eine Rolle spielen. Die anfallenden Arbeitsprozesse werden zerlegt und aufgeteilt, auch unter Benutzung der Infrastruktur der Partner im Netzwerk. Als Beispiele solcher kooperativer Beziehungen können Verbünde von Liftgesellschaften angeführt werden, ebenso tourismusbezogene Gemeinschaftsinitiativen von sonstigen Verkehrsunternehmen (etwa der „Freizeitbus" im bayerischen Naturpark Altmühltal), Kooperationen von Landwirten bei der Direktvermarktung ihrer Produkte an die Touristen etc.

2) *Hierarchische Kooperationen* zwischen selbständigen Unternehmen, wobei ein Leitunternehmen die Kontrolle ausübt. *Franchisesysteme* im Hotelwesen oder in der Gastronomie bilden die besten Beispiele für ein solches Vernetzungsprinzip. Hier führen die Hotelbesitzer des Netzes ihre Betriebe auf eigenes Risiko, nutzen aber gegen Gebühr den Markennamen des Franchisegebers, benutzen sein Vertriebssystem, erhalten u. U. auch Hilfeleistungen bei der Finanzierung, Betriebsführung sowie im Ausbildungsbereich und müssen sich zu Qualitätskontrollen verpflichten. *Managementverträge* bilden eine weitere Form der hierarchischen Kooperati-

on, die immer häufiger eingegangen wird. Hier trägt das leitende Unternehmen –
gegen eine an den Umsatz oder an den Gewinn gekoppelte Managementgebühr –
die Risiken der im Netzwerk verbundenen Betriebe mit und stellt dafür den Markennamen und sein unternehmerisches Potential zur Verfügung.

3) Schließlich befinden sich im Fall von *Unternehmensketten* alle Betriebe des Netzwerkes im Besitz von großen Konzernen oder von Holdings mit Beteiligungen
und Anlagen in oft sehr unterschiedlichen Branchen. Die Netze (Filialsysteme,
Zweigbetriebsnetze, Tochtergesellschaften, Repräsentanzen etc.) sind ausdifferenziert und werden durch ein internes, mehr oder minder hierarchisches Regel-
system zusammengehalten. Unternehmensketten von Hotels, Restaurants, Kre-
ditkartengesellschaften, Autovermietungen, Spielcasinos, Golfanlagen etc. bilden die entsprechenden Beispiele. Ihre räumliche Verbreitung ist sehr variabel
und reicht von der regionalen Ebene bis in globale Dimensionen.

Unternehmensketten und hierarchische Kooperationen stellen die dominanten Formen der Vernetzung in der *internationalen Hotelerie* dar. Die wesentlichen Merkmale und Entwicklungstendenzen der multizentralen Netze dieser Schlüsselfunktionen im internationalen Tourismus sollen hier kurz dargestellt werden, vor allem
unter Bezug auf K. VORLAUFER, (2000), der vier Phasen der Diffusion von großen
US-amerikanischen aber auch von europäischen Hotelketten unterscheidet:

– In der *ersten Phase* (bis ca. 1950/55) bildeten sich zunächst Unternehmenket-
  ten in den USA (z.B. HILTON ab 1919) und in Europa (ACCOR in Frankreich),
  deren multizentrale Netze auf die nationalen Territorien beschränkt bleiben.
– Die *zweite Entwicklungsphase* (ca. 1955 – 1970) ist durch die vorerst verhaltene
  transnationale Expansion gekennzeichnet, wobei die großen Fluggesellschaften
  eine wesentliche Rolle spielten (Evolution der „primären Verkehrsnetze" auf der
  Basis von düsengetriebenen Großraumflugzeugen; siehe Abschnitt 5.3.2.1), welche ihren Gästen im Ausland touristische Enklaven (siehe Abschnitt 2.3.3) mit
  vertrauten Milieus und gehobenem Standard bieten wollten (z.B. die INTER CON-
  TINENTAL-Hotels der PAN AMERICAN WORLD AIRLINES). Diese ersten
  multizentralen Netze entwickelten sich zunächst in Nachbarstaaten bzw. in Ländern aus dem gleichen Sprach- und Kulturkreis sowie nach dem „Hierarchieprin-
  zip" zuerst in den bedeutenden Wirtschaftszentren der Industriestaaten: z.B. inve-
  stierten die US-Ketten in Südamerika (HILTON eröffnete den ersten Betrieb außerhalb der USA 1949 in Puerto Rico) und in Europa; die französische ACCOR
  Gruppe expandierte in den ehemaligen französischen Kolonialraum und der spanische Konzern SOL MELIÁ begann mit der Internationalisierung seines Netzes
  in Lateinamerika.
– In der *dritten Phase* des Wachstums und der Verdichtung der internationalen
  multizentralen Netze drangen die Luxushotels der Unternehmensketten in die
  Hauptstädte aller bedeutenderen Staaten vor, während es in Westeuropa, in den
  USA, in Kanada und Japan, zum Teil auch in Südostasien zur zunehmenden Dif-
  fusion in wichtige Tourismuszentren und Sekundärstädte kam. Hierarchische
  Kooperationsformen (Franchise- und Managementverträge) gewannen als neue

Filialisierungsstrategien (Verteilung des Risikos auch auf andere, meist inländische Investoren) an Bedeutung gegenüber den Eigentumsbetrieben der Unternehmensketten.

– Schließlich ist die etwa 1985 – 1995 einsetzende und noch nicht abgeschlossene *Phase der Globalisierung und Konzentration* der Hotelketten durch die weitgehende Durchdringung des Weltmarktes (Öffnung der sozialistischen Staaten wie etwa Rußland, China, Vietnam, Kuba) gekennzeichnet, wo die multizentralen Netze immer weiter in die touristisch genutzten Peripherräume vordringen und praktisch in allen Ferienregionen rund um den Globus präsent sind. Im Rahmen dieser Globalisierung kommt es zu bedeutenden Änderungen der Netzstrukturen, der wirtschaftlichen Formen der Vernetzung, der Eigentumsverhältnisse, der Unternehmenskulturen sowie der Produktstrategien.

Alle diese grundlegenden Veränderungen werden einerseits durch die *Vorteile der Internationalisierung* erst ermöglicht und tragen andererseits wieder zur verstärkten räumlichen Diffusion bei gleichzeitiger Konzentration der wirtschaftlichen Macht auf immer wenigere große Anbietergruppen bei. Zu den strategischen Vorteilen der globalen Unternehmensketten zählen ihre großen Finanzreserven und – als Aktiengesellschaften und börsennotierte Unternehmen – ihr besserer Zugang zu den Kapitalmärkten, ebenso ihre Kapazitäten bezüglich Werbung, Verkaufsförderung und Public Relations, wodurch, bei Umlegung der Kosten auf alle Betriebe, landes- oder gar weltweite Kampagnen durchgeführt werden können (etwa: Kundenbindung durch VIP- oder „Club"-Karten). Unternehmenseigene Reservierungssysteme schaffen weitere Wettbewerbsvorteile, dazu kommen noch: wesentliche Kosteneinsparungen durch den zentralen Einkauf für die Ausstattung und den Betrieb der Hotels (somit ergeben sich Bedeutungsgewinne von multizentralen Versorgungsnetzen gegenüber den oben dargestellten monozentralen, im standörtlichen Umfeld der einzelnen Betriebe verankerten Netzwerke); Rationalisierungsvorteile durch den Know-How-Bestand bezüglich des Baus und der Ausstattung der Teilbetriebe sowie bezüglich der Betriebsführung (bei oft hohem Niveau der Standardisierung in allen diesen Bereichen); schließlich nicht unerhebliche Beschäftigungsanreize für qualifiziertes Personal (bessere Karrierechancen als in kleinen und mittleren Unternehmen).

Wie dies bei der Mehrzahl der großen transnationalen Konzerne der Fall ist, haben sich auch die *Netzwerkstrukturen* der Hotelketten im Verlauf des Globalisierungsprozesses entscheidend geändert. Die besonders in den beiden ersten Diffusionsphasen charakteristischen multizentralen Netzwerke des „Centralized Hub" (wo alle entscheidenden Planungs- und Leitungsfunktionen im Zentrum der Unternehmenskette konzentriert sind, was heute noch am ehesten bei den japanischen Konzernen der Fall ist) und der „Coordinated Federation" (wo den – meist nationalen – Tochtergesellschaften ein gewisser eigener Entscheidungsspielraum gewährt ist, allerdings unter intensiver Kontrolle der Zentrale; C. A. BARTLETT, S. GHOSHAL, 1992) wurden „devertikalisiert" und den globalen Konkurrenzbedingungen angepaßt. Heute setzen sich *„Integrierte Netzwerkmodelle"* durch. Hier haben die Hauptverwaltungen ihre Leitungsfunktionen mehr oder minder verloren und die Steuerung der Netze erfolgt gemeinsam mit den Tochtergesellschaften, welche unter den neuen Rahmenbedingungen viel besser dazu in der Lage sind, sich auf die Besonderheiten ihrer regionalen Märkte einzustellen (C. A. BARTLETT, S. GHOSTHAL, 1992). Die stärkste derartige Dezentralisierung weist das – nach dem Franchising-Prinzip organisierte – multizentrale Netz der BEST WESTERN-Kette auf. Als weitere Beispiele können auch CHOICE HOTELS INTERNATIONAL, die viertgrößte Hotelgesellschaft der Welt, genannt werden (mit Hauptsitz in den USA und einer weitgehend selbständigen europäischen Tochter, die ihrerseits wieder in Länderzentralen untergliedert ist), ebenso die SHERATON- und die INTER CONTINENTAL-Gruppe (K. VORLAUFER, 2000). Hand in Hand mit diesen jüngeren Modifikationen in den organisatorischen Netzwerken der internationalen Hotelerie gehen die fortschreitende *Konzentration der Kapazitäten* auf die großen Konzerne sowie wesentliche Veränderungen in den *Eigentumsverhältnissen*: So hat sich in den Jahren von 1981 bis 1998 die Zahl der Hotels in den 100 weltgrößten Gesellschaften von ca. 11.000 auf ca. 34.000 erhöht, gleichzeitig ist der Anteil der zehn größten Ketten in diesem Angebotssegment von 55 % (1986: 50 %) auf an die 70 % (= ca. 4,3 Mio. Gästezimmer) gestiegen (K. VORLAUFER, 2000, siehe auch Tabelle 4.3). Während in den Anfangsphasen der Entwicklung vor allem die großen Fluggesellschaften in das Hotelgeschäft eingestiegen sind (siehe oben), und sich später die großen Reiseveranstalter auch in der Hotellerie ihrer wichtigsten Destinationen engagiert haben, gehen die großen *Fusionen* und *Übernahmen* im letzten Jahrzehnt auf den Einstieg kapitalstarker Holdings mit Schwerpunkten in ganz anderen Branchen zurück, z.B. auf die britische Großbrauerei BASS, heute das zweitgrößte Hotelunternehmen der Welt (u.a. mit der INTER CONTINENTAL- und der HOLIDAY-INN-Kette). Eine große Rolle spielen auch (Immobilien-)Investment-Trusts, welche Steuervorteile nutzten, die in den USA bis Ende der 90er Jahre bestanden (sie erlaubten den Holdings gleichzeitig Hotelimmobilien und Hotelmanagementgesellschaften zu besitzen und so Abschreibungsvorteile zu luckrieren): So übernahm der REIT (Real Estate Investment Trust) STARWOOD z.B. die Ketten SHERATON und WESTIN, sein Zimmerbestand erhöhte sich dadurch von 10.800 (1995) auf 215.000 (1998). Angestrebt wird bei STARWOOD der Aufbau einer weltweiten Dachmarke mit den Teilmarken: SHERATON, WESTIN, CIGA, ST. REGIS, FOUR POINTS, THE LUXURY COLLECTION W-HOTELS sowie mit der Casinogesellschaft CEASARS WORLD. Zu diesem Verbund soll zukünftig auch SHERATON-ARABELLA gehören, ein Gemeinschaftsunternehmen von STARWOOD mit der deutschen SCHÖRGHUBER-Gruppe. Unter dem gesteigerten Wettbewerbsdruck sind auch die beiden seit 1965 getrennten Luxusketten HILTON CORP./USA und HILTON INT./GB wieder eine Marketing-Allianz (u.a. gemeinsames Verkaufs- und Bonussystem) eingegangen. Neben diesen Formen des Zusammenschlusses von Unternehmensketten wird der Konzentrationsprozeß vor allem auch durch die weltweite Ausbildung von *hierarchischen Kooperationen* (Franchising, Managementverträge, siehe oben) getragen (K. VORLAUFER, 2000). Als Beispiel kann hier der gegenwärtige Marktführer der Hotelketten CENDANT angesehen werden (siehe Tabelle 4.3), ein US-Trust, der in verschiedenen Angebotsbereichen tätig ist, gleichzeitig aber auch die größte Franchise-Organisa-

Tabelle 4.3:   Die Top-Ten der Bettenkonzerne (nach: T. HARTUNG, 2000)

Platz	Gruppe	Zimmer	Hotels	Länder	Marken
1	Cendant	598.000	6.300	20	Days Inn, Ramada (nur USA), Howard Johnson, Super 8, Travelodge (nur Nordamerika), Knights Inn, Villager Lodge, Wingate Inn
2	Bass	450.000	2.800	90	Holiday Inn, Express by Holiday Inn, Crown Plaza, Intercontinental, Forum, Staybridge
3	Choice	402.350	5.009	36	Clarion, Quality, Comfort, Sleep, Rodeway, Econo Lodge, Mainstay Suites
4	Accor	365.690	3.314	80	Sofitel, Novotel, Mercure, Coralia, Ibis, Etap, Formule 1, Motel 6, Red Roof Inn, Parthenon
5	Marriott	356.000	1.875	56	Marriott, Ritz-Carlton, New World, Renaissance, Ramada International, Executive Residence, Courtyard, Residence Inn, Towne Place Suites, Spring Hill Suites, Fairfield Inn, Vacation Club
6	Hilton	350.000	1.900	50	Hilton, Conrad Hilton Garden Inn, Red Lion, Stakis, Doubletree, Embassy Suites, Homewood Suites, Hampton Inn
7	Best Western	312.650	4.020	84	Best Western
8	Starwood	217.650	716	80	Sheraton, Ciga, St. Regis, Westin, Luxury Collection, Four Points, W Hotels
9	Carlson	113.400	565	54	Regent, Radisson, Country Inns
10.	Hyatt	83.000	200	37	Hyatt Hotels, Hyatt Regency, Park Hyatt, Parkroyal, Centra, Travelodge (Asien)

tion der Welt (u.a. mit den Marken RAMADA, DAYS INN und HOWARD JOHN-SON) besitzt. Dem Bettengiganten mit einem hochverdichteten Netz in den USA, das gegenwärtig international ausgebaut wird, gehört selbst nicht ein einziges Hotel (T. HARTUNG, 2000).

Mit ihren ausdifferenzierten multizentralen Netzen, den großen Marktanteilen und ihrem immer stärkeren Einfluß auf die wirtschaftlichen, sozialen und politischen Strukturen der Gastländer sind die großen Ketten auch immer mehr dazu in der Lage, ihre *Unternehmenskulturen* weltweit zu verbreiten. Während die Entscheidungsträger in den Managementzentralen der Hotelkonzerne als touristische „Captains of Culture" (siehe Abschnitt 3.4.4) in den ersten beiden Entwicklungsphasen oft ihre heimischen Wert- und Normensysteme auch in den ausländischen Filialen zu etablieren versuchen, so daß sich die Gäste der „touristischen Enklaven" hier wie zu Hause fühlen konnten (als gutes Beispiel einer solchen Strategie kann der französische CLUB MED genannt werden; K. VORLAUFER, 1994), so sind heute an die Stelle dieser *ethnozentrischen Ausrichtung* zumeist Unternehmenskulturen getreten, in denen sich geozentrische und polyzentrische kulturelle Elemente mit unterschiedlicher Gewichtung kombinieren. Die *geozentrische Ausrichtung* der Unternehmenskultur orientiert sich an dem übergreifenden multikulturellen System von Regeln, das im Welttourismus immer mehr an Bedeutung gewinnt (siehe Abschnitt 2.3.3). Diesem Trend zum „homo touristicus internationalis" soll durch ein weltweit ähnliches Angebot an globalen „Layers of Culture" (siehe Abschnitt 3.4.4) Rechnung getragen werden. Allerdings steht einem Übermaß an Standardisierung ein anderes touristisches Grundbedürfnis entgegen, nämlich die Sehnsucht nach dem Erleben fremder und möglichst exotischer Milieus, oder vielmehr ihrer Abbilder in den entsprechenden touristischen Perspektiven der Zielregionen (siehe Abschnitt 2.4). Daher darf auch die *polyzentrische kulturelle Ausrichtung* der touristischen Enklaven nicht vernachlässigt werden. Das schon erwähnte BALI HILTON (Abschnitt 2.3.3.; Abbildung 2.9) bildet ein gutes Beispiel einer solchen kombinierten Unternehmenskultur: Hinsichtlich der Ausstattung und der Serviceleistungen wird hier der gehobene internationale Standard geboten, aber die Architektur der baulichen Anlagen, die Innenausstattung, die Gartengestaltung, die Bekleidung des Personals, eine ganze Reihe von Ritualen im Betreuungsverhalten gegenüber den Gästen, Teile des Angebotes an Speisen und Getränken, das Veranstaltungsangebot, die im Hotel verkauften kunstgewerblichen Produkte etc. sind an der traditionellen balinesischen Kultur orientiert.

In den *Produkt- und Marketingstrategien* der transnationalen Ketten erkennt man vor allem zwei recht deutlich ausgeprägte Trends: Zum einen kann eine große Hotelkette nur dann auf den globalen Märkten bestehen, wenn sie nicht nur (wie dies in den ersten Entwicklungsphasen meist der Fall war) im oberen Marktsegment der Luxushotels vertreten ist, sondern Hotels mit *verschiedenen Standards* anbietet. Eine solche Strategie der Marktdurchdringung ist in letzter Zeit etwa von der ACCOR-Gruppe (gegenwärtig der viertgrößte Global Player, siehe Tabelle 4.3) verfolgt worden, mit den Marken SOFITEL (4 Sterne), IBIS/URBIS, NOVOTEL und MERCURE (2 bis 3 Sterne) und den „Billighotels" der Marke FORMULE 1 (1 Stern). Zum anderen beginnt sich eine *Spezialisierung der Hotelketten* auf verschiedene Nachfragergruppen und Urlaubsstile abzuzeichnen (Stadt- und Kongreßhotels, Sporthotels, Wellness- und Fitneßhotels u.s.w.). SHERATON kann hier als Beispiel dienen mit den SHERATON BUSINESS HOTELS, den SHERATON CONVENTION HOTELS (als Kongreß-, Tagungs- und Messezentren), den SHERATON LUXURY HOTELS (gehobener Städtetourismus), den SHERATON RESORTS (Strandhotels, sowie andere landschaftlich attraktive Standorte), den SHERATON INNS (für Geschäftsreisende und Familien in kleineren Agglomerationen oder im suburbanen Raum der Metropolen) und schließlich den SHERATON-ALL-SUITES, die den anspruchsvollen Gästen Mehr-Zimmer-Einheiten anbieten (K. VORLAUFER, 2000).

4.3   Organisatorische Netzwerke „zweiter Ordnung": Vermarktungsnetzwerke

4.3.1   Grundstrukturen

Organisatorische Netzwerke bilden – wie oben (siehe Abschnitt 4.1) dargestellt – die Grundvoraussetzung für das Funktionieren der touristischen Netzwerke. Hierbei dienen die organisatorischen Netzwerke „zweiter Ordnung" sowohl der Erstellung als auch der Vermittlung von *komplexeren touristischen Gesamt- und Teilan-*

geboten, also von kombinierten Angebotselementen touristischer Aktionsräume bzw. von Verkehrsdienstleistungen für die An- und Abreise. Diese hier kombinierten Einzelelemente werden alle von den organisatorischen Netzwerken „erster Ordnung" bereitgestellt.

Im Prinzip können die Nachfrager Funktionen von touristischen Netzwerken „zweiter Ordnung" selbst übernehmen: Sie treffen aus den in einem Aktionsraum oder entlang einer Route verfügbaren (bzw. ihnen subjektiv bekannten) touristischen Leistungsbausteinen (als kleinste auf dem Markt gehandelte Angebotselemente) eine bestimmte Auswahl und bestellen die betreffenden Leistungen dann selbst – im Briefverkehr, über Telephon, Fax oder Mail – bei ihren Produzenten. So sie über das notwendige Know-How und die technischen Einrichtungen verfügen, können die touristischen Nachfrager fallweise auch auf die im Internet „öffentlich" zugänglichen Computer-Reservierungs-Systeme (CRS) und auf die sonstigen Web-Online-Reservierungsdienste der einzelnen Anbieter der verschiedenen Leistungsbausteine zurückgreifen. In all diesen Fällen handelt es sich um ein *individuelles organisatorisches Netzwerk* oder um einen *„direkten" (one-level) Vertriebskanal* nach R. A. COOK, L. J. YALE und J. J. MARQUA (1999; siehe Abbildung 4.4).

In der Regel nehmen die Urlauber aber spezielle „Vermittlungsfunktionen" in Anspruch, welche zwischen die Konsumenten und Produzenten touristischer Leistungsbausteine geschaltet sind. Seit den ersten unternehmerischen Initiativen von Thomas COOK im Jahr 1841 bilden vor allem die *Reisevermittler (Reisebüros)* solche Schaltstellen im Rahmen von Vertriebsprozessen, die auf *zwei Netzebenen* (Anbieter von Leistungsbausteinen – Reisevermittler – Nachfrager: siehe Abbildung 4.4) ablaufen. Im Rahmen dieser Prozesse werden Informationen, geschäftliche Kontakte und Geld über die entsprechenden „primären Netzwerke", z.T. auch im persönlichen Kontakt zwischen den Agenten und ihren Kunden, vermittelt und ausgetauscht, wobei vor allem die folgenden *„Transaktionsschritte"* von Bedeutung sind:

–   Transaktionen von Informationen (über Leistungsbausteine, Zielregionen, Rahmenbedingungen etc.) von den Anbietern touristischer Leistungsbausteine zu den Reisevermittlern;

–   Weitergabe dieser Informationen, oft in strukturierter, komprimierter und selektiver Form, durch die Agenten (z.B. am Counter der Reisebüros) an die Kunden; Beratung der Nachfrager unter Berücksichtigung ihrer in den Präferenzordnungen erster und zweiter Stufe (siehe Abschnitt 3.4.1) enthaltenen Urlaubsansprüche sowie ihrer Kaufkraft; Erstellung von an diese Rahmenbedingungen angepaßten Reiseplänen und Reiseprogrammen durch die Agenten;

–   Übermittlung der für die Realisierung dieser Reiseprogramme notwendigen Buchungen und Bestellungen durch die Reisevermittler an die Anbieter der verschiedenen touristischen Leistungsbausteine (Flug-, Bahn-, Kreuzfahrtlinien, Autovermietungen, Hotelsektor, Veranstalter verschiedener Ausflüge oder sonstiger Urlaubsaktivitäten, Theater, Veranstalter von Events, Erlebniswelten, Reiseversicherungen etc.);

– Überweisungen von Geld für die bestellten touristischen Leistungen von den
  Kunden zu den Reisevermittlern und von hier – nach Abzug von Kommissionen
  für die Vermittlungstätigkeiten – zu den Anbietern.

Die Konsumation der bestellten Angebote erfolgt „vor Ort" in den Behavior Settings der touristischen Aktionsräume bzw. der verschiedenen Verkehrssysteme (siehe die Ausführungen über die Angebotsstrukturen in Abschnitt 2).

Durch die Netzebene von Reisevermittlern ergeben sich für die Urlauber eine Reihe
von *Vorteilen*, etwa bezüglich der Versorgung mit Informationen und der dazu notwendigen Beschaffungsaufwände, der fachkundigen Beratung, der zentralen Reservierung von touristischen Leistungen, der Übernahme von kommerziellen Risiken
sowie manchmal auch durch die Weitergabe von Preisvorteilen, welche die Reisevermittler bei der Vorbuchung (oder beim Ankauf) von größeren Angebotskapazi-
täten erzielen können.

Für die Aktivitäten der Reisevermittler stellen die großen *Computer-Reservierungs-
Systeme* (CRS) unentbehrliche Instrumente dar, die seit Anfang der 70er Jahre zunächst für die Fluglinien eingerichtet wurden, heute aber eine viel umfangreichere
Palette von einzelnen touristischen Leistungsträgern umfassen. Dies gilt ebenso für
die „offenen" Systeme. Solche „offenen" Internet-Dienste ermöglichen es den Nachfragern aber auch, die Reisevermittler wenigstens teilweise zu umgehen. Besonders
die in jüngerer Zeit etablierten *touristischen Informationssysteme* (deren Buchungsoptionen sukzessive ausgebaut werden; siehe Abschnitt 4.3.3) entwickeln sich zu
immer bedeutenderen Instrumenten bezüglich der Verkürzung von zweistufigen
Vertriebswegen.

Vertriebsprozesse, die über *drei Netzebenen* ablaufen, sind der zwei-Ebenen-Variante
der Vermarktungsnetzwerke sehr ähnlich (J. KRIPPENDORF, 1971). Während hier aber
die Nachfrager selbst oder ihre Reisevermittler *individuelle und flexible Kombinationen* touristischer Leistungsbausteine erstellen, werden auf der dritten Netzebene *standardisierte Kombinationen (Pauschalangebote)* von Leistungsbausteinen „vorprodu-
ziert" und in der Regel wieder über die Reisevermittler auf dem Markt angeboten
(siehe Abbildung 4.4). Solche „Package-Angebote" beinhalten oft alle, zumindest aber
zwei der folgenden Leistungsbereiche: Transport, Unterkunft, Verpflegung, Unterhaltung, Sightseeing (R A. COOK, L. J. YALE, J. J. MARQUA, 1999). Ein entsprechender
„Produktionsprozeß" umfaßt nicht nur die Zusammenstellung von bedürfnisgerech-
ten Arrangements und die Organisationsleistungen zur Kombination der involvierten
Einzelanbieter, sondern auch eine – die einzelnen Dienstleistungsketten übergreifen-
de – Betreuung der Gäste vor Ort. Die Hauptproduzenten dieser integrierten Urlaubsangebote sind vor allem *Reiseveranstalter*, z.T. aber auch kooperative *Tourismusorganisationen*. Bezüglich der Vertriebsprozesse auf den drei Netzebenen zeich-
nen sich mit der Bedeutungszunahme der elektronischen Medien Veränderungen ab,
die zukünftig wohl sehr einschneidend sein werden (siehe Abbildung 4.4):

Abbildung 4.4:   Grundstrukturen touristischer Vermarktungsnetzwerke

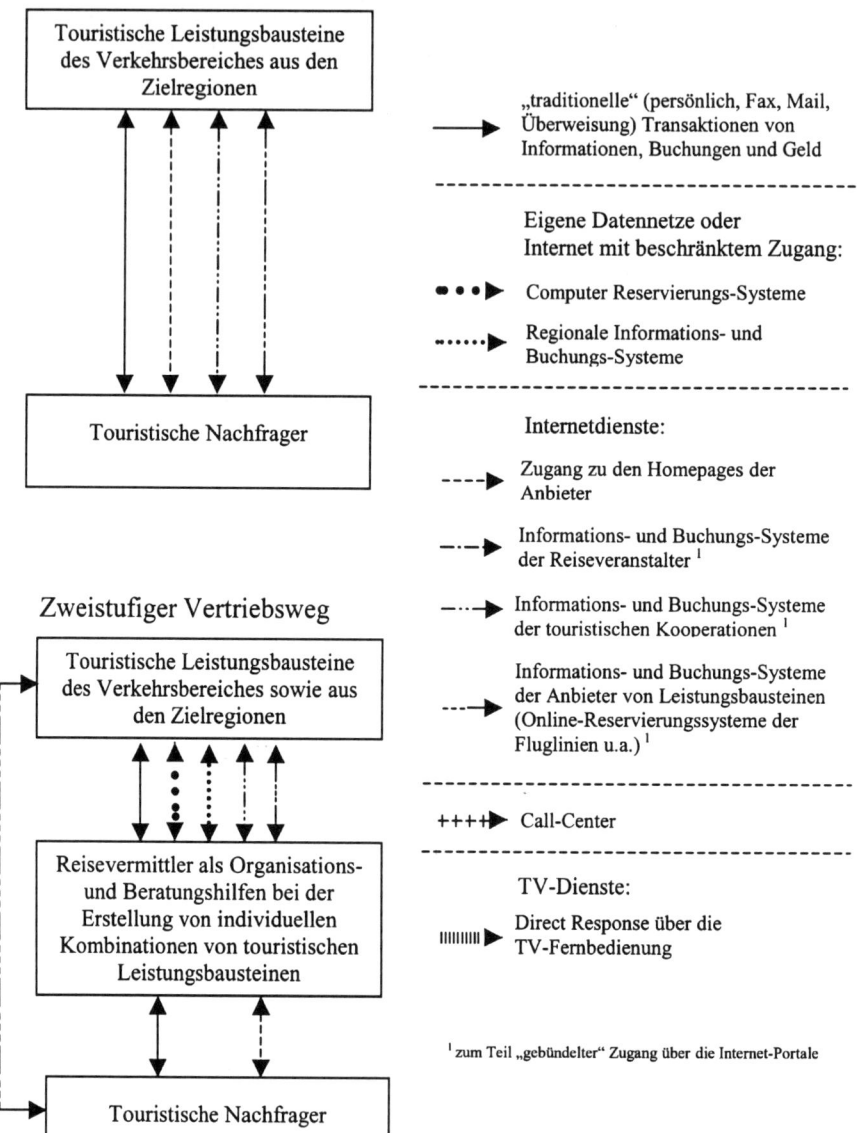

Einstufiger („direkter") Vertriebsweg

| Touristische Leistungsbausteine des Verkehrsbereiches aus den Zielregionen |

→ „traditionelle" (persönlich, Fax, Mail, Überweisung) Transaktionen von Informationen, Buchungen und Geld

Eigene Datennetze oder Internet mit beschränktem Zugang:

●●●▶ Computer Reservierungs-Systeme

▪▪▪▪▪▪▶ Regionale Informations- und Buchungs-Systeme

| Touristische Nachfrager |

Internetdienste:

---▶ Zugang zu den Homepages der Anbieter

—··▶ Informations- und Buchungs-Systeme der Reiseveranstalter [1]

Zweistufiger Vertriebsweg

—···▶ Informations- und Buchungs-Systeme der touristischen Kooperationen [1]

| Touristische Leistungsbausteine des Verkehrsbereiches sowie aus den Zielregionen |

---▶ Informations- und Buchungs-Systeme der Anbieter von Leistungsbausteinen (Online-Reservierungssysteme der Fluglinien u.a.) [1]

| Reisevermittler als Organisations- und Beratungshilfen bei der Erstellung von individuellen Kombinationen von touristischen Leistungsbausteinen |

++++▶ Call-Center

TV-Dienste:

▌▌▌▌▌▌▌▶ Direct Response über die TV-Fernbedienung

| Touristische Nachfrager |

[1] zum Teil „gebündelter" Zugang über die Internet-Portale

Abbildung 4.4: Grundstrukturen touristischer Vermarktungsnetzwerke (Fortsetzung)

Dreistufiger Vertriebsweg

```
                    ┌──────────────────────────────┐
          ┌────────▶│  Touristische Leistungsbausteine
          ┆         │  des Verkehrsbereiches sowie
          ┆         │  aus den Zielregionen        │
          ┆         └──────────────────────────────┘

  ┌──────────────────────────────┬──────────────────────────────┐
  │  Reiseveranstalter als       │  Touristische Kooperationen   │
  │  Produzenten von             │  als Produzenten von          │
  │  Voll- oder Teil-            │  Voll- oder Teil-             │
  │  Pauschalangeboten           │  Pauschalangeboten            │
  └──────────────────────────────┴──────────────────────────────┘

  ┌─────────────────────┬─────────────────┬─────────────────┐
  │ Reisevermittler als │ E-Commerce:     │ T-Commerce:     │
  │ Verkäufer von       │ elektronische   │ TV-             │
  │ Voll- oder Teil-    │ Reisebüros      │ Reisesender     │
  │ Pauschalangeboten   │                 │                 │
  └─────────────────────┴─────────────────┴─────────────────┘

  ┌────────────────────────────────────────────────────────────┐
  │              Touristische Nachfrager                        │
  └────────────────────────────────────────────────────────────┘
```

Dargestellt sind die häufigsten Informations-, Kommunikations- und Buchungskanäle

– Zum einen können Reisebürokunden mit Internet-Zugang über die Homepage ihres Reisebüros elektronische Informations-, Beratungs- und Buchungsdienste in Anspruch nehmen. Diese beziehen sich gegenwärtig vor allem noch auf Last-Minute-Angebote, bald aber wohl auch auf den gesamten Pauschalreisesektor. Hier verlaufen der Suchprozeß und die Buchung der gewählten Reise über sog. „*Internet Booking Engines*" (*IBE*), welche die Homepages der Reisevermittler mit den Rechnern der Reiseveranstalter (aber auch einzelner Leistungsträger) und mit den Computer-Reservierungs-Systemen verbinden. Dadurch werden dann die Reisen direkt im World-Wide-Web buchbar, wobei aber die Reisevermittler als Zwischenstationen noch erhalten bleiben (G. JEGMINAT; T. SCHÄFER; T. JÜNGERT; S. JUNGHÄNEL, 2000). Daneben wird auch der Vertriebsweg über „*Call Center*" – wo der telefonische Verkauf über geschulte Reiseberater abläuft – immer mehr ausgebaut.

- Zum anderen gewinnen aber – vor allem in den USA – *elektronische Online-Reisebüros* an Bedeutung, mit denen die etablierten Reisevermittler völlig zu umgehen sind (R. RETHFELD, 2001).
- Dies trifft auch für den Bereich des *T-Commerce (Direct-Response TV)* zu. Hier können die Kunden Pauschalangebote, die ihnen im Fernsehen vorgestellt werden, über Telefon (meist über eigene „Call Center" mit Verkäufern, die auf Provisionsbasis arbeiten), Fax oder Mail bei den Sendern oder bei den Reiseveranstaltern buchen.
- Schließlich bieten verschiedene Reiseveranstalter und touristische Kooperationen ihre Produkte auch bereits direkt im Internet an, umgehen mit ihren Internet-Portalen und Buchungsmaschinen (siehe Abschnitt 4.3.3.2) die Reisebüros und ersparen sich die Zahlung von Kommissionen. Dadurch wird der dreistufige Vertriebsprozess auf zwei Stufen verkürzt (siehe Abbildung 4.4).

Da der Reiseverkauf nicht mit einer unmittelbaren physischen Lieferung verbunden ist, kann man annehmen, daß sich die Inanspruchnahme der Dienstleistungen von Reisevermittlern immer mehr auf die Informations-, Such- und Buchungsmaschinen des Cyberspace verlagern wird. Dies gefährdet mittelfristig die Existenz der im „realen" Raum lokalisierten Reisebüros und führt zur wesentlichen Umgestaltung der organisatorischen Netzwerke „zweiter Ordnung".

Es zeigt sich also, daß besonders die großen Reiseveranstalter, welche im internationalen Tourismus zentrale wirtschaftliche Machtpositionen erreicht haben, sehr sensibel auf die Möglichkeiten der neuen elektronischen Medien reagieren. Die meisten von ihnen befinden sich heute im Besitz von internationalen Holdinggesellschaften, welche in verschiedenen Branchen aktiv sind. Ihre Kundeneinzugsbereiche bleiben zwar zumeist auf einzelne Staaten oder Staatengruppen beschränkt. Im Angebotsbereich agieren sie aber weltweit. Auf ihre organisatorischen Netze wird im Folgenden besonders eingegangen.

4.3.2   Reiseveranstalter

In Tabelle 4.4 ist der Produktionsablauf einer Flugpauschalreise (nach W. HOFMANN, 2000) kurz dargestellt. Hier soll die Funktion eines organisatorischen Netzwerkes „zweiter Ordnung" veranschaulicht werden, in dessen Zentrum ein Reiseveranstaltungs-Unternehmen steht. Die unterschiedlichen *„Produktionsphasen"* werden, in der Regel zeitversetzt, zweimal im Jahr durchlaufen – für die Sommer- und für die Wintersaison. Hierbei sind die Übergänge meist fließend und die Phasen überschneiden sich: z.B. beginnt der Sommereinkauf bereits, während an der analogen (Kataloge) und der digitalen (Reservierungs-, Informations-Systeme) Darstellung der Winterangebote noch gearbeitet wird. Entscheidend ist ein möglichst früher Termin der Buchungsfreigabe, um gegenüber der Konkurrenz genügend Zeitvorsprung zu gewinnen, für die begleitenden Werbekampagnen bzw. für die Kunden mit längerfristiger Urlaubsplanung.

In die erste Phase – die *Planung* der verschiedenen Pauschalangebote – sind vor allem die firmeninternen Netze involviert (Geschäftsleitung, Einkauf: Hotel und Flug, Vertrieb, Marketing, Finanzen, touristische Dienste), zusätzlich aber auch die externen Beratungsdienste, etwa in der touristischen Konsum- und Verhaltensforschung oder im Bereich der Werbung (als wichtige Elemente der Planungs-, Marketing- und Werbenetzwerke, auf die in Abschnitt 4.4 eingegangen wird). Mit Hilfe der in Tabelle 4.4 genannten Grundlagen wird zunächst ein Grob-Konzept entwickelt, das dann die Basis für die Detailpläne (meist im Flug-, Unterkunfts- und Zielgebietsbereich) sowie für die Werbemaßnahmen bildet.

In der zweiten Phase des *Einkaufs* der fremden Dienstleistungen, besonders von Angeboten im Verkehrs- und Unterkunftsbereich, sowie der *Einrichtung der Zielgebietsorganisationen* laufen die Aktivitäten vor allem über die firmenexternen organisatorischen Netze ab, in den Verkaufsabteilungen der Fluggesellschaften und Hotelketten sowie bei den Anbietern und Behörden in den Zielregionen. Es werden die Flug- und Transferleistungen (wöchentliche Transportketten) eingekauft, und zwar in Form von *Teil-* bzw. *Splitcharterverträgen*, wobei die Fluggesellschaften ihre Kapazitäten mehreren Veranstaltern anbieten, oder im *Subcharter*: Hier tritt ein Veranstalter als Alleinabnehmer auf (und kassiert dafür unter Umständen Mengenrabatte). Das Unternehmen haftet dann allerdings gegenüber der Fluglinie für die Zahlungen von anderen Reiseveranstaltern, denen es Flugplätze weiterverkauft. Die Verhandlungen mit den Anbietern auf dem Beherbergungssektor orientieren sich vor allem an den Ergebnissen der Vorsaison, an Art und Umfang der Zusatzleistungen (siehe Tabelle 4.4), an eventuellen Angebotsverbesserungen in den Betrieben und in der Region sowie an der Konkurrenzsituation: Gelingt es einem Reiseveranstalter ein bestimmtes Hotel günstiger einzukaufen als seine Konkurrenz, so wird die gleiche Leistung unter Umständen in verschiedenen Katalogen (bzw. auf den Homepages der Veranstalter) zu deutlich differierenden Preisen angeboten: Es kann zu *Preiskämpfen* und zu entsprechend geschmälerten Renditen kommen. Daher bevorzugen die Reiseveranstalter Häuser, über deren Kapazitäten sie mehr oder minder exklusiv verfügen können. Die großen Anbieter bauen in den wichtigsten Destinationen ihre eigenen Zielgebietsorganisationen auf. Bleibt das Gästevolumen in einer Destination aber gering, so werden für die in Tabelle 4.4 angeführten Aufgabenbereiche – teilweise oder vollständig – die Dienste einer *Incoming-Agentur* in Anspruch genommen. Dies senkt einerseits die Kosten, andererseits verliert der Veranstalter aber an eigener Identität, da seine Kunden gemeinsam mit Urlaubern, die seine Konkurrenten gebucht haben, betreut werden. Besonders nachteilig wirkt sich die Sammelreiseleitung für Gäste aus unterschiedlichen Sprachräumen aus. Während all die genannten Einkaufs- und Organisationsaktivitäten über die Netzwerke der Zielregionen ablaufen, erfolgt der Einkauf von Werbung und Public Relations bei den verschiedenen Medien sowie die Vorbereitung der entsprechenden Kampagnen über die *Marketing- und Werbenetzwerke* (siehe Abschnitt 4.4) am Unternehmensstandort des Veranstalters bzw. in den Heimatregionen seiner Kunden.

Tabelle 4.4:   „Produktionsphasen" einer Flugpauschalreise (nach: W. HOF-MANN, 2000, verändert)

Planung

1. Bestandsaufnahme, Marktsituation und Marktprognosen
eigene und generelle Buchungsentwicklung (gesamte Marktsegmente, einzelne Destinationen); Wandel der Präferenzen und der Einkommenssituation, Änderungen im Käuferverhalten, Angebots-, Preisentwicklung; politische, soziale Umweltsituation in den einzelnen Destinationen; Analyse der Konkurrenzsituation (generell, nach Zielgebieten).

2. Marketingkonzept
Gestaltung der anzubietenden Produkte, Zielgruppen der touristischen Nachrage, vorgesehene Preisgestaltung, Vertriebs- und Werbestrategien; erwartete Teilnehmerentwicklung für die angebotenen Destinationen, Differenzierung nach: Hotelkategorien, Aufenthaltsdauer, sonstige beanspruchte Einrichtungen und Programme; Verteilung der prognostizierten Nachfrage über die Wochen der Saison.

3. Detailplanung für den Saisonverlauf
- Flugplan
- Bettenplan
- Planung der Zielgebietsorganisation (eigene Organisation oder Delegation der Aufgaben an eine Agentur)
- Werbeplan (Werbebudget, Medieneinsatz und zeitlicher Ablauf der Werbemaßnahmen).

Einkauf und Organisation vor Ort

1. Flugeinkauf
Verhandlungen mit den Fluggesellschaften bezüglich der Ausgestaltung der Transportketten zu den verschiedenen Destinationen im Saisonverlauf: Flugtage und Zahl der Umläufe (= Hin- und Rückflüge) je Woche, gesamte Kettenlänge (Umläufe je Saison); vorhergesehener Auslastungsgrad; Stationierung der eingesetzten Flugzeuge; Voll-, Teil- oder Subcharter bzw. Reservierung von Plätzen für Linienflüge; Kalkulation der Flugpreise.

2. Hoteleinkauf
Verhandlungen mit den Hotelgesellschaften über die 1) wöchentlichen Zimmerkontingente nach der Ausstattung, der Lage (z. B. Stockwerk, Meerblick, Garten oder Poolseite) und der Belegung, 2) die Einrichtungen (Swimmingpool, Restaurants, Geschäfte, Sportanlagen etc.), 3) die Verpflegung (Frühstück, Voll- oder Halbpension) sowie 4) die zusätzlichen Preiselemente oder −Ermäßigungen (Zustellbetten, Einzelbetten, Kinderermäßigung, Sonderpreise, z. B. 1 = 2 Wochen, Benutzungsgebühren etc.): Abschluß der Hotelverträge (z. B. Kontingent- oder Allotmentverträge, Garantieverträge) mit nach der „Einkaufssaison" (Auslastung des Zielgebietes) gestaffelten Einkaufspreisen; Einigung über die Zahlungsbedingungen (Vorauszahlung, Zahlung nach Rechnung).

3. Zielgebietsorganisation
Definition und personelle Zuordnung der Aufgabenbereiche: 1) Gästebetreuung: Organisation und Durchführung von Transfers, Unterstützung beim Einchecken im Hotel und am Flughafen, Sprechstunden, Verkauf sowie eventuelle Durchführung von Ausflügen und Rundreisen, Notfallhilfe, Reklamationsbearbeitung; 2) Management vor Ort: Bearbeitung von kurzfristigen Hotelanfragen, zusätzliche Bettenbeschaffung, Behördenkontakte, Leistungskontrolle der Hotels, der Busse etc.; 3) Unterstützung im Marketingbereich: Beobachtung des Einkaufsmarktes, Hotelbeschreibungen, Katalogkorrekturen, Bildbeschaffung, Abschluß von Hotelverträgen, Entwicklung von neuen Produktideen.

4. Organisation der Werbemaßnahmen
Verhandlungen mit Werbeagenturen und Medien, Vorbereitung der Werbekampagnen.

Kalkulation der Verkaufspreise für die Pauschalangebote

Festlegung der verschiedenen Saisonzeiten mit unterschiedlichem Preisniveau (nach den Ferien- und Urlaubsordnungen von Schulen und Großbetrieben in den Heimatregionen, den Reisegewohnheiten, den klimatischen Verhältnissen in den Zielgebieten etc); Orientierung an der Konkurrenz, Gewichtung der Deckungsbeiträge (Rohertrag plus Betriebskosten pro Teilnehmer und durchschnittlicher Reisedauer) aus denen die Reiseveranstalter ihre Betriebskosten abdecken und ihre Gewinne erwirtschaften müssen (die „touristischen Kosten": Flug, Hotel, Zielgebietsaufwand sind hier nicht berücksichtigt); Gewichtung der Abflughäfen (Zu- oder Abschläge vom „Basisflughafen").

Tabelle 4.4: „Produktionsphasen" einer Flugpauschalreise (nach: W. HOF-
MANN, 2000, verändert; Fortsetzung)

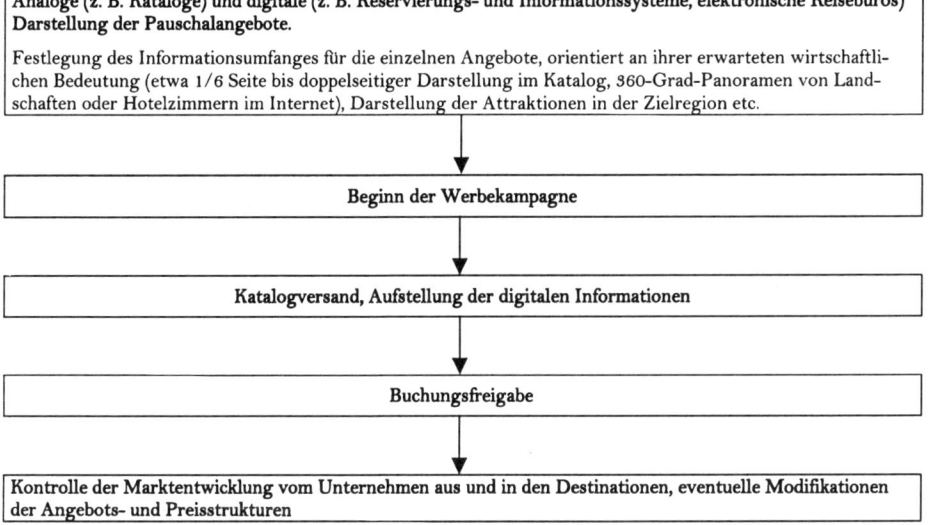

Analoge (z. B. Kataloge) und digitale (z. B. Reservierungs- und Informationssysteme, elektronische Reisebüros)
Darstellung der Pauschalangebote.
Festlegung des Informationsumfanges für die einzelnen Angebote, orientiert an ihrer erwarteten wirtschaftlichen Bedeutung (etwa 1/6 Seite bis doppelseitiger Darstellung im Katalog, 360-Grad-Panoramen von Landschaften oder Hotelzimmern im Internet), Darstellung der Attraktionen in der Zielregion etc.

Beginn der Werbekampagne

Katalogversand, Aufstellung der digitalen Informationen

Buchungsfreigabe

Kontrolle der Marktentwicklung vom Unternehmen aus und in den Destinationen, eventuelle Modifikationen
der Angebots- und Preisstrukturen

Im Gegensatz zu diesen außenorientierten Aufgabenfeldern konzentrieren sich die
Maßnahmen der dritten „Produktionsphase" von Pauschalreisen – der *Kalkulation
der Verkaufspreise* – wieder im firmeninternen organisatorischen Netzwerk (Vertrieb, Finanzen). Da die Fremdleistungen (Transfer, Unterkunft, Agenturdienste)
in der Regel in der Landeswährung zu begleichen sind, stellen die Kalkulationskur-
se einen wichtigen Parameter für die in Tabelle 4.4 genannten Arbeitsschritte dar.
Dies gilt auch für die Kalkulation der tatsächlichen Auslastung der gekauften Flug-
kapazitäten (oft werden ca. 89 % angenommen) sowie der reservierten Hotelbetten.
Zum Beispiel verringerte sich im Jahr 1999 das Nachfragevolumen für die Türkei
um ca. 20 %. Für die Veranstalter, welche hier größere Kalkulationsrisiken eingegangen sind, ergaben sich schwere Verluste (W. HOFMANN, 2000).

Die vierte Phase des Produktionsablaufes – die *Darstellung der Pauschalangebote*
in den verschiedenen Medien – erfolgt teils firmenintern, teils in Zusammenarbeit
mit den Dienstleistungen (Graphik und Design, Druck, Softwareproduktion etc.)
der Marketing- und Werbenetzwerke.

In den Phasen fünf, sechs und sieben – *Beginn der Werbekampagne, Katalogversand
und Aufstellung der digitalen Informationen* in den speziellen Datennetzen der Reservierungssysteme bzw. im World-Wide-Web sowie *Buchungsfreigabe* – werden
die Pauschalangebote schrittweise auf die Reisemärkte gebracht. Die *Kontrolle der
Marktentwicklung* während der saisonalen Laufzeit der Angebote sowie eventuelle
Marktanpassungen (Modifikationen von Produkten oder Preisen) erfolgen in der

Regel zentral am Unternehmenssitz, wobei Informationen aus den organisatorischen Netzen in den Zielgebieten sowie aus den Marketingnetzwerken die entscheidenden Inputs bilden.

Diese hier kurz skizzierten Strukturen der Vermarktungsnetzwerke von Reiseveranstaltern veranlassen die marktbeherrschenden Unternehmen, hinter denen – wie oben schon erwähnt – große Kapitalgesellschaften und Banken, Handelskonzerne sowie auch staatliche Beteiligungen stehen, zu umfangreichen Diversifizierungsstrategien. Vor allem gewinnt hier die Risikoabsicherung durch *vertikale Verflechtungen* immer mehr an Bedeutung: Jeder große Reisekonzern bietet seine Produkte nicht nur unter verschiedenen Veranstaltermarken (Pauschalveranstalter und Bausteinveranstalter) an, sondern ist auch in den vor- und nachgelagerten Wertschöpfungsstufen engagiert. Hier spielen vor allem Fluglinien, Ketten von Hotels und Reisevermittlern, Incoming-Agenturen in den Zielgebieten, Computer-Reservierungs-Systeme und Hersteller von Tourismus-Software eine entscheidende Rolle: Immer mehr gehen sie entweder in den vollen Besitz der Großveranstalter über oder diese sind zu wesentlichen Anteilen an ihnen beteiligt (W. FREYER, 2000). So haben etwa alle deutschen Großanbieter in den letzten Jahren ihre Übernachtungskapazitäten durch die teilweise oder vollständige Übernahme von Hotelketten deutlich ausgeweitet. Dies gilt vor allem für die im Besitz des ehemaligen Stahlkonzerns PREUSSAG stehende TUI: Im Jahr 2000 umfaßten ihre internationalen Hotelbeteiligungen 104.000 Betten, die vor allem in Spanien, Deutschland, Tunesien, Griechenland sowie in der Türkei und in Österreich lokalisiert sind. Damit zählt die TUI auch zu den großen Hotelunternehmen der Erde (K. VORLAUFER, 2000). Karte 4.1 zeigt das Verteilungsmuster des TUI-Bettenangebotes sowie auch die Standorte der Charterflugunternehmen, der Teilveranstalter mit eigenen Marken und der Zielgebietsagenturen. Abbildung 4.5 gibt einen Überblick über die Struktur der Touristikgruppe des Lebensmittelkonzerns REWE mit seiner Dachmarke LTT (LTU Touristik GmbH; H. BERNINGER, 2001). Auch hier ist zu erkennen, wie die Großveranstalter versuchen, wesentliche Teile ihrer ursprünglich externen organisatorischen Netzwerke zu internalisieren.

Karte 4.1 und Abbildung 4.5 machen auch deutlich, daß die großen Reiseanbieter mit ihren *Angeboten* weltweit agieren und praktisch in allen wichtigen Zielgebieten vertreten sind. Bezüglich der *Nachfrageorientierung* ihrer organisatorischen Netzwerke sind solche Globalisierungstendenzen allerdings nicht festzustellen: Hier agieren die Reisekonzerne vorwiegend *„national"*, d.h., sie orientieren die Angebotsstrukturen und das Image ihrer verschiedenen Veranstaltermarken vorwiegend an den Präferenzen und Reisegewohnheiten der Bürger der einzelnen Staaten. Dies trifft auch dann zu, wenn etwa ein kleinerer nationaler Markt von der Tochter eines ausländischen Großveranstalters dominiert wird, und gilt besonders für die unteren und mittleren Angebotskategorien: „Der Gast entscheidet. Uns ist klar, daß sich eine internationale Belegung für manche Regionen oder Häuser ausschließt" (R. CORSTEN, Mitglied des PREUSSAG-Vorstandes im Interview mit K. HILDEBRANDT und M. KRANE, 2001, S. 20).

Karte 4.1:   Struktur und Standorte des TUI-Konzerns
              (nach: PREUSSAG, 2001 a und b)

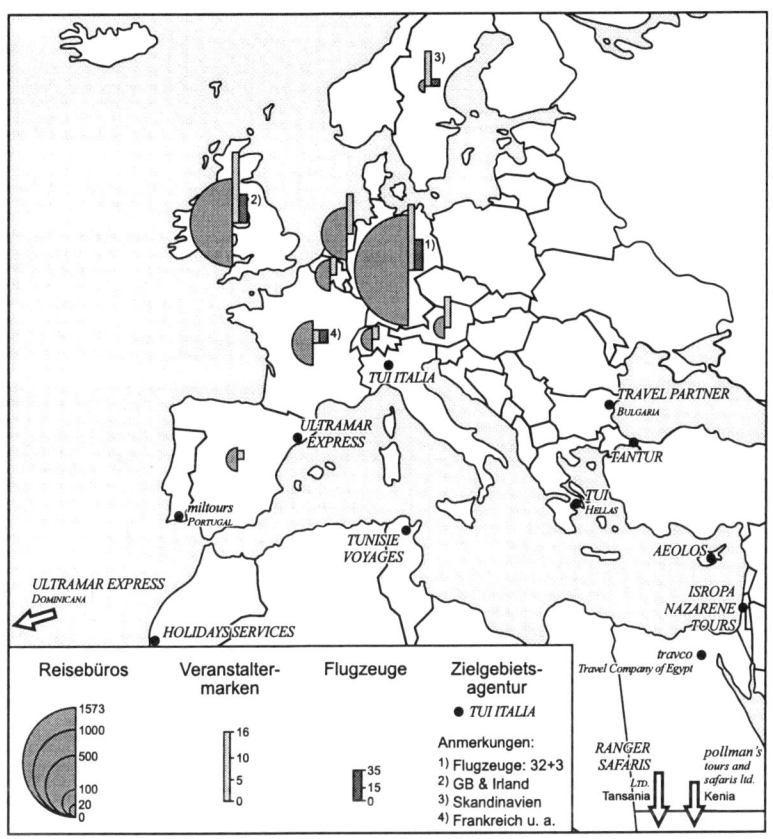

Portfolio der Qualitätshotels in der Gruppe PREUSSAG

	Länder	Hotels	Betten
RIU	Spanien, Portugal, Tunesien, Marokko, Zypern, Bulgarien, Mexiko, Karibik, USA	88	49.611
iberotel	Ägypten, Türkei	12	5.931
Grupotel	Spanien	34	12.787
GRECOTEL	Griechenland	14	7.471
ROBINSON	Deutschland, Österreich, Schweiz, Griechenland, Italien, Mexiko, Spanien, Tunesien, Türkei, Ägypten	25	12.552
Dorfhotel	Deutschland, Österreich, Ungarn	9	2.912
SWISS INN	Ägypten	7	2.228
Nordotel Startours	Spanien, Türkei	12	4.236
label Paladien	Tunesien, Korsika, Frankreich, Sizilien, Marokko, Griechenland, Westindische Inseln, Indischer Ozean, Senegal, Elfenbeinküste	22	6.899
Stand: Winter 00/01 **TOTAL**		**221**	**103.687**

Abbildung 4.5:   Die Struktur der Touristikgruppe des REWE-Konzerns
(nach: H. BERNINGER, 2001)

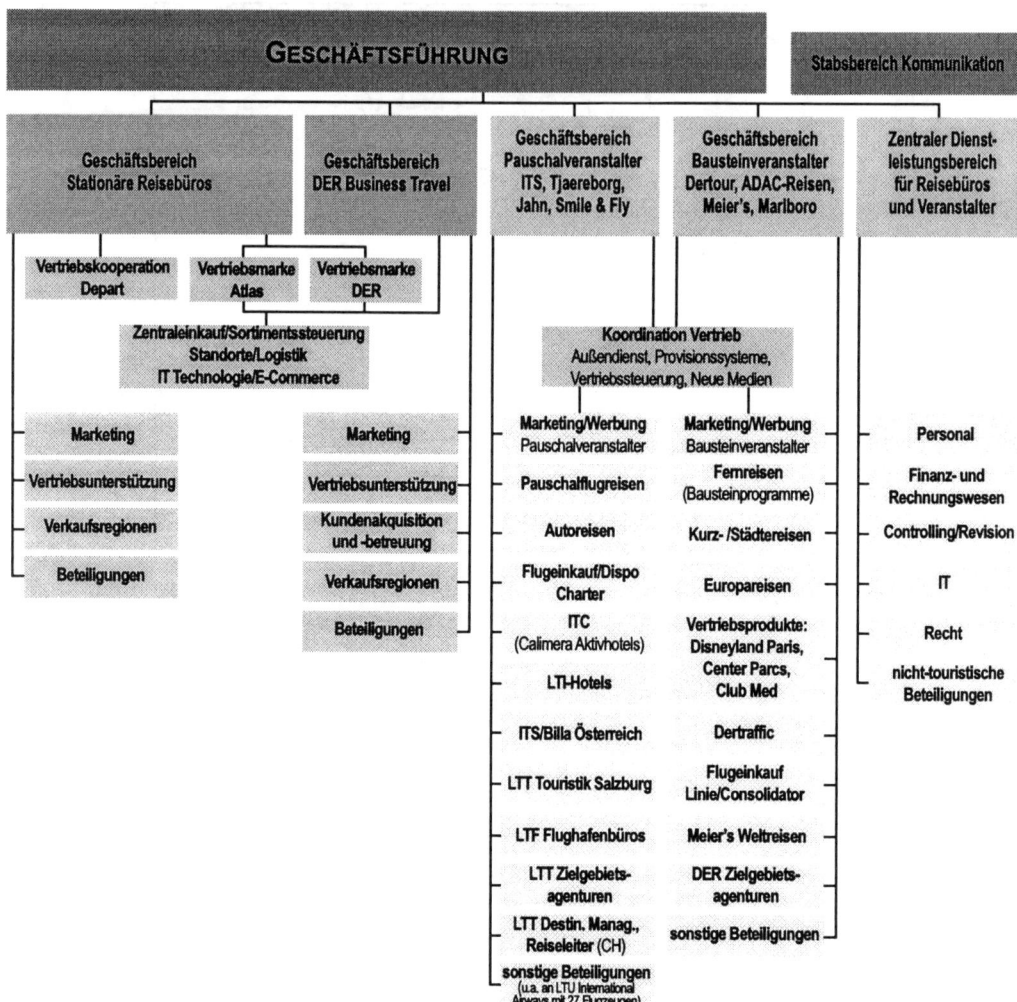

Jedoch läuft hinter dieser Kulisse der Orientierung von Angeboten an nationalen Nachfrage- und Präferenzstrukturen derzeit ein durch spektakuläre Übernahmen und Fusionen gekennzeichneter Prozeß der *„Europäisierung"* (W. FREYER, 2000) der großen Reisekonzerne ab, der wohl in absehbarer Zeit durch die „Globalisierung" der Anbieterstrukturen abgelöst werden wird. Wesentliche Motive für diese Integrationspolitiken stellen die *Synergieeffekte* dar, welche sich (trotz der relativ

kleinräumigen Nachfrageorientierung) durch die Zusammenschlüsse der – siehe oben
– schon vertikal ausgebauten organisatorischen Netzwerke der Großkonzerne ergeben. Hier spielt die *Bündelung der Einkaufsmacht* eine wesentliche Rolle, etwa bei
der Kerosinbeschaffung, beim Flugzeugkauf oder –Charter, bei den Leasingkondi-
tionen, bei der Bodenabfertigung und den Transferleistungen, bei Versicherungsab-
schlüssen, beim Einkauf von Betten etc. Neben diesen *Stückkostenvorteilen* können
aber auch *Auslastungsvorteile* erzielt werden, etwa im Flugbereich („Dreiecksflü-
ge"), bei den Zielgebietsagenturen und bei den Bettenangeboten.

Abbildung 4.6 zeigt das Ergebnis der im Jahr 2000 abgelaufenen *Fusionsprozesse
unter den europäischen Großveranstaltern:*

–   Zunächst hat der Branchenerste PREUSSAG-TUI den britischen Großveran-
    stalter THOMSON Travel Group, bisher die Nummer vier in Europa, um rund
    3 Mrd. € übernommen. Somit beläuft sich der gemeinsame Umsatz (1999) auf
    ca. 10,2 Mrd. €. Der neue Konzern kontrolliert nun an die 104.000 Betten (Ziel
    für 2003: 120.000) sowie über 90 Flugzeuge (BRITANNIA, HAPAG-LLOYD,
    CORSAIR) und deckt ca. 80 % des europäischen Outgoing-Marktes ab. In Euro-
    pa haben die Veranstaltermarken von TUI und THOMSON in Deutschland,
    Großbritannien, Irland, den Niederlanden, Frankreich, Finnland, Österreich und
    Polen die Marktführung inne; in Schweden, Norwegen, Dänemark und Belgien
    liegen sie an zweiter, in der Schweiz an dritter Stelle (K. HILDEBRANDT, M. KRANE,
    2001; G. SCHNABEL, A. E. RESCHENAUER, 2000).
–   C&N – der zweitgrößte deutsche Reiseveranstalter (Umsatz 1998: 6,8 Mrd. €) im
    Besitz der Handelskonzerne KARSTADT und QUELLE sowie der LUFTHAN-
    SA – hat sich, nach einem gescheiterten Versuch zum Erwerb von THOMSON,
    mit THOMAS COOK fusioniert, einem der wenigen (wie AMERICAN EXPRESS
    oder WAGON LITS) weltweit (mit ca. 5 Mio. Kunden) agierenden Reisevermitt-
    ler (u.a. mit Finanzdienstleistungen wie Geldwechsel). Als Veranstalter bietet THO-
    MAS COOK in Großbritannien und Irland 7 Marken an, wobei die Kernmarke
    (THOMAS COOK HOLIDAYS) das hochwertige Angebotssegment von C&N
    (NECKERMANN-Reisen) ergänzen soll, wo der „internationale" Gästemix bes-
    ser angenommen wird. Außerdem möchte C&N das Know-How von THOMAS
    COOK in der Internet-Technik nutzen (M. KRANE, 2000; K. HILDEBRANDT, 2000).
–   Im Gegenzug zu dieser deutsch-britischen Übernahme hat AIRTOURS, der Bran-
    chenzweite in Großbritannien, den deutschen Veranstalter FTI gekauft. Beide
    gemeinsam bilden nun mit einem Umsatz von etwas über 5,8 Mrd. € das dritt-
    größte europäische Reisekonglomerat.
–   Schließlich führte ein innerdeutscher bzw. deutsch-schweizer Deal zur Entste-
    hung des viertgrößten europäischen Reisegiganten. Die Touristikgruppe des
    Lebensmittelkonzerns REWE übernahm die angeschlagene Düsseldorfer LTU-
    Touristik aus dem Mehrheitsbesitz der SWISSAIR-Gruppe und erreichte da-
    durch einen wesentlichen vertikalen Ausbau ihrer organisatorischen Netze (etwa
    mit den Veranstaltermarken der LTU, JAHN-Reisen und MEIER'S-Weltreisen

Abbildung 4.6:   Die großen europäischen Reiseveranstalter (nach: G. SCHNABL,
A. E. RESCHENAUER, 2000; K. HILDEBRANDT, 2000)

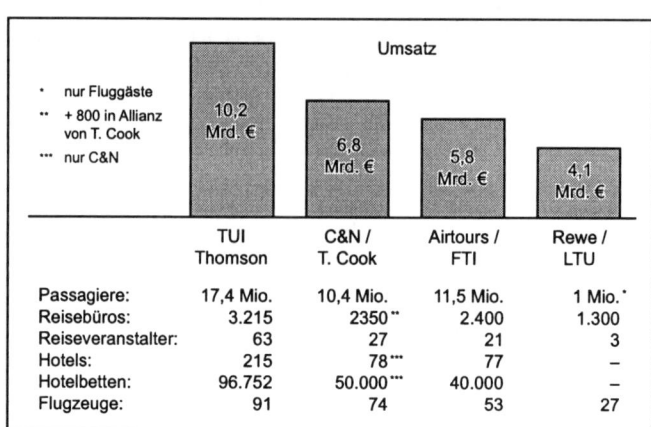

	TUI Thomson	C&N / T. Cook	Airtours / FTI	Rewe / LTU
Passagiere:	17,4 Mio.	10,4 Mio.	11,5 Mio.	1 Mio.*
Reisebüros:	3.215	2350**	2.400	1.300
Reiseveranstalter:	63	27	21	3
Hotels:	215	78***	77	–
Hotelbetten:	96.752	50.000***	40.000	–
Flugzeuge:	91	74	53	27

oder mit der 40 % Beteiligung am LTU-Lufttransportgeschäft, siehe Abbildung
4.5). Insgesamt entfällt auf die neue Gruppe (1999) ein Umsatz von ca. 4,1 Mrd. €
(H. BERNINGER, 2001; G. SCHNABEL, A. E. RESCHENAUER, 2000).

Wie oben schon angeführt, kann man davon ausgehen, daß sich das Übernahme-
und Fusionskarussell weiterhin drehen wird, vermutlich unter Beteiligung von „Glo-
bal-Players" aus Übersee. Hier spielen dann Synergieeffekte im Bereich der Computer-Reservierungs-Systeme und der verschiedenen Internet-Dienste mit Sicherheit
eine noch bedeutendere Rolle. Im nächsten Abschnitt wird auf die Strukturen dieser organisatorischen Netze näher eingegangen.

4.3.3   Elektronische Netzwerke

4.3.3.1   Computer-Reservierungs-Systeme

Die sog. *Computer-Reservierungs-Systeme (CRS)* stellen die ältesten elektronischen
Teileelemente von organisatorischen Netzwerken im Tourismus dar. Sie spielen vor
allem in den auf zwei und drei Teilebenen ablaufenden Vermarktungsnetzwerken
eine wichtige Rolle (siehe Abbildung 4.4). Hier bilden die CRS vor allem die Haupt-
vermittler von Informationsflüssen und Zahlungen zwischen bestimmten Leistungsträgern (besonders im Verkehrsbereich) auf der einen sowie den Reisevermittlern
und den Reiseveranstaltern auf der anderen Seite.

Die Computer-Reservierungs-Systeme wurden von den großen Fluggesellschaften
in den 60er Jahren des 20. Jh. entwickelt und bis Mitte der 70er Jahre – in der Zeit
der Liberalisierung des internationalen Flugverkehrs und der technologischen In-

novationen der Großraumjets – zu leistungsfähigen Netzen ausgebaut. Diese *geschlossenen Computersysteme* mit eigenen (terrestrischen oder satellitengesteuerten) Datenleitungen hatten zunächst nur nationale Dimensionen und dienten zur automatischen Informationsvermittlung und –verarbeitung zwischen den Vertriebsbüros und den Buchungszentralen der großen Airlines. Später wurde der Zugang auf die Reisebüros erweitert. Bis in die Mitte der 90er Jahre kam es zur Globalisierung dieser Netzwerke und im Zusammenhang damit zur Konzentration der ursprünglich vielfältigen Anbieter auf wenige größere Unternehmen. Schon in der „nationalen" Phase wurde das Basisprogramm (Vakanzabfrage, Preisberechnung, Reservierung von gewünschten Flugleistungen, Erstellung der Flugtickets) erweitert und Angebote von Hotelketten und Mietwagenunternehmungen mit aufgenommen. (U. MÜNZER, 1998; M. ECHTERMEYER, 2000).

In den USA haben seit den 70er Jahren zwei Systeme marktbeherrschende Positionen erreicht; SABRE Group, Dallas und WORLDSPAN Travel Agency Information Service, Atlanta. Auch heute konzentrieren sich ihre Netzwerke noch besonders auf die nordamerikanischen Märkte, auf die 67 bzw. 72 % ihrer Endgeräte (insgesamt: SABRE ca. 116.000, WORLDSPAN ca. 46.000) entfallen, während 13 bzw. 25 % der Terminals in den Verbreitungsgebieten: Europa, Naher Osten und Afrika installiert sind sowie 8 bzw. 3 % in Lateinamerika. Nur SABRE ist (mit 12 % der CRS-Installationen) auch in den asiatisch-pazifischen Markt eingedrungen. Demgegenüber weisen die etwas später errichteten europäischen Reservierungssysteme sogar einen stärkeren Globalisierungsgrad auf: GALILEO International, Swindon (UK), gegründet von einem Konsortium der Fluglinien BRITISH AIRWAYS, KLM, SWISSAIR und ALITALIA (insgesamt ca. 123.000 Terminals) und AMADEUS Global Travel Distribution, Madrid (LUFTHANSA, AIR FRANCE, IBERIA, wieder ausgeschieden: SAS ; insgesamt ca. 154.000 CRS-Endgeräte) sind natürlich besonders im europäischen Vertriebsgebiet verankert (35 bzw. 62 % der Terminals), konnten aber in bedeutendem Ausmaß (GALILEO: 50 %, AMADEUS: 29 %) in Nordamerika Fuß fassen und sind auch in Lateinamerika (2 bzw. 7 %) sowie in Asien (13 bzw. 2 %) vertreten. Hingegen haben die drei größeren ostasiatischen Anbieter: ABACUS Distribution System, Singapur (ca. 14.000 Endgeräte), AXESS International Network, Tokyo (ca. 11.500 Terminals) und INFINI Travel Information, Tokyo (ca. 8.000 Terminals) nur regionale Bedeutung (U. MÜNZER, 1998).

Trotz der erkennbaren Globalisierungstendenzen konnte bisher aber keines der Systeme das Ziel einer wirklich weltweiten alleinigen Dominanz erreichen. Im Kampf um Marktanteile verfolgen die Unternehmen auf den von ihnen dominierten Märkten eher Hochpreispolitiken, während sie andererseits versuchen, in die stärkeren Absatzgebiete von Wettbewerbern mit einer aggressiven Niedrigpreisstrategie einzudringen. Das gilt besonders für den europäischen Markt. Abbildung 4.7 zeigt die Oligopolstrukturen in verschiedenen Staaten, wo sich GALILEO und AMADEUS in der Marktführerschaft abwechseln. (U. MÜNZER, 1998). Nach Diskussionen über die Wettbewerbsvorteile, die sich für die Fluglinien durch die dominante Verbreitung ihrer eigenen CRS bei den Reisevermittlern ergeben, haben die Wettbewerbsbehörden der EU die Systeme dazu verpflichtet, auch die Angebote von Airlines, die in ihren Eigentümerkonsortien nicht vertreten sind, aufzunehmen und neutral darzustellen (B. GRAHAM, 1995).

Am Beispiel von AMADEUS kann die *Netzwerkstruktur* eines großen CRS kurz dargestellt werden (http://www.global.amadeus.net/AGlance.htm.; 01.13.2001):

- Zentren des Netzes bilden die Zentrale in Madrid sowie das Hauptrechenzentrum in Erding bei München, eine der größten privatwirtschaftlich betriebenen Anlagen in Europa;
- die Produktentwicklung und ein Teil des Marketings haben ihre Standorte im Technologiepol von Sophia Antipolis in der Nähe von Nizza;
- 139 „National Marketing Companies" dienen als Servicestellen für die Anbieter von AMADEUS-Dienstleistungen in den verschiedenen Staaten der Erde. Im Überseebereich werden sie von drei Zentralbüros koordiniert: Bangkok (für die asiatisch-pazifische Vertriebsregion), Miami (Nord- und Zentralamerika) und Buenos Aires (Südamerika);
- die Endknoten des Netzwerkes auf der „Nachfrageseite" bilden ca. 55.000 Reisebüros und ca. 8.400 Verkaufstellen von (insgesamt 108) Fluglinien;

Abbildung 4.7: **Die Marktanteile der großen Computer-Reservierungs-Systeme in Europa (nach: U. MÜNZER, 1998)**

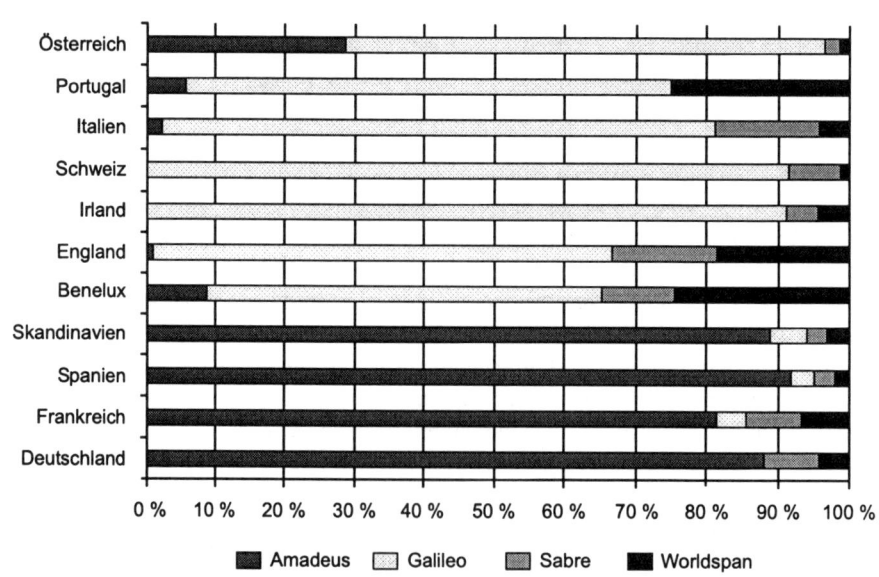

- auf der „Angebotsseite" sind im AMADEUS-Netzwerk die folgenden Leistungsträger integriert: 491 Fluglinien mit Buchungsoptionen (Flugplaninformationen für insgesamt 722 Fluglinien), ca. 58.800 Hotels organisiert in 322 Hotelketten, 48 Autovermietungsunternehmen mit ca. 23.700 Filialen;
- alle diese Leistungsträger, die Endgeräte in den Reisebüros, in den Verkaufsstellen der Airlines sowie die dazwischengeschalteten Stationen werden über AMANET verbunden, ein Leitungssystem aus 13 x 2 megabit „Data-Highways", anderen Standardleitungen und Satellitenverbindungen, gesteuert durch insgesamt 15 weltweit verteilte Großrechner;
- in diesem gesamten Netzwerk der AMADEUS-Gruppe sind ca. 3.200 Personen beschäftigt, eine für ein CRS dieser Größenordnung eher geringere Anzahl, welche sich aus dem hohen Grad der Automatisierung ergibt.

Die beherrschende Marktposition von AMADEUS in Deutschland (siehe Abbildung 4.7) ist wesentlich auf den Verbund mit der START Datentechnik für Reise und Tourismus zurückzuführen. Diese Gründung von großen Reisebüroketten (BAYERISCHES REISEBÜRO GmbH (ABR), DEUTSCHES REISEBÜRO (DER), HAPAG-LLOYD-Reisebüro), der LUFTHANSA, der Bundesbahn und der TUI ging bereits 1979 als *multifunktionales Reservierungssystem* in Betrieb. Neben den Leistungen im Luftlinienverkehr und den unmittelbar ergänzenden Leistungsbausteinen (Hotel, Mietwagen) können hier heute von den über Festleitungen angeschlossenen Reisevermittlern auch Bahnreisen, Fährpassagen, Voll- und Teilangebote von Pauschalreisen, Ferienwohnungen, Eintrittskarten, Versicherungspolicen etc. gebucht werden. Erst in jüngerer Zeit haben auch die Konkurrenten GALILEO, SABRE und WORLDSPAN ihr Angebotsspektrum in ähnlicher Weise ergänzt. Somit werden derzeit von den CRS – mehr oder weniger einheitlich – die folgenden *Leistungen* angeboten:

- detaillierte Informationen über die verschiedenen Angebote, z.B. müssen nach EU-Regeln die Verfügbarkeitsanzeigen im Flugverkehr Aufschluß geben über: 1) Nonstop-Verbindungen sortiert nach Abflugzeiten, 2) Direktverbindungen (Flüge mit Zwischenstop aber ohne Gerätewechsel) geordnet nach der Reisedauer, 3) Umsteigeverbindungen nach der Reisedauer (R. STERZENBACH, 1996);
- Buchungsbestätigungen, Ausstellung von standardisierten Reisedokumenten (Flugscheine, Bahnfahrkarten, Eintrittskarten, Hotel-, Mietwagenvoucher etc.), Annahme von Zahlungen an die Leistungsträger;
- Backoffice Dienstleistungen für die anbietenden Unternehmen, wie: Abrechnungsdatensätze bezüglich der ausgestellten Leistungsbelege; Verbindungen mit den DV-Systemen von Großkunden, die so vollautomatisch ihre Spezialtarife in die CRS einbringen können; intelligente Module, welche den Reisevermittlern die Tarifoptimierung unter verschiedenen Angeboten ermöglichen (U. MÜNZER, 1998).

Wenngleich keiner der CRS-Anbieter eine wirklich beherrschende Marktposition erreichen konnte, ist die *Globalisierung der Netze* insoweit bereits gegeben, als praktisch in jedem bedeutenderen Ort auf der Welt ein direkter Zugang besteht. In den

hochentwickelten Industriestaaten hat der Netzausbau mehr oder minder sein Endstadium erreicht und für die Systemanbieter ist ein weiteres Wachstum nur über
einen intensiven *Verdrängungswettbewerb* möglich, der längst eingesetzt hat. Aber
auch wegen der neuen Entwicklungen im Bereich der Datenverarbeitungs- und In-
formationstechnologien zeigt es sich immer deutlicher, „daß sich ein klassisches CRS
gegenwärtig als ein teurer, nicht sonderlich effizienter und für die Durchsetzung
neuer, zukunftsträchtiger Vertriebsformen hinderlicher Apparat entpuppt" (U. MÜN-
ZER, 1998; S. 709). Besonders das *Internet* mit seinem rasch anwachsenden Benut-
zerkreis wird als immer wichtigerer Vertriebskanal gesehen, wobei

1) vor allem für standardisierte Angebote die *Endkunden* als direkte Kommunika-
   tionspartner interessant werden. Dadurch lassen sich zusätzliche Kosten (etwa
   die „Booking Fees" der CRS) einsparen oder auf die Nachfrager verlagern. So
   umgehen Airlines, Reiseveranstalter und Hotelketten die CRS (an deren Gründung sie einst beteiligt waren) und bieten etwa ihre Leistungen über eigene Internet-Portale den Nachfragern – im einstufigen Vertriebsweg (siehe Abschnitt
   4.3.1) – direkt an. Aber auch die Reservierungssysteme selbst wenden sich mit
   ins Internet gestellten Einfachversionen ihrer Buchungsroutinen bereits direkt
   an die Endkunden.

2) erweisen sich die traditionellen CRS für die Reisevermittler als viel zu inflexible
   Instrumente, welche den immer individuelleren Kundenwünschen und der immer größeren Bandbreite verschiedenster Einzelangebote von immer vielfältigeren Leistungsträgern nicht mehr gerecht werden. So sieht z.B. Raoul HILLE,
   der neue Sprecher der START-AMADEUS-Geschäftsführung, die „Modulari-
   sierung" des Systems als dringende Aufgabe: „Es ist monolithisch und hat 300
   Mio. Zeilen Programmiercode. Damit sind Veränderungen und Neuentwicklungen wie Operationen am offenen Herzen sehr risikoreich" (G. JEGMINAT; T. SCHÄ-
   FER, 2001). Bis 2003 soll die Umwandlung von START in eine neue, offene Sy-
   stemarchitektur abgeschlossen sein, wodurch dann etwa Drittprodukte viel leichter in die Kernangebote zu integrieren sind. Man geht davon aus, daß bis dahin
   fast alle Reiseagenturen über einen eigenen Internet-Zugang verfügen.

4.3.3.2   Internet-Dienste

Internet und E-Commerce

Das Internet als Konglomerat von über 10.000 Computer-Netzen, welche zwischen
Universitäten und anderen akademischen Einrichtungen, staatlichen Behörden und
verschiedenen öffentlichen Institutionen, Wirtschaftsbetrieben und privaten Personen etc. aufgespannt sind, konnte seine weltweite Verbreitung vor allem durch die
Integration in die bestehenden technischen Kommunikationsstrukturen (leitungs-
gebundene Systeme aus Kupfer- und Glasfiberkabeln, satellitengesteuerte Funkver-
bindungen etc.) erreichen, welche von den nationalen und internationalen Telephon-
und Telekommunikationsgesellschaften errichtet wurden. Diese *„primären Netz-*

werke" (siehe Abschnitt 2.8) bilden die „Transportmedien" der interaktiven Kommunikation zwischen den „Host"-Rechnern und „Usern" des World Wide Web, als *„sekundäre Netzwerke"*, „made possible by the innovation of packet-switching and TCP-IP protocols in which individual messages may be decomposed, the constituent parts transmitted by various channels, and then reassembled, virtually instantaneously, at the destination" (B. WARF, 2001, S. 6). Diese „sekundären Netzwerke" konstituieren gemeinsam den *"Cyberspace"* als ein paralleles Universum zum realen geographischen Raum, für das weitgehend neue Konzepte und Regeln gelten, etwa für das Management, die Kontrolle und die rechtliche Absicherung von Märkten, Institutionen und Organisationen (M. BATTY, 1993).

R. LAW und R. LEUNG (2000) zitieren verschiedene Quellen, nach denen es im Jahr 1995 weltweit ca. 40 Mio. regelmäßige Benutzer des Internets gegeben hat. Diese Zahl soll sich bis zum Jahr 1999 auf ca. 130,6 Mio. erhöht haben. Nach einer anderen Schätzung (NUA Internet Surveys, www.nua.ie/surveys/how_many_online/ index.html; zitiert bei B. WARF, 2001) gab es im Jahr 2000 schon über 300 Mio. Nachfrager und 72 Mio. einzeln adressierte Computer im World Wide Web, die sich allerdings in regionaler Hinsicht sehr ungleich verteilen (zwei Drittel davon in Nordamerika und Europa, über 20 % in Asien). H. BELL und N. K. H. TANG (1998) zeigen in einer Studie die vergleichsweise sehr hohen Wachstumsraten des neuen Mediums auf: Das Internet wurde bereits innerhalb von drei Jahren von 50 Mio. Nachfragern in Anspruch genommen. Um diese Zahl zu erreichen benötigte das Radio 38 und das Fernsehen 13 Jahre. Im Medienkonsum der Bevölkerung der USA hat der Onlinebereich schon den dritten Platz erreicht, hinter TV und Radio, aber noch vor dem Lesen von Zeitungen und Zeitschriften (G. HAEDRICH, F. B. HERLE, H. LÜTTERS, 2000). Dieses außerordentliche Wachstum soll sich entsprechend fortsetzen: Die AGNUS REID GROUP (2000) prognostiziert bei gleichbleibenden weltweiten Zunahmeraten für das Jahr 2005 eine Milliarde Internet-User. In der Bundesrepublik Deutschland wird die Zahl der Internetbenutzer auf derzeit ca. 20 Mio. geschätzt, im Jahr 2004 sollen ca. 37 % der deutschen Bevölkerung das World Wide Web verwenden (Vereinigtes Königreich: 43, Frankreich: 31, Spanien: 21, Italien: 18 %; G. HAEDRICH, F. B. HERLE, H. LÜTTERS, 2000).

Entsprechend der steigenden Nachfrage erhöht sich auch die Bedeutung des Handels, der über dieses Medium abgewickelt wird. Studien in den USA zeigen, daß die Bereitschaft zur Teilnahme am *E-Commerce* mit der Erfahrung der Kunden in der Internet-Kommunikation steigt, und, daß die Netz-Einsteiger mit einer Zeitverzögerung von zwei Jahren auch zu elektronischen Käufern werden. In den USA soll das Volumen des E-Commerce im Jahr 2003 bereits über 900 Milliarden Dollar erreichen, d.h., in einer Minute werden dann 200 Mio. Dollar im Internet umgesetzt (S. S. RAO, 2000). Schon heute spielt der *Internet-Handel mit touristischen Produkten* eine wichtige Rolle: Sowohl in den USA als auch in Europa entfallen darauf ca. ein Drittel aller elektronischen Umsätze (G. HAEDRICH, F. B. HERLE, H. LÜTTERS, 2000). Im europäischen E-Commerce konnten Reisen und Urlaube im Jahr 1999 einen Umsatz von

ca. 980 Mio. € erzielen, weit vor dem Handel mit PC-Hard- und Software (714 Mio. €),
Büchern (415 Mio. €) und Finanzdienstleistungen (398 Mio. €; H. FORCHER, 2000).
Nach der deutschen Reiseanalyse (FORSCHUNGSGEMEINSCHAFT FÜR URLAUB UND REISEN
e. V.; 2000,2001) haben im Jahr 1999 drei und im Jahr 2000 vier Prozent (= 2,6 Mio.)
der Urlaubsreisenden ganz oder teilweise online gebucht, und die Zahl der Urlauber
mit Zugang zum Internet liegt bei 25 %. Schon dieses Verhältnis weist darauf hin, daß
sich derzeit eine Vielzahl von Anwendern zwar über die E-Commerce-Angebote informiert, den Buchungsvorgang aber vor Abschluß eines Vertrages abbricht. Abbildung 4.8 zeigt die entsprechende *Look-to-Book-Ratio (L2B-Ratio)* für Deutschland,
differenziert nach verschiedenen Leistungsbereichen (FITTKAU & MAASS, 2000). Nach
Ansicht vieler Experten sind diese Abbrecher-Quoten noch als sehr hoch einzustufen.
Dies gilt besonders für diejenigen Leistungen, welche für die Konsumenten im Internet noch nicht deutlich genug dargestellt sind, wie z.B. die Pauschalreise. Das elektronische Reisebüro TRAVELOCITY gibt an, daß nur 6,9 von 100 Webbesuchern tatsächlich buchen, EXPEDIA schätzt dieses Verhältnis sogar nur auf vier von 100. Da
an der Weiterentwicklung der Netzangebote intensiv gearbeitet wird, dürfte sich die
L2B-Ratio zukünftig deutlich günstiger gestalten. Verschiedene Experten vermuten,
daß der Markt gegenwärtig vor dem eigentlichen Durchbruch steht (siehe auch die
oben schon angesprochene Zeitverzögerung zwischen Internet-Zugang und Beteili-

Abbildung 4.8: Look-to-Book-Ratio der Leistungsangebote in Deutschland
(nach: FITTKAU & MAASS, 2000)

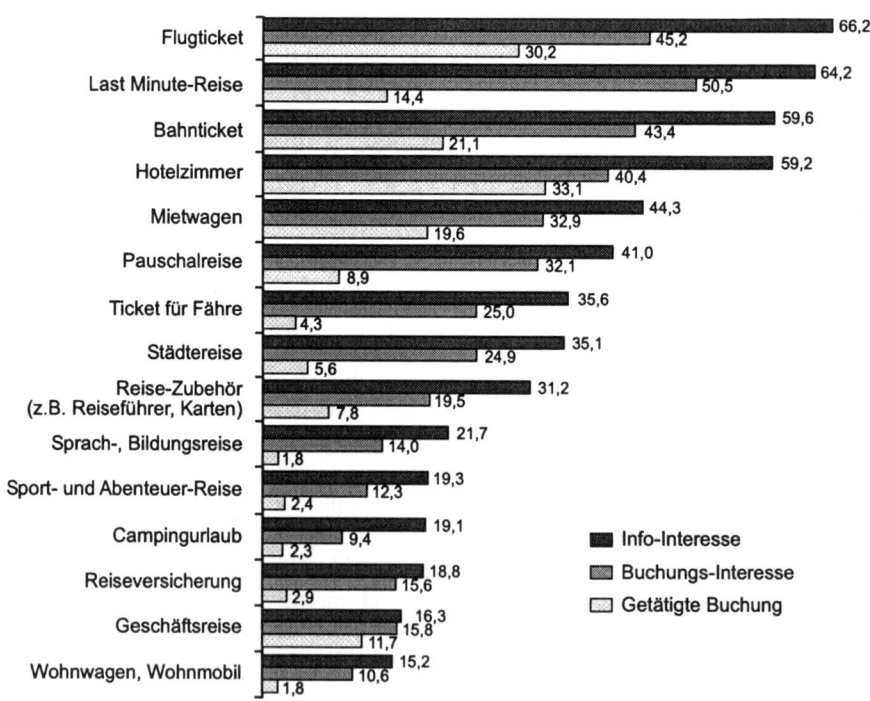

gung am E-Commerce). Innerhalb der nächsten vier Jahre soll im deutschen Internet-Handel ein Wachstumsschub in der Größenordnung von ca. 1,53 Milliarden € bevorstehen (G. HAEDRICH, F. B. HERLE, H. LÜTTERS, 2000). Die Branchenriesen TUI und C&N rechnen bis ca. 2005 mit Anteilen des E-Commerce am Gesamtumsatz von 6 – 10 % (B. RITTBERGER, 2001). Nach einer optimistischen Prognose sollen bis 2007 30 % aller touristischen Buchungen online getätigt werden (H. FORCHER, 2000).

Wie schon angesprochen „verkürzen" die neuen Internet-Dienste vor allem die Vermarktungsnetzwerke, indem sie neue, rasche und relativ einfache Wege des Vertriebs zwischen Kunden und Leistungsanbietern ermöglichen (siehe Abschnitt 4.3.1 und Abbildung 4.4) und somit den sog. *Business-to-Consumer-Bereich (B2C)* stärken.

Online-Reservierungs-Systeme

Dazu tragen bisher vor allem die *Online-Reservierungs-Systeme der Fluglinien* bei, welche damit – siehe Abschnitt 4.3.3.1 – die inflexiblen Computer-Reservierungs-Systeme umgehen. R. LAW und R. LEUNG (2000) fassen die wichtigen *Attribute einer Airline Web-Site* zusammen:

– Ausreichende Informationen über den Flugplan, das Fluggerät, den Service an Bord sowie über die erforderlichen Buchungsprozeduren;
– Zusatzleistungen (Preisermäßigungen und Preisvergleich, freies Upgrading etc.) als Anreize für die Internet-Buchung und zur Aufrechterhaltung der Kundenloyalität;
– kurze Ladungszeiten der Web-Seiten auf die Homepages der Kunden.

In Tabelle 4.5 sind die Ergebnisse einer Studie von R. LAW und R. LEUNG (2000) enthalten, in deren Rahmen die Verfügbarkeit dieser Attribute untersucht wurde. Grundlage dazu bilden die Web-Sites von insgesamt 30 Fluglinien, davon jeweils zehn in den drei Vertriebsgebieten: Nordamerika, Europa und Mittlerer Osten sowie Asien und Australien. Man kann erkennen, daß eine Reihe von Fluglinien nur Minimalprogramme anbietet, welche die Nachfrager nicht unbedingt zufriedenstellen und wohl wesentlich zu den ungünstigen Look-to-Book-Relationen beitragen. In regionaler Hinsicht ergibt sich ein deutliches „Gefälle", wobei die nordamerikanischen Online-Reservierungs-Systeme den höchsten und die asiatisch-australischen den niedrigsten Entwicklungsstand aufweisen, während Europa in der Mitte liegt. Die Überlegenheit des nordamerikanischen Angebotes läßt sich mit dem höheren technischen Entwicklungsstand, vor allem aber mit der härteren Konkurrenz auf den Heimatmärkten begründen.

Elektronische Reisebüros

Zur weiteren Verkürzung der organisatorischen Netzwerke „zweiter Ordnung" und zur Umlenkung von Informations- und Buchungsvorgängen in den Business-to-Consumer-Bereich werden in absehbarer Zeit wohl auch die *elektronischen Reisebüros* beitragen, für die sich allerdings in Europa bisher kein nennenswertes

Tabelle 4.5: Ausstattung der Web-Sites von Online-Reservierungs-Systemen der Fluglinien (nach: R. LAW, R. LEUNG, 2000)

verfügbare Informationen bzw. Buchungskonditionen und Funktionen (in Auswahl)	Zahl der Fluglinien, deren Web-Sites über die entsprechenden Ausstattungselemente verfügen			
	Nordamerika	Europa und Mittlerer Osten	Asien und Australien	insgesamt
Flugnummer	10	10	8	28
Flugzeugtyp	8	9	9	26
Abflugszeit	10	10	8	28
Ankunftszeit	10	10	8	28
Flugentfernung	1	1	2	4
Zwischenlandungen	7	3	4	14
Startflughafen	10	9	8	27
Zielflughafen	10	9	8	27
Links zu Homepages bezüglich der Zielgebiete	3	1	1	5
Bordverpflegung	3	2	1	6
voraussichtliche Flugzeit	4	6	3	13
aktueller Buchungsstand des Fluges	8	4	1	13
Flugpreise	10	6	3	19
Spezialtarife für spezifische Nachgruppen oder Angebote	9	6	3	18
Spezialtarife nur für Internet-Nutzer	3	0	1	4
Vielfliegerermäßigungen	5	1	0	6
online-Buchung	10	6	2	18
telefonische Buchung	8	8	10	26

Stammkundengeschäft herausbilden konnte. In den USA hat sich aber, jüngsten Studien zufolge, die Inanspruchnahme der traditionellen Reisebüros bereits um 29 % reduziert (R. RETHFELD, 2001). Die Marktführer TRAVELOCITY und EXPE-DIA werden hier nicht – wie in der New Economy üblich – von Risikokapitalgebern gestützt, sondern von etablierten Muttergesellschaften (SABRE und MICRO-SOFT). TRAVELOCITY verzeichnete im Jahr 2000 ca. 25 Mio. registrierte Nutzer (das sind 50 % mehr als 1999) und monatliche Buchungen von durchschnittlich 525.000 Personen. Allein der Wert der gebuchten Flüge liegt bei 2,56 Milliarden €. Damit zählt das Unternehmen – etwa gemeinsam mit den traditionellen Reisevermittlern AMERICAN EXPRESS und ROSENBLUTH – zu den Top Five im US-Vertrieb (R. RETHFELD, 2001). Diese Position wurde nicht zuletzt durch besondere Marketingstrategien errungen, welche vor allem auf die Neukunden ausgerichtet sind. Um die Hürde der ersten Buchung leichter zu überwinden, können sie etwa verschiedene Begünstigungen (z.B. Übernachtungsgutscheine) in Anspruch nehmen. Außerdem bietet das Unternehmen eine permanente Kundenbetreuung an, von der Bon Voyage-Mail bis zur Welcome Back-Nachricht (G. HAEDRICH, F. B. HERLE, H. LÜTTERS, 2000). Ein Viertel der Einnahmen bezieht TRAVELOCITY aus dem Geschäft mit Internet-Anzeigen, das allerdings in Europa bisher noch nicht Fuß fassen konnte. Hier drängen immer mehr größere und kleinere elektronische Anbieter in den Markt (die ihre Geschäfte z.T. nach kurzer Zeit wieder einstellen müssen). Für die weltweit expandierenden US-Internet-Reisebüros besteht aber bisher keine wirklich kompetente Konkurrenz (R. RETH-FELD, 2001); und TRAVELOCITY beginnt gerade – mit dem Konzern OTTO-Versand als Partner – in den deutschen Markt einzusteigen.

Regionale Informations- und Buchungs-Systeme

Neben den elektronischen Reisebüros hat sich auch eine Vielzahl von *Informations- und Buchungs-Systemen* etabliert, welche meist von *touristischen Kooperationen (Verbänden)* auf Landes- oder regionaler Ebene betrieben werden, oder wenigstens auf ihre Initiativen zurückgehen. Diese Entwicklung steht im Zusammenhang mit dem derzeit ablaufenden *Wandel in den Organisationsformen und in den Aufgabenstrukturen* der touristischen Kooperationen. Bisher standen die touristischen Regionalverbände, Gebietsgemeinschaften und kommunalen Fremdenverkehrsstellen meist in direkter Abhängigkeit von den öffentlichen Institutionen aus den verschiedenen Verwaltungsebenen (Gemeinde, Kreis, Land). Ihre „gemeinnützig" ausgeführten Hauptaufgaben bezogen sich vornehmlich auf die Gestaltung der örtlichen und regionalen touristischen Infrastruktur, auf die Werbung und auf die Gästebetreuung. Erst in jüngerer Zeit gehen die Verbände und Gebietsgemeinschaften dazu über, auch Schritte in die Richtung der *regionalen Angebotsgestaltung* zu setzen, zumeist in Verbindung mit der Privatisierung ihrer Organisationsstrukturen (GmbH's, „Public-Private-Partnerships", siehe Abschnitt 4.4.3.2). Neben den Regionalen Online-Informations- und Buchungs-Systemen zählt etwa auch die Angebotsgestaltung durch „Touristische Karten" zu diesen neuen Marketingstrategien (siehe Abschnitt 4.3.4).

Die bisher in das Internet gestellten Informations- und Buchungs-Systeme variieren in großer Bandbreite, alle stellen aber Attraktionen und Leistungsbausteine ihrer Bezugsregionen mehr oder minder vollständig dar und geben somit den Überblick über die Angebotsstrukturen der touristischen Aktionsräume.

Als Beispiel für diesen Typ von organisatorischen Netzwerken „zweiter Ordnung" soll hier kurz auf TIScover eingegangen werden, das derzeit wohl zu den komplexesten und erfolgreichsten Systemen zählt. Die Ausführungen stützen sich vor allem auf B. PRÖLL und W. RETSCHITZEGGER (2000).

TIScover wurde im Jahr 1996 als Marketinginstrument für das österreichische Bundesland Tirol etabliert. Wegen des guten Erfolges haben sich seither sechs andere Bundesländer angeschlossen (TIS GmbH, 2000a). In Asien wurde das System für Thailand implementiert (GO THAILAND, 1998) und in Deutschland bildet TIScover Germany ein integriertes Element von START (START MEDIA PLUS, 2000). Schließlich hat auch die Schweiz TIScover übernommen (TIS GmbH, 2000b).

Die Architektur von TIScover ist durch drei Grundelemente (Layers) gekennzeichnet:

- Eines davon *(Public Access Layer)* gewährleistet den Zugang der Nachfrager. Dieser kann mittels PC oder Laptop über das Internet erfolgen (TIScover Austria verzeichnet im Monatsdurchschnitt ca. 2,6 Mio. „Besuche" und ca. 40.000 Buchungen bzw. Informationsanfragen). Es besteht aber auch die Möglichkeit des Zugriffs (Touchscreen oder Spracherkennung) über Informationskioske (Monitore), die den Gästen auf verschiedenen Standorten in den Tourismusregionen zugänglich sind. Außerdem kann ein beschränkter Teil von besonders aktuellen Informationen (Wettervorhersagen, Schneeberichte, Lawinensituation) auch über internetfähige Mobiltelephone abgerufen werden.
- Der Kern des Betriebssystems *(Internal Layer)* wird von der *Grunddatenbank* gebildet, deren Informationen in ca. 300 Standardtabellen erfaßt und strukturiert sind. In TIScover Austria sind hier etwa zwei Gigabyte an Daten gespeichert, welche sich z.B. auf 2.000 verschiedene Städte und Dörfer oder auf ca. 40.000 Übernachtungsmöglichkeiten beziehen. Um den aktuellen Informationsstand zu gewährleisten, werden die Tabellen auf den verschiedenen Web-Seiten der Teilregionen oder Einzelanbieter bei jeder Datenänderung automatisch neu generiert. Dies betrifft in TIScover Austria ca. 24.000 Seiten am Tag, das sind ca. 5 % des gesamten Bestandes von mehr als 400.000 Web-Sites. Die Zulieferung der vielfältigen Informationen der verschiedenen Anbieter (von den lokalen Tourismusbüros bis zu den Beherbergungsbetrieben) erfolgt über das sog. *Extranet*. Hier steht es den angeschlossenen Unternehmen auch offen, unter alternativen Basislayouts von Web-Seiten auszuwählen: Dadurch können einerseits verschiedene Leistungsbündel (Einzel- oder Packageprodukte) eingebracht werden, andererseits bleibt so auch Spielraum für die im Tourismus wichtige individuelle Präsentation von Angeboten. Gegenwärtig haben ca. 7.000 verschie-

dene touristische Akteure Anschluß zum Extranet von TIScover Austria. Die *Intranet-Komponente* des Systems bleibt hingegen nur den Systembetreibern zugänglich, welche z.B. versuchen, die Benutzerfreundlichkeit ständig zu verbessern, etwa durch die Neuaufnahme von Angeboten oder durch neue Layouts für die Produktpräsentationen.

– Schließlich soll das dritte Grundelement des Systems – der *External Data Source Layer* – den einfachen Zugang zu systemexternen Web-Sites und somit zu zusätzlichen Informationsquellen ermöglichen.

Diese Grundstruktur von TIScover bietet den Kunden eine Vielfalt von Zugriffen und Nutzungsmöglichkeiten (siehe Abbildung 4.9):

– Zunächst können die Benutzer in der *Informationsphase* unter drei Suchprozeduren auswählen: Mit dem *Atlas-Modul* bewegt man sich „von oben nach unten" in einer geographischen Hierarchie (Staats-, Landes-, Regions-, Gemeindeebene), wobei das Informationsangebot immer dichter und detaillierter wird. Das *Scout-Modul* erlaubt die Vorgabe von Suchkriterien (etwa Merkmale der Präferenzordnungen erster und zweiter Stufe, siehe Abschnitt 3.4.1) und listet die in Frage kommenden Angebote auf. Schließlich lassen sich mit Hilfe des Moduls *„Full Text Search"*, das ähnlich wie eine Internet-Suchmaschine funktioniert, Angebote aussortieren, die im Systemindex mit bestimmten Stichworten verbunden sind (z.B. alle Wintersportangebote im Land Tirol, die irgendwie auf „Carving"-Skifahren ausgerichtet sind).

– In der *Verhandlungsphase* kann ein Nachfrager entweder ein vorgegebenes (Package-) Angebot voll akzeptieren, oder – entsprechend den Optionen eines vorstrukturierten „Verhandlungsprotokolls" – ein individuelles Angebot auswählen (etwa Voll- oder Halbpension, diverse Zuatzleistungen).

– Die abschließende *Buchungsphase* regelt den Abschluß von Geschäften im E-Commerce sowie die Buchungs- und Zahlungskonditionen (Online-Buchung, Buchung über E-Mail oder telephonische Kontraktvermittlung), wobei die Daten im Internet-Buchungsprozeß durch ein sog. Secure Sockets Layer Protocol codiert und gesichert werden.

Mit Hilfe der sog. MIRO-Web-Technologie lassen sich in die Suchprozesse von TIScover – über das Systemelement des External Source Layer – auch andere Internet-Daten integrieren, etwa Informationen über Sport- oder kulturelle Veranstaltungen, auf die das Urlaubsprogramm dann ausgerichtet werden kann.

In einem neuen Erweiterungsschritt wurde das System zu einem umfangreichen *Managementsystem für touristische Destinationen* erweitert. Zu den geplanten Ausbaumaßnahmen von TIScover zählt auch eine Verbesserung des mobilen Zugangs, z.B. soll sich das System selbständig über die Mobiltelephone der Kunden melden, wenn Änderungen von besonders „zeitsensiblen" Daten (etwa der Wettersituation im Gebirge) bevorstehen.

Abbildung 4.9:   Die Grundstruktur von TIScover (nach: B. PRÖLL, W. RETSCHITZEGGER, 2000)

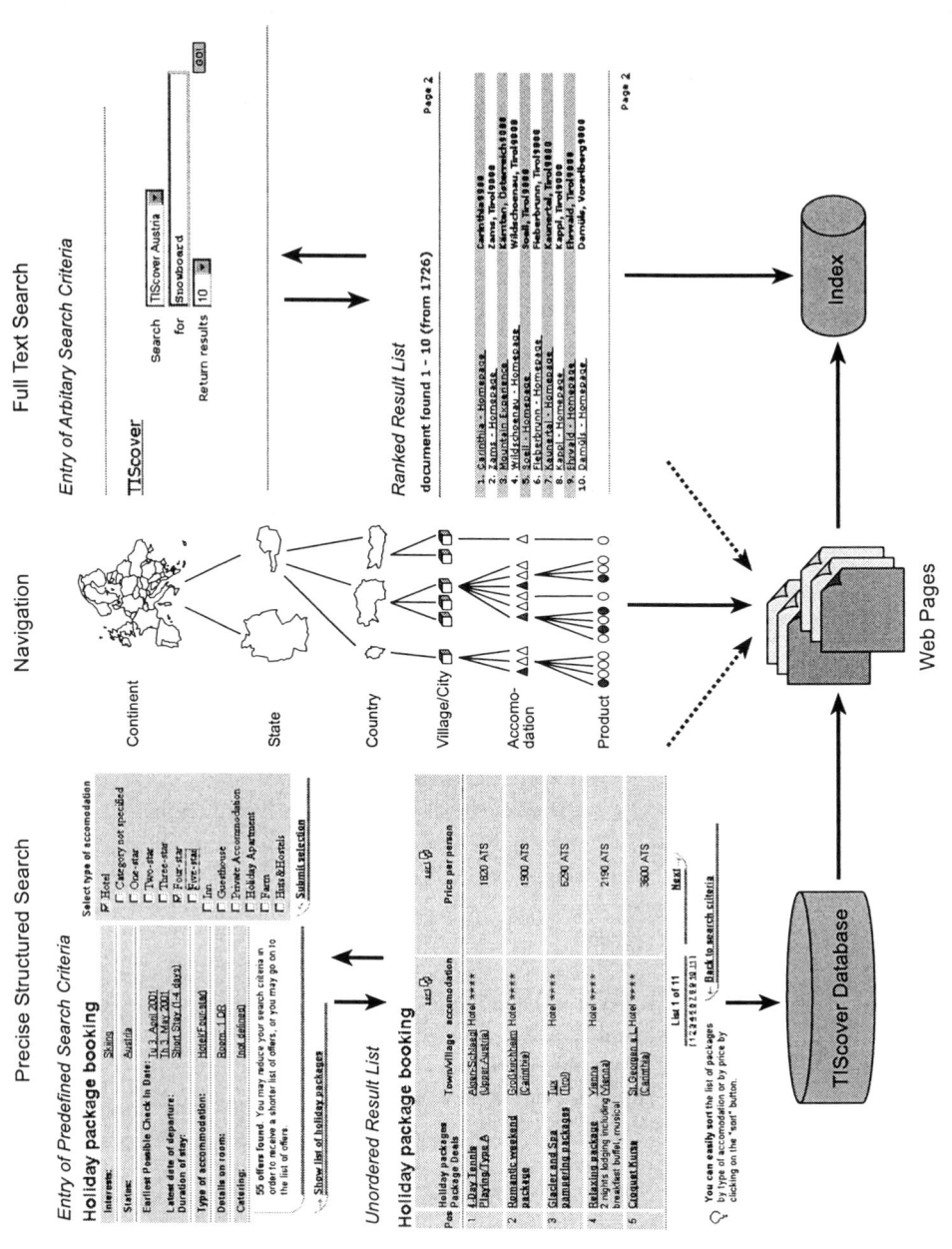

Virtuelle Reisebegleiter

Diesem Trend zu *„virtuellen Reisebegleitern"* tragen auch verschiedene CRS und elektronische Reisebüros Rechnung, z.B. GALILEO, das seinen Kunden die Möglichkeit eröffnet, über jeden Internet-Zugang Informationen über geänderte Abflugzeiten und andere Abweichungen von der ursprünglichen Buchung abzurufen, zukünftig auch Wetternachrichten, Stadtpläne etc. WORLDSPAN bietet ein ähnliches Informationsspektrum, das – wie bei TIScover – auch über internetfähige Mobiltelephone zugänglich ist (TOURISTIK R.E.P.O.R.T, 26/2000).

Buchungsmaschinen

Alle hier in den Grundzügen dargestellten Innovationen – die Online-Reservierungs-Systeme, die elektronischen Reisebüros, die Regionalen Informations- und Buchungs-Systeme und die „virtuellen Reisebegleiter" bilden wesentliche Anreizfaktoren zur „Verkürzung" der organisatorischen Netzwerke (auf die B2C-Relation) und zur Ausschaltung der Reisevermittler als Zwischenstationen. Diese investieren Millionenbeträge in die Internet-Präsenz um ihre zwei- oder dreistufigen Vertriebswege (Business to Business = B2B; siehe Abbildung 4.4) zu erhalten, wenngleich sich auch hier die Kontakte: Kunden-Reisebüros – wenigstens teilweise – ebenfalls von der realen Welt in den Cyberspace verlagern. Hier kommt den *Internet-Booking Engines (IBE's)* eine zentrale Bedeutung zu. „Ohne sie ist eine Buchung nur eingeschränkt möglich – dann lediglich über eine E-Mail-Anfrage. Die IBE verbindet die Homepage eines Reisebüros oder sonstigen Reiseanbieters im Netz mit den Rechnern der Leistungsträger oder mit den Computer-Reservierungs-Systemen (CRS)." (C. JEGMINAT, T. SCHÄFER, T. JÜNGERT, S. JUNGHÄMEL, 2000, S. 22). Auf dem deutschen Markt gibt es derzeit eine große Vielfalt an Buchungsmaschinen für Linien- und Charterflüge, Pauschalangebote der Reiseveranstalter, Last-Minute-Angebote, Ferienhausvermietungen, Geschäftsreisen etc., die entweder direkt auf die Rechner der Veranstalter zugreifen oder auf die CRS. Wie schon oben (Abschnitt 4.3.1) erwähnt, gehen aber auch die Reiseveranstalter dazu über, ihre Angebote – über eigene Buchungsmaschinen und Internet-Portale sowie unter Umgehung des Vermittlungsbereiches – direkt den Nachfragern anzubieten.

Im vorliegenden Rahmen kann beispielhaft nur auf die Buchungsmaschinen für *Pauschalreisen* eingegangen werden (nach G. JEGMINAT, T. SCHÄFER, T. JÜNGERT, S. JUNGHÄMEL, 2000). Zwar ist gerade hier die Anzahl der verfügbaren IBE noch eher gering, jedoch kann man sich bereits damit einen Überblick vergleichbarer Reiseangebote verschaffen (über die Programme von mehr als 100 Veranstaltern), den man mit Hilfe der CRS oder aus Vergleichen der Kataloge so nicht erhält. In Tabelle 4.6 sind Grundinformationen über die beiden Buchungsmaschinen für Pauschalreisen: TOURFINDER und TOURMANAGER dargestellt. In beiden Fällen werden von den Kunden Suchkriterien (Reisedaten, Zielorte, Hotelkategorie, Ausstattungs- und Freizeitwünsche) vorgegeben, und die Systeme liefern Buchungsvorschläge (über

Tabelle 4.6: Internet-Buchungsmaschinen für Pauschalreisen (nach: G.
JEGMINAT, T. SCHÄFER, T. JÜNGERT, S. JUNGHÄNEL, 2000)

Produkt	Tourfinder	Tourmanager
Web-Adresse	www.buchungsmaschine.de	www.tourmanageronline.de
Kosten	1,5 Prozent des Umsatzes, mindestens jedoch 50 € pro Monat	Einsteigertarif: 480 € pro Jahr
Suchkriterien	Reisedaten, Hotelkategorie, Ausstattung und Freizeit	Hotel, Termin, Veranstalter-Katalog, Wunschreisen
Vakanzabfrage	online	online nur für Merlin-Nutzer
Buchung	online in fünf Schritten	im Reisebüro über CRS
Bezahlung	per Lastschrift	über das Reisebüro
Funktionen	Online-Preisvergleich aller Veranstalter, Steuerung über Veranstalter-Auswahl, Hotelbilder aus der Giata-Bilddatenbank	Online-Preisvergleich aller Veranstalter, Steuerung über Veranstalter-Auswahl, Hotelbilder aus der Giata-Bilddatenbank
Zusatzleistungen	Kinderpreise, Fotos aus Hotels	-
Veranstalter	130 Veranstalter ohne TUI	150 Veranstalter mit TUI

Reisebüros oder online) und Preisvergleiche. Allerdings bestehen noch verschiedene Schwachstellen: So liegt etwa die Entscheidung, welche Veranstalter in einer IBE berücksichtigt werden, noch bei den Reiseveranstaltern. Produkte des Marktführers TUI sind bisher nur im TOURMANAGER zugänglich, aber auch hier erlaubt das System nur den Online-Preisvergleich. Vakanzabfragen und Buchungen müssen noch eigens über CRS erfolgen.

4.3.3.3   T-Commerce

Alternativ zum touristischen E-Commerce beginnt sich auch der *T-Commerce* zu entwickeln, der Verkauf von Voll- oder Teilpauschalreisen, die im Rahmen von Fernsehsendungen vorgestellt werden und über Fax oder Mail, vor allem aber über von den Sendern betriebene „Call Center" zu buchen sind. Mit der bevorstehenden Einführung des „interaktiven" Fernsehens soll auch ein direkter Buchungsvorgang über die Fernbedienungen der TV-Geräte möglich werden.

Da die teuren Produktionskosten nur durch einen relativ hohen „Grundumsatz" abgedeckt werden können, hängt der Erfolg im T-Commerce besonders von der *Reichweite* der Sender ab. Diese dürfte sich für den deutschen Sender VIA 1 (mit der THOMAS COOK AG als beteiligter Partnerin) als zu gering erwiesen haben, so

daß kürzlich ein Insolvenzantrag gestellt werden mußte. „Sonnenklar", das neue
Reisefenster von „NEUN LIVE", verfügt derzeit über eine technische Reichweite
von ca. 29 Mio. Haushalten (darunter 18 Mio. Kabelanschlüsse) und soll im Jahr
2001 einen vermittelten Reiseumsatz von ca. 30 Mio. € erreichen. Neben den daraus
resultierenden Provisionen der Reiseveranstalter (die angeblich nicht höher liegen
als für die traditionellen Reisebüros) finanziert sich der Sender auch über die Tele-
phongebühren seiner anrufenden Interessenten. Bisher ist es aber noch nicht gelungen, in die schwarzen Zahlen zu kommen. Dennoch plant die Muttergesellschaft
EUVIA bereits einen zusätzlichen, ganztägigen Reisekanal. Dieser wird dann mit
TV TRAVEL SHOP konkurrieren, der derzeit von zwölf Mio. Haushalten über
Satellit empfangen werden kann (TOURISTIK R.E.P.O.R.T., Nr. 26, 2001).

Experten gehen davon aus, daß für das Reisefernsehen durchaus noch Marktlük-
ken bestehen. Einerseits werden hier u.a. die sog. „Impulskäufer" angesprochen,
die kaum zu den Kunden der Reisebüros zählen. Andererseits sind auch „Verzöge-
rungseffekte" festzustellen, die allerdings kaum den Reisesendern zugute kommen. Eine ganze Reihe von Interessenten bucht erst einige Zeit nach der Ausstrahlung der Angebote über die Reisebüros oder über das Internet. Somit zählt
auch das Fernsehen zu den neuen, „hybriden" Kanälen, über die sich der moderne
Kunde informiert und deren Kontrolle von den großen Reiseveranstaltern angestrebt wird. Auch das Reisefernsehen beeinflußt die wirtschaftliche Situation der
traditionellen Reisebüros.

4.3.3.4   Die Zukunft der Reisevermittler

Alle dargestellten Innovationen im E- und im T-Commerce haben zwar einen
entsprechenden Investitionsboom der Touristik-Branche ausgelöst, jedoch werden von den Kunden die neuen Angebote bisher nur bedingt akzeptiert. Etablierte Gewohnheiten und die noch zu geringe Erfahrung der älteren Jahrgänge
(welche ja die Hauptkunden darstellen) im Umgang mit den neuen Medien gelten als die wichtigsten Gründe dafür, aber auch Fehlfunktionen der Systeme,
unübersichtliche Web-Seiten, nicht aktualisierte Daten, zu komplizierte oder im
Online-Betrieb noch nicht mögliche Buchungsvorgänge etc. (D. LEHMANN, 2000).
Können sich die Reisevermittler aber deswegen „beruhigt zurücklehnen", wie
dies unlängst von Seiten des Deutschen Reisebüro Verbandes (DRV) behauptet
wurde? (B. RITTBERGER, 2001).

Die Auswertung von leitfadengestützten *Expertengesprächen* mit (insges. 25) führenden Managern aus den Branchen: Reisevermittlung, Reiseveranstaltung, Char-
terflug und E-Commerce (G. HAEDRICH, F. B. HERLE, H. LÜTTERS, A. SEIDEL, 2000)
ergibt ein differenziertes Bild:

– Während die Reisebüros davon ausgehen, daß der Anstieg der Buchungen über
  die neuen Medien erst mit deutlicher Verzögerung erfolgt,

- glauben die Manager der Reiseveranstaltungs-Unternehmen, daß in fünf Jahren bereits ein Fünftel des Umsatzes im E-Commerce erwirtschaftet wird. Einige gehen sogar davon aus, daß sich dieser Anteil in den nächsten 10 Jahren auf etwa ein Drittel erhöhen wird.

Die Autoren der Studie vertreten die Meinung, daß die Reisebüros ihre zukünftigen Probleme unterschätzen, während die Reiseveranstalter konsequent auf die Chancen setzen, welche ihnen die neuen Medien eröffnen. Eine *Analyse aus der Internet-Branche* (www.openshop.de) scheint ihnen recht zu geben: Hier sind die Reisebüros unter die größten Verlierer des Internet-Booms gereiht (sie werden etwa gleichermaßen in Mitleidenschaft gezogen wie Schreibbüros und deutlich stärker als der Filialeinzelhandel und das Druckereigewerbe). Hingegen zählen die Reiseveranstalter nach den Telekomdiensten zu den Hauptgewinnern. Daher müssen sich die Reisevermittler in Zukunft wohl besonders an die neue Marktsituation anpassen, vor allem durch die Verbesserung ihrer individuellen Beratungsleistungen auf ein hohes, spezialisiertes Niveau.

4.3.4   Touristische Karten

Die Angebotsgestaltung durch *Touristische Karten* steht im Zusammenhang mit dem oben – bei der Darstellung der Regionalen Informations- und Buchungssysteme – schon angesprochenen Wandel in den Aufgabenstrukturen der regionalen touristischen Kooperationen (siehe auch Abschnitt 4.4.3). Zu ihren neuen Aufgaben zählt auch der Aufbau von organisatorischen Netzwerken, welche die Nachfrager veranlassen sollen, bestimmte, innerhalb der touristischen Aktionsräume festgelegte, Bündel von Leistungsbausteinen zu konsumieren. In Deutschland, Österreich und der Schweiz wurde die neue Angebotsform etwa seit der Mitte der 90er Jahre auf den Markt gebracht, gemeinsam mit einer Reihe von anderen „Kartenformen", z.B. im Bankwesen (Scheckkarten) oder im Bereich des Einzelhandels (Paycards von großen Filialunternehmen, multifunktionale City-Karten zur Kundenbindung an die Angebote von ganzen Geschäftsbereichen). Traditionelle Vorläufer im Tourismus sind die Kurkarten.

In ihrer vergleichenden Studie über das Angebot an Touristischen Karten in Deutschland und in Österreich gibt A. KERLE (1998, S. 32) die folgende – hier etwas veränderte – Definition: Tourist-Cards sind Angebote von Fremdenverkehrsregionen, welche durch die Bündelung von Leistungen und durch die Gewährung von Preisvorteilen dazu beitragen, die lokalen und regionalen Leistungsbausteine besser zu vermarkten. Sie bieten – frei oder preislich ermäßigt – den Zutritt zu touristischen Attraktionen bzw. die Nutzung von Einrichtungen in den Bereichen Sport, Freizeit und Kultur sowie der Verkehrs- und Beförderungsinfrastruktur (auch: Seilbahnen, Lifte). Bedingt gilt dies auch für gastronomische Angebote oder für den Zutritt zu verschiedenen Veranstaltungen. Die Geltung der Tourist-Cards in räumlicher und zeitlicher Hinsicht ist genau festgelegt.

A. KERLE (1998) unterscheidet (unter ca. 80 Einzelbeispielen) fünf *Typen von Touristischen Karten*, deren Angebote mehr oder minder an bestimmte Urlaubsstile angepaßt sind. Tabelle 4.7 enthält ihre wichtigsten Merkmale:

– *Städte-Karten* werden von den Tourismusorganisationen von Groß- und Mittelstädten (seltener von einem Verbund benachbarter, kleinerer Agglomerationen, wie etwa die „Classic-Card", Thüringen) angeboten und beziehen sich besonders auf die wichtigen Sehenswürdigkeiten sowie auf den kulturellen Bereich: z.B. gewährt die „Vienna-Card" in 165 Fällen ermäßigte Eintrittspreise, der „London-Pass" in 63 Fällen (FELTO, 2000). In den meisten Angeboten (abgesehen von verschiedenen „Light-Versionen") ist die freie Benutzung des öffentlichen Personennahverkehrs (ÖPNV) inkludiert, um den Gästen möglichst unbehinderte Interaktionen im Stadtgebiet zu ermöglichen. Auch die Geltungsdauer der Karten von zumeist ein bis drei Tagen entspricht den typischen Reisegewohnheiten der Städtetouristen. Die technische Abwicklung erfolgt in der überwiegenden Anzahl der Fälle auf mechanische (händische) Weise, d.h., die Gäste weisen an den entsprechenden Kontrollstellen Papier- oder Plastikkarten vor, oder auch Bonushefte, Vouchers etc. Wegen der erforderlichen teuren technischen Ausrüstung der vielen Sehenswürdigkeiten, Museen, Veranstaltungsorte etc. mit stationären Kontrollgeräten oder mobilen Terminals kommen „intelligente Karten", wie Magnetstreifenkarten, Barcode-Karten bzw. kontaktbehaftete oder kontaktlose Chipkarten nur selten zur Anwendung: Im ersten Fall der kontaktbehafteten Chipkarten muß man die Karten in die Terminals einschieben, bei der zweitgenannten, kontaktlosen Variante werden sie beim Passieren von elektronischen Sensoren automatisch gelesen. Kontaktlose elektronische Chips können daher auch in Uhren, Schlüsselanhängern etc. integriert sein. Die Chipkarten lassen sich auch als elektronisches Zahlungsmittel verwenden. Unter den internationalen Städte-Karten funktioniert z.B. der „London-Pass" über Chipkarten und die „Stockholm Card" über Magnetstreifenkarten.

– *Kultur-Karten* stellen eine spezialisierte und weniger verbreitete Form dar. Zum Teil ergänzen sie die Angebote von „normalen" Städte-Karten, manchmal sind sie nicht nur auf die Touristen, sondern auch auf Interessenten aus den Städten selbst und ihren zentralörtlichen Einzugsbereichen ausgerichtet. Dies erklärt die sehr unterschiedliche Geltungsdauer von wenigen Tagen bis zu mehreren Monaten.

– *Ferien-Karten* bündeln meist Angebote von größeren Fremdenverkehrsregionen und sind daher in der Regel an den Bedürfnissen von Nachfragern mit verschiedenen Urlaubsstilen (etwa Erholungs-, Wander-, Bade-, Besichtigungs- und Kultururlauber) ausgerichtet. Daher reicht ihr Spektrum von den Sehenswürdigkeiten (meist auf lokaler und regionaler Aktionsraumebene, siehe Abschnitt 2.8) über Freizeit- und Sporteinrichtungen (z.B. Erlebnisbäder) bis in den kulturellen Bereich, der aber hier keine so große Rolle spielt, wie im Fall der Städte-Karten. In der Regel sind auch der öffentliche Verkehr und die Bergbahnen im Angebot ent-

Tabelle 4.7: Merkmale von touristischen Karten (nach: A. KERLE, 1998, verändert)

Eigenschaften, Leistungen	Typen von Touristischen Karten				
	Städte-Card	Kultur-Card	Ferien-Card	Gäste-Card	Winter-Card
räumlicher Bezug	Groß- und Mittelstädte	Großstädte	Fremdenverkehrsregionen	Fremdenverkehrsregionen, (Kur-)Orte	Fremdenverkehrsregionen
Art der Leistungen (in Auswahl)	touristische Sehenswürdigkeiten, Museen, kulturelle Attraktionen, Führungen, Rundfahrten, ÖPNV	Kulturelle Einrichtungen und Veranstaltungen	Hallen-, Freibäder, Bergbahnen, z.T. kulturelle und Sporteinrichtungen, ÖPVN	kulturelle Einrichtungen, Sehenswürdigkeiten, Veranstaltungen (oft mit „Kurort-Charakter"), Hallen-, Freibäder, geführte Wanderungen	Bergbahnen, Skilifte, Hallenbäder, Sporteinrichtungen
Umfang der Leistungen	z.T. Ermäßigungen, z.T. freier Eintritt, ÖPNV fast immer frei	z.T. Ermäßigungen, z.T. freier Eintritt	Hallen-, Freibäder, Museen, ÖPNV oft frei, sonstige Ermäßigungen	Ermäßigungen überwiegen, freier Eintritt eher selten	Ermäßigungen, Nebeneinrichtungen z.T. frei
Preise	zwischen 5 und 10 €, ohne ÖPVN etwas billiger		25 bis 35 €	Finanzierung über die Kurtaxen, die von den Gästen verpflichtend bezahlt werden müssen	sehr unterschiedlicher Preis- und Leistungsumfang
Gültigkeitsdauer	1 bis 3 Tage	unterschiedlich (wenige Tage bis mehrere Monate)	meist 7 Tage, z.T. auch länger (z.B. zwei Wochen)	Dauer des Aufenthaltes	7 Tage
Kinderermäßigungen	oft Familien- bzw. Gruppenkarten	keine	häufig, meist ca. 50 %	z.T. auf die Kurtaxe	häufig im unterschiedlichen Ausmaß
Technologie	meist einfache Papier- oder Plastikkarten, z.T. Gutscheinhefte, z.T. elektronische Chipkarten	diverse Technologien	elektronische Chipkarten, Papier- oder Plastikkarten	Papier- oder Plastikkarten, elektronische Chipkarten	elektronische Chipkarten
Vertrieb	Tourist-Informationen, Fahrscheinautomaten, Verkehrsunternehmen u.a.	Tourist-Informationen, sonstige	Tourist-Informationen, Beherbergungsbetriebe, Bergbahnen u.a.	Tourist-Informationen, Kurdirektionen, Beherbergungsbetriebe	Tourist-Informationen, Bergbahnen

halten. Im Vergleich zu den Städte-Cards bieten die Ferien-Karten bei längerer Geltungsdauer in der Regel deutlich mehr freie Leistungen und Eintritte. Sie sind außerdem viel „familienfreundlicher". Ihr meist deutlich höherer Preis erklärt sich aus den wesentlich umfangreicheren Leistungen und der längeren Geltungsdauer.

– *Gäste-Karten* bilden die moderne Nachfolge der im Gesundheitstourismus länger etablierten Kurkarten. Sie werden in der Regel nur gegen Errichtung der Kurtaxe abgegeben, aus deren Erträgen weitgehend auch ihre Finanzierung erfolgt. Daher bleibt das angebotene Leistungsspektrum oft beschränkt, wobei besonders Veranstaltungen mit „Kurortcharakter" (Kurkonzerte, Theateraufführungen, Heimat- und Brauchtumsveranstaltungen) im Vordergrund stehen. Eine nicht unwesentliche, indirekte Funktion der Gäste-Karten liegt darin, daß sie die privaten Bettenvermieter zwingen, ihren Anmeldepflichten nachzukommen.

– *Winter-Karten* – als bisher eher seltene Kartenform – orientieren sich speziell an den Bedürfnissen der Wintersportler. Sie sind im Prinzip als „erweiterte" Skipässe zu charakterisieren. Ihr Angebot bezieht sich nicht nur auf die in der Region verfügbaren Aufstiegshilfen, sondern ermöglicht auch den Zutritt zu Hallenbädern, Fitnesscentern etc. Als Beispiel kann hier etwa die grenzüberschreitende „Tirol-Allgäu-Card" genannt werden.

Städte-Karten und Ferien-Karten – die bedeutendsten der hier genannten Typen – haben bereits eine weite Verbreitung erfahren. Als Beispiel soll hier auf die *„Kärnten-Card"* näher eingegangen werden (nach KÄRTNER TOURISMUS GESELLSCHAFT, 1997; A. KERLE, 1998, TISCOVER: http://cms.tiscover/sixcoms/detail.; 25.05.2001), das erste All-Inclusive Angebot in Europa, welches die Inanspruchnahme wesentlicher Teile des Freizeitangebotes einer großen Tourismusregion (d.h., eines gesamten österreichischen Bundeslandes) ermöglicht. Die Karte wurde 1996 von der KÄRTNER TOURISMUS GESELLSCHAFT (KTG) als Reaktion auf die einschneidenden Verluste im Sommertourismus eingeführt. Ihr Ausgabezeitraum erstreckt sich von Mai bis Anfang Oktober, jede einzelne Karte hat eine Geltungsdauer von maximal drei Wochen. Es kommt die Chip-Technologie zur Anwendung: An den verschiedenen Ausgabestellen (vor allem die ca. 130 Tourismusbüros im Land, aber etwa auch größere Hotels) werden Name, Heimatadresse und Alter der Gäste sowie die Gültigkeitsdauer auf der Karte gespeichert. Über die kontaktbehafteten Chipkarten (sie müssen also in die Lesegeräte eingeführt werden) registrieren die Benutzerterminals von landesweit ca. 106 Freizeiteinrichtungen, von Burgen, Schlössern, Museen etc. sowie von Verkehrs- und Schiffahrtslinien, Seilbahnen, Panoramastraßen u.a. diese Informationen. Sie werden dann per Modem zur zentralen Clearingstelle der KÄRTNER TOURISMUS GESELLSCHAFT transferiert, wo die Abrechnung und die statistische Auswertung stattfinden. Die Verteilung der Einnahmen auf die einzelnen Leistungsträger erfolgt auf der Basis von Fixanteilen entsprechend der Anzahl der insgesamt verkauften „Kärnten-Cards" sowie nach Frequenzanteilen, die sich aus der tatsächlichen Nachfrage der einzelnen Angebote ergeben. Auf diese Art konnten je verkaufter Karte ca. 20,5 € des Gesamtpreises von 28,6 € zur Verteilung kommen. Der Rest entfällt auf Mehrwertsteuer, Verwaltungsgebühren, Materialko-

sten etc. In den ersten fünf Betriebsjahren konnte die „Kärnten Card" einen Netto-
erlös von 13,5 Mio. € erzielen. Der Kartenverkauf ist um 39% gestiegen, die Ver-
kaufserlöse haben sogar um 92% zugenommen. Je Saison liegt der Absatz derzeit bei
ca. 200.000 Karten, jede davon wird im Durchschnitt ca. 9 mal verwendet. Nach der
Benutzerfrequenz (1997) steht der KÄRNTNER VERKEHRSVERBUND mit ca.
250.000 Nachfragen deutlich an der Spitze, gefolgt von der Wörthersee- und der
Ossiacher See-Schiffahrt mit ca. 99.000 bzw. 67.000 Gästen. Durch die „Kärnten-
Card" hat sich die Inanspruchnahme der einzelnen touristischen Leistungen von
1996 bis 2000 deutlich erhöht (im Durchschnitt um ca. 26 %), obwohl das Land
weitere Übernachtungsrückgänge hinnehmen mußte.

4.4 Organisatorische Netzwerke „dritter Ordnung": Planungs-, Marketing- und Werbenetzwerke

4.4.1 Grundstrukturen

Als organisatorische Netzstrukturen „dritter Ordnung" tragen die Planungs-, Marke-
ting- und Werbenetzwerke nicht nur zur *Bereitstellung der touristischen Angebote*
(Aktionsräume, Pfade, Routen) bei. Sie dienen darüber hinaus auch zur *Gestaltung der·
organisatorischen Netzwerke „erster" und „zweiter" Ordnung*, welche die teilweise
nicht lagerfähigen touristischen Produkte zum Gebrauch verfügbar machen, zu bestimmten Angebotsformen bündeln und für ihren Verkauf sorgen. Außerdem sind die
Planungs-, Marketing- und Werbenetzwerke auch auf die Beeinflussung der *Rahmenbedingungen für die touristischen Märkte* ausgerichtet (siehe Abschnitt 4.1).

Im Einzelnen erfüllen diese organisatorischen Netzwerke „dritter Ordnung" eine
Reihe von recht heterogenen Aufgabenbereichen (siehe auch die Zusammenstellung
der verschiedenen Netzelemente in Tabelle 4.8):

– Dazu zählt die *Planung von Fremdenverkehrsregionen*, d.h., von touristischen
  Aktionsräumen oder von Teilelementen davon, sowie die *Errichtung* (oder zumindest die wesentliche Beteiligung daran) von *Einrichtungen der Fremdenverkehrsinfrastruktur*, wobei es sich vor allem um teure Investitionen – wie etwa
  Hallenbäder, Sport- und Freizeitanlagen, Gebäude für kulturelle Veranstaltungen, Verkehrseinrichtungen etc. – handelt. Diese bilden zwar meist wichtige Katalysatoren der Tourismusentwicklung, sind aber wegen ihrer nur langfristigen oder
  sogar gänzlich fehlenden Rendite für private Unternehmer oft nicht interessant.
  Solche Planungs- und Gestaltungsaufgaben werden von den Netzwerken der *öffentlichen Verwaltung* erfüllt, besonders von den Behörden der Landes-, Regions-
  und Gemeindeebene. Zu ihren Aufgaben zählt auch der *Schutz und die Erhaltung*
  von *historischen, kulturellen und naturräumlichen Sehenswürdigkeiten* (etwa: Sanierung von alten Stadtkernen, Errichtung und Betrieb von Naturparken), welche
  ebenfalls zu den wichtigen Angeboten touristischer Aktionsräume zählen.

Tabelle 4.8: Planungs-, Marketing- und Werbenetzwerke in der Bundesrepublik Deutschland (nach: G. HESSELMANN, 1998; G. BEILE, 2000 u.a.)

Institutionen, Organisationen, Unternehmen	(vorwiegende) räumliche Bezugseinheit[1]			
	gesamter Staat	Länder	Regionen	lokale Einheiten (Gemeinden)
Gebietskörperschaften				
Kommission der Europäischen Union (Regionalfonds: Zielbereiche 1 und 3)			+	*
Bundesregierung: besonders die Ministerien für: Wirtschaft (federführend); Verkehr; Raumordnung, Bauwesen und Städtebau u.a. sowie die Ministerkonferenz für Raumordnung	+[2]	*[2]		
Bundesländer: Fachreferate der Landesregierungen besonders für: Wirtschafts- und Gewerbeförderung, Ausbau der touristischen Infrastruktur, Kurwesen u.a.; Fachreferat für Raumplanung: Landesentwicklungsplan (-Konzept)			+	*
Planungsregionen: (eigenständige oder den Landesregierungen zugeordnete) Fachreferate, welche (in Abstimmung mit den Regionalverbänden) die touristisch relevanten Inhalte der Regionalpläne (Entwicklungskonzepte) erstellen			+	*
Gemeinden: touristisch relevante Inhalte der Flächennutzungs- und Bebauungspläne, Ausbau der touristischen Infrastruktur, Wirtschafts- und Gewerbeförderung				+
Touristische Verbände (in Auswahl) A. allgemeine touristische Verbände				
Welt Tourismus Organisation (WTO)	*			
Deutsche Zentrale für Tourismus (DZT), Auslands- und Inlandsmarketing	+	*	*	
Deutscher Tourismus Verband (DTV)	+			
Corps Touristique (CT), Interessensvertretung ausländischer Fremdenverkehrsorganisationen	+			
Landesfremdenverkehrsverbände (e.V. oder Marketing Gesellschaften mbH)		+	*	
Regionalverbände (e.V. oder GmbH), eventuell noch unterteilt in kleinere Gebietsgemeinschaften oder Ausschüsse			+	*
lokale und kommunale Fremdenverkehrsverbände, Verkehrsvereine, Verkehrsämter, Tourismusinformationen, Kurverwaltungen (in die öffentliche Verwaltung integriert oder e.V.)				+

[1] +: Bezugsebene; * bestimmender Einfluß auf anderen Ebenen
[2] (Ziel-) Aussagen mit empfehlendem Charakter

Tabelle 4.8: Planungs-, Marketing- und Werbenetzwerke in der Bundesrepublik Deutschland (nach: G. HESSELMANN, 1998; G. BEILE, 2000 u.a.; Fortsetzung)

Institutionen, Organisationen, Unternehmen	(vorwiegende) räumliche Bezugseinheit[1]			
	gesamter Staat	Länder	Regionen	lokale Einheiten (Gemeinden)
B. spezielle Touristische Verbände				
1. Dachverband				
Bundesverband der Deutschen Tourismuswirtschaft (BTW)	+			
2. Reisevermittler				
Deutscher Reisebüro Verband e.V. (DRV)	+	*		
Bundesverband mittelständischer Reiseunternehmen (asr)	+			
3. Beherbergungswesen und Gastgewerbe				
International Hotel Association (IHA)	*			
Deutscher Hotel- und Gaststättenverband (DEHOGA)	+	+[1]	*[3]	
Verband der Campingplatzerhalter in Deutschland e.V. (VCD)	+	+[2]		
4. Personenbeförderung				
International Air Traffic Association (IATA)	*			
Arbeitsgemeinschaft Deutscher Luftverkehrsunternehmen (ADL), Vertretung der deutschen Charterfluggesellschaften	+			
Board of Airline Representatives in Germany (BARIG), Vertretung der ausländischen Fluggesellschaften in Deutschland	+	*		
Verband deutscher Verkehrsunternehmen e.V. (VDV), Vereinigung der Unternehmen des öffentlichen Personennahverkehrs und des Güterverkehrs (Bahn, Bus, LKW) sowie des Seilbahnwesens	+	+[3]	*	
Internationaler Bustouristikverband e.V. (RDA)	+			
Bundesverband Deutscher Omnibusunternehmen (BDO)	+	+[4]		
Gütergemeinschaft Buskomfort (gbk)	+			
Interessensgemeinschaft der Fährschiffahrt e.V.	+			
Verband deutscher Seilbahnen (VDS)	+			
5. sonstige touristische Angebotsbereiche				
Deutscher Bäderverband e.V. (DBV)	+	+[5]		
Verband Deutscher Freizeitunternehmen e.V. (VDFU), besonders Freizeitparks, Freizeittechnologiehersteller	+			
Ausstellungs- und Messeausschuß der Deutschen Wirtschaft e.V. (AUMA)	+			
Regelmäßige statistische Marktuntersuchungen				
Tourismusstatistik des Statistischen Bundesamtes, Wiesbaden	+	+	+	+

[1] 19 regionale Mitgliedsverbände
[2] 11 Landesverbände
[3] neun Landesgruppen
[4] zwölf Landesverbände
[5] sechs Landesverbände

Institutionen, Organisationen, Unternehmen	(vorwiegende) räumliche Bezugseinheit[1]			
	gesamter Staat	Länder	Regionen	lokale Einheiten (Gemeinden)
Reiseanalyse der Forschungsgemeinschaft Urlaub und Reisen e.V. (F.U.R.)	+	+	(+)	
Deutscher Reise-Monitor der IPK International, München	+	+	(+)	
Europäischer Reise-Monitor der European Travel Monitor S.A.	+			

Institutionen der Tourismus- und Marktforschung sowie des Consulting-Bereiches

privatwirtschaftliche Unternehmen (z. B. EMNID, Bielefeld; BAT-Freizeitforschungsinstitut, Hamburg), Universitäten und Fachhochschulen

Sonstige tourismusbezogene Dienstleistungen

z. B. in den Bereichen: Werbung und Public Relations; Druckereiwesen, Graphik und Design; Web-Design, Computer Soft- und Hardware; Finanzen, Versicherungen; Personalwesen; Gesundheit und Wellness

Fachmessen und sonstige touristische Marketing- und PR-Veranstaltungen

z. B. Internationale Tourismusbörse (ITB, Berlin); CMT, Stuttgart; Reisen Hamburg; CBR, München; Dresdner Reisemarkt u.a., Workshops, Roadshows etc.

Verlage mit touristischen Printprodukten

Reiseführer (z. B. DuMont, Baedeker), Reisemagazine (z. B. GEO, Globo, Abenteuer und Reisen), Reiseteile in Tageszeitungen und Magazinen, Fachzeitschriften (z. B. FVW-International, Zeitschrift für den Fremdenverkehr, Touristik Management, Tourismus Journal)

TV-Sender, Film- und TV-Produktionsanstalten, Radioprogramme etc., die tourismusrelevante Information erzeugen und verbreiten

Reisemagazine (z. B. Voxtours; Ratgeber: Reise, ARD), Reisereportagen (z. B. Bilderbuch Deutschland, ARD; Reisewege zur Kunst, 3 SAT), Serien (z. B. Das Traumschiff, ARD; Ein Schloß am Wörthersee, RTL) und Spiel- bzw. TV-Filme

Ausbildung von Tourismusexperten

z. B. Universitäten (Trier, Eichstätt), Fachhochschulen

- Die *Tourismuspolitik* gestaltet die Rahmenbedingungen für die Planung der Fremdenverkehrsregionen, sie kontrolliert und beeinflußt das Verhalten der Anbieter (organisatorische Netzwerke „erster" und „zweiter" Ordnung) und der Nachfrager, besonders die Transaktionen auf den touristischen Märkten. Tourismuspolitik stellt eine sog. „Querschnittsaufgabe" dar, an deren Erfüllung eine Vielzahl von *Ressorts der öffentlichen Verwaltung* beteiligt sind (vor allem aus den oberen Hierarchieebenen des Bundes und der Länder, aber z.T. auch die Kommission der Europäischen Union). Wesentlichen Einfluß üben aber auch die verschiedenen *touristischen Verbände* als Interessensvertreter der Anbieter aus sowie die *Verbraucherschutzorganisationen.* Zu den wichtigen Ergebnissen der Tourismuspolitik zählen etwa *gesetzliche Bestimmungen* (Reiserecht, Umweltschutz, Arbeitsgesetzgebung u.a.) oder *Vorschriften* (Zölle, Paß- und Devisenvorschriften, Ferienordnungen etc.), aber auch die vielfältigen Elemente der touristischen *„Förderungskulisse"* (wie öffentliche Beteiligungen, Subventionen oder Steuererleichterungen). Zusätzlich beeinflussen auch verschiedene, nicht unmittelbar tourismusbezogene Maßnahmen, z.B. der Wirtschafts-, Sozial-, Arbeitsmarkt-, Bildungs- und Kultur- oder Gesundheitspolitik das Verhalten von Urlaubern und touristischen Anbietern, wenn sie etwa die Kaufkraft verändern oder die gesellschaftlichen Einstellungen zu bestimmten Urlaubsstilen.

– Zu den wichtigen Aufgaben der *„allgemeinen" (regionalen) und „speziellen" (branchenbezogenen) Tourismusverbände* gehören auch das sog. *„strategische" Marketing*, in dessen Rahmen – zumeist für eine Tourismusregion oder für ein gesamtes Bundesland – die Marketingziele und die Grundstrategien zur Zielerfüllung festgelegt werden, ebenso Maßnahmen im Bereich der *„übergeordneten" Werbung*. Diese zählt zu den grundlegenden Umsetzungsschritten des strategischen Marketings und soll das Image und die Hauptmerkmale von ganzen Aktionsräumen oder größeren Fremdenverkehrsregionen in den touristischen Perspektiven bestimmter Nachfragergruppen verankern. Zu diesen Aufgabenfeldern liefern die vom Staat oder von größeren privaten Meinungsforschungsinstituten erstellten *regelmäßigen statistischen Marktuntersuchungen* wichtige Grundlagen (Konsumentenanalysen, Konkurrenzanalysen auf den Reisemärkten), ebenso die verschiedenen privaten und öffentlichen Unternehmen und Institutionen des *touristischen Consultingbereiches*.

– Ein Teil der organisatorischen Netzwerke „dritter Ordnung" stellt ebenfalls Basisinformationen für das „strategische" Marketing einer Vielzahl von Anbietern aus den organisatorischen Netzwerken „erster" und „zweiter" Ordnung bereit (wie: Einzelunternehmen oder Unternehmensketten, die einzelne Leistungsbausteine anbieten; Reiseveranstalter, Reisevermittler, Incoming-Agenturen, touristische Verbände und Kooperationen, welche ganze Angebotsbündel auf die Märkte bringen). Darüber hinaus werden hier aber vor allem Informationen und Dienste angeboten, welche das *„taktische" Marketing* der genannten Anbietergruppen unterstützen, also die *Produktpolitik* (Qualität und Quantität, Kombinationsformen von Leistungsbausteinen), die *Preispolitik* (Preise und Rabatte, Provisionen), die *Absatzpolitik* (Vertriebswege, Vertriebssysteme) und die *Kommunikationspolitik* (Werbung, Public-Relations; W. FREYER, 1997). Viele dieser Dienstleistungen sind auch auf die *Realisierungsphase* des „taktischen" Marketings ausgerichtet, also auf die Umsetzung der Konzepte durch konkrete Maßnahmen und Leistungen. Insgesamt umfaßt dieser Teilbereich der organisatorischen Netzwerke „dritter Ordnung" wieder die regelmäßigen Marktuntersuchungen und die Consultingunternehmen, darüber hinaus aber ein breites Spektrum von *weiteren Dienstleistungen* aus: der Werbe- und Public-Relations-Branche, den Bereichen Druck, Graphik und Design, ebenso: EDV-Hard- und -Software, Web-Dienste und Web-Design, Finanz- und Versicherungsdienste etc.

– Im Rahmen des „taktischen" Marketings spielt auch die Präsentation der touristischen Produkte sowie die Kontaktnahme mit Partnerunternehmen und Kunden auf den verschiedenen *Fachmessen und PR-Veranstaltungen* eine wichtige Rolle, die zumeist in der Zeit von Oktober bis März abgehalten werden, mit dem (europäischen) Höhepunkt der Internationalen Tourismusbörse (ITB) in Berlin.

Hier sind die „speziellen" touristischen Verbände ebenso vertreten wie die verschiedenen Anbieter von einzelnen Leistungsbausteinen und von Pauschalreisen, immer mehr auch die „allgemeinen" Verbände der einzelnen Tourismusregionen mit ihren integrierten Angebotsbündeln.

– Ein wesentlicher Komplex der organisatorischen Netzwerke „dritter Ordnung" dient der Produktion von *Images und Elementen der „allgemeinen" touristischen Perspektive* (siehe Abschnitt 2.4). Er umfaßt denjenigen Teil des *Verlagswesens*, der tourismusrelevante Printprodukte herstellt und verbreitet (besonders: Reiseführer, Reisemagazine, Reiseteile in Tageszeitungen und Magazinen, touristische Fachzeitschriften) sowie *TV-Sender, Film- und TV-Produktionsanstalten, Radioprogramme* etc., die auf elektronischem Weg tourismusrelevante Informationen (Reisemagazine und -Reportagen, Serien, Spiel- und TV-Filme) erzeugen, verbreiten (gesendet oder auf Video- und Audiokonserven gespeichert) und zum Teil sogar selbst anbieten (TV-Reisekanäle, die – hinsichtlich ihrer Verkaufsfunktionen – auch zu den Vermarktungsnetzwerken zählen). Besonders regionale touristische Verbände, Gebietskörperschaften sowie die großen Tourismuskonzerne versuchen die Outputs dieser Medien zu steuern und nutzen sie als Werbe- und PR-Instrumente.

– Schließlich kann man auch noch den *touristischen Ausbildungsbereich* zu den organisatorischen Netzwerken „dritter Ordnung" zählen. Er steht im direkten Einfluß der oberen Hierarchieebenen der Gebietskörperschaften sowie im indirekten Einflußbereich vieler touristischer Verbände.

Schon diese kurze Darstellung der Planungs-, Marketing- und Werbenetzwerke zeigt, daß zwischen den verschiedenen Teilbereichen nur teilweise Verflechtungen bestehen, etwa zwischen den Gebietskörperschaften (vor allem auf den höheren Hierarchieebenen) und den touristischen Verbänden oder zwischen den Marktforschungsinstituten und dem Beratungs- und Consultingbereich (besonders: Werbung und Public Relations). Alle diese Teilbereiche sind aber natürlich intensiv mit den Unternehmen und Institutionen der organisatorischen Netzwerke „erster" und „zweiter" Ordnung verbunden, deren Funktionen (also die Bereitstellung und die Vermarktung von konkreten touristischen Angeboten) von diesen Vernetzungen entscheidend abhängen. Im vorliegenden Rahmen kann nur auf einige der organisatorischen Netze „dritter Ordnung" kurz und exemplarisch eingegangen werden. Hier dient wieder die Bundesrepublik Deutschland als Beispiel, wobei in Österreich und in der Schweiz sowie in anderen westeuropäischen Staaten in vieler Hinsicht vergleichbare Verhältnisse bestehen.

4.4.2   Netze der gebietskörperschaftlichen Verwaltung

Da die Raumordnung in den Kompetenzbereich der Länder fällt, haben auch die auf die Tourismusplanung bezogenen Aussagen der Bundesregierung (auf der höchsten nationalen Ebene der *gebietskörperschaftlichen Verwaltungsnetze*) nur empfehlenden Charakter. Jedoch beeinflußt die *Bundespolitik* eine ganze Reihe von Rahmenbedingungen der Tourismuswirtschaft sehr wesentlich: Zum Beispiel entwikkeln das Bundesministerium für Raumordnung, Bauwesen und Städtebau sowie die Ministerkonferenz für Raumordnung generelle Empfehlungen für den Ausbau der Siedlungsstruktur, welche natürlich auch den Tourismus betreffen. Beim Bundesministerium für Verkehr liegen Schlüsselkompetenzen bezüglich der Planung der übergeordneten „primären" Netzwerke (Straße, Bahn, Flugverkehr). Das Wirtschaftsministerium (welches innerhalb der Bundesregierung die Federführung bezüglich der Tourismusbelange ausübt) beeinflußt u.a. die Fremdenverkehrsförderung wesentlich, und das Außenministerium trägt die Verantwortung für den Schutz und die Betreuung deutscher Touristen im Ausland sowie – gemeinsam mit dem Innenministerium – für die Zoll-, Paß- und Visavorschriften (W. FREYER, 1997).

Immer mehr haben sich der Rat und die Kommission der *Europäischen Union* als oberste wirtschaftliche Förderungsebene etabliert und beeinflussen damit indirekt – über die sog. „Politik der goldenen Zügel" – auch die regionale Tourismusplanung: Zur Stärkung der unterentwickelten Regionen an der nördlichen, westlichen und südlichen Peripherie der Gemeinschaft wird die Tourismusentwicklung als wesentliches Instrument angesehen, ebenso zum Strukturwandel und zur Aufwertung der traditionellen, noch teilweise landwirtschaftlich orientierten Gebiete im Kernbereich. In der Regel stellt die EU entsprechende Förderungsmittel aus ihren Regional- und Strukturfonds nur dann bereit, wenn die nationalen Gebietskörperschaften ebenfalls zu den entsprechenden Projekten beitragen und die notwendigen Planungsvoraussetzungen schaffen.

Gemeinsam mit dem Bund bestimmten die *Landesregierungen* u.a. über die wichtigen wirtschaftspolitischen Förderinstrumente der privatwirtschaftlichen Anbieter (Darlehen, Zuschüsse, steuerliche Hilfen, Schulung und Beratung etc.) sowie auch über die Finanzierung der tourismusrelevanten öffentlichen Investitionen (etwa: „Gemeinschaftsaufgabe: Verbesserung der regionalen Wirtschaftsstruktur", „Kreditprogramm zur Förderung kommunaler Investitionen"). Vor allem aber liegt die *zentrale Raumordnungskompetenz* in den Händen der Landespolitik: Im Rahmen der Landesplanung werden z.B. *„Fremdenverkehrsräume"* ausgewiesen oder Funktionsbestimmungen für Gemeinden vorgenommen: „Die Landesregierungen können durch Rechtsverordnung Gemeinden oder Teile von Gemeinden, die überwiegend durch den Fremdenverkehr geprägt sind, bezeichnen ..." (§ 22, Abs. 1, BauGB). Zur Umsetzung dieser Planungsziele dienen oft in den Landesentwicklungsplänen (-Programmen) verankerte Maßnahmen zur Erhaltung von attraktiven Freiflächen oder von touristisch bedeutsamen Elementen der Siedlungsstruktur sowie zum Ausbau der touristischen Infrastruktur. Im Rahmen von *Raumordnungsverfahren* überprüfen die Länder auch die räumlichen Auswirkungen von bedeutenden (und größere Flächen beanspruchenden) Fremdenverkehrs- und Freizeiteinrichtungen.

Die tourismusbezogenen Ziele und Vorgaben der Länder (und des Bundes, dort wo die entsprechenden Kompetenzen bestehen) hat die *Regionalplanung* in ihre Konzepte und Programme aufzunehmen und weiter auszudifferenzieren, etwa durch die Ausweisung von touristischen Schwerpunktorten oder durch Maßnahmen der Land-

schaftsplanung und des Landschaftsschutzes sowie durch den Einsatz des Kontroll-
instrumentes der *Umweltverträglichkeitsprüfung.*

Schließlich erfolgt auf der *Gemeindeebene* die Detailplanung, vor allem im Rahmen
der Flächennutzungs- und Bebauungsplanung, wo den privaten Grundstücksbesit-
zern und Investoren eine Vielzahl von Auflagen gemacht werden kann, welche etwa
der Ortsbildpflege, der Sanierung, der Grünraumgestaltung oder der Verkehrsrege-
lung dienen. Eigene Fremdenverkehrskonzepte bilden dafür oft die Grundlage. Sie
erhalten über Gemeinderatsbeschluß mehr oder weniger verbindlichen Charakter.
Zu ihrer Realisierung kann die Gemeinde auch durch eigene Investitionsvorhaben
(Hallenbäder, Kureinrichtungen, Golfplätze etc.) beitragen oder durch die Beteiligung an entsprechenden privaten Projekten (W. FREYER, 1997).

Mit zunehmender Orientierung der Tourismusplanung an den Managementmetho-
den der Betriebswirtschaftslehre haben *„touristische Leitbilder"* (Fremdenverkehrskonzepte) für Tourismusgemeinden oder -Regionen wieder an Bedeutung gewonnen (nachdem sie in den achtziger und frühen neunziger Jahren als inflexible und
einengende Konzepte eher aus der Mode gekommen waren). In modifizierter Form
fassen sie heute 1) die zentralen Zielvorstellungen für den Bezugsraum zusammen,
in der Regel ökonomische, ökologische und soziale Vorgaben, die sich – besonders
unter dem Gesichtspunkt einer „nachhaltigen" Entwicklung – oft auch als nicht
recht kompatibel erweisen, sowie 2) die Grundzüge der Strategien und Maßnahmen
zu ihrer Realisierung. Im Gegensatz zu früher werden diese Inhalte zumeist in (mehr
oder minder) kooperativen Entscheidungs- und Mediationsprozessen erarbeitet, an
denen alle interessierten und betroffenen Gruppen von Bürgern in der Region beteiligt sein sollen. Die so erstellten und von den zuständigen politischen Gremien beschlossenen „touristischen Leitbilder" dienen den folgenden Hauptzwecken:

– Sie sind *Grundlagen der Regionalplanung* und – wie oben schon erwähnt – der
  kommunalen Bauleitplanung.
– Gleichzeitig bilden die touristischen Leitbilder aber auch den Orientierungsrah-
  men für das *„strategische" Marketing* der gesamten touristischen Region, welches sich auf die dominanten Urlaubsstile und Hauptattraktionen bezieht, bzw.
  auf die Ausbildung von auf diese Angebote abgestimmten touristischen Perspektiven. Das strategische Marketing soll zur Gestaltung einer gemeinsamen
  „Marketing- und Werbeplattform" führen, auf der die einzelnen touristischen
  Anbieter der Region ihre individuellen Strategien aufbauen können.
– Außerdem sollen das Leitbild selbst und auch schon die zugrundeliegenden demokratischen Gestaltungs- und Entscheidungsprozesse im Rahmen des *Innenmarketings* von Regionen und Gemeinden eine wichtige Rolle spielen: als Katalysatoren
  einer „Corporate-Identity", gestützt auf eine gemeinsame touristische Grundphi-
  losophie und geteilte Vorstellungen bezüglich der zukünftigen Entwicklung.

In der politischen Realität – mit oft nicht lösbaren Interessenskonflikten, ungleichen Machtkonstellationen sowie mit sehr unterschiedlicher Partizipationsfähigkeit und Partizipationsbereitschaft der verschiedenen Interessensgruppen – verlaufen solche kollektiven Prozesse eher selten in der gewünschten Form. Ein Hauptgrund für ihr Scheitern liegt aber auch noch auf einer völlig anderen Ebene: Nicht allzu oft entsprechen die der Tourismusplanung oder den Leitbildern zugrunde gelegten Raumeinheiten auch den regionalen Dimensionen der tatsächlichen touristischen Angebote:

– die Planungsregionen sind in der Regel an nichttouristischen Merkmalen der Regionalstruktur (zentralörtliche Strukturen, Pendlereinzugsgebiete, Verteilung von Betrieben und Beschäftigten der wirtschaftlichen Hauptsektoren) orientiert oder gar nur an politisch-administrativen Kriterien: *Touristische Aktionsräume* (siehe Abschnitt 2.2) und besonders die um die wichtigen Übernachtungsstandorte aufgespannten *touristischen Netzwerke der Zone der Fremdenverkehrsregion* (siehe Abschnitt 2.8) spielen hier oft eine eher geringe Rolle;
– auch die Kreis- und Gemeindegrenzen resultieren aus meist weit zurückreichenden historisch-politischen Prozessen, so daß manchmal sogar die *„inneren", lokalen Zonen* der touristischen Netzwerke nicht mehr vollständig im Bezugsbereich der touristischen Leitbilder oder im politischen Kompetenzbereich der Übernachtungsstandorte liegen.

Somit sind die Planungsnetzwerke („dritter Ordnung") der Gebietskörperschaften nicht an die Aktionsräume im Fremdenverkehr (welche – wie gezeigt – die eigentlichen Angebote bilden) und an die daraus resultierenden touristischen (Verhaltens-) Netzwerke angepaßt. Die gleichen Defizite gelten auch für die Vermarktung der touristischen Angebote, welche zu wesentlichen Anteilen im Aufgabenbereich der „allgemeinen" touristischen Verbände liegt.

4.4.3   Netze der touristischen Verbände

4.4.3.1   Aufgabenfelder

In Tabelle 4.8 ist auch eine zusammenfassende Übersicht der touristischen Verbände enthalten. Hier zeigt sich die Großgliederung in *„allgemeine" touristische Verbände*, welche auf verschiedenen regionalen Ebenen (weltweit bis hin in die Lokalbereiche) die Interessen von (mehr oder minder) dem jeweiligen gesamten Spektrum der (vorwiegend privaten) Tourismusunternehmen vertreten, sowie in *„spezielle" touristische Verbände*, die für bestimmte Tourismusbranchen agieren.

Zu den *Aufgabenfeldern*, welche sowohl die „allgemeinen" als auch die „speziellen" touristischen Verbände zu erfüllen haben, gehören die folgenden wichtigen Bereiche (G. HESSELMANN, 1998):

– Vertretung der *Interessen der Mitglieder* – auf den hochrangigen politischen Ebenen (Kommission der EU, Bundes-, Landesregierungen) bis hin auf die Ebe-

ne der Regionalplanung – etwa durch die Prüfung von Gesetzesinitiativen, welche Auswirkungen auf die vertretenen Regionen und Branchen haben können,
oder durch Lobbying zur Verbesserung der politischen Rahmenbedingungen für
die Tourismuswirtschaft.

– *Verbesserung des wirtschaftlichen und institutionellen Umfeldes* durch Kontakte und Verhandlungen mit komplementären touristischen Verbänden und anderen Mitgliedern der Planungs-, Marketing- und Werbenetzwerke, u.a. auch zur
Sicherung von bedarfsgerechten Leistungen an die vertretenen Unternehmen.

– *Dienstleistungen für die Mitgliedsunternehmen*, in der Regel auf den Gebieten:
Recht (z.b. allgemeine Geschäftsbedingungen, Vertragsgestaltung, Arbeitsrecht),
Aus- und Fortbildung, Informationstechnologie, Betriebswirtschaft (z.b. Kosten-
und Ertragsmanagement), Marktforschung, Steuerwesen.

– *„Strategisches" Marketing* und *„übergeordnete" Werbung* um den Nachfragern auf
den Tourismusmärkten die Angebote der jeweils vertretenen Branchen bzw. Regionen bekannt und ihre Vorteile bewußt zu machen. Dieses Aufgabenfeld ist auch von
den „speziellen" touristischen Verbänden zu erfüllen, besonders aber – wie oben schon
dargestellt – von den „allgemeinen" touristischen Verbänden, welche die integrierten Angebote ganzer Fremdenverkehrsräume zu vermarkten haben.

4.4.3.2   „Allgemeine" touristische Verbände

An der Spitze der organisatorischen und räumlichen Hierarchie der *„allgemeinen" touristischen Verbände* (siehe Tabelle 4.8) steht die WELT TOURISMUS ORGANISATI-
ON (WTO) mit derzeit 135 Mitgliedsstaaten, welche – allerdings ohne wirkliche Macht
zur Durchsetzung – den Abbau der Restriktionen im internationalen Reiseverkehr propagiert, ebenso den Zugang möglichst breiter Bevölkerungskreise zum Tourismus. In
Deutschland gibt es zwei „allgemeine" nationale Spitzenverbände: die DEUTSCHE ZEN-
TRALE FÜR TOURISMUS (DZT), welche für das touristische Auslandsmarketing
der gesamten Bundesrepublik zuständig ist, seit kürzerer Zeit auch für das Inlandsmar-
keting, sowie der DEUTSCHE TOURISMUS VERBAND (DTV), dessen Hauptanliegen die Wahrung der fremdenverkehrspolitischen Interessen der verschiedenen „allgemeinen" Verbände gegenüber der Bundesregierung darstellt. Das CORPS TOURI-
STIQUE (CT) ist die Interessensvereinigung der ausländischen Fremdenverkehrsbüros
bzw. der internationalen Eisenbahngesellschaften in der Bundesrepublik (G. HESSELMANN,
1998; G. BEILE, 2000).

Auf der nächst niedrigeren Organisationsebene in der Bundesrepublik agieren die
Landesfremdenverkehrsverbände, meist in der Rechtsform von „eingetragenen" Vereinen, neuerdings (siehe unten) auch als „Marketing Gesellschaften mbH." Darunter gibt es das bedeutende *regionale Netzwerk* mit unterschiedlich großen *Regio-
nalverbänden* (wieder e.V. oder GmbH), die sich fallweise auch noch in mehrere *Gebietsgemeinschaften* oder *Gebietsausschüsse* untergliedern. Zum Beispiel existieren in Bayern unter dem Dach des jüngst in eine GmbH umgewandelten Landes-
fremdenverkehrsverbandes vier regionale Tourismusverbände: MÜNCHEN-OBER-
BAYERN e.V., FRANKEN e.V., OSTBAYERN und ALLGÄU-SCHWABEN e.V. Zum

Tourismusverband MÜNCHEN-OBERBAYERN gehören z.B. dreizehn kleinere Gebietsgemeinschaften. Mitglieder der Regionalverbände sind: Kreistage (vertreten durch verschiedene Regionalpolitiker), einzelne Kreise (Landräte), Städte und Gemeinden (Oberbürgermeister, Bürgermeister), Landespolitiker als Regierungsvertreter etc. Private Leistungsträger stellen hingegen als Mitglieder eher die Ausnahme dar (G. BEILE, 2000).

Schließlich wird die unterste, *lokale Netzebene* der Orte, Gemeinden und Städte durch unterschiedlich große *kommunale Verbände, Verkehrsvereine, Verkehrsämter, Tourismusinformationen, Kurverwaltungen* etc. gebildet. Hier tritt zusätzlich zu den oben genannten vier Aufgabenbereichen in der Regel noch die *Gästebetreuung* (Auskunft, Zimmernachweis, Führungen, Veranstaltungen etc.) als meist dominante Funktion hinzu. *Organisationsformen* sind: der Regiebetrieb (volle Integration in die kommunale Verwaltung), der kommunale Eigenbetrieb (als wirtschaftliches Unternehmen der Gemeinde ohne eigene Rechtspersönlichkeit, finanziert über das Gemeindebudget und durch eigene Einnahmen), der eingetragene Verein (als eigene juristische Person, finanziert über die Beiträge von – vorwiegend öffentlichen – Mitgliedern) oder die Fremdenverkehrs GmbH (mit eigenem Management, Rechnungswesen und wirtschaftlicher Handlungsfreiheit; K. ENGLHARD, 2000).

Man kann sich der Meinung von G. BEILE (2000) voll anschließen, der davon ausgeht, daß der deutsche Tourismus überorganisiert ist. Er listet eine Reihe *gravierender Nachteile* der Netzwerkstrukturen der „allgemeinen" touristischen Verbände auf:

- Die schon oben als Problem der Tourismusplanung angesprochene Orientierung auf *inadäquate räumliche Bezugseinheiten*, welche oft nicht mit den tatsächlichen Aktionsräumen der Touristen übereinstimmen.
- Die *unkoordinierte Aufgabenverteilung* und das *Fehlen klarer Kompetenzen*. So werden etwa auf allen Netzwerkebenen – und in Deutschland gibt es schon im Landes- und Regionalbereich ca. 280 Verbände – weitgehend unkoordiniert Prospekte erstellt, Public Relations-Aktivitäten betrieben, Fachmessen beschickt etc. G. BEILE führt als Beispiele an, daß im Jahr 1998 allein für die relativ kleine Region Bonn-Rhein/Sieg-Ahrtal 168 verschiedene Prospekte zur Verteilung kamen, im Sauerland sogar 1.100. Durch diese ungezielten Einsätze der verschiedenen Werbeetats kommt es zu hohen Streuverlusten und letztlich zur massiven Verschwendung von Steuermitteln.
- Die weitreichende *finanzielle Abhängigkeit* der touristischen Verbände von den Kommunen, Landkreisen und Bundesländern führt auch dazu, daß Politiker in der Tourismusarbeit stark dominieren, während die privaten Leistungsträger (welche die überwiegende Mehrheit der Anbieter in den Tourismusregionen ausmachen) unterrepräsentiert bleiben und hinsichtlich ihrer Interessen oft nicht wirklich vertreten werden.
- Da Ämter und Verwaltungen sowie eingetragene Vereine keine wirtschaftlichen Gewinne erzielen dürfen, gibt es auch kaum Anreize zur Abkehr von den in den

Verbänden vorherrschenden *bürokratisch-kameralistischen Verwaltungsprinzipien*: Es fehlen vor allem das betriebswirtschaftliche Kostenbewußtsein sowie die Marktdisziplin. Nur am Rande der Legalität können Verbände mit Vereinsstatuten selbst buchungsfähige Angebote gestalten und anbieten oder entsprechende „Fremdprodukte" auf Provisionsbasis verkaufen.

Veränderungen dieser unbefriedigenden Situation sind allerdings schon in Gang gesetzt worden. Ein Teil der Netzwerke der „allgemeinen" touristischen Verbände Deutschlands befindet sich derzeit in einer *Umstellungsphase*. Dazu bildet der *Abbau der Hierarchieebenen* eine grundlegende Voraussetzung sowie die Konzentration auf *„Tourist Service Center"*, deren Einzugsbereiche auf die tatsächlichen touristischen Aktionsräume (regionale Aktionsraumebene, siehe die Abschnitte 2.8 und 3.5.4.1) abgestimmt sind, wobei lokale Büros und Tourismusinformationen als „Filialen" die Betreuung und die Animation der Gäste vor Ort übernehmen können. Hand in Hand mit dieser Veränderung der (vertikalen und horizontalen) Netzstrukturen müßte auch der *Wandel der Organisationsformen* gehen. Nach den Vorschlägen von G. BEILE (2000), vor allem durch:

– die *Privatisierung* der Tourismusverbände, d.h., ihre Umwandlung in GmbH's oder in „kleine" Aktiengesellschaften nach dem Prinzip der *„Private-Public-Partnership"* unter Beteiligung von Unternehmen des Hotel- und Gastgewerbes, des Einzelhandels, des touristischen Gewerbes, von Banken, Brauereien, Kongreß- und Messegesellschaften, Freizeitparks etc., aber auch etwa der regionalen IHK's und Kommunen;
– die Umstellung der so erneuerten touristischen Dienstleistungszentren auf ein *erwerbswirtschaftlich orientiertes Management*: Sie operieren dann als Incoming-Reiseveranstalter ihrer Regionen und finanzieren sich weitgehend selbst: 1) durch *Provisionen* aus dem Verkauf von Hotelbetten, Tickets (Theater, Musical u.a.), Souvenirs, Reiseführern etc. oder von Pauschalangeboten der Reiseveranstalter; 2) durch *Einnahmen aus eigenen „Veranstalteraktivitäten"* (Wochenendarrangements, sonstige Packageangebote, Organisation von Kongressen, Tagungen, Incentivereisen etc.; 3) durch die Einführung, organisatorische Abwicklung und den Verkauf von *Touristischen Karten* (siehe Abschnitt 4.3.4); 4) durch *Honorare*, welche die touristische Beratung oder sonstige für die Unternehmen der Region erbrachte Dienstleistungen entgelten; 5) durch Mittel von *Sponsoren und Mediapartnern*. Somit verzichten die reformierten Tourismusorganisationen auf das sog. *„Neutralitätsprinzip"*, das sie zur Gleichbehandlung aller – auch der wirtschaftlich unproduktiven – Leistungsträger verpflichtet. Sie wandeln sich auch teilweise zu „Reiseveranstaltern" und gehören damit – wenigstens in dieser Funktion – zu den *organisatorischen Netzen „zweiter Ordnung"* (siehe auch die Ausführungen in Abschnitt 4.3.1 sowie die Darstellung der Netzwerktypen in Abbildung 4.4).
– In ihren Funktionen im Rahmen der Planungs-, Marketing und Werbenetzwerke sollen die neuen touristischen Dienstleistungszentren ein *professionelles Destinationsmanagement* betreiben, vor allem durch den Aufbau und die ständige Profilie-

rung von *Dachmarken*, durch den Anschluß an die *Computer-Reservierungs-Systeme* und durch die Nutzung des *Internets* als Informations- und Vertriebsinstrument.

Als Beispiel für eine relativ erfolgreiche Privatisierung und Kommerzialisierung im deutschen Tourismus kann etwa die TOURISMUS ZENTRALE HAMBURG GmbH genannt werden (TOURISMUSZENTRALE HAMBURG, 1997, G. BEILE, 2000). Ihre Gesellschafter sind der regionale Hotel- und Gaststättenverband, die IHK-Hamburg, die Messe und Congress GmbH, der Fremdenverkehrsverband Hamburg e.V. sowie die Stadt Hamburg, welche 40 % der Anteile hält. Die Finanzierung erfolgt hauptsächlich aus einer Bettenumlage in der Höhe von 2,6 € im Jahr und durch eigene Einnahmen aus dem Vertrieb von Packageangeboten (z.B. Katalog „Happy Hamburg Reisen") und von Touristischen Karten („Hamburg Card", „Kulturkarte", „Card Family", „Jugend-Paß") sowie aus verschiedenen anderen Quellen der oben genannten Kategorien. Vertrieb und Verkauf der Angebote erfolgen über drei Call Center: „City Soft Hotelreservierung", „T2H Ticket Soft" (ca. 650.000 Karten im Jahr) und „Hamburg Hotline" (70 Mitarbeiter und ca. 1. Mio. Anrufe im Jahr, das modernste touristische Call Center in Deutschland). Der Zuschuß an öffentlichen Mitteln (1998: 30 %) wird kontinuierlich reduziert.

4.4.3.3 „Spezielle" touristische Verbände

Die wichtigen *„speziellen" touristischen Verbände* in Deutschland sowie einige große Unternehmen, vorwiegend aus dem Verkehrsbereich, haben sich Mitte der 90er Jahre zum BUNDESVERBAND DER DEUTSCHEN TOURISMUSWIRT-SCHAFT (BTW) zusammengeschlossen, welcher als Dachorganisation die Interessen der Fachverbände koordiniert und in gemeinsamen Anliegen als Gesprächspartner von politischen, wirtschaftlichen etc. Institutionen agiert. Wie die Übersicht in Tabelle 4.8 zeigt, besteht auch im Fall der Netzwerke von „speziellen" Verbänden ein hoher Organisationsgrad, vor allem im Bereich der *Personenbeförderung*. Aus dem Faktum, daß die einzelnen Verkehrsträger vielfältigen und speziellen Regelsystemen der öffentlichen Hand und besonders komplexen wirtschaftlichen Rahmenbedingungen unterworfen sind, resultiert offensichtlich ein besonderer Zwang zur Integration in Interessensgemeinschaften. Hier spielt auch ein sehr einflußreicher internationaler Verband eine wichtige Rolle: die INTERNATIONAL AIR TRAFFIC ASSOCIATION (IATA), die Weltorganisation der Linienfluggesellschaften mit 274 Unternehmen aus über 100 Staaten als Mitglieder. Zu ihren Aufgabenfeldern zählt die rechtliche und technische Koordination des internationalen Flugverkehrs, die Abrechnung von Zahlungen zwischen den Fluggesellschaften und vor allem die Mitgestaltung des sehr komplexen Tarifsystems im internationalen Flugwesen (http://www.iata/org/membership; 25.05.2001).

Während die Reisevermittler besonders im DEUTSCHEN REISEBÜRO-VER-BAND e.V. (DRV) zusammengeschlossen sind, der mehr als 4.600 Unternehmen vereinigt und die Interessen der Branche vor allem gegenüber den politischen Institutionen im In- und Ausland vertritt, haben die Reiseveranstalter in Deutschland keinen eigenen Verband. Dies mag durch die besonders intensive Konkurrenz auf den Veranstaltermärkten begründet sein sowie in den Rivalitäten zwischen den großen Konzernen, die sich im Rahmen der internationalen Konzentrationsprozesse ergeben (siehe Abschnitt 4.3.2). Da aber die Reiseveranstalter als mehrstufige Unternehmen auch auf dem Vermittlungssektor tätig sind, gehören sie alle auch dem DEUTSCHEN REISEBÜROVERBAND e.V. (DTV) als ordentliche Mitglieder an.

4.4.4   Regelmäßige statistische Marktuntersuchungen

Zu den organisatorischen Netzwerken „dritter Ordnung" zählen auch die regelmäßigen statistischen Marktuntersuchungen, welche eine wichtige Grundlage für das Management und das Marketing der touristischen Verbände und Unternehmen darstellen, ebenso für die Fremdenverkehrsplanung der Gebietskörperschaften und natürlich auch für die Tourismusforschung. Hier ist zunächst zwischen der amtlichen Statistik und den privaten Erhebungen zu unterscheiden.

Die *amtliche Tourismusstatistik* des deutschen STATISTISCHEN BUNDESAMTES in Wiesbaden konzentriert sich vor allem auf das inländische Übernachtungsangebot (U. SPÖREL, 1998). Diese *Beherbergungsstatistik* ist in zwei Teile gegliedert: eine ständige monatliche Erhebung sowie eine umfassendere Zählung, die im Abstand von sechs Jahren durchgeführt wird. Im Rahmen dieser *Kapazitätserhebung* bildet die Art der Beherbergungsstätten ein grundsätzliches Klassifikationsmerkmal. Zusätzlich werden die Ausstattungsmerkmale der Betriebe (z.B. mit Räumen in den Restaurants, Sport- und Freizeit- oder Kur- und Wellnesseinrichtungen, Konferenz- und Tagungsräumen etc.) erhoben sowie Anzahl, Ausstattung und Preise der Gästezimmer bzw. das entsprechende Bettenangebot. Verschiedene dieser Angaben dienen auch als Zuordnungskriterien der Betriebe für die *monatlichen Erhebungen*, wo vor allem die Ankünfte, Übernachtungen und Herkunftsländer der Gäste registriert werden. Alle diese Angaben stehen für die verschiedenen administrativen Ebenen - vom Bund bis zu den Gemeinden – zur Verfügung, sie lassen sich daher auch für sog. *Reisegebiete* aggregieren, das sind die Zuständigkeitsbereiche der regionalen Tourismusverbände. Damit liefert die amtliche Statistik wichtige Unterlagen für das Tourismusmarketing, wenn auch – wie oben schon dargestellt – diese regionalen Einheiten mit den wirklichen touristischen Aktionsräumen oft nicht übereinstimmen. Allerdings besteht noch ein zweites wesentliches Manko: Zwar wurde in den 80er Jahren das System der (fremdenverkehrsintensiveren) „Berichtsgemeinden" abgeschafft, dafür jedoch eine *„Abschneidegrenze"* nach der Betriebsgröße eingeführt: Berichtspflichtig sind demnach nur solche Betriebe, „die nach Einrichtung und Zweckbestimmung dazu dienen, mehr als acht Gäste gleichzeitig vorübergehend zu beherbergen" (§ 5 BeherbergStatG.). Damit werden die kleinen (Nebenerwerbs-) Anbieter von der Statistik nicht erfaßt, was besonders in denjenigen Regionen, wo der Tourismus ein zweites Standbein für die Landwirtschaft bildet, zu einer nicht unerheblichen Verfälschung der Ergebnisse führen kann. Durch diese „Abschneidegrenze" zeigen sich auch fast immer Unterschiede zwischen den amtlichen Zählungsergebnissen und den Eigenerhebungen von Tourismusverbänden oder Gemeinden. Diverse Verkehrsstatistiken und Zählungen, die das Gastgewerbe betreffen (etwa die in unregelmäßigen Abständen durchgeführte „Handels- und Gaststättenzählung"), ergänzen das tourismusrelevante Angebot des Statistischen Bundesamtes, aus dem die (früher im Rahmen des Mikrozensus noch betriebene) genauere Erfassung der *Nachfrageseite* heute weitgehend ausgeklammert bleibt.

Diese wird vor allem von den verschiedenen, auf vereins- und privatwirtschaftlicher Basis durchgeführten Erhebungen analysiert. Dazu zählen etwa die Reiseanalyse der FORSCHUNGSGEMEINSCHAFT URLAUB UND REISEN e.V., der Deutsche Reise-Monitor der IPK-München (bearbeitet von BASIC RESEARCH, Frankfurt), als Teilerhebung des in 30 west- und osteuropäischen Staaten durchgeführten Europäischen Reise-Monitors, die Erhebung: Tourist Scope der INFRATEST SOZIALFORSCHUNG, weiters die auf den Fernreiseverkehr ausgerichtete Untersuchung Mobility (INFRATEST), die Reisebiographien des EUROPÄISCHEN TOURISMUS INSTITUTS oder die Zufriedenheitsanalysen des DEUTSCHEN KUNDENBAROMETERS (E. Seitz, W. Meyer, 1995). Hier wird beispielhaft auf zwei wichtige Marktuntersuchungen etwas näher eingegangen, auf die Reiseanalyse und auf den Europäischen Reise-Monitor.

Die jährlich durchgeführte *Reiseanalyse* gibt es bereits seit 1970. Sie geht auf die Initiative von Heinz Hahn, dem langjährigen Direktor des STUDIENKREISES FÜR TOURISMUS in Starnberg, zurück. Seit der Auflösung des STUDIENKREISES im Jahr 1993 führt die FORSCHUNGSGEMEINSCHAFT URLAUB UND REISEN e.V. (F.U.R.) in Hamburg dieses Projekt federführend durch. Es ist als Beteiligungsuntersuchung angelegt und wird von ca. 50 Partnern vor allem aus der Tourismusbranche, aber auch aus Politik, Verwaltung und Wissenschaft ohne Gewinnabsichten finanziert (M. Lohmann, 1998). Die Erfassung des Verhaltens der Reisenden und Nichtreisenden in Deutschland bildet das Hauptanliegen der Reiseanalyse. Dazu dient ein System von Parametern, welche sich auch auf die wirtschaftlichen und gesellschaftlichen Rahmenbedingungen beziehen, so daß aus der Analyse auch Hinweise auf die Hintergründe von touristischen Handlungsmustern abzuleiten sind, ebenso Aussagen über zukünftige Trends. Hierbei soll einerseits die methodische Kontinuität gewahrt bleiben (eine ganze Reihe von Indikatoren kann nun über einen Zeitraum von mehr als 30 Jahren verglichen werden), andererseits versucht man aber auch flexibel zu bleiben, um den neuen Entwicklungen im Tourismus gerecht zu werden. Aus diesen Gründen umfaßt das Themenspektrum der Reiseanalyse ein gleichbleibendes *Grundfragenprogramm*, das sich auf das Urlaubs- und Reiseverhalten (Urlaubsart, Reiseintensität und –volumen, Zeitpunkt, Organisation der Reise, Ziele, Unterkunft, Verkehrsmittel, Reisebegleitung, Ausgaben etc.) bezieht, ferner auch auf Motive und touristische Aktivitäten, Reiseerfahrungen, Einstellungen und Bewertungen sowie schließlich auf die zukünftigen Urlaubsinteressen. Dieses Fragenspektrum wird durch jährlich wechselnde *„Module"* zu aktuellen Themen (Gesundheitsurlaub, Städtereisen, Kurzreisen, Kulturtourismus, Umweltwahrnehmung u.a.) ergänzt. Alle diese Daten resultieren aus der persönlichen Befragung einer Stichprobe von etwa 7.500 Personen, welche nach einem Zufallsverfahren ausgewählt werden und die deutsche Wohnbevölkerung (14 Jahre und älter) repräsentieren. Sie erlauben eine umfassende Beschreibung des Urlaubsgeschehens in der Bundesrepublik und bilden eine wichtige (allerdings allein meist nicht ausreichende) Grundlage für das touristische Marketing, die regionale Tourismusplanung und die Tourismusforschung.

Allerdings könnte man dieses Instrument auch noch wesentlich verbessern: Zwar enthält die Reiseanalyse für bestimmte Quellgebiete und Reiseziele (etwa für ganz Deutschland, seine Länder und Regionen) Informationen darüber, wie viele Urlaubsreisen deutscher Bürger zu diesen Zielen gemacht wurden, und wie die erhobenen Grundmerkmale (siehe oben) *im Durchschnitt* für die betroffenen deutschen Urlauber ausgeprägt sind, bzw. *wie sie sich über diese Personengruppe verteilen* (z.B. in der Form von Rangordnungen nach der Häufigkeit von ausgeübten Urlaubsaktivitäten oder von „offenbarten" Urlaubsmotiven und Bedürfnissen). Weitgehend unbeantwortet bleiben jedoch (wenigstens in den öffentlich zugänglichen Ergebnissen) die Fragen nach dem in den Quell- oder Zielregionen bestehenden *Mix von Urlaubergruppen* nach *Verhaltensmerkmalen*, vor allem nach *Aktivitätenmustern bzw. Urlaubsstilen* (siehe Abschnitt 2.1), nach *Bedürfnis- und Motivationsstrukturen* (siehe Abschnitt 3.2.2), nach *Präferenzordnungen erster und zweiter Stufe* mit ihren lexikographischen und substitutiven Teilelementen (siehe Abschnitt 3.4.1) oder nach den *Zufriedenheitsstrukturen* (siehe Abschnitt 3.4.5). Natürlich wären auch noch zusätzliche Informationen von Vorteil, welche Rückschlüsse auf die *„sozialen Lagen"* bzw. auf die *„milieuspezifischen Lebensstile"* (siehe Abschnitt 3.3.2) ermöglichen. Mit einer solchen Ausweitung der Befragung und ihrer Disaggregierung auf die für die Strategien des touristischen Marketings bzw. für die Ziele der Fremdenverkehrsplanung *wirklich relevanten Nachfragegruppen* könnte die Effizienz der Reiseanalyse deutlich gesteigert werden.

Solche Modifikationen würden aber eine Vergrößerung des Umfanges der Befragungsstichprobe erfordern und natürlich auch die Kosten entsprechend erhöhen. Außerdem müßte dazu die amtliche Statistik in der Lage sein, grundlegende, für die Konzeption der Befragung, für die Ziehung der Stichprobe und für die Aufrechnungen der Ergebnisse auf die Grundgesamtheiten erforderliche Eckdaten des Reisemarktes und der Sozialstruktur zur Verfügung zu stellen (wenige ausgewählte Parameter mit sehr hoher Genauigkeit, Zuverlässigkeit und Gültigkeit). Sie kann aber schon die derzeitigen diesbezüglichen Anforderungen nicht voll erfüllen (M. LOHMANN, 1998). Ein weiteres Problem, das auch heute bereits relevant ist, könnte sich im Falle einer Modifizierung der Reiseanalyse noch verstärken: Interventionen der großen Tourismuskonzerne als Hauptfinanziers der Untersuchung, welche an der

Offenlegung bestimmter Fakten gar nicht interessiert sind, weil manche Manager glauben, daß dies den Geschäftsinteressen zuwider läuft.

Fehlende Referenzstatistiken auf staatlicher Ebene behindern auch die Konzeption des *Europäischen Reise-Monitors* (und natürlich ebenso den Deutschen Reise-Monitor als ein Teilelement dieser Untersuchung), welcher besonders auf die *Erfassung der Reiseströme* im Tourismus ausgerichtet ist. Auftraggeber sind hier nationale Tourismusverbände, Nationalbanken, Reiseveranstalter und Verkehrsunternehmen, das internationale Hotelgewerbe sowie staatliche Stellen. Als Hauptträger der wieder als Beteiligungsuntersuchung angelegten Befragung übt die EUROPEAN TRAVEL MONITOR S.A. in Luxemburg, ein Unternehmen der IPK-INTERNATIONAL Gruppe, Koordinationsfunktionen aus. Je nach der Stichprobengröße und der Telefondichte in den Bezugsregionen wird die Befragung in Form von persönlichen Interviews oder telephonisch mit Hilfe von Befragungscomputern (C.A.T.I.-System) durchgeführt, und zwar in verschiedenen jährlichen Befragungswellen. Diese umfassen etwa in Deutschland jeweils 2.500 Interviews, so daß im Jahr ca. 15.000 Personen befragt werden. Die Ergebnisse liegen in bestimmten Segmenten vor: z.B. erfaßt der „Outbound-Report" alle Reisen aus einem oder mehreren der 18 west- und 12 osteuropäischen Berichtsländer (sowie ausgewählte touristische Merkmale der betroffenen Reisenden) zu allen Zielen weltweit; der sog. „Inbound-Report" bezieht sich auf die Reisen aus einem, mehreren oder allen im Europäischen Reise-Monitor erfaßten Staaten in ein bestimmtes Zielland; in speziellen „Segment-Reports" sind Angaben über Teilmärkte (z.B. über Pauschalreisen mit dem Flugzeug) zusammengefaßt; schließlich werden in den „Special Publications" Trends und Entwicklungen bestimmter Marktsegmente dargestellt. Alle diese Daten müssen käuflich erworben werden. Ein kompletter „Outbound-Report" für ein bestimmtes Land kostet je nach Marktgröße etwa zwischen 4.000 und 12.000 €, für einen „Inbound-Report" sind sogar zwischen 90.000 und 175.000 € zu bezahlen (R. D. FREITAG, 1998). Noch viel weniger als die Reiseanalyse kann der, besonders auf die Erfassung der Grunddaten des europäischen Reiseverkehrs angelegte Reise-Monitor den oben angeführten Kritikpunkten gerecht werden.

Auch unter Berücksichtigung der anderen regelmäßigen touristischen Marktuntersuchungen, auf die hier nicht näher eingegangen werden kann (siehe etwa: E. SEITZ, W. MEYER, 1995), kommt man zu der Feststellung, daß die in Deutschland (sowie auch in den anderen westeuropäischen Staaten) zur Verfügung stehenden Daten zur Struktur und Entwicklung des Tourismus nur ein *lückenhaftes Puzzle* bilden. Seine einzelnen Elemente sind oft nur bedingt vergleichbar, da ihnen Untersuchungen nach unterschiedlichen Methoden und mit differierender räumlicher Basis zugrunde liegen, denen oft der Bezugsrahmen einer umfassenderen amtlichen Tourismusstatistik fehlt. Zum Teil erfordert der Kauf der Daten auch beträchtliche Summen (siehe oben), so daß etwa kleinen touristischen Unternehmen oder wissenschaftlichen Institutionen der Zugang in vielen Fällen verwehrt bleibt. Für speziellere Marketinganalysen, für Aufgabenstellungen der Tourismusplanung oder gar für die wissenschaftliche Grundlagenforschung muß man sich die notwendigen statistischen Grundlagen oft selbst „produzieren". Wegen der dazu erforderlichen hohen Kosten- und Zeitaufwände bleiben viele Problemfelder unbearbeitet.

4.4.5   Fachmessen

Die wesentliche Funktion der jährlich vom Herbst bis ins Frühjahr abgehaltenen touristischen Fachmessen beruht auf der Konzentration von Anbietern und Nachfragern während des, in der Regel kurzen, Zeitraumes der Dauer dieser Veranstaltungen und den daraus resultierenden Kontaktstrukturen: Die Nachfrager können sich zeit- und auch relativ kostengünstig über die Angebotsspektren der verschiedenen Destinationen und Veranstalter informieren, und die Aussteller haben die Chance, ihre Produkte und Dienstleistungen einer Vielzahl von potentiellen Kunden zu präsentieren. Wegen der speziellen Strukturen der touristischen Produkte und ihrer unterschiedlichen Verkaufswege (siehe Abschnitt 4.3.1) haben aber wenigstens die großen touristischen Fachmessen eine weitere, oft noch wichtigere Bedeutung, nämlich die *Pflege von Kontakten und die Abschlüsse von Geschäften zwischen den Anbietern einzelner Leistungsbausteine und komplexer touristischer Produkte* (M. BUSCHE, 1998). Sie erfüllen also – in konzentrierter Form – die Funktion von organisatorischen Netzwerken „zweiter Ordnung" (siehe Abbildung 4.4).

Dies trifft ganz besonders für die *Internationale Tourismusbörse (ITB)* zu, der größten europäischen Fachveranstaltung, die jedes Jahr Anfang März auf dem Gelände der Berliner Messe und im benachbarten Internationalen Kongreßzentrum abgehalten wird. Hier sind etwa 10.000 Aussteller aus fast 200 Staaten versammelt, Tourismusverbände oder sonstige Vertretungen aus praktisch allen touristischen Destinationen der Welt, die wichtigsten Reiseveranstalter und Reisevermittler, Flug-, Kreuzfahrt- und sonstige Transportgesellschaften, Hotelkonzerne sowie die größeren Unternehmen der elektronischen Reisetechnologie (Computer-Reservierungs-Systeme, regionale Informationssysteme, elektronische Reisebüros, sonstige Internet-Dienste etc. und auch die Anbieter der entsprechenden Hard- und Software). Die ITB 2001 konnte ca. 123.500 Gäste verzeichnen. Fast die Hälfte davon waren Fachbesucher aus den Tourismusbranchen bzw. aus dem Verbands-, Planungs- und Wissenschaftsbereich, ein Drittel davon kam aus dem Ausland. Eine Befragung ergab, daß 45 % der Aussteller bereits während der ITB Geschäftsabschlüsse tätigen konnten (z.B. den Verkauf von Beherbergungs- oder Transportkapazitäten an Reiseveranstalter und –Vermittler). 87 % der Anbieter haben so gute Kontakte geknüpft, daß sie ein zufriedenstellendes Nachmessegeschäft erwarten. Von den Privatbesuchern der ITB möchten 70 % die gebotenen Informationen für eine konkrete Reisebuchung nutzen, mehr als zwei Drittel davon wollen im Jahr 2001 mindestens zwei Urlaubsreisen unternehmen. Etwa die Hälfte der privaten ITB-Gäste informiert sich vor allem über die reichlich verteilten Kataloge, aber schon 31 % verweisen auf das Internet als Informationsquelle (traveller, Ausgabe NÖ 10/1, 15.03.2001).

4.4.6   Sonstige Marketing- und Werbenetzwerke

Im Medienbereich hat das *Fernsehen* wichtige Funktionen bezüglich der Ausbildung der „allgemeinen" und „individuellen" touristischen Perspektiven (siehe Abschnitt 2.4) übernommen, z.T. auch über die direkte Werbung. Der Verkauf touristischer Angebote im TV befindet sich erst in der Entwicklungsphase (siehe Abschnitt 4.3.3.3). Die touristischen Perspektiven werden vor allem über eine steigende Anzahl von *Reisemagazinen* (siehe Tabelle 4.8) beeinflußt, die sehr unterschiedlich aufgebaut sind, aber in der Regel sowohl allgemeine Informationen über die Reiseziele enthalten, als auch konkrete Hinweise zum Reiseverhalten und auch aktuelle Angebote aus der Reisebranche. Eine Vielzahl von *Reportagen* über Länder, Regionen, Landschaften und Städte ergänzt das Angebotsspektrum. Sehr wesentlich werden die touristischen Blickwinkel der Kinobesucher und Fernsehkonsumenten aber auch durch *Spielfilme* („Out of Africa", „Cliffhanger" etc.) oder *TV-Serien* („Das Traumschiff", „Schloßhotel Orth" etc.) beeinflußt, die in der Regel von den Tourismusregionen gefördert werden, welche den Hintergrund der Handlung bilden. Wegen der hohen Kosten und der starken Konkurrenz kapitalkräftiger Anbieter von verschiedenen Konsumgütern (vor allem: Automobile, Süßwaren, Telekommunikationsgeräte) spielen *TV-Werbespots* aus der Tourismusbranche in den letzten Jahren eine eher untergeordnete Rolle und sind etwa in den Top Ten der Fernsehwerbung derzeit nicht enthalten.

Bezüglich des Verkaufs touristischer Produkte im *Internet* wurden die Fakten bereits im Überblick dargestellt (siehe Abschnitt 4.3.3.2). *Werbeträger* sind hier die eigenen *Websites* der größeren touristischen Anbieter oder *Werbebanner* und *Werbefenster* auf „fremden" Websites, die geöffnet werden können, um Zugriff auf die Werbebotschaften zu erlangen. Insgesamt gesehen hat das Werbegeschäft im Internet in Europa noch lange nicht die Dimensionen der USA erreicht. Die Werbung im Internet muß auf die Besonderheiten des Mediums und auf die Verhaltensmerkmale seiner Benutzer Rücksicht nehmen: „... online consumers not only want information but also seek entertainment (or „edutainment") when they go on to the Web... They are more active than in the case of TV advertising or of ads in print media... Chat rooms, testimonials, and so on help to create communities on the Web that are necessary for communicating experiences" (U. GRETZEL, YU-LAN YUAN, D. R. FESENMAYER, 2000, S. 154 - 155).

4.5   Zusammenfassung: Das räumlich-zeitliche System des Tourismus

Die Grundstrukturen der Netzwerke im Tourismus sind in Abbildung 4.10 zusammengefaßt: Hier kommen in der *vertikalen Anordnung* (von oben nach unten) der einzelnen Elemente die *Typen und die Hierarchie der Netze* zur Darstellung, während in der *horizontalen Gliederung* (von links nach rechts) ihre *räumlichen Di-*

mensionen (von staatenübergreifenden bis lokalen Verbreitungsgebieten) angedeutet werden:

- Die Basis dieses Systems von Netzwerken bilden die *„primären Netze"* (siehe auch die Abschnitte 2.7 und 2.8) der *Verkehrsinfrastruktur* (einschließlich der touristischen Aufstiegshilfen) bzw. der *Informations- und Kommunikationsinfrastruktur*. Sie sind die „Träger" und „Vermittler" der vielfältigen Interaktions-, Informations- und Austauschprozesse, welche im Rahmen der „sekundären" Netzwerke der Tourismuswirtschaft stattfinden.

- Zu diesen „sekundären" Netzen zählen zunächst die *touristischen Netzwerke* als die räumlichen und zeitlichen Verhaltensmuster der Touristen (mit ihren verschiedenen Urlaubsstilen) in den *Aktionsräumen* der Übernachtungsstandorte und entlang der *touristischen Routen*, wobei – auf den Stationen (Behavior Settings) der lokalen, der regionalen und der Landeszonen der Netze – die verschiedenen Elemente des „natürlichen" und „abgeleiteten" Fremdenverkehrsangebotes genutzt werden (siehe Abschnitt 2.8).

- Diese Leistungsbausteine werden über die *organisatorischen Netzwerke* zur Nutzung für die Gäste bereitgestellt (organisatorische Netze „erster Ordnung"), zu mehr oder minder umfangreichen Angebotsbündeln zusammengefaßt und verkauft (Netze „zweiter Ordnung") bzw. von Gebietskörperschaften, touristischen Verbänden und einer ganzen Reihe anderer tourismusorientierter Dienste und Institutionen geplant und beworben (Netze „dritter Ordnung" über die auch die Rahmenbedingungen für die Tourismuswirtschaft festgelegt werden).

Am Beispiel von Hotelbetrieben lassen sich wohl am Besten die Funktionen und die regionale Bedeutung der *monozentralen Versorgungsnetzwerke* aufzeigen, als radiale, auf ihre Versorgungszentren hin orientierte Strukturen, ohne besondere wechselseitige Vermaschung der verschiedenen peripheren Produzenten von Gütern und Dienstleistungen, welche dafür sorgen, daß – über die Tourismussaison – den Hotelgästen die verschiedenen Leistungselemente immer wieder angeboten werden können. Wenn solche Versorgungsnetze zu größeren Anteilen in einer Region verankert sind, so erhöhen sich hier auch die *indirekten und induzierten Einkommen* des Fremdenverkehrs entsprechend, und über die sog. *Multiplikatoreffekte* können mehr oder minder umfangreiche Sektoren der Wirtschaft von der Leitbranche des Tourismus profitieren. Allerdings entstehen dadurch auch Abhängigkeiten und einseitig ausgerichtete regionale Wirtschaftsstrukturen. Im Fall von Einbrüchen des Fremdenverkehrs können sich weitreichende negativen Effekte ergeben.

In aller Regel beziehen auch diejenigen touristischen Leistungsanbieter, welche in *multizentrale Versorgungsnetzwerke* integriert sind, einen Teil ihrer laufenden Inputs über monozentrale und regionale Netzwerke. Partnerschaftliche Kooperationen, hierarchische Kooperationen (Franchisesysteme, Managementverträge) und

Abbildung 4.10: Netzwerke im Tourismus

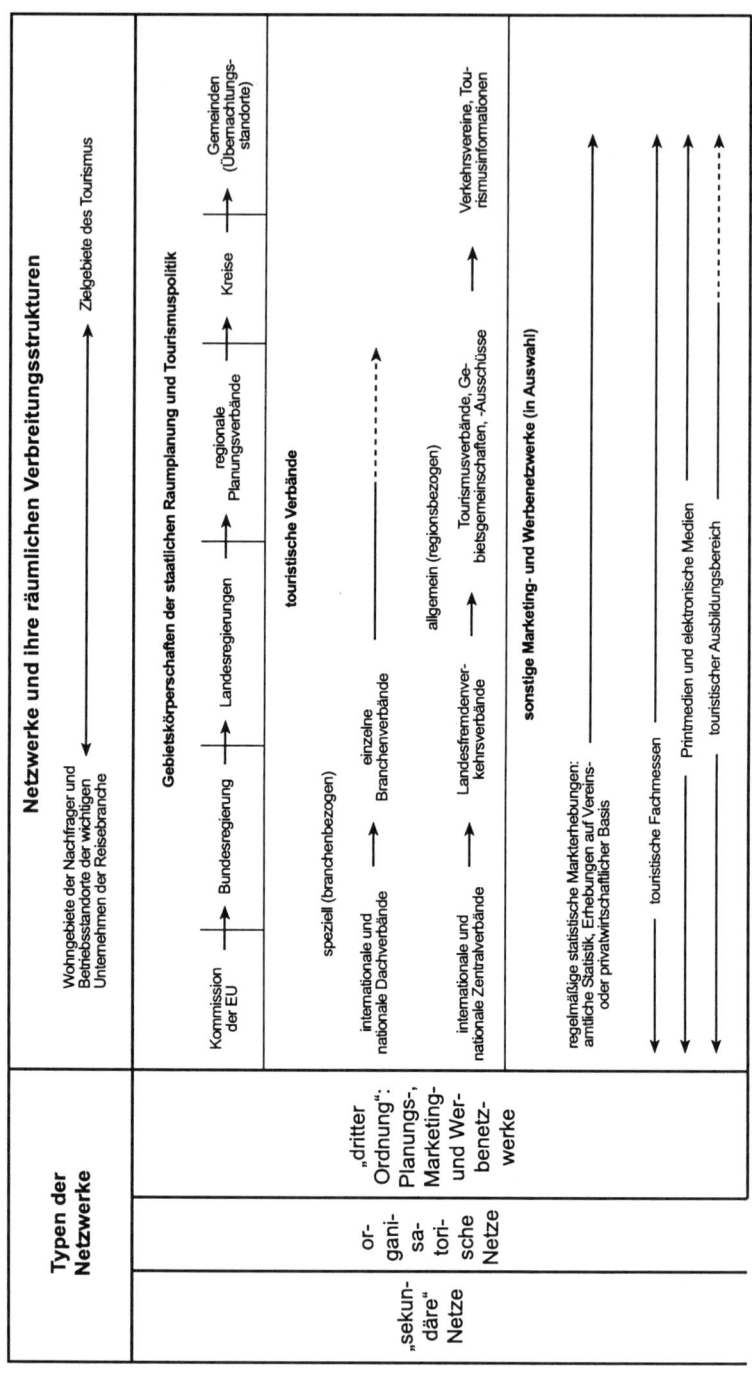

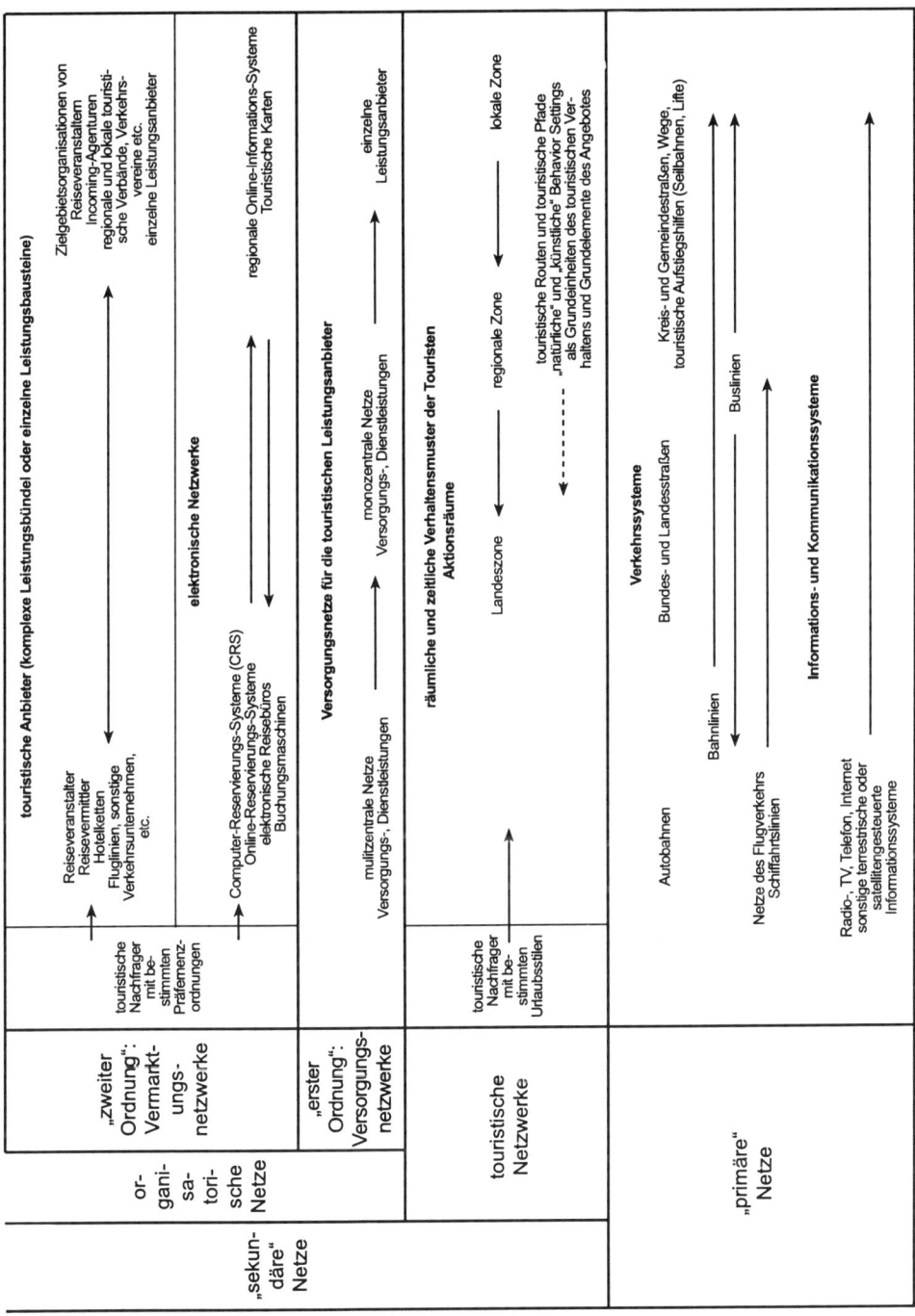

Unternehmensketten stellen die wichtigsten multizentralen Netztypen dar. Finanzierungsdienste und Managementleistungen, gemeinsame Einkaufs- oder Vertriebssysteme, die Ausbildung des Personals, Qualitätskontrollen etc. sind wesentliche Aufgabenfelder, welche die Zentralen solcher Netze für ihre Mitglieder erfüllen. Am Beispiel der *internationalen Hotelerie* zeigt sich die fortschreitende Globalisierung von multizentralen Netzwerken. Diese verläuft Hand in Hand mit dem Umbau der einst recht hierarchischen Strukturen in Richtung auf „integrierte Netzwerke" mit ausgeglichenerer Aufgabenverteilung zwischen den Zentralen und den peripheren Betrieben. Außerdem kommt es auch zu wesentlichen Veränderungen der Eigentumsverhältnisse (Fusionen, Übernahmen) und zum Bedeutungsgewinn der hierarchischen Kooperationsformen (Franchise-Systeme, Managementverträge). Der Trend zu polyzentrischen Unternehmenskulturen (internationaler Standard in exotischen Milieus) setzt sich immer mehr durch, ebenso die Spezialisierung der Angebote entsprechend den Präferenzen verschiedener Nachfragergruppen.

Bis in die jüngere Vergangenheit konnte man bei den *Vermarktungsnetzwerken* – als organisatorische Netze „zweiter Ordnung" zur Erstellung und zur Vermittlung von komplexeren touristischen Gesamt- und Teilangeboten – relativ deutlich differenzierte Netztypen unterscheiden: 1) den sog. *zweistufigen Vertriebsweg*, wo Reisevermittler für ihre Kunden individuelle Reiseprogramme aus einzelnen Leistungsbausteinen erstellen und bei den Anbietern die entsprechenden Buchungs- und Abrechnungsvorgänge tätigen; 2) den *Vertriebsweg in drei Stufen* mit der zusätzlichen Netzebene der Reiseveranstalter, welche als Produzenten von Voll- und Teilpauschalangeboten fungieren, die wieder über die Reisebüros an die Nachfrager verkauft werden. Durch die Änderung von wesentlichen Rahmenbedingungen befinden sich diese Netzwerke gegenwärtig in einer *intensiven Umbruchsphase*.

Zu den Gründen dafür zählt vor allem die Einführung der *neuen touristischen Kommunikations- und Informationsnetze* auf der Basis der „primären" Netzwerke des World-Wide-Webs, welche die bereits seit mehr als zwei Jahrzehnten in Betrieb stehenden Computer-Reservierungs-Systeme (die geschlossene Datenleitungen benutzen) konkurrenzieren und teilweise schon ablösen. Damit wird für die Nachfrager mit Internet-Zugang der *einstufige Vertriebsweg* interessant, da sie nun direkt und mit immer geringeren Aufwänden mit den Anbietern einzelner Leistungsbausteine in Kontakt treten können, etwa über für das Internet geöffnete Computer-Reservierungs-Systeme, über die Informations- und Buchungs-Systeme von Tourismusregionen oder über die Online-Reservierungs-Systeme von touristischen Einzelanbietern (Hotelketten, Mietwagenunternehmen etc.). Auch die *Reiseveranstalter* gehen dazu über, ihre Produkte im Internet direkt den Endkunden anzubieten. Sie schalten dadurch die Reisevermittlung (auch ihre eigenen Reisebüroketten) aus und *verkürzen so den dreistufigen Vertriebsweg* um eine Stufe. Um dieser vielfältigen Konkurrenz zu begegnen, bieten die Reisevermittler den virtuellen Zugang zu *Buchungsmaschinen* an, welche ihre Kunden mit den diversen Portalen der Reiseveranstalter, Tourismusregionen und Einzelanbieter verbinden und vielfältige Informations-, Auswahl- und Vergleichsmöglichkeiten gewähren. Aber die traditionellen Reisevermittler sehen sich nicht nur mit dem Überspringen ihrer Vertriebsstufe durch den Einsatz der neuen Kommunikationsmedien konfrontiert, sondern auch auf ihrer Netzebene beginnt sich die Konkurrenz zu verstärken. Zum einen ist dies durch das Aufkommen der *elektronischen Reisebüros* bedingt, die in den USA bereits wesentliche Marktanteile errungen haben. Zum anderen gewinnt auch der Verkauf von Reisen über die *Reisekanäle* und *Reisesendungen* im Fernsehen an Bedeutung, die mit der fortschreitenden Integration von TV und Internet wohl noch zunehmen wird. Somit haben die Innovationen des Informationszeitalters bisher besonders die Netzebene der Reisevermittlung betroffen, die zukünftig wohl wesentliche Umgestaltungen erfahren wird.

Teilweise kann man den jüngeren Wandel der Vermarktungsnetzwerke auch auf die Neupositionierung der *regionalen Tourismusverbände* zurückführen, welche immer mehr von öffentlichen in privatrechtliche Organisationsformen übergeführt werden, und in ihren neuen Strukturen auch mit eigenen Pauschalangeboten auf den Veranstaltermärkten auftreten. Dazu benutzen sie neue Vermarktungsinstrumente: die bereits genannten *regionalen Informations- und Buchungs-Systeme* im Internet sowie die *Touristischen Karten*, welche durch die Bündelung von Leistungen und die Gewährung von Preisvorteilen zum besseren Verkauf der regionalen Angebote beitragen sollen. Städte-, Kultur-, Ferien-, Gäste- und Winterkarten sind hier die am meisten verbreiteten Angebotsformen.

Auf all diese genannten Veränderungen reagieren die *großen Reiseveranstalter* mit dem Umbau ihrer firmeninternen und externen Vermarktungsnetzwerke. Vor allem gewinnt die Risikoabsicherung durch *vertikale Verflechtungen* immer mehr an Bedeutung, wobei besonders Fluglinien, Ketten von Hotels, Reisevermittlern und Incoming-Agenturen durch Kauf oder Beteiligung in die Konzerne integriert werden. In ähnlicher Weise sichern sich die Großveranstalter auch den Zugriff auf Computer-Reservierungs-Systeme und Internet-Portale. Gleichzeitig ist eine *Fusionswelle* der großen europäischen Veranstalter angelaufen, mit dem „externen" Hauptziel der Vermehrung von Einkaufsmacht gegenüber den verschiedenen Anbietern von Leistungsbausteinen und mit dem „internen" Ziel der besseren Auslastung der eigenen Flugzeuge und Betten. Bezüglich ihrer *Verkaufsorganisationen* orientieren sich die Reisekonzerne aber vor allem an den nationalen Märkten, auf die ihre verschiedenen Veranstaltermarken ausgerichtet sind.

Alle hier kurz dargestellten Vermarktungsnetzwerke stellen die Transaktionsmedien dar, über welche die Informationen über die Angebote an touristischen Gütern und Dienstleistungen mit den Informationen über die verschiedenen Segmente der touristischen Nachfrage zusammengeführt, Geschäfte und Kontrakte abgeschlossen und die entsprechenden finanziellen Entgelte transferiert werden: Die Knoten der organisatorischen Netzwerke „zweiter Ordnung" sind also die – materiellen und immateriellen – „Orte", in denen die Transaktionen der verschiedenen *touristischen (Teil-)Märkte* stattfinden.

Wegen der widersprüchlichen oder fehlenden theoretischen Grundkonzepte und der unbefriedigenden Datensituation lassen sich die Strukturen und die Volumen der verschiedenen Marktformen nur ansatzweise erfassen. Nach Maßgabe der Möglichkeiten hat W. Freyer (2001) für die Bundesrepublik Deutschland folgende Grundinformationen über wichtige Tourismusmärkte zusammengestellt (die Zahlen beziehen sich auf das Jahr 2000, Abweichungen sind eigens angegeben):

- Demnach partizipieren am gesamten *Urlaubsreisemarkt* ca. 45 Mio. Reisende, die insgesamt ca. 60 Mio. Reisen (mehr als drei Tage) unternehmen und dafür ca. 30,67 – 35,79 Mrd. € aufwenden (ohne Nebenausgaben).
- Auf dem *Veranstaltermarkt* stehen fünf große, ca. 50 mittlere und ca. 1.400 kleine Anbieter einer Gesamtnachfrage von ca. 30 Mio. Pauschaltouristen gegenüber. Wegen der Dominanz der großen Konzerne besteht praktisch ein Anbieteroligopol (d.h., Leistungen und Preisniveau können tendenziell von den Großveranstaltern bestimmt werden). Es werden ca. 36 Mio. Reisen verkauft, bei einem Gesamtumsatz von ca. 19,43 Mrd. € und ca. 5.000 Beschäftigten.
- Die Struktur des Marktes der *Reisevermittlung* läßt sich hingegen als polypolistisch oder atomistisch charakterisieren: Hier sind viele kleine und mittlere Reisebüros (ca. 5.000 IATA Reisebüros, ca. 10.000 Touristikbüros und ca. 4.000 Nebenerwerbsbüros) beteiligt, welche ihre Dienste ca. 25 Mio. Pauschalreisenden und ca. 8 Mio. sonstigen touristischen Kunden (sowie ca. 5 Mio. Geschäftsreisenden) anbieten. Bei einer gesamten Beschäftigungszahl von ca. 65.000 werden 24,03 Mrd. € umgesetzt.
- Der *Beherbergungsmarkt* untergliedert sich – nach Ausstattungs- und Preiskategorien – in verschiedene Teilsektoren. Hier können z.B. die großen First-Class-Hotels der internationalen Ketten oligopolartige Marktpositionen erreichen. Je nach lokalen und saisonalen Gegebenheiten agieren aber unter Umständen auch kleinere Hotels als Quasi-Monopole. Das Angebot umfaßt (1998) fast 40.000 Betriebe (mit den vom Hotelsektor kaum abzugrenzenden Gasthöfen, aber ohne die Parahotelerie, wie etwa Ferienheime, Campingplätze etc.) mit ca. 400.000 Beschäftigten im Hotelsektor (plus weiteren ca. 800.000 im Gastgewerbe). Auf diese Beherbergungsbetriebe entfallen ca. 300 Mio. Übernachtungen (davon ca. 260 Mio. von Inländern). Daraus resultiert für die Hotels ein Jahresumsatz (1998) von ca. 20,45 Mrd. €; hinzu kommen ca. 32,21 Mrd. € Gesamtumsatz für das Gastgewerbe, wovon der Übernachtungsanteil statistisch nicht zu trennen ist.
- Solche Abgrenzungsprobleme bestehen auch beim *Flugmarkt*, wo es keine statistische Differenzierung der Nachfrager nach Urlaubs-, Geschäfts- und Privatreisenden gibt. Hier werden (auf Linien- und Charterflügen) im Jahr (1999) ca. 100 Mio. Fluggäste befördert, die meisten davon (ca. 85 Mio.) im internationalen Verkehr. Die ca. 120 nationalen und internationalen Fluggesellschaften geben

ihre Umsätze nicht bekannt. Als Mitglieder der IATA können sie (als Oligopolisten) in manchen Marktsituationen (vor allem im Linienverkehr) die Preise diktieren. Nur in Ausnahmefällen besteht eine ausgeglichenere Konkurrenzsituation zwischen Anbietern und Nachfragern.

Während also auf den „Knoten" der organisatorischen Netzwerke „zweiter Ordnung" die Marktprozesse ablaufen, werden über die Netzwerke „dritter Ordnung" die Regeln und Rahmenbedingungen der touristischen Märkte festgelegt, ebenso zählt die Kontrolle des Marktgeschehens zu ihren Aufgabenfeldern. Zu den weiteren Funktionen der sehr heterogenen *Planungs-, Marketing- und Werbenetzwerke* gehören die Planung von Fremdenverkehrsregionen und der Ausbau der Fremdenverkehrsinfrastruktur, das „strategische" Marketing von Tourismusregionen sowie die darauf bezogene „übergeordnete" Werbung. Schließlich werden diese, hauptsächlich von Behörden und touristischen Verbänden erfüllten Aufgabenbereiche ergänzt durch die Angebote eines sehr vielfältigen Spektrums tourismusbezogener Dienstleistungen, welche Hilfestellungen für das „taktische" Marketing der verschiedenen Leistungsanbieter (Beschaffung von Informationen über das Marktgeschehen, Produktpräsentation etc.) anbieten, an der Produktion von Images und an der Gestaltung der „allgemeinen" touristischen Perspektive beteiligt sind (Verlage, TV-Sender) sowie für Forschung und Ausbildung sorgen.

Einige wichtige Netzwerke „dritter Ordnung" haben *strukturelle Defizite* aufzuweisen, welche sich negativ auf den Tourismus auswirken. Die bedeutendsten davon sind:

– Kompetenz- und Koordinationsprobleme in Tourismuspolitik und Tourismusplanung, als „Querschnittsaufgaben", die verschiedenen öffentlichen Ressorts obliegen, welche auch noch auf verschiedenen Ebenen der Hierarchie der staatlichen Verwaltung tätig sind. Hierbei haben vor allem die Planungsregionen zu wenig Einfluß, deren räumliche Grenzen zudem oft mit den touristischen Aktionsräumen (welche die eigentlichen Angebote im Fremdenverkehr bilden) nicht übereinstimmen.
– Überorganisierte Netzwerke der „allgemeinen" und „speziellen" touristischen Verbände mit Tendenzen zur Ineffizienz oder zur Mehrfacherfüllung von Aufgaben (etwa im Bereich der Tourismuswerbung). Hier wirken sich besonders finanzielle Abhängigkeiten (der Tourismusvereine von politischen Gebietskörperschaften als bestimmende Mitglieder), bürokratisch-kameralistische Verwaltungsprinzipien und wieder oft nicht wirklich tourismusbezogene regionale Kompetenzbereiche als Störfaktoren aus.
– Fehlende statistische Grundlagen für das Marketing der Unternehmen im Tourismus, wobei vor allem die amtliche Statistik das Angebot nicht vollständig und die Nachfragestrukturen höchstens ansatzweise erfaßt. Diese werden von einer Reihe privatwirtschaftlich oder gemeinnützig organisierten Erhebungen nach unterschiedlichen Gesichtspunkten ermittelt.

Teilweise werden diese Schwächen durch den *Umbau der organisatorischen Netzwerke „dritter Ordnung"* sukzessive behoben, etwa durch die Privatisierung der Tourismusverbände und die Neudefinition ihrer Aufgaben. Insgesamt ändern sich aber die Strukturen der Planungs-, Marketing- und Werbenetzwerke lange nicht mit der gleichen Intensität, wie dies bei den Vermarktungsnetzwerken („zweiter Ordnung") der Fall ist, sowie teilweise auch bei den *touristischen Netzwerken* und den ihnen zugrundeliegenden *Aktionsräumen*. Diese bilden – siehe Abbildung 4.10 – die Basis des räumlich-zeitlichen Systems des Tourismus: Hier führt das – im Zeitablauf immer häufigere – Aufkommen von *neuen Urlaubsstilen* zum Aufbau von entsprechenden touristischen Aktionsräumen sowie zum Umbau von bestehenden Strukturen. Auf dieser Basis bilden sich dann die neuen touristischen Verhaltensmuster in den Einzugsbereichen der Übernachtungsstandorte heraus. Somit stellt der *Wandel von Urlaubsstilen* die Haupttriebkraft der Veränderung des touristischen Systems dar. Diese Veränderungen werden im Abschnitt 5 analysiert.

5. Veränderungen im räumlich-zeitlichen System des Tourismus

5.1 Ursachen des Wandels

Urlaubsstile als meist regelhaft ablaufende räumlich-zeitliche Tätigkeitenmuster stellen, wie in Abschnitt 2.1 gezeigt, die eigentlichen Formen des Konsums im Tourismus dar. An diese räumlich-zeitlichen „Choreographien" von Haupt- und Nebenaktivitäten werden die *touristischen Aktionsräume*, als die komplexen Angebotsformen von Fremdenverkehrsregionen (Abschnitt 2.2) möglichst gut angepaßt. Vor allem die Bettenstandorte und diejenigen Behavior Settings (Abschnitt 2.3), in welchen die Schlüsselaktivitäten der Urlaubsstile ablaufen, bilden die wichtigsten Stationen dieser Aktionsräume bzw. der hier realisierbaren Aktivitätenfolgen („Raum-Zeit-Prismen", Abschnitt 2.2). Auf diese Angebotsstrukturen sind auch die Präferenzordnungen zugeschnitten, welche die Ansprüche der touristischen Nachfrager enthalten und an denen sie ihre Urlaubsplanung und ihr Urlaubsverhalten orientieren (Abschnitt 3.4.1): Die *Präferenzordnung erster Stufe* bezieht sich auf die im Urlaub angestrebten Tätigkeitenmuster und beeinflußt somit den Inhalt der *Präferenzordnung zweiter Stufe*, welche die Ansprüche (Eigenschaften von Sachen, Dienstleistungen und „Kontaktpersonen" in Relation zum Preis-Leistungsverhältnis) an die Aktionsräume enthält.

Änderungen dieser Präferenzordnungen stellen die maßgeblichen Auslöser des Wandels im räumlich-zeitlichen System des Tourismus dar, d.h., der Neu- und Umgestaltung der Aktionsräume als Voraussetzung für die Ausübung neuer oder geänderter Urlaubsstile, für die Verbreitung des Tourismus in bisher nicht berührte Destinationen, für die Entwicklung touristischer Netzwerke (Abschnitt 2.7) und schließlich auch für Innovationen im Bereich der organisatorischen Netzwerke „erster", „zweiter" und „dritter" Ordnung (Abschnitte 4.2, 4.3 und 4.4).

Für die Modifikationen touristischer Ansprüche, die solche – manchmal tiefgreifende – Veränderungen auslösen, gelten die (in Abschnitt 3.2.1 dargestellten) Hypothesen der psychologischen Bedürfnistheorie: Demnach bestimmen der *Aufforderungscharakter* eines Zieles (= Grad der Übereinstimmung mit den persönlichen Wertmustern) und die subjektive *Wahrscheinlichkeit des Erfolges* der zur Zielerreichung notwendigen Handlungen über die Aufnahme des neuen Wunsches in die individuellen Präferenzordnungen. Wenn der neue Anspruch nicht unterdrückt und schließlich auch erfüllt wird, kommt es – nach einer bestimmten *Sättigungszeit* der Bedürfnisse – schließlich zu ihrer neuerlichen Aktivierung, oft werden dann aber auch neue Ansprüche aus der touristischen Bedürfnishierarchie relevant.

Diese psychologischen Prozesse der Ausprägung und Veränderung touristischer Präferenzordnungen unterliegen der Steuerung durch eine Vielzahl von *Einflußfak-*

toren. Meist sind hier gar keine eindeutigen Zuordnungen möglich. Die Einflüsse lassen sich sowohl auf die Angebots- als auch auf die Nachfrageseite touristischer Märkte zurückführen: „This approach, generally concerned with the broader analysis of culture, sees producers as 'consumers' and consumers as 'producers' who 'feed off' each other in endless cycles. In this light the framework of tourism circuits has been forged in order to finally resolve an endless dilemma of wether tourism is driven by either production or consumption processes" (I. ATELJEVIC, 2000, S. 381).

Von der *Nachfragerseite* her werden die "Tourism Circuits" vor allem durch folgende Einflußfaktoren bestimmt:

1) Neue, in die Präferenzordnungen der Angehörigen verschiedenster sozialer Milieus aufgenommene Ansprüche an Urlaubsstile und Aktionsräume lassen sich besonders auf den *kulturellen und sozialen Wandel* in den modernen Dienstleistungs- und Industriegesellschaften zurückführen: Änderungen des „Kultursystems" (als generellen Interpretationsrahmen des sozialen Handelns) und des darauf aufbauenden „Sozialsystems" mit seinen Normen und Werten, welche in einer Gesellschaft die sozialen Rollen definieren, beeinflussen die „Persönlichkeitssysteme" und „Verhaltensorganismen" von touristischen Nachfragern (siehe Abschnitt 3.1). Daher kommt es zu entsprechenden Veränderungen in den Bedürfnis- und Motivationsstrukturen (Abschnitt 3.2.2): Die Präferenzordnungen von Personen und Personengruppen werden modifiziert, aber *ohne* gleichzeitiger Veränderung ihres gesellschaftlichen Status. In vielen Fällen, aber nicht immer, verbreiten sich die neuen touristischen Angebote, deren kulturelle Akzeptanz gestiegen ist, von „oben nach unten" in der sozialen Hierarchie.

2) Ebenso gewinnen aber auch touristische Bedürfnisse an Bedeutung, welche die Nachfrager früher aus *Kostengründen* nicht realisieren konnten, und die daher – zur Reduktion von kognitiven Dissonanzen – aus den Anspruchsniveaus verdrängt wurden (siehe Abschnitt 3.2.1). Dies ist auf den *ökonomischen Wandel* zurückzuführen, der die meisten Dienstleistungs- und Industriestaaten in den letzten Jahrzehnten (mit Unterbrechungen) positiv betroffen hat.

3) Dadurch verbessern sich für viele ihrer Einwohner aber auch die Partizipationschancen im Bildungsbereich und die Möglichkeiten zum beruflichen Aufstieg. Kumulative Wachstumsprozesse (siehe Abschnitt 3.3.1) führen zur Vermehrung der persönlichen Ressourcen an Sach- und Humankapital, somit zur *Veränderung der „sozialen Lage"* und manchmal auch zum *Wechsel in andere „soziale Milieus"* (siehe Abschnitt 3.3.2). Für die betroffenen Nachfrager mit modifizierten Lebensstilen eröffnen sich auch die Möglichkeiten zur Realisierung von Angeboten auf bisher nicht erreichbaren Stufen der Hierarchie touristischer Bedürfnisse (d.h., zum *Aufstieg in der „Leisure Ladder"*, siehe Abschnitt 3.2.2). Manche Nachfragegruppen erlangen so erstmals die Chance zum Einstieg in die touristischen Märkte. Dementsprechend kommt es auch zum Wechsel der normativen Bezugsgruppen (als die Vorbilder, welche die neuen Urlaubsansprüche bereits erfüllt haben). All dies wird noch begünstigt durch die sukzessive Vergrößerung der für Urlaub und Reisen verfügbaren Anteile an freier Zeit.

Im *dialektischen Prozeß* der Entwicklung der Tourismusmärkte entstehen aber die neuen Bedürfnisse nicht nur auf der Nachfrageseite, sondern „*Producers as 'Consumers'*" beobachten und antizipieren die Prozesse des kulturellen, sozialen und ökonomischen Wandels. Sie gestalten diese auch teilweise mit und beeinflussen so die Ausbildung der konkreten Urlaubsbedürfnisse: Über die organisatorischen Netzwerke „dritter" Ordnung (Abschnitt 4.4) werden touristische Produkte (ganze Aktionsräume oder Elemente davon) modifiziert oder neu entwickelt. Sie sind auf moderne Freizeitaktivitäten oder ganze Urlaubsstile abgestimmt, mit von der Tourismusbranche verstärkten oder sogar eigens aufgebauten Images. Ebenso werden die touristischen Perspektiven (siehe Abschnitt 2.4) der etablierten Fremdenverkehrsgebiete auf die neuen Angebote abgestimmt und im Falle der Expansion des Tourismus in bisher mehr oder minder unberührte Regionen sind neue Perspektiven zu entwickeln und zu propagieren. Über die Vermarktungsnetzwerke (Abschnitt 4.3) kommen die neuen Angebote und Angebotsbündel schließlich zum Verkauf, und die z.T. ebenfalls neugeschaffenen oder angepaßten Versorgungsnetzwerke (Abschnitt 4.2) machen sie "just in time" für die Touristen verfügbar: „As the institutions of the ‚culture industry' are ... avenues for the accumulation of capital in their own right, they are characterized by the need to maintain and diversify demand for entertainment and leisure products. This is achived largely through the generation of constant change and novelty, and the pseudoindividualization of leisure activities as expressed in the multiplication of the range of identified market segments, leisure pursuits, choice of leisure products and models, and leisure places and destinations" (S. BRITTON, 1991, S. 454).

Wie oben schon dargestellt (siehe Abschnitt 4.4.2) funktioniert diese "Culture Industry" aber oft nur mit der massiven Unterstützung durch die *Tourismuspolitik* der Staaten und ihrer Gebietskörperschaften: Zum einen trägt das Destinations-Marketing der Tourismusbehörden wesentlich zur Profilierung von Urlaubsstilen sowie von Zielregionen bei – und damit auch zur Ausbildung von neuen Bedürfnissen. Zum anderen erfüllen die staatlichen Behörden eine Reihe von Koordinationsaufgaben bezüglich der Entwicklung von neuen touristischen Images und Produkten: „... it (the state) will typically provide forms where industry associations and representatives can meet to overcome their differences, rise above vested interests, and attempt to coordinate the supply and provision of the wide range of services and goods required. Without such coordination, the ... avoidance of the risk of sending potential costumers mixed and even contradictory images of the destination, will not proceed adequately or quickly" (S. BRITTON, 1991, S. 458).

Wesentlich werden diese angebots- und nachfragegesteuerten Zyklen der Tourismusentwicklung auch durch *technologische Innovationen* beeinflußt, die entweder relativ rasch, oder erst mit zeitlicher Verzögerung wirksam werden:

– Hier handelt es sich besonders um *Sportgeräte*, aus deren Nutzung neue Schlüsselaktivitäten und sehr nachgefragte Urlaubsstile entstanden sind: Etwa im Bereich des Wintertourismus, wo alpine und Langlaufski zwar bereits Ende des

19 Jh. von den ersten Pionieren aus dem skandinavischen Raum nach Mitteleuropa eingeführt wurden, sich ihre Verwendung im Breitensport aber erst ab den 60er und 70er Jahren des 20. Jh. durchsetzen konnte, nach vielen, bis heute andauernden Verbesserungen der Geräte und ihrer Anwendungstechniken. Demgegenüber fand das Snowboard in den 90er Jahren nach einer sehr viel kürzeren Inventionsphase allgemeine Verbreitung, gefördert durch deutlich aggressivere Marketingstrategien der Produzenten der neuen Geräte und der Anbieter aus dem Tourismussektor, die alle dem nachlassenden Interesse am Skifahren entgegenwirken wollten. Weitere Beispiele für Urlaubsstile, welche von technologischen Innovationen ausgehen, sind etwa der seit den späten 70er und frühen 80er Jahren immer beliebtere Radtourismus (Ausstattung der Räder mit Gangschaltungen, Einführung geländegängiger Modelle) oder der derzeit immer mehr nachgefragte Tauchurlaub (Verbesserungen der Atemgeräte).

– Zu den wichtigen technologischen Innovationen, welche manche Schlüsselaktivitäten erst möglich machten, zählen auch besonders die *touristischen Aufstiegshilfen*, und zwar nicht nur die seit dem zweiten Weltkrieg immer mehr entwikkelten Lifte, Seilbahnen und Schrägaufzüge als Elemente der („primären") Basisnetzwerke (etwa der großen „Skischaukeln") von Wintersportregionen, sondern auch die schon Ende des 19. Jh. entstandenen Zahnradbahnen oder die Aussichts-Seilbahnen aus der Zwischenkriegszeit als Zubringer des Wander- und des naturbezogenen Tourismus.

– Schließlich ist noch ganz besonders die generelle Bedeutung der Fortschritte in den *Verkehrstechnologien* zu betonen. Es läßt sich zeigen, daß jede der historischen Phasen der Wirtschaftsentwicklung seit der „industriellen Revolution" zu Beginn des 19. Jh. wesentlich von neuen Verkehrssystemen getragen wurde (Inwertsetzung von neuen Wirtschaftsstandorten durch die Verbesserung von Produktions- und Absatzchancen, rasches Wachstum von Industrie- und Dienstleistungszweigen zum Aufbau der neuen Infrastrukturen bzw. zur Sicherstellung ihrer Funktionen; J. STEINBACH, 1999). Auch die Zyklen der räumlichen Verbreitung des Tourismus und seiner verschiedenen Urlaubsstile hängen eng mit dem Aufbau von neuen („primären") Verkehrsnetzen zusammen, etwa mit dem Bedeutungsgewinn des Individualverkehrs und dem Ausbau des europäischen Autobahnnetzes (wodurch etwa die Alpen und der nähere Mittelmeerraum zu Zielen des Massentourismus wurden) oder mit der Einführung des Linien- und Charterverkehrs mit Großraumflugzeugen, welche erst den Ferntourismus möglich machte.

Es muß erwähnt werden, daß auch verschiedene andere Innovationen zu den Auslösern von wichtigen Formen des Tourismus zählen. Unter anderem sind hier neue Behandlungsmethoden aus den Bereichen der Medizin, der Psychologie, der Kosmetik und der Körperpflege oder wiederaufgenommene Verfahren der Naturheiltechniken zu nennen, auf welchen besonders der immer populärere Gesundheits- und Wellnesstourismus aufbaut, der seinen Aufschwung natürlich auch einem neuen kulturellen und sozialen Lebensverständnis verdankt.

Auf die hier genannten, wichtigeren Einflußfaktoren der „dialektischen" Prozesse der Tourismusentwicklung (kultureller, sozialer, ökonomischer Wandel, Aufkommen von neuen touristischen Schlüsseltechnologien und Verkehrssystemen) wird unten noch kurz eingegangen, ebenso auf die enorme Ausweitung der Märkte mit – vor allem durch den ökonomischen Wandel bedingt – ständiger Vergrößerung der Nachfrage. Zunächst sollen aber die Grundmuster der Ausbildung und der Veränderung des räumlich-zeitlichen Systems des Tourismus dargestellt werden.

5.2 Produktzyklen von Urlaubsstilen

5.2.1 Hauptphasen

Die Grundmuster des Wandels im räumlich-zeitlichen System des Tourismus sind gekennzeichnet durch Abfolgen von

- *Produktzyklen verschiedener Urlaubsstile*, wobei sich die immer neu generierten Urlaubstile in Form von
- *Wachstumszyklen verschiedener Fremdenverkehrsregionen* immer mehr über die gesamte Erde oder wenigstens über bestimmte Teilbereiche verbreiten.

Im vorliegenden Kapitel stehen zunächst die Produktzyklen von Urlaubsstilen im Mittelpunkt der Betrachtung, als diejenigen Prozesse, welche das räumlich-zeitliche System des Tourismus in erster Linie gestalten. Von ihnen hängen die Wachstumszyklen von Fremdenverkehrsregionen unmittelbar ab. Auf die Wachstumszyklen wird später (Abschnitt 5.5) eingegangen.

Tabelle 5.1 enthält eine schematische Übersicht des Produktzykluses eines bestimmten Urlaubsstils. Sie beruht auf den Erkenntnissen von G. PALME (1986), der Aussagen der industriellen Produktzyklustheorie (S. HIRSCH, 1967; R. VERNON, 1966) auf den Tourismus übertragen hat (siehe auch J. STEINBACH, 1991; 1989). Zur Vereinfachung sind hier nur die *drei Hauptphasen* (Innovations-, Wachstums-, Reife- und Schrumpfungsphase) dargestellt, nicht aber die dazwischen liegenden Übergänge, welche sich bei der Analyse von Einzelfällen unterscheiden lassen. Keine generellen Aussagen sind auch über die *Dauer* der einzelnen Phasen bzw. der ganzen Zyklen möglich: Die meisten Urlaubsstile bleiben in ihrer Schrumpfungsphase oder in einem weiteren Stadium der *Stagnation* (bei deutlich verringerter Nachfrage) erhalten (z.B. die „Sommerfrische" oder der traditionelle Besichtigungstourismus, siehe Abschnitt 5.4). Manche Stile, wie etwa der Wander- und Bergurlaub, haben auch schon mehrere Verjüngungsphasen erlebt. So wird der Wandel des räumlich-zeitlichen Systems im Tourismus wesentlich von der *ständigen Ausweitung* des Spektrums der Urlaubsstile bestimmt. Er ist aber auch durch die *Verlagerung* von Urlaubsstilen – unter Umständen auch mit gewissen Modifikationen – in immer *neue Fremdenverkehrsräume* gekennzeichnet, deren natur- und kulturlandschaftliche oder

Tabelle 5.1:   Produktzyklen von Urlaubsstilen

INNOVATIONSPHASE

Der Urlaubsstil wird von relativ wenigen „Trendsettern" ausgeübt, wobei sich das charakteristische Aktivitätenmuster erst allmählich entwickelt: In den rudimentären Präferenzordnungen der ersten Stufe liegen nur die Schlüsselaktivitäten mehr oder weniger fest. Bei den ersten Nachfragern handelt es sich oft um Angehörige von wohlhabenderen sozialen Gruppen. Sie sind hinsichtlich ihrer Bedürfnisse und Erwartungen meist noch flexibel sowie der fremden Natur und Kultur gegenüber sehr aufgeschlossen („Entdecker" nach E. COHEN, 1972; „Allocentrics" nach S. C. PLOG, 1987). Allerdings stellen sie in der Regel auch höhere Ansprüche, zumindest bezüglich der Kernangebote (etwa: Hotelerie und Gastronomie). In manchen Fällen werden Urlaubstile – oder ihre modifizierten Varianten (etwa: Surfurlaub, verschiedene Formen des Bade- und Vergnügungsurlaubs, z.B. „Swinging Singles") – auch von speziellen Nachfragegruppen (Studenten, Hippies) eingeführt, die – schon wegen ihrer geringen finanziellen Mittel – deutlich reduzierte Anspruchsniveaus haben. Die Anreise erfolgt über das (oft neue) Verkehrssystem I, mit nur selektivem Netz (das nicht den Erfordernissen des Tourismus entspricht), mit höheren Reisekosten und größeren Aufwänden an Reisezeit.

Bei den Vermarktungsnetzwerken herrscht zunächst der direkte (einstufige) Vertriebsweg (Nachfrager-Leistungsanbieter in den Tourismusregionen) vor. Erst allmählich beginnen Reisevermittler die Angebote in ihre Programme aufzunehmen und bieten ihren Kunden Individualreisen aus verschiedenen, auf die Schlüsselangebote des Urlaubsstils ausgerichteten Leistungsbausteinen an (zweistufiger Vertriebsweg).

WACHSTUMSPHASE

Der Urlaubsstil wird von einer immer größeren Zahl von Nachfragern übernommen. Diese verfügen zumeist nicht über das hohe Einkommen der „Trendsetter" und sind auch in ihren Erwartungshaltungen an den Urlaub und ihren Einstellungen zur Fremdenverkehrsregion (= individuelle touristische Perspektive) viel mehr vorgeprägt als diese („organisierte" und „individuelle" „Massentouristen" nach E. COHEN, 1972; „Mid Centrics" nach S. C. PLOG, 1987). In ihren Präferenzordnungen erster Stufe ist ein sehr ähnlicher Mix aus Schlüssel- und Folgerollen stark verankert, wobei wenig Flexibilität besteht.

Wie die Präferenzordnungen erster Stufe liegen nun auch die in den Ordnungen zweiter Stufe enthaltenen Ansprüche an die materiellen und personellen Elemente von Aktionsräumen und ihren Behavior Settings weitgehend fest. Daher wird die touristische Infrastruktur nach den Vorbildern von genormten Ausstattungstypen gestaltet. Statt eher „einzigartiger" und „individueller" Angebote herrschen nun standardisierte und „funktionale" Behavior Setting-Typen vor. Damit sinken die Investitionskosten, oft reduziert sich aber auch das Qualitätsniveau von Leistungsbausteinen.

Die An- und Abreise erfolgt über das ausgereifte Verkehrssystem I, dessen Netze nun für den Massentransport der Touristen konzipiert wurden, bei wesentlich reduzierten Reisekosten und geringeren Aufwänden an Fahrzeit.

Die großen Reiseveranstalter haben den Urlaubsstil in ihre Programme aufgenommen und bieten immer mehr darauf spezialisierte Tourismusregionen an. Da die Nachfrage ständig steigt, agieren sie auf einem „Verkäufermarkt" und können die Preise diktieren, wobei aber die immer stärkere Konkurrenz und die Einkommensverhältnisse ihrer Zielgruppen die Handlungsspielräume beschränken. Somit setzt sich bei den (an den Bedarf angepaßten) Vermarktungsnetzwerken der *dreistufige Vertriebsweg* (von den Reisebüros an die Kunden vermittelte standardisierte Voll- und Teilpauschalangebote der Veranstalter) immer mehr durch. Um den möglichst reibungslosen Ablauf der Aktivitäten des Urlaubsstils zu gewährleisten, bauen die Reisekonzerne ihre Netze der *Zielgebiets-Agenturen* aus. Als Mehrstufen-Unternehmen kaufen sie sich auch in die Hotelerie der Tourismusregionen sowie in die Transportketten ein (bzw. tätigen selbst entsprechende Investitionen).

Wegen der intensiven Konkurrenz zwischen den Reiseveranstaltern und den vielen Tourismusregionen, die ihre Angebotsstrukturen inzwischen auf den Urlaubsstil ausgerichtet haben, sind die *Marketing- und Werbenetzwerke* entsprechend ausgebaut und hochaktiv. Sie tragen dazu bei, die Images der Schlüsselaktivitäten des Urlaubsstils zu prägen und in den (allgemeinen und individuellen) touristischen Perspektiven möglichst tief zu verankern. Das Gleiche gilt für die herausragenden Attraktionen der wichtigen Zielregionen.

In der Politik und bei den bedeutenden Interessensverbänden in den Staaten, in denen der Urlaubsstil angeboten wird, hat man seine Bedeutung als wirtschaftlichen Wachstumsfaktor erkannt, die sozialen und wirtschaftlichen Rahmenbedingungen angepaßt und entsprechende *Planungsnetzwerke* installiert.

REIFE- UND SCHRUMPFUNGSPHASE

Vor allem wegen der *Änderungen der Präferenzordnungen der ersten Stufe* (Sättigung von Bedürfnissen, Aufkommen neuer Urlaubsstile mit anderen Schlüsselaktivitäten, „Filtering Down" von länger etablierten Urlaubsstilen, die nun für viele Nachfragegruppen „erreichbar" werden) vergrößert sich die Nachfrage nach dem (betrachteten) Urlaubsstil zunächst nur mehr mit stark schrumpfenden Zuwachsraten, stagniert dann und kann schließlich auch abnehmen. Die Nachfrage wandelt sich in Richtung auf „introvertierte" Massentouristen (*„Psychocentrics"* nach S. C. PLOG, 1987) mit reduzierten finanziellen Mitteln, die vor allem an der *Ausübung der touristischen Schlüsselrolle* interessiert sind, weniger an den Nebenaktivitäten. Sie haben auch ihre Ansprüche (der zweiten Stufe der Präferenzordnung) bezüglich der materiellen und personellen Elemente der Aktionsräume deutlich reduziert. Dazu zählen zumeist auch die *Stammgäste*, welche weder ihre Urlaubsstile noch ihren Aufenthalt in den längst vertrauten Regionen mehr ändern wollen: Sie altern gemeinsam mit der regionalen Tourismusinfrastruktur, deren zunehmende Defizite sie oft nicht als wirklich kritisch empfinden. Im Gegensatz zu den „echten Psychocentrics" pflegen die Stammgäste aber lange andauernde und vertiefte Kontakte zu ihren touristischen Bezugspersonen in der Urlaubsregion.

Für die Anreise steht nun manchmal auch das *neue Verkehrssystem II* zur Verfügung, welches die traditionellen oder ärmeren Gäste aber nicht immer benutzen.

Wegen der stagnierenden und abnehmenden Nachfrage sind die internationalen Reisekonzerne nun mit einem sog. *„Käufermarkt"* konfrontiert, was sich vor allem in einem immer bedeutenderen Anteil der Billig- und Last-Minute-Angebote zur Ausübung des betrachteten Urlaubsstils zeigt. In der Folge beginnen die Konzerne zunächst die weniger attraktiven Zielgebiete, dann allmählich viele der ursprünglichen Hauptregionen des Urlaubsstiles aus ihren Programmen zu nehmen. Kleinere, nationale und regionale Reiseveranstalter springen hier zum Teil in die Bresche. Besonders für die wenig attraktiven Zielregionen sind aber die (verbleibenden) Nachfrager im zunehmenden Ausmaß wieder auf den *zweistufigen Vertriebsweg* (individuelle Arrangements über die Reisebüros) angewiesen, unter Umständen sogar auf das *einstufige Vermarktungsnetz* (direkte Buchungen bei den Leistungsanbietern in der Region). Neben diesem Abbau der Vermarktungsnetzwerke (inklusive der Auflassung von Zielgebiets-Agenturen) werden auch die *Marketing- und Werbenetzwerke* sukzessive auf die neuen Urlaubsstile und ihre Angebotsräume umgestellt. Allmählich findet die reale Situation eines an Attraktivität verlierenden Urlaubs-

> stils und seiner davon in Mitleidenschaft gezogenen Zielregionen auch in den entsprechenden Images und touristischen Perspektiven ihren Niederschlag.
>
> In der Politik und in den Interessensverbänden beginnt man nach *touristischen Alternativen* für den „reifen" Urlaubsstil zu suchen und modifiziert die wirtschaftlichen und sozialen Rahmenbedingungen so, daß sie den neuen Entwicklungen entgegenkommen.

klimatische Bedingungen attraktiver erscheinen und die den „Reiz des Neuen" bieten, manchmal aber auch nur ein günstigeres Preisniveau. Während sich also die „Ursprungsregionen" eines Urlaubsstils unter Umständen bereits in ihrer Reife- und Schrumpfungsphase befinden, können neue Zielgebiete erst in ihre Innovations- oder Wachstumsphasen eintreten. Bei solchen Diffusionsprozessen spielt – wie oben schon dargestellt – sehr oft das Aufkommen von neuen *Massenverkehrsmitteln* eine entscheidende Rolle.

Zu ihrer Erklärung dienen in den Raumwissenschaften besonders die sog. *Diffusionstheorien,* welche sich auf die Verbreitung („trickeling down", „filtering down") von Innovationen (welche hier meist industrielle Produkt- oder Prozeßtechnologien betreffen) beziehen. Diese nehmen in den hochentwickelten Industrie- und Dienstleistungszentren ihren Ausgang und werden dann schrittweise auch in den peripheren Regionen eingeführt, wobei oft Wachstumspole (ganze Wirtschaftszentren oder einzelne große Unternehmen) mit hohem intraregionalen Verflechtungsgrad und entsprechenden Multiplikatoreffekten, eine wichtige Rolle spielen. So kann es allmählich zu einem gewissen Ausgleich der Disparitäten zwischen den Zentren und den Peripherien kommen, nachdem diese in den Anfangsphasen der Diffusionsprozesse unter Umständen sogar noch zugenommen haben (W. ALONSO, 1968; J. FRIEDMANN, 1966 u.a.; siehe auch: M. OPPERMANN, 1993). W. CHRISTALLER (1964) war einer der ersten, der die Bedeutung von *touristischen Investitionen als „Wachstumspole"* in unterentwickelten Regionen erkannte, vor allem wegen der, durch die touristischen Versorgungsnetze bedingten, vielfältigen Multiplikatoreffekte. Allerdings zeigt es sich immer wieder, daß touristische Innovationen solche Funktionen oft nur in beschränktem Ausmaß erfüllen können: Zum einen wegen der oft geringen Anteile an den direkten und indirekten Erlösen, die tatsächlich in der Fremdenverkehrsregion verbleiben (Gewinnabschöpfung durch ausländische touristische Unternehmen; multizentrale, überregionale Versorgungsnetzwerke, siehe Abschnitt 4.2.2). Zum anderen aber auch wegen des *selektiven Charakters* der Diffusion. Diese kann prinzipiell nur solche Regionen erfassen, deren natur- und kulturräumliche Angebote den Erfordernissen derjenigen Urlaubsstile entsprechen, die sich gerade in der Wachstums- und Innovationsphase befinden, bzw. die an diejenigen Verkehrsnetze angeschlossen sind, über welche der Transport der Urlauber vorwiegend erfolgt (z.B. Anschluß an den internationalen Luftverkehr durch einen Großflughafen).

5.2.2   Räumlich-zeitliche Diffusionsprozesse

Abbildung 5.1 zeigt das Grundmodell des *Verlaufes der räumlichen Diffusion von Urlaubsstilen.* Hier ist eine exemplarische Auswahl von Urlaubsstilen und Fremdenverkehrsräumen dargestellt, die etwa für Nachfrager aus dem deutschsprachigen Raum von Bedeutung sind bzw. waren: So = „Sommerfrische", als traditioneller, längerdauernder Familienurlaub vorwiegend der Ober- und Mittelschicht im ländlichen Raum, wobei das städtische Gesellschaftsleben durch den „mitübersiedelten" Bekanntenkreis oder durch „ausgelagerte" kulturelle Veranstaltungen (wie Sommertheater, Festspiele etc.) teilweise aufrecht erhalten bleibt; W = Wanderurlaub; B = Badeurlaub; Sk = Skiurlaub (siehe jeweils Abschnitt 2.1); L = Langlaufurlaub und Sb = Snowboardurlaub (als dem Skiurlaub teilweise ähnliche Form mit anderen Sportgeräten); St = Städtetourismus (als charakteristischer Mix aus Besichtigungs-, Kultur- und Shopping-Aktivitäten). Die in den verschiedenen Phasen der Produktzyklen jeweils dominanten *„primären" Verkehrsnetze* werden folgendermaßen gekennzeichnet: E = Bahnnetze; A = Straßen- besonders Autobahnnetze; F = Flugnetz, Linien- und Charterverkehr. Als *übergeordnete Fremdenverkehrsräume*, welche die für die Urlaubstile geeigneten Aktionsraumtypen anbieten, sind in Abbildung 5.1 enthalten: A = alpine, randalpine und Mittelgebirgsregionen; B = „Nahbereich" (für die Urlauber aus dem deutschsprachigen Raum) des Badetourismus, z.B. im Mittelmeerraum: besonders französische, (nord-)italienische, kroatische Küstenregionen; C = „Mittelbereich" des Badetourismus, z.B. spanische, griechische, türkische, nordafrikanische Küstenregionen; D = „Fernbereich" des Badetourismus, z.B. südostasiatische, karibische, afrikanische Inseln und Küstenregionen. E, F = europäische und außereuropäische Ziele des Städtetourismus.

In der Realität verlaufen die Produktzyklen von Urlaubsstilen und ihre räumliche Diffusion natürlich nach wesentlich komplexeren Mustern als hier vorgestellt: Es gibt eine viel größere Anzahl von mehr oder weniger deutlich ausgeprägten Urlaubsstilen (siehe den Versuch eines entsprechenden Überblickes in Abschnitt 5.4). Außerdem steigen die Anbieter und Nachfrager aus den hochentwickelten Dienstleistungs- und Industriestaaten der Erde (und immer mehr auch aus den fortgeschrittenen Schwellenländern) mit zeitlicher Verzögerung in die verschiedenen Produktzyklen ein. Schließlich umfaßt das räumlich-zeitliche System des internationalen Tourismus auch viel mehr Zielregionen, als im vorliegenden Beispiel enthalten.

Da von der Tourismusstatistik kaum Zahlen zur Verfügung gestellt werden, die sich auf die räumlich-zeitliche Diffusion von Urlaubsstilen beziehen, gibt Abbildung 5.1 nur ein ungefähres Bild ihres Ablaufes. Das Grundmuster entspricht jedoch den realen Vorgängen. Es ist am Besten an Hand der Verbreitung des *Badeurlaubs* (als der im internationalen Tourismus bisher bedeutendste Urlaubsstil) zu erkennen: Während der Badeurlaub in den alpinen und randalpinen Seenregionen bereits in die Schrumpfungsphase eingetreten ist, hat er in den meisten Reisezielen im „Mittelbereich" der Küstenregionen (für die westeuropäischen Urlauber nach der Entfernung) sein Reifestadium erreicht und befindet sich im „Fernbereich" wenigstens zum Teil noch in der Wachstumsphase (auch aufgrund von bestimmten Modifikationen, wie Cluburlaub oder All-Inclusive-Angebote). Für den „Nahbereich" der Küstenregionen zeigen sich – wenigstens teilweise – Ansätze einer Verjüngungsphase. Die verschiedenen Verkehrssysteme (Bahn-, Straßen-, Flugnetze) haben zu dieser Diffusion des Badeurlaubs wesentlich beigetragen.

Abbildung 5.1:   Produktzyklen von Urlaubsstilen und ihre räumlich-zeitliche Verbreitung

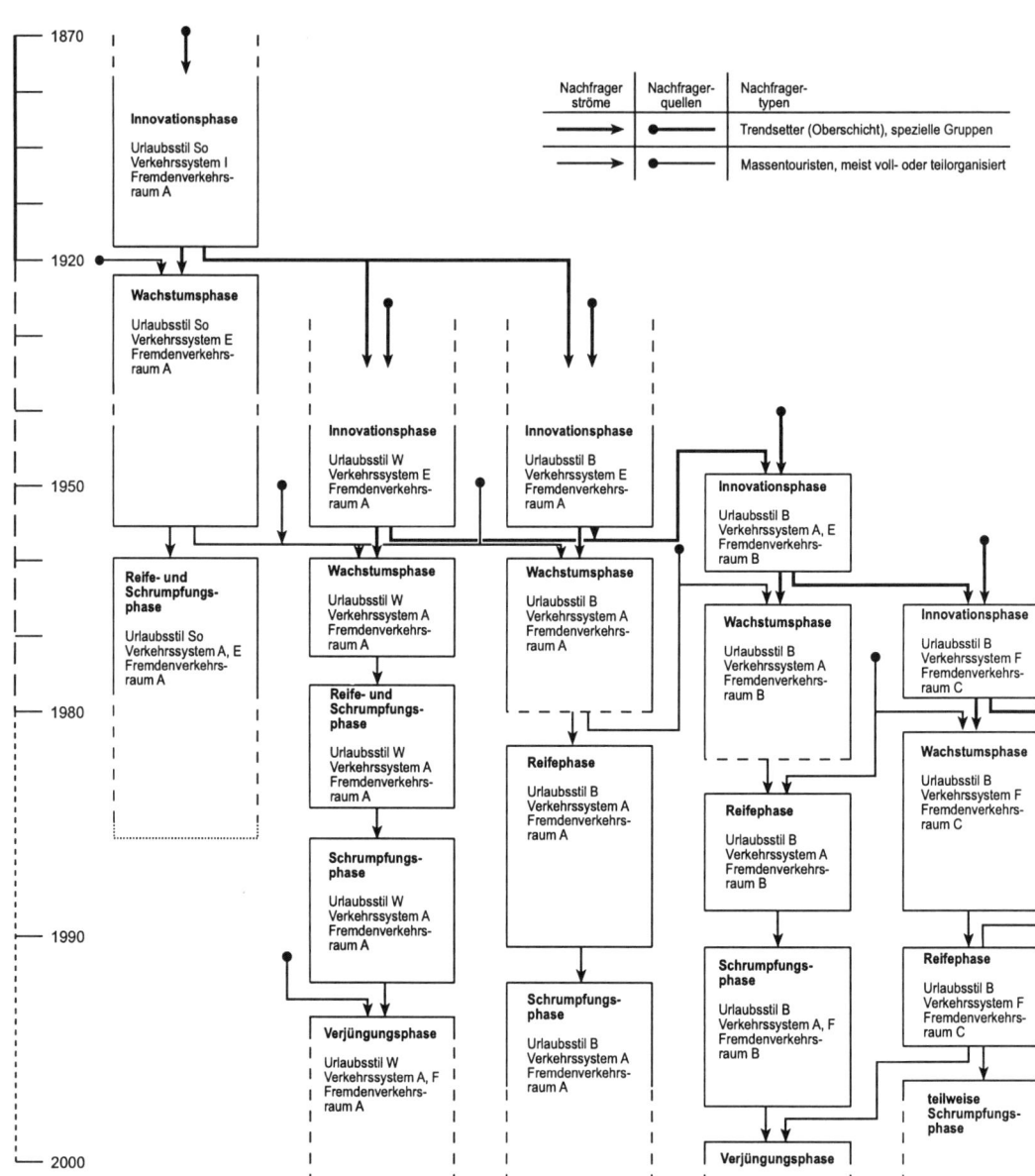

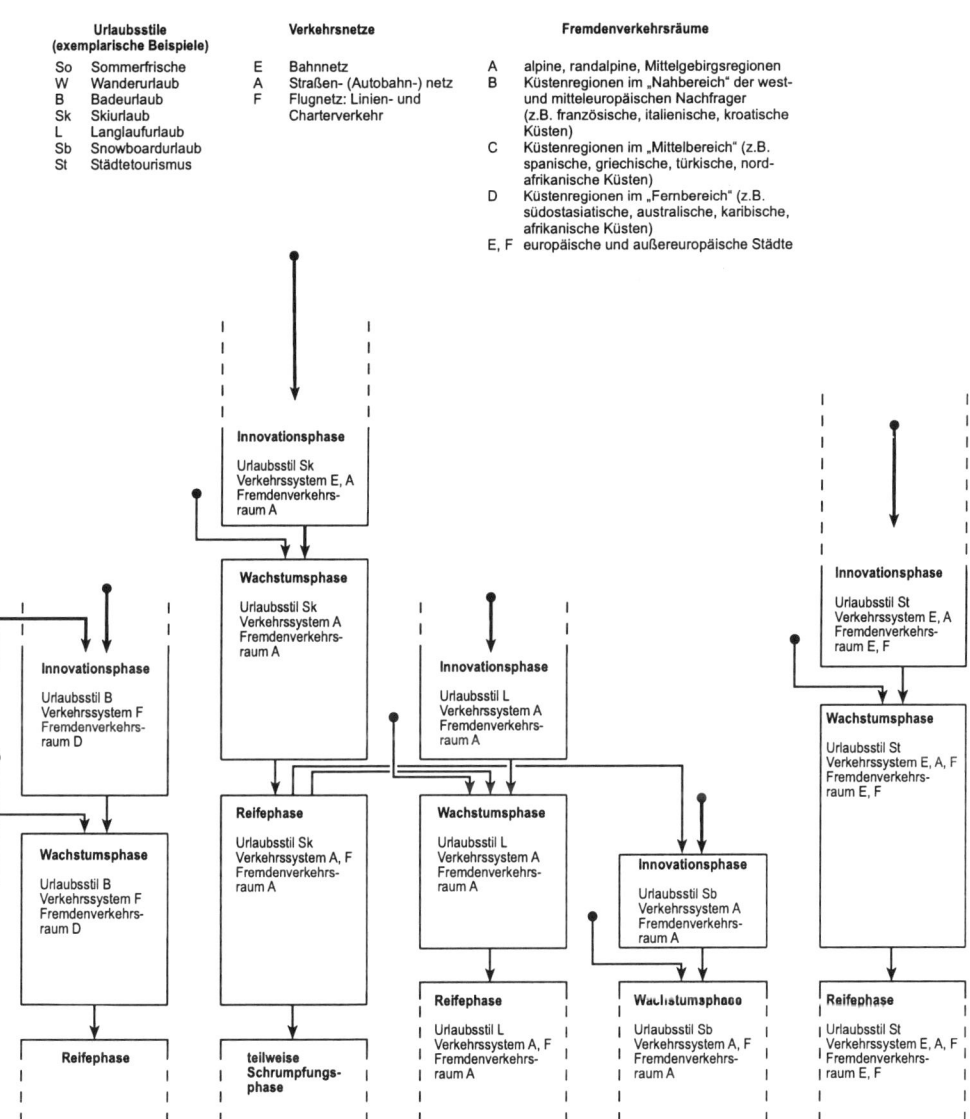

Urlaubsstile (exemplarische Beispiele)

So	Sommerfrische
W	Wanderurlaub
B	Badeurlaub
Sk	Skiurlaub
L	Langlaufurlaub
Sb	Snowboardurlaub
St	Städtetourismus

Verkehrsnetze

E	Bahnnetz
A	Straßen- (Autobahn-) netz
F	Flugnetz: Linien- und Charterverkehr

Fremdenverkehrsräume

A	alpine, randalpine, Mittelgebirgsregionen
B	Küstenregionen im „Nahbereich" der west- und mitteleuropäischen Nachfrager (z.B. französische, italienische, kroatische Küsten)
C	Küstenregionen im „Mittelbereich" (z.B. spanische, griechische, türkische, nordafrikanische Küsten)
D	Küstenregionen im „Fernbereich" (z.B. südostasiatische, australische, karibische, afrikanische Küsten)
E, F	europäische und außereuropäische Städte

Nicht berücksichtigt sind in Abbildung 5.1 auch Veränderungen von *allgemeinen Rahmenbedingungen,* welche den Ablauf der Produktzyklen von Urlaubsstilen (und die davon abhängigen Wachstumszyklen der Tourismusregionen) wesentlich beeinflussen können. Dazu zählen besonders (J. STEINBACH, 1991):

– Immer wieder auftretende Krisen im politischen und ökonomischen Weltsystem, etwa *wirtschaftliche Depressionen* in den reichen Staaten als Quellgebiete der touristischen Nachfrage oder *politische Instabilitäten* in verschiedenen Entwicklungsländern als Zielregionen, Schwankungen im internationalen *System der Wechselkurse, Erhöhungen der Treibstoffpreise* etc. Solche Einflüsse haben in den letzten Jahrzehnten nicht nur die Entwicklung des *Fernreisesektors* immer wieder beeinflußt, sondern etwa auch die Touristenströme in Südosteuropa (in jüngster Zeit auch in Südostasien und in den USA) entscheidend umgelenkt.
– *Veränderungen ökologischer Systeme* und *ökologische Katastrophen,* wie etwa der Klimawandel (der z.b. Wintersportregionen in geringerer Höhe betrifft), die Auswirkungen von Tankerunfällen auf Küsten und Meeresgebiete (z.B. an den Küsten der Bretagne) oder das immer wieder auftretende, übermäßige Algenwachstum in der Adria.
– Große gesellschaftliche und wirtschaftliche Umbrüche in verschiedenen Regionen der Erde, wie etwa die jüngeren *Veränderungen in Osteuropa* und der - allerdings durch die „Asienkrise" gebremste - Aufschwung in einigen *fernöstlichen Schwellenländern.* Sie bewirken u.a. den Eintritt von neuen Nachfragegruppen in die internationalen Tourismusmärkte. Diese präferieren – wenigstens für eine gewissen Zeitspanne – Billigangebote und/oder ältere Urlaubsstile, wodurch sich für diejenigen Regionen, welche solche Angebote zur Verfügung stellen, wirtschaftliche Vorteile ergeben. Dadurch werden aber hier auch Maßnahmen zur Verbesserung bestehender Strukturen oder zur Umstellung auf neue Urlaubsstile hinausgeschoben. Es kommt meist nur zu kurzfristigen Modifikationen in den Wachstumszyklen der betroffenen Regionen.

Auf wichtige, *direkt wirksame Einflußfaktoren* der Produktionszyklen von Urlaubsstilen wird im folgenden Abschnitt noch näher eingegangen.

5.3   Wichtige Einflußfaktoren der Produktzyklen

5.3.1   Kultureller, sozialer und ökonomischer Wandel

5.3.1.1   Die „Erlebnisgesellschaft"

In der Tourismusforschung wird der sozio-kulturelle Wandel zumeist unter Bezugnahme auf die sog. *Theorien der Postmoderne* beschrieben: Sie gehen u.a. maßgeblich auf R. INGLEHARD (1979) zurück, der die Konsequenzen des Übergangs von den Werten der Industriegesellschaft, bzw. von den darauf basierenden Lebensformen,

zu den Prinzipien und Lebensstilen der „postmaterialistischen" Gesellschaft diskutiert. Er ist der Ansicht, daß für die Bevölkerung der wohlhabenden Dienstleistungs-
und Industriestaaten die Probleme der Existenzsicherung im Prinzip gelöst sind, und
daher sukzessive neue Bedürfnisse relevant werden, die man den oberen Stufen der
Hierarchie von A. MASLOW zuordnen kann (siehe Abschnitt 3.2.1 sowie Abbildung
3.1) bzw. den daraus abgeleiteten touristischen Bedüfnisniveaus der „Leisure Ladder"
von P. PEARCE („Self-Esteem and Development", „Fulfilment"; siehe Abschnitt 3.2.2
sowie Abbildung 3.2). Die größere Toleranz gegenüber ethnischen, kulturellen und
sexuellen Gruppierungen kennzeichnet nach INGLEHARD die neuen postmodernen
Grundhaltungen, die sich seit den Jugendrevolten der späten 60er Jahre entwickelt
haben und zuerst von den Angehörigen der sog. „Baby-Boom-Generation" vertreten
wurden. Besonders herrscht aber das Bestreben nach *individueller Selbstverwirklichung* vor, mehr oder minder losgelöst von den Pflicht- und Akzeptanzwerten der
Zeit des wirtschaftlichen Aufbaus. Merkmale dieser ständigen Suche nach dem individuellen Lebensglück der „*Neuen Bourgeoisie*" (P. BOURDIEU, 1984) sind z.B.:

-   Das Streben nach der Verfügbarkeit über ein – ständig wechselndes – „*Ensemble
    von Marken-Gütern*" (Rolex, BMW, Designerbekleidung u.a.), das seine Besitzer
    von den Konsumenten der standardisierten Massenprodukte unterscheidet. Dar-
    über hinaus entwickelt sich aber auch der *Einkaufsstil* selbst zu einem wichtigen
    Ritual, das entsprechende Anforderungen (bezüglich Architektur und Ästhetik so-
    wie bezüglich der Koppelung von Einkaufs-, Freizeit- und kulturellen Aktivitäten)
    an die städtischen und suburbanen „Geschäfts- und Erlebniswelten" stellt.
-   Im Rahmen dieser „*Ästhetisierung des Alltagslebens*" (R. A. BERGMANN, 1987)
    stellt man auch erhöhte Anforderungen an das Design der Wohnstandorte („Gen-
    trification", „Loft-living", „Designer Suburbs" u.a.) sowie auch an das Ambiente
    der Arbeitswelt (z.B. Büro- und Industrieparks in künstlichen Landschaften mit
    entsprechender Service- und Freizeitperipherie).
-   Natürlich wird dieses „Projekt des schönen Lebens" (E. RENNER, 1999) beson-
    ders in der Freizeit und im Urlaub relevant. Die Urlaubsstile (Aktivitätenmuster
    der Präferenzordnungen erster Stufe) sind zusehends geprägt von „*Erlebnisori-
    entierung*" und „*Erlebniszwang*", d.h., von einer dichten Abfolge „glückverhei-
    ßender Aktionen", bezogen auf Sport und Spiel, auf Abenteuer und Spektakel
    (bis hin zu extremen Formen), aber – nicht selten in Kombination mit solchen
    Aktivitäten – auch auf Wohlfühlen, Genuß und Verwöhnen. Wegen der großen
    Bcdcutung, die man dem Umfeld der Urlaubsaktivitäten beimißt (Milieu und
    Ambiente, Image und Statussymbole), werden die Ansprüche der Präferenzord-
    nungen zweiter Stufe (materielle und personale Kontaktpunkte) für die Wahl
    der Urlaubsregion immer wichtiger (J. STEINBACH, 1997).

Auf die zunehmende Verbreitung postmoderner Lebens- und Freizeitstile stützt G.
SCHULZE seine Hypothesen über die „*Erlebnisgesellschaft*": Ihre Mitglieder orientieren sich immer weniger an den (materialistischen) Outputs von Aktivitäten und
sozialen Rollen als an ihrem Erlebnisgehalt: „Wir spüren die Folgen unserer Entscheidungen nicht auf der Ebene des primären Nutzens, denn dieser ist selbstver-

ständlich. Unsere objektive Lebenssituation, soweit sie in Verfügungschancen über Gegenstände und Dienstleistungen besteht, zwingt uns dazu, ständig Entscheidungen nach ästhetischen Kriterien vorzunehmen. Erleben wird vom Nebeneffekt zur Hauptaufgabe." (G. SCHULZE, 1992, S. 55). J. URRY (1995) faßt die Konsequenzen solcher neuen Konsummuster für den Tourismus zusammen, indem er generelle Verhaltensänderungen („Post-Fordist Consumption") und ihre beispielhaften Auswirkungen in der Tourismusbranche gegenüberstellt (siehe Tabelle 5.2).

Diese Trends scheinen sich in den Ergebnissen einer jüngeren *empirischen Studie* zu bestätigen, welche die PROGNOS AG, Basel in Zusammenarbeit mit der Wochenzeitung „DIE ZEIT" durchgeführt hat. In ihrem Rahmen wurden nicht nur deutsche Haushalte über ihr künftiges Urlaubsverhalten befragt, sondern auch die entsprechenden Meinungen von Managern aus der Reiseindustrie und von Experten aus dem Bereich der Tourismuswissenschaft eingeholt. Nach der Ansicht der Autoren zwingt der Werte- und Lebensstilwandel der Gesellschaft die Reisebranche zu einer Veränderung ihrer gesamten Angebotspalette, in die immer mehr Elemente aus Spaß, Sport, Action und Event einfließen müssen. Zu dem bereits heute teilweise bestehenden „Nomadismus" hinsichtlich der Urlaubsziele wird sich auch ein immer mehr ausgeprägter Themen- (= Urlaubsstil-) „Nomadismus" entwickeln. Markenbindungen sollen an Wert verlieren und Veranstalter, die überleben wollen, müssen flexibel kombinierbare Produktelemente anbieten, welche eine gegenüber heute sehr viel umfassendere Auswahl an Destinations- und Themenkombination ermöglichen:

Tabelle 5.2:   Änderungen touristischer Konsummuster (nach: J. URRY, 1995)

Post-Fordist consumption	*Tourist examples*
Consumers increasingly dominant and producers have to be much more consumer orientated	Rejection of certain forms of mass tourism (holiday camps and cheaper packaged holidays) and increased diversity of preferences
Greater volatility of consumer preferences	Fewer repeat visits and the proliferation of alternative sights and attractions
Increased market segmentation	The multiplication of types of holiday and visitor attractions based on life-style research
The growth of a consumers' movement	Much more information provided about alternative holidays and attractions through the media
The development of many new products each of which has a shorter life	The rapid turnover of tourist sites and experience because of rapid changes of fashion
Increased preferences expressed for non-mass forms of production/consumption	The growth of 'green tourism' and of forms of refreshment and accommodation which are individually tailored to the consumer (such as country house hotels)
Consumption as less and less 'functional' and increasingly aestheticized	The 'de-differentiation' of tourism from leisure, culture, retailing, education, sport, hobbies

Standardisierung von Komponenten bei Individualisierung von Dienstleistungen und Betreuung werden immer wichtiger. Bezüglich der „Dynamik der Urlaubsformen"(-Stile) glauben bis zu 80 % der Befragten, daß sich für Wellness-, Abenteuer- und Kultururlaube zukünftig die größten Wachstumsimpulse ergeben werden (TOURISTIK R.E.P.O.R.T., 2000, Nr. 24).

5.3.1.2 Ein integriertes Konzept zum Wandel des Urlaubsverhaltens

In ihrer „Trendstudie 2010", die auf Ergebnissen der „Deutschen Reiseanalyse" (siehe Abschnitt 4.4.4) beruht, kommt die FORSCHUNGSGEMEINSCHAFT URLAUB UND REISEN allerdings zu wenigstens teilweise von der PROGNOS-„DIE ZEIT"-Analyse abweichenden Ergebnissen (M. LOHMANN, P. ADERHOLD, 2000). Zwar wird auch hier von zukünftig wachsenden Ansprüchen und steigender „Erlebniserwartung" ausgegangen, ebenso vom Bedeutungsgewinn der Gruppe der Senioren, aber hinsichtlich der Urlaubsmotive soll sich gegenüber den heutigen Verhältnissen kein tiefgreifender Wandel ergeben. Die derzeit schon geringe Nachfrage nach Aktivurlauben wird sich nach der Auffassung der Autoren auch in den kommenden zehn Jahren nicht vergrößern. Im Gegensatz zu den Aussagen der PROGNOS-„DIE ZEIT"-Studie sollen die geruhsamen Urlaubsstile ihre große Bedeutung behalten, allerdings bei größerer Polarisierung („mehr richtig faule und mehr richtig aktive Urlauber") und noch mehr ausgeprägter Differenzierung in immer kleinere Nachfragersegmente (FVW, 2000, Nr. 30).

Solche widersprechenden Ergebnisse touristischer Trendanalysen können zu der Vermutung Anlaß geben, daß die „Erlebnisgesellschaft" vielleicht eine doch nicht so allgemeine Verbreitung findet, wie dies in der Tourismusforschung oft angenommen wird (H. W. OPASCHOWSKI, 1993; K. W. GRÜMER, 1993 etc.). Man sollte den empirischen Befunden Rechnung tragen und die Prognosen über den Wandel der Urlaubsbedürfnisse nicht nur auf solche Ansätze beziehen, die von einer *eindimensionalen Entwicklung* ohne wesentliche Alternativen ausgehen.

Als Bezugsbasis für ein integriertes Konzept des Wandels im Urlaubsverhalten, das von einer breiten Palette sozio-kultureller und ökonomischer Einflussfaktoren ausgeht, eignen sich Aussagen der *Regulationstheorie* und der *Globalisierungstheorie*, welche in den Wirtschaftswissenschaften zur Erklärung von jüngeren Veränderungen in ökonomischen und politischen Systemen verwendet werden (siehe etwa: J. STEINBACH, 1999).

Der regulationstheoretische Ansatz wurde in den 80er Jahren von einer Gruppe von französischen Soziologen und Ökonomen entwickelt (M. AGLIETTA, 1979; A. LIPIETZ, 1986; R. BOYER, 1988) und von verschiedenen anderen Autoren, darunter Vertreter der sog. „Kalifornischen Schule" der Wirtschaftsgeographie (A. J. SCOTT, M. STORPER, 1989), weiter ausgebaut. Den Ausgangspunkt bilden Annahmen über die dualistische Struktur des Systems von *Dienstleistungs- und Industriestaaten*, wobei sich zwei Subsysteme unterscheiden lassen, die einander wechselseitig beeinflussen:

- Das sog. *Akkumulationsregime* wird von den Produktions- und Konsumations-prozessen bestimmt sowie von den Marktmechanismen (und eventuell auch von anderen Formen des Transfers von Geld, Gütern oder Dienstleistungen). Dem-entsprechend bilden die Wirtschaftsstruktur und die Zuordnung der Bevölke-rung zu „sozialen Lagen" und „Milieus" die wichtigsten Outputs dieses Subsys-tems. Leittechnologien der Epoche, von denen die Grundprinzipien der Arbeits-teilung und der Branchenstruktur wesentlich abhängen, zählen zu den bestim-menden Systemelementen.
- Outputs des *Regulationsregimes* bilden die Normen, Gesetze und Regeln (z.B. Lohn- und Gehaltsabschlüsse, Rahmenbedingungen staatlicher Interventionen in die Wirtschaft, Grundregeln für die Finanzmärkte, Konzepte der verschiede-nen sektoralen Politiken, etwa in den Bereichen: Gesundheit, Soziales, Technolo-gie, Verkehr, Tourismus etc.), auf welchen die wirtschaftlichen und sozialen Ab-läufe im Akkumulationsregime beruhen sowie auch die anderen Bereiche des ge-sellschaftlichen und politischen Lebens. Sie werden nicht nur von den Regierun-gen und Behörden der Staaten produziert, sondern es wirken hier auch noch viele politische, soziale, ökonomische, kulturelle etc. Institutionen und Interes-sensvertretungen in mehr oder minder großem Ausmaß mit. Unter anderem entstehen hier auch die Handlungsspielräume für das sozialbestimmte räumliche Verhalten der Bevölkerung (siehe Abschnitt 3.3.1).

Die beiden Subsysteme von Staaten *beeinflussen einander wechselseitig.* Zwar wer-den im Regulationsregime die „Spielregeln" für das Akkumulationsregime festge-legt. Jedoch bestimmt auch das Akkumulationsregime sehr wesentlich die Prozesse der Normenproduktion, etwa mit der Einführung neuer Leittechnologien durch die Unternehmen des produzierenden und des Dienstleistungssektors, von denen be-sonders die Erwerbschancen der Bevölkerung und ihre Beschäftigungsverhältnisse entscheidend abhängen. In solchen Fällen müssen die geltenden Regeln (etwa be-züglich der Arbeitszeiten, des Lohnniveaus, des Arbeitsschutzes, der Kranken- und Rentenversicherung etc.) neu adaptiert werden. Aufgrund der prinzipiellen Fähig-keiten der beiden Subsysteme zur Selbstregulation gelingt dies auch über längere historische Perioden. In mehr oder minder regelmäßigen zeitlichen Intervallen kommt es aber aufgrund verschiedener externer oder interner Einflüsse zu tiefgreifenden *Krisen,* welche nur durch einschneidende Veränderungen der beiden Regime und ihrer Wechselbeziehungen zu lösen sind.

Nach den Erkenntnissen der Regulationstheorie war die „materialistische" Epoche der „Industriegesellschaft", in der Grundlagen für die „Erlebnisgesellschaft" gelegt wurden, durch das sog. *„Fordistische Akkumulationsregime"* geprägt. Hier domi-nierte die Massenproduktion von langlebigen Konsumgütern auf der Basis der (von H. FORD eingeführten) Fließband-Technologien und der (von F. W. TAYLOR begrün-deten) Arbeitswissenschaft zur optimalen Anpassung des Verhaltens der Arbeits-kräfte an die neuen maschinellen Konfigurationen. Dies ermöglichte beträchtliche Steigerungen der Arbeitsproduktivität und entsprechende Senkungen der Produkti-

onskosten, welche durch die in den großen, über alle Produktionsstufen vertikal organisierten Unternehmen erzielten „Economies of Scale" (Großbetriebsvorteile) noch
zusätzlich reduziert wurden. Das in der Zeit nach dem Zweiten Weltkrieg aufblühen-
de „Fordistische Produktionssystem" beruhte auf der Ausbeutung der Ressourcen der
Erde an mineralischen Ölen als Energiequellen für die Herstellung und für den Betrieb einer Reihe von z. T. schon länger etablierten Produkten (Automobil, Flugzeug,
verschiedene elektrische Maschinen u.a.), welche aber durch viele Innovationen entscheidend verbessert wurden. Dazu kamen verschiedene Neuentwicklungen (Kunst-
stoffe und synthetische Fasern, Datenverarbeitungsanlagen, Waffen und Erzeugnisse
der Weltraumtechnik etc.), deren Produktion meist ebenfalls nach den fordistischen
Prinzipien erfolgte. Insgesamt bildeten aber elektrische bzw. elektronische Haushalts-
geräte und Kraftfahrzeuge die verbreitetsten Produkte. Billige Energie- und niedrige
Transportkosten ermöglichten ihren weltweiten Handel.

Das „Fordistische Regulationsregime" schuf wesentliche Voraussetzungen für die „Erlebnisgesellschaft." Es war gekennzeichnet durch z.T. massive *staatliche Eingriffe* in
das Wirtschaftsleben, welche die Stabilisierung der Konjunktur sowie den Erhalt der
Vollbeschäftigung und der staatlichen Wohlfahrtseinrichtungen zum Ziel hatten. Zwischen den Industriestaaten und ihren großen nationalen Unternehmen (mit durchaus
internationalen Aktionsradien) entwickelte sich ein weitreichender *Interessensaus-
gleich.* In dessen Rahmen gewährten die Regierungen besonders den großen Konzernen eine ganze Reihe von Vorteilen (Toleranz von Oligopolen, Steuerermäßigungen,
Staatsaufträge, sozialpolitische Maßnahmen, welche den Massenkonsum begünstigten etc.). Sie sorgten auch für Ausbildungssysteme, welche auf die Ansprüche der
Wirtschaft ausgerichtet waren. Die Unternehmen ermöglichten moderate Lohnab-
schlüsse (so daß bei steigender Kaufkraft die günstigen Absatzchancen für die von
ihnen erzeugten Konsumgüter erhalten blieben) und boten akzeptable Arbeitsbedingungen. All dies begünstigte die Ausbildung eines breiten sozialen Mittelstandes sowie ein ruhiges politisches Klima und trug wesentlich zum Machterhalt der regieren-
den Parteien bei. Unter diesen Bedingungen konnten sich zuerst der *Massentourismus* entwickeln und dann auch die Ansätze zur *„Erlebnis- und Freizeitgesellschaft":*

– Mit den steigenden Einkommen (z.B. hat sich von 1950 bis 2000 der durchschnittliche Stundenlohn in Deutschland verfünfzehnfacht; auch bei realer Betrachtung, d.h., ohne Preissteigerung, entspricht dies dem sechsfachen Reallohn;
  W. FREYER, 2001) und der zunehmenden Sättigung des Bedarfs an langlebigen
  Konsumgütern (schon 1990 verfügten im statistischen Durchschnitt fast alle
  deutschen Haushalte über einen Kühlschrank, 99% besaßen eine Waschmaschine
  und ca. 97% einen PKW; W. FREYER, 2001) standen immer mehr *finanzielle
  Mittel* für Urlaub und Freizeit zur Verfügung (zwischen 1960 und 1990 erhöhte
  sich der Anteil des touristischen Konsums am durchschnittlichen deutschen Haus-
  haltsbudget von 1,7 auf 4,3%; W. FREYER, 2001). Wegen der deutlichen Verbesserung der schulischen und beruflichen Ausbildung (und infolge der immer stärkeren Dominanz der elektronischen Medien) stieg das *Interesse an fremden Län-*

dern und Kulturen, wesentlich begünstigt auch durch die stark zunehmenden Kenntnisse fremder Sprachen.

– Gleichzeitig kam es zur deutlichen Verkürzung der Arbeitszeit und zum entsprechenden Anwachsen der *Anteile der „freien Zeit"* an den individuellen Zeitbudgets. Dies betraf sowohl die Wochenarbeitszeit (1950: 6 Tage-, 48 Stunden-Woche; 2000: 5 Tage-, 38 Stunden-Woche) als auch die Zahl der jährlichen Urlaubstage (1950: 12 Tage; 2000: 31 Tage, d.h., ca. sechs freie Wochen bei Lohnfortzahlung) und das Ausmaß der „Altersfreizeit" (W. FREYER, 2001).

– Diesen Zunahmen an freier Zeit sowie der dafür verfügbaren finanziellen Mittel stand – für eine nicht unbeträchtliche Zahl an Erwerbstätigen – die fortschreitende *„Entfremdung" der Arbeit* gegenüber. Sie hing wesentlich mit der Fragmentierung und Isolierung der beruflichen Tätigkeiten im „Fordistischen Akkumulationsregime" zusammen: Die Arbeit wurde immer mehr als „eintönig", „unkontrollierbar", „zwanghaft" und „sinnentleert" empfunden. Schon 1982 konnten sich etwa 75% der schweizer Männer nicht mehr mit ihren Berufen identifizieren (E. RENNER, 1999). Während im kapitalistischen System der „Sinn des Lebens" lange Zeit eher in einer „erfüllenden" Arbeit gesucht wurde (siehe besonders die Ethik des kalvinistischen Christentums), betrachtete nun ein immer größerer Anteil der Bevölkerung der reichen Wohlfahrtsstaaten Urlaubs- und Freizeitaktivitäten als ihre eigentlichen Lebensziele. Der Beruf sollte nur zur Beschaffung der dafür notwendigen finanziellen Ressourcen dienen (siehe die im „Modell des sozialbestimmten räumlichen Verhaltens" – Abschnitt 3.3 – abgebildeten Prozesse).

– Diese Entwicklungen führten (im Zusammenhang mit den anderen, oben dargestellten Einflussfaktoren) einerseits zu den Phänomenen des Massentourismus (1972: 29 Mio. Urlaubsreisen im Ausmaß von fünf Tagen und mehr, 2000: 62,2 Mio.; 1972: 24% regelmäßig Reisende und 32% „Intervallreisende", 2000: 51 bzw. 34% bei nur mehr 15% Nichtreisenden; FORSCHUNGSGEMEINSCHAFT URLAUB UND REISEN, 2001). Allerdings konnte ein eher nur kleinerer Teil der Bevölkerung der Dienstleistungs- und Industriestaaten die Lebens- und Urlaubsstile der *„Erlebnis- und Freizeitgesellschaft"* wirklich mehr oder minder umfassend übernehmen.

Jedoch kam es – spätestens seit Mitte der 80er Jahre und in verstärktem Ausmaß seit Mitte der 90er Jahre – zu einschneidenden Veränderungen von wirtschaftlichen, politischen und sozialen Rahmenbedingungen. Dies führt wohl dazu, daß die weitere Verbreitung des Massentourismus langsamer vor sich geht, und daß sich der kaum so richtig in Schwung gekommene Trend zur „Erlebnisgesellschaft", wenn überhaupt, nur in wesentlich modifizierter Form fortsetzen wird. Die Ursachen dafür liegen in der sog. „Fordismuskrise" bzw. im Aufkommen des „Neofordistischen Produktionsregimes" und des „Neoliberalen Regulationsregimes" sowie in der Globalisierung des Weltwirtschaftssystems.

Die *Krise des "Fordistischen Produktionsregimes"* wird in der Literatur (z.B. D. LEBORGNE, A. LIPIETZ, 1992; A. AMIN, 1993) auf ein ganzes Bündel von Einflußfaktoren zurückgeführt, vor allem auf: die Sättigung der Märkte mit Massenprodukten, die zunehmende Vorliebe der Nachfrager für individuelle und spezielle Güter und Dienstleistungen, die man mit den inflexiblen fordistischen Fertigungsmethoden („Einzweckmaschinen" und „Einzweckarbeiter") gar nicht einigermaßen kostengünstig herstellen kann, um so mehr, als auf der Basis dieser Technologien keine wesentliche Verbesserung der Arbeitsproduktivität mehr möglich ist. Schließlich trugen auch die steigenden Energiekosten zur Krise bei. In den fortgeschrittenen Dienstleistungs- und Industriestaaten sowie in einer Reihe von aufstrebenden Schwellenländern kam es zum sukzessiven, bis heute noch nicht abgeschlossenen Wechsel des Akkumulationsregimes auf der Basis von neuen „technologischen Paradigmen". Diese bedingen die internen und externen Flexibilitäten des *„Neofordistischen Akkumulationsregimes"* und ermöglichen die Herstellung sehr differenzierter Produkte bei ständiger Erhöhung der Arbeitsproduktivität.

Interne Flexibilitäten werden durch den kombinierten Einsatz von technologischen, organisatorischen und logistischen Innovationen erzielt. Zur ersten Kategorie zählen etwa die Robotik und das „Computer Integrated Manufacturing" als Basistechnologien für Systeme von reprogrammierbaren Vielzweckmaschinen. Diese werden von flexiblen („Mehrzweck-") Arbeitsgruppen bedient (Prinzipien des „Kai-zen" und der „Qualitätszirkel"), deren Mitglieder zur kontinuierlichen Weiterbildung, zur Job-Rotation und zu ständigen Qualitätskontrollen der ausgeführten Arbeitsschritte verpflichtet sind. Die neuen logistischen Konzepte (etwa die „Just-in-Time"-Produktion) dienen vor allem der Optimierung von Fertigungsketten durch die Reduktion der Lagerhaltung und der Verkürzung von Kapitalumlaufzeiten. Sie stehen im Zusammenhang mit den *externen Flexibilitäten* des „Neofordistischen Produktionsregimes", welche auf die Auflösung der großen, vertikal organisierten Komplexe der fordistischen Massenproduktion ausgerichtet sind. Im Rahmen der Strategien des sog. „Outsourcing" werden die Fertigungsprogramme der großen Betriebe auf relativ wenige Kernfunktionen (vor allem das Assembling von vorgefertigten Komponenten) reduziert, während die Herstellung der Teileelemente auf – oft weitverzweigte – Netzwerke von Subkontrakt-Unternehmen (die in der Regel unter großem Preisdruck stehen) ausgelagert wird.

Aufgrund dieser Veränderungen kommt es im „Neofordistischen Akkumulationsregime" zum tiefgreifenden Wandel der Arbeitsbedingungen und zu einem erneuten *Bedeutungsgewinn der Arbeit* gegenüber dem Freizeitbereich, denn im Gegensatz zum Fordismus wird die Arbeit nun zu einem „knappen Gut": Von der sog. *„strukturellen Arbeitslosigkeit"* sind die „Einzweckarbeiter" der auslaufenden Massenproduktion bedroht, deren „alte", oft wenig qualifizierte Fertigkeiten nicht mehr gefragt werden. Aber die fortschreitende Automatisierung und Computerisierung der Produktion und des Dienstleistungssektors (der in den reichen Staaten bereits mehr als drei Viertel der Arbeitsplätze stellt, aber immer noch wesentlich von der Sachgüterproduktion abhängt) gefährden – in Form der *„technologischen Arbeitslosigkeit"* („Jobless Growth" der Wirtschaft) – auch diejenigen Beschäftigten, denen es gelingt, sich auf die neuen Bedingungen des Arbeitsmarktes einzustellen. Dazu zählen vor allem: kaum mehr Chancen auf Lebensstellen, Zwang zur Flexibilität beim häufigen Job-Wechsel, permanente Weiterbildung und Qualifizierung – auch im Urlaub – zur Aneignung von oft sehr speziellen Fertigkeiten, besonders in den expandierenden Bereichen der produktionsorientierten und personenbezogenen Dienstleistungen. Arbeitskräfte sowohl mit fordistischen als auch mit neofordistischen Qualifikationen sind schließlich auch noch der *„konjunkturellen Arbeitslosigkeit"* ausgesetzt, welche aus den dargestellten Umstellungskrisen der Produktionsregime resultiert, immer mehr aber auch aus den Prozessen der Globalisierung (R.B. FREEMAN, 1996; J.R. RIFKIN, 1995; H.P. MARTIN, H. SCHUMANN, 1996; J. STEINBACH, 1999 u.a.).

Neben den genannten Innovationen des „Neofordistischen Akkumulationsregimes" hat vor allem die Evolution „Primärer Netzwerke" in den Bereichen Verkehr und Kommunikation zur *Globalisierung des Weltwirtschaftssystems* beigetragen. Erst dies begünstigte den wirklich weltweiten Ausbau wichtiger „Sekundärer Netzwerke" (internationaler Handel, Transnationale Konzerne, internationales Finanzsystem, Informationsnetzwerke etc.). Hand in Hand mit diesem technologischen Wandel konnten die Politiker und die Wirtschaftslenker führender kapitalistischer Staaten einschneidende politische Veränderungen durchsetzen, vor allem den weitgehenden Abbau internationaler Handelsschranken sowie die Deregulierung und weltweite Öffnung der Finanzmärkte. Unter solchen Voraussetzungen kam es zur fortschreitenden Emanzipation der großen Konzerne von ihren Nationalstaaten: Diese Hauptakteure der Globalisierung können nun aus ihren neuen Strategien als *„Global Player"* bedeutend mehr wirtschaftliche Nutzen erzielen, als aus den fordistischen Kooperationen mit ihren ehemaligen (die Besitz- und Kontrollstrukturen sind ebenfalls internationalisiert) Heimatstaaten: Die Transnationalen Konzerne lenken ihre Direktinvestitionen in diejenigen Regionen der Erde, welche für die Produktion das beste Know How, die am meisten entwickelte Infrastruktur oder die günstigsten Faktorkosten zur Verfügung stellen (hier spielen die oben genannten externen Flexibilitäten des „Outsourcings" eine wichtige Rolle). Durch interne Transfers zwischen Tochtergesellschaften gelingt es ihnen zumeist, ihre Steuern in denjenigen Staaten zu zahlen, welche die günstigsten Konditionen bieten, während die Gewinne in die internationalen „Finanzoasen" fließen.

Dadurch haben die führenden Nationalstaaten einiges von ihrem Einfluss verloren: Die Staaten und auch ihre einzelnen Regionen stehen untereinander (als *„Hostile Brothers"*; J. PECK, A. TICKELL, 1994) in Konkurrenz um Investitionen und Arbeitsplätze. Sie werden von den großen Konzernen gegeneinander ausgespielt und sind zu immer weiterreichenden Konzessionen (Löhne, Steuern, Vorleistungen etc. betreffend) gezwungen. Hier verschärft besonders eine Reihe von Schwellenländern die Konkurrenz, die aufgrund ihrer politischen Strategien (einerseits: ständige Erhöhung der Ausbildungsniveaus auf die Standards der Dienstleistungs- und Industriestaaten; andererseits: „Social Dumping", d.h., Niedrighalten von Löhnen, sozialen Kosten etc.) gegenüber den westlichen Demokratien nicht unbeträchtliche Vorteile erringen. Als Reaktion auf diese Situation und auf die Einführung von neofordistischen Produktionsweisen kommt es hier zum *Wandel der Regulationsregime* und zum wenigstens teilweisen Abbau des Wohlfahrtsstaates, dessen sozialpolitische Basisideologien immer mehr durch neoliberale Konzepte ersetzt werden (Privatisierung und teilweiser Rückzug des Staates aus traditionellen Aufgabenbereichen, wie: der sozialen Vorsorge, der Bereitstellung verschiedenster Infrastrukturen oder der Vermittlung zwischen Arbeitgebern und Arbeitnehmern etc.).

Die Verstärkung der „dualistischen" Strukturen von Arbeitsmärkten bildet einen wesentlichen Output der von diesen Prozessen der Globalisierung beeinflußten „Neoliberalen Regulations-" und „Neofordistischen Akkumulationsregime": Hier stehen verschiedene Sektoren von sicheren und mehrheitlich recht gut entlohnten Arbeitsplätzen in den *„Kernbereichen"* (Manager und „Experten" in den High-Tech-, Informations- und Kommunikationsbranchen, den produktionsbezogenen Dienstleistungen, Medien etc.) eher minder qualifizierten Beschäftigungsmöglichkeiten in den *„peripheren" Sektoren* (fordistische Massenproduktion, Hilfsdienste für die neofordistischen Technologien, Reinigung, Ver-, Entsorgung und Transport, verschiedene, eher niedrigrangige soziale Dienstleistungen etc.) gegenüber. Diese Tätigkeiten werden eher schlecht bezahlt, z. T. sinken hier die Löhne auch wieder. Die Teilzeitarbeit gewinnt immer mehr an Bedeutung. Für viele Beschäftigte in den „peripheren" Sektoren drohen auch längere oder kürzere Perioden der Arbeitslosigkeit.

In beiden Hauptsegmenten des neofordistischen Arbeitsmarktes können die Beschäftigten eher nur mehr recht schwer die nötigen Ressourcen an Sach- und Humankapital (siehe Abschnitt 3.3) produzieren, die es ihnen ermöglichen, die Lebens- und Urlaubsstile der „Erlebnis- und Freizeitgesellschaft" zu genießen:

–   Zwar wird die Arbeit in den „Kernbereichen" des segmentierten Arbeitsmarktes in der Regel so hoch entlohnt, daß die dafür notwendigen finanziellen Mittel ausreichend zur Verfügung stehen, jedoch ergeben sich bei den Ressourcen *Zeit und Handlungsenergie* immer größere Engpässe. So hat sich, infolge der oben dargestellten Globalisierungszwänge, die durchschnittliche Arbeitszeit für Vollbeschäftigte von 1993 bis 1997 in Deutschland, Schweden, Österreich und Großbritannien wieder erhöht (WTO, 1999). Zusätzlich erfordern die qualifizierten und komplexeren Tätigkeitenmuster, der gestiegene Leistungsdruck, die Zwänge zum kontinuierlichen Lernen etc. immer mehr an Handlungsenergie, die dann in der Freizeit fehlt bzw. hier durch rekreative Folgerollen (siehe Abschnitt 3.3) wieder ersetzt werden muß. Von den negativen Folgen dieser geänderten Arbeitsbedingungen zeugen zwei neue Begriffe, die in Japan und in den USA geprägt wurden, wo die neofordistischen Regime die längste Tradition haben: Die Japaner bezeichnen mit *„karoshi"* Todesfälle, welche durch Erschöpfung und Überarbeitung im Beruf verursacht werden, und in Amerika verwendet man den Ausdruck *„Downshifter"* für Personen, die freiwillig auf gut bezahlte, aber zu stressreiche Arbeitsplätze verzichten. So rückt für die Beschäftigten in den oberen Segmenten des neofordistischen Arbeitsmarktes der Beruf wieder mehr in den Mittelpunkt des Lebens. Es entstehen entweder *ganzheitliche Lebensformen,* wo die sinnerfüllte Arbeit und die Freizeit (re-)integriert werden und manchmal gar nicht mehr richtig zu trennen sind, oder es wird die nun in der Regel kürzere Freizeit nach den Prinzipien der „Erlebnisgesellschaft" *besonders intensiv* genutzt. Dem steht allerdings der streßbedingte Zwang zur Regeneration in der Freizeit entgegen.

– Solche *geteilten Lebensformen* gibt es auch in den peripheren Arbeitsmarktsegmenten, wo nicht nur die begrenzte Verfügbarkeit an freier Zeit und an Handlungsenergie (am unteren Ende der Hierarchie der neofordistischen Arbeitsplätze nach Qualifikation und Bezahlung spielen berufliche Streßfaktoren eine zumindest ebenso große Rolle) wesentliche Engpaßfaktoren bilden, sondern natürlich auch die beschränkten und oft abnehmenden finanziellen Mittel. Wegen der wechselnden Beschäftigungsverhältnisse und wegen des Zwanges, im Falle von Arbeitsspitzen (die sich etwa in neofordistischen „Outsourcing-Systemen" sehr kurzfristig ergeben können) im Betrieb anwesend zu sein, können längere Urlaube oft auch gar nicht mehr richtig im Voraus geplant werden.

– Schließlich ergeben sich im Fall der Arbeitslosigkeit oder der geringfügigen (Teilzeit-) Beschäftigung wieder *ganzheitliche Lebensformen*, wo aber – im Gegensatz zu den oberen Arbeitsmarktsegmenten – die Freizeit im Mittelpunkt steht, allerdings oft in „unerfüllter" Form, beschränkt auf ein wenig differenziertes, „passives" (z.B. Konsum elektronischer Medien) Tätigkeitenspektrum.

Somit hängt das Urlaubsverhalten im Zeitalter des „Neofordistischen" bzw. „Neoliberalen Akkumulations- und Regulationsregimes" sowie der Globalisierung nicht nur von den *Kernelementen der sozialen Lagen* der verschiedenen Nachfragegruppen ab (Geld, Macht, Bildung, Wohnbedingungen etc. als für bestimmte Lebensphasen geltende, materielle Randbedingungen des Verhaltens, siehe Abschnitt 3.3.2) oder von ihren *sozialen Milieus* (d.h., von ähnlichen Verhaltensmustern bezüglich der Nutzung dieser Handlungsspielräume). Es wird im deutlich größeren Ausmaß, als dies in der fordistischen Wohlstandsgesellschaft der Fall war, von den notwendigen *Zeit- und Energieaufwänden für den Arbeitsbereich* bestimmt, der in vielen Fällen wieder mehr in den Lebensmittelpunkt rückt. Dementsprechend bilden Geld, als traditionell wichtigster Inputfaktor in den Urlaub, und „Zeit", als neues zusätzliches Kriterium (das Ausmaß ihrer Verfügbarkeit entspricht in der Regel auch den für den Urlaub nutzbaren Ressourcen an Handlungsenergie) die Kriterien, nach denen die WORLD TOURISM ORGANIZATION (WTO, 1999) wichtige Segmente der heutigen Tourismusmärkte definiert. Diese charakteristischen Kombinationsformen von Inputfaktoren in den Urlaub und in die Freizeit werden in Abbildung 5.2 übernommen und mit den Haupttypen der sozialen Lagen und der sozialen Milieus (nach S. HRADIL, 1987, S. HRADIL, J. SCHIENER, 1999; siehe Abschnitt 3.3.2) zusammengeführt. Für diese so definierten Nachfragegruppen kann man charakteristische Grundausrichtungen von Urlaub und Freizeit, typische Reisehäufigkeiten sowie bevorzugte Reiseziele und Urlaubsstile annehmen:

– Hier zeigt es sich, daß die Einstellungen und Verhaltensmuster der „Erlebnis- und Freizeitgesellschaft" wohl nur für ein Segment der touristischen Nachfrage mit der Merkmalskombination: *Money rich/ Time rich* wirklich zutreffen, vor allem für die hinsichtlich ihrer Präferenzen „hedonistisch" ausgerichteten Mitglieder dieser sozialen Eliten. Sie verreisen oft und regelmäßig, wobei „Destinations"- und „Themennomadismus" wichtige Verhaltensmerkmale darstellen, ebenso das Ausüben der neuen, postmodernen Urlaubsstile (etwa im Wellness-, Fitness-, gehobenen Kultur-, Gourmet- etc. Bereich).

- Von den touristischen Nachfragern, welche von den günstigsten sozialen Lagen profitieren, gehören wohl immer mehr zur Merkmalsgruppe *Money rich/ Time poor*, was vor allem für diejenigen Personen gelten dürfte, die ihr Leben nach den Werten und Normen der „technokratisch liberalen" bzw. der „konservativ-gehobenen und aufstiegsorientierten" sozialen Milieus gestalten. Im Gegensatz zu den Mitgliedern der „Erlebnis- und Freizeitgesellschaft" tendieren sie zu ganzheitlichen Lebensformen mit dem Beruf im Zentrum. Sie bevorzugen ebenfalls die postmodernen, gehobenen Urlaubsstile, wobei näher gelegene, exklusive Destinationen (auch Zweitwohnsitze) besonders an Bedeutung gewinnen, die keine großen Aufwände an Reisezeit und Reisestrapazen (Jet-Lag) erfordern.

- Im Bereich der sozialen Mittelschichten (gekennzeichnet besonders durch die sozialen Lagen der „Normalverdiener" mit unterschiedlichen Risikofaktoren) dürfte es zu einer stärkeren Ausdifferenzierung der unterschiedlichen Nachfragesegmente kommen, bedingt sowohl durch das hier vorherrschende größere Spektrum an unterschiedlichen Lebensstilen (und entsprechend differenzierten Präferenzordnungen), als auch durch die verschiedenen Kombinationsformen von Inputfaktoren. Natürlich bildet für die Mittelschichten bereits die Verfügbarkeit von „Geld" einen mehr oder minder beschränkenden Faktor, aber auch hier wird die „Zeit" zu einer ebenfalls knappen Ressource, so daß wohl die Merkmalsgruppen *Money sufficient/ Time poor* und *Money poor/ Time poor* an Bedeutung gewinnen. Oft dominieren im Alltag geteilte Lebensformen, wobei der berufliche Leistungsdruck und die Zwänge zur Weiterbildung immer relevanter werden. Es gibt Anzeichen dafür (siehe die oben zitierten empirischen Analysen), daß sich die Aktivitätenmuster mehr polarisieren, einerseits in Richtung auf die fortschreitende Bedeutung der Erlebniskomponente (die wenigstens in der freien Zeit die Lebensstile dominieren soll), andererseits bleiben aber auch die traditionellen, eher passiven und rekreativen Verhaltensmuster erhalten. Neben dem sozialen Milieu (siehe Abbildung 5.2), dem Alter und den Positionen im Haushaltszyklus geht diese Differenzierung auch auf die steigenden beruflichen Anforderungen zurück. Längere Haupturlaube, je nach finanzieller Lage entweder regelmäßig oder nur in Intervallen, bilden die vorherrschenden Reiseformen. Die *„Erlebnistouristen"* fragen besonders Angebote des Massen- (Fern-) Tourismus im Ausland nach, wobei Cluburlaube, spaß- und erlebnisorientierte Bade- und Wintersporturlaube (oft in Form von „All Inclusive-Angeboten"), Spielarten des Städte- und Eventtourismus, massentouristische Varianten von Kreuzfahrten oder Safaris etc. als Urlaubsstile bevorzugt werden. Demgegenüber präferieren die *„traditionellen" Touristen* Wander-, Bade-, Erholungs-, Winter- etc. Urlaube mit weniger Abwechslung und nur teilweiser Erlebnisorientierung, die meist im Inland oder im näheren Ausland stattfinden.

Abbildung 5.2:   Ein integriertes Konzept zum Wandel des Urlaubsverhaltens

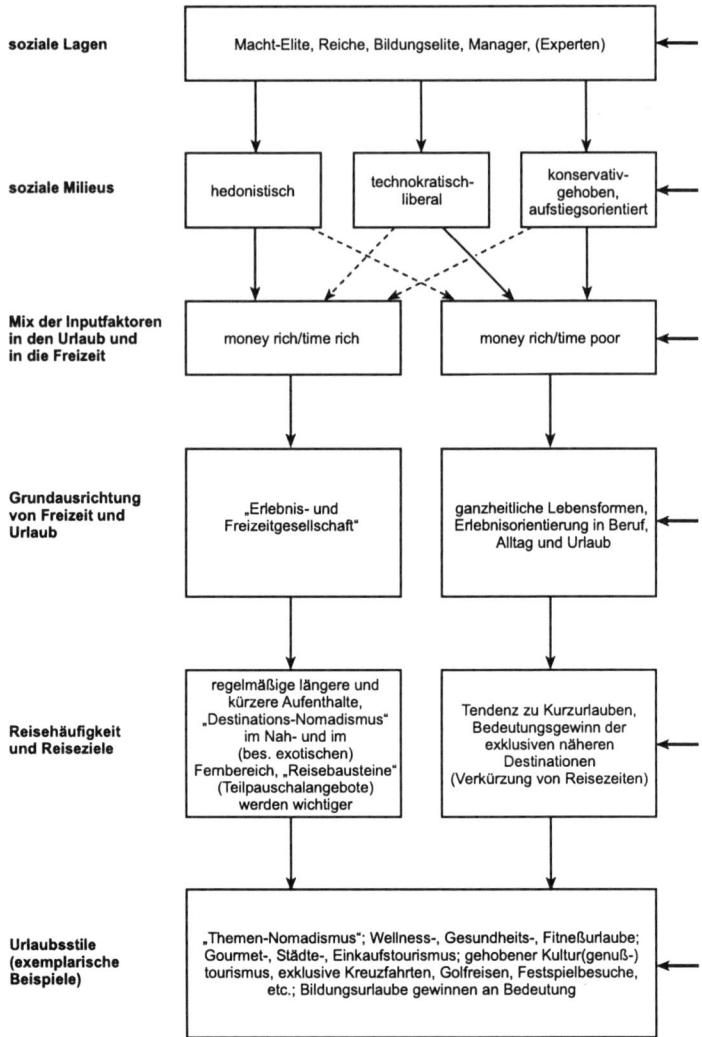

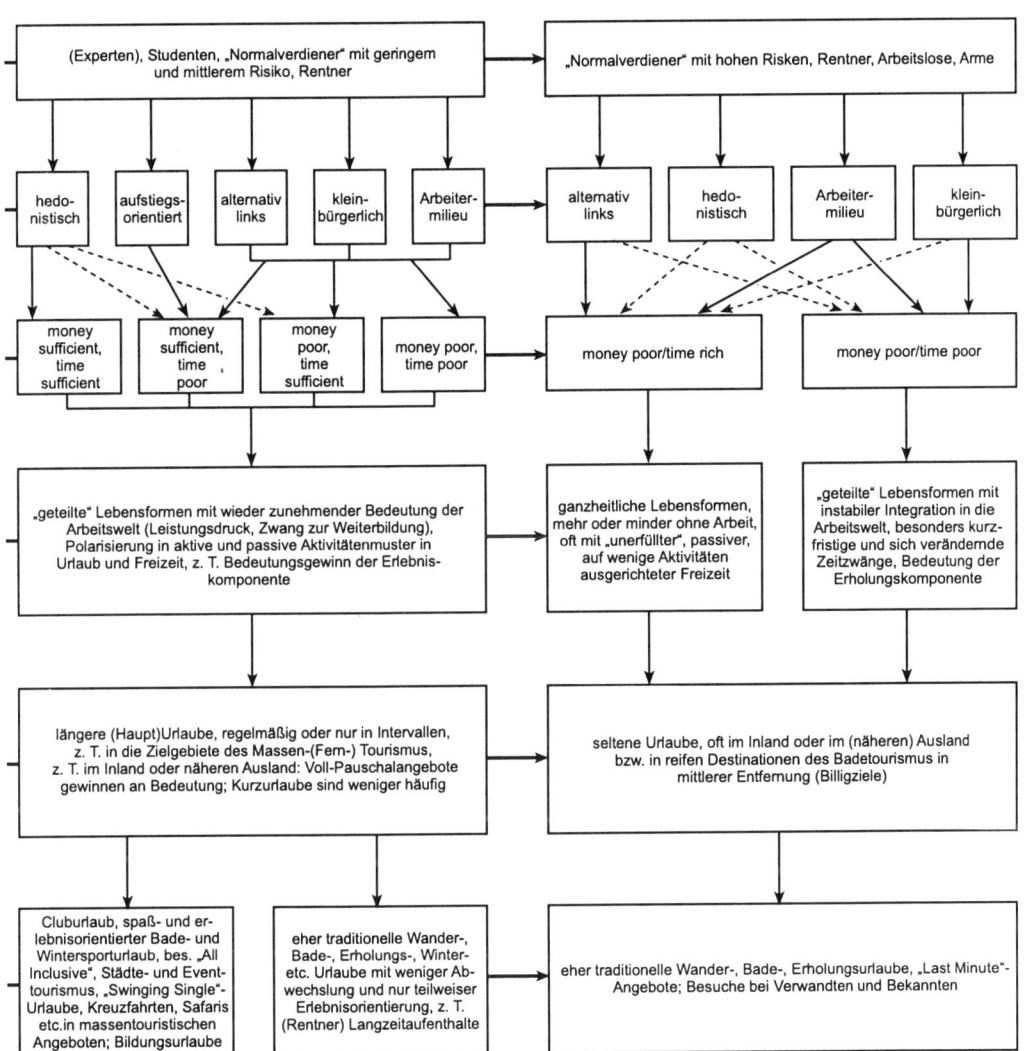

– „Normalverdiener" mit hohen Risiken sowie die Mehrzahl der Rentner bzw. Arbeitslose und Arme stehen in der Hierarchie der sozialen Lagen an unterster Stelle. Ihre
Freizeit- und Urlaubsgewohnheiten dürften durch die beschränkten Ressourcen so
festliegen, daß die Einflüsse der verschiedenen sozialen Milieus eine eher geringe
Rolle spielen. Daher sind hier für die Freizeit- und Urlaubsgestaltung vermutlich die
beiden Nachfragesegmente Money poor/ Time poor und Money poor/ Time rich
besonders relevant. Für die erstgenannte Gruppe der *Money poor/ Time poor* gelten die oben genannten Restriktionen für die Beschäftigten in den „peripheren" Sektoren des neofordistischen Arbeitsmarktes (geteilte Lebensformen, instabile Integration in die Arbeitswelt, kurzfristige und wechselnde Zeitzwänge, Notwendigkeit
der Rekreation in Urlaub und Freizeit). Eher seltene Urlaube, oft im Inland oder im
(näheren) Ausland, auch in den Billigzielen des Badetourismus („Last Minute"-An-
gebote) sind hier besonders kennzeichnend. Besuche bei Bekannten und Verwandten
reduzieren die Aufwände für Kost und Quartier. Der Alltag der Nachfragegruppe
Money poor/ Time rich – zumeist Arbeitslose oder geringfügig Beschäftigte – wird,
wie oben schon dargestellt, von ganzheitlichen Lebensformen bestimmt, wobei die
mehr oder minder „unerfüllte" Freizeit dominiert. Ihr Urlaubsverhalten muß in der
Regel noch mehr eingeschränkt bleiben, als dies für das Segment der Money poor/
Time poor der Fall ist. Die Urlaubsstile sind sehr ähnlich.

Das in Abbildung 5.2 zusammenfassend dargestellte „integrierte Konzept zum Wandel des Urlaubsverhaltens" entspricht den divergierenden Ergebnissen der Untersuchungen zum Wertewandel und den daraus resultierenden Trends der touristischen Nachfrage wohl eher, als die doch recht eindimensionalen Hypothesen zur
„Erlebnis- und Freizeitgesellschaft", welche die jüngeren Änderungen wirtschaftlicher, politischer und sozialer Systeme nicht ausreichend in Rechnung stellen. Zur
empirischen Absicherung dieses „integrierten Konzeptes" wären über die genannten Untersuchungen (M. LOHMANN, P. ADERHOLD, 2000; WTO, 1999) hinaus noch
zusätzliche empirische Studien notwendig, welche nach den in Abschnitt 4.4.4 vor-
geschlagenen Kriterien erfolgen sollten.

5.3.2   Verkehrs- und Transportsysteme

5.3.2.1   Die Evolution der Verkehrsnetze

Die Evolution der „Primären" Netzwerke (siehe Abschnitt 2.8) von Verkehrs- und
Transportsystemen hat die Prozesse der Industrialisierung und die Entwicklung
von dienstleistungsbestimmten Wirtschaftssystemen ebenso entscheidend beeinflußt
wie die räumliche Verbreitung des Tourismus. Analysiert man die verschiedenen
historischen Phasen der *Evolution von Verkehrsnetzwerken* und ihre wirtschaftlichen Effekte, so lassen sich einige Grundprinzipien feststellen (J. STEINBACH, 1995):

– Die Netzwerke (z.B. Bahn-, Straßen-, Flugnetze) durchlaufen *Wachstumszyklen,*
  welche in die Hauptphasen der Wirtschaftsentwicklung der Industriestaaten so-

wie in die Produktzyklen von Urlaubstilen und in die Wachstumszyklen von Tourismusregionen integriert sind bzw. diese auch wesentlich bestimmen. Zum Beispiel hat die Eisenbahn-Technologie in der Hauptphase der Industrialisierung ab ca. der Mitte des 19. Jh. die Transport- und Erreichbarkeitsbedingungen der betroffenen Staaten und Regionen grundlegend verändert und die Ausbildung neuer „Sekundärer" (etwa Zuliefer- oder Handels-) Netzwerke ermöglicht. Aber auch die Produktion des „rollenden Gutes" und der fixen Bahnanlagen selbst bildete einen wesentlichen Wachstumsfaktor. Ähnliches gilt für die Bedeutung des Automobils und der Straßennetze sowie des Flugverkehrs im Rahmen der „Fordistischen" und „Neofordistischen Produktionsregime" (siehe Abschnitt 5.3.1.2).

– *Die Länge und die Intensität der Wachstumszyklen* von Verkehrsnetzen hängen von den Eintrittszeitpunkten der betroffenen Länder oder Regionen in die neuen Technologien ab. In der *Innovationsphase* wird ein eher rudimentäres Netz errichtet, das in der Regel nur die wichtigen wirtschaftlichen und politischen Zentren verbindet (fallweise aber auch bereits besondere touristische Attraktionen erschließt), während in der *Wachstumsphase* der mehr oder minder flächendeckende Ausbau erfolgt (welcher auch die Zielregionen des Massentourismus betrifft). Die *Reifephase* ist durch Reinvestitionen in die am meisten nachgefragten Hauptstrekken gekennzeichnet (etwa der Ausbau der europäischen Hauptrouten des touristischen Autoreiseverkehrs nach dem Süden) und in der *Schrumpfungsphase* kommt es zur Konsolidierung (Abbau und Rückbau, derzeit z.B. vieler Nebenstrecken des Bahnnetzes, die eine gewisse Bedeutung für den Fremdenverkehr haben), unter Umständen auch zur Spezialisierung der Nachfrage (etwa die Nutzung von frühindustriellen Kanalsystemen in Großbritannien für den Flußtourismus).

– In denjenigen Regionen oder Staaten, in denen die Systeme erst *später eingeführt* wurden, haben sie entsprechend kürzere Wachstumszyklen und erreichen oft nicht mehr die flächenhafte Verbreitung, weil sie inzwischen durch neue, konkurrenzfähigere Netzwerke abgelöst wurden. Darauf geht zum Beispiel die große Bedeutung des Flugzeuges oder des Helikopters auch als regionale Verkehrsmittel in vielen jungen Tourismusgebieten zurück. Abbildung 5.3 zeigt den Einsatz von kleinen Wasserflugzeugen zum Transport der Touristen an die Strände der Whitsunday Islands an der australischen Nordostküste.

In der historischen Entwicklung des Tourismus werden die Hauptphasen durch die Dominanz verschiedener Verkehrssysteme bzw. durch einschneidende Systemwechsel gekennzeichnet: Abbildung 5.4 gibt einen Überblick über diese verschiedenen *tourismusrelevanten Verkehrs- und Transportsysteme*, welche in den verschiedenen Phasen der Tourismusentwicklung die Interaktionen der Urlauber in immer weiter entfernte Destinationen möglich gemacht und zur Verbreitung der verschiedenen Urlaubsstile beigetragen haben.

Nicht mehr enthalten sind hier die *Kutsche* und das (traditionelle) *Segelschiff*, die Verkehrsmittel der „Grand Tour" junger Adliger (besonders im 18. Jh.; sie wird von

Abbildung 5.3:   Wasserflugzeuge als regionale Verkehrsmittel, Whitsunday Islands, Australien

Foto: J. STEINBACH, 2002

vielen Autoren als der Beginn des modernen Tourismus angesehen) in die Kulturzentren von Frankreich, Deutschland, Österreich und vor allem von Italien. Mit diesen Verkehrsmitteln erfolgte auch die Anreise im Rahmen des von der Naturphilosophie der Romantik stimulierten „Besichtigungstourismus" (vor allem in den Alpen) und zu den Kuraufenthalten in den Thermalbädern.

Ab ca. den 40er Jahren des 19. Jh. übernahmen die *Eisenbahn* und das *Dampfschiff* relativ rasch diese Funktionen (zunächst im überregionalen Zubringerverkehr). Sie waren die Träger der beginnenden Erschließung der Küsten, zunächst für Badekuren im Seewasser (mit immer größerer Unterhaltungskomponente), dann für länger andauernde Winteraufenthalte („Winterfrische") an klimatisch begünstigten Seen und Küstenzonen (vor allem an der französisch-italienischen Riviera) bzw. in den hier entstandenen mondänen Tourismuszentren.

Die Bahn brachte die Touristen auch in größerer Zahl in die „Sommerfrischen" und Luftkurorte der Alpen und Mittelgebirge sowie an die inner- und randalpinen Seen. Sie gab vor allem dem naturorientierten Besichtigungs- und Wandertourismus zusätzliche Impulse. Mit dem Ausbau der Bahnnetze wurden die großen Städte nicht nur zu den bedeutendsten Quellregionen der Touristenströme, in den attraktivsten davon fand auch der einsetzende Städtetourismus (Besichtigungen, Kulturkonsum, attraktive Veranstaltungen, besonders die großen Weltausstellungen im letzten Drittel des 19. Jh.) seine ersten Zielgebiete. Bahn und Dampfschiff eröffneten auch immer *breiteren Nachfrageschichten* den Zugang zum Reisen: Nach der Aristokratie und dem Großbürgertum traten allmählich auch die Angehörigen der Mittelschichten als Nachfrager auf – in den englischen Industrieregionen nach der Mitte des 19. Jh. Hingegen konnten die sozialen Grundschichten die immer billigeren Reiseangebote erst viel später nutzen – in Großbritannien ansatzweise seit ca. der Jahrhundertwende, auf dem Kontinent erst seit der Zwischenkriegszeit. Bahn- und Schiffstransporte bildeten auch integrierte Teile der *Pauschalangebote* des ersten Reiseveranstalters Thomas COOK: Ab 1845 wurden Fahrten in die aufblühenden südenglischen Küstenressorts angeboten sowie in landschaftlich ebenso attraktive Gebiete, wie nach Nordwales, in den Lake District etc., ab ca. 1855 auch schon zu Zielen auf dem Kontinent, und zwar zuerst nach Nordfrankreich und Deutschland, ab ca. 1865 auch in die schweizer Alpen und nach Italien (W. FREYER, 2001). Mit den *Gebirgsbahnen* entstanden die ersten, hauptsächlich auf den Transport von Touristen (Besichtigen, Bergwandern, Klettern) ausgerichteten Netzelemente des Bahnsystems. Bald danach folgten noch aufwändigere, *primär tourismusbezogene Investitionen*, besonders in den Vereinigten Staaten, wo der transkontinentale Bahnbetrieb im Jahr 1869 aufgenommen wurde, in der Zeit, als George PULLMANN den Schlafwagen („PULLMANN-Coach") einführte: Im letzten Jahrzehnt des 19. Jh. begannen Henry FLAGLER und Henry PLANT mit der Erschließung von Florida (Bahnstrecken nach Ostflorida über St. Augustine, Palm Beach nach Miami und schließlich – in den 1920er Jahren – bis nach Key West sowie nach Westflorida bis nach Tampa). Sie schufen so die Voraussetzungen für die „Flight to the Sun" (Winteraufenthalte der reichen Bewohner der Ostküstenstädte), wobei verschiedene Luxushotels, die von den Bahngesellschaften errichtet wurden, wichtige Attraktionen bildeten.

Als Folge des Ersten Weltkrieges verloren in Europa nicht nur wesentliche Teile der bisherigen touristischen Nachfrager an wirtschaftlicher Bedeutung, sondern mit der neuen Weltordnung und dem daraus resultierenden gesellschaftlichen und sozialen Wandel begannen sich auch neue Urlaubsstile zu entwickeln. Neben den ersten Ansätzen des *Wintersports* gilt dies vor allem für den *Badetourismus* (besonders der Aufenthalt in der Sonne in knapper Badebekleidung war für die alten Eliten ein völlig undenkbares Urlaubsvergnügen), der sehr bald von breiten Bevölkerungsschichten übernommen wurde. Dies führte u.a. dazu, daß sich für die Küstenregionen der Nachfrageschwerpunkt in relativ kurzer Zeit in die Sommersaison verlagerte. Allerdings fehlte für die massentouristische Erschließung der Küsten vorerst noch das geeignete Verkehrsmittel. Mit dem Automobil trat dieses in den USA schon in der Zwischenkriegszeit seinen Siegeszug an (z.B. mit 15 Millionen Exemplaren von FORD's „Model-T"), und die Kolonnen von „Tin-Can-Tourists" konnten sich zu den Badeküsten Floridas auf den Weg machen. Ca. 20 Jahre verzögert – dafür dann aber umso intensiver – setzte sich die *„Motorisierung des Tourismus"* auch in den westeuropäischen Staaten durch, begünstigt durch den Wohlstandsgewinn und die sozialen Errungenschaften für die Mittel- und Unterschichten im Zeitalter des „Fordistischen Produktionsregimes" und des sozialen Wohlfahrtsstaates. Abbildung 5.4 zeigt auch die verschiedenen Typen von Campingfahrzeugen, die im sommerlichen Bade-, Wander- und Besichtigungstourismus rasch an Bedeutung gewannen. Neben den Alpen und der Riviera entwickelten sich im Rahmen der vom Norden nach dem Süden gerichteten Hauptstoßrichtung des Motortourismus (der durch den zügigen Ausbau der Netzte von Autobahnen und Urlaubsstraßen vorangetrieben wurde) besonders die Nordost- und ostspanischen Küsten, die italienische Adria und die Küstenregionen von Slowenien und Kroatien zu wichtigen Zielregionen innerhalb

Abbildung 5.4: Tourismusrelevante Verkehrs- und Transportnetze

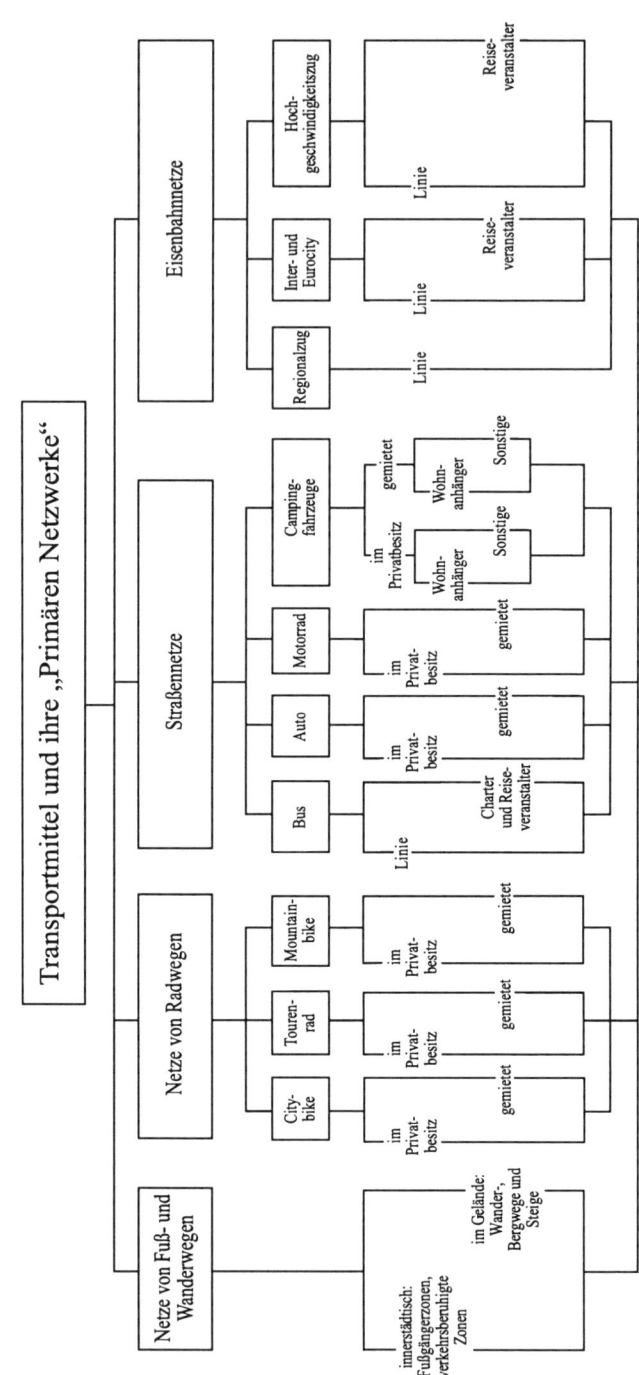

Abbildung 5.4: Tourismusrelevante Verkehrs- und Transportnetze (Fortsetzung)

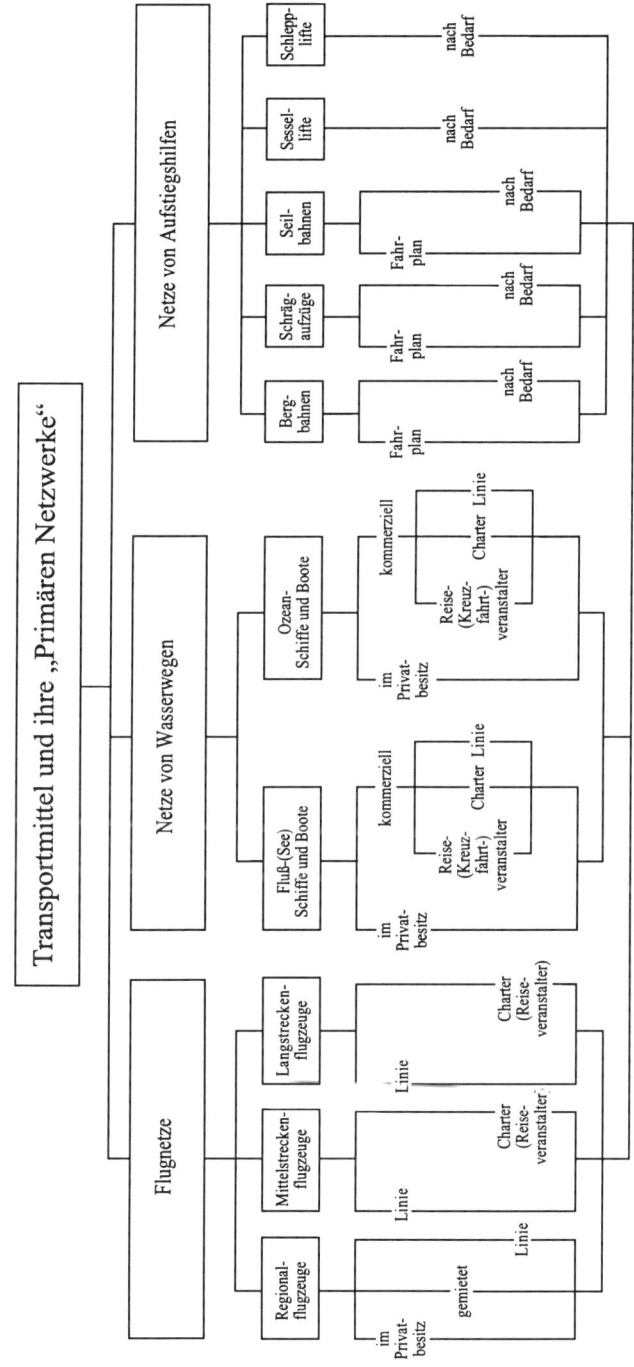

der von den Autofahrern akzeptierten „Distanzschwellen" (maximal meist einein-halb bis zwei Tage) für die Fahrt zu ihren Urlaubszielen. Zwar ist das Automobil bisher das für den Tourismus bedeutendste Transportmittel geblieben (siehe die in Abbildung 5.5 dargestellten Anteile für die von den deutschen Urlaubern benutzten Verkehrssysteme und die entsprechenden Veränderungen im Zeitablauf), jedoch setzte sich – seit dem verstärkten Einsatz der Großraum-Jets in den 70er Jahren – das *Flugzeug* immer mehr durch. Es hat – im Mittel- und Langstreckenverkehr – zur weltweiten Verbreitung des Tourismus geführt (besonders etwa nach (Süd-) Ostasi-en und in den pazifischen Raum) und auch entsprechend zur weiteren Ausdifferen-zierung der Urlaubsstile (etwa des internationalen Städtetourismus) beigetragen.

Eine der ersten Auswirkungen des transkontinentalen Flugverkehrs, nämlich die Ablösung des Atlantikverkehrs der großen Schiffahrtsgesellschaften, führte zum Be-deutungsaufschwung des *Kreuzfahrttourismus*, in dem die im Liniendienst nicht mehr benötigten Passagierschiffe Verwendung fanden. Sie kamen vor allem in den beiden bis heute wichtigsten Revieren – dem Mittelmeer und der Karibik – zum Einsatz, wo die Tradition der Kreuzfahrten bis in das ausgehende 19. Jh. zurück-geht. Seit den 70er Jahren hat sich – auf den amerikanischen Fun-Ships – eine neue Variante dieses Urlaubsstils durchgesetzt, für deren verstärkte Nachfrage immer größere „Megaschiffe" auf Kiel gelegt werden. Seit den 80er Jahren entwickelten sich – ausgehend von den großen europäischen Strömen – die *Flußkreuzfahrten* als kleines, aber recht dynamisch wachsendes Segment, wobei meist kleinere, aber recht luxuriös ausgestattete Schiffe Verwendung finden. Sie benutzen teilweise auch das alte und lange mehr oder minder funktionslose Kanalnetz aus der ersten Phase der Industriali-sierung.

Schließlich ist in den beiden letzten Jahrzehnten in der EU mit der *Hochgeschwindig-keitsbahn* das – bisher letzte – innovative Verkehrssystem in einigen größeren Abschnitten

Abbildung 5.5:   Verkehrsmittel der Haupturlaubsreisen 1954 - 1999
(nach: W. FREYER, 2001, S. 93)

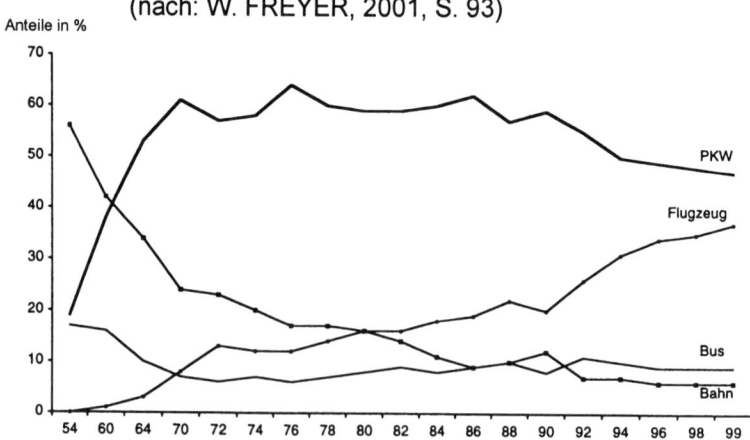

ausgebaut worden. Es soll zur (Rück-) Verlagerung von Interaktionen (besonders im personenbezogenen Wirtschaftsverkehr) von der Straße auf die Schiene beitragen (deren Anteile im Touristenverkehr sich in Deutschland seit den 60er Jahren auf ca. 6 % verringert haben, siehe Abbildung 5.5) und auch den Flugverkehr auf den kurzen Strecken entlasten. Bisher verbindet das Hochgeschwindigkeitsbahn- (HGB-)Netz im Wesentlichen nur große westeuropäische Wirtschaftszentren (und spielt somit im Städtetourismus eine Rolle), erschließt aber die wichtigsten Ferienregionen eher nur ansatzweise (wie etwa der französische TGV durch seine Strecke von Paris bis an den Fuß der Westalpen mit ihren großen Skistationen). Mit dem zukünftigen Netzausbau (etwa in Spanien oder Portugal) und der steigenden Überlastung der Autobahnen sowie der innereuropäischen Flugnetze könnte die touristische Bedeutung der HGB aber deutlich zunehmen.

Die Funktion der Verkehrssysteme im Tourismus und die aus der, hier kurz skizzierten, Evolution der „Primären Netzwerke" resultierenden Verkehrsverlagerungen sind – wenigstens teilweise – aus der Abbildung 5.5 zu entnehmen. Im Folgenden wird auf einige – besonders interessante – touristische Verkehrs- und Transportsysteme noch näher eingegangen: auf den Flugverkehr, die Kreuzfahrtschiffe und -reviere sowie zunächst auf die Erschließung der Hochgebirge (besonders des alpinen Raumes) durch eine ganze Serie von sehr unterschiedlichen Technologien und Netzwerken.

5.3.2.2   Die Erschließung der Hochgebirge

Eine Reihe von Verkehrs-, Transportsystemen und Aufstiegshilfen dient speziell der *touristischen Erschließung der Hochgebirge*, besonders der Alpen. Diese haben hier den Sommer- und Winterfremdenverkehr erst richtig möglich gemacht. Die Entwicklung der *Berg- (Aussichts-)bahnen* begann allerdings in den Vereinigten Staaten, wo im Jahre 1868 die erste Zahnradbahn errichtet wurde, und zwar auf den Mount Washington nördlich von Boston (W. LEITNER, 1984). Bereits drei Jahre später hat man diese Innovation auch in den Alpen eingeführt, und zwar mit der Zahnradbahn auf dem Rigi, den 1797 Meter hohen Aussichtsberg über dem Vierwaldstätter See. 1889 folgte der Bahnbau auf dem Pilatus, den zweiten Aussichtsberg der Region. Mit einer maximalen Steigung von 48 % ist die Pilatus-Bahn bis heute die steilste der Welt. In den 90er Jahren gab es eine Investitionswelle an alpinen Zahnradbahnen (Zermatt, Gornergrat in den Walliser Alpen, Kleines Scheidegg im Berner Oberland etc. in der Schweiz; Schafbergbahn im Salzkammergut, Schneebergbahn am östlichen Alpenrand u.a. in Österreich). Auf dem Stanserhorn – ebenfalls in der Region des Vierwaldstätter Sees – entstand die erste *Standseilbahn* (hier werden die Wagen von einem umlaufenden Seil gezogen, wobei das Gewicht des bergabfahrenden Wagens den bergauffahrenden Wagen ziehen hilft). 1899 waren in der Schweiz bereits 46 Zahnrad- und Standseilbahnen in Betrieb, welche in einer Saison sechs Millionen Passagiere beförderten (W. LEITNER, 1984): Die Aussichtsbahnen bildeten somit den ersten Schritt zur Erschließung der Alpen für den Massentourismus, obwohl damals einigen großen Tourismuszentren sogar noch der überregionale Bahnanschluß fehlte, z.B. den Hochtälern Graubündens mit den seit 1865 prosperierenden Luftkurorten (besonders für Tuberkulosekranke) Davos, St. Moritz (erst 1904 durch die „Rhätische Bahn" erschlossen) und Arosa. 1912 erfolgte die Fertigstellung der ersten *elektrisch betriebenen Bergbahn* auf das 3454 Meter hohe Jungfraujoch.

Schon zur Wende des 20. Jh. kamen die ersten Automobile in die Alpen (z.B. fand bereits 1898 ein Rennen über mehrere Tiroler Pässe statt und 1907 wurde in Tirol die erste Autobuslinie der österreich-ungarischen Monarchie errichtet), jedoch war das Straßennetz vor dem Ersten Weltkrieg für Automobiltouristen kaum ausgebaut und höchstens ansatzweise befahrbar (M. PIZZININI, 2000). Die Erschließung des Hochgebirges für das Automobil setzte erst richtig in der Zwischenkriegszeit ein, wobei die Errichtung der Großglockner-Hochalpenstraße (1935) eine Pionierleistung darstellt. Sie leitete den Ausbau des recht dichten Netzes von Hochgebirgsstraßen, Tunnels und Zubringerautobahnen ein, die den alpinen Massentourismus mit seinen dominanten Urlaubsstilen des Wander- und Erholungsurlaubs, des Badeurlaubs an den randalpinen Seen und der verschiedenen Winter-(sport-)urlaube erst möglich machten.

Die Anfänge des Wintertourismus in den Alpen reichen bis zur Wende des 20. Jh. zurück, als zum Rodel-(Schlitten-)fahren das Eislaufen und das Eisschießen sowie der Bobsport dazukamen und vor allem das aus Norwegen eingeführte „Schneeschuhlaufen", dessen Technik und Geräte von den Pionieren des *alpinen Skisports* (Matthias ZDARSKY, Hans REISCH, Hannes SCHNEIDER) auf die Erfordernisse des Hochgebirges adaptiert wurden. Für den Durchbruch des Skifahrens zum Massensport fehlten damals allerdings noch die Aufstiegshilfen. Zwar gab es schon in den Bergwerken des 15. und 16. Jh. (durch Wasserkraft betriebene) Seilaufzüge und Seilbahnen, jedoch hat die moderne Entwicklung der *Technologie der Aufstiegshilfen* erst im Ersten Weltkrieg eingesetzt. Im Krieg zwischen Österreich-Ungarn und Italien, der im Jahr 1915 begann, gab es beiderseits der Gebirgsfront vom Ortler bis zur Adria mindestens 400 bis 500 Seilbahnen mit einer Gesamtlänge von 2.000 bis 3.000 Kilometern, mit deren Hilfe die Gebirgsstellungen versorgt wurden (W. LEITNER, 1984; H.P. SCHMOLL, 2000 a). In der Zwischenkriegszeit setzte man dieses kriegstechnische Know-How zunächst für den Bau von *Aussichtsseilbahnen* ein, die dem Ausflugs- und naturorientierten Besichtigungstourismus im Sommer dienten, und von den Skifahrern nur fallweise mitbenutzt werden konnten. Diese neuen Schwebe-(Pendel-)Seilbahnen lösten die Zahnradbahnen ab, da sie einfacher und kostengünstiger zu bauen bzw. zu betreiben waren und bisher unerreichbare Gipfelregionen erschließen konnten. In den österreichischen Alpen wurden z.B. zwischen 1926 und 1937 zwölf Anlagen errichtet. 1933 verhinderte der Deutsche und Österreichische Alpenverein den Bau einer Seilbahn zum Gipfel des Großglockners. In der Zeit nach dem Zweiten Weltkrieg wurden in den Alpen die technologisch anspruchsvollsten Projekte vollendet (W. LEITNER, 1984): etwa die Seilbahnen auf die Aiguille du Midi (3842 m) mit Chamonix als Talort (erbaut: 1948) oder die Bahn auf das Kleine Matterhorn (3883 m) von Zermatt aus (1982 fertiggestellt). Diese Anlagen sind nun direkt für die Ausübung des Skisports konzipiert und bilden Teileelemente des *komplexen Systems von Aufstiegshilfen*, welches als Rückrad des Skitourismus im Hochgebirge dient (W. LEITNER, 1984; H.P. SCHMOLL, 2000 b):

- Dazu zählen die *(Einpersonen-) Sessellifte*, die auf die leichten Feldseilbahnen des Ersten Weltkrieges zurückgehen und in den 50er und 60er Jahren als Haupttransportmittel in der Innovationsphase des Skiurlaubs in den Alpen Verwendung fanden. Wegen ihrer zu geringen Beförderungsleistung (nur ca. 350 Personen je Stunde) wurden sie in der Wachstumsphase der 70er Jahre zunächst durch die *Doppelsesselbahnen* (ca. 1.400 Personen je Stunde) abgelöst, die in den 80er Jahren den *Dreiersesselbahnen* (ca. 1.650 Personen je Stunde) und ab den 90er Jahren noch größeren Anlagen weichen mußten, deren Gehänge bis zu *neun Personen Platz* bieten (3.500 bis 4.000 Personen je Stunde).
- Mit *Schleppliften* (hier werden die Skifahrer den Berg hinauf gezogen) begann man bereits vor dem Zweiten Weltkrieg zu experimentieren. Wegen ihrer vergleichsweise billigen Baukosten wurden sie in der Wachstumsphase des Skitourismus in den 70er und 80er Jahren bevorzugt (im österreichischen Bundesland Salzburg betrug ihr Anteil an den gesamten Aufstiegshilfen z.B. etwa 80 %). Allerdings ist diese Technologie nicht frei von Problemen: Sie betreffen zum einen die Sicherheit und die Bequemlichkeit, besonders von ungeübten Benutzern, die sich beim Einstieg in die Doppelgehänge und bei der Anfahrt schwer tun, ebenso beim Halten der Spur. Überdies führen längere Fahrten und steilere Hänge auch leicht zur Übermüdung der Passagiere. Zum anderen bestehen Kapazitätsgrenzen (bis ca. 1.200 Personen je Stunde), da man einen Förder-(Einstiegs-)abstand von sechs Sekunden nicht unter- und eine Geschwindigkeit von 3 m/Sekunde (= 11 km/Stunde) nicht überschreiten kann. Daher werden in der Reifephase des Skitourismus (und nach einer Serie von schweren Unfällen) die Schlepplifte immer mehr durch andere Anlagen (meist Sessellifte) ersetzt.
- Bei den *Gondelbahnen* bilden ältere, aber modernisierte Seilschwebebahnen noch heute Grundelemente des Angebotes alteingesessener Skiregionen. In jüngerer Zeit werden elektronisch gesteuerte Großgondeln mit bis zu 200 Plätzen eingesetzt, wobei sich mit vergrößerter Gondelkapazität allerdings auch entsprechend verlängerte Ein- und Aussteigezeiten (oft mit dem entsprechenden Gedränge) ergeben. Am Ende der Wachstums- und in der Reifephase des Skitourismus kommen daher auch *Kleingondelbahnen* (oft mit sechs Sitzplätzen oder ca. 10 bis 20 Stehplätzen) zum Einsatz (Kapazitäten bis zu 3.000 Personen je Stunde). Sie gewähren viel reibungslosere Ein- und Aussteigevorgänge. Auch können bei Bedarf zusätzliche Kleingondeln in das Betriebssystem eingeschleust werden.
- Bis zum jüngsten Unglücksfall galten die technisch verbesserten *Standseilbahnen* als fortschrittliche, wenn auch teuere Technologie. Sie werden eingesetzt, um eine weitgehende Unabhängigkeit von der Wetterlage zu erreichen (wie auch die in einem Tunnel verlaufende Anlage auf dem Kitzsteinhorn bei Kaprun im Land Salzburg, dem Schauplatz der Brandkatastrophe im Jahr 2000).

Karte 5.1:   Das touristische Angebot in den westösterreichischen Skiregionen (nach: J. STEINBACH, 1991; 1996)

Dargestellt sind die Attraktivität und die Erreichbarkeit des Angebotes an Aufstiegshilfen und Pisten für den alpinen Skilauf sowie die Attraktivität des Angebotes für den Skilanglauf. Die entsprechenden Kennzahlen beziehen sich jeweils auf die Einzugsbereiche ("Aktionsräume") der "Übernachtungsstandorte" (Gemeinden). Als "Übernachtungsstandorte" gelten Gemeinden mit über 15.000 Übernachtungen in der Wintersaison. Zusätzlich sind auch bedeutendere "Liftstandorte" mit weniger als 15.000 Übernachtungen berücksichtigt.

1) Attraktivität der Aufstiegshilfen (Seilbahnen, Sessellifte, Schlepplifte) für den alpinen Skilauf

Zur Bewertung der "Attraktivität" von Aufstiegshilfen wird die Kennzahl: maximale Förderleistung (Personen je Stunde) x Höhenmeter (Differenz zwischen Berg- und Talstation) verwendet.

Attraktivitätskennzahl (in Millionen)

▨	über 7,5
▨	4,5 – 7,5
▨	3,0 – 4,5
▨	2,0 – 3,0

▥	1,0 – 2,0
▨	0,5 – 1,0
▦	0,2 – 0,5
▦	unter 0,2

2) Erreichbarkeit der Aufstiegshilfen für den alpinen Skilauf

Die "Erreichbarkeit" der Aufstiegshilfen wird durch den "Distanzerwartungswert" gemessen. Dieser gibt die durchschnittliche Fahrzeit (Minuten) im Individual- oder Skibusverkehr von "Übernachtungsstandorten" zu Seilbahnen und Liftanlagen an. Zusätzliche Zeitaufwände, etwa für die Inbetriebnahme des Fahrzeugs, durch witterungsmäßige Behinderungen, großes Verkehrsaufkommen, Parkplatzsuche sowie Wartezeiten sind hier nicht berücksichtigt.

Distanzerwartungswert (in Minuten)

▽	unter 0,5	□	4,0 – 7,0
△	0,5 – 1,0	◇	über 7,0
○	1,0 – 4,0		

3) "Skischaukeln"

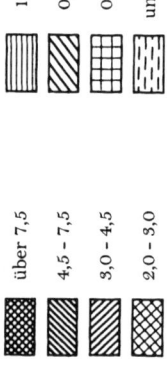

benachbarte "Liftstandorte" (Gemeinden), deren Skigebiete durch entsprechende Lift- und Seilbahnanlagen zu "Skischaukeln" verbunden sind.

4) Attraktivität des Angebotes für den Skilanglauf

Die Attraktivität des Angebotes für den Skilanglauf wird durch die Länge der vom Übernachtungsstandort aus zu befahrenden Loipen gemessen.

Loipenlänge (in km)

▽	△	○	□	keine Langlaufloipen
▽	◢	◑	◪	◈	1 – 10
▼	◀	●	■	◆	10 – 35
▼	◀	●	■	◆	35 – 65
▼	◀	●	■	◆	über 65

Arbeitsgrundlagen: Österreichische Lift- und Seilbahnstatistik (1983) des Bundesministeriums für Verkehr, Angaben der Österreichischen Fremdenverkehrswerbung, eigene Berechnungen.

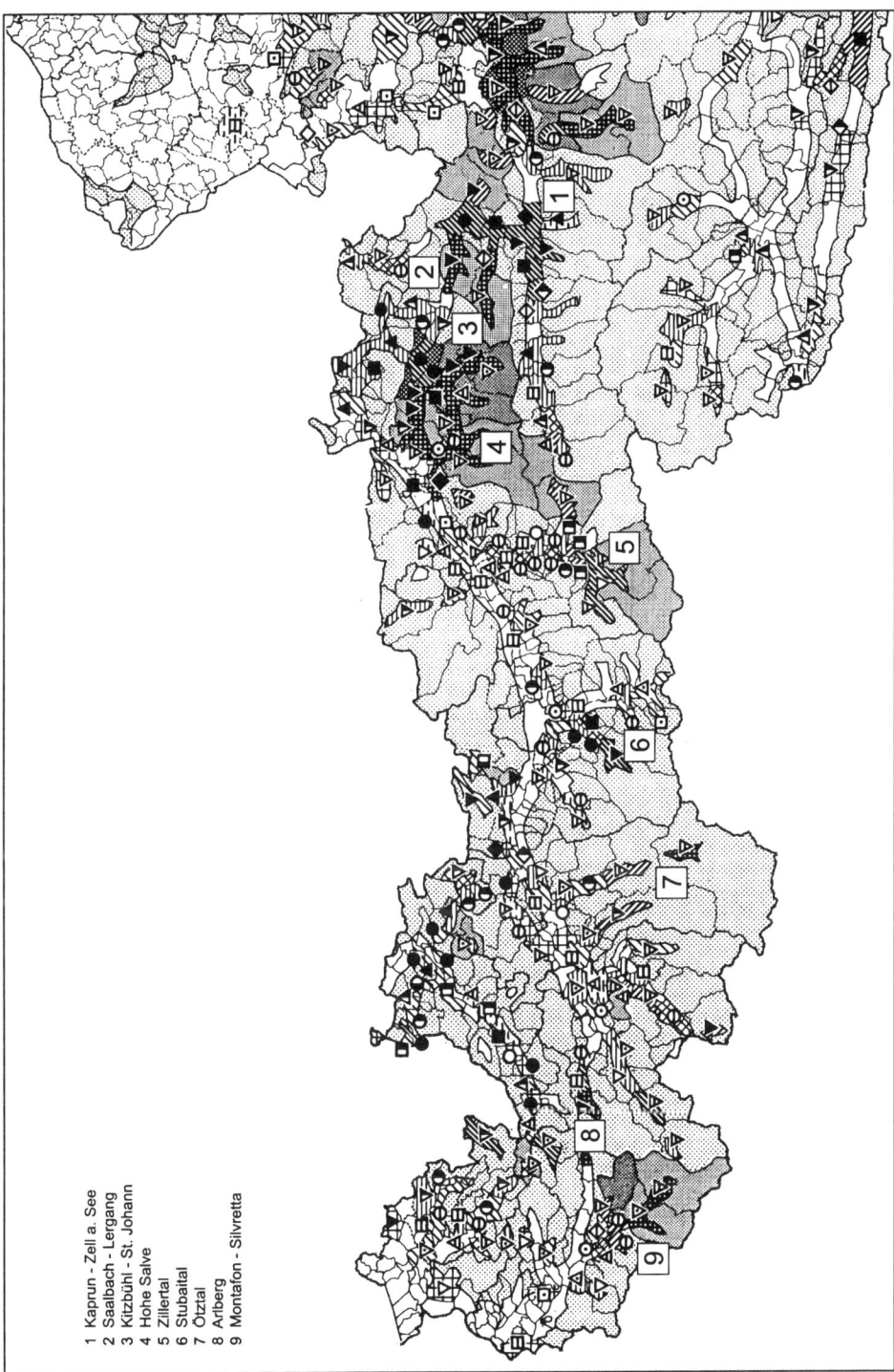

1 Kaprun - Zell a. See
2 Saalbach - Lergang
3 Kitzbühl - St. Johann
4 Hohe Salve
5 Zillertal
6 Stubaital
7 Ötztal
8 Arlberg
9 Montafon - Silvretta

Aus diesen, hier kurz skizzierten Einzelelementen sind die komplexen Systeme der Aufstiegshilfen in den großen Skiregionen der Alpen und der nordamerikanischen Rocky Mountains aufgebaut. Sie finden sich aber auch in den chilenischen Anden, im ostaustralischen Randgebirge, auf der nordjapanischen Insel Hokkaido, in den neuseeländischen Alpen und anderen Gebirgsregionen der Erde.

Besonders die Skigebiete der Alpen haben sich in hochtechnisierte Freizeitlandschaften verwandelt, wobei die Grenzen der Umweltverträglichkeit in vielen Fällen längst überschritten sind. Mit dem Eintritt des Wintertourismus in die Reifephase hat die flächenhafte Verbreitung der Skipisten und Aufstiegshilfen ihr Endstadium im Prinzip erreicht. Neuinvestitionen beziehen sich vornehmlich auf die Arrondierung bestehender Skigebiete, auf den Ersatz älterer Anlagen durch modernere Technologien, vor allem jedoch auf die Kapazitätserweiterung von Aufstiegshilfen und Skipisten. Daher haben sich auch die in Karte 5.1 beispielhaft für die *Skiregionen der österreichischen Ostalpen* dargestellten Grundmuster der 80er Jahre seither nicht mehr wesentlich verändert. Die Karte zeigt die Ergebnisse eines "Skiliftmodells" (J. STEINBACH, H. HAUG, 1984; J. STEINBACH, 1991; J. STEINBACH, 1996), und zwar in der Form von Kennzahlen, welche das Angebot an Aufstiegshilfen in der lokalen Zone der Aktionsräume von Übernachtungsstandorten (siehe Abschnitt 2.8) bemessen:

– *Attraktivitätserwartungswerte* (dargestellt durch Flächenraster) werden in der – bei der Planung von Aufstiegshilfen zugrundegelegten – Dimension: maximale Förderleistung (Personen je Stunde) mal Höhenmeter (Differenz zwischen Berg- und Talstation) gemessen. Diese Werte der *Personen-Höhenmeter je Stunde* geben die Transportleistung (= Anzahl der Höhenmeter) an, welche den Gästen eines Übernachtungsstandortes in seinem lokalen Aktionsraum je Stunde zur Verfügung stehen. Die Daten über die Liftangebote beziehen sich auf die Mitte der 80er Jahre.
– *Distanzerwartungswerte* (dargestellt durch die *Gestalt* der Zusatzsignaturen) bemessen die zur Nutzung der Liftangebote erforderlichen durchschnittlichen Interaktionsaufwände zwischen Übernachtungs- und Liftstandorten im Individualverkehr mit PKW bzw. im Skibusverkehr (ohne Berücksichtigung von Zeitaufwänden für Parkplatzsuche, notwendige Fußwege, Wartezeiten etc.).
– Außerdem wird (durch die *„Füllung"* der Zusatzsignaturen) auch die Attraktivität des *Angebotes für den Skilanglauf* dargestellt (= Länge der Loipen, zu denen in der lokalen Aktionsraumebene ein Zugang besteht).

In der Karte 5.1 fallen mit hohen Attraktivitätserwartungswerten besonders die Einzugsbereiche der großen *„Skischaukeln"* ins Auge, deren touristische Zentren durch niedrige Distanzerwartungswerte zu den Angeboten gekennzeichnet sind. Diese Kooperationen von Lift- und Seilbahngesellschaften bilden organisatorische Netzwerke „zweiter Ordnung" (siehe Abschnitt 4.3), deren Aufstiegshilfen und Pisten (in der Regel) in räumlicher Nachbarschaft liegen und die oft durch zusätzliche Liftanlagen verbunden wurden. Die Gesellschaften bieten gemeinsame Tarif-, Verkaufs- und Servicesysteme an und betreiben auch koordiniert Marketing und Werbung. Manchmal sind diese integrierten Skiregionen so weiträumig, daß sie von den Gästen auch in Tagestouren kaum zu bewältigen sind. Diese können also in der lokalen Aktionsraumebene ihrer Bettenstandorte in die Skischaukeln „einsteigen" und sich dann im Rahmen ihrer Tagestouren weit in die regionale Aktionsraumebene hineinbewegen. Die „Primären Netzwerke" der Lift- und Seilbahnanlagen erstrecken sich auch über mehrere Höhenstockwerke, wobei den *Basisliften*, welche die Skigebiete von den Tallagen aus erschließen, besondere Bedeutung zukommt. Sie sind zur Zeit der Morgen- und Vormittagsspitze besonders nachgefragt, und längere Wartezeiten, die hier vor allem in der Hauptsaison auftreten können, verringern die Attraktivität der „Skischaukeln" sehr wesentlich. Insgesamt kann man davon ausgehen, daß ein Skifahrer mit durchschnittlichem Können in der Stunde Abfahrten von ca. 500 bis 700 Höhenmetern absolvieren möchte. Dies sollte ohne wesentliche Wartezeiten gewährleistet sein und erfordert den entsprechenden Ausbau der Kapazitäten bei zunehmender Nachfrage (siehe Abschnitt 5.5.4.1).

Karte 5.1 zeigt die *Schwerpunkte des Skiangebotes in Westösterreich*. Es sind dies besonders die Regionen des salzburger Pinzgaus und Pongaus (von Kaprun/Zell am See über St. Johann und Radstadt bis in das steirische Ennstal und in die Dachsteinregion), das salzburger Glemmtal (Saalbach-Leogang), die Kitzbüheler Alpen in Tirol sowie das westlich anschließende Gebiet um die Hohe Salve, weite Teile der Gebirgsumrahmung des Zillertales und die Talschlüsse des Ötz- und des Stubaitales. Schließlich zählen auch der Arlberg im Grenzraum zwischen Tirol und Vorarlberg sowie das vorarlberger Montafon zu den Skiregionen, welche durch große „Skischaukeln" erschlossen werden.

Als berühmtes Beispiel einer „Skischaukel" gilt auch die *„Sella Ronda"*, mit deren Hilfe man die Sella Gruppe, den gewaltigen Gebirgsstock der Dolomiten, sowohl im Uhrzeigersinn als auch dagegen umrunden kann. Die „Skischaukel", welche (als touristischer Pfad, siehe Abschnitt 2.7) den Skifahrern auch intensive Naturerlebnisse bietet, entstand von 1973 bis ca. 1985 im Rahmen des viel umfassenderen organisatorischen Netzwerkes „DOLOMITI SUPERSKI" (in dem 464 Aufstiegsanlagen vereinigt sind, die insgesamt 1180 Pistenkilometer erschließen), wobei zur Zeit der ersten Zusammenschlüsse von Liftunternehmen die umfassende Route der „Sella Ronda" noch gar nicht geplant war (K. KRAUS, 1998).

5.3.2.3 Der internationale Flugverkehr

Wie oben schon dargestellt, erfolgte die Entwicklung des Flugzeugs zum touristischen Massenverkehrsmittel erst ab den 60er Jahren. Die allerersten Ansätze zum Passagierverkehr in der Luft gab es schon vor dem Ersten Weltkrieg in Deutschland. In der Zwischenkriegszeit begannen die Fluggesellschaften neben Briefen und Paketen allmählich auch – und vorerst in sehr geringer Zahl – Passagiere zu transportieren, etwa im *Inlandsverkehr der USA*. Eine solche trans-

kontinentale Flugreise von New York nach Los Angeles dauerte 1930 noch 36
Stunden mit 20 Zwischenlandungen und einer Übernachtung in Kansas City.
Zwei Jahre später verkürzten Fortschritte in der Nachtflugtechnik die Reisezeit
auf 24 Stunden. Zu dieser Zeit entwickelte sich auch der Passagier-Flugverkehr
damals mächtiger *europäischer Staaten in ihre Kolonien*: Die britische Gesellschaft IMPERIAL AIRWAYS hatte z.B. 1934 eine Linie nach Singapur in Betrieb, die erst in Brindisi startete, da damals Benito MUSSOLINI das Durchfliegen
des italienischen Luftraumes untersagte. Von Singapur aus konnten die Passagiere (ca. zwölf je Flug) ihre Reise dann mit der australischen Gesellschaft
QUANTAS nach Sidney oder Brisbane fortsetzen (insgesamt benötigte man ab
Brindisi über 30 Zwischenlandungen). 1938 erforderte die Reise von Southamp-
ton nach Sidney (in Flugbooten mit 24 Plätzen) immer noch neuneinhalb Tage
reiner Flugzeit. Die PANAM eröffnete im selben Jahr eine Passagierlinie über
den *Pazifik* und ein Jahr später auch den *Atlantikverkehr*. Hier trat sie die Nachfolge des kurzfristigen – bis zu Katastrophe von Lakehurst (1936) – Liniendien-
stes der deutschen ZEPPELIN-Luftschiffe an (B. GRAHAM, 1995). 1935 wurde
die DC 3 in Betrieb genommen, das erste wirklich leistungsfähige und sichere
Passagierflugzeug, eine Vollmetallkonstruktion mit 21 Plätzen, von der insgesamt mehr als 10.000 Stück gebaut wurden. Auch 1985 standen noch mehrere
Tausend davon in Betrieb. Hauptnachfrager dieses frühen Passagierverkehrs
waren Geschäftsleute, führende Politiker und Beamte, berühmte Schauspieler
und Sportler etc., aber nur relativ wenige, reiche Touristen.

Bis 1958 flogen im internationalen Luftverkehr viermotorige Propeller- oder Turbo-
prop- Maschinen, welche – besonders auf der Atlantik-Route – die Verlagerung des
Passagierverkehrs von den Linienschiffen zu den Flugzeugen einleiteten. Das *Zeitalter der Düsenflugzeuge* begann 1952 mit einer Serie von Tragödien, verursacht durch
insgesamt sechs Totalschäden (in der Luft und am Boden) von COMET-Düsenflug-
zeugen (des britischen Herstellers DE HAVILAND), betrieben von der BRITISH
OVERSEAS AIRWAYS CORPORATION (BOAC, heute vereinigt mit BRITISH
AIRWAYS). Dann setzte sich aber das (auf der Kriegsproduktion im Zweiten Weltkrieg beruhende) technische Know-How der amerikanischen Flugzeughersteller BOE-
ING (Firmensitz in Seattle, Washington), MC DONNELL DOUGLAS (Long Beach,
Kalifornien) und LOCKHEED (Burbank, Kalifornien) durch. Mit der auf den inter-
kontinentalen Verkehr ausgerichteten, vierstahligen B 707 (ca. 280 Sitze) und der DC
8 (260 Sitzplätze in der „Stretch"-Version) kamen die ersten sicheren Düsenpassagier-
maschinen zum Einsatz. Darauf folgte die B 727 (mit drei „Turbo-fan"-Triebwerken
und ca. 145 Plätzen), eines der erfolgreichsten, je gebauten Flugzeuge im Kurz- und
Mittelstreckenverkehr (Reichweite ca. 5.500 bis 8.500 Kilometer, P. J. LYTH, 1996).

Diese technologischen Innovationen begründeten den *Aufstieg des Flugzeugs zum
Massenverkehrsmittel* und seinen Bedeutungsaufschwung im Tourismus, so daß heute
ca. 70% aller Nachfrager im internationalen Flugverkehr zur Gruppe der Ferienrei-
senden zu zählen sind, und etwa bereits 30 % aller internationalen touristischen
Interaktionen über den Flugverkehr ablaufen (WTO, 1999). Zu diesem Aufstieg haben

sowohl eine Serie weiterer technologischer Fortschritte beigetragen, als auch eine ganze Reihe organisatorischer Maßnahmen – vor allem in der nationalen und internationalen Verkehrspolitik und im Marketing der Flugunternehmen.

Im technologischen Bereich war die Weiterentwicklung vor allem auf drei Ziele ausgerichtet: die Vergrößerung der Passagier- und Ladekapazitäten, die Erhöhung der Reichweiten und die Verbesserung der „Turbo-fan"-Triebwerke (B. GRAHAM, 1995). Hierbei sind besonders die folgenden *„technologischen Meilensteine"* zu nennen:

- Der Einsatz der B 747, des „Jumbojets", als das erste vierstrahlige *Großraumdüsenflugzeug* (Wide-Bodied Aircraft), seit 1970 (im Liniendienst der PANAM), das auch heute noch – nach einer ganzen Serie von Modifikationen – den Langstreckenverkehr (ca. 8.500 bis über 12.500 Kilometer) dominiert. Die B 747 kann bis zu 400 Personen aufnehmen und darüber hinaus noch etwa 20 t Fracht (ein reines Cargoflugzeug vom Typ B 747 transportiert 60 – 70 t). Wegen dieser zusätzlichen Ladekapazität der großen Passagiermaschinen wird derzeit mehr als die Hälfte des internationalen Frachtaufkommens im Passagier-Linienverkehr mittransportiert (B. GRAHAM, 1995).
- Es folgte die Generation der treibstoffsparenden, *dreistrahligen Großraumjets* für den Langstreckenverkehr, vor allem mit der DC 10 und der L 1011 („Tristar"), welche ca. 250 bis 280 Passagiere befördern können.
- Wirklich entscheidende Kostenreduktionen (die auch in deutlich niedrigeren Flugpreisen für die Touristen ihren Niederschlag fanden) ergaben sich jedoch mit der Einführung der sog. *ETOPS (Extended-Range Twin-Engine Operations)*, das sind transkontinentale Flüge mit Wide-Bodied Jets, welche nur über zwei Triebwerke verfügen: Aufgrund von Verbesserungen in der Triebwerkstechnologie und der Aerodynamik sind solche Flugzeuge von den Sicherheitsbehörden auch für dreistündige Flüge mit nur einer Turbine zugelassen, d.h., sie können im Fall eines Maschinenschadens auch auf den Überwasserrouten noch einen (Küsten-)Flugplatz erreichen. Heute bilden die A 340 des europäischen AIRBUS-Konsortiums (mit dem Hauptsitz im französischen Toulouse) und die B 767 (mit jeweils ca. 200 bis 250 Plätzen) die verbreitetsten derartigen Fluggeräte (B. GRAHAM, 1995).

Zu den wichtigsten *organisatorischen Veränderungen*, welche mit diesen, hier nur in einigen wichtigen Punkten beschriebenen, technologischen Entwicklungen Hand in Hand gingen, zählen besonders:

- Die *Liberalisierung des internationalen Flugverkehrs*, wodurch eine ganze Reihe staatlich garantierter Privilegien für nur wenige nationale (in Europa oft auch im Staatsbesitz stehende) Fluggesellschaften beseitigt wurden. Zum Beispiel vergab in Deutschland das Bundesverkehrsministerium Verkehrsrechte im Linienflug nur an die LUFTHANSA, und auch im Charterverkehr bestanden beträchtliche Einschränkungen (so war etwa lange Zeit der Verkauf solcher Flüge nur im „Package" mit Übernachtung und Verpflegung erlaubt). Die ersten Schritte zur Liberalisierung erfolgten in den USA mit dem „Airline Deregulation Act" von 1978, während in Europa die Kommission der EU in den 80er Jahren die schrittweise Deregulierung durchsetzte. Damit war der Globalisierung der Liniennetze von großen nationalen Fluggesellschaften Tür und Tor geöffnet, ebenso dem Aufbau von Zubringernetzen durch eine Vielzahl von neuen regionalen Flugunternehmen. Allein in Westeuropa haben die „Regionals" bis 1999 rund 1.000 neue Routen eröffnet, welche mit ca. 750 Flugzeugen bedient werden. Durch den liberalisierten Wettbewerb ist das *Tarifniveau* – wie auch durch den technischen Fortschritt (siehe oben) – entscheidend gesunken: „Während Mitte der 70er Jahre ein VW-Golf etwa 11.000 DM und ein Flug nach New York ca. 1.000 DM kosteten, liegt der Preis für den Golf (IV) heute bei 36.000 DM und für einen Flug nach New York je nach Saison zwischen 600 und 1.000 DM" (R. EWALD, 2001, S . 82).

– Fluglinien und Reiseveranstalter reagierten auf die zunehmende Nachfrage mit *speziellen Angeboten* und mit der *Anpassung der Flugzeuge* an das Tourismusgeschäft. Im Gegensatz zu den relativ wenig preisempfindlichen Geschäftsreisenden, die bei ihrer Buchungsentscheidung durch erhöhten Komfort, zusätzlichen Serviceleistungen und durch die Vermittlung von Statusgefühlen zu beeinflussen sind, bildet für die Flugtouristen der Preis das wesentliche Kriterium, und erfolgreichen Carriern muß es gelingen, hier die Konkurrenz zu unterbieten. Dies kann besonders durch einen hohen „Ladungsfaktor" (d.h., dichtere Bestuhlung und kleinere Sitzflächen) und durch die Reduzierung des Services an Bord erreicht werden, wozu im *Linienverkehr* die besonders auf die Touristen zugeschnittene „*Economy Class"* eingerichtet wurde. Im Kurzstreckenverkehr auf der Linie gelten außerdem Billigtarife (z.B. mit „Saturday Night Stop-Overs"), welche die Auslastung in den Zeiten geringerer Nachfrage durch die Geschäftsreisenden sicher stellen sollen. Für den touristischen *Charterverkehr* stehen besonders treibstoffsparende und hoch ausgelastete Fluggeräte in Verwendung: z.B. setzt BRITISH AIRWAYS die B 767–300 im Linienverkehr auf den europäischen Strecken und im außereuropäischen Mittelstreckenverkehr mit 247 oder sogar nur mit 193 Sitzen ein, während derselbe Maschinentyp im Charterverkehr mit 326 Sitzplätzen ausgestattet ist.

– Schließlich haben wichtige Maßnahmen der Fluggesellschaften als organisatorische Netzwerke „zweiter Ordnung" (oder Vermarktungsnetzwerke) zum Bedeutungsgewinn des Flugverkehrs im Massentourismus entscheidend beitragen. Dazu zählen die *Integration der Flugreise in Pauschalangebote* (erstmals in Großbritannien in den 50er Jahren) oder die *Computer-Reservierungs-Systeme* und die sonstigen *Informations- und Buchungsangebote im Internet* (siehe die Abschnitte 4.3.2 und 4.3.3). Zu den organisatorischen Maßnahmen zählen weiters noch das sog. *Codesharing* (d.h., die Vermarktung von Strecken im Linienverkehr nicht nur durch diejenigen Gesellschaften, welche sie direkt bedienen, sondern auch durch Unternehmen, die Zubringernetze zu diesen Netzelementen betreiben) und die Bildung von *Allianzen* (z.B. „Star Alliance" mit: LUFTHANSA, SAS, UNITED AIRLINES, AIR CANADA, VARIC u.a.) zur Zusammenlegung von Streckennetzen, zur gemeinsamen Nutzung von Vertriebs- und ReservierungsSystemen sowie der Flugzeugflotten, zur Koordination von Auslandsbüros etc. (R. Ewald, 2001). Hingegen dienen die *„Frequent Flyer Programs"* (die z.T. ebenfalls im Rahmen der Allianzen betrieben werden) als Rabattsysteme für Stammkunden eher der Kundenbindung im Geschäftsverkehr.

Wegen der flächenmäßigen Ausdehnung der USA und dem entsprechend hohen Anteil des Inlandverkehrs dominiert Europa im *internationalen Flugtourismus* mit nahezu zwei Dritteln der Nachfrage und an die 70% der Ankünfte. Außerhalb Europas spielen Nord-Amerika und Ost-(plus Südost-)Asien die bedeutendste Rolle (wobei Ostasien/Pazifik die derzeit größten Zuwachsraten zu verzeichnen hat), während auf den Mittleren Osten, Afrika und Südasien zusammen nur ca. 5% der Ankünfte entfallen. Für die verschiedenen internationalen Zielregionen läßt sich eine große Bandbreite der *Abhängigkeit vom Flugtransport* feststellen: Während in Europa (wo die Anreise der Touristen im Straßenverkehr dominiert) nur ca. 27 % der internationalen Gäste mit dem Flugzeug ankommen, liegen diese Anteilswerte für die Karibische Inselwelt und für Ostasien/Pazifik bei 90%.

Im *Kurzstreckenverkehr des Massentourismus* bilden für die europäischen Nachfrager (besonders aus Deutschland und Großbritannien) die Mittelmeerstrände (vor allem außerhalb der für Autoreisen noch akzeptierten Distanzschwellen) die begehrtesten Ziele, etwa in Spanien (Festlandküsten und Balearen), Portugal, (Süd-)Italien, Griechenland und in der Türkei, während Nordafrika, die spanischen Kanaren, Malta, Zypern und Ägypten die wichtigen *Mittelstreckenziele* darstellen. Aber auch die Alpen werden – vor allem von den Wintersportgästen – als wichtiges europäisches Kurzstreckenziel oft angeflogen. Die in den USA und in Kanada beheimateten Urlauber fragen im internationalen Verkehr die Karibik und die mexikanische Küste als wichtigste Kurz- und Mittelstreckenziele nach.

Im *Langstreckenverkehr* liegen die wichtigsten Ziele der Europäer einerseits in Nordamerika, Mittelamerika und in der Karibik, andererseits im ost-(südost-)asiatischen und pazifischen Raum (mit Australien und Neuseeland). Die letztgenannte Gruppe von Destinationen bildet auch die Fernflugziele der Touristen aus den USA und aus Kanada sowie der reicheren Bürger aus Japan, Südkorea und Taiwan. An diesen Routen haben sich auch die großen *asiatischen „Gateways"* entwickelt, vor allem Bangkok, Hongkong, Singapur, Kuala Lumpur und Djakarta, sowie Tokio, Seoul und Taipei. Mit den weitreichendsten Langstreckenflugzeugen (vor allem mit der A 340 und der B 747 100) können sie heute im Direktflug erreicht werden, während für die Reisen nach Australien oder Neuseeland ein Zwischenhalt in den *„Gateways"* Singapur, Bangkok, Hongkong und Kuala Lumpur (mit ihren Einkaufs- und Besichtigungsangeboten für die durchreisenden Touristen) erforderlich ist. Auch auf den Flugrouten von Nordamerika nach Australien, Neuseeland und Südasien erfüllen diese Flughäfen die gleiche Funktion, wobei auch Honolulu, Fiji oder Tahiti als Zwischenstationen dienen (ebenfalls mit entsprechenden Angeboten im „Stop-over"-Geschäft).

Die meisten der Schwellenländer an diesen immer häufiger nachgefragten Strecken des internationalen Ferntourismus nach Ost-, Südostasien und in den Pazifischen

Raum haben eigene nationale Fluglinien gegründet: THAI INTERNATIONAL, SINGAPORE AIRLINES, CATHAY PACIFIC (Hongkong), MALAYSIAN AIR-LINES, GARUDA INDONESIA u.a. Ziel dieser Strategie ist es, die internationalen Touristen in die jeweiligen Heimatregionen zu lenken (oft durch besonders günstige Tarife, auch im Rahmen von Pauschalangeboten der Reiseveranstalter aus den Nachfragestaaten). Außerdem soll durch die Aktivitäten der Fluglinien in den wichtigen europäischen und nordamerikanischen Herkunftsregionen sowie in den reicheren ostasiatischen Staaten Promotion für den Tourismus betrieben werden. Auch einige kleinere Destinationen sind diesem Beispiel gefolgt (AIR LANKA, AIR MAU-RITIUS, AIR SEYCHELLES), wobei aber zu vermuten ist, daß man die aufgewendeten Mittel hier viel produktiver zum unmittelbaren Ausbau der Fremdenverkehrsinfrastruktur hätte verwenden können (B. GRAHAM, 1995).

Neue Schritte der *technologischen Weiterentwicklung* im Flugzeugbau stehen bevor:

– Zunächst geht es hierbei um die weitere *Erhöhung der Passagierzahlen* bei gleichzeitiger *Vergrößerung der Kabinenfläche* und *Reduzierung der Betriebskosten*. Das sind die Konstruktionsziele für den im Entwicklungsstadium befindlichen AIRBUS A 380, der im Jahre 2006 in Betrieb gehen und im Marktsegment der Jumbojets die Vormachtsstellung der B 747 brechen soll: Die Grundkonstruktion des derzeit aktuellen Modells B 747 – 400 ist immerhin bald 40 Jahre alt (BOEING hat als Reaktion auf die Pläne des europäischen AIRBUS-Konsortiums eine modernisierte B 747–400X Stretch ins Auge gefaßt, DIE PRESSE, 30.12.2000). Der neue AIRBUS wird die Größendimensionen der 747 nicht übertreffen, dafür aber als erstes Passagierflugzeug über drei Decks verfügen. Daher kann er bei relativ kompakter Bestuhlung mit ca. 555 Sitzplätzen ausgestattet werden (später ca. 650) und bietet somit ca. 35% mehr Plätze als die B 747, aber auch mehr Bequemlichkeit (die Kabinenfläche ist um 49% größer). Die AIRBUS-Manager versprechen 20% niedrigere Kosten pro Sitz gegenüber dem heutigen BOEING-Modell und auch deutlich geringere Emissionen. Es gibt bereits Kaufzusagen von neun Flugunternehmen, darunter SINGAPORE AIRLINES, AIR FRANCE und QUANTAS (A. SPAETH, 2001).

– Mit der neuen Generation der Super-Jumbos sind aber die Möglichkeiten zur weiteren Vergrößerung der Fluggeräte – nach dem derzeitigen technischen Erkenntnisstand – mehr oder minder ausgereizt, und als nächstes Ziel tritt vor allem die *Erhöhung der Geschwindigkeit* in den Vordergrund. Damit greift man aber ein Konzept wieder auf, das schon in den 70er Jahren mit der Entwicklung des Überschallflugzeuges CONCORDE (in britisch-französischer Gemeinschaftsproduktion) verfolgt wurde. Die Maschine, von der insgesamt nur (mehr) 15 Exemplare existieren, fliegt in ca. 16.000 m Höhe über den traditionellen Luftstraßen mit maximal zweifacher Schallgeschwindigkeit, was in etwa eine Halbierung der Flugzeiten bedeutet. Wegen des hohen Geräuschpegels und wegen des Überschallknalls darf die CONCORDE allerdings nur über dem Ozean oder über unbesiedelten Regionen mit Überschallgeschwindigkeit fliegen (P. J. LYTH, 1996). Dazu kommt die hohe Startgeschwindigkeit, die vermutlich auch bei der Pariser Katastrophe im Juli 2000 eine Rolle gespielt hat. Auch nach der Wiederaufnahme des Linienverkehrs nach New York im Herbst 2001 bleibt die CONCORDE (mit ihren 105 Plätzen) ein nur von relativ wenigen, reichen Geschäftsreisenden und Touristen genutztes, unrentables Prestigeprojekt, das lange Zeit keine Nachfolge gefunden hat. Nun setzt aber BOEING wieder auf Hochgeschwindigkeitsflugzeuge, wobei allerdings Überschallgeschwindigkeiten und die damit verbundenen Probleme vermieden werden: Aus aerodynamischen und strukturellen Gründen weicht der neue SONIC CRUISER von den Konstruktionsprinzipien herkömmlicher Flugzeuge ab: Hier ist die Passagierkabine als trapezförmiger Vorkörper in die beiden Deltaflügel integriert (KURIER, 16.02.2001). Mit ca. 1.200 Stundenkilometern soll dieser „Nur-Flügler" 95% der Schallgeschwindigkeit (= 0,95 Mach) erreichen und somit deutlich schneller sein als die derzeitigen Passagiermaschinen, die mit 0,76 bis 0,86 Mach unterwegs sind. Allerdings reicht diese Geschwindigkeit bei weitem nicht an die CONCORDE mit ihrer mehr als doppelten Schallgeschwindigkeit (2,02 Mach) heran. Geplant sind ca. 250 Sitze, so daß der SONIC CRUISER, dessen Prototyp im Jahre 2006 erstmals erprobt werden soll, in Größe und Dimension etwa der B 767–300 entspricht. Wie die CONCORDE soll die Maschine in größeren Höhen von bis zu 16.000 Metern fliegen, also oberhalb der Luftstraßen und unbeeinflußt vom Wetter. Als Reichweite sind etwa 16.500 km vorgesehen, in weiterer Entwicklung sogar 18.500 km, was Nonstop-Flüge von Europa nach Australien ermöglichen würde (A. SPAETH, 2001).

Durch die neuen Technologien dürften sich auch die *internationalen Flugnetze* verändern. Diese werden schon heute durch ausgeprägte *„Hub- and Spoke" Strukturen* gekennzeichnet, d.h., die internationalen und transkontinentalen Routen sind auf wenige, große und kapazitätsstarke Flughäfen („Hubs"=(Rad-)Naben) ausgerichtet, von denen aus Regionalstrecken („Spokes"=(Rad-)Speichen) die Nachfragezentren erschließen. In Europa sind z.B. Frankfurt, London und Paris solche zentralen „Hubs", in den USA etwa Atlanta oder Chicago. Nach diesem Prinzip fertigen schon heute 34 voll ausgebaute Flughäfen etwa die Hälfte des gesamten, weltweiten Flugverkehrs ab. Von den insgesamt etwa 800 derzeit in Betrieb stehenden BOEING 747 werden 400 auf den Routen zwischen nur zwölf großen Städten eingesetzt. Diese Konzentrationstendenzen dürften sich mit den neuen Geräten verstärken: So soll die A 380 nur zwischen etwa 15 der weltweit wichtigsten Flugplätze verkehren, welche für die Abfertigung von Super-Jumbos entsprechend umgebaut werden müssen (A. SPAETH, 2001). Dadurch kommt es mit großer Wahrscheinlichkeit auch zu entsprechenden Modifikationen der Regionalnetze, wo die sog. *„Umgehungs-Drehkreuze"* (R. EWALD, 2001), als Hauptknoten von Regionallinien, welche im Kurzstreckenverkehr die überlasteten „Hubs" immer mehr meiden, an Bedeutung gewinnen sollen.

5.3.2.4   Kreuzfahrten

Unter dem Begriff „*Kreuzfahrt*" versteht man eine Pauschalreise (Übernachtung, Vollpension, Unterhaltungsveranstaltungen, verschiedene Aktivitäten an Bord, teilweise: Landausflüge etc.) mit einem Hochsee- oder Flußschiff entlang einer festgelegten touristischen Route (siehe Abschnitt 2.7). Neben dem Ausgangs- und Zielhafen muß mindestens noch ein zusätzlicher Hafen angesteuert werden. Es dominieren Rundreisen, wobei das Schiff wieder zu seinem Ausgangshafen zurückkehrt. Hauptmotive der Kreuzfahrttouristen sind Vergnügen, Genuß und Erholung, aber auch die Besichtigung fremder Natur- und Kulturlandschaften sowie Lernen oder der Besuch kultureller Veranstaltungen. Obwohl diese Motive oft mehr oder minder gemeinsam zutreffen, gibt es eine Vielfalt von Angeboten mit unterschiedlichen Schwerpunkten bis hin zu speziellen Themenkreuzfahrten (Definition nach C. SCHÄFER, 1998, verändert).

Der Kreuzfahrttourismus hat sich seit der Hälfte des 19. Jh. allmählich als „Ableger" der Passagier-Linien (vor allem auf den Mittelmeer-, Nordatlantik- und Karibikrouten) entwickelt: Die großen Schiffahrtsgesellschaften CUNARD LINE, RED STAR LINE oder die HAMBURG-AMERIKANISCHE-PAKETFAHRT-AKTIEN-GESELLSCHAFT (HAPAG) veranstalteten in Zeiten schwächerer Auslastung ihrer Liniendienste Vergnügungsfahrten für wohlhabende Angehörige der Oberschicht, vor allem im Mittelmeer und in der Karibik (von New York aus). Allerdings waren viele Linienschiffe, die mit ihren unterschiedlichen Kabinenklassen auch zum Transport armer Einwanderer nach Nordamerika dienten, dafür nicht unbedingt geeignet. So nahm die HAPAG im Jahr 1900 mit der PRINZESSIN VIKTORIA LUISE das erste nur für den Kreuzfahrtbetrieb entwickelte Schiff in Betrieb. Vorbilder für die Konstruktion des Schiffes waren die Yachten der europäischen Herrscherhäuser. Neben der kaiserlichen Suite gab es 120 Luxuskabinen für ca. 400 Passagiere. Nach dem Erfolg der VIKTORIA LUISE, die in der Wintersaison 1901 auch schon in der Karibik eingesetzt wurde und 1913 in den nahezu fertiggestellten Panama-Kanal einfuhr, wurde eine ganze Reihe von weiteren Kreuzfahrtschiffen auf Kiel gelegt. Im Jahr 1911 zog die HAPAG sogar die DEUTSCHLAND – ihren schnellsten Dampfer – aus dem Linienverkehr ab und baute ihn zu einem Kreuzfahrtschiff um (L. J. LAWTON, R. W. BUTLER, 1987).

In der Zwischenkriegszeit verringerte sich wegen der Einwanderungsgesetze der USA von 1921 („Emergency Quota Act") das Passagieraufkommen über den Nordatlantik beträchtlich, was die großen Reedereien veranlaßte, sich mehr im Kreuzfahrtgeschäft zu engagieren. Zu dessen Erfolg haben auch die Prohibitionsgesetze in den USA beigetragen, wodurch etwa Kurz-Kreuzfahrten zu den unter britischer Verwaltung stehenden Bermudas sehr populär wurden. Im nationalsozialistischen Deutschland veranstaltete die „Deutsche Arbeitsfront" über ihre Reiseorganisation „Kraft durch Freude" (KdF) staatlich subventionierte Ost- und Nordseefahrten – als die ersten Massenprodukte im Kreuzfahrttourismus.

Der entscheidende Durchbruch der Hochseekreuzfahrten zum Massentourismus erfolgte aber in den 60er und 70er Jahren, als mit der Einführung der leistungsfähigen Propeller- und (bald danach) düsengetriebenen Flugzeuge der Verkehr auf den transatlantischen und transpazifischen Schiffahrtslinien innerhalb weniger Jahre zusammenbrach (siehe Abschnitt 5.3.2.3).

Während 1952 noch 85 % der Atlantiküberquerungen mit dem Schiff erfolgten, hatte sich im Jahr 1968 der Anteil der Schiffspassagiere auf 7 % reduziert (C. SCHÄFER, 1998). Daher blieb für diejenigen Passagierschiff-Reedereien, die überhaupt noch weiterexistieren konnten, fast nur mehr der Kreuzfahrtmarkt als Hauptgeschäftsfeld. Nach den Ölkrisen der 70er Jahre setzte zunächst in den USA und Kanada ein Boom des Kreuzfahrttourismus ein, nicht zuletzt auch gefördert durch die populäre TV-Serie „Love Boat". Die Karibik hatte zu dieser Zeit schon ihre Position als das führende Fahrrevier erreicht, und Miami konnte New York den Rang des führenden Kreuzfahrthafens der Welt ablaufen (Nähe zur karibischen Inselwelt bei nahezu ausschließlicher Anreise der Kreuzfahrttouristen mit dem Flugzeug). Mit einer Reihe von Neubauten, Schiffsverlängerungen und Umbauten setzte die Ära der *„Traumschiffe"* ein. Sie boten ihren Passagieren ausgedehnte Sport- und Liegedecks mit Swimmingpools, Restaurants und Nachtclubs, Casinos und Showbühnen sowie auch größere und bequemere Kabinen. Nachdem in den 60er und 70er Jahren noch mittelgroße Schiffe mit etwa 750 bis 1.200 Passagieren zum Einsatz kamen, wurden ab den 80er Jahren Großschiffe (mit 80.000 BRT und mehr) auf Kiel gelegt, die 1.500 bis über 2.000 Passagieren Platz boten. Allerdings gewannen auch „Mini-Cruisers" und „Ultra-Yachten" an Bedeutung, vor allem für das Luxussegment des Kreuzfahrtmarktes (J. S. P. HOBSON, 1993).

Mit den „Traumschiffen" entwickelten sich die Kreuzfahrten – vor allem in Nordamerika – endgültig zu einem *Sektor des Massentourismus*. Während Anfang der 70er Jahre die weltweite Passagierzahl bei ca. 500.000 lag, betrug die Gästezahl Anfang der 80er Jahre ca. 1,4 Mio. und war Anfang der 90er Jahre bereits auf ca. 4 Mio. gestiegen (CLIA, 1992). Bis zur Jahrtausendwende hat sie sich (mit ca. 7 Mio.) fast nochmals verdoppelt. Die Wachstumsrate im Jahr 2000 beträgt ca. 11 % (gegenüber 1999), wobei vor allem die Kurz-Kreuzfahrten (plus 29 %) am Wachstumsboom wesentlich beteiligt sind. Der Anteil der „First-Time-Cruiser" wird auf ca. 45 % geschätzt. Mehr als zwei Drittel der Nachfrager kommen aus Nordamerika (Angaben der CLIA nach: Touristik R.E.P.O.R.T., Nr. 23, 2000). Das eher noch bescheidene deutsche Aufkommen liegt bei ca. 330.000 Gästen (W. FREYER, 2001). Jedoch besteht nach der schon genannten Trendstudie der Hamburger Wochenzeitung „DIE ZEIT" ein großes Wachstumspotential von ca. 3,9 Mio. Bundesbürgern, die ihr Interesse an einer Kreuzfahrt bekunden (Touristik R.E.P.O.R.T., Nr. 23, 2000).

Diese Entwicklung läßt sich besonders auf die folgenden Einflußfaktoren zurückführen (J. S. P. HOBSON, 1993):

- die Gründung der CRUISE LINE INDUSTRY ASSOCIATION (CLIA) in den frühen 70er Jahren als Planungs-, Marketing- und Werbenetzwerk (siehe Abschnitt 4.4) der 25 größten Kreuzfahrtunternehmen, welche die Marktforschung, Öffentlichkeitsarbeit und verschiedene andere Marketingaktivitäten (darunter Trainingsprogramme für die Mitarbeiter von Reisebüros) betreibt;
- den Aufbau eines leistungsfähigen *Vermarktungsnetzwerkes* (siehe Abschnitt 4.3): die Zahl der Reisebüros, welche Kreuzfahrten anbieten, wurde von ca. 8.000 bis auf 21.000 (darunter auch eine Anzahl von Spezialagenturen) Anfang der 90er Jahre erhöht;
- die Einführung von *„Fly and Cruise"*-*Packages*, wobei die Hin- und Rückflüge zum Start- und Zielhafen bereits im Kreuzfahrtpreis inkludiert sind, sowie von *„Mini-Kreuzfahrten"* mit einer Dauer von zwei bis fünf Tagen und die Erhöhung der Attraktivität der Fahrten durch Zwischenstopps (zum Schwimmen und Tauchen) auf von den Reedereien gemieteten *Privatinseln*, wie Great Stirrup Cay in der Inselgruppe der Bahamas oder Palm Island (Grenadines);
- ganz besonders läßt sich der Kreuzfahrt-Boom aber auf die Einführung eines neuen Kreuzfahrt-Stiles zurückführen, durch Ted ARISON, den Gründer der CARNIVAL CRUISE LINES (CCL). Auf den *Fun-Ships* der CCL wird mit den auf die Vergnügungsreisen des Adels zurückgehenden Traditionen der europäischen Kreuzfahrt gebrochen – wie strenge Kleiderordnung, Galaempfänge, konservative Formen der Unterhaltung, an den Interessen des Bildungsbürgertums orientierte Landausflüge etc. Hier stehen die von der amerikanischen Pop-Kultur beeinflußten und auf ein jugendliches Publikum ausgerichteten Vergnügungs-, Unterhaltungs- und Animationsprogramme im Vordergrund und die Aktivitäten (siehe Abschnitt 2.1, bzw. Tabelle 2.1) konzentrieren sich mehr auf das Schiff (Erlebnisgastronomie, Shows, Casinos, Discotheken, Sport, Poolspiele etc.), während im Rahmen der Landgänge eher das Einkaufen (etwa in speziellen Duty-Free-Zonen) dominiert. Alle diese Programme werden weitgehend „all inclusive" verkauft. Sie sind im hohen Ausmaß organisiert und rationalisiert (was auf Schiffen mit ursprünglich ca. 1.200 bis 1.500 Passagieren, heute mit bis 3.500 Gästen, komplexe Managementleistungen erfordert) und können so preiswert als massentouristische Produkte angeboten werden (B. SCHOLZ, 1998). Dadurch wurde ein neues Nachfragepotential für Kreuzfahrten erschlossen, nämlich jüngere Angehörige der Mittelschicht: ca. 30 % der Passagiere sind unter 35 Jahre alt (C. SCHÄFER, 1998), während im noch eher traditionell orientierten deutschen Kreuzfahrttourismus das Durchschnittsalter noch bei ca. 53 Jahren liegt (W. FREYER, 2001). In mehr oder minder modifizierten Formen und Weiterentwicklungen haben praktisch alle großen internationalen Kreuzfahrtunternehmen das Fun-Ship-Konzept übernommen; z. B. bietet die DISNEY CRUISE LINE Programme für Familien mit Kindern (Disney's Oceaneer Lab) an, daneben aber auch auf die Konzernprodukte (Musicals, Shows, Filme) ausgerichtete Unterhaltung für Erwachsene der jüngeren und mittleren Jahrgänge. Mit dem *„Clubschiff"* AIDA cara (und ab 2002 auch AIDA vita;

P & O-PRINCESS CRUISES) wurde die Grundidee des CLUB MEDITER-
RANEÉ auf Kreuzfahrtschiffe übertragen (ursprünglich im Jahr 1996 von der
Rostocker ARKONA TOURISTIK).

Der Kreuzfahrttourismus wird heute von einer relativ geringen Zahl transnationaler *Großreedereien* dominiert (siehe Tabelle 5.3), die entweder auf die alten Dampf-
schiffahrtsgesellschaften zurückgehen – wie etwa die schon 1837 gegründete PEN-
INSULAR & ORIENTAL STEAM NAVIGATION COMPANY (P & C) sowie die
Marktführerin auf dem europäischen Kreuzfahrtmarkt COSTA CROCIERE (1860,
heute im CCL-Konzern) – oder zur Zeit des einsetzenden Kreuzfahrt-Massentou-
rismus entstanden – wie die schon genannte CCL (1972) oder die NORWEGIAN
CRUISE LINE (NCL, 1966) und die ROYAL CARIBBEAN CRUISE LINE (RCCL,
gegründet 1969 unter Beteiligung von drei norwegischen Reedereien). Alle diese
Unternehmen konnten ihre heutige führende Position durch eine Reihe von Fusionen, Übernahmen und Aufkäufen von konkurrierenden Schiffahrtskonzernen erreichen. Derzeit steht eine neue, bisher nie dagewesene *„Elefantenhochzeit"* bevor, nämlich die Fusion der P & O PRINCESS CRUISES und der ROYAL CARIBBEAN
CRUISES zu einem Großkonzern, auf den 28 % des weltweiten Angebotes an Pas-

Tabelle 5.3: Internationale Kreuzfahrtkonzerne
(nach: http://www.cruiseserver.net, http://cruising.org, 15.01.2002)

Reederei	Schiffe	Passagiere	Tonnage (gt)
Carnival Cruise Line	16	41.090	1.131.048
Royal Caribbean International	15	39.708	1.263.520
P & O Princess Cruises	14	24.215	964.924
Holland America Line	10	13.348	556.571
Norwegian Cruise Line	7	13.308	406.913
Costa Crociere	7	12.583	351.400
Celebrity Cruise Line	7	12.118	502.098
Cunard Line	3	5.470	244.819
Royal Olympic Cruises	8	5.380	129.500
Festival Cruises	4	4.873	138.500
Mediterranean Shipping Cruises	3	2.526	75.046
Radisson Seven Seas Cruises	6	2.224	140.377
Crystal Cruises	2	1.880	100.444
Seetours	2	1.700	58.000
Peter Deilmann- Reederei	1	636	22.400

sagierplätzen entfallen (der derzeitige Marktleader CCL hat einen Anteil von 22 %). In einigen Fahrgebieten hätte die neue Anbietergemeinschaft einen Marktanteil von über 80 % (FVW 29, 2001).

Alle großen Konzerne notieren an den internationalen Börsen und haben die Finanzkraft zur Entwicklung und zum Bau der neuen Generation von *„Megaschiffen"* mit bis zu ca. 135.000 BRT, bis zu ca. 3.500 Passagieren und einer Besatzung von über 1.000 Personen: Im Jahr 1996 ging das Flaggschiff der CCL, die CARNIVAL DESTINY, in Betrieb mit 101.000 BRT und ca. 2.600 Passagieren. 1998 folgte das „Megaschiff" der PRINCESS CRUISES (P & O), die GRAND PRINCESS (2.600 Passagiere, 450 Mio. Dollar Baukosten), und 1999 wurden von der RCCL die ersten Schiffe der „Voyager"-Klasse eingesetzt, die VOYAGER OF THE SEAS und die EXPLORER OF THE SEAS (mit jeweils ca. 137.000 BRT und bis zu 3.500 Passagieren; S. KESSEL, 2001).

Tabelle 5.4 gibt eine Übersicht über die größten, derzeit im Einsatz stehenden Kreuzfahrtschiffe. Es zeigt sich auch eine immer stärkere Differenzierung der Schiffe hinsichtlich ihrer Ausstattung, die den immer spezielleren Ansprüchen verschiedenster Nachfragegruppen gerecht werden soll:

–   Zum Beispiel entspricht die im März 2001 in Dienst gestellte RADIANCE OF THE SEAS (ca. 300 m Länge, 2.100 Passagiere) der RCCL den Ansprüchen des (vorwiegend amerikanischen) Fun-Ship-Publikums. Sie zählt zum neuen Typ der *„Balkonschiffe"*, d.h., mehr als die Hälfte ihrer 1.050 (mindestens 15,4 qm großen) Kabinen ist mit einem Balkon ausgestattet. Im Zentrum liegt das mehrere Decks hohe Atrium mit seinen gläsernen Fahrstühlen. Das Schiff verfügt u.a. über ein großes Showtheater und ein ebenfalls großdimensioniertes Spielcasino, weiters über einen kompletten Fitneß- und Wellness-Bereich, über verschiedene Restaurants und Nachtclubs, über eine Minigolfanlage sowie eine Kletterwand an der Rückseite des Schornsteins (F. BEHLING, 2001a).
–   Die beiden neuen Schiffe der NCL, welche ebenfalls im Jahr 2001 ihre Jungfernfahrten unternommen haben – die NORWEGIAN SUN (77.100 BRT, 2.000 Passagiere) und die NORWEGIAN STAR (91.000 BRT, 2.250 Passagiere) – sind ähnlich ausgestattet und bieten daneben noch einen gastronomischen Sektor, der das sog. *„Free Style Cruising"* ermöglichen soll: Hier fallen die fixen Essenszeiten weg, ebenso die Tischzuteilung für die gesamte Kreuzfahrt. Die Passagiere der NORWEGIAN SUN können unter neun verschiedenen Restaurants wählen: zwei Hauptrestaurants mit internationaler Küche, weiters je ein französisches, italienisches und japanisches Restaurant, das „Pacific Rim" mit kalifornischen, hawaiianischen und asiatischen Speisen, eine Tapas Bar, ein 24-Stunden Snack-Café und ein Angebot für leichte Küche. Bei einer einwöchigen Kreuzfahrt übersteigt die Anzahl der zur Auswahl stehenden Restaurants die Zahl der Abendessen der Gäste (http://www.ncl.de, 23.10.2001).
–   Im Luxus-Sektor der *„Fünf-Sterne Kreuzfahrten"* werden kleinere Schiffe mit ca. 300 – 400 Plätzen und zumeist ausschließlich mit außenliegenden Suiten ein-

Tabelle 5.4: „Megaschiffe", die zwanzig größten Kreuzfahrtschiffe nach der Passagierkapazität (nach: R. FIEBIG, 2001; http://www. ruderhaus.de, 22.10.2001)

Rang	Name des Schiffes	Reederei	Passagiere
1.	Voyager of the Seas	Royal Caribbean International	3.138
2.	Explorer of the Seas	Royal Caribbean International	3.138
3.	Carnival Triumph	Carnival Cruise Lines	2.758
4.	Carnival Victory	Carnival Cruise Lines	2.758
5.	Carnival Destiny	Carnival Cruise Lines	2.642
6.	Grand Princess	Princess Cruises	2.600
7.	Golden Princess	Princess Cruises	2.600
8.	Monarch of the Seas	Royal Caribbean International	2.354
9.	Majesty of the Seas	Royal Caribbean International	2.354
10.	Sovereign of the Seas	Royal Caribbean International	2.276
11.	Carnival Spirit	Carnival Cruise Lines	2.124
12.	Costa Atlantica	Costa Crociere	2.112
13.	Radiance of the Seas	Royal Caribbean International	2.100
14.	Fantasy	Carnival Cruise Lines	2.056
15.	Ecstasy	Carnival Cruise Lines	2.052
16.	Sensation	Carnival Cruise Lines	2.052
17.	Fascination	Carnival Cruise Lines	2.052
18.	Imagination	Carnival Cruise Lines	2.052
19.	Inspiration	Carnival Cruise Lines	2.052

gesetzt. Zu diesen weltweit besten und teuersten Schiffen zählen z.B. die SEA GODDNESS I und II der althergebrachten britischen CUNARD Reederei (die auch den letzten Transatlantik-Liner, die QUEEN MARY II, besitzt und heute ebenfalls zum CCL-Konzern gehört) oder die SILVER CLOUD und die SILVER WIND der italienischen SILVERSEA CRUISES. Hier beträgt der All inclusive-Preis („Champagner rund um die Uhr") pro Fahrt und Person rund 6.000 €. Das Durchschnittsalter der Gäste liegt bei 60 Jahren und die Hälfte davon zählt zu den Stammgästen. Auch die EUROPA der deutschen Reederei HAPAG-LLOYD (gegründet 1970 aus der Fusion der HAMBURG-AMERIKANISCHEN-PA-KETFAHRT-AKTIENGESELLSCHAFT mit dem NORD- DEUTSCHEN LLOYD) gehört dieser Kategorie der Luxusschiffe an, mit ähnlichem Preisniveau und annähernd gleicher Gästestruktur (http://www.touristikreport.de, 22.10.2001).

- Demnächst wird die WORLD OF RESIDEN SEA der KLOSTER CRUISES in See stechen, als *Luxusliner mit Ferienwohnungen und Alterswohnsitzen.* Diese Wohneinheiten sind über zwölf Decks verteilt. Sie haben eine Fläche von 90 bis

180 qm und verfügen alle über einen eigenen Balkon. Ihre Preise liegen zwischen zwei und sieben Mio. Dollar. Europäer und Amerikaner – meist ältere Geschäftsleute – treten etwa zu gleich großen Anteilen als Käufer auf. An ca. 250 Tagen im Jahr wird die RESIDEN SEA auf den Weltmeeren kreuzen (http://www.seaview.co.uk/cruiselines/silverseacruises/residensea.html, 2001).

Abbildung 5.6 stellt die Entwicklung der Schiffsneubauten bis zum Jahr 2005 dar. Sie zeigt, daß der Bauboom der „Megaschiffe" bisher noch ungebrochen ist: So sollen im Jahr 2002 zehn Schiffe mit jeweils über 1.800 Plätzen in Betrieb gehen, 2003 neun, aber davon fünf Neubauten mit mehr als 2.500 Passagieren, und im Jahr 2004 werden voraussichtlich ebenfalls neun „Megaschiffe" (vier davon mit über 2.500 Plätzen) vom Stapel laufen. Im Zeitraum von 2001 bis 2005 soll sich die Gästekapazität der Marktführer CCL und RCCL um jeweils über 15.000 Plätze erhöhen. Insgesamt haben – nach Angaben der CLIA – zwischen 1981 und 1999 die Kapazitäten des Kreuzfahrtangebotes jährlich um 7,5 % zugenommen. Bis zum Jahr 2006 soll die jährliche Steigerungsrate bei 6,1 % liegen (Touristik R.E.P.O.R.T., Nr. 23, 2000). Wenn dies wirklich zutrifft, so wird sich der schon gegenwärtig harte *Wettbewerb* zwischen den großen Konzernen noch drastisch verschärfen und manche Unternehmen wohl in ernsthafte Schwierigkeiten bringen. Dazu tragen auch noch die in den letzten Jahren wieder *erhöhten Treibstoffpreise* bei. Sie sind etwa vom Sommer 1999 bis Mitte des Jahres 2000 um 20 % gestiegen. Bei einem Tagesverbrauch von 40 bis 60 Tonnen ergeben sich dadurch für ein mit Dieselmotoren betriebenes 80.000 BRT-Schiff im Jahr Mehrkosten an Treibstoff in der Höhe eines siebenstelligen Dollarbetrages. Alle diese nicht unbedingt positiven Perspektiven haben – trotz steigender Passagierzahlen – zum Vertrauensverlust bei den Anlegern geführt, und die Aktienkurse der großen Kreuzfahrt-Konzerne sind in jüngerer Zeit deutlich gesunken (FVW, Nr. 20, 2000).

Da auch in den nächsten Jahren das Angebot die Nachfrage deutlich übersteigen dürfte, werden für nahezu alle *Angebotsformen des Kreuzfahrttourismus* die derzeitigen Preiskämpfe zwischen den Großanbietern wohl andauern. Zu den wichtigsten Angebotsformen zählen:

– die beim älteren Klientel (vor allem auch noch auf dem deutschen Markt) immer noch beliebten *„traditionellen" Kreuzfahrten*;
– der *Fun-Ship-Tourismus* mit seinem Schwergewicht auf dem nordamerikanischen Markt;
– die dargestellte Weiterentwicklung des *„Free Style Cruisings"*;
– die europäische Variante des *Clubschiff-Tourismus* (auch mit modernen Segelschiffen, wie die CLUB MEDITERRANEÉ I und II);
– *Themenkreuzfahrten*, wobei ein bestimmtes Thema (Musik, Theater, verschiedene Sportarten, Essen und Trinken bis hin zur Finanz- und Anlagenberatung) im Mittelpunkt des Bordprogrammes (an dem Künstler, Experten etc. mitwirken) sowie der Landgänge steht;

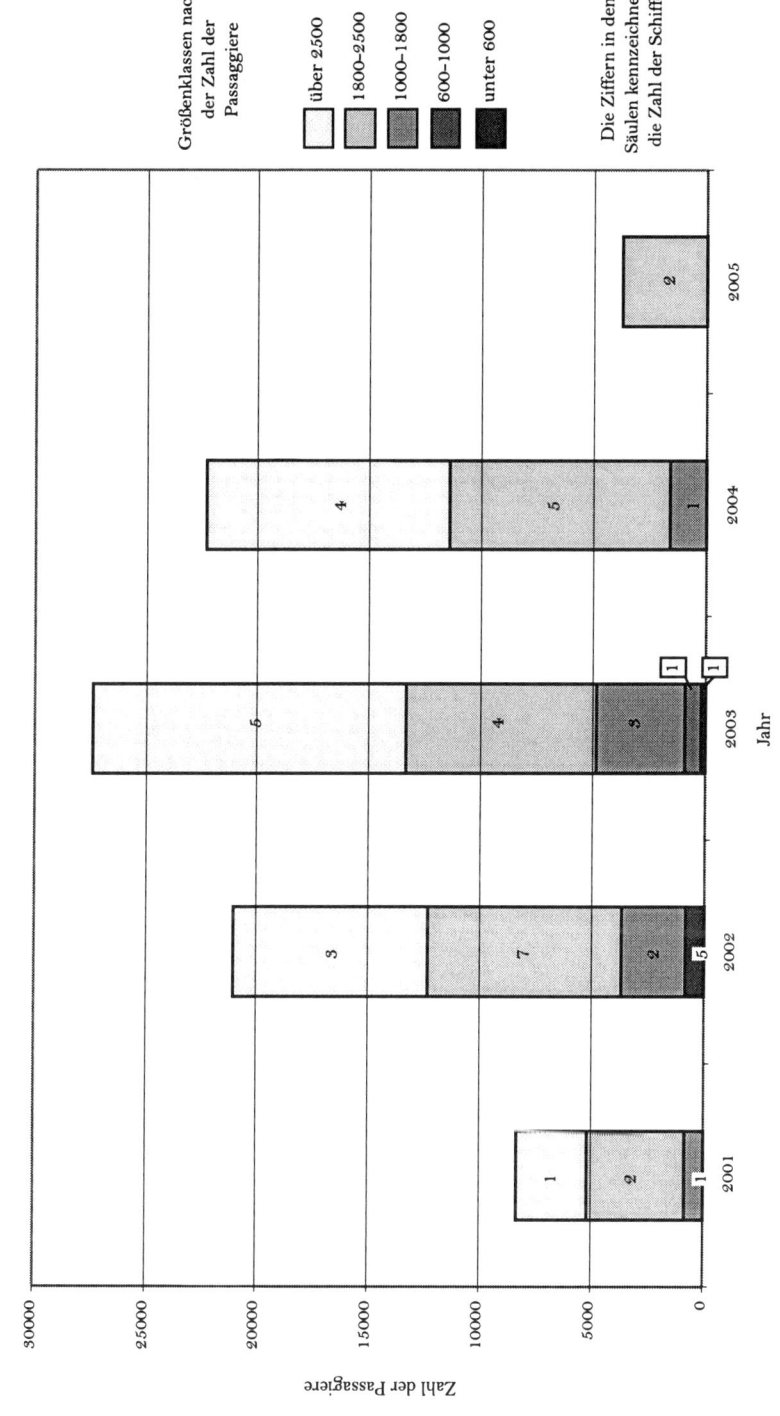

Abbildung 5.6: Geplante Schiffsneubauten nach Größenklassen
(nach: R. FIEBIG, 2001; http://www.ruderhaus.de, 16.12.2001)

- *Studienkreuzfahrten,* deren Reiserouten und Landausflüge sich an bestimmten kulturellen Sehenswürdigkeiten und Epochen orientieren;
- *Expeditionskreuzfahrten* mit meist kleineren (um die 200 Personen) Spezialschiffen (etwa für Fahrten im Treibeis), welche Reisrouten abseits der üblichen Fahrgebiete ermöglichen, z.B. in arktischen Regionen oder in Insel- und Riffgebieten;
- *Weltreisen* (oft mit Luxusschiffen), in deren Rahmen die Datumsgrenze mindestens einmal überquert und mindestens vier Kontinente besucht werden sollen (wegen ihrer langen Dauer – drei bis vier Monate – können in der Regel auch einzelne Etappen gebucht werden);
- *Überführungskreuzfahrten* als in der Regel recht preisgünstige Passagen der Schiffe von einem Kreuzfahrtrevier zum anderen (z.B. am Ende der Sommersaison vom Mittelmeer über den Atlantik in die Karibik bzw. auf der entgegengesetzten Route am Ende der Wintersaison);
- *Incentive- oder Tagungsreisen,* deren Preise für die Unternehmen wegen der „All Inclusive"-Konzepte der Reedereien gut zu kalkulieren sind (S. KESSEL, 2001; W. FREYER, 2001).

Die meisten dieser Angebotsformen im internationalen Kreuzfahrttourismus konzentrieren sich auf einige wenige Reviere bzw. auf ihre touristischen Routen. Diese Routen müssen über ein *Nachtrand-Netz* von für die großen Kreuzfahrtschiffe geeigneten Häfen verfügen (Wassertiefe, Piers zum Anlegen um das langwierige Ausbooten der Passagiere zu vermeiden). Dadurch können die Schiffe über die Nacht von einem Hafen zum anderen fahren (maximale Distanz ca. 390 km), so daß die Tage für die Landausflüge zur Verfügung stehen (C. SCHÄFER, 1998). Auf den einzelnen Stationen entlang der Routen müssen außergewöhnliche Sehenswürdigkeiten des Natur- und Kulturraumes ohne große zusätzliche Distanzaufwände leicht zu erreichen sein, ebenso herausragende Einkaufsmöglichkeiten. Außerdem sind angenehme klimatische Bedingungen wichtig und natürlich auch – trotz der beträchtlichen Stabilität besonders der „Megaschiffe" – Fahrgebiete mit moderatem Seegang. Entscheidende Bedeutung kommt der *Infrastruktur der Ausgangs- und Zielhäfen* zu (heute meist derselbe Hafen, da die Kreuzfahrten vorwiegend als Rundreisen veranstaltet werden). In *Port Miami,* dem weltgrößten Kreuzfahrthafen, werden jährlich über sechs Mio. Passagiere abgefertigt. Dazu dienen 12 Terminals, die Anlegeplatz für jeweils zwei Schiffe bieten. Hier sind auch Restaurants und Geschäfte untergebracht. Außerdem steht seit 1997 im Hafenkomplex das Vergnügungs- und Ausstellungszentrum „Discovery Center of the Americas" in Betrieb. Im benachbarten *Port Everglades* beläuft sich das jährliche Passagieraufkommen auf weitere ca. drei Mio., und wie in Miami müssen auch hier an Samstagen und Sonntagen mehr als zehn Schiffe mit ca. 25.000 Passagieren gleichzeitig abgefertigt werden (bei ca. 2.500 bzw. 5.000 Abfahrten im Jahr). Auch die „Megaschiffe" haben nur ca. 12 Stunden Zeit, um ihre bis über 3.000 Passagiere auszutauschen, mehrere tausend Tonnen Proviant, Frischwasser und Treibstoff an Bord zu nehmen, ihre Abfälle zu entsorgen sowie die Reparatur- und Wartungsarbeiten vorzunehmen. All dies erfordert eine sehr komplexe Technologie und durchdachte organisatorische Netzwerke, deren Abläufe seit den Attentaten vom 11.

September 2001 sehr viel stärker kontrolliert werden: Kreuzfahrtsschiffe zählen zu den besonders exponierten Zielen für politisch motivierte Anschläge. Schließlich bildet für die Umsetzung der „Fly and Cruise"-Konzepte die Nähe von *Großflughäfen* einen wichtigen Standortfaktor. So liegt etwa der Fort Lauderdale International Airport nur ca. 3 km von Port Everglades entfernt und die Passagiere der Kreuzfahrten werden in einer nur fünfminütigen Shuttlebus-Fahrt von einem Terminal zum anderen gebracht (F. BEHLING, 2001 b; C. SCHÄFER, 1998; S. KESSEL, 2001).

Die genannten Anforderungen an die Routen des Kreuzfahrttourismus, an ihre Stationen samt Besichtigungsangebot und an die Hafenanlagen, werden weltweit nur von wenigen Revieren erfüllt. Daher entfallen derzeit ca. 50 – 70 % der Passagiertage des internationalen Kreuzfahrttourismus auf die Karibik, Ostmexiko und die Bahamas, ca. 15 % auf das Mittelmeer und ca. 10 % auf Südostasien. Karte 5.2 enthält die wichtigen Reviere (nach C. SCHÄFFER, 1998):

– Im *karibischen Revier* zählen – neben den dominanten Häfen Port Miami und Port Everglades – noch Cape Canaveral (der Heimathafen der DISNEY-Schiffe), San Juan auf Puerto Rico, St. Domingo in der Dominikanischen Republik und – zunehmend wieder – das kubanische Havanna zu den Ausgangshäfen. Die Hauptrouten verlaufen etwa über die Großen Antillen (vor allem: Miami, Key West,

Karte 5.2: **Die Kreuzfahrtreviere der Erde (nach: C. SCHÄFER, 1998)**

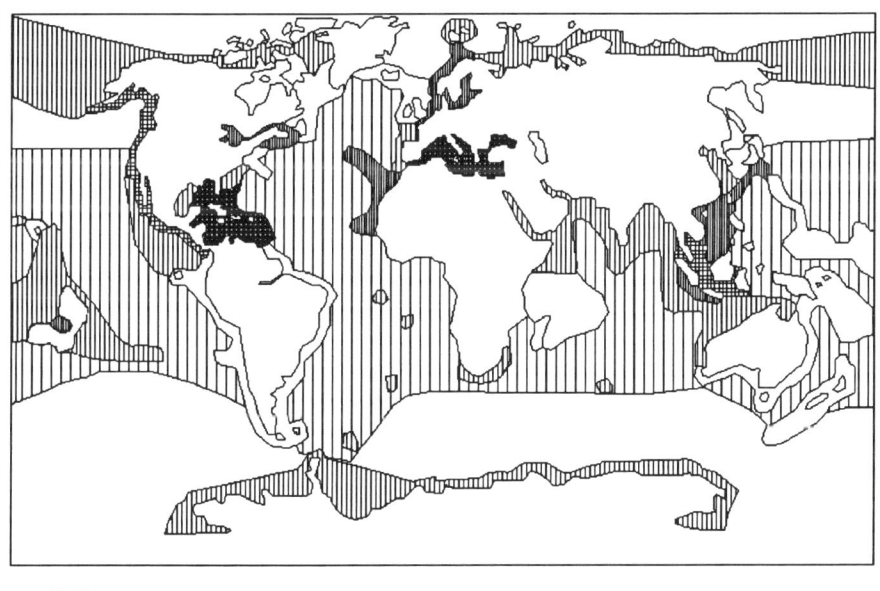

▓ herausragende Kreuzfahrtregion   ▦ selten befahren bzw. Expeditionskreuzfahrten

▦ stark befahren

▥ gut frequentiert   ▥ nur Positionsfahrten und Weltreisen

Playa del Carmen oder Cozumel auf bzw. vor der mexikanischen Halbinsel Yucatan, Grand Cayman, Jamaika, Miami), in der Inselwelt der Kleinen Antillen
oder – in Form von „Mini-Cruises" – zu den Bahamas.

- Venedig, Genua, Barcelona und Málaga bilden die bedeutendsten Ausgangshäfen für die Kreuzfahrten im *Mittelmeer*. Die Hauptrouten bleiben zumeist entweder auf das östliche oder auf das westliche Teilgebiet beschränkt.
- Im Revier des *europäischen Nordmeeres* stellen die norwegische Fjordlandschaft,
  das Nordkap, Island und Spitzbergen die attraktivsten Ziele dar, die allerdings
  oft nur mit Expeditionsschiffen erreicht werden können.
- Im pazifischen Raum bildet das *Revier von Alaska* (Ausgangshafen: Vancouver)
  mit seinen Gletschern und Fjorden das Pendant zum europäischen Nordmeer.
  Die Route führt durch die Inside Passage nach Juneau, Skagway und Ketchikan.
- Acapulco, San Diego, Los Angeles und San Francisco sind die Hauptziele der
  pazifischen Route entlang der *mexikanischen Westküste, der Bahia California
  und der kalifornischen Küste*. Auf längeren Fahrten wird diese Route (über den
  Panamakanal) mit der Karibik kombiniert.
- Immer beliebter werden Kreuzfahrten im *Hawaiianischen Archipel*. Wegen des
  langen Seeweges von Los Angeles oder San Francisco aus gewinnt Honolulu als
  Basishafen an Bedeutung.
- In *Südostasien* bilden die Malakkastraße mit Stationen entlang der thailändi-
  schen und malayischen Küste, das Südchinesische Meer (mit Zielen in Vietnam
  und Südchina: Insel Hainan) aufstrebende Routen. Hier verkehren die „Megaschiffe" der STAR CRUISES-Reederei (mit Sitz in Malaysia), darunter die von
  der MAYER-Werft in Papenburg an der Ems gebaute SUPER STAR LEO. Die
  Ausgangshäfen sind Singapur, Hongkong und das thailändische Phuket.
- Die *Küste der Neuenglandstaaten* (Einstiegshafen: Montreal) oder die *Gesellschaftsin-
  seln* im zentralen Pazifik sind Beispiele für weitere, kleinere Kreuzfahrtreviere.
- An der *Ostküste Australiens* bildet Cairns den Ausgangshafen für Fahrten – mit
  kleineren Einheiten – in die vorgelagerte Inselwelt und zu den Tauchrevieren
  des Großen Barriereriffes. Auch Sydney gewinnt als Kreuzfahrtstation an Bedeutung. Von hier gehen Routen nach Neuseeland und in die Südsee aus. Abbildung 5.7 zeigt die LEGEND OF THE SEAS der RCCL (1950 Passagiere, über
  700 Personen als Besatzung) bei der Hafenausfahrt unter der Sydney Harbor
  Bridge.

In den negativen Diskussionen des internationalen Kreuzfahrttourismus werden vor
allem soziale und ökologische Probleme hervorgestellt. Sie gehen zum Teil auf die
ökonomischen Vorteile zurück, welche sich für die Reedereien durch die Registration
ihrer Schiffe unter *fremden Flaggen* und die dadurch jeweils geltenden Rechtsordnun-
gen ergeben. Vor allem die gesetzlichen Bestimmungen der Staaten: Panama, Liberia,
Bermuda, Zypern sowie der Bahamas sehen nur sehr geringe steuerliche Belastungen
vor, erlauben außerdem die Bezahlung von Niedriglöhnen, verzichten weitgehend auf
die Verpflichtung zur Kranken- und Sozialversicherung und beschränken sich auf niedrige Sicherheitsstandards. Die (vor allem aus südostasiatischen und mittelamerikani-
schen Entwicklungsländern rekrutierten) Besatzungen der Schiffe sind wegen der

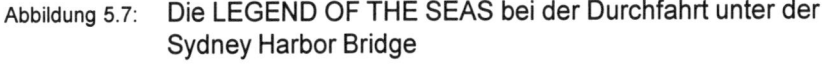

Abbildung 5.7: Die LEGEND OF THE SEAS bei der Durchfahrt unter der Sydney Harbor Bridge

Foto: J. STEINBACH, 2002

geringen Bezahlung wesentlich auf die Trinkgelder der Passagiere angewiesen. Sie haben meist sehr lange Arbeitszeiten, bei oft nur kurzfristigen Arbeitsverträgen, welche es den Reedereien erlauben, die Crews bei geringerer Nachfrage problemlos zu reduzieren. Auch die Arbeitsbedingungen und die Unterkünfte des Personals (im von den Passagieren abgeschotteten „Backstage"-Bereich, siehe Abschnitt 2.3.3) werden immer wieder kritisiert. Allerdings weisen etwa die Sprecher der CCL darauf hin, daß die betreuungsintensiven Fun-Ships nicht mit unzufriedenen Kabinenstewards, Kellnern, Animateuren etc. betrieben werden können (J. S. P. HOBSON, 1993).

Verschärfte internationale Regelungen und nationale Vorschriften der Staaten mit den wichtigen Hafenstandorten (vor allem der USA) zwingen die Kreuzfahrt-Konzerne immer mehr zur Wahrnehmung von *Sicherheits- und Hygienestandards*, die deutlich über die Anforderungen ihrer „Flaggenstaaten" hinausgehen. Hinsichtlich ihrer Energiebilanz stellen Kreuzfahrtschiffe – ebenso wie Bahn und Bus – für den Rundreisetourismus relativ effiziente Alternativen dar. Allerdings ist ihr Betrieb mit verschiedenen *ökologischen Problemen* verbunden. Zwar sind die Reedereien dazu gezwungen, auf ihren Schiffen in Wasseraufbereitungs- und Abfallverwertungsanlagen zu investieren. Z.B. müssen Abwässer und Fäkalien keimfrei gemacht werden, bevor sie ins Meer geleitet werden dürfen. Restabfälle und Schlacke müssen an Land an Spezialunternehmen übergeben werden (C. SCHÄFER, 1998, FAZ Nr. 293, 1999). Jedoch gibt es immer wieder „Schwarze Schafe", die unbehandelte Abwässer und Müll auf See entsorgen. Dadurch sowie wegen der Öl- und Treibstoffrückstände, die vor allem in häufig angelaufenen Küstenbereichen konzentrierter auftreten können, kommt es in ökologisch sensiblen Gewässern zu ernsten Schäden, wie sie unlängst im Kreuzfahrtrevier vor Alaska festgestellt wurden.

In den Häfen und besonders auf den kleineren Inseln entlang der Hauptrouten verursachen die *Landgänge* der Kreuzfahrttouristen – unter Umständen mehrere Tausend gleichzeitig – drastische Behinderungen für die Bevölkerung und für diejenigen Gäste, welche hier längere Urlaube verbringen. Da die Einnahmen aus dem Kreuzfahrttourismus (Hafentaxen, Duty-Free-Einkäufe) im Wirtschaftsleben der Häfen auch nur sehr selektiv wirksam werden, nimmt der lokale Widerstand zu. Verschiedene karibische Inseldestinationen (z. B. die kleine Insel St. Thomas, die zur Gruppe der amerikanischen Jungfraueninseln gehört und an den Spitzentagen der Wintersaison von 7.000 bis 8.000 Kreuzfahrern heimgesucht wurde) haben die Zahl der Schiffsankünfte reduziert oder die Hafentaxen drastisch erhöht (S. D. OWEN, 1989; J. S. P. HOBSON, 1993).

Die dargestellten Innovationen in die Verkehrssysteme und die anderen, oben skizzierten Einflußfaktoren auf das Urlaubsverhalten bzw. auf die Produktzyklen von Urlaubsstilen („Tourism Circuits") führen zu einer im Zeitablauf zunehmenden Differenzierung der touristischen Aktivitätenmuster und Angebotsformen. Daher stellt die Ausbildung von immer komplexeren *„Familien der Urlaubsstile"* ein wesentliches Merkmal des Wandels im räumlich-zeitlichen System des Tourismus dar. Der folgende Abschnitt gibt zunächst einen Überblick über den Output dieses Evolutionsprozesses. Anschließend wird auf einzelne „Familien von Urlaubsstilen" etwas näher eingegangen, und zwar auf solche exemplarischen Beispiele, die durch eine besonders dynamische Entwicklung gekennzeichnet sind.

5.4   Die „Familien der Urlaubsstile"

5.4.1.   Übersicht

Da in der Statistik die Aktivitätenmuster von Urlaubergruppen nur recht unzureichend erhoben werden (siehe Abschnitt 4.4.4) fällt es auch sehr schwer, einen Überblick über die verschiedenen Ausprägungsformen von Urlaubsstilen zu geben, oder gar Aussagen über die Verläufe ihrer Produktzyklen zu machen. In der Literatur gibt es darüber nur selektive Angaben, die meist sehr allgemein und zusammenfassend gehalten werden.

Hier muß man zunächst den frühen *Systematisierungsversuch von H. HAHN (1974)* erwähnen, der (unter Bezugnahme auf phonetische Kriterien) sechs Haupturlaubstypen unterschied:

- A-Typ: Abenteuerurlauber
- B-Typ: drei Typen von Bildungs- und Besichtigungsurlaubern: interessiert
           an 1) Sehenswürdigkeiten; 2) an Gefühlen und Stimmungen; 3) an
           natur-, kultur- und sozialwissenschaftlichen Inhalten und Fakten
- F-Typ: ferne- und flirtorientierte Erholungsurlauber
- S-Typ: sonne-, sand- und seeorientierte Erholungsurlauber

– W$_1$-Typ: wald- und wanderorientierte Erholungsurlauber
– W$_2$-Typ: wald- und wettkampforientierte Sporturlauber

Schon hier zeigen sich die Merkmale vieler folgender Typologien von Urlaubsstilen, nämlich die *selektive und oft intuitive Auswahl* von Typen, die als wichtig erscheinen, sowie die *Vermengung von Aktivitätenkategorien (Verhaltensmerkmalen im Urlaub)* mit *Motiven und Präferenzen (Einflußfaktoren des Urlaubsverhaltens)*. Eine Zusammenfassung aus der deutschsprachigen Literatur von W. FREYER (2001, S. 75) macht deutlich, daß dies schon – wie bei H. HAHN – auch bei manchen anderen eindimensionalen Typenbildungen der Fall ist, während die mehrdimensionalen *Lebensstil-Urlaubsstil-Typologien* natürlich auf diesem Prinzip aufbauen. Dadurch werden aber sehr vereinfachte und einseitige Ursache-Wirkungsbeziehungen impliziert, die in der komplexen touristischen Realität (wie sie – immer noch in generalisierter Form – im „Modell des touristischen Verhaltens", siehe Abschnitt 3.4, abgebildet wird) wohl nicht ausschließlich vorkommen. In solchen Fällen trifft die Kritik von O. L. BRAUN (1993b, S. 10, zitiert nach W. FREYER, 2001) oft zu: „Menschen werden aufgrund ihres Verhaltens (z.B. aufgrund ihres Kontaktverhaltens) bestimmten Kategorien zugeordnet. Die Kategorienzugehörigkeit wird dann als Ursache für das Verhalten angesehen. Da Tautologien aber nichts erklären, sollte man besser auf sie verzichten, wenn man Verhalten erklären will."

Als negatives Beispiel einer solchen Vorgangsweise sei die *Euro-Lifestyle-Analyse ÖSTERREICH 2000* (ÖSTERREICH WERBUNG, o. J.) angeführt: Hier werden etwa die „klassischen Kultur-Urlauber" auf die „Verhaltenskategorien": „Moralisten", „Ordentliche" und „Puritaner" reduziert, die „anspruchsvollen Erlebnisurlauber" sind entweder „Karrieremacher" oder „Protestler", „Pioniere", „Wohltäter" und „gute Nachbarn", während bei den „jungen Genuß-Urlaubern" nach „Rockern" und „Angebern" unterschieden wird.

Um solche „Tautologien" zu vermeiden, ist es viel sinnvoller, eindimensionale Typen zu erstellen, die sich ausschließlich an den im Urlaub ausgeübten Aktivitätenmustern orientieren, welche den *Präferenzordnungen erster Stufe* (siehe Abschnitt 3.4.1) der betroffenen Urlauber entsprechen. Dann kann man – unter Bezugnahme auf die theoretischen Konzepte der Tourismusforschung, wie sie etwa in Kapitel 3 dargestellt sind – versuchen, das Urlaubsverhalten (bzw. die Wahl bestimmter Urlaubsstile) durch Motivationsstrukturen, persönliche Merkmale etc. zu erklären, die für den Personenkreis, welcher einen Urlaubsstil ausübt, mit mehr oder minder großer Wahrscheinlichkeit zutreffen.

Wegen der großen Vielfalt der in der Realität vorkommenden Aktivitätenmuster sollte man bei der Typenbildung das Konzept der *„Familien der Urlaubsstile"* zugrunde legen. Danach läßt sich ein beobachtetes Aktivitätenmuster einer Familie von Urlaubsstilen zuordnen, wenn:

1) die *Hauptaktivitäten* (Schlüsselrollen) hinsichtlich ihrer physischen, mentalen und emotionalen Abläufe bzw. ihrer erforderlichen Inputfaktoren an Sach- und Humankapital sehr ähnlich ausgeprägt sind (z.b. verschiedene Formen des Gesundheits- und Wellnessurlaubs, siehe Abschnitt 5.4.2.1);

2) bei gleicher oder ähnlicher Schlüsselrolle die *Nebenaktivitäten differieren* (z.B. Formen des Skiurlaubs mit unterschiedlicher Ausprägung der Erholungs- und Unterhaltungskomponente) oder

3) mehr oder minder differierende Urlaubsformen entweder in sehr *ähnlichen Aktionsräumen* ablaufen (z.b. Formen des Flußtourismus als Reisen entlang von attraktiven Tallandschaften, siehe Abschnitt 5.4.2.2) oder mit *Verkehrsmitteln*, die nicht bloß dem Transport entlang touristischer Routen dienen, sondern auch entscheidend zum Urlaubsvergnügen oder zu den Urlaubsaktivitäten beitragen (z. B. die verschiedenen Formen des Kreuzfahrttourismus, siehe Abschnitt 5.3.2.4).

J. SWARBROOKE und S. HORNER (1999) unterscheiden z.B. „*Types of Tourism*", welche offensichtlich an solchen Kriterien wenigstens ansatzweise orientiert sind. Sie definieren etwa die Typen: „Besuche von Freunden oder Verwandten"; „religiös motivierter Tourismus"; „Gesundheitstourismus"; „Kulturtourismus"; „Scenic Tourism", orientiert an der Besichtigung von attraktiven Naturlandschaften; „Activity Tourism" (verschiedene Sportarten) und „Special Interest Tourism", der die Ausübung vielfältiger Hobbies im Urlaub zusammenfaßt, wie etwa: Malen, Essen und Trinken, Besichtigen militärhistorischer Stätten, Besuche von Musikfestivals etc. Vor allem in den beiden letztgenannten Typen des „Sport"- und des „Special Interest Tourism" wurden aber sehr verschiedene Schlüsselaktivitäten vereinigt mit unterschiedlichen physischen und psychischen Abläufen, differierenden Inputfaktoren an Sach- und Humankapital und sehr voneinander abweichenden Ansprüchen an die Ausstattung der jeweiligen touristischen Aktionsräume. Dies gilt noch viel mehr für den viel zu heterogenen Typ des „Hedonistic Tourism", worunter alle irgendwie vergnügungs- oder sexorientierten Urlaubsformen fallen. „Business Tourism" und „Educational Tourism" (= Studentenaustausch) gehören nach der in Abschnitt 1.4 gegebenen Definition gar nicht zum Bereich des Fremdenverkehrs.

Tabelle 5.5 enthält die Verteilung der Nachfrage in der Bundesrepublik Deutschland auf ausgewählte „*Urlaubsformen*", welche im Rahmen der „Reiseanalyse" von der FORSCHUNGSGEMEINSCHAFT URLAUB UND REISEN (2001) unterschieden wurden (Reisen in den Jahren 1998 - 2000, Basis: Bevölkerung über 14 Jahre). Auch hier entspricht die getroffene Unterscheidung nicht immer den Kriterien der „Familien der Urlaubsstile": z.B. werden in den „Urlaubsformen" (?): „Ferienwohnung" und „Ferienhaus" verschiedene Urlaubsstile zusammengefaßt, welche zwar bezüglich jeweils *eines Elementes* der touristischen Aktionsräume übereinstimmen, aber ansonsten in sehr differierenden touristischen Milieus und mit außerordentlich vielfältigen Aktivitätenmustern ablaufen können. Ebenso verbergen sich hinter der Kategorie „Busreise" sehr unterschiedliche touristische Verhaltensmuster, deren Nachfrager oft nur hinsichtlich der Wahl des Verkehrsmittels übereinstimmen. Damit hat auch diese Gruppenbildung, welche eher heterogene Aktivitä-

Tabelle 5.5:   Urlaubsformen und ihre Nachfrage (nach: FUR, 2001)

Ausgewählte Urlaubsformen	in %	Ausmaß der Nachfrage[1] in Mio.
Strandurlaub	44	28
Ausruh-Urlaub	36	23
Ferienwohnung	22	14
Ferienhaus	12	7
Städtereise	11	7
Busreise	11	7
Winterurlaub im Schnee	9	6
Kulturreise	3	2
Kreuzfahrt	3	2
Abenteuer	2	1
Wellness	2	1

[1] Basis: Bevölkerung im Alter von 14 Jahren und darüber, Angaben für die Jahre 1998 – 2000

tenmuster zusammenfaßt, die in sehr unterschiedlichen Regionstypen ablaufen und von vielfältigen Bevölkerungsgruppen nachgefragt werden, nur eher beschränkten Wert für das touristische Marketing oder die Planung von Fremdenverkehrsgebieten.

Ein (subjektiv abgeleiteter und an den verfügbaren Quellen aus Statistik und Literatur orientierter) „Versuch zur Darstellung von ausgewählten und bedeutenden Familien von Urlaubsstilen", welcher auf den oben genannten Abgrenzungskriterien beruht, ist in Tabelle 5.6 enthalten. Hier wird zwischen „stationären", in den Aktionsräumen von permanenten Übernachtungsstandorten ausgeübten Urlaubsstilen und ihren wesentlichen Varianten („Familienmitgliedern") unterschieden sowie zwischen (individuellen oder geführten) Reisen entlang touristischer Routen. Bei diesen Reisen und ihren Untergruppen prägt das jeweilige „Verkehrsmittel" die Familie des betreffenden Urlaubsstils, wenn seine Benutzung das Aktivitätenmuster dominiert und wesentlich zum Urlaubsvergnügen beiträgt (Wander-, Rad-, Motorrad-, Segeltourismus) oder wenn hier wesentliche Aktivitäten stattfinden (Kreuzfahrttourismus).

Natürlich kann mit der hier vorgelegten Gliederung kein Anspruch auf Allgemeingültigkeit erhoben werden, und es gibt eine Reihe alternativ möglicher Varianten, die ebenfalls den genannten Unterscheidungskriterien genügen. Einige davon sollen hier diskutiert und mit der Gliederung der „Familien der Urlaubsstile" verglichen werden.

Tabelle 5.6: Die „Familien der Urlaubsstile"

1. „Stationäre" (in den Aktionsräumen von Übernachtungsstandorten ausgeübte) Urlaubsstile

Erholungsurlaube	- Sommerfrische - ausschließlicher Erholungsurlaub - Erholungsurlaub mit einzelnen oder mehreren Zusatzaktivitäten (Wandern, Baden, Wellness, Besichtigen, kulturelle Aktivitäten etc.)
Wanderurlaube	- ausschließlicher Wanderurlaub - Wanderurlaub mit Erholungsphasen (z.B. Wellness) - Wanderurlaub mit einzelnen oder mehreren Zusatzaktivitäten (Baden, Besichtigen, kulturelle Aktivitäten, etc.)
Badeurlaube	- ausschließlicher Badeurlaub - Badeurlaub mit einzelnen oder mehreren Zusatzaktivitäten (Wandern, Radfahren, Wellness, Besichtigen, kulturelle Aktivitäten etc.) - Badeurlaub mit auf Unterhaltung bzw. auf gesellschaftliche Kontakte ausgerichteten (Abend-)Aktivitäten - Cluburlaub
Sommersporturlaube	- Tennisurlaub - Golfurlaub - Windsurfurlaub - Tauchurlaub - Aktiv-Cluburlaube mit diversen Sportprogrammen - Jagdurlaub - Angelurlaub - Risikosportarten (alpines-, Sportklettern, Canyoning, Drachen- und Gleitsegelfliegen u.a.) etc.
Skiurlaube	- ausschließlicher Skiurlaub - Tourenskiurlaub - Skiurlaub mit Erholungsphasen (z.B. Wellness) - Skiurlaub mit Zusatzsportarten (Langlauf, Snowboard) - Skiurlaub mit auf Unterhaltung bzw. gesellschaftliche Kontakte ausgerichteten (Abend-)Aktivitäten
Snowboardurlaub	- mit auf Unterhaltung bzw. gesellschaftliche Kontakte ausgerichteten (Abend-) Aktivitäten
Langlaufurlaube	- ausschließlicher Langlaufurlaub - Langlaufurlaub mit rekreativen Phasen
Gesundheits- und Wellnessurlaube	- reiner Gesundheitsurlaub (freiwillige Kur), „spezialisiert" auf einzelne Anwendungsbereiche oder „integriert" - Gesundheitsurlaub mit Wellness-Komponenten - Wellnessurlaub mit physisch-physikalischer Ausrichtung (Thermen, Ernährung, Beauty, Massagen, Fitneß etc.) - Wellnessurlaub mit Ausrichtung auf den emotionalen Bereich (Yoga, Meditation, Schlaf-, Licht-, Aromatherapie etc.)
Feier- und Unterhaltungsurlaube	- Sommervariante in Badeurlaubgebieten, die über eine entsprechende Angebotsdichte an Kneipen, Bars, Discos, Unterhaltungslokalen etc. verfügen - Wintervariante in Skigebieten mit entsprechender Angebotsdichte - großstädtische Variante
Sextourismus	- verschiedene Varianten
Erlebnisurlaube in „künstlichen Freizeitwelten"	- ausschließlicher Erlebnisurlaub - Erlebnisurlaub mit verschiedenen Nebenaktivitäten
Badeaufenthalt in „künstlichen Badewelten"	- mit verschiedenen Nebenaktivitäten
Städtetourismus	- erlebnis- und unterhaltungsorientierte Variante - besichtigungsorientierte Variante - einkaufsorientierte Variante - kulturorientierte Variante - Mischvariante - (sportorientierte Variante, z.B. Städtemarathon)
Veranstaltungstourismus	- Festspieltourismus - Konzert-, Theater-, Operntourismus - Musicaltourismus - Eventourismus; Ereignisse und Veranstaltungen, die verschiedene Interessensbereiche abdecken - Sportveranstaltungstourismus
Wallfahrtstourismus	- stationäre Variante

Tabelle 5.6:   Die „Familien der Urlaubsstile" (Fortsetzung)

2. Reisen entlang touristischer Routen (individuell oder geführt)

Wander(touren)tourismus		- Weitwandern - Trekking (Hochgebirge, Regenwald) - religiös-motivierte Wandertouren (Jakobspfad)
Radtourismus		- sportorientierte Variante - besichtigungsorientierte Variante - Radtouren im Gebirge
Motorradtourismus		- sportorientierte Variante - besichtigungsorientierte Variante
mit: PKW, Bus, Eisenbahn, Flugzeug[1]	„allgemeine Erlebnis- und Besichtigungsreisen"[2]	- ausschließlicher Besichtigungstourismus - erholungs- und unterhaltungsorientierte Varianten
mit: PKW, Bus, Eisenbahn, Flugzeug	Studienreisen	- „klassische" Studienreisen (mit Betonung von Geschichte, Architektur und bildender Kunst) - „moderne" Studienreisen (mit Berücksichtigung von Alltagskultur, sozialen Lebenswelten) etc.
mit: Paddel-, Ruderboot, Kanu, Hausboot etc.	Flußtourismus	- besichtigungsorientierte Variante - erholungs- und genußorientierte Variante - sportorientierte Varianten
verschiedene Verkehrsmittel bzw. Sportgeräte	Abenteuertourismus	- Expeditionsreisen - Abenteuersportreisen
Segeltourismus		- erholungs- und genußorientierte Variante - sportorientierte Variante
Kreuzfahrttourismus		- traditionelle Kreuzfahrten - Fun Ship-Kreuzfahrten - Themenkreuzfahrten
Flußkreuzfahrten		- traditionelle Flußkreuzfahrten - Themenkreuzfahrten
Wallfahrten und ähnliche Formen		- Pilgerreisen - Reisen zur „Selbstfindung"

[1] Wohnwagen- oder Caravantouren als eigene Variante
[2] Überblick über die wesentlichen kulturellen und naturräumlichen Sehenswürdigkeiten

Im Gegensatz zu A. DREYER (1996) verzichtet die hier vorgelegte Typologie etwa auf den Überbegriff „*Kulturtourismus*". DREYER versteht darunter kulturorientierte Städtereisen (mit Aktivitätenspektren, die von der Besichtigung bis zum Kultur- und Eventkonsum reichen), Studienreisen (nur als themenbezogene Pauschalreisen), Sprachreisen und Themenreisen (hier werden Besuche von Vergnügungs- und Freizeitparks zusammengefaßt mit Reisen entlang themenbezogener touristischer Routen).

Nach dem Kriterium 3 der „ähnlichen Aktionsräume" (siehe oben) wird im Gegensatz zu DREYER hier die Familie des „*Städtetourismus*" unterschieden, mit vielfältigen – auch kulturorientierten – Varianten, wobei den „Mischformen" verschiedenster Aktivitäten in der Realität große Bedeutung zukommen wird. Aufenthalte in Städten mit dem Hauptzweck des Besuches von kulturellen Veranstaltungen gehören – nach dem oben genannten Kriterium 1 – zur (nicht ausschließlich an städtische Milieus gebundenen) Familie des „*Veranstaltungstourismus*". Zu ihren wesentlichen, in Tabelle 5.6 enthaltenen Varianten zählt, neben z.B. dem Festspiel- und dem Musicaltourismus, auch der auf *Events* bezogene Tourismus. Nach D. GETZ

(1991) und W. Freyer (1996, S. 212) versteht man darunter „speziell inszenierte oder herausgestellte Ereignisse oder Veranstaltungen von beschränkter Dauer mit touristischer Ausstrahlung." Musik-, Theater-, Kunst-, Literatur-Events, Traditions-Events (Jahrestage, Jubiläen, Stadtfeste), Brauchtum-, Medien-Events (z.B. internationale Preisverleihungen, wie „Oscar" oder „Bambi") stellen die wichtigen Formen dar (die ebenfalls genannten wissenschaftlichen Events gehören nach der engeren Definition nicht zum Tourismus und der Besuch von religiösen Events zählt zum Wallfahrtstourismus). Allerdings muß man die hier als Events zusammengefaßten Ereignisse und Veranstaltungen wohl weiter differenzieren, da besonders ihre mentalen und emotionalen Aktivitätenmuster (Kriterium 1, siehe oben) sehr voneinander abweichen. Teilweise zum Eventtourismus kann man auch Reisen zu (nicht regelmäßig oder nur relativ selten abgehaltenen) Sportveranstaltungen (etwa zu Sommer- oder Winterolympiaden) zählen. Hier bestehen Überschneidungen zum *„Sportveranstaltungstourismus"* (Besuch von mehr oder minder regelmäßig veranstalteten Formel I-Rennen, Tennis-, Fußball-, Golfturnieren etc.; U. Köhler, 1995).

Nicht anschließen kann man sich auch der viel zu breiten Definition des „Thementourismus" von A. Dreyer (1996): Besuche von Vergnügungsparks gehören wohl nur im weitesten Sinn zum „Kulturtourismus". Sie sind viel eher zu der (in der Wachstumsphase befindlichen) Familie der *„Erlebnisurlaube in künstlichen Freizeitwelten"* zu zählen, und individuelle Themenreisen sollte man doch wohl mit den themenbezogenen Pauschalreisen zusammenfassen. Dies geschieht in der Gliederung der „Familien der Urlaubsstile" unter dem Oberbegriff *„Studienreisen"*, wobei die Organisationsform (pauschal oder individell) nur als sekundäres Klassifikationsmerkmal gilt. Damit wird u.a. der Trend der Reiseveranstalter berücksichtigt, auch die Pauschalreisen zu individualisieren und nach dem Bausteinsystem anzubieten (M. Ganster, 2000). Nach den oben genannten Kriterien 1 und 2 gibt es daneben mit den *„allgemeinen Erlebnis- und Besichtigungsreisen"* ohne spezielle Themen und oft mit erholungs- und unterhaltungsbezogenen Varianten einen weiteren Rundreisebereich, der sich immer mehr zu einer eigenen Familie entwickelt. Hier bildet: „Land und Leute kennen lernen" eine wichtige Aktivitätenkategorie, meist gekoppelt mit verschiedenen Freizeit- und Erlebniselementen (M. Lettl-Schröder, 2001).

Wegen der großen Vielfalt der Aktivitätenmuster werden *„Sporturlaube"* in mehrere Familien untergliedert. Dazu zählen aber nicht die bloßen „Aktivurlaube" und auch nicht – wie bei A. Dreyer (1995) – Besucherreisen zu Sportveranstaltungen (diese sind, siehe oben, dem „Veranstaltungstourismus" zugerechnet) und auch nicht Wettkampf- und Trainigsreisen von Leistungssportlern (die man, siehe Abschnitt 1.4, gar nicht als touristische Aktivitäten betrachten sollte). Unter den vielen Sportarten, die als Schlüsselaktivitäten für Urlaubsreisen in Frage kommen (siehe etwa bei A. Dreyer, 1995, S. 10), werden nur die Wichtigsten ausgewählt und verschiedenen, mehr oder minder homogenen Familien zugeordnet. Vor allem die Familie der *„Sommersporturlaube"* ist sehr heterogen und könnte mit gutem Grund auch noch mehrfach unterteilt werden. Sie umfaßt *„Tennis"*- und *„Golfurlaube"*, als die Spitzenreiter der einschlägigen Angebote von Reiseveranstaltern, wobei derzeit besonders die letztgenannte Gruppe einen Boom erlebt: In Deutschland möchten immer mehr der derzeit ca. 370.000 Golfspieler ihren Sport auch im Winter und auf den attraktiven Plätzen der internationalen Tourismusregionen ausüben. Auf den besonders nachgefragten Anlagen müssen auch schon die Abschlagszeiten (also der Beginn der Golfrunden) vorgebucht werden. Golf und Wellness oder Golf-Kreuzfahrten (siehe Abschnitt 5.3.2.4) sind immer beliebtere „Familienmitglieder" (A. FRAUKE, 2001). Auch „Tauchurlaube" befinden sich im Aufwind. Hier sind vor allem jene Tauchschulen gefragt, bei denen man international anerkannte Lizenzen erwerben kann, und diejenigen Reviere, welche vom Korallensterben weniger betroffen sind. Demgegenüber ist der Höhepunkt des (Wind-)Surf-Trends wohl schon erreicht und überschritten. Von den stationär betriebenen „Risikosportarten" sind in die entsprechende „Teilfamilie" nur die extremen (wie etwa Sportklettern) übernommen.

Wegen ihrer Bedeutung werden aber die „Wintersporturlaube" in mehrere Familien untergliedert, mit den „Skiurlauben" als der umfassendsten Gruppe und dem „Snowboardurlaub" als Kern einer Familie, die in einer starken Wachstumsphase steht und sich künftig wohl ausdifferenzieren wird. Mehr oder minder deutlich von den „Ski"- und „Snowboardurlauben" in Abspaltung begriffen ist auch eine Wintervariante der „Feier- und Unterhaltungsurlaube", wobei hier die sportlichen Betätigungen immer mehr den Charakter von Nebenaktivitäten annehmen.

Eine ganze Reihe von „Sporturlauben" zählen zu den verschiedenen Familien der Reisen auf touristischen Routen: Dazu gehören die sportorientierten Varianten des „Rad"-, „Mountainbike"- und „Motorradtourismus", ebenso wie verschiedene Varianten des „Flußtourismus", z.B. „Wildwasserkajak"- und „Wanderkanufahren". Extreme sportliche Aktivitäten entlang touristischer Routen werden der Familie des „Abenteuertourismus" zugeordnet, wie Expeditionsreisen in unerschlossene Naturlandschaften. Extreme Trekkingtouren (die an sich zur Familie des „Wandertourismus" gehören) wären hier ebenfalls zuzurechnen.

Auf einige der in Tabelle 5.6 genannten Familien von Urlaubsstilen, die in jüngerer Zeit an Bedeutung gewonnen haben, wird im Folgenden noch etwas näher eingegangen.

5.4.2   Ausgewählte Beispiele

5.4.2.1   Gesundheits- und Wellnesstourismus

Diese Familie befindet sich in der Wachstumsphase ihres Produktzykluses und bildet die Basis für den Aufschwung ganzer Tourismusregionen (etwa des „Steirischen Thermenlandes" in Österreich). In der Literatur wird häufig die Definition des Begriffes „Gesundheitstourismus" von C. KASPAR (1996; S. 55) zitiert, als „Oberbegriff für einen touristischen Aufenthalt mit dem Ziel der Erhaltung, Stabilisierung und

Wiederherstellung der Gesundheit, bei dem aber – um ihn von einem normalen Ferienaufenthalt zu unterschieden – Gesundheitsdienstleistungen einen Schwerpunkt bilden". Diese können sich auf verschiedene physische oder psychische Teilbereiche (Risikoanalyse, Schönheit, Schlankheit, Fitness etc.) beziehen. Unter „*Wellness*" (zusammengesetzt aus den beiden englischen Wörtern „well-being" und „fitness") versteht man ein umfassenderes Konzept, das auf die „Harmonie von Körper, Geist und Seele" abzielt, wobei körperliche Fitneß, ausgewogene Ernährung, Entspannung (inklusive Spaß und Unterhaltung), geistige Aktivität und Umweltsensibilität wesentliche Elemente bilden, und „Selbstverantwortung" einen entscheidenden Motivationsfaktor darstellt, ebenso aber auch „hedonistische"und lustbetonte Grundeinstellungen (H. MÜLLER; E. LANZ, 1998).

Tabelle 5.7 enthält einen „idealtypischen" *Überblick über die Familien der beiden Urlaubsstile*, zwischen denen natürlich auch die verschiedensten Übergangsformen bestehen. Es werden diese neuen Formen auch den charakteristischen Aktivitätenmustern der traditionellen „*Kur*" gegenübergestellt, welche ganz auf die beiden Hauptziele: Rehabilitation und Prävention ausgerichtet sind, und nur im geringen Ausmaß durch Unterhaltungs- bzw. Erholungsaktivitäten Ergänzung finden. Es ist aber auch berücksichtigt, daß ein nicht unbeträchtlicher Teil der Nachfrager nach Angeboten des Gesundheits- und Wellnesstourismus diese nur als Zusatz zu anderen, dominierenden Urlaubsstilen in Anspruch nimmt. Hier sind mehrere Familien von Urlaubsstilen besonders wichtig, die („traditionellen") „*Wander- und Erholungsurlaube*" sowie die „*Sporturlaube*" (S. HILGER; J. STEINBACH 1997).

Tabelle 5.8 gibt eine Übersicht über die maßgeblichen *Angebotselemente* (meist: sog. „abgeleitetes" touristisches Angebot), welche die Voraussetzung für die Ausübung der neuen Tourismusformen (sowie der traditionellen Kur) bilden. Hier lassen sich jeweils zwei grundsätzliche Ausprägungsformen unterscheiden:

– Einerseits gibt es „*zentralisierte*" *(bei der Kur: „stationäre")* *Angebotsformen*, welche durch die mehr oder minder große räumliche Konzentration der Aktivitäten innerhalb eines geschlossenen Komplexes (Gesundheits-, Wellness-, Sporthotel, Clubareal, Kurklinik) gekennzeichnet sind. Der Außenwelt, d.h., den Aktionsräumen der Gemeinden oder der Fremdenverkehrsregionen, kommt hier oft nur untergeordnete Bedeutung zu.
– Die Ausgestaltung dieser Aktionsräume beeinflußt aber wesentlich den Erfolg der zweiten Variante des „*dezentralisierten Gesundheits- und Wellnesstourismus*", wo Betten- und Aktivitätenstandorte innerhalb eines Ortes oder sogar in einer größeren Fremdenverkehrsregion liegen, und wo im Rahmen des Urlaubs (der Kur) eine größere Anzahl von Einrichtungen der privaten und öffentlichen Tourismusinfrastruktur nachgefragt wird (S. HILGER; J. STEINBACH, 1998).

Der bisherige Erfolg dieser hier skizzierten neuen Urlaubsformen ist aus Abbildung 5.8 am Beispiel Österreichs ersichtlich. Hier kommt die *Entwicklung der Übernachtungszahlen* von 1979 bis 1997 zur Darstellung (in Form von Index-

Tabelle 5.7: Die Familie der Gesundheits- und Wellnessurlaube (nach: J. STEINBACH; S. HILGER, u. a., 1997)

Kur	Gesundheitsurlaub	Verwöhnungs- („Wellness")-Urlaub	Gesundheit und „Wellness" als Teilelemente anderer Urlaubsstile
Anwendung einer ärztlich verschriebenen Kombination von medizinischen Kurmitteln zur Rehabilitation oder Prävention. Nebenaktivitäten in der Regel untergeordnet, wobei die Entspannungskomponente dominiert, z.B. Spazierengehen, traditionelle Kultur	eher spezialisiert auf einzelne Programme oder auf die Kombination ausgewählter Schwerpunkte, wie: • Check-up, Risikoanalyse und „moderne Prävention" • Streßmanagement • Schönheit • Schlankheit, Ernährung • Fitness • spirituelle und esoterische Themen mehr oder weniger integriert: Kombination einer größeren Anzahl der genannten Programme	allgemein „hedonistisch"; lustbetont, weniger auf „Einzelziele" (z.B. Abnehmen, Steigerung der Fitness) bezogen und weniger medizinisch orientiert; enthält viele Elemente des „integrierten Gesundheitsurlaubs" oft mit physisch-physikalischer Ausrichtung (Thermen, Ernährung, Fitneß etc.) oder mit Ausrichtung auf den emotionalen Bereich (Yoga, Meditation u.a.), zusätzlich: • Animation, Unterhaltung • Erlebnisgastronomie • Outdoor-Sport auf Großanlagen (Tennis, Golf) • Wandern und Outdoor-Sport im Naturraum • z.T. kulturelle Aktivitäten	Kombination (im unterschiedlichen Ausmaß) mit verschiedenen Hauptaktivitäten, wie: • Wandern • Erholung • alpine Wintersportarten (Langlauf) • Tennis • Golf • Radsport
	plus: Verwöhnungs- und Entspannungsaktivitäten, die dem Gesundheitsprogramm angepaßt sind (Erlebnisgastronomie, Unterhaltung, Outdoor-Sport u.a.)		

Tabelle 5.8:   Elemente des Angebotes im Kur-, Gesundheits- und Wellness-Urlaub (nach: J. STEINBACH; S. HILGER, u. a., 1997)

Organisationsform	Kur	Gesundheitsurlaub	Verwöhnungs- („Wellness")-Urlaub	Gesundheit und „Wellness" als Teilelemente anderer Urlaubsstile
stationär / zentralisiert (die Aktivitäten sind vorwiegend auf einen geschlossenen Komplex – wie Klinik, Hotel, Club – konzentriert)	integrierte Kurklinik	Gesundheitshotels: • voll ausgestattet als „multifunktionale" Erlebniswelten mit „Verwöhnzone", „Beauty Area" (Sauna, Dampfbad, Thermarium), „Medical Area", „Mental Area" • teilspezialisiert auf bestimmte Angebotselemente	• voll ausgestattete „Wellness"- und Gesundheitshotels als „multifunktionale" Erlebniswelten mit noch größerer Bedeutung von Architektur und Ambiente, Landschaftsgestaltung etc. • „American Spa" mit Thalasso, Ayurveda etc.	„zentralisierte" Variante, vor allem im Bereich der „Sporturlaube": • auf bestimmte Sparten spezialisierte „Sporthotels" mit Teilausstattung an Gesundheits- und „Wellness" – Einrichtungen
ambulant / dezentralisiert (die Aktivitäten werden im „Aktionsraum" von Gemeinde und Fremdenverkehrsregion ausgeübt)	• Kurbäder • Kurzentren, Kurmittelhäuser • Kurhotels, Pensionen • Kurpark • Teilelemente spezialisierter Gastronomie • (Kurcafé)	• „multifunktionales" Erlebnis- und Gesundheitsbad • hochrangige Hotelerie • gut ausgestattete Pensionen, Appartements, z. T. Privatquartiere • spezialisierte Gastronomie und Unterhaltung	„dezentralisierte" Variante wenig ausgeprägt	Einrichtungen des „dezentralisierten" Gesundheits- oder Verwöhnungsurlaubes in der Gemeinde oder in der Fremdenverkehrsregion werden „mitbenutzt"
für beide Organisationsformen mehr oder weniger wichtige Angebote	• Theater • Casino	• Sportgroßanlagen (Tennis, Golf) • „ganzheitliche" Ortsgestaltung und Ortsphilosophie • mehr oder minder attraktiver Kulturraum, kulturelle Einrichtungen		nur teilweise relevant

Abbildung 5.8:   Übernachtungen in Gemeinden mit Kurtourismus sowie in
                  neuen Zentren des Gesundheits- und Wellnesstourismus:
                  Österreich 1979 - 1997, (nach: J. STEINBACH; S. HILGER,
                  u. a., 1997)

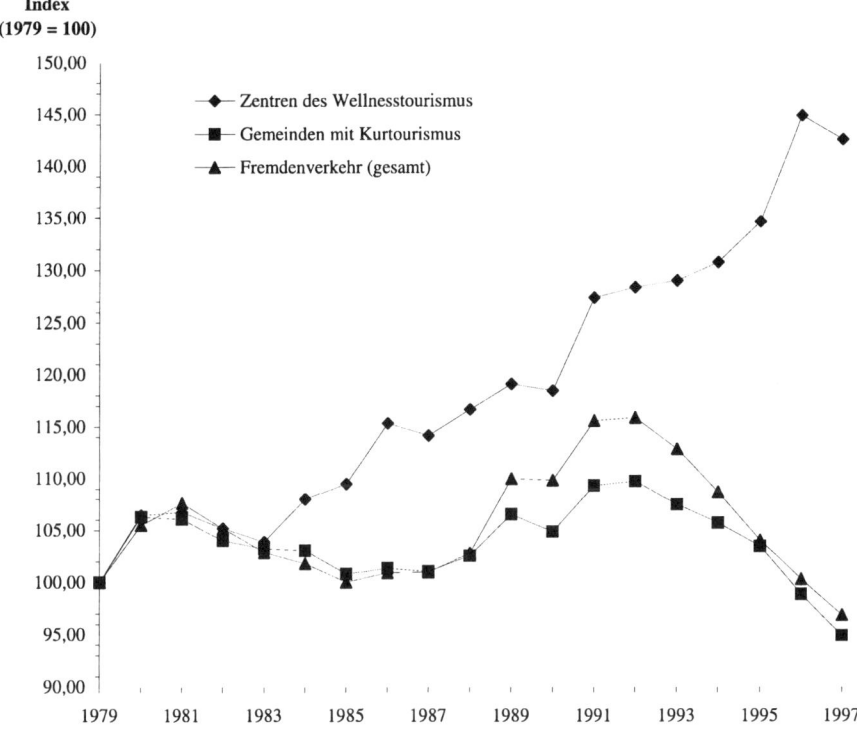

werten: 1979 = 100) und zwar getrennt nach den Kategorien: Fremdenverkehr
(gesamt), Gemeinden mit Kurtourismus und (ausgewählte) Zentren des Gesund-
heits- und Wellnesstourismus (Steierisches Thermenland, Bad Tatzmannsdorf, Bad
Zell, Bad Schallerbach, Bad Kleinkirchheim): Während sich für die neuen Zentren
des Gesundheits- und Wellnesstourismus sowie für die älteren Kurorte, denen die
Umstellung auf die neuen Angebotsfelder geglückt ist, beträchtliche Wachstumsraten ergeben, entspricht die Entwicklung für die traditionellen Kurorte eher dem
Trend für den gesamten österreichischen Tourismus (Wachstumsphasen Anfang
der 80er und besonders an der Wende zu den 90er Jahren, dazwischen Stagnation
bzw. dramatischer Rückgang bis in die jüngste Zeit). Ihr zusätzliches Zurückblei-
ben seit Ende der 80er Jahre geht auf die im Rahmen der Deregulierung des Sozi-
alstaates beschlossenen Sparmaßnahmen bei der Bewilligung von Kuren zurück.

Unter solchen Bedingungen verwundert es nicht, daß der *Trend zur Angebots-
umstellung und -Erweiterung* in Richtung auf den Gesundheits- und Wellnesstourismus bisher noch nicht gebrochen ist. Unter den Reiseveranstaltern haben die Spezialanbieter längst ihre Vorrangstellung verloren, da mittlerweile

auch die großen Konzerne umfangreiche eigene Programme anbieten, wobei in der Angebotspräsentation in letzter Zeit sogar auf den Begriff „Gesundheit" verzichtet wird (da er ja indirekt auf „Krankheit" hinweist, und die stellt in der „heilen Welt" des Tourismus ein Tabu dar): So verkauft die TUI ihre Gesundheits- und Wellnessangebote seit 1998 unter dem Markennamen „Vital". TER-RAMAR bietet unter „Wellness und Fitneß" rund 200 Packages und Arrangements an sowie 20 Programme für Körperpflege, Entspannung und Gesundheit. Im neuen Katalog „Care" der Konzernschwester NECKERMANN-REISEN sind mehr als 300 Angebote enthalten. Die Spezialisten reagieren auf den Einstieg der Branchenriesen mit vermehrter Produktdifferenzierung und mit Nischenangeboten. Beispielsweise unterteilt BARBARA RICHTER (IDK-REISEN, München) ihre Angebote in die Segmente „Top Health", „Top Fit" und „Beauty-Urlaub", die Frankfurter FIT-GESELLSCHAFT FÜR GESUNDES REISEN verkauft „Manager Aktiv Wochen" oder „Ayurveda Wohlfühltage". Die meisten dieser Anbieter versuchen, sich auch auf dem Markt für *Kurzurlauber* zu etablieren. Bemerkenswert sind die *hohen Anteile des Inlandsmarktes* der BRD, die mit ca. 50 % (TUI, IDK) deutlich über den Werten anderer Tourismuszweige liegen (Durchschnitt: ca. 35 %). Es zeigen sich aber auch Expansionstendenzen über die *näheren Auslandsziele* (etwa: Italien, Ungarn, Tschechien) hinaus in die *mittleren* (etwa: Gran Canaria, Mallorca, Tunesien) und *weiteren* (etwa: Sri Lanka, Thailand) *Zielregionen des Ferntourismus* (TOURISTIK R.E.P.O.R.T., 11/2000). Recht deutlich zeichnet sich auch die Ausbildung einer neuen Angebotsvariante ab: die *Kombination von Cluburlauben mit Wellnesselementen*, wie schonende Bewegungsprogramme, streßreduzierende Entspannungs- und Mentalübungen, ausgewogene Ernährung und Kosmetik. Bei ROBINSON (auch im österreichischen Club „Alpenkönig"), ALDIANA CLUB VALTUR und CLUB MED gewinnen entsprechende Packages immer mehr an Bedeutung (TOURISTIK R.E.P.O.R.T., 11/2000).

Dieser expandierenden Angebotsentwicklung steht ein nicht unbeträchtliches *Nachfragepotential* gegenüber, das sich jedoch in den letzten Jahren offenbar nicht mehr erhöht hat. Dies läßt sich recht gut an den Ergebnissen der DEUTSCHEN REISE-ANALYSE zeigen (FORSCHUNGSGEMEINSCHAFT URLAUB UND REISEN; 1995, 1966, 1997; M. LOHMANN, 1999). Es ergibt sich ein relativ großer, in den letzten Jahren allerdings mehr oder minder unveränderter Interessentenkreis von 1999 ca. 22 Mio. Deutschen (13 % der Bevölkerung für den „Gesundheitsurlaub", 11 % für: „Kur im Urlaub" und 7 bzw. 6 % für den „Fitneß- und Wellnessurlaub"). Allerdings zeigt die Analyse des tatsächlichen Verhaltens, daß bisher nur ein Teil dieses Potentials tatsächlich zum Tragen kommt: 1998 wählten im Jahresdurchschnitt ca. 8,7 Mio. Deutsche gesundheitsorientierte Urlaubsformen (davon: „Wellnessurlaub": 1,1 Mio.; „Fitneßurlaub": 1,8 Mio.; „Gesundheitsurlaub": 3,6 Mio.; „Kur im Urlaub": 2,2 Mio.; Quelle: FORSCHUNGSGEMEINSCHAFT URLAUB UND REISEN, 1999). Beim B.A.T. Freizeitforschungsinstitut geht man davon aus, daß zukünftig 20 % der deutschen Bevölkerung auf Reisen mehr für Gesundheit und Wellness tun wollen, ein Potential von ca. 12,7 Mio. Nachfragern (Touristik R.E.P.O.R.T., Nr. 10, 2001).

5.4.2.2 Flußtourismus

Auf die Besonderheiten der Natur- und Kulturlandschaften entlang der Täler von größeren und kleineren Flüssen als wichtige Attraktionen für die Urlaubsstile des *„Flußtourismus"* wurde in den Abschnitten 2.6 und 2.7 bereits eingegangen. Tabelle 5.9 gibt einen Überblick über die entsprechende Urlaubsstil-Familie bzw. über die flußbezogenen Varianten der verschiedenen Aktivitätenmuster, von denen viele auch in anderen Aktionsraumtypen ausgeübt werden.

Ähnlich wie bei den Hochseekreuzfahrten gibt es auch bei den Flußkreuzfahrten zwei Angebotsbereiche mit differierenden Tätigkeitenmustern: Beim Subtyp der *traditionellen Flußkreuzfahrten* dominiert ein vornehmlich älteres und meist wohlhabendes Publikum mit einem Altersdurchschnitt von ca. 57 Jahren (A. POLLAK, 2001). Hier stehen erholungs-, genuß- und immer mehr auch wellnessorientierte Aktivitäten an Bord der Schiffe im Mittelpunkt der Tätigkeitenmuster. Während bei den Hochseekreuzfahrten die Routenpläne oft so gestaltet sind, daß die Seestrecken zwischen den Haltepunkten in der Nacht zurückgelegt werden und die Tage für Besichtigungen an Land zur Verfügung stehen, halten die Flußschiffe vorwiegend über die Nacht. Dadurch stellen bei Flußkreuzfahrten Abendausgänge (eventuell mit Veranstaltungsbesuchen) ein wichtiges Angebotselement dar. Tagsüber bildet das Landschaftserlebnis vom Schiff aus einen Hauptprogrammpunkt. Allerdings werden auch zunehmend tagsüber veranstaltete Landausflüge (meist mit Reisebussen) angeboten, vor allem, um weniger attraktive Flußstrecken oder längere Schleusungen zu überbrücken, zum Teil auch, um den immer häufigeren „Wiederholungsreisenden" Abwechslung zu bieten. Neben den traditionellen Fahrten werden auch auf den Flüssen *Themenkreuzfahrten* immer häufiger veranstaltet, als Schiffsreisen, „bei denen das gesamte Angebot (Route, eventuell auch Termin, Bordprogramm und Ausflüge) auf ein bestimmtes Thema ausgerichtet ist, wodurch das Thema zum Hauptmotiv der Buchung für die betreffende Reise wird" (H. GÖCKERITZ, in FVW 10/1992, S. 99). Derzeit werden auf Flußkreuzfahrten besonders folgende Themen und Themengruppen angeboten:

- Musikreisen mit dem Besuch verschiedener Veranstaltungen auf den Stationen der Fahrt, mit Konzerten an Bord sowie mit „Seminaren" mitfahrender Künstler, die Interessierten etwas von ihrem Wissen und ihren Fertigkeiten vermitteln;
- geschichtliche oder kunsthistorische Themen;
- Gourmet- und Weinkreuzfahrten;
- Sprachreisen mit Kursen an Bord;
- Esoterik-, Beauty-, Happy Single-Kreuzfahrten etc.

Trotz des Entwicklungspotentials der Themenkreuzfahrten zeigen die bisherigen Erfahrungen, daß es oft auch schwierig sein kann, ein ganzes Schiff mit Nachfragern nach einem speziellen Interessensbereich zu füllen. Zudem erfordern Themenkreuzfahrten einen großen organisatorischen Aufwand, sind aber nicht oft wieder-

Tabelle 5.9:   Wesentliche Formen des flußbezogenen Tourismus (nach: J. STEINBACH, 1995)

Urlaubstile mit Wachstumschancen	Flußbezogene Varianten der Urlaubstile	Verkehrsmittel	Flußstrecken	Merkmale der	
				Naturlandschaft	Kulturlandschaft
Kultur- und Bildungstourismus Städtetourismus Vergnügungs- und Attraktionstourismus Incentivetourismus Erholungstourismus	Flußkreuzfahrten	Flußschiffe Passagierzahl in der Regel 80–220 oft Ausstattung mit: Außenkabinen mit TV, Telefon, Dusche, WC, Klimaanlage, Hallenbad, Pool bzw. Whirlpool, Sauna, Fitneßraum, Sonnendeck, Hospital, Salon, Panoramarestaurant	Mittel- und Unterlauf größerer Ströme, erforderliche minimale Wassertiefe ca. 1,20 m		Großstädte bzw. Größere Mittelstädte mit attraktiven, städtebaulichen, kulturellen, gastronomischen und Unterhaltungsangeboten
Gourmettourismus Musiktourismus Sporttourismus andere Formen des „Special Interest Tourism" Kongreß- und Konferenztourismus	Themenkreuzfahrten	Vollpension in vier Runden Ausflüge, Abendunterhaltung	größere Kanäle ca. 35–50 m Spiegelbreite Schleusenkammern 190 x 12 m	Durchbruchstäler Grabenbrüche Schichtstufen	
Erholungstourismus Kultur- und Bildungstourismus (Vergnügungs- und Attraktionstourismus Städtetourismus u.a.)	Hausbootfahrten	Wohnboote (in GB auch „Narrowboats") meist führerscheinfrei ca. 2 – 8 Passagiere oft Ausstattung mit: Dusche, WC, TV, Küche oder Kochnische, Salon, Sonnendeck	Mittel- und Unterlauf kleinerer Flüsse mittlere und kleinere Kanäle bis ca. 6 – 8 m Spiegelbreite („Narrowboats": ca. 2 x 20 m)	Mittelgebirgslandschaften mit Sohlen- und Muldentälern breite Flußebenen mit Aulandschaften und naturnahen Ökotypen	traditionelle Kulturlandschaften mit Acker-Grünlandwirtschaften bzw. Spezialkulturen: Wein, Obst, Sonnenblumen u.a. weitgehend erhaltene historische Dörfer
Erholungstourismus Sporttourismus (Kultur- und Bildungstourismus)	Wasserwandern	Kajak, Kanu Schlauchboot			Klein- und Mittelstädte isolierte Baudenkmäler etwa Burgen, Klöster, Schlösser, z.T. Relikte aus der Römerzeit
Sporttourismus Erholungstourismus Kultur- und Bildungstourismus (Städtetourismus)	Radwandern	Tourenrad Mountainbike Veranstalterreisen mit Gepäcktransport	Radwege entlang des Mittel- und Unterlaufes größerer und kleinerer Flüsse, etwa umgebaute ehem. Treidelpfade oder Bahnstrecken, Dammkronen und Staustrecken		
Sporttourismus Abenteuer- und Trekkingtourismus	Wildwasserfahrten	Faltboot Kajak Schlauchboot Veranstalterreisen mit Gepäcktransport	Oberlauf bzw. oberer Mittellauf von Gebirgsflüssen Gefälle: ca. 6 bis 80 ‰ Strömung: ca. 5 bis 30 km/h	Schluchten, Klammen, Canons, engere Kerbtäler	wenig Ansprüche an Attraktionen der Kulturlandschaft

holbar. Allerdings werden sie als wichtiges Instrument zur „Imagekorrektur" der
Flußkreuzfahrten und zur Mobilisierung jüngerer Nachfragerschichten angesehen.

Die auf den europäischen Flüssen eingesetzten *Kreuzfahrtschiffe* wurden zum Groß-
teil in letzter Zeit in den Dienst gestellt, ältere Schiffe sind in der Regel renoviert
oder umgebaut. Touristische Bedeutung haben zwei mehr oder minder deutlich ausgeprägte Größenklassen: „Großschiffe" mit einem Bettenangebot von um 200 (und
teilweise darüber) verkehren in Europa besonders auf Donau, Rhein und Mosel sowie auf den großen russischen und ukrainischen Flüssen. Die kleinere Kategorie
verfügt über ca. 100 Betten. Vor zehn Jahren entstand mit der KÖNIGSTEIN das
erste Schiff dieser Dimension, das dank kleinerer Ausmaße, versenkbarer Brücke,
eines neuen (Pumpjet-)Antriebes etc. auch Gewässer mit niedrigem Wasserstand,
kleineren Schleusen und Brücken mit geringer Durchfahrtshöhe befahren kann. Dank
dieser neuen Bauweise können nun auch bisher nicht zugängliche Flußstrecken erschlossen werden. Die Schiffe der beiden Kategorien verfügen in der Regel über ein
größeres, oft panoramaverglastes Restaurant (nur eine Tischzeit für alle Passagiere), Lounge und Bar mit Tanzfläche, Fitneß- und Wellnessbereiche mit Sauna, Sola-
rium, Whirlpool etc., Sonnendeck mit Schwimmbecken, Bibliothek, Boutique, Fri-
seur etc. Ihre Kabinen (rd. 15 qm) sind mit TV und einem relativ geräumigen Dusch-
bad ausgestattet. Bei den neuersten Schiffen zählen – wie bei den Hochseekreuzern
– auch schon eigene Balkone zur Ausstattung (FVW, 19.10.2001).

Tabelle 5.10 gibt einen Überblick der *europäischen Reviere für Flußkreuzfahrten* (soweit sie auf dem deutschen Markt angeboten werden; nach A. PFEIFFER, 2002) und zwar
für die Saisonen 2001 und 1993. Karte 5.3 zeigt die Situation im Jahr 1993. Man kann
eine deutliche Rangordnung der Reviere nach ihrer touristischen Bedeutung feststellen:

– Hier steht 2001 die *Donau* deutlich an der Spitze, mit ca. 555.000 angebotenen
   Passagiertagen, das sind 34 % des erfaßten Gesamtvolumens. Wegen der Krisen
   und Kriege in Serbien bleibt die Route auf die Strecke Passau – Wien – Budapest
   (bzw. Kalocza südlich der ungarischen Hauptstadt als Ausgangsstation für Ausflüge in die Pußta) beschränkt. Erst in der Saison 2002 sollen die früher oft angebotenen Fahrten bis in das Donaudelta wieder aufgenommen werden. In diesem
   beliebtesten Fahrrevier Europas hat sich die Zahl der angebotenen Passagiertage seit 1993 um fast 60 % erhöht, und es sind doppelt so viele Schiffe im
   Einsatz. Weitere ca. 38.000 Passagiertage (2 %) entfallen zusätzlich noch auf den
   Main-Donau-Kanal und die obere Donau zwischen Regensburg und Passau.
– In einer nächsten Gruppe lassen sich drei größere Flußreviere zusammenfassen
   mit jeweils etwa zwischen 250.000 bis 100.000 Passagiertagen:
   + Dazu zählt zunächst die traditionelle russische Route von *St. Petersburg nach
      Moskau* über den Swir-Wolga-Ostsee-Kanal (der über den Ladoga- und One-
      gasee zum Rybinsker Stausee führt) mit derzeit etwa 253.000 in der Saison
      verfügbaren Passagiertagen (ca. 16 % des erfaßten Gesamtvolumens). Damit
      hat sich hier das Angebot im Vergleich zum Jahr 1993 sogar um das Einein-

Tabelle 5.10: Die europäischen Flußkreuzfahrt-Reviere (nach: A. PFEIFFER, 2002)

Fahrgebiete	Zahl der Schiffe	Durchschnittliche Zahl der Passagiere je Schiff	Zahl der Fahrten	Passagiertage	Durchschnittliche Fahrdauer in Tagen
Donau	24 (12)[1]	166 (185)[1] (202 – 96)[2]	75965 (40403)[1]	554528 (351006)[1]	7,3 (8,7)[1]
Main - Donau	9 (5)	133 (122) (158 – 90)	4795 (6018)	38493 (49024)	8,0 (8,1)
Rhein	12 (14)	172 (139) (192- 90)	28590 (54992)	136060 (273582)	4,8 (5,0)
Mosel-Rhein	10 (6)	106 (136) (142-82)	2432 (14151)	17024 (64610)	7,0 (4,6)
Main – Rhein	11 (5)	139 (107) (158 – 90)	13625 (2191)	73547 (16171)	5,4 (7,4)
Neckar-Rhein	3 (3)	110 (113) (125-82)	657 (1214)	5147 (8641)	7,8 (7,1)
Elbe	8 (4)	100 (115) (124 – 68)	14243 (15258)	93576 (97760)	6,6 (6,4)
Mecklenburg (Seenplatte u. Kanäle, Havel)	1 (3)	20 (40)	600 (1990)	4200 (9988)	7,0 (5,0)
Oder	7	85 (90 – 68)	5158	36191	7,0
Weser (Hamburg-Bremen)	1	31	775	5425	7,0
Mittellandkanal	5	91 (100 –79)	639	5303	8,3
Niederlande – Belgien	6 (8)	106 (116) (148-90)	2121 (2961)	16438 (23972)	7,8 (8,1)
Rhône (Saône)	7 (3)	139 (120) (156 – 100)	18445 (7771)	129947 (72232)	7,0 (9,3)
Seine	4 (1)	11 (108) (150-99)	8670 (1404)	60357 (9828)	7,0 (7,0)
Swir-Wolga-Ostsee-Kanal, Wolga, Wolga-Moskau-Kanal (St.Petersburg – Moskau)	8 (4)	262 (270) (300 – 142)	24862 (9360)	253069 (98600)	10,2 (10,5)
Wolga	4 (3)	198 (232) (280 – 110)	1780 (1305)	25513 (13575)	14,3 (10,4)
Dnjepr	3 (1)	259 (270) (290 – 232)	6212 (7560)	92662 (60480)	14,9 (8,0)
Po	4	105 (160 – 88)	7880	56105	7,1
Duoro	1	74	444	3552	8,0
Göta-Kanal	2	60	1380	12420	9,0

[1] Werte für 1993   [2] maximale und minimale Passagierplätze je Schiff für 2001

Quellen: AIR-MARITIME, Flußreisen 2001; ANTON GÖTTEN REISEN, Flußkreuzfahrten 2001; P. DEILMANN REEDEREI, Auf den schönsten Flüssen Europas 2001; DERTOUR, Flußkreuzfahrten 2001; HAPAG-LLOYD, Die Faszination der Flüsse 2001; NECKERMANN REISEN, Flußfahrten 2001; OLYMPIA REISEN, Rußland-China 2001; PHOENIX REISEN, Flußreisen 2001; PLANTOURS, Flußreisen 2001; SEE-TOURS, Flüsse 2001; TRANSOCEAN TOURS, Flußreisen 2001; VIKING KD, Flüsse, Seen und Meer 2001

Karte 5.3:   Ausgewählte Flußkreuzfahrtreviere in Europa (nach: J. STEINBACH, 1995)

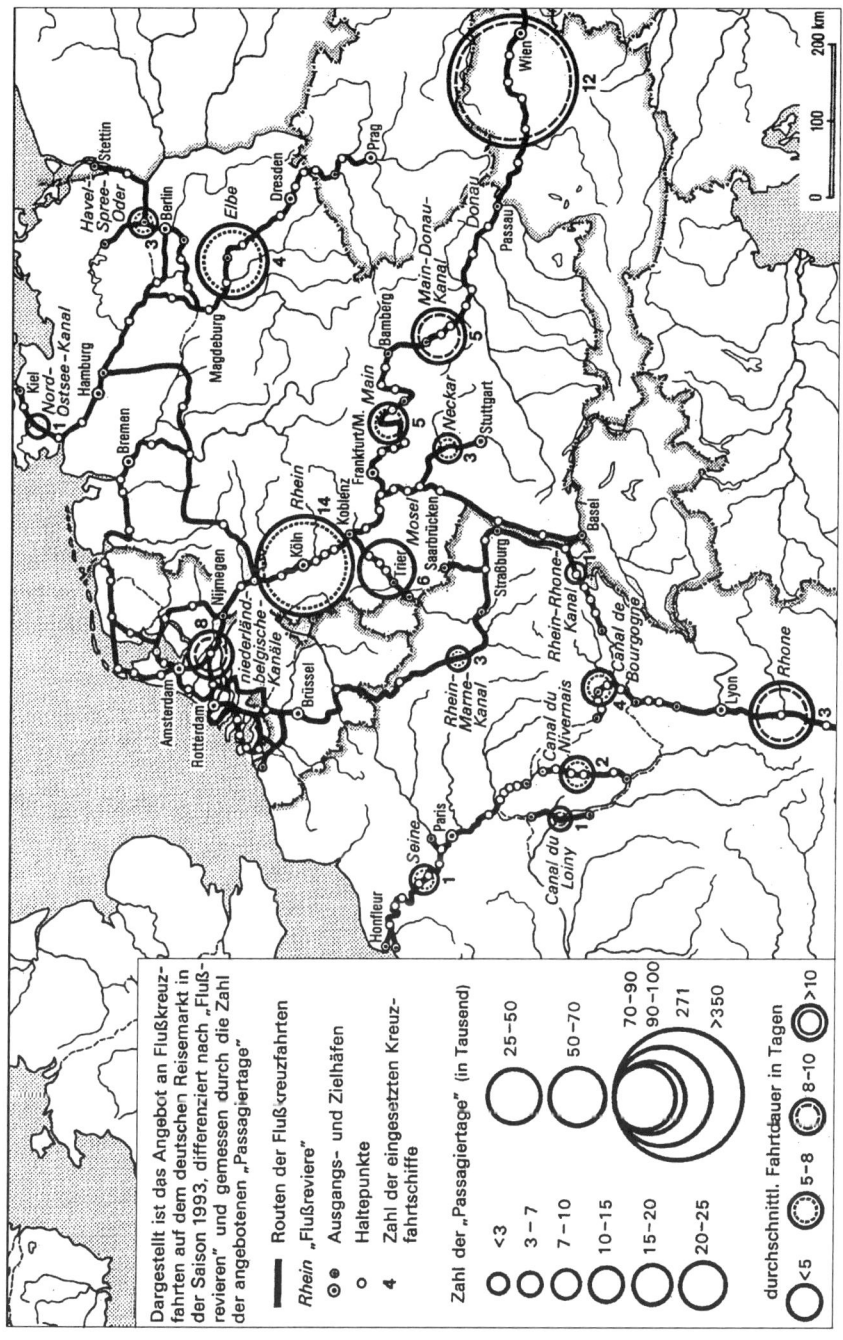

halbfache erhöht. Die acht eingesetzten Schiffe zählen zu den Größten im europäischen Flußtourismus.

+ Dagegen mußten die Reviere des *Rheins* (ca. 136.000 Passagiertage auf der Hauptroute, 8 % des Gesamtangebotes) mit seinen Nebenflüssen und Kanälen seit 1993 fast ausnahmslos Rückgänge hinnehmen. Lediglich auf der Route Rhein – Main mit heute ca. 74.000 Passagiertagen ist der Kreuzfahrttourismus stark gewachsen. Insgesamt ergeben sich für das ganze Fahrrevier des Rheins aber nur mehr ca. 232.000 Passagiertage, so daß der Donau heute die alleinige Spitzenposition in Europa zukommt.

+ Deutliche Zuwächse hat hingegen wieder die *Rhône* (ca. 130.000 Passagiertage; 8 %) zu verzeichnen. Sie wird in der Regel von Lyon bis ins Delta nach Avignon oder Arles befahren.

– Eine dritte Gruppe umfaßt die Flüsse mit einem Angebot von 50.000 bis 100.000 Passagiertagen.

+ Dazu gehört die *Elbe* (ca. 94.000 Passagiertage; 6 %) mit dem Schwergewicht auf den attraktiven Flußabschnitten der Querung des Elbsandsteingebirges bzw. der „Sächsischen" und „Böhmischen Schweiz". Prag wird entweder direkt über die Moldau erreicht oder von Melnik aus mit dem Bus. Nach der Boomphase Anfang der 90er Jahre hat sich das Angebot allerdings nicht mehr wirklich erhöht.

+ Dagegen werden im Revier des mittleren und unteren *Dnjepr* in die Ukraine (ca. 93.000 Passagiertage) derzeit etwa um 50 % mehr angeboten als 1993.

+ Am besten hat sich aber in dieser Gruppe der Kreuzfahrttourismus auf der *Seine* (zwischen Paris und Honfleur an der Atlantikküste) entwickelt (ca. 60.000 Passagiertage), mit einem Zuwachs der in Deutschland angebotenen Kapazitäten um ca. 500 %.

+ Mit einem Angebot von ca. 56.000 Passagiertagen fällt auch noch das Revier des *Po* in diese Gruppe, wo die Fahrten (von Venedig aus über die Lagunen und dann flußaufwärts bis nach Cremona) erst in den letzten Jahren aufgenommen wurden. Im Programm sind meist längere Busfahrten zu den oberitalienischen Kunststädten enthalten, da die Landschaft des Po wenig Abwechslung bietet.

– In eine vierte Gruppe fallen die Reviere von Oder und Wolga. Auch auf der *Oder* haben die Flußkreuzfahrten (derzeit ca. 36.000 Passagiertage) noch keine lange Tradition. Das Revier dürfte aber an Bedeutung zunehmen. Auf der *Wolga* bleibt das Angebot hingegen mehr oder minder konstant (26.000 Passagiertage).

– In einer fünften und letzten Gruppe kann man kleinere Reviere, vorwiegend Kanalstrecken, mit weniger als 20.000 Passagiertagen zusammenfassen. Auf sie entfallen insgesamt nur 2,5 % des in Deutschland angebotenen Gesamtvolumens. Unter anderem ist hier der *Göta-Kanal* zu nennen, der die mittelschwedischen Seen mit der Ostsee verbindet. Hier verkehren kleinere, vergleichsweise recht alte Schiffe (die um die Wende zum 20. Jh. bzw. in der Zwischenkriegszeit gebaut wurden). Sie bieten wenig Komfort, dafür aber viel Romantik. Weiters gehören etwa zu dieser Gruppe: das *Mecklenburger Revier* (Havel plus verschiedene Seen und Kanäle), der *Mittellandkanal* und der *Duoro* in Portugal.

Wenigstens ergänzend zu dieser Übersicht über den europäischen Flußtourismus muß man auch die bedeutenden außereuropäischen Reviere der Flußkreuzfahrten nennen. Dazu zählen natürlich vor allem der ägyptische *Nil*, für den schon Thomas COOK ein Kreuzfahrtschiff bauen ließ, und wo schon vor dem Zweiten Weltkrieg einige Flußschiffe verkehrten. Mittlerweile stehen über 240 Nilschiffe im Einsatz, was zu vielen Problemen auf der Hauptstrecke zwischen Luxor und Assuan führt, vor allem an den Schleusen und an den Anlegeplätzen zur Besichtigung der vielen archäologischen Sehenswürdigkeiten. Einen großen Aufschwung hat die Flußkreuzfahrt auch auf dem *Yangtsekiang* in China erlebt, mit den drei Schluchten, die sich über eine Strecke von ca. 200 km (zwischen Nanjing und White King City) erstrecken. Allerdings werden durch die neu errichteten Staustufen ab 2003 viele der natur- und kulturräumlichen Sehenswürdigkeiten entlang der Strecke überflutet sein. Zu den weiteren, bedeutenderen Revieren des internationalen Flußkreuzfahrttourismus zählen etwa noch die amerikanischen Flüsse *Mississippi* und *Amazonas*, der australische *Murray River*, der *Ayeyarwady* in Myanmar (Burma) oder die sibirischen Flüsse *Jennisej* und *Irtysch* (A. PFEIFFER, 2002).

Vor allem auf den westeuropäischen Märkten ist der *Hausboottourismus* ein recht nachgefragtes Mitglied der Urlaubsstil-Familie des Flußtourismus, wobei die *Kanäle und Kanalsysteme* in Frankreich, England, Nordirland, der Republik Irland und in Holland – Belgien die wesentlichen Zielgebiete darstellen. Ihre Entstehungsgeschichte reicht bis in das Mittelalter zurück. Die größeren, staatlich geförderten Projekte entstanden in der Zeit des Merkantilismus (Canal de Bourgogne zwischen Seine und Sâone und Canal du Nivernais zwischen Loire und Sâone zur Schaffung einer Inlandsverbindung zwischen Atlantik und Mittelmeer als Reaktion auf die englische „Kontinentalsperre" während der napoleonischen Kriege) bzw. in der frühindustriellen Periode (4.000 km künstliche Wasserwege in England, vor allem zum Kohletransport). Bereits in der zweiten Phase der industriellen Revolution verloren die engen und wegen der vielen Schleusen nur langsam zu durchfahrenden Kanäle in der Konkurrenz mit dem neuen Verkehrssystem der Eisenbahn an Bedeutung (siehe Abschnitt 5.3.2.1). Viele wurden allmählich stillgelegt. Heute erleben sie eine touristische Renaissance. So wurde etwa der Kennet and Avon Canal restauriert und in den 90er Jahren von der englischen Königin wieder eröffnet (J. STEINBACH, 1995B).

Karte 5.4 gibt Aufschluß über die wichtigen Hausboot-Reviere und die Liegeplätze der großen Charterunternehmen. Ihre Bedeutung wird – in Ermangelung anderer Quellen – anhand der Anzahl der in den wichtigen Katalogen angebotenen Bootseinheiten (größerer Charterunternehmen) dargestellt. Hier zeigt es sich, daß die englischen *Norfolk Broads* mit ca. 700 angebotenen Bootseinheiten das mit Abstand bedeutendste Revier darstellen. Es liegt an der Kanalküste, ca. 170 km nordöstlich von London und wird von sechs Flüssen (Ant, Bure, Thurne, Yare, Chat, Waveney) sowie von mehreren Seen und Kanälen gebildet. Insgesamt gibt es hier ein strömungsarmes und schleusenfreies Wasserstraßennetz von 350 km Länge, das wegen seines Sonnenreichtums und der relativen Trockenheit zu den klimatisch begünstigten Regionen der Britischen Inseln zählt (J. STEINBACH, 1995B).

Karte 5.4:   Ausgewählte Hausbootreviere in Europa (nach: J. STEINBACH, 1995)

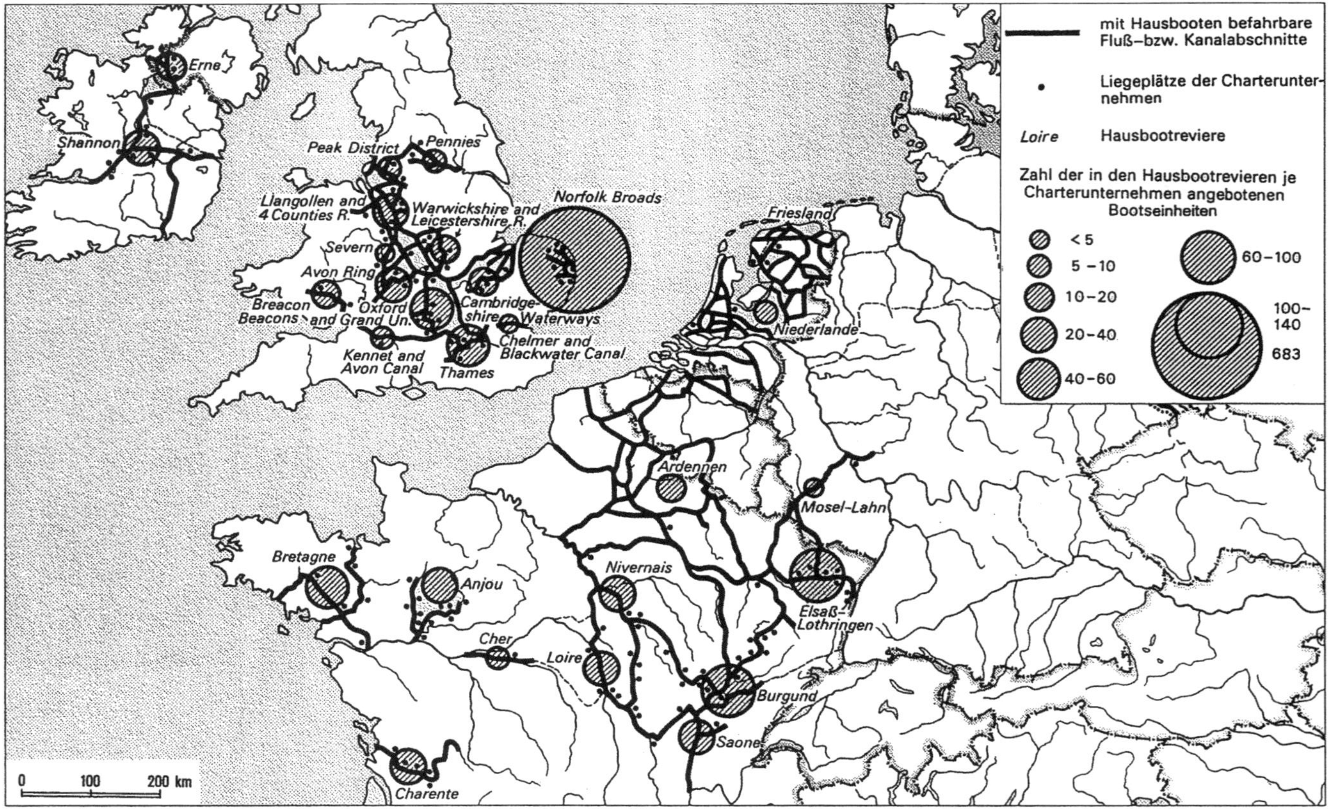

Die im Hausboottourismus angebotenen *Bootstypen* differieren nach Größe, Ausstattung (alle verfügen jedoch über Einbauküche und Naßzelle), Raumaufteilung und Position der Steuereinheit (Heck, Bug oder in der Mitte des Oberdecks). Sie bieten im Durchschnitt Platz für fünf bis sieben Personen, in den englischen, schottischen und wallisischen Revieren eher nur für zwei bis vier Passagiere. Schon daraus läßt sich die Beschreibung der *Nachfragestruktur* ableiten: Familien mit (etwas größeren) Kindern stellen die wichtigste Kundengruppe dar, wobei die größeren Einheiten oft auch von zwei Familien gemeinsam gemietet werden. Mehr als bei den Flußkreuzfahrten bildet beim Hausboottourismus die Fahrt auf dem Fluß und das Leben an Bord den Schwerpunkt der Aktivitätenmuster, unterbrochen durch Landgänge (Gastronomie, Besichtigungen oder Fahrten entlang der Flüsse, die von einem Teil der Passagiere auf mitgeführten Rädern unternommen werden).

Derzeit hat der Hausboottourismus Zuwächse zu verzeichnen, von denen aber etwa Deutschland oder Österreich nicht so sehr betroffen sind, da hier für das Betreiben von Hausbooten der amtliche Sportboot-Führerschein verlangt wird. Darunter leidet die Nachfrage besonders in den beiden wichtigsten deutschen Revieren Mosel – Lahn und Mecklenburg – Brandenburg.

An den Ober- und Mittelläufen einer Anzahl von Flüssen, besonders in den nordamerikanischen und europäischen Hoch- und Mittelgebirgen, ist es in jüngerer Zeit zu einer deutlichen Zunahme des *Wildwasser-Tourismus* gekommen, vor allem im südlichen Frankreich (Westalpen, Pyrenäen, Zentralplateau) in den Rhätischen Alpen (Graubünden) oder in den tiroler und bayerischen Kalkalpen (siehe Karte 5.5), aber auch – mit geringeren Schwierigkeitsgraden – etwa im Rheinischen Schiefergebirge oder im Erzgebirge. Im Wildwasser-Tourismus gibt es regional unterschiedliche *Fahrsaisonen*, die einerseits von den verschiedenen Abflußregimen (regen-, schmelzwasser-, gletschergespeiste Flüsse mit diversen Mischformen) abhängen, andererseits aber auch immer mehr von den Flutungszeiten der Bäche und Flüsse durch die Kraftwerks-Betreiber. Dies gilt gleichermaßen für die beiden Grundtypen von Wildwasser-Revieren: die stark verblockten *Kajakflüsse*, mit unterschiedlich ausgeprägten Gefällestrecken und geringerer Wasserführung, und die breiteren, wasserreicheren *Raftingflüsse* mit ausgeglichenerem Gefälle (F. Erotteau, D. Beuazet, B. Lambolez, 1987). Der Aufschwung dieser sportorientierten Familienmitglieder des Flußtourismus läßt sich zurückführen auf die steigende Nachfrage nach Freizeitabenteuern mit erhöhtem Aufregungs-, Spannungs- und Konfliktniveau aber auch auf technologische Innovationen bei den Sportgeräten (siehe Abschnitt 5.1): Dazu zählen etwa die Einführung der Kunststofftechnologie beim Bau von Kajaks und Kanus oder die Entwicklung der aufblasbaren Rafts auf der Basis der von der US-Navy im Zweiten Weltkrieg verwendeten Rettungsflöße (mit elektronisch verschweißten Kunststoffasern anstelle des Gummis als Material für den Bootskörper; E. A. Weiss, 1991). Während der Rafting-Tourismus vor allem über kommerzielle Anbieter abläuft (Abenteuer-Reiseveranstalter und –Clubs), wird der Wildwasser-Tourismus eher individuell betrieben oder mit Unterstützung von nur kleineren

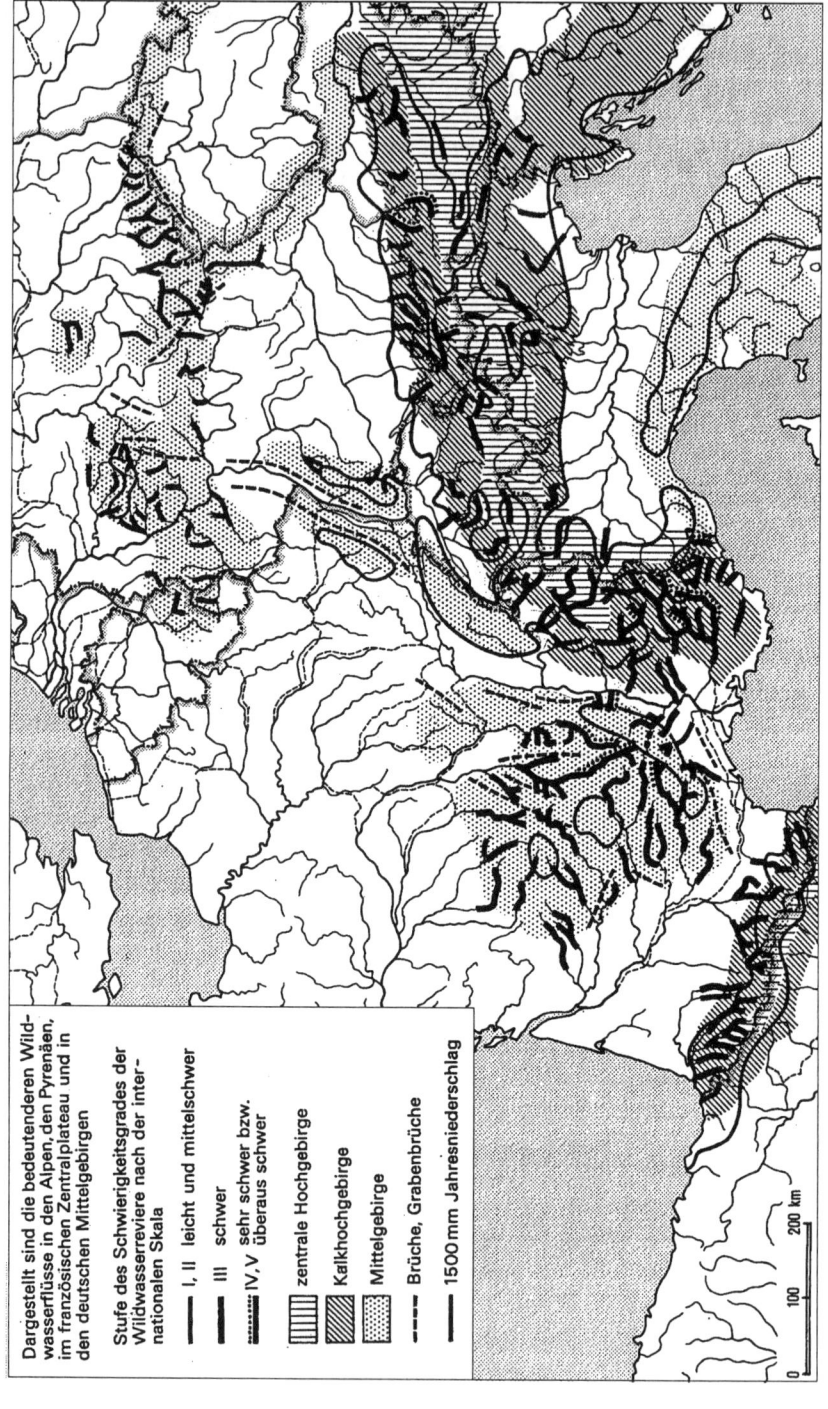

Karte 5.5:   Wildwasserreviere in Europa (nach: J. STEINBACH, 1995)

Bootsvermietern und Reiseveranstaltern. Dies gilt auch für das *Wasserwandern* auf ruhigeren und meist kleineren Flüssen und Kanälen, wobei wieder das Landschaftserlebnis im Vordergrund steht.

Ein sehr bedeutendes Mitglied der Familie von Urlaubsstilen, die entlang von Flüssen ablaufen, bildet schließlich das *Radwandern auf Flußrouten* als die wichtigste Spielart des Radfahrens, einer Urlaubsaktivität, die etwa in Deutschland derzeit von 6 Mio. Touristen ausgeübt wird (STUDIENKREIS FÜR TOURISMUS, 1991) und die in den letzten Jahrzehnten immer beliebter geworden ist (Anstieg der Zahl der Freizeit-Radfahrer seit den 70er Jahren um ca. 65 %). Hier eröffnen sich den Touristen Facetten des Natur- und Kulturerlebens, welche den Autofahrern nicht zugänglich sind. Dementsprechend bildet das Absolvieren der einzelnen Tagesetappen auf dem Rad auch die absolut vorherrschende Schlüsseltätigkeit, meist eher nur randlich begleitet von Erholungs- (z.B. Baden) und Besichtigungsaktivitäten. Tabelle 5.11 enthält die wichtigsten Reisemotive der Fluß-Radfahrer und macht die Unterschiede deutlich, welche im Vergleich mit Touristen, die andere Urlaubsstile ausüben, bestehen. Da die Mehrzahl der Radtouristen – bei einem Durchschnittsalter von 25 bis 45 Jahren – dem neuen „Mittelstand" (mittlere und leitende Angestellte, Lehrer, Beamte u.a.) angehört, werden etwa auch anspruchsvollere gastronomische oder Wellnessangebote immer mehr nachgefragt. Ems, Weser, Tauber, Lech, Isar, Salzach und Inn können als Beispiele deutscher und österreichischer Ziele im Radtourismus entlang von Flüssen genannt werden. Seine, Loire, Sarthe, Dordogne, Lot und Rhône gehören zu den beliebtesten französischen Rad-Flüssen. Der *Donau-Radweg* (Donaueschingen – Ulm – Passau – Linz – Wien – Budapest; E. MIGLBAUER, E. SCHULLER, 1991) und die bayerische *Altmühltal-Route* (zwischen Gunzenhausen und Kelheim; A. JILG 1992; J. STEINBACH, M. KAISER, 1991; S. KUHN, 1998) zählen zu den am meisten nachgefragten Routen. Auf der Hauptstrecke des Donau-Radweges (Passau – Wien) sind in der Saison ca. 150.000 – 200.000 Radfahrer unterwegs, mit täglichen Spitzenbelastungen von über 3.000. Ein ähnliches Belastungsniveau (ca. 2.200) kann man auch im Kernbereich des Altmühltales (Dollnstein – Eichstätt) feststellen, dessen jährliches Radfahreraufkommen auf über 100.000 geschätzt wird.

Tabelle 5.11: Reisemotive der Radfahrer auf Flußrouten und der Touristen mit anderen Urlaubsstilen (nach: E. MIGLBAUER, E. SCHULLER, 1991)

Reisemotive	die Motive treffen zu (Anteile in %) für	
	Fluß(= Donau)-Radfahrer	Touristen mit anderen Urlaubsstilen
„Natur und Landschaft"	87	59
„Bewegung und Sport"	81	41
„Erlebnis, Abwechslung"	46	46
„Kultur"	42	40
„individuelles Reisen"	42	46

Auch der Radtourismus entlang von Flüssen, der das Ende seiner Wachstumsphase wohl allmählich erreicht, hat sehr deutlich zur touristischen Gestaltung der Tallandschaften beigetragen und hier *Wachstumszyklen von Fremenverkehrsregionen* ausgelöst. Auf ihre Abläufe, Varianten, Randbedingungen und Konsequenzen wird im nächsten Abschnitt eingegangen.

5.5   Wachstumszyklen von Tourismusregionen

5.5.1   Das Zyklenmodell von R. W. BUTLER

Während in der Tourismusforschung die Produktzyklushypothese bisher eher nur in Ausnahmefällen (G. PALME, 1986) auf die Entwicklung von Urlaubsstilen (als die wesentlichen Steuerungsfaktoren der Veränderungen im räumlich-zeitlichen System des Fremdenverkehrs) angewendet wurde, gibt es eine Reihe von Ansätzen zur Erklärung der Wachstums- und Schrumpfungsphasen von *Fremdenverkehrsgebieten* auf der Basis dieses Konzeptes. Allerdings wird hier höchstens implizit und ohne weitere Vertiefung auf die Bedeutung hingewiesen, welche dem Aufkommen von neuen Urlaubsstilen für die Entwicklung der verschiedenen touristischen Destinationen zukommt (siehe etwa bei K. KULINAT, 1998).

Hier hat sich unter verschiedenen Ansätzen (etwa: J. A. BARRETT, 1958; J. M. MIOSSEC, 1976) das *Konzept von R. W. BUTLER* (1980) durchgesetzt. Demnach durchläuft der Lebenszyklus von Tourismusregionen in sechs Phasen. Abbildung 5.9 (nach R. W. BUTLER, 1980) zeigt ihren Ablauf an Hand der Nachfrageentwicklung (Zahl der Touristen oder der Übernachtungen). Tabelle 5.12 (nach D. GETZ, 1992) enthält *charakteristische Indikatoren* der einzelnen Zyklusphasen. Sie bilden die Hauptmerkmale der Stufen der Entwicklung von Tourismusregionen ab:

1) *Erkundung (Exploration)*: In der ersten Phase erkundet eine geringe Anzahl von – oft wohlhabenden – Touristen eine Region, welche sich durch besondere natürliche oder kulturelle Attraktionen auszeichnet. Einrichtungen der touristischen Infrastruktur sind nicht oder kaum vorhanden und die Erreichbarkeit des Gebietes ist schlecht.

2) *Erschließung (Involvement)*: Mit zunehmender Nachfrage kommt es zum Ausbau erster touristischer Einrichtungen vor allem durch einheimische Unternehmer, welche die Chancen des neuen Wirtschaftszweiges erkennen. Zum Teil entstehen zuerst einfachere Unterkünfte und kleine Familienhotels, dann setzt die Entwicklung – entsprechend den Ansprüchen der reichen „touristischen Pioniere" – in der Regel auch bald mit Investitionen in den Qualitätssektor ein. In der Regionalpolitik beginnt man den Ausbau des Tourismus zu diskutieren, seine Rahmenbedingungen werden sukzessive verbessert.

3) *Entwicklung (Development)*: Die Nachfrage steigt weiter und in einem oft boomartigen Aufschwung setzt sich der Massentourismus durch, wobei nationale und internationale Hotelketten bzw. Reisekonzerne die Kontrolle der Tourismuswirt-

Abbildung 5.9: Der Wachstumszyklus von Tourismusregionen
(nach: R. W. BUTLER, 1980)

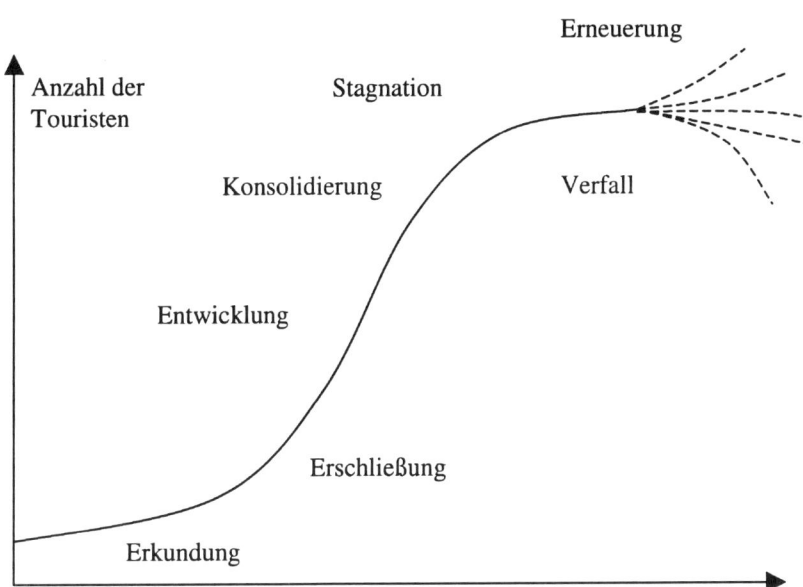

schaft übernehmen. Ihre standardisierten Angebote sowie die neuen oder adaptierten Verkehrsnetze entsprechen den normierten Erwartungen der nun dominierenden Massentouristen aus mittleren und unteren Einkommensklassen. Hand in Hand mit dem Wandel zu einer spezialisierten Dienstleistungsregion geht die fortschreitende Gefährdung der Umwelt durch die starke Überbauung und durch die Übernutzung der Ressourcen.

4) *Konsolidierung (Consolidation)*: Obwohl die Zahl der Nachfrager noch ansteigt, verkleinert sich die Zuwachsrate. Die Region hat sich auf den nationalen und internationalen Tourismusmärkten etabliert, ist aber auch zunehmender Konkurrenz ausgesetzt.

5) *Stagnation (Stagnation)*: Der Wachstumsprozeß hat seinen Abschluß gefunden. Rückgänge bezüglich der Zahl der Touristen und ihres Nächtigungsaufkommens machen sich bemerkbar. Immer mehr dominieren einkommensschwache und wenig anspruchsvolle Nachfragegruppen sowie die treuen Stammgäste, welche von den immer schlechteren Umweltbedingungen noch nicht abgehalten werden. Diese tragen aber zu einer zunehmend tourismusfeindliche Haltung der Bevölkerung bei.

6) *Erneuerung (Rejuvenation)* oder *Verfall (Decline)*: Manchmal kann es durch neue Impulse wieder zu einem (mehr oder minder intensiven) Wachstum des Tourismus kommen, vor allem dann, wenn es gelingt, die Angebotsstrukturen der Regionen auf die Anforderungen von anderen Urlaubsstilen umzustellen. Möglich sind auch der fortschreitende Verfall (wobei ein Teil der touristischen Infrastruktur

Tabelle 5.12: **Indikatoren des Wachstumszykluses von Tourismusregionen (nach: D.GETZ, 1992; V.F. DA CONCEIÇÃO, P.M. ROQUE ÁGUAS, 1997)**

Stages and Indicators

Exploration
    Small number of allocentrics
    Little or no tourist infrastructure
    Natural and cultural resources

Involvement
    Local investment
    First advertising of the destination
    Public investment in infrastructures
    Emerging tourist areas
    Advent of a tourist season

Development
    Rapid growth in the number of tourists
    Visitors outnumber the residents
    Well-defined tourist areas
    Heavy advertising
    External investment
    Man-made attractions development
    Mid-centrics replace allocentrics

Consolidation
    Slowing growth rates
    Advertising to develop new markets and overcome seasonality
    Psychocentrics appear
    Residents approve of the importance of the activity

Stagnation/Stabilization
    Peak visitor numbers reached
    Capacity limit reached
    Resort image divorces from the environment
    Area no longer fashionable
    Heavy reliance on repeat trade
    Low occupancy rates
    Frequent ownership changes

Rejuvenation   Complete renewal of the attraction

Decline
    Decrease in markets
    A move out of tourism activities
    Tourist infrastructures are replaced

neuen Nutzungen, etwa: Zweitwohnungen, Altersheime, Gastronomie für Tages-ausflügler zugeführt wird) oder der sukzessive und oft schwierige Umstieg auf andere wirtschaftliche Schwerpunkte.

Dieser Ansatz von R. W. BUTLER stellt eine tourismusbezogene Variante des in den Raumwissenschaften verwendeten Typs der Entwicklungsstufen-Modelle dar. Hier hat vor allem das Modell der verschiedenen *Stadien des wirtschaftlichen Aufstiegs von Regionen (Staaten)* nach W. W. Rostow (1960) größere Beachtung gefunden und diente in den 70er und 80er Jahren als Bezugsbasis für die Entwicklungspolitiken im Rahmen der sog. „Modernisierungsstrategien". In der „Take off-Phase" dieses Entwicklungsprozesses werden nach Rostow die Regionen massiv „von außen" beeinflußt, durch ausländische Direktinvestitionen sowie durch die Integration in den Welthandel. Dadurch ergibt sich die eigentliche Basis für ihren wirtschaftlichen Aufstieg. Unter Bezugnahme auf die Theorie der Produktzyklen von Urlaubstilen kann man auch die *„Entwicklungsphase"* von Fremdenverkehrsgebieten nach Butler in ähnlicher Weise interpretieren: Hier kommen die in der Region eingeführten Urlaubsstile voll zum Tragen – bedingt durch auswärtige Investitionen in die Tourismusinfrastruktur und in das Transportwesen. Mit dem internationalen Massentourismus setzt dann der ökonomische „Take off" ein. Besonders für den Tourismus in den Entwicklungsländern treffen aber oft auch Aussagen der sog. *„Dependenztheorie"* mehr oder minder zu, wonach der hohe Entwicklungsstand der „Kernstaaten" erst auf Kosten der aus der Peripherie abgeschöpften Ressourcen möglich wird. Als häufigstes Beispiel für eine solche Abhängigkeitsbeziehung werden die geringen touristischen Multiplikatoreffekte genannt (siehe Abschnitt 4.2.1), bedingt etwa durch die Gewinntransfers von internationalen Großinvestoren (siehe etwa: S. Britton, 1982).

In der Literatur wird das Wachstumszyklus-Modell von R. W. Butler sowohl deskriptiv verwendet, d.h., zur Beschreibung und Erklärung der bisherigen Entwicklung des Fremdenverkehrs in einer Bezugsregion, z.T. aber auch präskriptiv, d.h., als Grundlage für Szenarien bezüglich zukünftiger Trends (entsprechende Übersichten finden sich z.B. bei B. Prideaux, 2000 oder V. F. Da Conceição, P. M. Roque Águas, 1997).

Schon die *deskriptiven Analysen* zeigen nur teilweise Übereinstimmung mit den Modellannahmen: Erstens gibt es beträchtliche Unterschiede bezüglich des *Verlaufes der „Nachfragekurven"*, die in verschiedenen Fällen deutlich von der idealtypischen „S-Form" abweichen (siehe etwa die Studien von D. J. L. Choy, 1992 über verschiedene Tourismusinseln im Pazifik), wobei es oft besonders schwierig ist, die einzelnen Phasen, ihre „Wendepunkte" und ihre zeitliche Dauer zu identifizieren (siehe z.B. bei C. Cooper, 1992). Zweitens steht zumeist nur eine *ungenügende Datenbasis* (in der Form von historischen Zeitreihen) zur Erfassung der Zyklen zur Verfügung (Tabelle 5.12 enthält die von D. Getz in seiner Studie über Niagara Falls verwendeten Indikatoren, hier lag noch eine recht gute Datenbasis vor). Es herrscht aber auch durchaus keine Übereinstimung darüber, mit welchen Kennzahlen man die Zyklen eigentlich abbilden soll. Dies ist durch das dritte Defizit bedingt: Bei dem Modell von R. W. Butler handelt es sich um eine *Beschreibung* des Verlaufes der touristischen Regionalentwicklung, während *umfassende und konsistente Erklärungskonzepte* fehlen. In der Literatur wird z.B. die unzureichende Berücksichtigung ökonomischer Faktoren konstatiert, etwa der Bezug auf verschiedene Formen des Marktes, wie die oligopolistische Position der großen Fluglinien und Tourismuskonzerne (auf die z.B. K. Debbage, 1990 in seiner

Studie über die Bahamas hinweist). Ebenso wäre auch die Bedeutung der staatlichen Tourismusplanung in Rechnung zu stellen oder die Einflüsse von sonstigen politischen Rahmenbedingungen (N. DOUGLAS, 1997, beschreibt z.B. die Auswirkungen dieser Einflußfaktoren im Rahmen seiner Tourismusanalysen von Papua Neu Guinea, der Solomon Inseln und von Vanuatu). Wegen solcher Schwierigkeiten, die schon bei der Erfassung und Erklärung historischer regionaler Wachstumszyklen auftreten, wird die Bedeutung des BUTLER-Modells als *Prognoseinstrument* oft noch viel kritischer bewertet. Hier interpretiert man allerdings auch die Intentionen von R. W. BUTLER oft falsch: „.. at the time at which it was presented, the purpose of the model was relatively simple, to agrue the case that destinations had a life as a product and this life would proceed through stages and at some point likely end." (R. W. BUTLER, 1998, zitiert nach B. PRIDEAUX, 2000).

5.5.2   Das ökonomische Wachstumsmodell von B. PRIDEAUX

Unter vielen Tourismusforschern könnte man vermutlich darüber Zustimmung erzielen, daß sich der Ansatz von R. W. BUTLER auf einen *idealtypischen Verlauf* der regionalen Tourismusentwicklung bezieht, welcher in der Realität aber in vielen Varianten abläuft, was auf komplexe und sehr unterschiedliche Kombinationsformen von Einflußfaktoren zurückzuführen ist: „At the current state of the debate, the model constitutes the orthodoxy of the tourism destination literature and can be described as tourism's first and perhaps only widely recognised paradigm. However, the model continues to demonstrate limitations, principally its apparent inability to be operationalized." B. PRIDEAUX (2000, S. 227), von dem dieses Zitat stammt, versucht selbst eine solche Operationalisierung auf der Basis des makroökonomischen Konzeptes. Und wie es sich zeigt, gelingt auch dies nur höchstens ansatzweise.

In der Abbildung 5.10 wird das *Grundschema des Modells* dargestellt, welches den Wachstumspfad einer Tourismusregion als kontinuierliche Abfolge von Gleichgewichtszuständen auf immer mehr expandierenden Tourismusmärkten erklärt. Hierbei ist auf der vertikalen (y-) Achse des Diagramms die Entwicklung der Preisniveaus der Übernachtungsagebote in einer untersuchten Region aufgetragen, während die horizontale (x-)Achse das Beherbergungsangebot der Region im Zeitablauf abbildet. Zu verschiedenen Zeitpunkten des Wachstumspfades ergeben sich jeweils spezifische Reaktionen der Besucher auf das touristische Angebot, ausgedrückt in den Nachfragekurven DD_1 bis D_8D_9. Diese bemessen die Bereitschaft der Gäste, eine bestimmte Anzahl von Beherbergungsangeboten zu bestimmten Preisniveaus (inklusive der Transportkosten) zu buchen. Diesem so dargestellten Nachfrageverhalten steht in jeder Phase der Fremdenverkehrsentwicklung (1 ..5) ein entsprechendes Angebotsverhalten der Tourismusindustrie gegenüber, abgebildet in der Form von Angebotskurven (SS_1 bis S_8S_9), welche das Ausmaß der touristischen Kapazitäten bemessen, die zu verschiedenen Preisniveaus zur Verfügung gestellt werden. Im Marktprozeß ergeben sich so in den ver-

Abbildung 5.10: **Ein Marktmodell der Tourismusentwicklung
(nach: B. PRIDEAUX, 2000, verändert)**

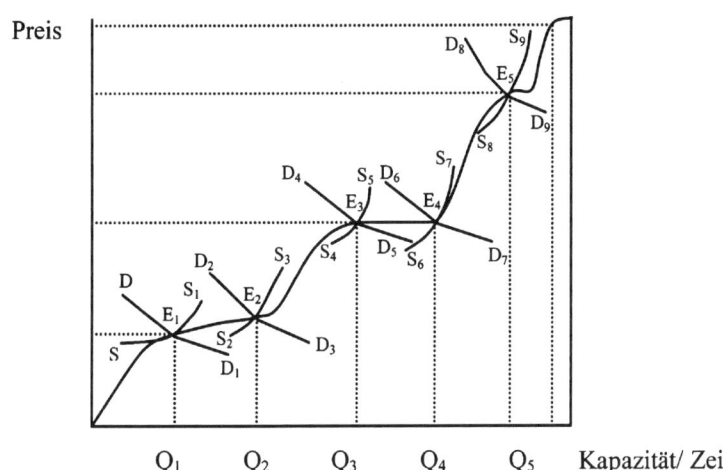

schiedenen Entwicklungsphasen temporäre Gleichgewichtszustände von Angebot und Nachfrage (E_1 bis E_5), die durch eine *Kapazitätskurve* verbunden sind. Sie zeigt, welche touristischen Kapazitäten bei Marktgleichgewicht in den verschiedenen Entwicklungsphasen nachgefragt und genutzt werden. Ihr Verlauf entspricht im Prinzip der Wachstumskurve nach dem BUTLER-Modell.

Die Kapazitätskurve entsteht aus einer *Abfolge von Wachstumsschüben*, wobei die Region von immer neuen Gästegruppen mit stets gehobeneren Ansprüchen nachgefragt wird, worauf die Tourismusbranche mit entsprechenden moderneren, höherrangigen und teueren Angeboten reagiert (während die Besucher aus den Vorphasen auch weiterhin in die Region kommen und sich hier mit ihren weniger exklusiven Einrichtungen begnügen). Aufgrund der temporären Gleichgewichtssituationen, auf die wieder neue Zuwächse mit entsprechenden Adaptionen der Angebote erfolgen, kommt es zum ansteigenden und wellenförmigen Verlauf der Kapazitätskurve. Das so abgebildete *„Resort Development Spectrum"* läßt sich auf die ständige Ausweitung der touristischen Einzugsgebiete zurückführen, vom lokalen über den regionalen, bis zum nationalen und schließlich internationalen Bereich, wobei allerdings nicht alle Standorte in der Tourismusregion in jede Aufschwungphase integriert sein müssen. Außerdem ist es möglich, daß einzelne Zentren früher in eine neue Entwicklungsphase einsteigen.

Abbildung 5.11 (nach B. PRIDEAUX, 2000) enthält einen empirischen Beleg für einen solchen touristischen Wachstumszyklus: In der nordostaustralischen Küstenregion von Cairns hatten in der Saison 1996/97 die Gäste aus Übersee bereits einen Anteil von 43 % erreicht, gegenüber ca. 32 % der Besucher aus dem eigenen Bundesstaat und

Abbildung 5.11:   Tourismusentwicklung in Cairns, Australien
(nach: B. PRIDEAUX, 2000)

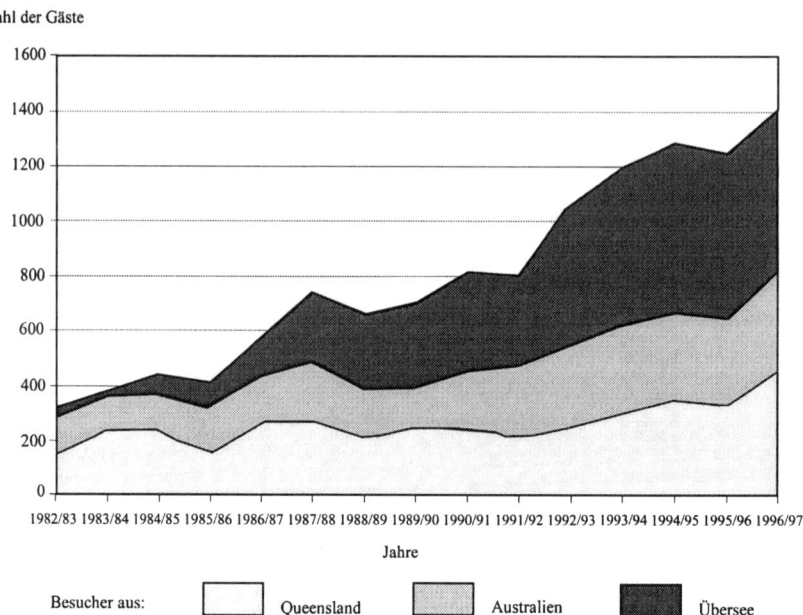

ca. 25 % sonstiger australischer Urlauber. Hingegen befand sich die südliche „Sunshine Coast" zu diesem Zeitpunkt noch in einer früheren Phase des „Resort Development Spectrums", mit einem Anteil der internationalen Nachfrager von nur ca. 12 %, während noch ca. 54 % der Besucher aus dem eigenen Bundesstaat stammten.

Auch wenn man von einer Diskussion der die realen wirtschaftlichen und politischen Prozesse sehr stark vereinfachenden Grundannahmen des makroökonomischen Marktmodells absieht, läßt es sich zeigen, daß auch hier nur *ein Spezialfall* der Tourismusentwicklung abgebildet wird:

– Zum Beispiel setzt die Expansion des Fremdenverkehrs in einer ganzen Reihe von Fällen in umgekehrter Richtung *„von oben nach unten"* ein, d.h., von der Innovationsphase bis hin zum Beginn der Wachstumsphase werden die neuen Regionen zunächst von wohlhabenden Touristen aus gehobenen und weltoffenen sozialen Milieus aufgesucht, für die relativ rasch entsprechende, gut ausgestattete und teure Infrastrukturen (besonders im Beherbergungs- und gastronomischen Sektor) entstehen (siehe etwa die Entwicklung im Alpenraum oder in vielen Destinationen – besonders Inseln – des Ferntourismus). Erst später erfolgt dann der Eintritt in den Massentourismus.
– In diesen Fällen treten Angehörige der lokalen, regionalen und auch der nationalen Bevölkerung zunächst kaum als Nachfrager auf. Sie übernehmen den Ur-

laubsstil erst später von ihren *internationalen Vorbildern* (siehe etwa den Wandel der Urlaubsgewohnheiten der Einheimischen in verschiedenen europäischen Mittelmeerstaaten).

– Es fehlt also vor allem der Bezug auf die *Produktzyklen von Urlaubsstilen* (im Fall der von B. PRIDEAUX untersuchten australischen Ostküste vor allem der Bade-, Surf- und Tauchtourismus bzw. der Besichtigungstourismus auf der Küstenroute und diverse Mischformen davon) sowie die Analyse ihrer weltweiten Verbreitungsmuster und der daraus resultierenden *Wachstumszyklen von Tourismusregionen.*

– Obwohl hier im Gegensatz zu vielen anderen Fällen das Wachstum des Tourismus zuerst von nationalen und dann erst von internationalen Nachfrageschüben getragen wird, erklärt B. PRIDEAUX dieses Phänomen nicht näher. Im Fall des gewählten empirischen Beispiels der australischen Ostküste haben einige der tragenden Urlaubsstile – nämlich der Surf- und Tauchtourismus – auch von hier aus ihre weltweite Verbreitung angetreten. Andere (vor allem der Badetourismus) wurden von der, dem europäisch-nordamerikanischen Kulturkreis zugehörigen Bevölkerung schon übernommen, als sie sich auch in ihren Ursprungsländern noch in der Wachstumsphase befanden. Dies erklärt wohl das Vorwiegen der einheimischen Nachfrage (regional und national) in den ersten Phasen des Wachstumszykluses sowie den Ausbau der Fremdenverkehrsinfrastruktur der „Sunshine"- und der „Gold Coast" von „unten nach oben", während der internationale Ferntourismus hier erst später einsetzte. Immer mehr Gäste, vorwiegend aus Westeuropa und Nordamerika, traten dann als Nachfrager der mehr oder minder bereits von den Einheimischen etablierten Urlaubsstile auf: sowohl des Surf- und des Tauchtourismus als auch des Badeurlaubs, der sich – aus der Perspektive der Herkunftsländer der Ferntouristen – bereits in der Reifephase seines Produktzykluses befand. Zudem etablierte sich der, auch von asiatischen (japanischen) Urlaubern ausgeübte Besichtigungstourismus auf der Küstenroute. Immer mehr bildeten sich auch charakteristische Mischformen dieser genannten Aktivitätenmuster aus.

Mit diesen Argumenten kann man wohl zeigen, daß auch das „Resort Development Spectrum" von B. PRIDEAUX (2000) nur einen eher speziellen Verlauf des Wachstumszykluses von Tourismusregionen abbildet und keinen Anspruch auf Allgemeingültigkeit erheben kann.

5.5.3 Das „Broad Context Model" von D. B. WEAVER

Um möglichst verschiedene, zum Teil auch gegenläufige Entwicklungen mit einzubeziehen hat D. B. WEAVER (2000) sein *„Broad Context Model"* konzipiert. Er geht von vier idealtypischen Grundformen von Tourismusregionen aus und leitet daraus verschiedene Szenarien der regionalen Tourismusentwicklung ab. Als empirische Bezugsbasis dient auch hier die australische Ostküste. Die Beispiele von B. PRIDEAUX (2000) und D. B. WEAVER (2000) zeigen also auch recht gut, wie unterschiedlich man in der Tourismusforschung denselben empirischen Sachverhalt bewertet und erklärt, je nachdem, welche theoretischen Konzepte jeweils zugrunde liegen. Hier wird nach der Darstellung des Modells von WEAVER – unter Bezugnahme auf die Theorie der Produktzyklen von Urlaubsstilen – noch ein weiterer Interpretationsversuch dazugefügt.

Abbildung 5.12 enthält das Grundschema des „Broad Context Models", wobei die waagrechte x-Achse die *Tourismusintensität* (gemessen etwa über das Bettenangebot oder die Zahl der Übernachtungen einer Region) bemißt und die senkrechte y-Achse das *Ausmaß der Regulation,* welchem der Fremdenverkehr in der Region unterliegt (abgebildet etwa durch die Anzahl und die Wirksamkeit der gesetzlichen Kontrollinstrumente). Die vier *Grundtypen von Tourismusregionen* resultieren aus dem Zusammenspiel dieser beiden Variablen:

– Im Fall des *„unkontrollierten angepaßten Tourismus"* (UAT; „Circumstantial Alternative Tourism" bei D. B. WEAVER, 2000) handelt es sich um Regionen mit beschränkter, punktuell verbreiteter und kleindimensionierter Infrastruktur, vornehmlich in der Hand von regionalen Unternehmen. Die Tourismusintensität ist niedrig, ebenso, da (noch) nicht erforderlich und in der politischen Diskussion noch nicht behandelt, der Regulationsgrad. D. B. WEAVER betont die Affinität dieses Entwicklungstyps zu den Formen des sog. „Alternativen Tourismus".
– Bei hohem Regulationsgrad aber geringer Tourismusintensität (fallweise auch mit qualitativ hochrangiger Fremdenverkehrsinfrastruktur) ergibt sich die idealtypische Grundform des *„kontrollierten angepaßten Tourismus"* (KAT; „Deliberate Alternative Tourism"). Hier bildet ein hohes Ausmaß der national-

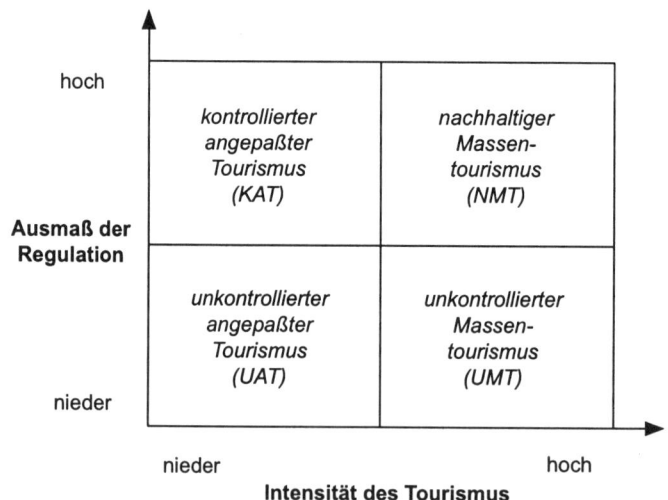

Abbildung 5.12: Grundtypen von Tourismusregionen
(nach: D. B. WEAVER, 2000)

und bundesstaatlichen Kontrolle die Voraussetzung, oder der in der Region bestehende politische Wille zur Beschränkung des Fremdenverkehrs (etwa zum Erhalt der Ressourcen sowie zur Sicherung der Einnahmen aus dem Tourismus, trotz steigender Nachfrage und entsprechenden prinzipiellen Ausbaumöglichkeiten). Dies ist aber oft nur unter bestimmten Machtkonstellationen möglich, etwa wenn es den wenigen Unternehmen, welche den regionalen Tourismus kontrollieren, gelingt, anderen Interessenten auch weiterhin den Zutritt zum Markt zu verwehren.

– Der Grundtyp des *„unkontrollierten Massentourismus"* (UMT; „Unsustainable Mass Tourism") ist definiert durch ein hohes Ausmaß der touristischen Intensität bei nur geringer Kontrolle der Entwicklung. Er repräsentiert den Zustand vieler Regionen, welche die Reifephase ihres Wachstumszykluses – und somit den „Höhepunkt" des BUTLER-Modells – erreicht haben. In den traditionellen Zielgebieten des Tourismus sind entsprechende Beispiele in Vielzahl vorhanden.

– Schließlich kennzeichnet der vierte Grundtyp das Stadium des *„nachhaltigen Massentourismus"* (NMT; „Sustainable Mass Tourism"). In den betroffenen Regionen ist es gelungen, die Auswirkungen einer hohen Intensität des Fremdenverkehrs durch ein einigermaßen wirksames Niveau der Kontrolle in gewissen Grenzen zu halten. Die Regulation bezieht sich hier besonders auf die Bewahrung ausgewählter natur- oder kulturräumlicher Reservate, auf die Siedlungsstrukturen und auf die architektonische Gestaltung der baulichen Anlagen, auf das Verkehrsmanagement, auf Abfallentsorgung und –Recycling etc.

D. B. WEAVER versucht diese Grundtypen – bzw. das jeweilige Verhältnis von „Intensität" und „Regulation" – wenigstens teilweise durch den Paradigmenwechsel in Tourismuspolitik und -planung zu erklären, welchen man in der jüngeren Vergangenheit beobachten kann: So ist auf die *„Befürwortungs-Haltung"* („Advocacy Platform") der 50er und 60er Jahre (je mehr Tourismus, desto besser; die Nutzen überwiegen auf alle Fälle die Kosten) die ungehemmte Entwicklung zum Massentourismus zurückzuführen. Erst in den 70er Jahren fand allmählich die *„Warnungs-Haltung"* („Cautionary Platform") ihre ersten Vertreter. In Politik und Planung wurde sie allerdings noch wenig beachtet. Solche Reaktionen gab es erst seit dem Beginn der 80er Jahre, als im Rahmen der *„Anpassungs-Haltung"* („Adaptancy Platform") die Kriterien der nachhaltigen Entwicklung genauer definiert wurden, welche allmählich – besonders in den Regionen des KAT-Typs (kontrollierter angepaßter Tourismus) – auch zur Umsetzung kamen. Schließlich hat der technische Fortschritt das Aufkommen der *„wissensorientierten Haltung"* („Knowledge-based Platform") begünstigt, wonach auch der Massentourismus als ökologisch mehr oder minder vertretbares Ziel gelten kann, wenn er auf Grundhaltungen und Technologien basiert, welche die Kontrolle seiner Umwelteinflüsse erlauben (nachhaltiger Massentourismus, NMT).

Dieser Wandel in den Grundhaltungen von Politik und Planung bildet nach D. B. WEAVER einen wesentlichen Einflußfaktor der Wachstumszyklen von Fremdenverkehrsregionen, wobei sich *charakteristische Szenarien* unterscheiden lassen (siehe Abbildung 5.13):

UAT ⟶ UMT

Das Szenario des Wandels vom *unkontrollierten angepaßten Tourismus* zum *unkontrollierten Massentourismus* stellt die in der Realität vermutlich häufigste und auch heute noch vielfach ablaufende Form der „harten" touristischen Regionalentwicklung dar. Es entspricht dem Wachstumszyklusmodell von R. W. BUTLER (1980) und beschreibt das längere Zeit ungebremste Wachstum von Fremdenverkehrsräumen, welche dafür notwendige natur- und/oder kulturräumliche Voraussetzungen aufzuweisen haben. Dazu zählen etwa: klimatisch begünstigte Inseln und Küsten, dichter besiedelte Küstenregionen in entwickelten Staaten mit guter Infrastruktur und kulturellen Angeboten, Seen- und Flußlandschaften, attraktive Städte und ihr Umland, alpine Tallagen und „Spaliere". Sie bilden die verschiedenen Elemente der weltweiten *„Pleasure Periphery"* (L. TURNER, J. ASH, 1975). Beim Verfall dieser monostrukturellen Dienstleistungsgebiete zeigen sich ähnliche Symptome, wie man sie auch für „alte Industriegebiete" beobachten kann.

UAT ⟶ KAT

Der Wandel vom *unkontrollierten* zum *kontrollierten angepaßten Tourismus* ist – im Gegensatz zur Entwicklung des Massentourismus – durch eine viel flacher verlaufende Wachstumskurve gekennzeichnet, wobei sich nach der Erschließungsphase keine wesentliche Zunahme des Wachstums mehr ergibt. Solche Wachstumsprozesse kennzeichnen entweder Destinationen mit beschränkter ökologischer oder sozio-kultureller Tragfähigkeit oder Gebiete, in denen sich Politiken zur Kontrolle des Tourismus

Abbildung 5.13: Entwicklungsszenarien von Tourismusregionen
(nach: D. B. WEAVER, 2000)

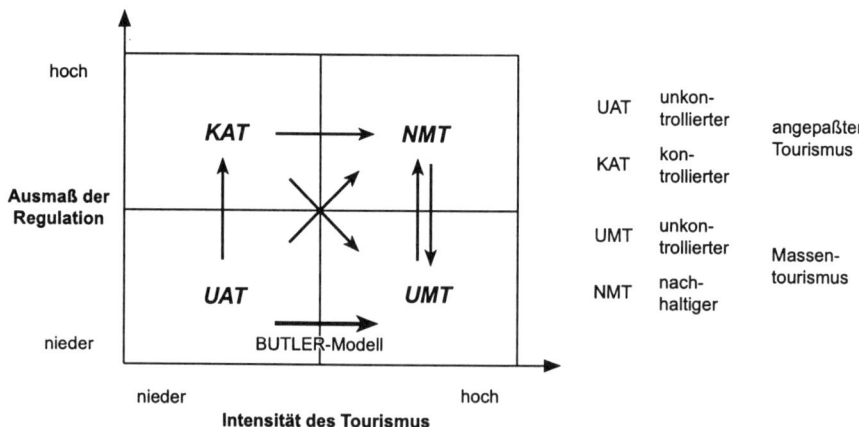

durchgesetzt haben (siehe oben). Dementsprechend bilden abgelegene Inseln und Küsten, Korallenriffe, zentrale Gebirgsregionen u.a. (die alle den verschiedensten Schutzbestimmungen unterliegen können) typische Regionen, für die eine solche Entwicklung zutrifft. Dies gilt aber unter Umständen auch für intensiv genutzte agrarische Gebiete, für kleine städtische Ensembles sowie auch für andere Ressorts verschiedenen Typs, die exklusiv gehalten werden. D. B. WEAVER nennt Samoa und Papua Neuguinea im Südpazifik oder die karibische Insel Dominica als Beispiele.

UAT ⟶ NMT

Bei der Entwicklung vom *unkontrollierten angepaßten Tourismus* zum *nachhaltigen Massentourismus* versucht man, die negativen Folgen einer starken Zunahme der touristischen Intensität zu verhindern, vor allem durch die Errichtung von Großanlagen, die mehr oder minder umweltverträglich konzipiert und an die sozio-kulturellen Strukturen mehr oder minder angepaßt sind. Die Strategien zum Aufbau des Fremdenverkehrs auf Mauritius, auf den Seychellen oder auf verschiedenen Atollen der Malediven entsprechen in etwa dem hier beschriebenen Szenario.

KAT ⟶ NMT

Hier stellt das Stadium des *kontrollierten angepaßten Tourismus* nur eine Übergangsphase zum *nachhaltigen Massentourismus* dar, wobei – allerdings in eher seltenen Fällen – die angepaßten touristischen Strukturen sukzessive ausgebaut werden. Eine solche Entwicklung kann etwa auf den Erfolg eines Zielgebietes zurückzuführen sein, in dem die Strategien des KAT die Nachfrage so sehr stimuliert haben, daß sich die Entscheidungsträger zu einem weiteren, vorsichtigeren Ausbau entschließen. D. B. WEAVER nennt den Tourismus im Regenwald von Monteverde in Costa Rica als solches Beispiel. Ähnliches gilt wohl auch für den Regenwald von Belize.

KAT ⟶ UMT

Der Wandel vom *kontrollierten angepaßten Tourismus* zum *unkontrollierten Massentourismus* wird vor allem durch den sukzessiven Abbau von Regulations- und Kontrollregimen eingeleitet. Hier erwarten die politischen und wirtschaftlichen Entscheidungsträger hohe Tourismuseinnahmen und ändern daher ihre ursprünglichen Strategien auf Kosten der Umwelt und oft auch der betroffenen Bevölkerung. Der Amboseli National Park am Fuß des Kilimandscharo in Kenia oder der Banff National Park in Kanada, wo jeweils strenge, den Tourismus restringierende Schutzbestimmungen stark gelockert wurden, sind hier recht gute Beispiele.

NMT ⟶ UMT

Ähnliche Motivationsfaktoren und Strategien zur Deregulation führen auch zum Übergang vom *nachhaltigen* zum *unkontrollierten* Massentourismus. Dies war zum Beispiel in Cancun auf der mexikanischen Halbinsel Yucatan der Fall, wo, nach anfänglich kontrollierter Entwicklung, die Wende zu einer staatlichen Laissez-Faire-Politik erfolgte, welche eine überdimensionierte Bebauung, Strandabtragung und Verschmutzung, hohe Kriminalitätsraten u.a. zur Folge hatte. Auch der fortschreitende Ausbau der Vergnügungsparks in Orlando, Florida hat zu ähnlichen Problemen geführt.

UMT ⟶ NMT

Schließlich kann es auch zur entgegengesetzten Entwicklung kommen, nämlich zum Wechsel vom *unkontrollierten* zum *nachhaltigen Massentourismus*, was allerdings nur in wenigen Ausnahmefällen und auch hier nur ansatzweise zu beobachten ist. Nach D. B. WEAVER sind solche Bemühungen etwa auf der englischen Kanalinsel Jersey zu beobachten oder in der Gemeinde von Calviá, wo die Planung eine umweltfreundliche Transformation des mallorquinischen Massentourismus anstrebt. Solche Tendenzen beginnen sich - in Verbindung mit der eben eingeführten „Ökosteuer" - auch auf anderen Tourismusstandorten der (ehemaligen) deutschen „Putzfraueninsel" durchzusetzen.

Wenn man diese Szenarien des „Broad Context Models" auf die verschiedenen Destinationen der *australischen „Goldküste"* bezieht, so zeigt es sich, daß im unmittelbaren Küstenbereich weitgehend der unkontrollierte Massentourismus (UMT) vorherrscht, besonders im zentralen Bereich zwischen Surfers Paradise und Broadbeach. Auch das Hinterland ist bereits in touristische Erkundungs- und Erschließungsphasen eingetreten, zum Teil dürften bereits Wachstumssprünge nach dem BUTLER'schen Modellverlauf bevorstehen. Bisher stellt aber noch der unkontrollierte angepaßte Tourismus (UAT) den vorherrschenden Modelltyp dar. D. B. WEAVER schlägt die integrierte Planung dieses touristischen Systems der „Goldküste" vor: Im Hinterland („The Green behind the Gold") sollte vor allem die Realisierung des UAT⟶KAT Szenarios (vom unkontrollierten zum kontrollierten angepaßten Tourismus) angestrebt werden, während der „harte", unkontrollierte Massentourismus an der Küste allmählich in die nachhaltige Variante zu überführen ist (UMT⟶NMT). Versuche zu einer derartigen Transformation des Massentourismus werden bereits im Rahmen des „Gold Coast Revisioning Projects" unternommen. Im Falle der gesteigerten Nachfrage nach den attraktiven Standorten im Hinterland müßte die KAT⟶NMT Entwicklungsvariante zum Tragen kommen (kontrollierter angepaßter Tourismus – nachhaltiger Massentourismus).

Die kurze Darstellung des „Broad Context Models" zeigt, daß es D. B. WEAVER (2000) recht gut gelungen ist, ein *Rahmenkonzept* zur Erfassung und (teilweisen) Erklärung von Prozessen der Destinationsentwicklung im Tourismus zu erstellen, in welches sich die von R. W. BUTLER und B. PRIDEAUX dargestellten Entwicklungsverläufe als mehr oder minder häufige, aber bei weitem nicht als die einzigen Varianten einordnen lassen. Jedoch fehlt auch hier die Bezugnahme auf die Einflüsse, welche die *Produktzy-klen von Urlaubsstilen* auf die Szenarien der Destinationsentwicklung nehmen:

- Der oben dargestellte *„Paradigmenwechsel"* in der Tourismuspolitik läßt sich sowohl auf die Änderung kultureller Grundhaltungen (vor allem: steigendes Verantwortungsbewußtsein gegenüber Natur und Umwelt bei einem immer grö-ßeren Anteil der Bevölkerung in den Nachfragestaaten) zurückführen, als auch auf die Erfahrungen, welche man in den großen Zielgebieten mit den negativen Folgen des unkontrollierten Massentourismus gemacht hat. Aber er ist auch be-dingt durch das *Aufkommen neuer Urlaubsstile*: Zum Teil kann man ihre Aktivi-tätenmuster in massentouristischen Milieus gar nicht richtig ausüben, zum Teil werden solche Umweltbedingungen von den neuen Nachfragern (mit gewandel-ten Präferenzordnungen zweiter Stufe) auch nicht mehr akzeptiert, da sie den Urlaubsgenuß wesentlich stören.
- Daher können *Investitionen* in die touristischen Infrastrukturen, welche auf die neuen Urlaubsstile ausgerichtet sind, überhaupt nur dann die erforderlichen Ge-winne abwerfen, wenn die Entwicklung der betroffenen Regionen einer generellen Kontrolle unterliegt. So tragen etwa der Golftourismus, der Gesundheits- und Well-nessurlaub, der Kultur-, Städte- und Shoppingtourismus, aber auch die modernen Formen des Wander- und Fahrradtourismus, des Urlaubs im ländlichen Raum etc. wesentlich zur Ausgestaltung der Entwicklungstypen des kontrollierten angepaß-ten Tourismus (KAT) und des nachhaltigen Massentourismus (NMT) bei. Die Verbreitung der neuen Urlaubsstile beeinflußt auch die Wachstumsszenarien: UAT ⟶ KAT (unkontrollierter – kontrollierter angepaßter Tourismus), KAT ⟶ NMT (kontrollierter angepaßter Tourismus – nachhaltiger Massentou-rismus) und UMT ⟶ NMT (unkontrollierter – kontrollierter Massentourismus).
- So ist also die *Tourismusentwicklung der australischen „Sunshine Coast"* – wie B. PRIDEAUX (2000, siehe Abschnitt 5.5.2) zeigt – nach dem Lebenszyklusmodell von R. W. BUTLER verlaufen und zwar von „unten nach oben" unter starker Betei-ligung der einheimischen Nachfrage. Im Hinterland befindet sich - nach D. B. WEAVER (2000) – der Tourismus in der Entwicklungsphase, wobei der Grundtyp des unkontrollierten und (noch) angepaßten Tourismus vorherrscht. Verände-rungstendenzen sowohl an der Küste als auch in ihren Einzugsbereichen weisen in die Richtung kontrollierter und nachhaltiger Organisationsformen, die auch von der Planung immer mehr angestrebt werden. In diesen Konzepten sind aber unbedingt noch die Konsequenzen zu berücksichtigen, welche sich aus dem *Auf-treten neuer Urlaubsstile* und ihren fortschreitenden Produktzyklen ergeben: Der Besichtigungs-, Tauch- und Clubtourismus an der Küste oder der Golf- und Wellnesstourismus im Hinterland werden die Wachstumszyklen der Zielgebiete nur dann positiv beeinflussen, wenn es gelingt, für sie die entsprechenden touri-stischen Milieus zu schaffen. Andererseits kann der Tourismus der Küstenregi-on längerfristig nicht von der Nachfrage nach auslaufenden Urlaubsstilen leben, auch wenn man für eine kontrollierte und nachhaltige Entwicklung sorgt.

5.5.4   Komplexe Prozesse der touristischen Regionalentwicklung: Das Teilsystem der Tourismusregion

5.5.4.1   Wirkungsmodelle

Selbst wenn man zusätzlich zu den im „Broad Context Modell" von D. B. WEAVER dargestellten endogenen und exogenen Einflußfaktoren und Rahmenbedingungen, welche die Wachstumszyklen von Tourismusregionen steuern, noch die Auswirkungen der Produktzyklen von Urlaubsstilen berücksichtigt, beschreiben die verschiedenen Szenarien (Abbildung 5.13) nur einen Teil der im System der Tourismusregion ablaufenden komplexen Prozesse. Sie müssen noch sehr viel genauer analysiert und in theoretische Konzepte gefaßt werden. In Ansätzen soll dies hier versucht werden, und zwar für die sehr häufig auftretende Variante der „harten" Regionalentwicklung vom *unkontrollierten angepaßten Tourismus (UAT)* zum *unkontrollierten Massentourismus (UMT)*, die – wie oben dargestellt – dem Wachstumszyklusmodell von R. W. BUTLER (1980) entspricht.

In Tabelle 5.13 ist eine Übersicht über ein komplexeres Szenario einer solchen Entwicklung enthalten wobei – wie im Falle der Beschreibung der Produktzyklen von Urlaubsstilen – zur Vereinfachung auch hier nur drei Hauptphasen unterschieden werden. Es beruht auf Ergebnissen der Tourismusforschung (vor allem: P. MESSERLI, 1989; J. STEINBACH, E. KAIL, H. SCHÖNHOFER, 1985; H. G. KARIEL, 1993; B. BRANDNER, M. HIRSCH, H. P. MEIER-DALLACH, P. SAUVAIN, U. STALDER, 2000) sowie auf den in der vorliegenden Arbeit dargestellten Konzepten und bezieht sich auf die Verhältnisse in den *alpinen Tourismusregionen*. Ausgenommen bleibt besonders die touristische Regionalentwicklung in den Westalpen, wo staatliche Initiativen und – teilweise spekulative – Investitionen von Kapitalgebern aus den wirtschaftlichen Zentren (vor allem bei der Errichtung der großen Skistationen) eine viel einflußreichere Rolle gespielt haben. Manche der hier skizzierten Prozesse laufen aber in ähnlicher Weise ab, wenn sich der unkontrollierte Massentourismus in anderen Aktionsräumen durchsetzt.

Nach einem „Kreislaufmodell" der touristischen Regionalentwicklung, das auf J. KRIPPENDORF et al. (1986, siehe Abschnitt 1.1) zurückgeht, läßt sich der tourismusbedingte regionale Wandel aus dem Zusammenspiel verschiedener, rückgekoppelter Teilprozesse erklären, welche vor allem im ökonomischen, politischen, soziokulturellen und ökologischen Bereich des Systems der Tourismusregion ablaufen. Die entsprechenden *Wirkungsmodelle* (als generalisierte Beschreibungen dieser Prozesse) kommen hier kurz zur Darstellung. Sie werden besonders durch die im Verlauf der regionalen Wachstumszyklen auftretenden Schwankungen der touristischen Nachfrage gesteuert. Diese hängen ihrerseits von den Produktzyklen der angebotenen Urlaubsstile ab.

Tabelle 5.13: Wachstumszyklen von Tourismusregionen
(Wandel vom „unkontrollierten angepaßten Tourismus" zum
„unkontrollierten Massentourismus")

INNOVATIONSPHASE

In der Fremdenverkehrsregion beginnen sich – entsprechend den Anforderungen der Nachfrager eines bestimmten Urlaubsstils – *rudimentäre Aktionsräume* auf der "lokalen" und "regionalen" Stufe zu entwickeln. Sie enthalten exklusive und "einmalige" natur- und kulturräumliche Attraktionen, die schon vor dem Einsetzen des Tourismus bestanden haben und nun allmählich als "touristisches Kapital" der Region inwertgesetzt werden, sowie Hotels und gastronomische Betriebe, welche bisher auf den regionalen Wirtschafts- und Besuchsverkehr ausgerichtet waren.

Erst allmählich kommt es zum Aufbau einer speziellen, tourismusbezogenen Infrastruktur, zum Teil auch (besonders im Hotel- und Gastgewerbe) mit *hohem Exklusivitätsgrad*, wobei sich die Investoren zunächst an auswärtigen Vorbildern (z.B. aus den nationalen und internationalen Metropolen) orientieren müssen. Es handelt sich in vielen Fällen um erfolgreiche, nicht-touristische *lokale Unternehmer*, die – oft durch exklusive Kontakte in bereits etablierte Urlaubsgebiete – die Chancen des neuen Wirtschaftszweiges erkennen. Während in der Region das Interesse am Tourismus noch gering ist, und dieser auch in der lokalen *politischen Diskussion* noch keine Rolle spielt, investieren sie in Basiseinrichtungen des Fremdenverkehrs (besonders zur Ausübung von Schlüsselrollen der Urlaubsstile, auf die sich die Region einzustellen beginnt) oder sichern sich die für die zukünftige Entwicklung notwendigen Grundstücke (z.B. im Bereich von zukünftigen Skipisten, Berg- und Talstationen etc.). So werden die Voraussetzungen für den Aufbau von *Großunternehmen* oder *Unternehmensketten* (meist im Besitz weniger Familien) geschaffen, die später die regionale Tourismuswirtschaft dominieren.

Es entstehen *monozentrale Versorgungsnetzwerke*, welche meist nur dann über die Region hinausreichen, wenn sie der Anlieferung von speziellen und von Luxusgütern oder der Beschaffung bzw. der Wartung von technologisch anspruchsvollen Investitionsgütern dienen.

Da es noch kaum Konkurrenz zwischen verschiedenen Fremdenverkehrsgebieten gibt, welche den neuen Urlaubsstil anbieten, sind auch die *Marketing- und Werbenetzwerke*, wenn überhaupt, so nur rudimentär entwickelt.

WACHSTUMSPHASE

In der Tourismusregion kommt es unter immer stärkerer Beteiligung von auswärtigen Investoren (die auf die rasch steigende Nachfrage nach den angebotenen Urlaubsstilen reagieren) zum kumulativen Wachstum, zur Umgestaltung der Siedlungsstruktur und zur flächenhaften Ausbreitung des Tourismus, auch in die Randgebiete. Die *Aktionsräume* der *lokalen* und *regionalen Ebene* werden immer besser ausgestattet, es beginnt die fortschreitende Integration der *Landesebene* in die Angebotsstrukturen der Übernachtungsstandorte in der Region. Baustile und Ausstattungstypen der verschiedenen neuen touristischen Einrichtungen gleichen sich immer mehr an. Somit entsteht eine, auf die angebotenen Urlaubsstile ausgerichtete, "*genormte Tourismuslandschaft*".

Die großen heimischen Unternehmen beeinflussen den Verlauf des Wachstumsprozesses sehr wesentlich durch ihre Dominanz in politischen "*Machtketten*" (wirtschaftliche Abhängigkeiten der regionalen Entscheidungsträger von den Unternehmen, etwa durch ihre Einbindung in die

Zuliefernetze oder durch die Monopolstellung der dominanten Unternehmen auf dem Arbeitsmarkt), mit deren Hilfe Entscheidungen zur raschen und intensiven Entwicklung des Tourismus durchgesetzt werden. Zudem haben die wichtigen Unternehmer im Tourismus sowie im
Baugewerbe, das sich infolge des Baubooms zu einem bedeutenden Wirtschaftszweig entwickelt,
die *politischen Schlüsselpositionen* in der Region oft auch selbst besetzt.

Längst ist der Tourismus zum beherrschenden *Themenfeld der Regionalpolitik* geworden. Eine
Mehrheit der regionalen Interessensträger setzt sich für den weiteren Ausbau ein, meist ohne
Rücksicht auf die Gefahren, die von einseitigen Wirtschaftsstrukturen ausgehen. *Regionale
Tourismusverbände, Incoming-Agenturen* etc. haben sich etabliert, ihre *Marketing- und Werbenetzwerke* erstrecken sich in die Herkunftsgebiete der wichtigen Nachfragegruppen der die Entwicklung tragenden Urlaubsstile. Auch die *Planungsnetzwerke* der Region (auf der Basis mehr
oder weniger entwickelter "touristischer Leitbilder") sind auf den Fremdenverkehr umgestellt
und entsprechend ausdifferenziert. Die Gemeinden investieren selbst in Schlüsseleinrichtungen
der touristischen Infrastruktur (bzw. gehen entsprechende Beteiligungen ein), welche für die
Weiterentwicklung unbedingt erforderlich sind, aber keine oder zumindest keine kurzfristigen
Renditen abwerfen. Dazu wird auch eine *hohe Verschuldung* in Kauf genommen. Zunehmend beteiligen sich auch *auswärtige Investoren* (Hotelketten, Reiseveranstalter, Transportunternehmen)
am touristischen Ausbau. Somit spielen bei den – nun differenzierten – Versorgungsnetzwerken
die *multizentralen Strukturen* eine immer größere Rolle: Die touristischen Multiplikatoreffekte in
der Region können sich dadurch verringern.

Wesentliche Anteile des regionalen Arbeitsplatzangebotes (im Haupt- oder Nebenerwerb)
entfallen auf den Tourismus. Aus meist landwirtschaftlich geprägten Gebieten werden *Dienst-
leistungsregionen*. Aber auch die nicht unmittelbar in der Tourismuswirtschaft tätige Bevölkerung gerät immer mehr in Kontakt mit den auswärtigen Gästen. Diese werden immer mehr
zu normativen sozialen Bezugsgruppen und beeinflussen die *kulturellen und sozialen Wertmuster* sowie das *Verhalten* der Einheimischen. Es kommt zu *Wertkonflikten* innerhalb der
Bevölkerung (oft zwischen den Generationen), wobei traditionelle Grundhaltungen (Bewahrung des Volkstums sowie der überkommenen Werte und Strukturen, Reputation und Vorbildfunktion der Angehörigen der älteren Generation, Besitz von Grund und Boden, Integration in den Familienverband etc.) den importierten modernen Anschauungen (Werthaltungen
der Leistungsgesellschaft, wie etwa: Initiative, Erfolg, Bildung etc. und der Konsumgesell-
schaft bzw. der internationalen Kultur; Betonung jugendlicher Verhaltensmerkmale etc.) ge-
genüberstehen und sich die modernen Werte immer mehr durchsetzen. Zu diesen Wertkonflikten leisten auch die *Zuwanderer* ihren Beitrag: relativ wenige Höherqualifizierte, welche
Managementpositionen einnehmen oder spezielle Funktionen – etwa in der gehobenen Gastronomie – ausüben, und eine größere Anzahl von Arbeitskräften zur Erfüllung der vielen
erforderlichen Hilfsdienste. Ein Teil der Beschäftigten, besonders aus der letztgenannten
Gruppe, kann nur über die Tourismussaison in der Region verbleiben.

REIFE- UND SCHRUMPFUNGSPHASE

In der Reifephase des Wachstumszykluses der Urlaubsregion beginnen sich die Nachteile
der forcierten Tourismusentwicklung oft stark auszuwirken. Durch die fortschreitende, meist
wenig an die natürlichen Bedingungen angepaßte Bebauung und die intensive touristische
Nutzung haben sich in vielen Fällen die Umweltbedingungen entscheidend verschlechtert.
Der oft einsetzende *"allgemeine"* Attraktivitätsverlust der hauptsächlich angebotenen Urlaubsstile, die in die Reifephase ihrer Produktzyklen eintreten, wird allmählich durch den
"regionalen" Attraktivitätsverlust verstärkt: Einerseits ergeben sich immer mehr, vor allem
überlastungsbedingte Behinderungen bezüglich der Ausübung von Haupt- und Nebenaktivitäten (wodurch die Bedingungen der Präferenzordnung erster Stufe gestört sind), ande-

rerseits verschlechtern sich die Rahmenbedingungen, z.B. durch visuelle Störungen des Landschaftsbildes, durch Lärm-, Geruchsbelästigungen etc. (es werden also auch die Ansprüche der Präferenzordnung zweiter Stufe nicht mehr erfüllt). So beginnen diese, sich wechselseitig verstärkenden, Verluste der "allgemeinen" und "regionalen" Attraktivität der dominierenden Urlaubsstile allmählich auch den *kumulativen wirtschaftlichen Verfall* auszulösen: Die mangelnde Auslastung der Fremdenverkehrsinfrastruktur mindert zunächst ihre Rendite, wodurch sich wieder die notwendigen Ersatz- und Erneuerungsinvestitionen verringern. Allmählich kommt es zu ihrer Umnutzung (z.B. von Hotelzimmern in Zweitwohnungen), zum Abbau (z.B. von Lift- und Seilbahnanlagen) oder sogar zu ihrem Verfall (z.B. von Geschäften). Besonders der letztgenannte Fall hat wieder zusätzliche, entscheidende Attraktivitätsverluste zur Folge.

Angesichts des wirtschaftlichen Bedeutungsverlustes beginnen sich die *auswärtigen Investoren* (Hotelketten, Reisekonzerne mit ihren Zielgebietsagenturen) in der Regel als Erste zurückzuziehen. Dementsprechend kommt es zunächst zur Ausdünnung der multizentralen Versorgungsnetze, während sich die monozentralen Versorgungsnetze wieder mehr auf die Region konzentrieren. Dennoch reduzieren sich neben den *direkten Gewinnen* aus dem Tourismus auch seine *indirekten wirtschaftlichen Effekte*. Arbeitsplätze gehen verloren, und es kann die Abwanderung aus der Region einsetzen, vor allem von touristischen Arbeitnehmern, welche in der Wachstumsphase in die Region gezogen sind, aber auch von jüngeren Einheimischen, die anderswo bessere Existenzchancen sehen.

Spätestens mit dem Einsetzen der *Schrumpfungsphase* werden in der *Regionalpolitik* meist entscheidende Weichen gestellt. Hier ist der Konsens über den Tourismus als wichtigsten Entwicklungsfaktor längst abhanden gekommen. Es zeigt sich vor allem, daß die aus dem Fremdenverkehr resultierenden Nutzen und Belastungen sehr ungleich über die Bevölkerung der Region verteilt sind: Während in der Regel nur bestimmte Gruppen von Unternehmern und Beschäftigten bedeutende Einkommensgewinne erzielen konnten, hat sich für viele Einwohner die Lebensqualität durch die von den Touristenströmen verursachten *täglichen Behinderungen* (etwa im Verkehr, in den Einkaufszentren, in den verschiedenen Freizeitanlagen) sowie durch die *indirekten Beeinträchtigungen* (z.B. die Zerstörung der Umwelt, Erhöhung der Lebenshaltungskosten, der Preise für Wohnungen oder Bauland) wenigstens teilweise verschlechtert. So ergeben sich für schrumpfende Tourismusregionen mit unattraktiver werdenden Urlaubsstilen oft zwei grundsätzliche Alternativen:

1) ein *politischer Umschwung*, wobei auch die neu an die Macht gekommenen Gegner einer forcierten Tourismusentwicklung – aufgrund der bestehenden Strukturen und der oft nicht besonders günstigen Entwicklungsalternativen – meist keinen wirklichen Ausstieg aus dem Fremdenverkehr ins Auge fassen können. Es kommt eher nur zu einem Wechsel in seiner Ausrichtung hin zu "nachhaltigeren" Varianten und Folgenutzungen, kombiniert mit Bemühungen zum allmählichen Aufbau alternativer Wirtschaftszweige (etwa im Gewerbe).

2) der *Machterhalt der Angehörigen der Tourismuslobby*, welche den intensiven Umstieg auf neue Fremdenverkehrsangebote (in der Regel auf modernere, "harte" Urlaubsstile) planen, mit neuer Schlüsselinfrastruktur und den dazu oft notwendigen, teuren Investitionen. Hierzu wird von den höheren Ebenen der politischen Verwaltung umfassende finanzielle Unterstützung erwartet. Nur eher seltener ist auch in diesem Fall der Umstieg auf "nachhaltigere" Formen des Tourismus möglich.

Ökonomisches Wirkungsmodell

Den in Tabelle 5.13 zusammenfassend dargestellten Veränderungen liegt zunächst einmal das ökonomische Wirkungsmodell des Tourismus zugrunde (J. STEINBACH, 1985). Die in den ersten Phasen der Wachstumszyklen von Tourismusregionen ständig steigende Nachfrage nach den angebotenen Urlaubsstilen bzw. den zu ihrer Ausübung benötigten Dienstleistungen und Gütern setzt entsprechende touristische Produktionsprozesse in Gang, aus denen Einkommensströme resultieren, die wieder zusätzliche und weiter differenzierte Nachfrageketten stimulieren (siehe auch die Ausführungen zu den Versorgungsnetzwerken in Abschnitt 4.2.1). Solche kumulativen Wachstumsprozesse werden von speziellen, zusätzlichen Impulsen auf der Angebots- und Nachfrageseite besonders beeinflusst. Im Tourismus kommt hier den *„Schlüsselinvestitionen"* in die Infrastruktur besondere Bedeutung zu, z.B. der Errichtung von Aufstiegshilfen im Winterfremdenverkehr (siehe auch Abschnitt 5.3.2.2):

- zunächst ergeben sich aus der *Errichtung* (Bau-, Bauhilfsgewerbe) und dem *Betrieb* der Anlagen selbst zusätzliche Arbeitsplätze;
- weiters verbessern die „Schlüsselinvestitionen" auch die Marktchancen der Unternehmen im *Beherbergungsgewerbe* (bessere Auslastung des bestehenden Bettenangebotes, schließlich Ausbau der Bettenkapazität), was eine weitere Vermehrung der Arbeitsplätze und ein Ansteigen der regionalen Einkünfte zur Folge hat;
- all dies begünstigt auch wieder das Wachstum des *Bau-, Ausbau- und Bauhilfsgewerbes*. Diese Branchen lassen sich nun vermehrt in der Region selbst oder in ihren Randbereichen nieder. Sie entwickeln sich zu bestimmenden Faktoren des Wirtschaftslebens und die Unternehmer können ihre Interessen in den politischen Entscheidungsprozessen immer besser durchsetzen;
- Tourismus und Baugewerbe entziehen der *Landwirtschaft* durch ihre oft attraktiveren Angebote einen Teil ihrer Arbeitskräfte (sowie auch Teile ihrer Betriebsflächen). Andererseits bieten sie oft auch verbesserte Absatzchancen für ihre Erzeugnisse, so daß die Bauern – unter hohem Kapitaleinsatz – zur Rationalisierung und Mechanisierung gezwungen werden (in der Regel unterstützt durch die Subventionen der Agrarpolitik). Auch aufgrund der touristischen Zusatzverdienste (Teilzeitarbeitsplätze, Privatzimmervermietung u.a.) bleibt die Landwirtschaft in den touristischen „Wachstumskreisel" (J. KRIPPENDORF et al., 1986) integriert;
- Dieser eröffnet aber auch immer neue Marktchancen für *private Unternehmer* im Dienstleistungsbereich (z.B. Handel mit Andenken), im Gewerbe (z.B. Kfz-Mechaniker) und im Transportwesen (z.B. Skibusverkehr).

Die komplexen, kumulativen Prozesse der Tourismusentwicklung werden in der Regel von zeitlichen Verzögerungen („*Lags*") im Verhalten von Wirtschaftstreibenden beeinflußt, oder auch durch zeitlich vorgreifende Reaktionen („*Leads*"):

Verzögerungen entstehen etwa zwischen dem oft raschen Anstieg der Nachfrage (nach Urlaubsstilen, die sich in den Wachstumsphasen ihrer Produktzyklen befinden) und den Reaktionen der regionalen Investoren. Ihr Ausmaß hängt wesentlich davon ab, wie schnell die neuen Marktchancen in der Region wahrgenommen werden ("*Recognition Lag*"), welche Erwartungen die Unternehmer daraus bezüglich ihrer zukünftigen Gewinnchancen ableiten ("*Diagnosis Lag*"), wie rasch Investitionsentscheidungen und Planungen getroffen werden ("*Decision Lag*") und welche Zeitspannen zur Realisierung der Projekte notwendig sind ("*Realization Lag*"; R. Rettig, 1980): Solche „Lags" führen u.U. zu Kapazitätsengpässen in zentralen Angebotsbereichen, etwa bei den touristischen Aufstiegshilfen. Sie stellen „Entwicklungsschwellen" dar und haben die Abwanderung von Gästen zur Folge. Dieser Zustand wirkt dann oft als Impuls, besondere Anstrengungen zur Überwindung der Engpässe zu erbringen. Gelingt dies, so werden neue Ausbaumaßnahmen oft mit entsprechenden Kapazitätsreserven für die zukünftige Entwicklung realisiert. Die dann zur Nutzung bereitstehenden neuen Kapazitäten (etwa bei Liften und Seilbahnen) können ihrerseits *vorgreifende Reaktionen* („Leads") der Unternehmer auslösen, nämlich einen Ausbau der Bettenkapazität in Erwartung einer weiteren, günstigen Tourismusentwicklung und über das Ausmaß der bestehenden Nachfrage hinaus (U. Kneubühl, P. Keller, 1982).

Während die durch solche „Verzögerungen" und „vorgreifende Reaktionen" bedingten Einbrüche in die kumulativen Wachstumsprozesse von Fremdenverkehrsregionen (wenigstens prinzipiell) durch entsprechende Gegenmaßnahmen zu überwinden sind, kommt das Wachstum dann endgültig zum Stillstand, wenn die Nachfrage nach den angebotenen Urlaubstilen stagniert bzw. sogar abnimmt (Eintritt der Urlaubsstile in ihre Reifephasen, Konkurrenz „jüngerer" Regionen, welche über die modernere Infrastruktur verfügen und den "Reiz des Neuen" bieten) und/oder wenn die natürlichen Ressourcen der Tourismusregion erschöpft und übernutzt sind. Besonders die in Tabelle 5.13 schon dargestellte Koinzidenz *„allgemeiner" Attraktivitätsverluste* der Haupturlaubsstile mit dem *„regionalen" Attraktivitätsverlust* der touristischen Angebotsstrukturen führt zum relativ raschen Einsetzen der kumulativen Verfallsprozesse.

Das ökonomische Wirkungsmodell des Tourismus läßt sich also als Wechselspiel privater und öffentlicher Initiativen begreifen, welches über bestimmte *„Investitionsketten"* abläuft. Es wird wesentlich durch regionale *Innovations- und Diffusionsprozesse* gesteuert, welche nach den Prinzipien der „Treppenschleusung" (H. Reimann, 1968) ablaufen, wobei die sog. *„Pförtner"* (etwa: erste, „zufällige" Touristen, Emigranten aus der Region u.a.) eine entscheidende Rolle spielen: Sie leiten Informationen von „außen" an soziale Gruppen in der Region weiter und erbringen entsprechende Transformationsleistungen zu ihrem Verständnis. Diese werden dann von den regionalen *„Prestigeführern"* (mit hohem Sozialprestige, die oft auch den ersten und wesentlichen Nutzen aus den neuen Wissensbeständen ziehen, siehe Tabelle 5.13) in der Bevölkerung allmählich durchgesetzt (K. Kiefer, 1968). Besonders relevant für den Verlauf des ökonomischen Wirkungsmodells ist aber das *politische Wirkungsmodell.* Beide Modelle stehen in wechselseitiger Abhängigkeit.

Politisches Wirkungsmodell

Der Ablauf des politischen Wirkungsmodells wird entscheidend beeinflußt durch die regionalen Handlungsspielräume bezüglich der Entwicklung des Tourismus sowie vom Verteilungsmuster der politischen und wirtschaftlichen Macht über die verschiedenen Gruppen der Bevölkerung:

– Die *regional- bzw. kommunalpolitischen Handlungsspielräume* sind zum Teil recht wesentlich durch politisch-administrative Vorgaben (Finanz-, Rechts-, Planungssystem u.a.) der höherrangigen Gebietskörperschaften eingeengt. Daher bestehen für die Tourismusgemeinden (als wesentliche politische Entscheidungseinheiten auf regionaler Ebene) bezüglich ihrer Bodenpolitik (Flächennutzungs- und Bebauungsplanung), der Vergabe von Konzessionen und Bewilligungen (gewerbliche Konzession u.a.), der Infrastrukturpolitik (Straßen- und Wegebau, Errichtung von Aufstiegshilfen oder Entsorgungsanlagen), der Finanzpolitik (Beiträge- und Gebührenordnung, Beteiligung an öffentlichen und privatwirtschaftlichen Unternehmen) sowie bezüglich der (engeren) Tourismuspolitik (Einrichtung von Marketing- und Vermarktungsnetzwerken) oft nur eingeschränkte Gestaltungsmöglichkeiten. Natürlich spielen hier auch die lokalen Ressourcen der Gemeinden (etwa: Grundbesitz, nichttouristische Einnahmen) eine wesentliche Rolle.

– Die Verteilung der *politischen Macht* zur Durchsetzung von ökonomischen und sozialen Interessen in Tourismusgemeinden ist nur im Idealfall einigermaßen ausgeglichen. Zumeist werden die Entscheidungen bezüglich der oben genannten Politiken eher nur von wenigen spezifischen Gruppen getroffen. Diese verfügen mehr oder minder exklusiv über verschiedene „Machtmittel", die zur Beeinflussung politischer Entscheidungen innerhalb der kommunalpolitischen Handlungsspielräume eingesetzt werden. Manchmal reichen sie sogar dazu aus, um die von den höherrangigen Gebietskörperschaften gesetzten Rahmenbedingungen zu modifizieren (Konzept des „Lokalismus" nach J. J. SAVERLSBERG, 1980; dem nach den neueren Konzepten der „endogenen Regionalentwicklung" steigende Bedeutung zukommt). Unter „Macht" versteht man in der Regel die potentielle Möglichkeit eines Akteurs, einen Wandel (unter Umständen aber auch die Erhaltung des status quo) im politischen System durchzusetzen (T. N. CLARK, 1968). Ein entsprechendes *Machtpotential* resultiert aus verschiedenen persönlichen Ressourcen an Sach- und Humankapital, wie die Verfügbarkeit über Geldmittel und Kredit, die Kontrolle über Arbeitsplätze, Firmen und Organisationen oder über bestimmte Massenmedien, Zugang zu besonderen Kontakten und Informationen (etwa zu Amtsinhabern), erworbene Kompetenz bezüglich der Interpretation von Werten (etwa in der Funktion als „Pförtner", siehe oben), Einfluß aufgrund von sozialem Status und Popularität („Prestigeführer", „Maker of Distinction", siehe Abschnitt 3.4.4) etc. Bezüglich des Einsatzes der Elemente des Machtpotentials lassen sich bestimmte Grundstrategien feststellen:

+ etwa die gleichzeitige Besetzung von wesentlichen *„Machtrollen"* (im Gemeinderat sowie im Tourismusverband, in lokalen Parteiorganisationen, Kammern, Vereinen etc.) oder

+ die Aktivierung von *„Machtketten"* (N. LUHMANN, 1974), in deren Rahmen verschiedene, in einem hierarchischen System verbundene Partner jeweils „nach unten" Macht zur Durchsetzung der Interessen von höherrangigen Mitgliedern der „Machthierarchie" ausüben, wobei vor allem politische Entscheidungsträger (Bürgermeister, Gemeinderäte, Beamte, Wähler) direkt oder indirekt beeinflußt werden.

Nach dem sog. *„Decisional Approach"* der „Community Power Forschung" (R. A. DAHL, 1961 u.a.) werden im Rahmen solcher Strategien der Machtausübung bestimmte Anliegen als Entscheidungsbereiche (*„Issue Areas"*) in die kommunal- und regionalpolitische Diskussion eingeführt, z.B. die Widmung von größeren Flächen für den Bau von Zweitwohnungen und Appartements, die Bewilligung von Lift- und Seilbahnprojekten oder die Errichtung von Hallenbädern, Freizeitzentren etc. durch die Gemeinde. Durch die Beeinflussung der in die politischen Prozesse involvierten Individuen lassen sich dann Entscheidungen oder Kompromisse herbeiführen, welche den Interessen der mächtigen Eliten entgegenkommen. Gleichzeitig gelingt es diesen auch oft, die politische Diskussion auf relativ „sichere" Diskussionsbereiche zu beschränken, um „Issue Areas" herauszuhalten, bei deren Behandlung nachteilige Mehrheitsentscheidungen zu erwarten sind.

In der Realität zeigt es sich sehr oft, daß es für die lokalen Eliten mit fortschreitender Entwicklung vom angepaßten zum unkontrollierten Massentourismus immer schwieriger wird, ihre Strategien der Machtausübung mit Erfolg durchzuführen. Dies ist natürlich bedingt durch die in den Reife- und Schrumpfungsphasen mehr oder minder intensiv einsetzenden kumulativen Verfallsprozesse (siehe Tabelle 5.13), welche die touristischen Erwerbsmöglichkeiten beeinträchtigen und natürlich auch die regionalen Machtpotentiale unterminieren. Zudem haben auch die täglichen Behinderungen und indirekten Beeinflussungen durch den Tourismus, die das Leben der Bevölkerung oft bedeutend erschweren, Loyalitätsverluste zur Folge. Darüber hinaus werden in der Literatur auch noch zusätzliche Einflußfaktoren genannt:

– So gehen R. TOMLJENKOVIC und B. FAULKNER (2000) unter Bezugnahme auf das *Bedürfnismodell von A. MASLOW* (1970, siehe Abschnitt 3.2.1) davon aus, daß in den ersten Phasen der Wachstumszyklen von Regionen und Gemeinden die drohenden negativen sozialen und ökologischen Auswirkungen des Tourismus von der Bevölkerung durchaus erkannt werden. Jedoch sind in der Hierarchie der Bedürfnisse vorerst noch die niedrigrangigeren Ansprüche relevant, zu deren Befriedigung der Fremdenverkehr (vor allem durch die gebotenen Einkommenschancen) entscheidend beiträgt. Erst in späteren Phasen der Bedürfnisentwicklung, wenn die wirtschaftliche Existenz über einen längeren Zeitraum als gesichert erscheint, werden auch bessere soziale, kulturelle und ökologische Lebensbedingungen immer wichtiger.

– In ähnlicher Weise argumentiert auch H. G. KARIEL (1993, S. 455) auf der Basis seiner Langzeitstudien in den vier österreichischen Berggemeinden Lech am Arlberg, Neustift im Stubaital, Kaprun und Schladming. Er betont den *Wandel der Anspruchsniveaus aufeinanderfolgender Generationen*: „The young people's grandparents, who began as poor mountain peasants envisioning a brighter future for themselves and their children, had initiated the process. The parents ... had grown up during hard times and were frequently concerned about their source of next meal. Unaware of the consequences, they had pursued tourism energically and wholeheardetly and achieved their goals of economic and material well-being similar to that of those who lived in the lowlands. They are now the older generation, who comprise the community power structure. Their children, who grew into adulthood during a time of relative affluence and did not have to do without, were most affected by mass tourism. They have become skilled tradesmen, shop owners, teachers, hotel operators, lawyers, bank clerks and managers, and the like. They can now turn their energies and desires to items considered luxuries by their parents – perhaps one has to have a minimum level of material well-being before being able to do without some luxuries and to act on environmental issues."

So entstehen im Verlauf der Wachstumszyklen von Fremdenverkehrsregionen differenzierte *Meinungsbilder* der einheimischen Bevölkerung betreffend die (positiven oder negativen) Auswirkungen des Tourismus bzw. die zukünftige Tourismuspolitik. Zwei Analysen, die sich allerdings nicht auf den Alpenraum beziehen, sondern auf die USA und Großbritannien, beschreiben ein vermutlich mehr oder minder allgemeingültiges Grundmuster solcher Meinungsbilder. Es handelt sich um die Arbeiten von D. DAVIS, J. ALLEN und R. M. CONSENZA (1988, hier wurden die Ansichten der Einheimischen von Tourismusregionen in Florida untersucht) sowie von R. MADRIGAL (1995, untersuchte Destinationen: Sedona im US-Staat Arizona und York in Großbritannien). In der erstgenannten Studie ergeben sich fünf Einstellungstypen der Bevölkerung, nämlich: „Haters" (negative Grundhaltung, Befürwortung einer sehr restriktiven Tourismuspolitik), „Lovers" (gegenteiliges Meinungsbild), „Cautious Romantics" (sie befürworten zwar den Tourismus, sind aber gegen jedes weitere Wachstum), „In-Betweeners" (ohne ausgeprägte negative oder positive Tendenz) und schließlich die Gruppe „Love 'em for a Reason" (mit nicht so starken, aber dennoch positiven Einschätzungen). R. MADRIGAL beschreibt drei Grundtypen: „Haters", „Lovers" und „Realists" (die sowohl positive als auch negative Auswirkungen des Tourismus erkennen). Auch in einer Studie über die Bewertung des „Gold Coast Indy Car Race" (E. FREDLINE, B. FAULKNER, 2000) zeigen sich ebenfalls entsprechende Grundmuster der regionalen Meinungsbilder.

Mit dem Erreichen der Reife- und Schrumpfungsphasen von regionalen Wachstumszyklen vergrößern sich oft die Anteile der Einwohnergruppen mit negativen oder indifferenten Meinungsbildern, was in Folge zum Loyalitätsentzug für diejenigen

Politiker führen kann, welche bisher für die Tourismusentwicklung verantwortlich waren. Damit ist der Weg für einen politischen Umschwung (siehe Tabelle 5.13) geebnet.

Sozio-kulturelles Wirkungsmodell

Das sozio-kulturelle Wirkungsmodell bezieht sich auf die mit der wirtschaftlichen und politischen Entwicklung einhergehenden Veränderungen in der Sozialstruktur (als Folgen des Wandels von Agrarregionen zu stark dienstleistungsgeprägten Regionen) sowie auf den Wandel der regionalen Kultur.

Im Rahmen des sozio-kulturellen Wandels ändern sich für einen bedeutenden Teil der Bevölkerung die sozialen Mitgliedsrollen (siehe Abschnitt 3.3.1), wobei es zunächst zum vollkommenen oder teilweisen Wechsel der „Schlüsselrollen" kommt: Bei den Männern, die ursprünglich als selbständige Bauern oder als Knechte, Holzarbeiter etc. in der Land- und Forstwirtschaft tätig waren, etwa durch die Übernahme von Voll- und Teilzeitjobs im Lift- und Seilbahnwesen oder in der gewerblichen Nahrungsmittelproduktion. Bei den Frauen durch den Einstieg in ein bestimmtes Spektrum von Dienstleistungsberufen im Hotel- und Gastgewerbe, im örtlichen Einzelhandel oder in der Gästebetreuung (Verkehrsverein). Besonderen zusätzlichen Belastungen sind oft die Bäuerinnen ausgesetzt, welche im landwirtschaftlichen Betrieb auch die Arbeit ihrer voll oder teilweise im Tourismus tätigen Männer übernehmen müssen und oft überdies auch für die Betreuung der Gäste in den vermieteten Privatzimmern sorgen. Sie tragen dadurch manchmal wesentlich mehr zum Familieneinkommen bei als ihre Männer, während alle wichtigen Entscheidungen aber weiterhin meist nur von diesen getroffen werden. Zudem beeinträchtigt die Konkurrenz unter den Zimmervermietern eher die sozialen Beziehungen der Frauen als die der Männer.

Insgesamt gesehen bietet der vom *Tourismus bestimmte Arbeitsmarkt* für die einheimische Bevölkerung aber nur ein relativ enges Spektrum von Ausbildungs-, Berufs- und Aufstiegsmöglichkeiten (B. WALDNER, A. WERDER, 1982). Besonders in der Wachstumsphase der Fremdenverkehrsregionen müssen, wegen der noch bestehenden lokalen Ausbildungsdefizite, die qualifizierten Aufgaben im administrativen, technischen und gastronomischen Bereich oft von Zuwanderern ausgeübt werden. Dazu kommt eine oft größere Zahl von unqualifizierten auswärtigen Arbeitskräften, die meist nur während der Saison in der Region leben.

Mit dem Wechsel der Schlüsselrollen und der steigenden Zahl von zugewanderten Gemeindemitgliedern (Arbeitskräfte und Besitzer von Zweitwohnungen) setzt der *kulturelle Wandel* immer mehr ein, wobei natürlich auch den Touristen große Bedeutung zukommt (und hier besonders den Stammgästen, die im Lauf der Zeit manchmal fast familiäre Beziehungen zu ihren Gastgebern entwickeln). Dies gilt auch für den zunehmenden Konsum von nationalen und internationalen Print-

und elektronischen Medien. Sehr oft vollzieht sich die ökonomische Tourismusentwicklung mit einer derartigen Dynamik, daß zu wenig Zeit für die erforderlichen sozialen und kulturellen Anpassungs- und Verarbeitungsleistungen bleibt.
Somit muß wenigstens ein Teil der Bevölkerung in einer Umwelt leben, welche
immer mehr von neuen ethischen Konzepten, Verhaltensweisen, positiven Vorbildfunktionen (die einzelnen Personen oder sozialen Gruppen zugeschrieben werden) und neuen Elementen des Sachsystems (Architektur, Mode etc.; siehe Abschnitt 3.4.4) bestimmt ist. Diese werden von den traditionellen „Captains of Culture" und „Makers of Distinction" (etwa aus der Kirche oder aus dem ländlichen
Establishment) aber eher negativ interpretiert. Aus ihrer Perspektive bedeutet,
„die Unterwanderung der einheimischen Bevölkerung durch die Zugezogenen eine
Bedrohung der traditionellen Dorfgesellschaften, ein Eindringen in die Vorrechte
der Einheimischen, ein Anspruch auf Boden, auf Arbeit und auf Partizipation am
gesellschaftlichen und politischen Leben und mobilisiert entsprechenden Widerstand" (P. MESSERLI, 1989, S. 354). Der Rückzug aus der Gemeinschaft und die
Abkapselung sind oft charakteristische Reaktionen von Personen, welche diesen
Widerstand aufgeben. Zu den negativen Folgen des kulturellen Wandels zählen
psychosomatische Symptome der mangelnden Streßbewältigung oder Alkoholis-
mus und Drogenkonsum. Bei den jüngeren Personengruppen und bei denjenigen
Gemeindemitgliedern, die mit den Touristen und den neuen Mitbürgern intensiver in Berührung kommen (z.B. auch bei den zimmervermietenden Bäuerinnen),
setzen die Prozesse der sozialen und kulturellen Umorientierung zuerst ein. Es
entwickeln sich *zwei unterschiedliche Wert- und Normensysteme*, der traditionellen,
lokalen und der modernen, von urbanen und zunehmend internationalen Werten
geprägten Kultur, die nebeneinander existieren.

Mit der Internalisierung der neuen Ideen werden auch die Wertmuster der Kon-
sumgesellschaft immer wichtiger, inklusive Freizeit und Urlaub. Innovative, kreati-
ve und mehr kompetitive Verhaltensweisen setzen sich durch, es steigt die Komm-
unikations- und Risikofreudigkeit. Auch der formalen Ausbildung der Kinder mißt
man größere Bedeutung bei, vor allem hinsichtlich der modernen Dienstleistungs-
und Tourismusberufe. Hingegen reduzieren sich das Zusammengehörigkeitsgefühl
und das Verantwortungsbewußtsein gegenüber der lokalen Gemeinschaft. Damit
ändert sich nach den „Schlüsselrollen" allmählich auch die Struktur der *sozialen „Folgerollen"*. Es entstehen neue soziale Milieus und „Lebensstile" (siehe Abschnitt 3.3.2),
die – im meist engen Rahmen der Dorfgesellschaft – sehr stark mit den noch existie-
renden, traditionellen Verhaltensmustern kontrastieren.

Allerdings behindert das Engagement in den Tourismusberufen (bzw. die daraus
resultierenden, restriktiven Handlungsspielräume der „sozialen Lagen", siehe Abschnitt 3.3.2) oft die Erfüllung der neuen Anspruchsniveaus: „Family life suffered as
husband and wife spent little time with each other, their children, and the extended
family. Guests' welfare came first during a long working day...." (H. G. KARIEL,

1993, S. 452). Während der Wachstumsphase der Tourismusregionen werden auch die tourismusbedingten Eingriffe in die Umwelt eher aus der Perspektive der Gäste, ihrer Ansprüche und Wünsche beurteilt, als nach den eigenen Interessenlagen. Wenigstens zum Teil ist auch die Pflege der kulturellen Traditionen ähnlich motiviert: Man stellt sich auf die Erwartungen der Gäste ein und paßt das eigene (längst auf die modernen Werte umorientierte) Verhalten an die Inhalte der „touristischen Perspektiven" (als das kulturelle Kapital der Region) an (siehe auch Abschnitt 3.4.4).

Die in den Konsolidierungsphasen des Tourismus aufkommenden *kritischen Grundhaltungen* gegenüber der bisherigen Entwicklung (vor allem unter den Angehörigen der „zweiten" und besonders der „dritten" Generation, die sich bereits eine sichere Existenz schaffen konnten und nun auch ihre höherrangigen Bedürfnisse verwirklichen wollen; siehe oben) beziehen sich nun vor allem auf:

- die Priorität des Familienlebens und die größere Distanz zu den Gästen;
- die sozialen Kontakte und das harmonischere Zusammenleben in Dorf und Gemeinde;
- die Rückbesinnung auf die Traditionen sowie die daraus (und nicht mehr so sehr aus kommerziellen Interessen) motivierte Pflege des „echten" Brauchtums, Vereinslebens etc.;
- den Schutz der Umwelt durch die wenigstens teilweise Kontrolle der Auswirkungen des „harten" Tourismus.

In der Reife-, Konsolidierungs- oder Schrumpfungsphase der Wachstumszyklen von Tourismusregionen sind diese skizzierten Prozesse des sozialen und kulturellen Wandels mehr oder minder fortgeschritten, begünstigt oder behindert durch den Verlauf der parallelen ökonomischen, politischen und ökologischen (siehe unten) Prozesse. H. G. KARIEL (1993) stellt fest, daß sich unter seinen Untersuchungsgemeinden in Lech am Arlberg und zum Teil auch in Neustift im Stubaital ein enger sozialer Zusammenhalt erhalten (bzw. wiederaufgebaut) hat, während in Schladming und in Kaprun, wo auch der Zugang zum Tourismusgeschäft nicht so sehr exklusiv unter den einheimischen Eliten gehalten werden konnte, mehr individuelle und urbanistische Verhaltensweisen dominieren.

Ökologisches Wirkungsmodell

Das besonders von den ökonomischen und politischen Einflüssen gesteuerte ökologische Wirkungsmodell bezieht sich auf die Auswirkungen des Tourismus auf den Naturhaushalt und die Landschaft. Sie werden etwa in einer Analyse der Wachstumszyklen von vier Tourismusregionen (darunter Davos und Grindelwald) im Rahmen des schweizer MAB-Programmes (P. MESSERLI, 1989) erfaßt. Hier zeigt sich die zentrale Bedeutung der *Berglandwirtschaft* für die Umwelt in alpinen Regionen: Bei standortangepaßter und über lange Zeiträume gleichbleibender Nutzung hat sie entscheidend zur Stabilisierung der Lebensbedingungen für die einheimische Tier- und Pflanzenwelt beigetragen. Im Verlauf der regionalen Wachstumszyklen (und der zunehmenden Erwerbsmöglichkeiten im Tourismus) wird sie in denjenigen Bereichen extensiver betrieben oder gar ganz aufgegeben, wo die Bodenrenten besonders nieder sind. Dies gilt vor allem für die Almen, aber auch für den Wald. In beiden Fällen steigen die ökologischen Risiken (Brachland, unkontrollierte Verwaldung, labile und kritische Waldzustände). Andererseits nimmt die Nutzungsintensität auf verschiedenen (meist siedlungsnäheren) Flächen zu, wo eine maschinelle Bewirtschaftung möglich ist, oder die Gewinnchancen infolge der steigenden Nachfrage durch den Tourismus besonders günstig sind. Gerade hier wird der Landwirtschaft aber durch die Siedlungsentwicklung und den Ausbau der Infrastruktur der meiste Boden entzogen. Somit reduzieren sich die Funktionen der Berglandwirtschaft (mit ihren vielfältigen betrieblichen Strukturen) als Puffer zwischen der touristischen Raumnutzung und der alpinen Tier- und Pflanzenwelt sowie als wichtiges touristisches Grundkapital mehr oder minder stark.

Demgegenüber fallen im Alpenraum die *direkten Auswirkungen des Tourismus* auf die Umwelt oft weniger ins Gewicht (siehe etwa bei W. Bätzing, 1996), da sie nur relativ geringe Anteile der Gesamtflächen betreffen. Als entscheidend wird hier nicht nur das Ausmaß der noch verfügbaren, unberührten ökologischen Rückzugsgebiete angesehen, sondern auch die Höhenlage der Eingriffe in die Naturlandschaft: Da die Artenvielfalt der Tiere und Pflanzen mit der Höhe deutlich abnimmt, ist der Flächenentzug im siedlungsnahen Bereich oder in den Waldregionen (etwa durch die Anlage von Skipisten) manchmal deutlich problematischer als punktuelle Baumaßnahmen in größerer Höhe.

Die *Auswirkungen von Landschaftseingriffen und Bauten*, welche direkt auf den Skitourismus zurückzuführen sind, wurden von B. Brandner, M. Hirsch, H. P. Meier-Dallach, P. Sauvain und U. Stalder (2000) am Beispiel von zehn schweizer Skigebieten analysiert. Tabelle 5.14 enthält die hier als maßgeblich erachteten Kriterien sowie die entscheidenden Wirkungsketten der ökologischen Beeinträchtigung:

– *Bodenabtragung* durch Flächenspülung und Rillenerosion, Erosionsgräben, Rutschungen und Sohlenerosion im Vorfluter, besonders infolge von Pistenplanierungen oder der Errichtung von Straßen. Es werden dauerhafte und erhebliche ökologische Beeinträchtigungen verursacht, da wertvoller Humus unwiderruflich verloren geht.
– Sie sind oft mit *sichtbaren Landschaftsschäden* verbunden (vor allem schütterer und einseitiger Bewuchs wegen der Bodenverluste und der kurzen Vegetationszeiten), welche besonders Skigebiete auf saurer Gesteinsbasis betreffen.

- Die *Zerstörung geschützter bzw. gefährdeter Fauna und Flora* hängt vom landschaftsökologischen Potential der Gebiete ab und ist im Planungsstadium – besonders für die Tierwelt – nur schwer abzuschätzen.
- Durch die *Landschaftsverarmung* können typische Merkmale des alpinen Milieus mehr oder minder „unbemerkt" verloren gehen, z.b. durch die Enfernung von Steinhaufen, Felsblöcken, Gebüschen, alleinstehenden Bäumen etc., welche die Skifahrer behindern.
- *Eingriffe in den Wasserhaushalt und die Beeinträchtigung der Wasserqualität* (durch Maßnahmen zur Sammlung des Wassers für die Schneekanonen, durch Drainagen etc.) zerstören Feucht- und Wasserbiotope, entziehen verschiedenen Tierarten wichtige Nahrungsquellen und lösen Erosionsprozesse aus.
- *Unsorgfältige, nicht alpingerechte Tief- und Hochbauten* stören durch ihre Gestaltungsmerkmale, eventuell auch durch ihre Dimensionen, das Landschaftsbild und werden – wegen ihrer Baumängel – u.U. auch zu Dauerbaustellen. Sie haben in der Regel konzentriertere Nutzungen ihrer Umgebung zur Folge und können so auch noch indirekt ökologische Beeinträchtigungen nach sich ziehen.
- Schließlich bewirken *Bauabfälle* (z.b. auf, wegen des erschwerten Zuganges und der hohen Entsorgungsaufwände, unsachgemäß angelegten Deponien) und *Bauverwüstungen* (z.b. großflächige Verletzungen der sensiblen Grasnabe rund um die eigentlichen Baustellen) ebenfalls häufiger anzutreffende ökologische Schäden.

Im Zeitvergleich (1980 – 1986 bzw. 1986 – 1992) über die Verläufe der Wachstumszyklen der untersuchten Skiregionen stellen die Autoren der schweizer Studie – analog zu den oben für die ökonomischen, politischen und sozio-kulturellen Wirkungsmodelle beschriebenen Tendenzen – fest, daß sich auch bezüglich der Landschaftseingriffe ein deutlich schonenderer Umgang mit der Umwelt durchgesetzt hat. Dennoch nimmt die Landschaftsverarmung immer noch zu, und es bleiben viele Species der Fauna und Flora weiterhin bedroht. Auch Bauabfälle und Bauverwüstungen bilden ein noch viel zu wenig beachtetes Problem. Mit fortschreitendem Klimawandel gewinnt auch die Wassernutzung für die Skikanonen immer mehr an Bedeutung. Ökologische Bedenken werden dementsprechend zurückgestellt.

So wirken – im Rahmen der komplexen Prozesse der touristischen Regionalentwicklung – ökonomische, politische, sozio-kulturelle und ökologische Teilsysteme zusammen, ihrerseits gesteuert durch die erst steigende, dann auf hohem Niveau stagnierende und später u.U. auch zurückgehende Nachfrage aus dem internationalen und dem Binnentourismus. Sie tragen insgesamt zur häufig anzutreffenden „harten" Variante der Regionalentwicklung vom unkontrollierten angepaßten Tourismus (UAT) zum unkontrollierten Massentourismus (UMT) bei. An Hand der folgenden, nicht auf den Wintertourismus bezogenen empirischen Analysen soll noch auf einige, bisher nicht behandelte Aspekte dieser Prozesse kurz und exemplarisch eingegangen werden.

Tabelle 5.14:   Kriterien und Indikatoren zur Bewertung (Eignung bzw. Schäden und Beeinträchtigungen) der Elemente des ökologischen Systems in alpinen Skigebieten (nach: B. BRANDNER, M. HIRSCH, H. P. MEIER-DALLACH, P. SAUVAIN, U. STALDER, 2000)

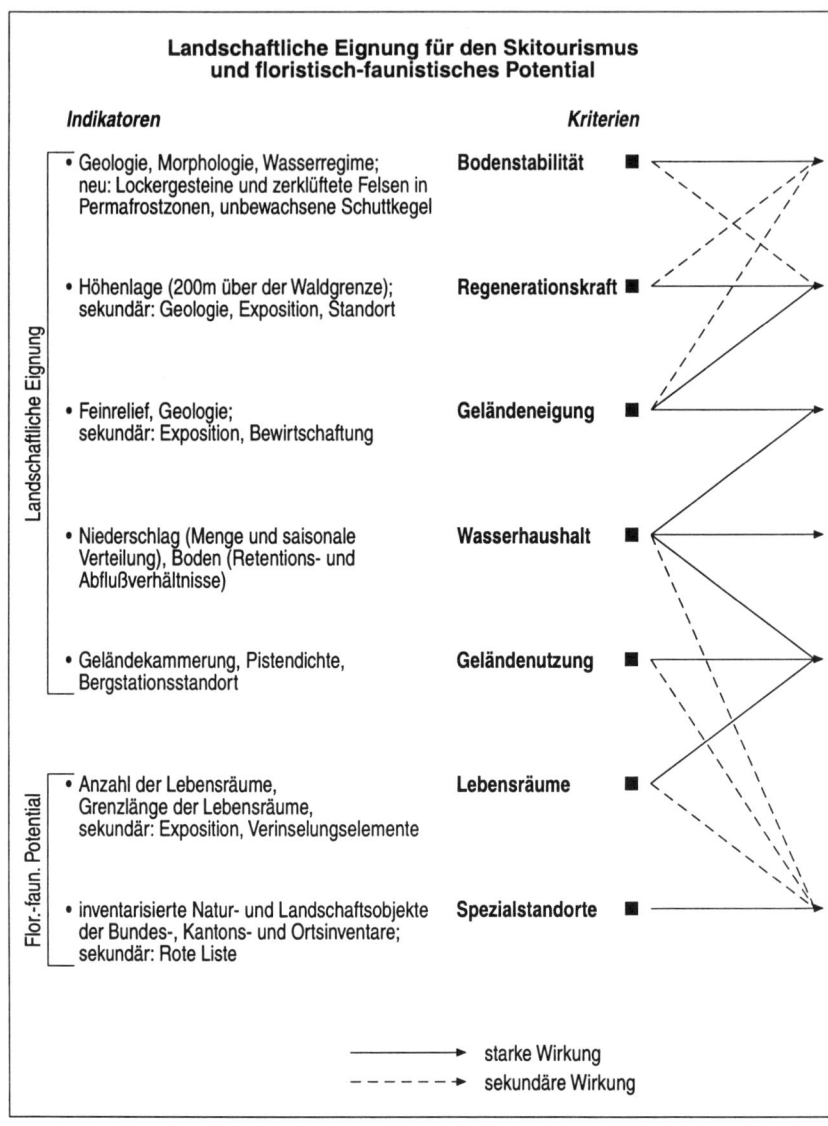

**Mögliche landschaftsökologische Schäden
und Beeinträchtigungen durch den Skitourismus**

Kriterien	*Indikatoren*
■ Erosion	• auf Planierungen: Flächenspülungen, Winderosion, Rillenerosion; ausgelöst durch Planierungen: Erosionsgräben, Überführungen, Rutschungen, Sohlenerosion in Vorfluter
■ sichtbare Landschaftsschäden	• geringer Deckungsgrad der Vegetation und einschneidende morphologische Änderungen; kahle Waldränder (z.B. infolge Waldrandbegradigung); neu: massive Not- und Sicherungsbauten
■ Landschaftsverarmung	• Beseitigung von Steinhaufen, Steinplatten, Felsblöcken, Einzelbäumen, Feldgehölzen, Zwergsträuchern; Glättung der Topographie durch großflächige Planierungen
■ Eingriffe in den Wasserhaushalt und Beeinträchtigung des Wassers (Quantität, Qualität)	• Wasserfassung (Quellfassung, Bachabzapfung, Gebrauch des Wasserreservoirs), Bachumleitung, Eindolung, Drainage des unbearbeiteten Bodens, Drainage auf Planierungen, Zapfstelle für Beschneiungsanlage, künstlicher See, Wasserqualität; Abwasserentsorgung, verrottbares Material in wilder Deponie, überdüngte Planierungen und Pisten
■ Beeinträchtigung: Flora und Fauna	• standortfremdes Saatgut, starke Düngung der Ansaaten, fehlende Pflege der Ansaaten, Rodung von Waldschneisen, fehlender oder mangelhafter Wald- und Wildschutz, Straßen, Wege
■ Zerstörung gefährdeter Flora und Fauna	• Biotopzerstörung, Verlust der gefährdeten und geschützten Arten
■ unsorgfältige, nicht alpinbaugerechte Anlagen und Bauten	• Neubauten und Neuerschließungen statt „Recycling" und Umnutzung, beschädigte Hoch- und Tiefbauten, keine Rückbauten ungenutzter Hochbauten, fehlende Geländeanpassung (Linienführung, Naturgefahren), Bauten auf landschaftsökologisch sensiblen Standorten (wie Grate und Gipfel), gut sichtbare Leitungsbauten
■ Bauabfälle, Bauverwüstung	• offene Deponie, beeinträchtigte Umgebung der Baustelle

5.5.4.2   Der Trend zur „Selbstzerstörung" von Tourismusregionen im unkontrollierten Massentourismus

Empirisch gut belegt ist der Wachstumszyklus des Baderessorts von *Torremolinos*, nahe Málaga an der südspanischen Costa del Sol, vor allem durch die Arbeiten von K. Kulinat (1998) sowie von J. Pollard und R. Dominguez Rodriguez (1995). Besonders die letztgenannte Studie geht auch auf die *bauliche Entwicklung* im Verlauf der Wachstumszyklen und auf die damit verbundenen *Planungsprozesse* ein.

Tabelle 5.15 (nach K. Kulinat, 1998) enthält einen Überblick über wesentliche Merkmale der verschiedenen Phasen des Wachstumszykluses der Region, wo lange Zeit die Landwirtschaft (Zuckerrohr, Getreide, Mühlen am Kliffrand) und die Fischerei die Existenzgrundlagen bildeten. Nach den ersten Ansätzen der „Winterfrische" und des Besichtigungstourismus (vorwiegend wohlhabende Gäste aus Großbritannien) und über ein Zwischenstadium als internationale Hippiekolonie kam der Massentourismus in den späteren 60er Jahren in Schwung, begünstigt durch den Charter-Flugverkehr mit immer größeren Einheiten (wodurch Südspanien erst in die Reichweite der bedeutenden Nachfragestaaten, vor allem von Deutschland und Großbritannien, gelangte, siehe Abschnitt 5.3.2.1) sowie durch die Öffnung der Grenzen im Franco-Regime. Die rasche und unkontrollierte Entwicklung von Torremolinos wurde durch sehr großzügige, teils aber auch gar nicht vorhandene lokale Planungskonzepte begünstigt. Nach dem „Ley del Suelo y Ordenación Urbana" waren die Kommunen zur Aufstellung von Flächennutzungsplänen verpflichtet. Auf Initiative der „lokalen Eliten", die bis Anfang der 60er Jahre auch die Kontrolle über die bedeutenden Schlüsselgrundstücke (vor allem an der südlichen Küste) erlangt hatten, wurden hier die Weichen für eine ungebremste touristische Bebauung gestellt. Kontrollinstrumente, wie übergeordnete regionale oder nationale Pläne, existierten ebenfalls nicht oder wurden (ebenso wie auch die lokale Bauleitplanung) hinsichtlich ihrer Einhaltung nicht wirklich kontrolliert: „Accordingly, the potential existed for side-stepping the adopted land classifications of urban, urban reserve and rural zones, as well as the requirements to provide for social and economic infrastructure and to abide by building regulations" (J. Pollard, R. Dominguez Rodriguez, 1995, S. 37). Der 1983 von den Behörden des demokratischen Spaniens in Kraft gesetzte Entwicklungsplan brachte zwar einige Verbesserungen, die Ausbaumentalität blieb aber im Prinzip erhalten.

So konnte sich eine an modernen urbanen Vorbildern orientierte *Siedlungsstruktur* entwickeln, welche die Attraktivität des Küstenabschnittes von Torremolinos weitgehend zerstörte und die Erneuerungschancen in den heutigen Phasen des Wachstumszykluses entscheidend behindert. Die vier dörflichen Kerne mit den sie zum Teil umgebenden alten Villen aus der Zeit der „Winterfrische" sind zu einer einzigen Agglomeration zusammengewachsen, zuerst im Küstenbereich, wo sich die Be-

Tabelle 5.15: Der Wachstumszyklus von Torremolinos (nach: K. KULINAT, 1998)

Phase	Zeit	Charakterisierung, Begründungszusammenhänge
Erkundung	18. Jh. bis Ende 19. Jh.	Einzelreisende besuchen verstärkt die berühmten maurischen Bauwerke in Granada, Sevilla, Córdoba und Málaga, darunter viele Künstler. Forschungsreisende interessieren sich für Land und Leute. Der Süden Spaniens ist nur schwer und kostspielig erreichbar (Zugang am besten mit dem Schiff). Unterkünfte gibt es nur in den größeren Städten, die Gasthäuser auf dem Land bieten wenig komfortable Schlafplätze an.
Erschließung	etwa 1880 bis 1959	Gäste mit gehobenen Ansprüchen, überwiegend Briten, kommen zum Winteraufenthalt ab etwa 1880 nach Málaga. Häuser werden angemietet oder gekauft. Bald auch Einmietung oder Ankauf von Häusern an der übrigen Küste der Provinz Málaga. 1926 entsteht das erst Luxushotel Miramar in Málaga. Die Verkehrsverhältnisse sind nach wie vor schlecht. Die Nationalstraße N 340 ist noch im Jahr 1929 in einem „jämmerlichen Zustand". Die Erschließung wird durch den Bürgerkrieg 1936 – 1939 unterbrochen. Danach entstehen an der Küste kleine Hotels (Familienbetriebe), daneben gibt es Gasthäuser, die Übernachtungsgäste aufnehmen. Die touristische Überformung ist gering.
Entwicklung	1959 – etwa 1980	1959 bringt das sogenannte Stabilisierungsgesetz die wirtschaftliche Öffnung der Grenzen Franco-Spaniens. Für den Tourismus bedeutet dies durch Visa-Abschaffung, Devisen- und Zollerleichterungen, den Aufbau einer staatlich unterstützten Tourismus-Infrastruktur usw. eine entscheidende Wende zur boomartigen Entwicklung. Der Flughafen wird zur zivilen Nutzung freigegeben und umgebaut. 1959 landet das erste internationale Flugzeug, wenige Jahre später beginnt der Charterflugverkehr aus vielen Ländern Europas. Damit ist der Start zum Massentourismus gegeben. Besonders das dem Flugplatz nahe gelegene Torremolinos entwickelt sich äußerst schnell. 1959 entsteht in Torremolinos das erste Luxushotel. Die Entwicklung durch auswärtige Hotelketten und Bauherren tritt sofort nach 1959 massiv auf, begleitet von extremer Grundstücks- und Bauspekulation. Eine Abschwächung der Entwicklung gibt es nur 1974 – 1976 durch die drastische Erhöhung der Ölpreise durch die OPEC.
Konsolidierung	1980 – 1988	Weiterhin Wachstum von Angebot und Nachfrage, aber Mängel der schnellen Entwicklung und Konkurrenzziele machen sich bemerkbar.
Stagnation	1988 – 1993	Jahre mit abnehmenden Touristenzahlen signalisieren interne und externe Probleme. Die Reiseveranstalter bringen weniger und finanzschwächere Gäste, vor allem in Torremolinos. Konkurrenzziele mit ganzjähriger Saison werden immer stärker. Hoher Leerstand an Ladengeschäften.
Erneuerung?	1993 – heute	Wieder steigende Gästezahlen, aber der Anteil finanzschwacher Gäste erhöht sich weiter. Preis-Druck durch die Reiseveranstalter. Neu: Große Anstrengungen der öffentlichen Hand, dem Niedergang zu begegnen.

bauung vom Rand des Kliffs an den unmittelbaren Küstensaum verlagerte. Im Rahmen dieses Prozesses wurden die Luxushotels (aus der ersten Phase des Chartertourismus mit noch höherem Preisniveau, als Torremolinos über das hochrangigste Hotelangebot in Spanien verfügte) sukzessive durch meist vielgeschossige Mittelklasseanlagen ersetzt, an deren Errichtung sich die großen Reiseveranstalter und die Fluggesellschaften immer mehr beteiligten. Schon in den 70er Jahren begann auch der Bau von Appartementanlagen eine Rolle zu spielen, der sich dann – in Form von größeren „urbanizaciones" – auf die günstigeren Standorte des Hinterlandes ausdehnte. Auf den ungünstigeren Lagen entstanden die Wohnsiedlungen der, nun vorwiegend im Tourismus tätigen, einheimischen Bevölkerung, deren Zahl sich von 1960 (8.000) bis 1990 (27.000) mehr als verdreifacht hat. Seit den 80er Jahren wird dieser Mix noch durch geschlossene Bungalowsiedlungen ergänzt, die sich um einige zentrale Einrichtungen (Pool, Restaurants, kleine Geschäfte) konzentrieren. Die Wohneinheiten werden teilweise an die Feriengäste vermietet, teilweise auch verkauft. Diese mehr oder minder dichte und geschlossene Verbauung hat die in den 70er Jahren errichtete Umfahrungsstraße im Hinterland erreicht und überschritten. Sie nähert sich der Trasse der 1991 eröffneten Autobahn am Fuße der Sierra de Mijas. In diesem Bereich ist auch der „Aquapark" lokalisiert, der zu den wenigen, spät errichteten Infrastruktureinrichtungen (Konferenzzentrum, Sportanlagen, Wasseraufbereitung u.a.) zählt. Im Zentrum von Torremolinos bildete sich seit den 60er Jahren ein auf den Tourismus orientiertes Geschäftsviertel heraus (mit Restaurants, Reiseagenturen, Banken etc.).

Etwa um 1980 erreichte Torremolinos die *Konsolidierungsphase* des Wachstumszykluses (siehe Tabelle 5.15) mit deutlich abnehmenden Zuwächsen im Gästeaufkommen, und ab 1988 setzte die *Stagnationsphase* ein. Hier verstärkt der „allgemeine" Attraktivitätsverlust des Badeurlaubs (bei noch steigender internationaler Konkurrenz) den wegen der ungeplanten und ungehemmten Entwicklung der Siedlungsstruktur besonders wirksamen „regionalen" Attraktivitätsverlust. Die hohen Übernachtungszahlen von maximal ca. 5,6 Mio. werden nicht mehr erreicht, und es setzt der Rückzug der internationalen Reiseveranstalter ein: NECKERMANN hatte z.B. 1972 noch 22 Hotels im Angebot, 1995 hingegen nur noch zehn. Pauschal- und Billiganbieter nützen die Lücken und drücken die Preise auf ein betriebswirtschaftlich nicht mehr sinnvolles Maß. Dadurch können Erhaltungs- und Verbesserungsinvestitionen nicht mehr finanziert werden, und der qualitative Abstieg der Hotels beschleunigt sich noch. Daher bleiben in letzter Zeit die deutschen und skandinavischen Touristen fast völlig aus, während das inländische Publikum noch zunimmt (1967: 23 %; 1992: 40 %). Die Verfallserscheinungen betreffen auch das zentrale Geschäftsviertel: Für viele, zum Teil sehr spezialisierte Angebote gibt es keine ausreichende Nachfrage mehr. Leerstände und Umwidmungen von Geschäftslokalen (Büro- und Lagerräume, Arztpraxen etc.) vermindern weiterhin die Attraktivität.

Wegen der seit den 60er Jahren ungebremsten Entwicklung zum Massentourismus, in deren Rahmen die Ressourcen an Grund und Boden weitgehend aufgebraucht und die Attraktivität der Kulturlandschaft wesentlich beeinträchtigt wurde, kann Torremolinos auch nicht dem Vorbild des benachbarten *Marbellá* folgen. Hier hat man den Badetourismus auf qualitativ höherrangige Angebote beschränkt (Vermarktung als Prominententreffpunkt), die Umwelt mehr geschont und Reserven an Bauland vorgehalten. Daher konnten zwei zusätzliche Urlaubsstile eingeführt werden, welche sich noch in der Wachstumsphase ihrer Produktzyklen befinden: der

Golf- und der Segeltourismus. Die dazu notwendigen, umfangreichen Investitionen (Golfanlagen, Marinas) haben inzwischen ihre Früchte getragen.

Wegen der *Persistenz der baulichen Anlagen* steht für Torremolinos ein solcher Weg aber nicht offen: „The programmes are very much a reaction to what has gone before. The present planners do not have the luxury of substantial areas of open space upon which to develop a Torremolinos Mark Two" (J. POLLARD, R. DOMINGUEZ RODRIGUEZ, 1998, S. 43). So bleiben nur die Verlängerung der zu kurzen Strandpromenade, die Gestaltung öffentlicher Grünanlagen, die Pflege der Strände, die Restaurierung der wenigen verbliebenen historischen Gebäude sowie die Reparatur des Abwassersystems etc. als zwar notwendige Maßnahmen, welche aber die Gesamtsituation nur wenig verändern können.

G. PRIESTLEY und L. MUNDET (1998) weisen auf ähnliche Probleme an den katalanischen Küsten (Costa Brava und Costa Dorada) hin. Sie betonen die Notwendigkeit einer langfristigen Bauleitplanung in Tourismusregionen und kritisieren, daß im Modell von R. W. BUTLER diejenigen Fälle keine Berücksichtigung finden, wo dies in der Realität auch politisch durchgesetzt wurde. In einem zum BUTLER-Ansatz alternativen *„Idealmodell" des Wachstumszykluses von Tourismusregionen* (siehe Abbildung 5.14) führen sie planerische „Grenzen der Tragfähigkeit" bezüglich der Umwelt und der Siedlungsentwicklung ein. Damit berücksichtigen sie „kontrollierte" Formen der Tourismusentwicklung, wie dies auch D. B. WEAVER in seinem – viel umfassenderen – „Broad Context Modell" (siehe Abschnitt 5.5.3) tut. Allerdings bleiben auch bei G. PRIESTLEY und L. MUNDET (wie bei D. B. WEAVER) die Auswirkungen der Produktzyklen von Urlaubsstilen auf die Regionalentwicklung außer Betracht.

Abbildung 5.14: Ein „Idealmodell" des Wachstumszykluses von Tourismusregionen (nach: G. PRIESTLEY, L. MUNDET, 1998)

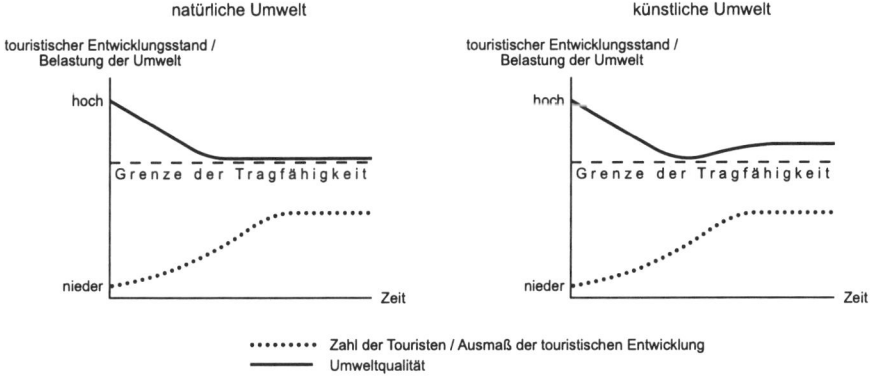

5.5.4.3   Die Zerstörung der spirituellen Umwelt

Zum Abschluß dieses Kapitels soll noch kurz gezeigt werden, wie mit dem Fortschreiten der Wachstumszyklen von Tourismusregionen nicht nur ihre natürliche und künstliche Umwelt entscheidend gestört und verändert wird, sondern auch ihre spirituelle Umwelt. Dies trifft besonders für die Tourismusinsel *Bali* zu, wo in der hinduistisch geprägten Religion der Symbolgehalt von Landschaftselementen eine wichtige Rolle spielt. Als Beispiel dient hier das Dorf *Jimbaran* auf der Halbinsel Bukit im Süden von Bali, die das Reifestadium ihrer Tourismusentwicklung erreicht hat (siehe die Abschnitte 2.3.3 und 2.8). Die Darstellung beruht auf der Arbeit von R. WALDNER (1998).

Das Weltbild der Hindu-Balinesen geht davon aus, daß sich „positive" und „negative" Kräfte in der spirituellen sowie in der realen Welt gegenseitig bedingen und erst im Zusammenwirken eine sinnvolle Ganzheit ergeben. Hierbei spielt die Zuordnung aller natürlichen und sozialen Phänomene zur *uranischen* (himmlischen) bzw. zur *chthonischen* (erdgebundenen, niederweltlichen) Sphäre eine wesentliche Rolle (Kultur als System von Ideen, siehe Abschnitt 3.4.4): Vulkane und besonders der Gunung Agung, wo der Gott Shiva und die göttlichen Ahnen ihren Sitz haben, gelten als Zentren der uranischen Kräfte, während das Meer („unten") die chthonischen Mächte (Krankheit, Tod u.a.) beherbergt. Der uranischen Sphäre wird auch der Osten zugeordnet, als die lebensspendende Richtung des Sonnenaufganges, während der Westen, als Himmelsrichtung des Sonnenunterganges, den Tod symbolisiert. Dies sind nur einige Aspekte einer *religiösen Raumordnung*, welche das Leben der gläubigen Balinesen wesentlich bestimmt. Sie gibt die Orte vor, auf denen Götter, Dämonen, vergöttlichte Ahnen und verstorbene Heilige als Wesen der sinnlich nicht erfaßbaren Welt („niskala") zu verehren sind („heilige" oder „reine" Orte wie Tempel, Schreine, Bäume, Quellen, Höhlen; im Gegensatz zu „unreinen" und „gefährlichen" Orten). Diese Raumordnung bestimmt auch die Form der bäuerlichen Gehöfte und die Grundstrukturen der *„adat"-Dörfer*, in denen Verwandtschaftsgruppen (patrilineare Großfamilien) zusammenleben. Neben ihren realen Mitgliedern gehören auch die Ahnen, zu denen ganz bestimmte rituelle Abhängigkeitsverhältnisse bestehen, zu den Dorfgemeinschaften. Diese spirituellen Landschaften werden durch die Eingriffe des Tourismus wesentlich beeinflußt und gestört.

Eine langgeschwungene, nach Westen (Sonnenuntergänge) orientierte Bucht mit ihrer feinen Sandauflage und ihren gefahrlosen Bademöglichkeiten bildet die wesentliche touristische Ressource des Fischerdorfes Jimbaran, das seinen Standort auf der Landenge hat, welche die Halbinsel Bukit mit dem zentralen Bereich von Bali verbindet. Die rasche Entwicklung zum Tourismuszentrum hat hier Ende der 80er Jahre eingesetzt, im Anschluß an die Errichtung der „touristischen Enklave" von Nusa Dua. Wie in den meisten Destinationen des Ferntourismus in Schwellen- und Entwicklungsländern (und im Gegensatz zu dem in Abschnitt 5.5.4.1 dargestellten Wachstumsmodell für den alpinen Raum) spielten hier staatliche Initiativen und Planungen eine wesentliche Rolle sowie die Investitionen transnationaler Hotelketten. Daher bilden heute vier große Hotelanlagen, darunter die beiden Luxushotels FOUR SEASONS und INTERCONTINENTAL, mit zusammen ca. 1.550 Betten, den Kern des touristischen Angebotes. Sie sind alle in der Strandzone lokalisiert (siehe Karte 5.6), die von den traditionellen Siedlungen aus den genannten Gründen gemieden wird, wo sich nun auch noch Fischrestaurants und Marktstände niedergelassen haben. Der Siedlungsraum des alten „adat"-Dorfes mit seinen Tempeln und Gemeinschaftsanlagen hat sich im Verlauf der Tourismusentwicklung entscheidend erweitert, und zwar entlang der neu ausgebauten Straßen zur Haupttempelanlage von Uluwatu bzw. nach Nusa Dua. Hier konnten sich viele der (über 60) kleineren, unmittelbar tourismusorientierten Betriebe ansiedeln, aber auch die meisten der ca. 250 neuen Unternehmen, die Zulieferfunktionen für die Fremdenverkehrszentren Nusa Dua, Sanur und Kuta ausüben. An diesen Straßen liegen auch die Behausungen der zugezogenen Bevölkerung. Ein ehemaliges „Basecamp" für die ca. 10.000 Bauarbeiter, welche die Großhotels von Nusa Dua errichteten, ist heute größtenteils unbewohnt und verlassen. Verschiedene, intensiver genutzte landwirtschaftliche Flächen (Gärten, Kokoshaine, unbewässerte Felder) wurden etwa von einem Viertel aller Betriebe sukzessive aufgegeben.

Karte 5.6 und Tabelle 5.16 (nach R. WALDNER, 1998) zeigen die aus den dargestellten massiven Veränderungen der Siedlungsstruktur resultierenden *Eingriffe in die spirituelle Umwelt*. Sie können hier nur beispielhaft und ansatzweise erklärt werden: Desa Kali, der mythische Standort des Urdorfes von Jimbaran, ist heute zur Hälfte durch das FOUR SEASONS überbaut und Kebo'ijo, eine Zone von Karstwannen, die als Fußstapfen eines mythischen Riesen erklärt werden (dessen Namen das Gebiet auch trägt), liegt im Areal des INTERCONTINENTALS. Am westlichen Strand befindet sich in der Gezeitenzone noch eine besondere „niskala"-Stelle, an der sich Süßwasserquellen in das Meer ergießen, die ihre Heilwirkungen besonders bei Vollmond entfalten sollen. Heute liegt sie vor dem Hotel FOUR SEASONS, dessen Sicherheitsbeamte den Gläubigen den Zugang erschweren. Insgesamt gesehen stellt R. WALDNER folgende *Arten des touristischen Einflusses* auf die spirituelle Umwelt fest:

– die Zerstörung von Symbolorten (z.B. Stapfen des Riesen);
– das Symbol bleibt zwar erhalten, wird aber durch die Um- und Zweitnutzung seines Standortes (z.B. des Strandes) entwertet;
– Störung der Orte durch neue Verhaltensweisen (z.B. verstärkte menschliche Präsenz im „Geisterland" der Flußtäler);
– äußere Aufwertung gebauter Symbole, bei Verlust ihrer Sinnbezüge (z.B. Renovierung von Feldbau-Tempeln bei gleichzeitigem Verlust der entsprechenden landwirtschaftlichen Funktionen).

So tritt die religionsbestimmte Raumordnung immer mehr hinter einer wirtschaftsbestimmten Funktionsordnung zurück, es kommt zur *„Entmystifizierung"*, zur *„Entheiligung"* der Landschaft. Gleichzeitig verlieren aber auch noch bestehende Sym-

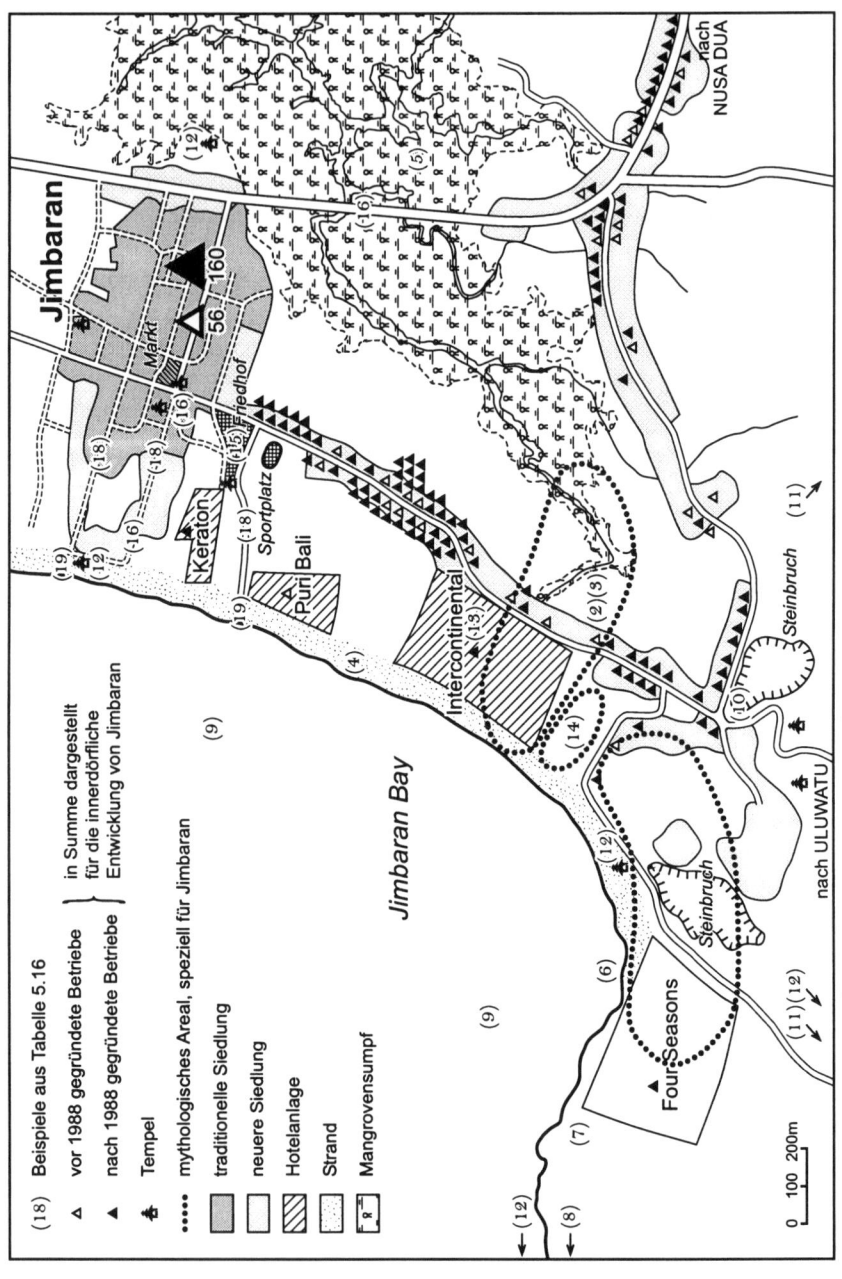

Karte 5.6:   Spirituelle und moderne Landschaftselemente in Jimbaran (nach: R. WALDNER, 1998)

Tabelle 5.16: Der Zusammenhang zwischen Tourismus und spiritueller Landschaft in Jimbaran (nach: R. WALDNER, 1998)

Symboltyp	Beispiel	Art des Einflusses	Folgen für spirituellen Ort*
Mythen	(1) Desa Kali	⇨ Hotelzone	-
	(2) Kebo'ijo	⇨ Hotelbau	-
natürliche Umwelt	(3) Meerespassage	⇨ Blockade durch Hotelbau	-
	(4) westl. Strand	⇨ Touristenbadestelle	-
	(5) Mangrovensumpf	⇨ Flächeneinbuße durch Kläranlage/ Bauschuttdeponie; bessere Passagemöglichkeit	-
	(6) untermeerische Quellen	⇨ Hotel behindert Betretbarkeit	-
	(7) Trockenwald	⇨ Hotelbau	-
	(8) Klippen auf Bukit	⇨ Strukturwandel in der Fischerei	-
	(9) Meer	⇨ Strukturwandel in der Fischerei	-
	(10) Einzelbäume	⇨ Unfälle in der Umgebung	+
	(11) Höhlen	⇨ moderne Wasserversorgung	-
gebaute Umwelt	(12) Berufsgruppen-Tempel	⇨ wirtschaftl. Strukturwandel, Aufgabe der trad. Landnutzung; Renovierung	-
	(13) Japanische Festung	⇨ Hotelbau	+
	(14) Sonderfriedhof	⇨ Aufgabe	-
	(15) Friedhof	⇨ Umnutzungsverbot	+
	(16) Brücken/Kreuzungen/ Hotels	⇨ Neuanlage	+
Ritualorte und -wege	(17) tägliche Opferstellen	⇨ neue Gebäude	+
	(18) Wege zum/am Strand	⇨ touristische Attraktion	-
	(19) Orte der Totenzeremonie	⇨ touristischer Badeplatz/ "Strandsäuberung"	-
ganze Raumausschnitte	(20) religionsgeleitete Raumordnung und siedlungsinterne Strukturen	⇨ Zersiedelung Bau von touristischen Unterkünften und Geschäften	-
	(21) Götter-, Mensch- und Naturbereich	⇨ stärkere Frequentierung	-

* (-) = negative; (+) = positive Wirkung auf die spirituelle Bedeutung des Ortes

bole ihre Bedeutung, weil sie im Zuge des kulturellen Wandels nicht mehr richtig interpretiert werden und dem Vergessen anheim fallen.

5.6 Zusammenfassung: Tourismuszyklen als Diffusionsprozesse von Urlaubswünschen und Urlaubsangeboten

Die Entmystifizierung der spirituellen Umwelt oder die Selbstblockade und Selbstzerstörung des Tourismus sind also extreme Folgeerscheinungen, welche besonders die Endstadien der Wachstumszyklen von Regionen kennzeichnen, in denen sich der *unkontrollierte Massentourismus* durchgesetzt hat. Entscheidende Weichen für den unkontrollierten Ausbau werden, vor allem während der Wachstumsphasen der Tourismusregionen, im *ökonomischen Wirkungsmodell* gestellt (private und öffentliche „Investitionsketten" als Reaktion auf steigende Nachfrage und wachsende Gewinne) und von entsprechenden Verhaltensmustern im *politischen Wirkungsmodell* begleitet und unterstützt (Ausnutzung von „Machtketten" zur Durchsetzung der Ausbauprojekte, oft ohne wirkliche Überprüfung hinsichtlich negativer Folgen bzw. ohne entsprechende Rücksichtnahme). Der daraus resultierende soziale und kulturelle Wandel sowie die tourismusbedingten Veränderungen der Kultur- und Naturlandschaft sind in der Regel am Höhepunkt (Konsolidierungs-, Reifephase) der Wachstumszyklen bereits deutlich ausgeprägt. Sie werden im *sozio-kulturellen* und im *ökologischen Wirkungsmodell* des Systems der Tourismusregion abgebildet. Negative Entwicklungen im sozio-kulturellen Bereich (Konflikte zwischen „traditionellen" und „modernen" Werten bzw. zwischen den von entsprechenden Verhaltensmustern geprägten Gruppen der Bevölkerung, Streß und gestörte soziale Beziehungen als Folge des notwendigen Engagements in den Tourismusberufen etc.) und im ökologischen Bereich (vielfältige Landschaftseingriffe, „Zersiedelung" mit oft unattraktiven baulichen Strukturen etc.) beeinflussen nun ihrerseits die Abläufe im ökonomischen und politischen Wirkungsmodell. Diese werden auch oft vom exogenen Faktor einer abnehmenden Nachfrage bezüglich der angebotenen Urlaubsstile wesentlich bestimmt. In den Schrumpfungsphasen der Wachstumszyklen kommt es zum kumulativen Verfall der touristischen Dienstleistungen und der von ihnen abhängigen Branchen des produzierenden Gewerbes. In der Gemeinde- und Regionalpolitik gewinnt die Tourismuskritik an Gewicht. Allerdings bestehen für alternative Tourismusstrategien (im Rahmen von Erneuerungsphasen in den Wachstumszyklen) oft nur beschränkte Handlungsspielräume.

Zu Recht bezeichnen G. PRIESTLEY und L. MUNDET (1998) dieses Entwicklungsszenario, das im Wesentlichen dem *Zyklenmodell* von R. W. BUTLER (1980) entspricht, als „eindimensional", „pessimistisch" und „katastrophenorientiert". Es ist daher zur Beschreibung und Erklärung der bisherigen Entwicklung von Tourismusregionen nur fallweise geeignet und erst recht nicht als entsprechendes Prognoseinstrument. Sehr viel besser wird hingegen das *„Broad Context Modell"* von D. B. WEAVER (2000) den in der Realität zu beobachtenden, wesentlich vielfältigeren Formen der Tourismusentwicklung gerecht. Je nach der Intensität des Fremdenverkehrs und dem Grad der Regulation und Kontrolle der Entwicklung wird hier von vier Grundtypen von Tourismusregionen ausgegangen: „unkontrollierter angepaßter Tourismus", „kontrollierter angepaßter Tourismus", „unkontrollierter Massentourismus" und „nachhaltiger Massentourismus". Die Wachstumszyklen von Fremdenverkehrsregionen sind durch verschiedene Varianten des Übergangs zwischen diesen Grundtypen gekennzeichnet. Das BUTLER-Modell stellt nur eine, allerdings nicht seltene, davon dar *(Entwicklung vom unkontrollierten angepaßten Tourismus zum unkontrollierten Massentourismus)*. Besonders wegen des Wandels in den Grundhaltungen von Politik und Planung sind aber gerade in jüngerer Zeit auch andere Formen von Wachstums- und Entwicklungszyklen relevant geworden, etwa der an die Präferenzen anspruchsvoller Nachfragergruppen (vor allem nach den neuen Urlaubsstilen) angepaßte *Wandel vom unkontrollierten zum kontrollierten angepaßten Tourismus* oder die *Entwicklung zum nachhaltigen Massentourismus* auf der Grundlage des neueren „wissensorientierten Planungsparadigmas". Danach kann auch der Massentourismus als ökologisch vertretbares Ziel gelten, wenn er auf den modernen Technologien basiert, welche die Kontrolle der wichtigsten Umwelteinflüsse erlauben.

Es gibt also gute Argumente dafür, daß mit dem „Broad Context Modell" ein viel geeigneteres Rahmenkonzept zur Erfassung und Erklärung der Destinationsentwicklung zur Verfügung steht. Allerdings fehlt auch hier der Bezug auf einen wesentlichen Einflußfaktor, welcher die Wachstumszyklen von „außen" steuert, nämlich auf die *Produktzyklen von Urlaubsstilen.* Als regelhaft ablaufende, räumlich-zeitliche Tätigkeitsmuster der Gäste stellen die Urlaubsstile die eigentlichen Formen der Konsumprozesse im Tourismus dar. Um ihrer Bedeutung gerecht zu werden, muß man das Hypothesengebäude zur Erklärung des Wandels im räumlich-zeitlichen Tourismus-System durch entsprechende, zusätzliche Annahmen erweitern:

— Demnach sind die Veränderungen des räumlich-zeitlichen Systems wesentlich vom sukzessiven Aufkommen neuer Urlaubsstile geprägt. Diese durchlaufen ebenfalls *Produktzyklen* und werden von den nationalen und internationalen Touristen in den Zeiträumen ihrer Innovations-, Wachstums-, Reife- und Konsolidierungsphasen sowie u.U. auch ihrer Schrumpfungs- oder Erneuerungsphasen im wechselnden Ausmaß nachgefragt (G. PALME, 1986).
— Sie beeinflussen das räumlich-zeitliche System im Wesentlichen über *zwei Diffusionsprozesse:* Der eine davon betrifft die *Nachfrageseite* bzw. die Verbreitung von „Ideen" über neue (oder modifizierte) Urlaubsstile in den Anspruchsniveaus der Touristen: Die Bedürfnisse nach neuen touristischen Aktivitätenmustern gewinnen allmählich in den Präferenzordnungen erster Stufe an Bedeutung (siehe Abschnitt 3.4.1) und verdrängen hier andere (ältere) Urlaubswünsche. Auch die damit verbundenen Ansprüche an die Urlaubsregionen (touristische Aktionsräume) setzen sich (mit einer gewissen zeitlichen Verzögerung) in den Präferenzordnungen zweiter Stufe fest. Ihren Ausgang nehmen alle diese neuen Ideen in der Regel in den Zentren der reichen Dienstleistungs- und Industriestaaten. Von hier aus verbreiten sie sich selektiv über die Hierarchie der weniger wohlhabenden Staaten – und zwar zunächst in ihren prosperierenden und moderneren Regionen. Nicht selten (und vor allem in den Destinationen des Ferntourismus) erreichen die diffundierenden Ideen über neue Urlaubsstile und neue Ausstattungstypen von Aktionsräumen die Bevölkerung der Zielregionen entweder überhaupt nicht, oder erst dann, wenn sie in den meisten Heimatländern ihrer internationalen Gäste bereits wieder durch neue Präferenzen ersetzt werden. Zum Verständnis der Abläufe im räumlich-zeitlichen System muß man sich auch vor Augen halten, daß die Diffusionsprozesse von Urlaubsideen(-Wünschen) auf *zwei*

Ebenen ablaufen: Während die Inhalte der Präferenzordnung erster Stufe (über die *Art des Urlaubs*) tendenziell länger konstant bleiben, wandeln sich die Ansprüche der zweiten Stufe (bezüglich der *Zielregionen und ihrer Ausstattungsmerkmale*) tendenziell rascher: Wenigstens teilweise wollen die Nachfrager gleiche oder wenigstens ähnliche Urlaubsformen in einer immer neuen Umgebung verbringen. Daher haben die älteren Zielregionen von länger etablierten Urlaubsstilen manchmal schon mehr oder minder an Beliebtheit verloren (die sie aber möglicherweise in ihren Verjüngungs- und Rekonstruktionsphasen wieder gewinnen können), während andere Destinationen gerade in Mode kommen. Erst wenn in den Stagnations- bzw. Schrumpfungsphasen der Produktzyklen von älteren Urlaubsstilen andere touristische Aktivitätenmuster deutlich beliebter werden, verlieren auch ihre jüngsten Zielgebiete zunehmend an Attraktivität.

– Der zweite Diffusionsprozeß bezieht sich direkt auf die *touristischen Angebotsstrukturen*. Er wird einerseits vom dargestellten Wandel der Präferenzordnungen bezüglich der Urlaubsstile wesentlich beeinflußt: Die zunehmende Beliebtheit von Urlaubsstilen initiiert die Wachstumszyklen von Fremdenverkehrsregionen. Immer mehr Destinationen können ihre Angebote entsprechend ausrichten und spezialisieren und so in ihre Innovations- und Wachstumsphasen eintreten. Andererseits tragen auch die in den Wachstumsphasen besonders intensiven Marketingstrategien der Destinationen zu ihrer weiteren Verankerung in den Präferenzordnungen (besonders der zweiten Stufe) bei. Mit fortschreitendem Stadium der Produktzyklen von Urlaubsstilen treten zunächst die „älteren", auf sie spezialisierten Regionen in ihre Konsolidierungs-, Reife- und eventuell auch Schrumpfungsphasen ein, während zum Teil noch „jüngere" Gebiete die schon „reifen" Urlaubsstile erst neu übernehmen. Diese neuen Destinationen haben natur- und kulturlandschaftliche oder klimatische Bedingungen aufzuweisen, welche attraktiver erscheinen und den „Reiz des Neuen" bieten, manchmal aber auch nur ein günstigeres Preisniveau.

– Die beiden Diffusionsprozesse laufen mit *unterschiedlichen Geschwindigkeiten* und nach anderen *globalen Verbreitungsmustern* ab: Während die Diffusion der Angebote praktisch alle wesentlichen, für die dominanten Urlaubsstile attraktiven Regionen erfaßt, solange vor allem die Sicherheit der Touristen mehr oder minder gewährleistet und (in der Innovationsphase) wenigstens eine Basisinfrastruktur vorhanden ist, bleibt die Diffusion der Nachfrage vor allem auf die Dienstleistungs- und Industriestaaten beschränkt. Hier können die Mittelschichten und auch Teile der sozialen Grundschichten am Fremdenverkehr partizipieren, wobei ihnen auch die ausländischen Destinationen des Massentourismus immer mehr offen stehen. In den Schwellenländern beginnt sich der Tourismus – mit dem sukzessiven Einstieg der Mittelschichten (über „reife" Urlaubsstile und Ferien im Inland) – erst allmählich zu einem Massenphänomen zu entwickeln. Hier hat die „Asienkrise" Ende der 90er Jahre für die Touristen aus Japan und aus den „Tiger-" und „Drachenstaaten" deutliche Rückschläge gebracht. Hingegen unterscheidet sich das Urlaubsverhalten der Mitglieder der zahlenmäßig geringeren Oberschichten in den Schwellenländern, aber auch in manchen Entwicklungsländern, oft kaum von den westlichen Standards.

Somit verändert sich das räumlich-zeitliche System des Tourismus durch Abfolgen von *„Tourism Circuits"* (Produktzyklen von Urlaubsstilen, die durch den Einstieg von neuen Nachfragegruppen an Dynamik gewinnen, und Wachstumszyklen von Tourismusregionen). Diese Veränderungen hängen von einer *Vielzahl von Einflußfaktoren* ab, die sowohl von der Nachfrage-, als auch von der Angebotsseite touristischer Märkte ausgehen. Oft kann man gar keine eindeutigen Zuordnungen treffen.

Auf der *Nachfrageseite* werden die Präferenzordnungen besonders vom sozialen und kulturellen Wandel sowie vom ökonomischen Wandel beeinflußt, z.b. von den Ideen der postmodernen Kultur und von den Tendenzen zur „Erlebnis- und Freizeitgesellschaft". Diesen stehen aber in der jüngeren Vergangenheit die Zwänge entgegen, welche sich für die Mehrzahl der Nachfrager in den Dienstleistungs- und Industriestaaten aus ihrer veränderten Situation in den „Neofordistischen" bzw. „Neoliberalen" Wirtschafts- und Regierungsstilen ergeben. Hier rückt die Arbeit mit ihren Anforderungen an das Humankapital wieder mehr in den Lebensmittelpunkt.

Im dialektischen Prozeß der Entwicklung von Tourismusmärkten werden die neuen Bedürfnisse aber auch wesentlich von der *Angebotsseite* her gesteuert: „Producers as Costumers" gestalten die Prozesse des kulturellen und sozialen Wandels wesentlich mit und beeinflussen so die Ausbildung der konkreten Urlaubsbedürfnisse. Über die Planungs-, Marketing- und Werbenetzwerke werden touristische Produkte (Aktionsräume für neue Urlaubsstile) entwickelt und die entsprechenden Images verstärkt oder sogar neu aufgebaut. Über die Vermarktungsnetzwerke kommen sie dann zum Verkauf, und über die Versorgungsnetzwerke werden die Dienstleistungsangebote den Touristen „just in time" zur Verfügung gestellt. Mit ihren vielfältigen (oft allerdings auch wenig koordinierten) Politiken beeinflussen die *staatlichen Gebietskörperschaften* die „Tourism Circuits", sowohl auf der Nachfrageseite (etwa über die Sozial- und Arbeitsmarktpolitik), als auch bezüglich der Gestaltung und der Promotion touristischer Angebote (etwa über die Koordination der Aktivitäten privatwirtschaftlicher Einzelanbieter auf lokaler, regionaler und nationaler Ebene).

Ganz wesentlich werden die Zyklen der Tourismusentwicklung schließlich noch durch technologische Innovationen gesteuert. Fortschritte in den *Verkehrstechnologien* und die *Evolution der („Primären") Verkehrsnetze* haben die „wellenförmige" Ausbreitung neuer Urlaubsstile und den Einstieg von immer periphereren Destinationen in ihre touristischen Wachstumszyklen erst möglich gemacht (etwa das Automobil und die Straßenverkehrsnetze, die Großraum-Jets und die Flugnetzwerke oder die Netzwerke der touristischen Aufstiegshilfen). Ebenso wurden durch die Erfindung und Verbesserung von *Sportgeräten* die Grundlagen für den Eintritt von wichtigen Urlaubsstilen in ihre Produktzyklen geschaffen. Wesentliche Bedeutung haben auch verschiedene andere Innovationen im technologischen Bereich (etwa Klimaanlagen als besondere Voraussetzung für den Ferntourismus in tropischen Ländern) oder in der Medizin (als Grundlagen für den Wellnesstourismus) etc.

Alle diese Abläufe von „Tourism Circuits" werden natürlich von den *politischen, wirtschaftlichen und ökologischen Rahmenbedingungen* in den Quell- und Zielländern des Tourismus beeinflußt, ebenso wie von den hier immer wieder auftretenden Krisen. Bisher konnten *politische Krisen* den Wandel des räumlich-zeitlichen Systems aber nur für relativ kurze Zeitspannen entscheidend stören (wie dies in den 90er Jahren durch den „Golfkrieg" und durch die „Balkankriege" der Fall war) oder sie blieben auf bestimmte Regionen beschränkt (etwa auf den Libanon, als traditionelle Destination, die ihre einstige touristische Bedeutung in den 60er Jahren verloren und bis heute nicht wiedererlangt hat). Oft konnten aber auch die unmittelbar betroffenen Gebiete mit der Normalisierung der Verhältnisse wieder in ihre Wachstumszyklen eintreten, und insgesamt ist die „Globalisierung" des räumlich-zeitlichen Systems durch immer neue „Tourism Circuits" immer weiter fortgeschritten. Dies dürfte auch für die Einbrüche im internationalen Ferntourismus als Folgen der New Yorker Attentate vom 11. September 2001 gelten, so daß es wieder zur Rekonstruktion des weltweiten Verbreitungsmusters des Tourismus, wie es vor den tragischen Ereignissen bestanden hat, kommen dürfte. Es wird im folgenden Abschnitt kurz dargestellt.

6. Strukturen des Welttourismus

6.1 „Touristische Kontinente"

Die grundlegenden Strukturmerkmale des Welttourismus sowie ihre Veränderungen sollen unter Bezugnahme auf eine umfassende Bestandsaufnahme der *Abreisen und der Ankünfte im internationalen Tourismus* für das Basisjahr 1995 sowie unter Bezugnahme auf entsprechende Prognosen für die Jahre 2010 und 2020 zur Darstellung kommen. Diese Analysen *(„Tourism Vision 2020")* wurden von den Experten der WORLD TOURISM ORGANIZATION (WTO, 2000a, 2000b) durchgeführt und zwar auf der Basis von vorbereitenden Studien aus 85 Mitgliedsstaaten. Wegen der vielfältigen Schwierigkeiten von statistischen Erhebungen im Tourismusbereich (siehe etwa Abschnitt 4.4.4) bleiben die Aussagen auf den internationalen Fremdenverkehr beschränkt, obwohl dem *innerstaatlichen Binnentourismus* eigentlich die größere Bedeutung zukommt: Die WTO-Experten schätzen, daß bezüglich der Partizipation am nationalen Binnen- und am internationalen Außentourismus weltweit ein Verhältnis von etwa 10:1 besteht, bezüglich der Einnahmen von 3 bis 4:1 (WTO, 2001a). In den reichen Dienstleistungs- und Industriestaaten hat der Binnentourismus seine Entwicklungsgrenzen mehr oder minder erreicht, während in Asien, Lateinamerika, Afrika und im Mittleren Osten hingegen noch große Potentiale bestehen.

Die Darstellung des Welttourismus bezieht sich zunächst auf die von der WTO unterschiedenen, *sechs großen Quell- und Zielregionen* („touristische Kontinente") und geht dann auf etwas differenziertere räumliche Strukturen ein, auf „touristische Großregionen" bzw. auf einzelne Staaten (Reisen der Deutschen und US-Amerikaner in ausgewählte Länder). Nach Angaben der WTO lag Mitte der 90erJahre der Anteil der Touristen, die im Ausland Urlaub machen, an der Weltbevölkerung nur bei ca. 3,5 %. Für das Jahr 2020 werden ca. 7 % erwartet. So mag auch für den internationalen Tourismus die Feststellung gerechtfertigt sein: „... – an industry truly still in its infancy" (WTO, 2000a, S. 3).

Die Abbildungen 6.1 und 6.2 stellen das bisherige Wachstum und die prognostizierte Entwicklung dieses Wirtschaftszweiges dar (WTO, 2000b):

– Abbildung 6.1 zeigt die Entwicklung der *internationalen Touristenankünfte.* Man erkennt, wie sehr das Volumen des internationalen Tourismus trotz seines, nach Meinung der WTO-Experten, noch relativ „frühen" Entwicklungsstandes zugenommen hat: von etwas über 10 Mio. Ankünften am Beginn der 50er Jahre auf über 600 Mio. zur Jahrtausendwende. Nach Schätzungen der WTO soll sich diese Zahl bis 2020 nochmals um das Eineinhalbfache (auf 1.561 Mio.) erhöhen. Allerdings liegt hier wohl auch die von der WTO vertretene „weitere" Touris-

Abbildung 6.1:   Internationale Touristenankünfte 1950-2020 (nach: WTO 2000 b)

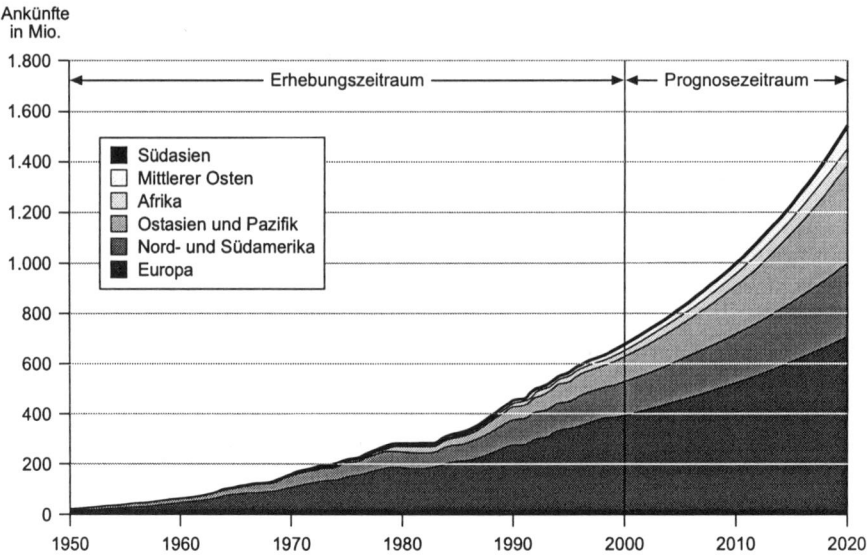

Abbildung 6.2:   Jährliche Wachstumsraten der internationalen Touristenankünfte (nach: WTO 2000 b)

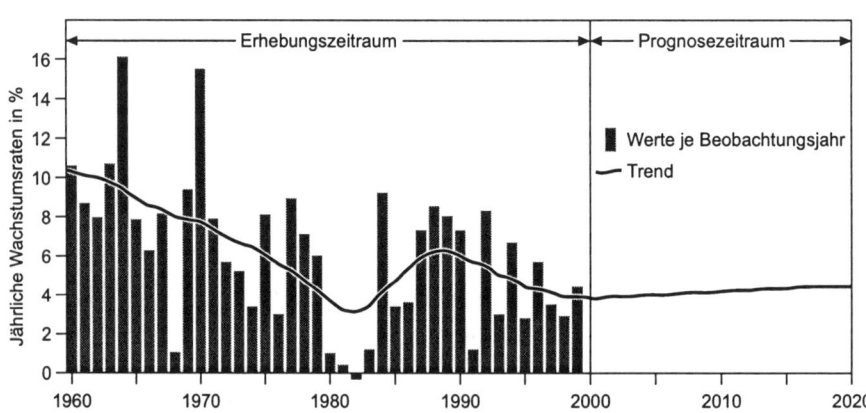

musdefinition (siehe Abschnitt 1.4) zugrunde (WTO, 1993). Vergleicht man die Marktanteile der von der WTO unterschiedenen großen Bezugsregionen („touristische Kontinente"), so sind sowohl die noch immer gegebene Konzentration des internationalen Tourismus auf seine traditionellen Zielgebiete zu erkennen, die ihre Reifephase meist schon erreicht haben, als auch seine fortschreitende weltweite Diffusion: Im Jahr 1995 entfielen 59,8 % der internationalen Ankünfte auf den „touristischen Kontinent" Europa (und hier vor allem auf die Erholungsräume im Gebirge und an den Küsten), 19,3 % auf Nord- und Südamerika (vor allem USA, Kanada, Karibik) und 14,4 % auf den Großraum Ostasien und Pazifik (Nordost-, Südostasien, Australien und Neuseeland, Mikronesien, Melanesien und Polynesien). Dagegen konnten Afrika (3,6 %), der Mittlere Osten (2,2 %) und Südasien (0,7 %; Indien, Malediven, Nepal, Iran, Bhutan, Pakistan, Afghanistan u.a.) bisher nur recht geringe Anteile am internationalen Tourismus erreichen.

- Abbildung 6.2 zeigt die *jährlichen Wachstumsraten* der internationalen Touristenankünfte (WTO, 2000b) für den Zeitraum von 1960 bis 2000. Man erkennt die zum Teil sehr hohen Wachstumsraten in den 60er Jahren (bis zu 10 bzw. 15 % im Jahr, maximal über 20 %), die sich, wie dargestellt, besonders auf die Wohlstandsgewinne in Westeuropa und Nordamerika und auf die Innovationen in den Verkehrssystemen zurückführen lassen. Es sind aber auch die Reaktionen auf politische Krisen ersichtlich („Sechs Tage Krieg" im Nahen Osten). Die Rezession in der zweiten Hälfte der 70er und in der ersten Hälfte der 80er Jahre (besonders die „Ölkrisen" und ihre Folgen) bedingt das deutliche Absinken der Wachstumsraten. Sie erreichen erst um 1990 wieder Werte von über 5 % und pendeln sich in der zweiten Hälfte der 90er Jahre auf etwa 4 % ein.

- Ähnliche jährliche Wachstumsraten werden von der WTO auch in ihrer Entwicklungsprognose angenommen. Sie unterliegen aber natürlich immer wieder unvorhersehbaren Schwankungen, vor allem wegen der Auswirkungen von politischen und wirtschaftlichen Krisen. So mußten die Experten der WTO wegen der Zusammenbrüche der Finanz- und Wirtschaftssysteme in den südostasiatischen Schwellenländern 1997 und 1998 eine Revision der erwarteten Wachstumsraten der internationalen Touristenankünfte vornehmen (vor allem für den Raum Ostasien und Pazifik ging man von einer Reduktion der jährlichen Wachstumsraten von 7,3 auf 2,3 % aus, WTO, 2000a) und wegen des Terrors in New York und des Krieges in Afghanistan ist es 2001/2002 ebenfalls zu starken Einbrüchen im internationalen Tourismus gekommen.

Auch langfristig wird *Europa* die führende Zielregion im internationalen Tourismus bleiben (siehe Abbildung 6.1). Allerdings schreiten die Globalisierungsprozesse im Fremdenverkehr fort, und man erwartet eine Reduktion des Marktanteils von 55 auf 46 %, obwohl sich die internationalen Touristenankünfte (2020: 717 Mio.) noch mehr als verdoppeln sollen. Wegen der bereits vergleichsweise fortgeschrittenen Sättigung der Nachfrage und der steigenden Präferenzen der Europäer für den „Ferntourismus" wird der internationale „Nahtourismus" innerhalb der europäischen Staatengruppe im Prognosezeitraum nur mehr um jährlich ca. 2,9 % anwachsen (wobei auf ihn aber immer noch ca. 85 % aller internationalen Ankünfte entfallen). Dagegen soll der Anteil der Ankünfte im „Ferntourismus" außereuropäischer Gäste von 12 auf 15 % ansteigen. Die globalen Marktanteile Europas verringern sich vor allem wegen des Aufschwungs des „touristischen Kontinents" *Ostasien und Pazifik*, dessen Anteil an den internationalen Touristenankünften zukünftig auf 25,4 % steigen soll (WTO, 2000a). Damit überholt er Nord- und Südamerika (gemeinsam 18,1 %) und setzt sich an die zweite Stelle der Rangordnung nach den großen Zielregionen. Dies ist zum Teil auf den noch weiter zunehmenden Bedeutungsgewinn der attraktiven Destinationen in Thailand, Indonesien, China, Australien, u.a. für „Ferntouristen" aus den reichen westeuropäischen und nordamerikanischen Herkunftsländern, zurückzuführen: Das Verhältnis der Ankünfte im internationalen „Nahtourismus" (Reisen zwischen den Staaten der „touristischen Kontinente") und der Ankünfte im internationalen „Ferntourismus" (Reisen zwischen den „touristischen Kontinenten") wird sich von 83:17 (1995) auf 76:24 (2020) verändern. Vor allem ist der erwartete Bedeutungsgewinn des „touristischen Kontinents" Ostasien und Pazifik aber auf den vermehrten Einstieg der eigenen Bevölkerung in den Tourismus zurückzuführen, u.a. durch Reisen in die benachbarten Staaten. Südkorea, Taiwan, China und Hongkong sowie Indonesien zählen zu den bedeutendsten Zielgebieten dieser neuen „Binnentouristen", und China soll sich mit insgesamt 130 Mio. Ankünften von internationalen Touristen zum weltweit führenden Tourismusstaat entwickeln (WTO, 2000a).

Diese prognostizierten Erfolge von Ostasien und Pazifik bedingen die leichte Reduktion der weltweiten Marktanteile von *Nord- und Südamerika* auf 18,1 %, obwohl die absoluten Zahlen der Ankünfte um mehr als 13 % ansteigen sollen. Wegen der bereits erreichten Sättigung der nordamerikanischen Nachfrage und der zögerlichen wirtschaftlichen und politischen Entwicklung der süd- und zentralamerikanischen Staaten (welche die Ausweitung der Nachfrage und den Ausbau der Angebote behindert) dürften hier die internationalen „Ferntouristen" aus Übersee wesentlich mehr zum Wachstum beitragen, als dies für Ostasien und Pazifik der Fall ist. Das Verhältnis zwischen den internationalen „Nah-" und „Fernreisen" wird sich daher von 77:23 % auf 62:38 % verändern. Für den „touristischen Kontinent" *Afrika* sollen sich die internationalen Ankünfte fast vervierfachen und die Zahl von etwa 77 Mio. erreichen. Dazu tragen die internationalen „Ferntouristen" im Rahmen der Globalisierung des Tourismus wesentlich bei. Jedoch gehen die WTO-Experten davon aus, daß sich ihr relativer Anteil von 43 % (1995) auf 35 % (2020) verringern und der internationale „Nahtourismus" zwischen den entwickelteren afrikanischen Staaten zunehmen wird. Schon 1995 sind die beiden Staatengruppen des *Mittleren Ostens* und *Südasiens* mit Anteilen der Ankünfte im internationalen „Ferntourismus" von 58 bzw. 75 % am stärksten durch den globalen Fremdenverkehr geprägt. Die Experten der WTO glauben, daß sich die Anteile der beiden Staatengruppen am internationalen Tourismusmarkt im Prognosezeitraum deutlich erhöhen werden, und zwar für den Mittleren Osten von 2,2 auf 4,4 % sowie für Südasien von 0,7 auf 1,2 %. In beiden Fällen soll aber der internationale „Ferntourismus" weiterhin die treibende Kraft bilden, dessen Anteile im Mittleren Osten auf 63 % und in Südasien sogar auf 85 % ansteigen. Unter allen

„touristischen Kontinenten" spielt hier der internationale „Nahtourismus" schon derzeit die geringste Rolle, was sich auch in absehbarer Zeit nicht ändern dürfte.

6.2 „Touristische Großregionen"

Die der WTO-Statistik zugrundeliegende zweite, räumlich differenziertere Gliederung umfaßt *zwanzig Staatengruppen*. Ihre Zusammensetzung ist in den Karten 6.1 und 6.2 zu erkennen. Mehr noch als für die umfassenderen „touristischen Kontinente" wirken sich hier die unterschiedlichen Größen der jeweils zu einer Tourismusregion zusammengefaßten Staaten aus: Der – hier nicht untersuchte – Binnentourismus fällt bei den großen „Flächenstaaten" (wie etwa den USA) natürlich viel stärker ins Gewicht, während für die aus sehr viel kleineren Staaten zusammengesetzten Regionen (besonders für Westeuropa) entsprechend höhere Anteile des internationalen „Nahtourismus" in die attraktiven Nachbarstaaten zu erwarten sind. Allerdings spielen hier auch die Lage- und Distanzrelationen im Welttourismus eine wesentliche Rolle: Daher überwiegt in der Region Nordamerika (welche, neben Mexiko und Grönland, so hochentwickelte Tourismusstaaten wie die USA und Kanada enthält) trotz der großen Bedeutung der innerstaatlichen Destinationen der internationale „Nahtourismus" recht deutlich. Nur etwas weniger als 40 % der internationalen Touristen suchen die weit entfernten Ziele außerhalb der nordamerikanischen Herkunftsregion auf.

In Tabelle 6.1, wo die wichtigsten *internationalen Touristenströme* der Welt zusammengefaßt sind, lassen sich diese Relationen gut erkennen:

– Unter den zwanzig bedeutendsten „Kanten" im touristischen Netzwerk der Erde stehen im Jahr 1995 der internationale „Nahtourismus" innerhalb der *westeuropäischen* und der *nordamerikanischen Großregion* – mit jeweils ca. 55 Mio. Reisen – auf den ersten beiden Plätzen.
– Die Bedeutung *Westeuropas* als entwickelte touristische Heimatregion, deren Nachfrager auch Destinationen im „Ferntourismus" präferieren, zeigt sich in einer Reihe weiterer Spitzenplätze: Ca. 41 Mio. Reisen aus Westeuropa haben die beliebten, vor allem am Mittelmeer gelegenen, Urlaubsgebiete in Südeuropa zum Ziel (Rang 3 unter den zwanzig wichtigsten Touristenstömen), ca. 23 Mio. Reisen führen nach Zentral- und Osteuropa (Rang 6) und ca. 13 Mio. nach Nordeuropa (Rang 10). Die ca. 5,1 Mio. Reisen von Westeuropäern in die nordamerikanische Region verfehlen den 20. Platz der internationalen Rangordnung nur sehr knapp.
– Mit etwas über 7 Mio. Reisen stellt die Karibik für *Nordamerika* (nach dem eigenen internationalen „Nahtourismus" der Staatengruppe) das zweitwichtigste Ziel dar. Unter den bedeutenden Touristenströmen der Erde wird aber nur der 15. Platz erreicht. Im Vergleich zu Westeuropa muß man hier aber die schon angesprochenen, unterschiedlichen Größenverhältnisse besonders berücksichtigen. Umfangreiche Reiseströme, wie sie sich von Westeuropa zu Zielen in Süd-, Nord-

Tabelle 6.1: Die wichtigen Touristenströme der Welt (internationale Touristen nach Ländergruppen): 1995 und 2010 (nach: WTO, 2000a)

	1995			2010			
	Heimatregion	Zielregion	Zahl der Touristen in 1.000	Heimatregion	Zielregion	Zahl der Touristen in 1.000	Rangverschiebung
(1)	Westeuropa	Westeuropa	55.613	Nordamerika	Nordamerika	77.853	⇧
(2)	Nordamerika	Nordamerika	55.140	Nordostasien	Nordostasien	77.159	⇧
(3)	Westeuropa	Südeuropa	40.875	Westeuropa	Südeuropa	68.819	o
(4)	Zentral-Osteuropa	Zentral-Osteuropa	37.744	Westeuropa	Westeuropa	63.078	⇩
(5)	Nordostasien	Nordostasien	29.906	Zentral-Osteuropa	Zentral-Osteuropa	58.574	⇩
(6)	Westeuropa	Zentral-Osteuropa	22.757	Westeuropa	Zentral-Osteuropa	44.510	o
(7)	Nordeuropa	Westeuropa	20.156	Nordeuropa	Westeuropa	28.478	o
(8)	Nordeuropa	Südeuropa	18.391	Nordeuropa	Südeuropa	25.526	o
(9)	Südeuropa	Westeuropa	13.681	Südostasien	Südostasien	22.985	⇧
(10)	Westeuropa	Nordeuropa	12.716	Westeuropa	Nordeuropa	22.399	o
(11)	Südeuropa	Südeuropa	12.326	Nordostasien	Südostasien	21.607	⇧
(12)	Südostasien	Südostasien	11.349	Südeuropa	Südeuropa	17.486	⇩
(13)	Nordeuropa	Nordeuropa	9.449	Südeuropa	Westeuropa	15.525	⇩
(14)	Nordostasien	Südostasien	8.875	Nordostasien	Nordamerika	14.850	⇧
(15)	Nordamerika	Karibik	7.292	Nordeuropa	Nordeuropa	14.328	⇩
(16)	Nordamerika	Westeuropa	7.123	Südamerika	Südamerika	14.077	⇧
(17)	Südamerika	Südamerika	6.976	Mittlerer Osten	Mittlerer Osten	13.988	⇧
(18)	Nordostasien	Nordamerika	6.959	Westeuropa	Nordamerika	12.530	⇧
(19)	Südeuropa	Zentral-Osteuropa	5.426	Nordamerika	Karibik	11.482	⇩
(20)	Mittlerer Osten	Mittlerer Osten	5.215	Südeuropa	Zentral-Osteuropa	10.985	⇩

oder Osteuropa als „Ferntourismus" zwischen Großregionen feststellen lassen, zählen – besonders in den USA – noch vielfach zum (hier nicht erfaßten) innerstaatlichen Binnentourismus. Das Engagement der Nordamerikaner im „echten Ferntourismus" zeigt sich in ihrem Reisestrom nach Westeuropa, der – knapp hinter den Karibikreisen – den 16. Platz einnimmt. Die Nachfrage aus Nordamerika nach den nordeuropäischen und nach den südeuropäischen Destinationen findet in ca. 4,9 bzw. 4,6 Mio. Reisen ihren Niederschlag, was dem 21. und 22. Platz der Rangordnung entspricht.

– Neben Westeuropa und Nordamerika sind auch die Touristen aus *Nordeuropa* besonders international engagiert, mit etwa 20 Mio. Reisen nach Westeuropa (Platz 7) und etwa 18 Mio. nach Südeuropa (Platz 8). Im Gegensatz zu den beiden anderen, bisher genannten Staatengruppen erweist sich hier der internationale „Nahtourismus" (ca. 9,5 Mio. Reisen, Platz 13) als weniger bedeutend.

– Dieser spielt hingegen für zwei im Tourismus aufstrebende Großräume die wichtigste Rolle: Die internen Reiseströme von *Zentral- und Osteuropa* (Rußland und die anderen Nachfolgestaaten des ehemaligen Ostblocks) erreichen ein Volumen von ca. 38 Mio., was dem 4. Platz der Rangordnung entspricht. Darauf folgt auf Platz 6 der „Nahtourismus" von *Nordostasien* (Japan, Südkorea, China u.a.) mit ca. 30 Mio. Reisen.

Das Bild der touristischen Netzwerke auf globaler Ebene ist also gekennzeichnet 1) durch den internen „Nahtourismus" sowohl der Staatengruppen, in denen der Tourismus bereits eine längere Tradition aufzuweisen hat, als auch der Großregionen, deren Bevölkerung erst in jüngerer Zeit intensiver am Tourismus partizipieren kann, sowie 2) durch die Ströme des „Ferntourismus" aus den bereits „etablierten" Großregionen. Tabelle 6.1 zeigt auch die Veränderungen, welche sich nach den *Prognosen der WTO bis 2010* ergeben sollen, unter der Voraussetzung einer einigermaßen „normalen" politischen und ökonomischen Entwicklung.

– Bei allgemein wesentlich steigenden Nachfragezahlen (siehe oben in Abschnitt 6.1) fällt der internationale „Nahtourismus" zu den *westeuropäischen Destinationen* (welche vielfach die Reifephasen ihrer Wachstumszyklen erreicht haben) vom 1. auf den 4. Platz zurück (63 Mio. Reisen). Hingegen bleibt die Attraktivität der südeuropäischen Küstenregionen für die Nachfrager aus Westeuropa (69 Mio. Reisen) noch ungebrochen erhalten (weiterhin Platz 3 in der Rangordnung).

– Mit jeweils über 77 Mio. Reisen liegen der *nordamerikanische „Nahtourismus"*, welcher, zeitverzögert zu Westeuropa, um 2010 den Gipfel seines Wachstumszykluses erreicht, sowie der „Nahtourismus" der im Aufstieg begriffenen (siehe Abschnitt 6.1) *nordostasiatischen Großregion* an der Spitze der prognostizierten Reiseströme. Der voraussichtliche Aufschwung des asiatischen Fremdenverkehrs ist auch an der Zunahme des *südostasiatischen „Nahtourismus"* zu erkennen (ca. 23 Mio. Reisen, Rang 9) sowie an den wachsenden

Reiseströmen zwischen *Nordostasien* und Südostasien (21 Mio. Reisen, Rang 11) bzw. Nordamerika (15 Mio. Reisen, Rang 14). Schließlich werden für zwei weitere Großregionen touristische Wachstumseffekte angenommen, die ebenfalls zunächst im internationalen „Nahtourismus" ihren Niederschlag finden: *Südamerika* (ca. 14 Mio., Rang 16), *Mittlerer Osten* (14 Mio., Rang 17).

In den Karten 6.1 und 6.2, welche sich auf die *Heimat- und Zielregionen im internationalen Tourismus* (1995) beziehen, sind die „Knoten" des globalen touristischen Netzwerkes dargestellt. Hier variiert die Größe der Kreissignaturen mit der Anzahl der internationalen Abreisen bzw. Ankünfte. Die Kreissegmente kennzeichnen die wichtigsten Zielregionen der abreisenden Touristen bzw. die wichtigsten Herkunftsregionen der internationalen Gäste, welche in den Großregionen ankommen (jeweils mit Anteilen von über 15 %). Somit geben auch diese beiden Karten Aufschlüsse über die bedeutenden Reiseströme.

Vergleicht man die beiden Karten, so fällt zunächst auf, daß die Mehrzahl der Heimatregionen mit besonders großer Nachfrage nach Reisen gleichzeitig auch wichtige Zielregionen (mit meist bedeutenden Anteilen am internationalen „Nahtourismus") sind. Dazu zählen vor allem Westeuropa (mit 130,5 Mio. Abreisen und 111 Mio. Ankünften), Nordamerika (89 Mio. bzw. 80,3 Mio.), Nordeuropa (64,1 Mio. bzw. 35,2 Mio.) und Nordostasien (57 Mio. bzw. 41,7 Mio.). Wie die genannten Zahlen zeigen, haben aber die großen Tourismusregionen immer etwas mehr Abreisen als Ankünfte aufzuweisen. Setzt man die Zahlen der jeweiligen Ankünfte zu den entsprechenden Werten für die Abreisen im Verhältnis *(Ankünfte in % der Abreisen)*, so ergibt sich ein Überblick über die „Nettoexporteure" und „Nettoimporteure" im Welttourismus.

- Bei den *„Importeuren"* steht *Ozeanien* mit deutlichem Vorsprung an der Spitze. Hier erreicht der Prozentanteil der Ankünfte (2,9 Mio.) an den Abreisen den überlegenen Spitzenwert von 1.077 %. Karte 6.2 veranschaulicht die besondere Bedeutung der Besucher aus der nordostasiatischen Großregion, während die (relativ wenigen) Ausreisenden vor allem Ziele im benachbarten Australasien (Australien und Neuseeland, siehe Karte 6.1) aufsuchen.
- Die 10,6 Mio. Ankünfte in der *Karibik*, als der zweitgrößte „Nettoimporteur" im Welttourismus, ergeben im Bezug zu den Ankünften einen Anteil von 507 %, der (siehe Karte 6.2 und die Darstellung der Rangordnung von Reiseströmen) vor allem auf die Gäste aus Nordamerika zurückzuführen ist. Neben Florida bilden die karibischen Inseln für sie die bevorzugten Ziele im Badetourismus. Nordamerika stellt auch die wichtigste Destination für die Reisen dar, welche in der Karibik ihren Ausgang nehmen (siehe Karte 6.1).
- *Südeuropa* und der *östliche Mittelmeerraum* haben als traditionelle Zielregionen ebenfalls noch bedeutende „touristische Überschüsse" aufzuweisen: Ihre Ankünfte (85 bzw. 8 Mio.) übertreffen die Zahl der Abreisen noch um mehr als das Doppelte (219 bzw. 215 %). In beiden Fällen nehmen die wichtigen Touri-

stenströme (siehe auch oben) besonders in West-, aber auch in Nordeuropa ihren Ausgang. Bei den Ausreisen dominieren in Südeuropa der „Nahtourismus" bzw. westeuropäische Destinationen zu etwa gleichen Anteilen, viele Nachfrager im östlichen Mittelmeerraum bevorzugen hingegen Ziele in Zentral- und Osteuropa (siehe Karte 6.1).

– Für einige Großregionen auf verschiedenen „touristischen Kontinenten" kann man Indexwerte von ca. 180 bis ca. 170 % feststellen, sie zählen also ebenfalls noch zu den wichtigen „Importeuren" im globalen Fremdenverkehr. Dazu gehören *Zentralamerika* (2,6 Mio. Reisen) in der nordamerikanischen Einflußsphäre, *Zentral- und Osteuropa* (75,8 Mio.) mit dem dominanten „Nahtourismus" (siehe oben), *Südostasien* (28,4 Mio.), als die wichtigste „Ferntourismus-Region" der nordostasiatischen Nachfrager, und *Nordafrika* (5,8 Mio.), das in die westeuropäischen „Badeperipherie" integriert ist. Analysiert man die Ausreisen dieser Tourismusregionen, so zeigt es sich, daß in Zentral- und Osteuropa sowie in Südostasien der „Nahtourismus" vorherrscht, während die Reisenden aus Zentralamerika und Nordafrika bevorzugt die Heimatländer ihrer wichtigsten Gästegruppen aufsuchen.

– Für die meisten afrikanischen Großregionen, nämlich *Südafrika* (5,4 Mio. Ankünfte), *Ostafrika* (3,8 Mio.), *Westafrika* (1,9 Mio.) sowie für den *Mittleren Osten* (12,3 Mio., einschließlich der afrikanischen Staaten Ägypten und Libyen), ergeben sich „Einreiseüberschüsse" von ca. 50 bis 25 %. In allen diesen Großregionen sind relativ beliebte touristische Ziele mit Ländern zusammengefaßt, in denen der Fremdenverkehr nur wenig entwickelt ist. Daher herrschen hier sowohl der „Nahtourismus", als auch (im Mittleren Osten) Ankünfte aus sehr verschiedenen Quellregionen vor. In Ost- und Westafrika lassen sich aber auch kleinere westeuropäische Nachfragesegmente erkennen (siehe Karte 6.2).

– Die bedeutendsten Großregionen sind – wie oben schon mehrfach dargestellt – durch umfangreiche touristische Ziel- und Quellverkehre gekennzeichnet, wobei die Zahl der ausreisenden heimischen Touristen aber etwas überwiegt: So betragen die Anteile der Ankünfte an den Abreisen für *Westeuropa* 85 %, für *Nordamerika* 90 % und für *Nordostasien* 73 %. Ihre jeweiligen (durch höhere Nachfrageanteile gekennzeichneten) *„touristischen Provinzen"* sind in Abbildung 6.2 gut zu erkennen: Für Westeuropa zählen besonders dazu: Südeuropa, Nordafrika, der östliche Mittelmeerraum, Zentral- und Osteuropa sowie Nordeuropa. Die „nordamerikanische Provinz" umfaßt die Karibik und Zentralamerika. Für die Reisenden aus Nordostasien gehören Südostasien, Ozeanien und Australasien zu den bevorzugten Destinationen im „Ferntourismus". Das Schwergewicht der Nachfrage liegt aber bei allen drei großen touristischen Heimatregionen auf dem „Nahtourismus" zwischen den eigenen Mitgliedsstaaten.

– *Nordeuropa* (mit 35,2 Mio. Ankünften und 64,1 Mio. Abreisen) und *Südamerika* (10,4 Mio. bzw. 13,1 Mio.) sind die mit Abstand größten *„Reiseexporteure"* im Welttourismus (mit Anteilen der Ankünfte an den Abreisen von 55 bzw. 62 %). Die Verbreitungsmuster der Reisen aus Nordeuropa stimmen mit der „westeuropäischen Provinz" überein (Süd- und Westeuropa, östlicher Mittelmeerraum),

Karte 6.1:   Heimatregionen im internationalen Tourismus 1995 (nach: WTO, 2000 b)

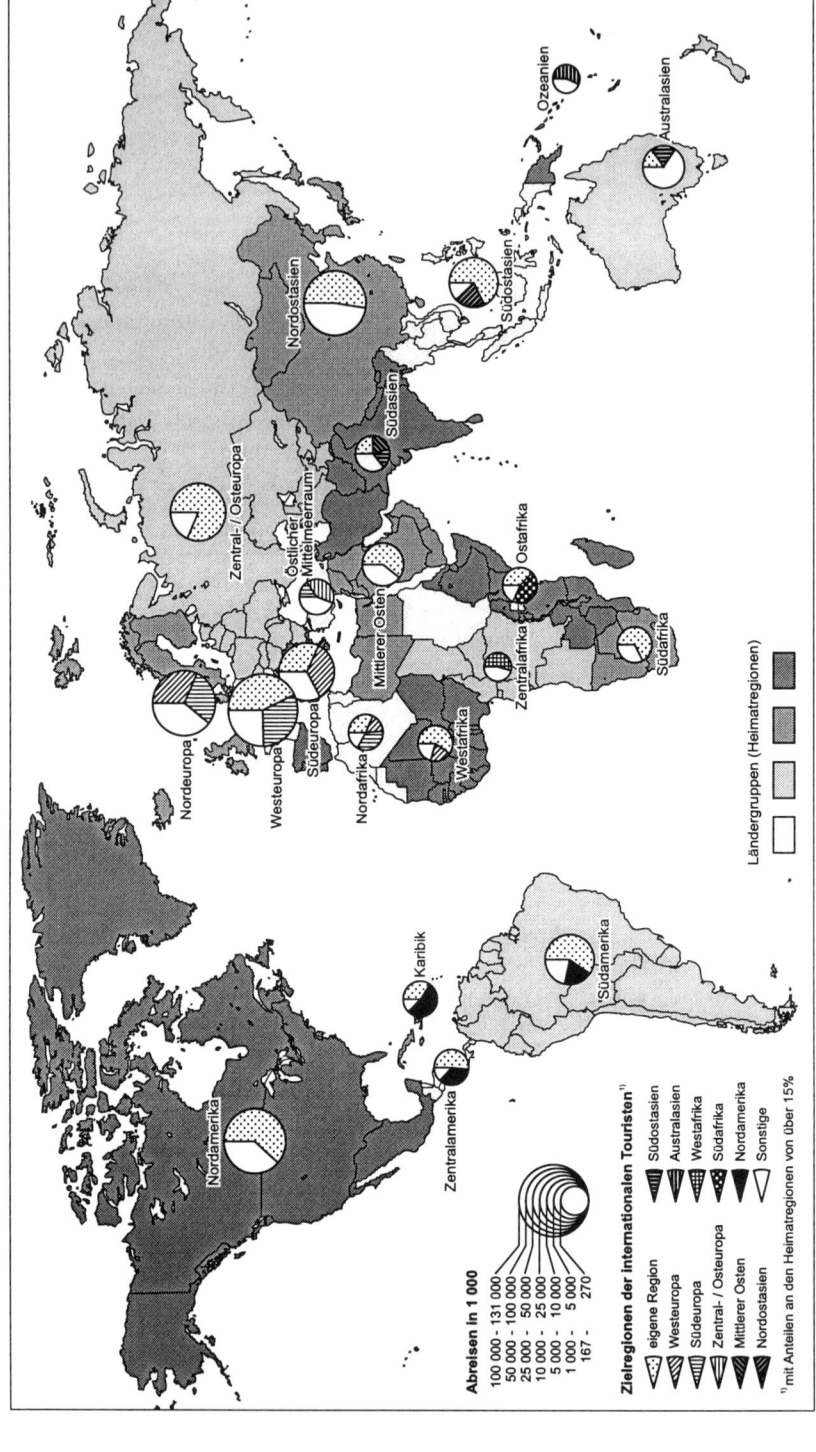

Karte 6.2: Zielregionen im internationalen Tourismus 1995 (nach: WTO, 2000 b)

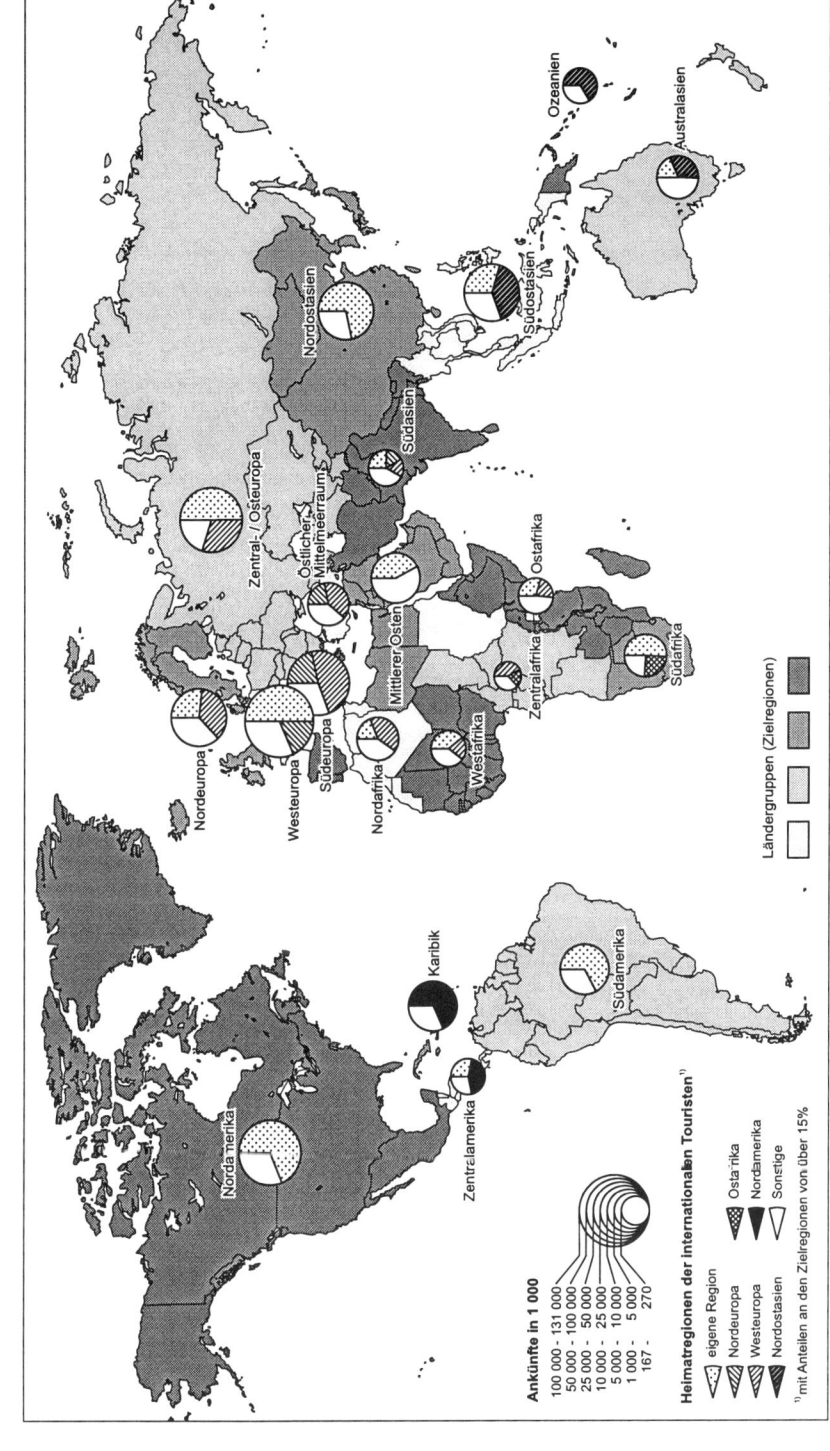

während die Südamerikaner z.T. Destinationen in der nordamerikanischen Großregion bevorzugen. Der interne „Nahtourismus" spielt in Südamerika eine große Rolle, bleibt hingegen in Nordeuropa relativ bedeutungslos.

6.3   Reisen der Deutschen und US-Amerikaner in ausgewählte Länder

Nach der Beschreibung der wichtigsten internationalen Reiseströme als „Kanten" im globalen touristischen Netzwerk (das man allerdings nach den vorliegenden Daten nur in einer sehr generalisierten Form erfassen kann) und der Darstellung der „touristischen Großregionen" mit ihren Funktionen als „Netzknoten" werden nun abschließend noch bestimmte Teilelemente des Netzwerkes in einem viel genaueren Maßstab analysiert. Hier liegen Angaben der WTO-Statistik (WTO, 2000 b) zugrunde, welche die Staaten betreffen. Aus diesen Angaben kann man die *Reisen der Deutschen und der US-Amerikaner in ausgewählte, einzelne Staaten* erfassen. Sie sind in den Karten 6.3 und 6.4 dargestellt. Hier wird die Zahl der Ankünfte (Stand 1995) durch die Größe der Kreissignaturen gekennzeichnet, während die „Füllung" der Signaturen die jeweiligen Reiseprognosen (für 2010) symbolisiert: Je größer der Anteil an Schwarz, desto bedeutendere Zunahmen im Reiseaufkommen zwischen den Heimatstaaten Deutschland oder USA und den verschiedenen Zielen im internationalen Tourismus werden erwartet.

Für die *deutschen Nachfrager* im internationalen Tourismus lassen sich – trotz der teilweise fehlenden Angaben für wichtige „Zielstaaten" – die verschiedenen touristischen „Zonen" oder „Provinzen" ganz gut erkennen: die *Zone des internationalen „Nahtourismus"* in die Nachbarstaaten (Österreich, Schweiz) und der *„mittlere Bereich"* mit – vor allem den nördlichen – Anrainerstaaten des Mittelmeers und den westeuropäischen Staaten Frankreich und Großbritannien (leider gibt es für die skandinavischen Staaten keine Zahlen). Hier sind bedeutende Nachfrageströme festzustellen (nach Österreich und Italien jeweils zwischen 8 bis 10 Mio.). Allerdings zeigen die Zusatzsignaturen, daß in den meisten der Zielregionen nur mehr sehr geringe (Österreich) oder nur mehr unterdurchschnittliche Zunahmen des deutschen Touristenaufkommens (Spanien, Italien, Griechenland u.a.) erwartet werden. Vielfach üben hier die deutschen Gästen Urlaubsstile aus, deren Nachfrage zurückgeht, und zwar in Fremdenverkehrsgebieten, welche den Zenith ihrer Wachstumszyklen bereits überschritten haben. Nur relativ wenige Staaten (Türkei, Ägypten, Großbritannien) sind davon nicht betroffen, da sie neue Destinationen für etablierte Urlaubsstile bieten und/oder Angebote für Urlaubsstile (besonders: Besichtigungstourismus), deren Beliebtheit noch im Steigen begriffen ist.

Viel besser als im Fall der generalisierten Touristenströme nach Großregionen erkennt man hier das Verbreitungsmuster des deutschen *„Ferntourismus"*, mit vergleichsweise deutlich geringeren Nachfragezahlen (1995 stellen die USA eine Ausnahme dar) und unterschiedlichen Entwicklungsperspektiven: Während in der Prognose für einige, bereits etwas länger eingeführte Fernziele eine gewisse „Sättigung" angenommen wird (z.B. Dominikanische Republik und Jamaika in der Karibik, Kenia, Sri Lanka, Malediven), wobei wohl auch fallweise weniger günstige politische Perspektiven eine Rolle spielen, wird sich der deutsche „Ferntourismus" in einer ganzen Reihe von Zielgebieten wesentlich verstärken. Dies gilt besonders für: Ostasien sowie für Südost- und Südasien (China, Philippinen, Thailand, Indonesien, Indien; für Australien, Neuseeland und die ozeanischen Staaten liegen leider keine Informationen vor), für das südliche Afrika (Namibia, Republik Südafrika), für Teilgebiete der Karibik (Kuba), für verschiedene südamerikanische Destinationen (Brasilien, Chile; weitere Daten fehlen) und schließlich wohl auch (trotz der gegenwärtigen Restriktionen) für die USA.

Die von den *Vereinigten Staaten* ausgehenden internationalen Tourismusströme weisen teilweise ganz ähnliche Grundstrukturen wie die Auslandsreisen der Deutschen auf (siehe Karte 6.4). Auch hier läßt sich eine ausgeprägte Provinz des „*Nahtourismus*" und des „*mittleren Bereiches*" erkennen, welche ebenfalls bereits eine gewisse „Sättigung" zeigt (Kanada, Dominikanische Republik), für die aber auch noch deutliche Zuwächse erwartet werden (Mexiko, Jamaika, Kuba?).

Als Besonderheit des „Ferntourismus" der USA erkennt man einen sehr ausgeprägten *Schwerpunkt in Westeuropa* (Frankreich, Deutschland, Österreich, Schweiz) und im *nördlichen Mittelmeerraum* (Italien, Spanien, Türkei), für den zum Teil auch nur mehr unterdurchschnittliche Wachstumsraten vorhergesagt werden, zum Teil aber noch beträchtliche Zunahmen (Großbritannien, Spanien, Frankreich, Türkei). Wie der deutsche Ferntourismus expandiert auch der US-amerikanische besonders nach Ost-, Südost- und Südasien sowie auch nach Australien. Er ist hier derzeit schon etwas stärker vertreten und hat auch in den meisten Fällen – unter der Voraussetzung halbwegs normaler politischer Verhältnisse – günstige Wachstumsperspektiven. Weitere Ansätze gibt es – wie für die deutschen Nachfrager – in Südafrika und Südamerika.

Somit lassen sich an den Netzwerken der „touristischen Kontinente", der „touristischen Großregionen" und an den Teilnetzwerken von Staaten als Ziel- und Quellregionen die Grundstrukturen des Welttourismus und ihre vermuteten mittelfristigen Veränderungen mehr oder minder umfassend und genau aufzeigen. Sie sind die Ergebnisse der im Rahmen dieser Arbeit dargestellten Prozesse des Wandels im räumlich-zeitlichen System des Tourismus:

– die Partizipation von immer größeren Nachfragekreisen am nationalen und internationalen Fremdenverkehr;
– die Produktzyklen von Urlaubsstilen und die Wachstumszyklen von Tourismusregionen, die sich zu „Tourism Circuits" verknüpfen, immer schneller ablaufen und auch die periphersten Räume der Erde als Zielgebiete des Fremdenverkehrs erfassen.

Karte 6.3:   Reisen der Deutschen in ausgewählte Länder (nach: WTO, 2000 b)

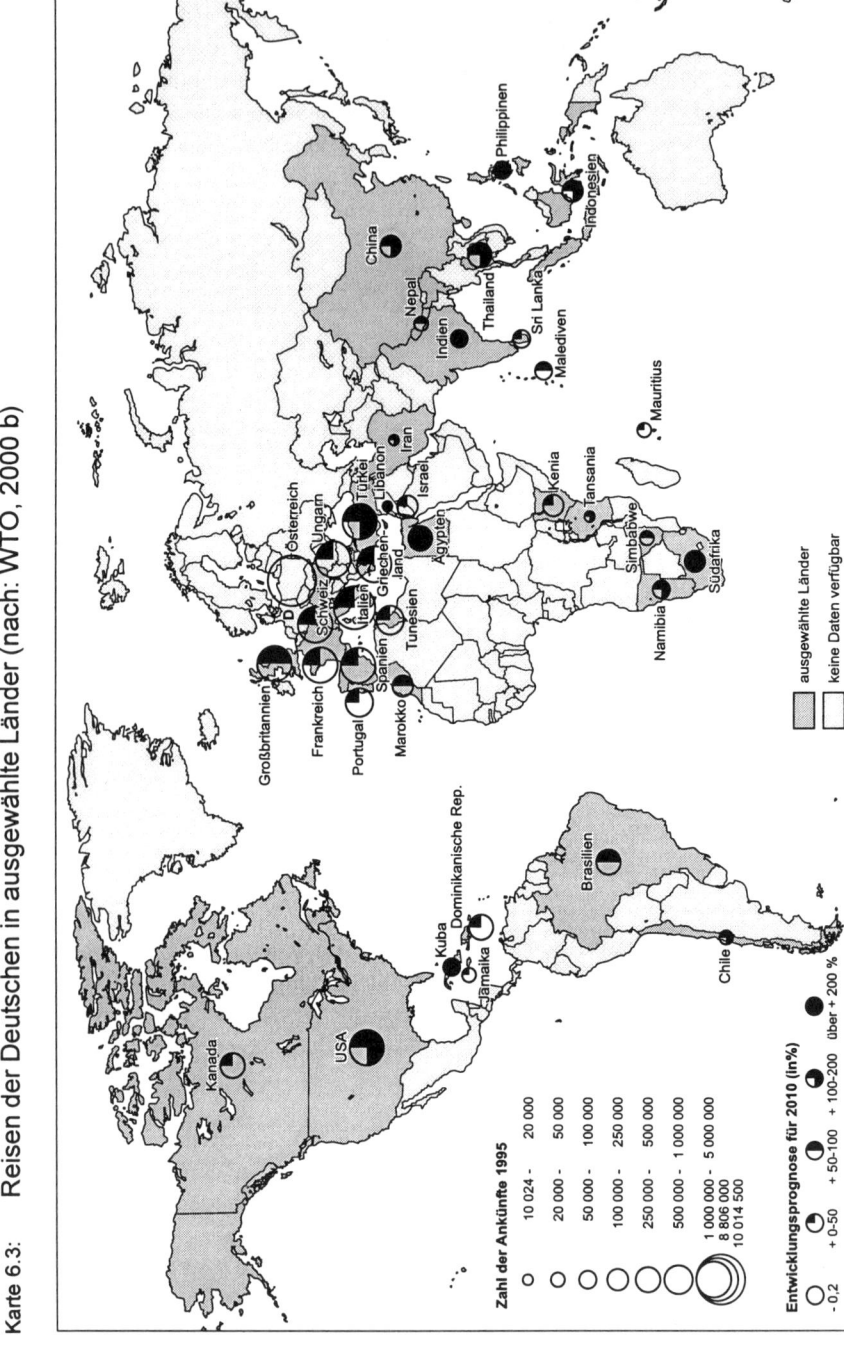

Karte 6.4: Reisen der US-Amerikaner in ausgewählte Länder (nach: WTO, 2000 b)

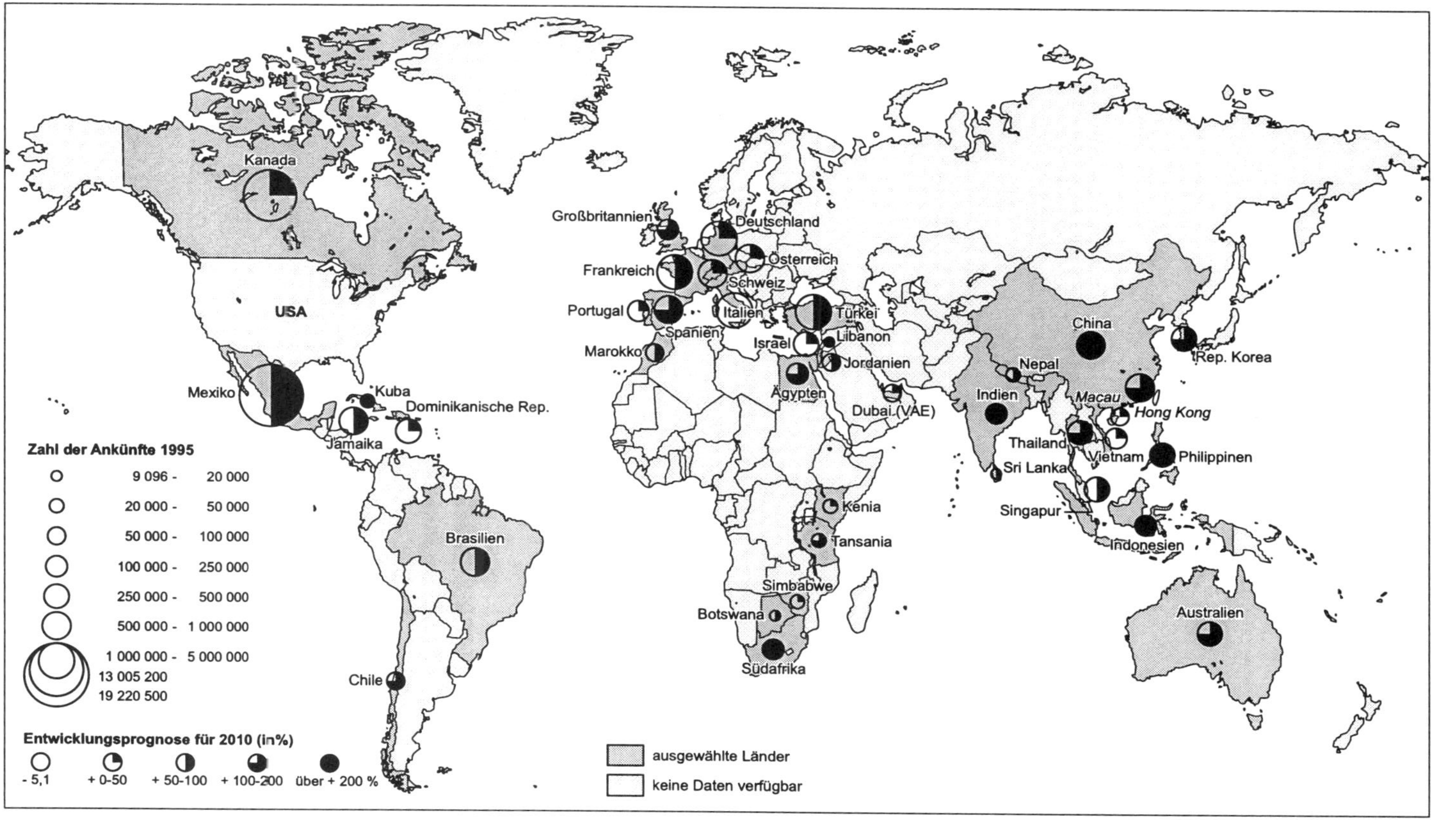

7. Planungsprozesse im Tourismus

7.1 Planungsebenen und Planungsmodell

Das letzte Kapitel enthält die Zusammenfassung von Erkenntnissen, die in der vorliegenden Arbeit vorgestellt wurden. Als Rahmen für diesen abschließenden Überblick dient eine kurze Diskussion der *Relevanz dieser Ergebnisse für tourismusbezogene Planungsprozesse*. Solche Prozesse laufen auf den verschiedensten räumlichen Ebenen ab und sind auf sehr unterschiedliche Typen von kommerziellen und gemeinnützigen, privatrechtlichen und öffentlichen Organisationen bezogen: Das Spektrum reicht von den Marketingaktivitäten privater Einzelbetriebe, die touristische Leistungsbausteine anbieten, über die Planungsaktivitäten von mittleren und größeren Filialunternehmen bis hin zu den strategischen Konzepten der internationalen Tourismuskonzerne. Es umfaßt auch die Konzepte der den öffentlichen Behörden zugeordneten oder privatwirtschaftlich agierenden lokalen Tourismusbüros sowie der „allgemeinen" und „speziellen" Tourismusverbände auf regionaler und nationaler Ebene. Schließlich führen auch viele Behörden aus unterschiedlichen Gebietskörperschaften (Gemeinden, Raumordnungsregionen, Länder, Bund) tourismusbezogene Planungen durch.

In dieser Zusammenfassung kann nur auf exemplarische Beispiele aus diesem Spektrum eingegangen werden. Im Mittelpunkt der Betrachtung stehen die für *einzelne touristische Dienstleistungsbetriebe* (etwa aus dem Beherbergungssektor) charakteristischen Planungs- und Marketingaktivitäten. Es soll aber auch gezeigt werden, wie diese Prozesse in einer funktionierenden Fremdenverkehrsregion besonders von den Maßnahmen der *regionalen Tourismusverbände* ergänzt und unterstützt werden müssen. Die Darstellung dieser Planungsprozesse ist an dem gängigen, für den Tourismusbereich adaptierten, *Konzept des Dienstleistungs-Marketings* orientiert. Seine verschiedenen Marketing-(Planungs-)phasen werden in der Literatur recht einheitlich beschrieben. Die vorliegenden Ausführungen stützen sich vor allem auf die Darstellungen bei W. FREYER (2001) und P. ROTH, A. SCHRAND (1995). Abbildung 7.1 (nach W. FREYER, 2001) enthält eine Übersicht über diesen betrieblichen Planungsprozeß. Es handelt sich eher um einen „Idealfall", dessen einzelne Abschnitte in der Realität wohl nur recht selten vollständig durchlaufen werden. Sie sind auch nicht völlig voneinander zu trennen und werden daher in den folgenden Ausführungen fallweise zusammengefaßt.

7.2 Analysephase

Hier sind die Aufgabenfelder der Marktanalyse, der Umfeldanalyse und der Funktionsanalyse der betrachteten Betriebe oder Unternehmen zu bewältigen. Sie bilden die Grundlage für die strategische Interpretation aller dieser Analyseergebnisse. In der Regel ist es für das Management kaum möglich, alle hier notwendigen Informationen allein zu beschaffen, vor allem diejenigen, welche sich auf das Umfeld und auf die wichtigen Marktsegmente beziehen. Hier sollten besonders die Tourismusverbände entsprechende Beiträge leisten.

In den Aufgabenbereich der *Marktanalyse* fällt nicht nur die qualitative und quantitative Erfassung der relevanten Nachfragestrukturen und ihrer Veränderungen sowie die kritische Überprüfung der Angebote ähnlicher Unternehmen (vor allem der Konkurrenten aus der Region, aber – wenn möglich – auch anderer, besonders erfolgreicher Beispiele). Es sollten auch die wichtigsten Randbedingungen berücksichtigt werden, die sich aus dem *regionalen Umfeld* ergeben. Hier muß man besonders davon ausgehen, daß der betrachtete Betrieb in der Regel nur als Anbieter einzelner Leistungsbausteine, gemeinsam mit vielen anderen Betrieben, in nur einem oder in mehrere *touristische Aktionsräume (Dienstleistungsketten)* eingebunden ist. Erst die Kenntnis dieser Angebotsstrukturen mit ihren *touristischen Pfaden* und *Routen* (als die wichtigen Leitlinien des touristischen Verhaltens) sowie die Verfügbarkeit von Informationen über die *touristischen Netzwerke* (das sind die räumlichzeitlichen Verhaltensmuster der Gäste mit ihren lokalen, regionalen und landesweiten Subzonen) ermöglichen es, die Stellung und Bedeutung der eigenen Angebote im regionalen Gesamtzusammenhang zu beurteilen. Hieraus lassen sich auch Erkenntnisse über bestehende Entwicklungsmöglichkeiten ableiten.

Dafür sind aber die Ergebnisse der *Nachfrageanalyse* mindestens ebenso bedeutend. Hier müssen zunächst die relevanten *Urlaubsstile* der Region erfaßt werden (d.h., die verschiedenen räumlich-zeitlichen Aktivitätenmuster mit ihren touristischen „Schlüssel-" und „Folgerollen") sowie die *„sozialen Lagen"* (wichtige Lebensbedingungen) und die *„milieuspezifischen Lebensstile"* (Ausnutzung der Lebensbedingungen aufgrund von spezifischen Motivationsstrukturen) der entsprechenden Gästegruppen. Darauf sollen zwei grundlegenden Schritte zur Bewertung der Nachfragesituation aufbauen:

– Der erste davon bezieht sich auf die *Stellung der angebotenen Urlaubsstile in ihren Produktzyklen* und soll Aufschlüsse über den Beliebtheitsgrad der Angebote (*touristische Präferenzordnungen erster Stufe*) in den Heimatregionen der Gäste geben sowie über die Veränderungen dieser Präferenzstrukturen aufgrund des ökonomischen, sozialen und kulturellen Wandels (*„Tourism Circuits"*, deren Verlauf auch von Initiativen der Anbieter und von technologischen Innovationen –etwa die Verkehrssysteme – wesentlich beeinflußt wird).

– Im zweiten Schritt soll versucht werden, Aufschlüsse über die *Position der Tourismusregion im Verlauf ihres Wachstumszyklus*es zu gewinnen. Hierbei sind die Outputs und das Zusammenspiel der ökonomischen, politischen, sozio-kulturellen und ökologischen Wirkungsmodelle wenigstens im Überblick zu erfassen.

Abbildung 7.1:   Übersicht über das Marketing-Management (nach: W. FREYER, 2001, verändert)

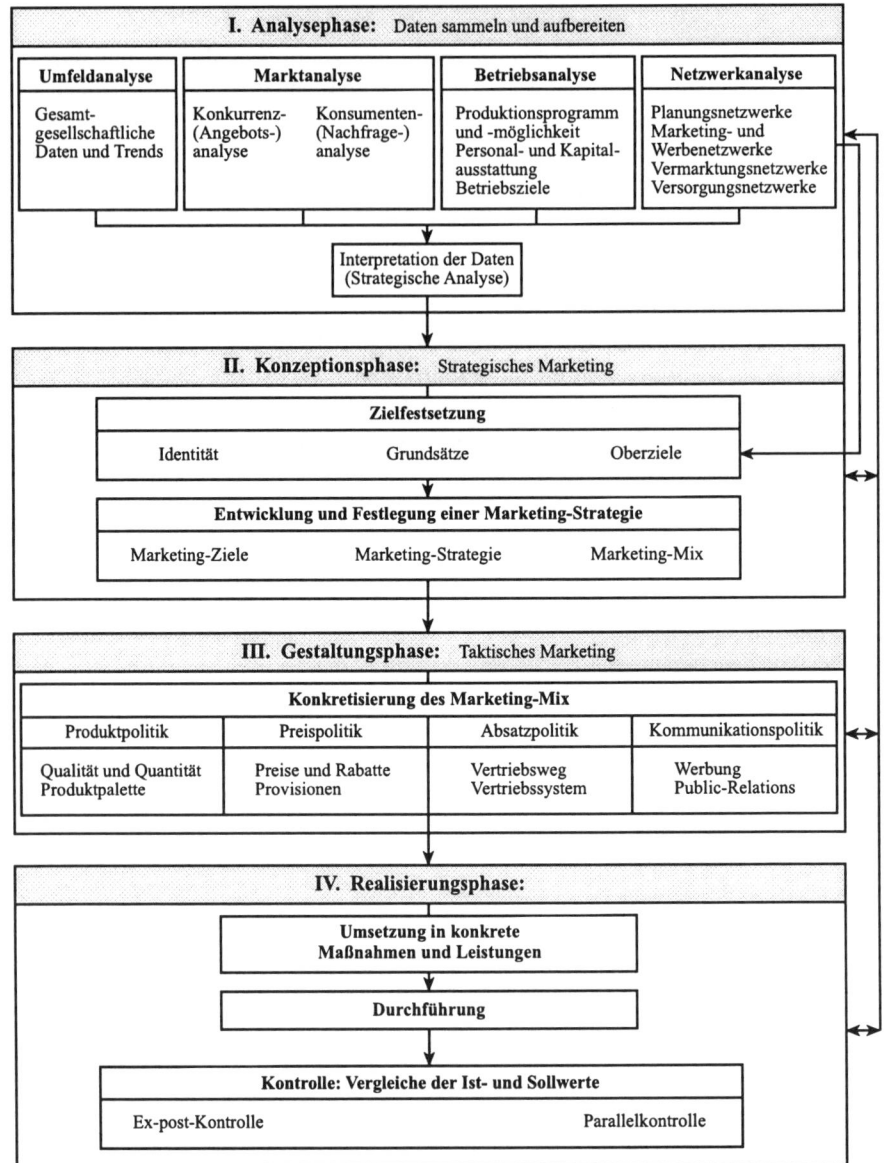

Zwar gibt es keine wirklich verläßlichen Instrumente und Verfahren, mit denen es möglich wäre, die „Lebensdauer" von Produkten genauer zu bestimmen (M. E. PORTER, 1992) oder die Wachstumszyklen der regionalen Wirtschaft abzuschätzen. Mit Hilfe der beiden Konzepte können aber der Wandel der Urlaubsstile und die Entwicklung der Fremdenverkehrsregionen beschrieben und – wenigstens teilweise – erklärt werden. Sie sind daher zur Ableitung von Planungs- und Marketingkonzepten geeignet: Zum Beispiel kann man aus dem Vergleich der beiden Analyseschritte *„allgemeine" Tendenzen* (Attraktivitätsverluste oder –gewinne von Urlaubsstilen in den wichtigen Heimatregionen der Gäste) und *„regionale" Tendenzen* (Attraktivitätsverluste oder –gewinne der eigenen touristischen Destination) feststellen und daraus die Entwicklungsstrategien für das untersuchte Unternehmen ableiten.

Im Rahmen der *Konkurrenzanalyse* läßt sich u.a. eruieren, wie andere Betriebe der gleichen Branche auf diese Entwicklungen reagieren, und mit welchen Konzepten sich größere oder geringere Marktanteile erreichen lassen. Sie ermöglicht es auch, positive Erfahrungen anderer Unternehmen ohne allzu große finanzielle Risiken zu übernehmen.

In der Analysephase des Marketingkonzeptes spielt auch die *Betriebsanalyse* eine wichtige Rolle, in deren Rahmen die Überprüfung der finanziellen Situation vorgenommen wird, ebenso die Durchleuchtung der personellen Strukturen (Qualifikation, Motivation, Arbeitsorganisation). Wichtig ist hier aber auch eine umfassende *Funktionsanalyse*, wobei man von dem Konzept der *Behavior Settings* ausgehen kann, als die räumlich-zeitlichen Grundeinheiten des individuellen Verhaltens („Milieus" gebildet aus Regeln, Normen, Elementen des Sachsystems und Personen, welche soziale Rollen ausüben). Auf diese Behavior Settinngs (bzw. ihre untergeordneten „Synomorphs") beziehen sich auch die touristischen *Präferenzordnungen zweiter Stufe*. Sie beinhalten die Ansprüche der Gäste (welche bestimmte Urlaubsstile ausüben) an die touristischen Aktionsräume. Im Rahmen von subjektiven Bewertungsprozessen werden sie (nach dem *Erwartungs-Erfüllungsmodell*) mit den tatsächlichen Erlebnissen an den materiellen und personellen *Kundenkontaktpunkten* der beanspruchten Behavior Settings verglichen. Aus den entsprechenden Erfüllungsgraden (Erwartung versus Zufriedenheit) bauen sich dann die Urteile über den Erfolg der Urlaubsaktivitäten auf. Ihre Erfassung mit Hilfe der verschiedenen Methoden zur *Messung der Dienstleistungsqualität* stellt ein entscheidendes Aufgabenfeld der betrieblichen Funktionsanalyse dar.

In den betriebswirtschaftlichen Konzepten des Dienstleistungs-Marketings sind Untersuchungen und Bewertungen der *organisatorischen Netzwerke* im Tourismus nicht wirklich explizit als Bestandteile der Analysephase vorgesehen. Dennoch kommt einer solchen *„Netzwerkanalyse"* für die Einschätzung der Entwicklungsmöglichkeiten des betrachteten Betriebes große Bedeutung zu. Die Effizienz der organisatorischen Netze wird maßgeblich von den Aktivitäten und den Unterstützungsleistungen der *regionalen Tourismusverbände* bestimmt, etwa von der Qualität ihres

Destinationsmarketings (vor allem der Aufbau von Dachmarken) oder von ihren Initiativen bezüglich des Anschlusses der Region an Informations- und Buchungs-Systeme. Relevant für die betrieblichen Entwicklungschancen sind natürlich in der Regel auch die *gebietskörperschaftlichen Planungsnetzwerke*, etwa auf den Ebenen von Gemeinde und Region. Hier werden über „touristische Leitbilder", über die Flächennutzungs- und Bebauungsplanung sowie über Großinvestitionen in die touristische Infrastruktur entscheidende Weichen für die zukünftige Entwicklung von Unternehmen aus der Tourismusbranche gestellt. Zudem sollten im Rahmen der Netzwerkanalyse auch die *Vermarktungsnetzwerke* (regionale und überregionale Reiseveranstalter und -vermittler, Tourismusverbände, Touristische Karten) kritisch untersucht werden, ebenso die *Versorgungsnetzwerke*, welche es dem betrachteten Betrieb ermöglichen, seine Dienstleistungen „just in time" zu erbringen.

Am Ende der Analysephase des betriebswirtschaftlichen Marketing-Konzeptes steht die sog. *strategische Diagnose*, welche der gemeinsamen Interpretation der erhobenen Daten dient. Hier werden verschiedene Verfahren zur Abbildung der eigenen Marktsituation verwendet, etwa das sog. *Stärken-Schwächen-Profil*, in dem die Stärken und Schwächen des Umfeldes, der Nachfrage- und Konkurrenzsituation, der touristischen Netzwerke sowie der Strukturen des betrachteten Betriebes gegenüber gestellt werden. Eine andere Möglichkeit besteht in der Beurteilung der Marktsituation mit Hilfe der *Portfolio-Methode*. Sie beruht bekanntlich auf einer Matrix, in welcher – nach der generellen Marktentwicklung und nach der Einschätzung der eigenen Wettbewerbsvorteile des betrachteten Betriebes – unterschiedlich attraktive Geschäftsfelder gegenüber gestellt werden. Für Betriebe im Tourismusbereich stellen in der Regel verschiedene Angebote an Dienstleistungsbündeln (etwa nur Übernachtung mit Frühstück oder „All Inclusive" mit oder ohne „Wellnesspaket" im Falle eines Hotelbetriebes) die relevanten Geschäftsfelder dar. Allerdings bleibt für viele Unternehmen diese Palette oft nur sehr eingeschränkt, wenn sie nicht überhaupt nur ein einziges Produkt anbieten. Als „unselbständige" Glieder von Dienstleistungsketten hängt die Nachfrage solcher Betriebe wesentlich von der Attraktivität ihrer Tourismusregionen ab, d.h., vor allem von der Beliebtheit der angebotenen Urlaubsstile. Daher ist es für die einzelnen Betriebe sehr wichtig, ihre strategischen Diagnosen auch auf einer *Portfolio-Analyse des Angebotes (der Urlaubsstile) ihrer Regionen* aufzubauen. Hier muß man zusätzlich auch die Stellung der Regionen in ihren Wachstumszyklen berücksichtigen:

– In einem solchen regionsbezogenen Portfolio wird man diejenigen Urlaubsstile als „erfolgreiche Produkte" („*Cash Cows*") klassifizieren, die durch hohe, allerdings nicht mehr wesentlich wachsende Nachfragerzahlen gekennzeichnet sind (also ihre *Reifephase* erreicht haben), und die in der betrachteten Region seit längerer Zeit mit bedeutenderen Marktanteilen angeboten werden. Die heimischen Unternehmen haben sich längst auf die Aktivitätenmuster der Gäste und ihre Ansprüche an die Dienstleistungsketten eingestellt. Daher lassen sich bei relativ moderaten Aufwänden gute Erträge erzielen. In vielen Fällen werden sich nicht nur die angebotenen reifen Urlaubsstile, sondern auch die Regionen selbst in fortgeschrittenen Stadien ihrer Wachstumszyklen befinden, wobei für die strategischen Diagnosen der Unternehmen besonders die Richtung (nach dem „Broad Context Model"), in welche die Entwicklung verläuft, von Interesse ist: Vor allem der Trend zum *unkontrollierten Massentourismus* wird sich auf ihre Marktchancen meist ungünstig auswirken. Hingegen dürften in reifen Destinationen, wo man *kontrollierte und angepaßte Tourismusformen* etablieren konnte, die Erträge der „Cash Cows" wenigstens mittelfristig erhalten bleiben.

– Wenn es der untersuchten Tourismusregion gelingt, ihre Angebotsstrukturen auf Urlaubsstile auszurichten, die in den Heimatregionen der Gäste ständig an Beliebtheit gewinnen (und somit in eine intensivere *Wachstumsphase* ihrer Produktzyklen eingetreten sind), dann werden „erfolgversprechende Produkte" (*„Stars"*) aufgebaut. Umfassende Investitionen in die Ausstattungselemente der entsprechenden Aktionsräume lassen in der näheren Zukunft hohe Gewinne erwarten. Diese sind auch längerfristig abgesichert, wenn sich die Destination in Richtung auf den *kontrollierten angepaßten Tourismus* oder auf den *nachhaltigen Massentourismus* entwickelt. „Stars" können den Übergang einer touristischen Region von der Innovations- in die Wachstumsphase einleiten oder auch entscheidend zur Verjüngung einer Destination beitragen, welche bereits in ihre Stagnations- oder gar Schrumpfungsphase eingetreten ist.

– „Fragwürdige Produkte" (*„Question Marks"*) sind Urlaubsstile, die auf nationaler und/oder internationaler Ebene ebenfalls bereits in ihre *Wachstumsphase* eingetreten sind, in der Region aber – im Gegensatz zu den „Stars" – erst neu implementiert werden müssen. Dies erfordert umfangreiche Investitionen, welche mit hohen Risiken verbunden sind. Für die Unternehmen der Region kann die Entscheidung zum Einstieg in die entsprechenden Investitionsketten zur „Schicksalsfrage" werden: Es sind sowohl wesentliche Wachstumsimpulse möglich, als auch der Rückfall in Stagnation und Schrumpfung.

– „Problemprodukte" (*„Dogs"*) bilden schließlich das vierte und letzte typische Geschäftsfeld der Portfolio-Analyse. Bezogen auf den Tourismus handelt es sich hier um Urlaubsstile, die auf nationaler und internationaler Ebene ihre *Stagnations- und Schrumpfungsphase* mehr oder minder erreicht haben. Sie werden zwar in der Region noch teilweise angeboten, erwirtschaften aber kaum mehr wesentliche Gewinne. Wenn man auf sie verzichtet, kommen aber jene Betriebe schwer zu Schaden, welche besonders in die abzubauenden Dienstleistungsketten eingebunden sind und sich nicht mehr recht auf neue Angebote umstellen können. Außerdem verliert man unter Umständen langjährige Stammgäste.

Nach den Grundprinzipien der strategischen Planung sollten die in einer Region (oder in einem Betrieb) angebotenen Produkte möglichst mehreren Feldern der Portfolio-Matrix zugeordnet sein, um eine kontinuierliche, längerfristige Entwicklung zu gewährleisten. Da für Urlaubsstile als touristische Produkte meist komplexe Angebotsstrukturen erforderlich sind, an denen sich in der Regel viele unterschiedliche Betriebe beteiligen müssen, kann man eine solche Produktdifferenzierung oft nur schwer planen und umsetzen. Touristische Destinationen sind nicht nur mono-strukturell auf den Dienstleistungssektor ausgerichtet, sie bringen auch oft nur *monostrukturelle Angebote an Urlaubsstilen* auf den Markt. Das gilt besonders für Regionen, welche ihre Reifephase erreicht haben oder gar in eine Schrumpfungspha-se eingetreten sind. Oft dominiert hier der unkontrollierte Massentourismus, mög-licherweise aber auch der kontrollierte angepasste Tourismus. In allen Fällen sind aber nicht nur die Infrastruktur und die Fertigkeiten der Beschäftigten weitgehend auf die „Problemprodukte" ausgerichtet. Auch die Bevölkerung ist zu wesentlichen Anteilen immer noch von den alten Urlaubsstilen als den „richtigen" Produkten überzeugt. Für den Einstieg in eine Verjüngungsphase bestehen ähnliche Barrieren, die sich auch für alte Industriegebiete feststellen lassen. In einer solchen Situation erweisen sich die auf der Analysephase aufbauenden Konzeptions-und Gestaltungs-phasen des Dienstleistungs-Marketings für die betroffenen Betriebe als besonders schwierig.

7.3   Konzeptions- und Gestaltungsphase

In folgenden beiden Phasen des Dienstleistungs-Marketings werden zunächst die mittel- bis langfristigen Konzepte für die betrachteten Betriebe entwickelt (*takti-sches Marketing*) und dann der zu ihrer Konkretisierung erforderliche Einsatz der verschiedenen betrieblichen Instrumente (*„Marketing Mix"*) geplant. Zur Vereinfa-chung und Vermeidung von Wiederholungen werden die Konzeptions- und die Ge-staltungsphase hier gemeinsam behandelt.

Als Bezugsbasis für die beiden Phasen müssen zunächst die *übergeordneten Unter-nehmensziele* festgelegt werden, vor allem die Ausrichtung des Angebotes und die Position der Betriebe innerhalb der regionalen Dienstleistungsketten (*Unterneh-menszweck*) oder das angestrebte Image (*„Corporate Identity"*). Hier stellt sich für die Unternehmer die entscheidende Frage, inwieweit sie sich mit ihren Geschäfts-feldern und ihrem Image an die in der Region dominierenden Grundausrichtungen anpassen sollen. Für viele Tourismusbranchen (Gastronomie, Kultur und Unterhal-tung, vorwiegend tourismusbezogener Einzelhandel u.a.) besteht hier meist nur wenig Freiraum. Immer wieder entscheiden sich aber risikobereite Unternehmer für Ziele und Pläne, die nicht in den regionalen Rahmen passen. Wenn sie Erfolg haben, erfül-len sie u.U. die Funktionen von *„Pförtnern"* und *„Prestigeführern"*, welche die Um-gestaltung von Angebotsstrukturen einleiten.

Neben der Einpassung in die übergeordnete Tourismusstruktur zählt auch die Fest-legung der eigenen Marktposition gegenüber der Konkurrenz zu den entscheiden-den strategischen Überlegungen. Hier kann man sich für verschiedene Grundposi-tionen entschließen, wobei es zwei extreme Varianten gibt: einerseits die Entwick-lung einer *„spezifischen Kompetenz"*, die den Betrieb von seiner Konkurrenz abhe-ben soll. Solche Geschäftsstrategien sind vor allem für die Wachstums- und Ent-

wicklungsphasen von Destinationen von Bedeutung, wenn neue Urlaubsstile eingeführt werden, und initiative Unternehmer die oben schon angesprochene „Pförtner-
funktion" übernehmen. Die andere extreme Konkurrenzstrategie beruht auf der
mehr oder minder vollständigen Nachahmung erfolgreicher Konzepte von anderen
Unternehmen. Eine solche *„Me-too-Strategie"* herrscht besonders am Ende der
Wachstums- und in der Reifephase von Tourismusregionen vor.

Die Konkretisierung solcher Überlegungen wird in der *Konzeptionsphase* des Dienstleistungs-Marketings vorgenommen. In der *Gestaltungsphase* kommen besonders vier
Instrumentenbereiche zur Anwendung, auf welche sich die damit verbundenen „Politiken" beziehen, nämlich die *Produkt-, Preis-, Vertriebs-* und *Kommunikationspolitik.*

Im Rahmen der *Produktpolitik* erfolgt die Spezifizierung der konkreten Angebote
(einzelne Dienstleistungen oder mehr oder minder unfassende Kombinationen davon) hinsichtlich ihres Ablaufes und hinsichtlich der materiellen und personellen
Strukturen der dafür erforderlichen Behavior Settings (etwa die Planung der Leistungselemente und -bausteine in einem Hotel, in deren Rahmen Konzepte bezüglich der Ausstattung der Zimmer und der anderen Anlagen, der Qualifikation und
der Aufgabenbereiche des Personals, der Art und Qualität der angebotenen Speisen
und Getränke zu entwickeln sind). Als grundsätzliche Möglichkeiten bestehen hier
die Erhaltung des bisherigen Angebotes bzw. die Aufgabe, Veränderung oder Neu-
einführung von ganzen Produkten oder einzelnen Leistungselementen. Bei der Gestaltung solcher Angebote muß man natürlich besonders auf die Ansprüche der in
der Konzeptionsphase definierten *Zielgruppen* Rücksicht nehmen (sie sind in ihren
Präferenzordnungen zweiter Stufe enthalten). Abgesehen von völlig „einseitig" ausgerichteten Fremdenverkehrsregionen unterscheiden sich die Zielgruppen nach ihren Urlaubsstilen sowie auch nach ihrer Zugehörigkeit zu bestimmten sozialen Milieus und nach den demographischen Strukturmerkmalen.

Zur Rücksichtnahme zwingt auch die oft bestehende Integration der Angebote in
Dienstleistungsketten, die sich aus der Abfolge von touristischen „Schlüssel-" und
„Folgerollen" im Rahmen der verschiedenen Urlaubsstile (nach den Präferenzordnungen erster Stufe) ergeben. Hier sind auch andere Betriebe und sonstige Touris-
museinrichtungen beteiligt. Diese lassen sich einerseits kaum direkt beeinflussen,
andererseits ist es aber erforderlich, daß man die eigenen Programme mit ihnen
abstimmt. In einer Wintersportregion müssen etwa die Angebotsformen und die
Betriebszeiten der Aufstiegshilfen in der Planung verschiedener Betriebe (Gastronomie, Unterhaltung, Einzelhandel, Wellness u.a.) berücksichtigt werden, die Dienstleistungen bereitstellen, welche die Gäste vorwiegend im Rahmen der touristischen
„Folgerollen" beanspruchen. Generell besteht die Abhängigkeit gegenüber den Reiseveranstaltern, welche die in ihren Pauschalangeboten enthaltenen Dienstleistungen koordinieren. In ähnlicher Weise können auch die Incoming-Agenturen der Tourismusregionen Einfluß nehmen oder Tourismusverbände, welche selbst als Reiseveranstalter auftreten.

Im Rahmen der *Preispolitik* erfolgt die Festlegung der Preise für Programme und Leistungsbausteine, wobei diese Kalküle oft weniger von der betrieblichen Kostensituation beeinflusst werden, als von der Einschätzung der Nachfrage- und Konkurrenzsituation. Hier ist die grundsätzliche Entscheidung zu treffen, ob die Angebote leistungsbezogen und besonders an die Kundenwünsche angepaßt sein sollen (*„Qualitätstourismus"*), oder ob eher preis- und mengenorientierte Strategien verfolgt werden (etwa *„Sonder-"*, *„Last-Minute-Angebote"*). Die „Qualitätsstrategie" kommt besonders häufig während den Innovations- und Wachstumsphasen der Tourismusregionen zur Anwendung oder auch in „reifen" Destinationen, in denen sich der kontrollierte angepaßte Tourismus durchgesetzt hat. Hingegen gibt es im Fall der Dominanz des unkontrollierten Massentourismus oft nur wenige Alternativen zur „Billigstrategie". Solche Einflüsse des touristischen Umfeldes spielen auch bei der Unternehmenspolitik der *Preisdifferenzierung* eine wesentliche Rolle. Hier werden gleiche Leistungen zu unterschiedlichen Preisen angeboten, um in bestimmten Marktsegmenten besser Fuß zu fassen: Wichtige Strategien sind die Differenzierungen nach Reisezeiten (Haupt-, Nebensaison, Wochenendpauschalen), nach Gästegruppen (Familien, Senioren), nach der Zugehörigkeit zu Vermarktungsnetzwerken (Gewährung von Provisionen für Reiseveranstalter oder -vermittler, Ermäßigungen bei Buchungen über das Internet) oder nach abgegrenzten Märkten (etwa spezielle Preise für Gäste aus den USA und Kanada).

Die *Absatz- und Vertriebspolitik* „beinhaltet vor allem die Überlegung, in welchem Umfang die Betriebsleistungen direkt an den Kunden verkauft werden, oder inwieweit ‚Zwischenhändler' eingeschaltet werden" (W. FREYER, 2001, S. 254). Mit dem intensiven *Ausbau der Vermarktungsnetzwerke* ist dieser Marketingbereich viel komplexer geworden. Wegen der raschen Verbreitung des Zugangs zum Internet und der Einführung der neuen touristischen Informations- und Kommunikations-Systeme gewinnt etwa der *direkte (einstufige) Vertriebsweg* wieder an Bedeutung, in dessen Rahmen die Nachfrager ohne große Aufwände direkt mit den Anbietern von einzelnen Leistungsbausteinen in Kontakt treten. Dazu dient die Einrichtung von eigenen Reservierungssystemen im World Wide Web oder der Anschluß von Unternehmen an Informations- und Buchungs-Systeme der Tourismusregionen. So lassen sich u.U. auch Provisionszahlungen an die Reisevermittler einsparen, welche im Rahmen des *zweistufigen Vertriebsweges* für ihre Kunden individuelle Urlaubsprogramme aus den einzelnen Leistungselementen zusammenstellen. Um ihren drohenden Bedeutungsverlusten zu begegnen, bieten die *Reisebüros* (vor allem die großen Filialketten) den virtuellen Zugang zu Buchungsmaschinen an, welche die Nachfrager mit den diversen Internet-Portalen von Reiseveranstaltern, Tourismusregionen und Einzelanbietern verbinden und so umfassende Auswahl- und Vergleichsmöglichkeiten bieten. Dadurch bleibt für die Absatz- und Vertriebspolitik touristischer Unternehmen u.U. auch der zweistufige Vertriebsweg weiterhin interessant. Die *großen Reiseveranstalter* haben als Produzenten eines immer umfangreicheren Spektrums an Voll- und Teilpauschalangeboten in letzter Zeit immer mehr an Marktmacht gewonnen. Daher sind sie bei der Gestaltung der Vertriebspolitik der Anbieter von Leistungsbausteinen, die sich gut in die Pauschalprogramme integrieren lassen (also besonders preis- und mengenorientierte Angebote, siehe oben), nur schwer zu umgehen. Dies gilt um so mehr, als die großen Konzerne ihre vertikalen Verflechtungen immer mehr verstärken, u.a. durch die Integration von Reisevermittlern und Incoming-Agenturen sowie durch die Sicherung der Zugänge zu Computer-Reservierungs-Systemen und Internet-Portalen. Dadurch kontrollieren sie die *dreistufigen Vertriebswege* (in deren Rahmen ihre Pauschalangebote von den Reisevermittlern an die Nachfrager verkauft werden). Gleichzeitig gehen die Reisekonzerne aber auch dazu über, ihre Produkte im Internet direkt den Endkunden anzubieten. So verkürzen sie den dreistufigen Vertriebsweg und schalten ebenfalls die Reisebüros aus. Mit der Umgestaltung der Vermarktungsnetzwerke gewinnen die *regionalen Tourismusverbände* (vor allem solche mit privatrechtlicher Organisationsform) nicht nur für die Kommunikations- sondern auch für die Vertriebspolitik der touristischen Unternehmen immer mehr an Bedeutung, und zwar vor allem aus drei Gründen: Erstens treten sie oft als Betreiber der regionalen Informations- und Buchungs-Systeme auf. Zweitens beteiligen sie sich in zunehmendem Ausmaß an der Vermarktung von regionalen Leistungsbausteinen über *Touristische Karten* und drittens sind sie auch immer mehr mit eigenen Pauschalangeboten auf den touristischen Märkten präsent.

Im letzten Hauptbereich der Gestaltungsphase des Dienstleistungs-Marketings, der *Kommunikationspolitik*, bestehen zwischen den einzelnen touristischen Unternehmen und den übergeordneten Planungs- und Marketingnetzwerken der öffentlichen Verwaltung und der „allgemeinen" Tourismusverbände noch viel engere Beziehungen und Abhängigkeiten. Sie gelten für praktisch alle in der Literatur unterschiedenen Teilbereiche der Kommunikationspolitik (zwischen denen allerdings sehr fließende Übergänge bestehen).

Dazu zählen vor allem die *Werbung* (sie wendet sich an bestimmte Zielgruppen und versucht, diese zum Kauf zu bewegen) und die *Öffentlichkeitsarbeit* (sie wendet sich – weniger spezifiziert – an die am Tourismus interessierte Öffentlichkeit und bemüht sich, die touristischen Perspektiven der Betriebe und Regionen positiv zu gestalten). Hier soll es – im Idealfall – zu einer Arbeitsteilung zwischen dem übergeordneten Marketing der regionalen Interessensvertretungen und dem Marketing der Unternehmen kommen. Unter Bezugnahme auf die Inhalte der *„touristischen Leitbilder"* der Planungsinstanzen von Regionen und Gemeinden gestalten die Tourismusverbände (durch gezielte Auftritte in den elektronischen und Printmedien, Präsentationen auf Fachmessen, PR-Veranstaltungen etc.) eine gemeinsame *Plattform für die Werbung und die Öffentlichkeitsarbeit.* Damit sollen die Nachfrager der angebotenen Urlaubsstile für die Destination besonders interessiert und darüber hinaus ihre Position in der *kollektiven touristischen Perspektive* verbessert werden. Dies wird besonders dann erreicht, wenn es mit den Mitteln der Werbung und der Public Relations gelingt, sowohl die stereotypischen Eindrücke (typische Verhaltensmuster von Einheimischen und Gästen, charakteristische Landschaftsmerkmale etc.) zu vertiefen, als auch die individuellen Besonderheiten (vor allem Wahrzeichen der Natur- und Kulturlandschaft) so herauszustellen, daß sich die Region eindeutig von ihrer Konkurrenz unterscheidet. Werden diese Informationen von den relevanten Nachfragergruppen angenommen, so kann die Kommunikationspolitik der einzelnen Unternehmen auf diesen Wissensinhalten und Gefühlen aufbauen und den bereits vorinformierten und interessierten Kunden die spezifischen Eigenschaften ihrer Produkte sowie ihrer „Corporate Identity" nahebringen.

Diese bezieht sich auf die Grundsätze des Unternehmens (Welche Ziele hat man sich gesetzt und wie sollen sie erreicht werden?). Sie vermittelt etwa das Image eines traditionsreichen Restaurants, das sich besonders auf qualitativ hochwertige Speisen der regionalen Küche spezialisiert hat. In der „Corporate Identity" ist aber auch das an die Unternehmensphilosophie angepaßte *äußere Erscheinungsbild* mit eingeschlossen: im Fall des genannten, gehobenen Gastronomiebetriebes etwa eine aufwendige, aber nicht überladene architektonische Gestaltung im Stil der Region mit Elementen des postmodernen Designs, an die auch viele Details (Geschirr, Bekleidung des Personals, Speisekarte etc.) angepaßt sind. Ein solches „strategisches Dach" (W. FREYER, 2001, S. 255) für die Kommunikation soll nicht nur die einzelnen Betriebe kennzeichnen, sondern – wenigstens in Grundzügen – auch die Tourismusregion insgesamt. Es wird meist ebenfalls über die Marketingnetzwerke der Tourismusverbände kommuniziert und bildet den Hintergrund für die speziellen Identitäten der einzelnen Betriebe. Unter Beteiligung der politischen Netzwerke müssen die Grundsätze dieser regionalen „Tourismusphilosophie" – im Rahmen des sog. „Innenmarketings" – auch der eigenen Bevölkerung vermittelt werden. Das so verbreitete Bewußtsein gemeinsamer Interessen und Aufgaben trägt u.a. dazu bei, die notwendige *Abstimmung* zwischen den einzelnen Dienstleistungsbetrieben und Dienstleistungsketten zu erleichtern oder die *interkulturelle Kommunikation* mit den Gästen zu verbessern.

7.4 Realisierungsphase und Angebotskontrolle

Die Realisierung der verschiedenen Maßnahmen, welche von den Managements touristischer Unternehmen im Rahmen der Gestaltungsphase des Marketings (Produkt-, Preis-, Absatz- und Vertriebs-, Kommunikationspolitik) beschlossen wurden, muß – auf der Basis von eigenen *Netzplänen* – in einer bestimmten zeitlichen Reihenfolge vor sich gehen. Hier kann man zwischen einem Potentialstadium und einem Prozeßstadium unterscheiden.

Im *Potentialstadium* sind zunächst die Vorbereitungen für die Erstellung der touristischen Dienstleistungen zu treffen. Dazu zählen u.a.:

– die Bereitstellung der notwendigen finanziellen Mittel;
– bauliche und gestalterische Maßnahmen;
– die Rekrutierung, eventuell Schulung des Personals;
– die Implementierung oder Modifikation der Versorgungsnetzwerke zur Anlieferung der für die Erstellung der Dienstleistungen notwendigen Güter und Sachen;

– die Organisation der räumlich-zeitlichen Tätigkeitsmuster (in den verschiedenen Behavior Settings und ihren „Synomorphs") zur Ausführung der touristischen Dienstleistungen.

Mit der Erfüllung dieser wichtigsten Aufgaben können den Gästen die Dienstleistungen „just in time" angeboten werden. Für die Werbung und für den Verkauf der
touristischen Produkte sind in der Potentialphase noch weitere, vorbereitende Maßnahmen erforderlich, vor allem:

– die Implementierung und Modifikation der Marketing- und Werbenetzwerke
zur Einführung der Angebote in die vorgesehenen touristischen Teilmärkte;
– die Implementierung und Modifikation der Vermarktungsnetzwerke zum Verkauf der Produkte über die (ein-, zwei- oder dreistufigen) Vertriebswege.

In der *ersten Stufe des Prozeßstadiums* laufen zunächst die Aktivitäten der Öffentlichkeitsarbeit und der Werbung an (möglichst zeitgleich mit den ersten Planungsaktivitäten der potentiellen Gäste für die nächste Reisesaison), etwas später
setzt dann der Verkauf der Produkte ein. Mit der Saisoneröffnung beginnt auch
die *zweite Stufe des Prozeßstadiums*, in der die Dienstleistungsketten „aktiviert"
werden, und die Urlauber in den touristischen Aktionsräumen die „Schlüssel-"
und „Folgerollen" ihrer Urlaubsstile ausüben und die *touristischen Netzwerke* in
Funktion treten.

Um den Erfolg der Konzepte des strategischen Marketings sicher zu stellen, sollte –
wenigstens an den „Schlüsselstellen" der Dienstleistungsketten – eine *begleitende
Kontrolle* erfolgen. Auch hier wäre eine Arbeitsteilung zwischen den Unternehmen
und den regionalen Tourismusorganisationen ideal. Die *Unternehmen* können an
den kritischen materiellen und personellen Kundenkontaktpunkten in ihren Behavior Settings Analysen der Zufriedenheit ihrer Gäste durchführen und erkennbare
Mängel korrigieren. Aus Gesprächen mit den Kunden (eventuell auch aus umfassenderen Befragungsaktionen) lassen sich auch Aufschlüsse über die Wirksamkeit der
betrieblichen Werbung ableiten sowie über die Erfahrungen bei der Buchung der
Angebote.

Die Wahrung der Standards eines „Qualitätstourismus" erfordert aber auch über-
greifende Kontrollen, die sich auf den gesamten touristischen Aktionsraum beziehen. Diese Aufgabe sollte von den *Tourismusverbänden* erfüllt werden. Sie umfaßt
besonders:

– die Überprüfung der Wirksamkeit der *regionalen Kommunikationspolitik*. Hier
ist festzustellen, wie sehr die Merkmale und das Image der Destination in der
allgemeinen touristischen Perspektive der Heimatregionen – vor allem in den
Medien – durch direkte Beschreibungen und durch „Indexierung" (Anhängen an
andere Inhalte, z.B. im Rahmen von Spielfilmen) vertreten sind, und inwieweit

dies in den *individuellen touristischen Perspektiven* der Zielgruppen seinen Niederschlag findet;

— die Kontrolle der regionalen *Vertriebspolitik*, etwa der Vermarktung von gemeinsamen, aus den Leistungsbausteinen verschiedener Betriebe zusammengesetzten Angeboten, oder der Funktion von elektronischen Informations- und Buchungssystemen;

— die Gewährleistung des reibungslosen *Ablaufes der räumlich-zeitlichen Aktivitätenmuster* der Gäste durch entsprechende Koordinations- oder Lenkungsmaßnahmen. Hier sollten auch die Probleme Berücksichtigung finden, welche sich in der *Orientierungs- und Anpassungsphase* am Beginn der Urlaubsaufenthalte ergeben (Reduktion von „weichen" Informationen über die Gegebenheiten vor Ort);

— die Abschätzung der *Wirksamkeit des „Innenmarketings"*, etwa bezüglich der Partizipation an gemeinsamen tourismusbezogenen Festen und Veranstaltungen oder an gemeinsamen Planungsaktivitäten;

— sowie schließlich die – wenigstens stichprobenweise – *Erfassung der Zufriedenheit der Urlauber* mit dem Gesamtangebot der Region und die Identifizierung von Schwachstellen, welche die angestrebte positive Gefühlsbilanz für den Aufenthalt in der Region belasten.

Die Ergebnisse der begleitenden Kontrolle von Betrieben und Tourismusorganisationen sollten möglichst rasch in entsprechende Korrekturen der Gestaltungsmaßnahmen des Tourismusmarketings umgesetzt werden.

Literaturverzeichnis

ADERHOLD, P. (1976): Das Marketing von Städtekurzreisen – Rahmenbedingungen und Ansatzpunkte einer marktorientierten Fremdenverkehrspolitik unter beispielhafter Berücksichtigung der Verhältnisse in Kopenhagen. – Kopenhagen.

ADLER, J. (1989): Travel as Performed Art. – In: American Journal of Sociology, Vol. 94.

AGLIETTA , M. (1979): A Theory of Capitalist Regulation. – London.

AGNUS REID GROUP (2000): New Benchmark Studies Pegs Global Internet Population at More than 300 Million Wireless Devices, Not PC's, Critical to Next Generation Growth; http://www.immedia.it/published20000322/200003225936.shtml

AGRICOLA, S. (2000): Verhaltenstrends in Freizeit und Urlaub. – In: MESSE MÜNCHEN/PROJEKT- LEITUNG CBR (Herg.): Tourismus – quo vadis? Wohin geht die Reise im 21. Jahrhundert? – München.

ALONSO, W. (1968): Urban and Regional Imbalances in Economic Development. – In: Economic Development and Cultural Change, Vol. 17.

AMIN, A. (1993): The globalization of the economy. An erosion of regional networks. – In: GRABHER, G. (ed.): The embedded firm. – London, New York.

ANFT, M. (1993): Flow. – In: HAHN, H.; KAGELMANN, H. G. (Hrsg.): Tourismuspsychologie und Tourismussoziologie. – München.

ATELJEVIC, I. (2000): Circuits of Tourism: stepping beyond the 'production/consumption' dichotomy. – In: Tourism Geography, Vol. 2, No. 4.

ATKINSON, J. W. (1975): Einführung in die Motivationsforschung. – Stuttgart.

BAHRDT, H. P. (1969): Die moderne Großstadt. Soziologische Überlegungen zum Städtebau. – Hamburg.

BARKER, R. (1968): Ecological psychology: Concepts and methods for studying the environment of human behavior. – Stanford.

BARRETT, J. A. (1958): The seaside resort towns of England and Wales. – Ph. D. thesis (unpublished). University of London.

BARTLETT, C. A.; GHOSHAL, S. (1992): What is a global Manager. – In: Harvard Business Review, Vol. 70, No. 5.

BATTY, M. (1993): The geography of cyberspace. – In: Environment and Planning B: Planning and Design, Vol. 20.

BÄTZING, W. (1996): Tourismus und nachhaltige Entwicklung im Alpenraum. – In: Geographische Rundschau, Nr. 48, H. 3.

BEHLING, F. (2001a): Ballkleid oder Blue jeans. – In: FVW-spezial, 19.10.2001.

BEHLING, F. (2001b): Im Gänsemarsch an Bord. – In: FVW-spezial, 19.10.2001.

BEILE, G. (2000): Management des Wandels – Plädoyer für eine neue Tourismusorganisation. – Akademie für Touristik Freiburg, Schriftenreihe Tourismus, Heft 4.

BELL, H.; TANG, N. K. H. (1998): The Effectiveness of Commercial Internet Web Sites: A Users' Perspective. – In: Internet Research: Electronic Networking, Applications and Policy, Vol. 8, No. 3.

BENTHIEN, B. (1997): Geographie der Erholung und des Tourismus. – Gotha.

BERGMANN, R. A. (1987): The routinization of charismatic modernism and the problem of postmodernity. – In: Cultural Critique 5.

BERNINGER, H. (2001): LTT schon bald Gewinnbringer. – In: Touristik R.E.P.O.R.T. 3.

BEZOLD, T. (1998): Ereignisorientierte Analyse der Dienstleistungsqualität. – In: Tourismus Journal, Heft 2, Bd. 1.

BOURDIEU, R. A. (1984): Distinction : A social critique of the judgement of taste. – London.

BOYER, R. (1988): Technical Change and the Theory of "Regulation". – In: DOSI, G; FREEMANN, C.; NELSON, R.; SILBERBERG, G.; SOETE, L. (eds.): Technical Change and Economic Theory. – London, New York.

BRANDNER, B.; HIRSCH, M.; MEIER-DALLACH, H. P.; SAUVAIN, P.; STALDER, U. (1995): Skitourismus. Von der Vergangenheit zum Potential der Zukunft. – Chur, Zürich.

BRAUN, O. L. (1993a): Vom Alltagsstreß zur Urlaubszufriedenheit: Untersuchungen zur Psychologie des Touristen. – München.

BRAUN, O. L. (1993b): (Urlaubs-)Reisemotive. – In: HAHN, H.; KAGELMANN, H. G. (Hrsg.): Tourismuspsychologie und Tourismussoziologie. – München.

BRAUN, O. L. (1993c): Reisezufriedenheit. – In: HAHN, H.; KAGELMANN, H. G. (Hrsg.): Tourismuspsychologie und Tourismussoziologie. – München.

BREZINA, B.; CERON, K.; FEILMAYR, W.; GRABHER, G.; STRÖBINGER, N. (1986): Die Bedeutung des Fremdenverkehrs in der Regionalentwicklung des Bregenzer Waldes. – Wiener Beiträge zur Regionalwissenschaft, Bd. 8.

BRITTON, S (1982): The Political Economy of Tourism in the Third World. – In: Annals of Tourism Research, Vol. 9.

BRITTON, S (1991): Tourism, capital and place: towards a critical geography of tourism. – In: Environment and Planning D: Society and Space, Vol. 9.

BUSCHE, M. (1998): Messen, Ausstellungen und Kongresse – am Beispiel der Messe Berlin GmbH. – In: HAEDRICH, G.; KASPAR, C.; KLEMM, K.; KREILKAMP, E. (Herg.): Tourismus-Management. Tourismus-Marketing und Fremdenverkehrsplanung. – Berlin, New York.

BUTLER, R. W. (1980): The concept of the Tourist Area Cycle of Evolution: Implications for Management of Resources. – In: Canadian Geographer, Vol. 24, No. 1.

BUTLER, R. W. (1998): Still pedaling along: The resort cycle two decades on. – Paper presented to CAUTHE Conference: Progress in tourism and hospitality research. Gold Coast, Queensland, February 12 – 15.

BYRSON, N. (1988): The Gaze and the Expanded Field. – In: H. FOSTER (ed.): Vision and Visuality. – Seattle.

CAFE/ARGOS (1991): Etude de Mise en Valeur de la Cathédrale Notre Dame de Paris, de sa Crypte Archéologique et de l'Ensemble de son Site. – Paris: Caisse Nationale de Monuments Historiques et des Sites.

CALLON, M. (1991): Techno-economic networks and irreversibility. – In: LAW, J. (ed.): A Sociology of Monsters: Essays on Power, Technology and Domination. – London.

CANTRILL, B. R. (1965): The pattern of human concerns. – New Brunswick.

CARMICHAEL, B. (1992): Using conjoint modelling to measure tourist image and analyze ski-resort choice. – In: JOHNSON, P.; THOMAS, B. (eds.): Choice and demand in tourism. – London.

CHAKRABARTY, D. (1991): Open Space/Public Space: Garbage, Modernity and India. – In: South Asia 15.

CHANEY, D. (1993): Fictions of Collective Life. – London.

CHOY, D. J. L. (1992): Life Cycle Models for Pazific Island Destinations. – In: Journal of Travel Research, 30 (Winter).

CHRISTALLER, W. (1964): Some Considerations of Tourism Location in Europe. – In: The Peripheral Regions – Undeveloped Countries – Recreation Areas. – Regional Science Association Papers 12.

CLARK, T. N. (1968): Community Structure and Decision Marking. A Comparative Analysis. – Seranton.

CLIA (CRUISE LINE INDUSTRY ASSOCIATION, 1992): The Cruise Industry: An Overview (Marketing Edition). – New York.

COHEN, E. (1972): Towards a sociology of international tourism. – In: Social Research, 39.

CONNELL, J. (1993): Bali Revisited: Death, Rejuvenation, and the Tourist Cycle. – In: Environment and Planning D: Society and Space, Vol. 11.

COLLINS, R. (1993): Emotional Energy as the Common Denominator of Rational Action. – In: Rationality and Society, 5.

COOK, R. A.; YALE, L. J.; MARQUA, J. J. (1999): Tourism. The Business of Travel. – Upper Saddle River.

COOPER, C. (1992): The life cycle concept and strategic planning for wasted resorts. – In: Built Environment, Vol. 8, No. 1.

CRANG, P. (1997): Performing the Tourist Product. – In: ROJEK, C.; URRY, J. (eds.): Touring Cultures: Transformations of Travel and Theory. – London.

CROMPTON, I. L.; ANKOMAH, P. K. (1993): Choice set propositions in destination decisions. – In: Annals of Tourism Research, Vol. 20, No. 3.

CSIKSZENTMIHALYI, M. (1975): Beyond boredom and anxiety. – San Francisco.

DA CONCEICÃO GONCALVES, V. F.; ROQUE ÁGUAS, P. M. (1997): The Concept of the Life Cycle: An Application to the Tourist Product. – In: Journal of Travel Research, 34 (Fall).

DAHL, R. A. (1961): – Who Governs? – Democracy and Power in an American City. – New Haven.

DANN, G. (1980): Tourist motivation: an appraisal. – In: Annals of Tourism Research, Vol. 8, No. 2.

DAVIS, D.; ALLEN, J.; CONSENZA, R. M. (1988): Segmenting local Residents by their Attitudes, Interests and Opinions toward Tourism. – In: Journal of Travel Research, Vol. 27, No. 2.

DEBBAGE, K. (1990): Oligopoly and the Resort Cycle in the Bahamas. – In: Annals of Tourism Research, Vol. 17.

DELILLO, D. (1996): Die Namen. – New York.

DETTMER, H.; HAUSMANN, T.; KLOSS, I.; MEISL, H.; WEITHÖHNER, U. (1999): Tourismus-Marketing Management. – München, Wien.

DEUTSCH, J. A. (1960): The structural basis of behavior. – Chicago.

DOUGLAS, N. (1997): Applying the Live Cycle Model to Melanesia. – In: Annals of Tourism Research, Vol. 24, No. 1.

DREYER, A. (1995): Der Markt für Sporttourismus. – In: DREYER, A.; KRÜGER, A. (Herg.): Sporttourismus. Management- und Marketing-Handbuch. – München, Wien.

DREYER, A. (1996): Der Markt für Kulturtourismus. – In: DREYER, A. (Herg.): Kulturtourismus. – München, Wien.

DUSENBERRY, J. S. (1949): Income, Saving and the Theory of Consumer Behavior. – Cambridge, Mass.

ECHTERMEYER, M. (2000): Elektronisches Tourismusmarketing – Gefahr oder Chance für die Reisebüros. – In: LANDGREBE, S. (Herg.): Internationaler Tourismus. – München, Wien.

EDENSOR, T. (2000): Staging Tourism. Tourists as Performers. – In: Annals of Tourism Research Vol. 27, No. 2.

EGAN, G.; COWAN, M. (1979): People in Systems: A Model for Development in the Human-Service Professions and Education. – Monterey, CA.

ENGLHARD, K. (2000): Entwicklungschancen des Tourismus im peripheren ländlichen Raum, dargestellt am Beispiel der Gemeinde Kaisheim. – Diplomarbeit an der Katholischen Universität Eichstätt.

ENZENSBERGER, H. M. (1962): Eine Theorie des Tourismus. – In: ENZENSBERGER, H. M. (Herg.): Einzelheiten, 1. – Frankfurt.

EROTTEAU, F.; BEUAZET, D.; LAMBOLEZ, B. (1987): Wildwasserfahren. – Stuttgart.

EWALD, R. (2001): Aktuelle Entwicklungen im europäischen Luftverkehr. – In: LANDGREBE, S. (Herg.): Internationaler Tourismus. – München, Wien.

FECTO (FEDERATION OF EUROPEAN CITIE'S TOURIST OFFICES, 2000): European City Cards at a Glance. – Dijon.

FESTINGER, L. (1957): A Theory of Cognitive Dissonance. – Evanstone.

FISCHER, R. (2002): Netzwerke. – In: BRUNOTTE, E.; GEBHARD, H.; MEURER, M.; MEUSBURGER, P.; NIPPER, J. (Herg.): Lexikon der Geographie, Band 2. – Heidelberg, Berlin.

FISHBEIN, M. (1967): Readings in Attitude, Theory and Measurement. – New York.

FITTKAU & MAASS (2000): W3B-Studie. – www.w3b.de

FODNESS, D.; MURRAY, B. (1999): A Model of Tourist Information Search Behavior. – In: Journal of Tourist Research, Vol. 37.

FORCHER, H. (2000): Europa und E-Commerce. – In: Saison Tirol, Nr. 5.

FORSCHUNGSGEMEINSCHAFT FÜR URLAUB UND REISEN e. V. (F.U.R.): Reiseanalysen 1995, 1996, 1997, 1998, 1999, 2000, 2001. – Hamburg.

FOUCAULT, M. (1988): The Subject and Power. – In: FOUCAULT, M.; DREYFUS, H.; RABINOW, P. (eds.): Beyond Structuralism and Hermeneutics. – Brighton.

FRAUKE, A. (2001): Zäh, aber gewinnbringend. – In: tm, Nr. 6.

FREDLINE, E.; FAULKNER, B. (2000): Host Community Reactions. A Cluster Analysis. – In: Annals of Tourism Research, Vol. 27, No. 3.

FREEMAN, R. B. (1996): Toward an Appartheid Economy? – In: Harvard Business Review, September – October.

FREITAG, R. D. (1998): Der Europäische Reise-Monitor. – In: HAEDRICH, G.; KASPAR, C.; KLEMM, K.; KREILKAMP, E. (Herg.): Tourismus-Management. Tourismus-Marketing und Fremdenverkehrsplanung. – Berlin, New York.

FREY, D. (2000): Der neue Mensch des 21. Jahrhunderts: Neue Motive, Bedürfnisse und Wüsche der Freizeit- und Erlebnisgesellschaft. – In: MESSE MÜNCHEN/PROJEKT- LEITUNG CBR (Herg.): Tourismus – quo vadis? Wohin geht die Reise im 21. Jahrhundert? – München.

FREYER, W. (1996): Event-Management im Tourismus: Kulturveranstaltungen und Festivals als touristische Leistungsangebote. – In: DREYER, A. (Herg.): Kulturtourismus. – München, Wien.

FREYER, W. (1997): Tourismus. Einführung in die Fremdenverkehrsökonomie, 6. Auflage. – München, Wien.

FREYER, W. (2000): Globalisierung in der Tourismuswirtschaft. – In: S. LANGREBE (Hrsg.): Internationaler Tourismus. – München, Wien.

FREYER, W. (2001): Tourismus. Einführung in die Fremdenverkehrsökonomie, 7. Auflage. – München, Wien.

FRIEDMANN, J. (1966): Regional Development Policy: A case Study of Venezuela. – Cambridge.

FRIEDMANN, J. (1994): Cultural Identity and Global Process. – London, New Dehli.

FUCHS, M.; WEIERMAIR, K. (1998): Qualitätsmessung vernetzter Dienstleistungen am Beispiel des alpinen Wintertourismus. – In: Tourismus Journal, Heft 2, Bd. 2.

GALANI-MOUTAFI, V. (2000): The Self and the Other: Traveler, Ethnographer, Tourist. – In: Annals of Tourism Research Vol. 27, No. 1.

GANSTER, M. (2000): Nische in der Nische. – In: tm, das Tourismus Magazin, Nr. 5.

GARREAU, J. (1991): Edge city: life on the new frontier. – New York.

GETZ, D. (1991): Festivals, Special Events and Tourism. – New York.

GETZ, D. (1992): Tourism Planning and Destination Life Cycle. – In: Annals of Tourism Research, Vol. 19, No. 4.

GOFFMANN, E. (1959): The Presentation of Self in Everday life. – Garden City, New York.

GOFFMANN, E. (1983): The Interaction Order. – In: American Sociological Review 48.

GOLLEDGE, R. G. (1997): Spatial Behavior: A Geographic Perspective.- New York, London.

GOSZTONY, A. (1976): Der Raum. – Freiburg, München (2 Bände).

GO THAILAND (1998) Tiscover Asia. – http://www.tiscoverasia.com

GRAHAM, B. (1995): Geography and Air Transport. – Chichester.

GRETZEL, U.; YU-LAN YUAN; FESENMAIER, D. R. (2000): Preparing for the New Economy: Advertising Strategies and Change in Destination Marketing Organizations. – In: Journal of Travel Research, Vol. 39.

GRÜMER, K. W. (1993): Wertewandel. – In: HAHN, H.; KAGELMANN, H. J. (Herg.): Tourismuspsychologie und Tourismussoziologie. – München.

HAEDRICH, G.; HERLE, F. B.; LÜTTERS, H.; SEIDEL, A. (2000): Strukturveränderungen in der Reiseveranstalter- und Reisebürobranche. – Freie Universität Berlin.

HÄGERSTRAND, T. (1975): Time, Space and Human Conditions. – In: KARLQUIST, A.; LUNDQUIST, I. L.; SNICKARS, I. L. (eds.): Dynamic Allocation of Urban Space. – Farnborough.

HAHN, H. (1974): Urlaub 74. Wissen Sie eigentlich was für ein Urlaubstyp Sie sind? – In: Für Sie, 25.01.1974.

HAHN, H.; KAGELMANN, H. J. (Herg., 1993): Tourismuspsychologie und Tourismussoziologie. Ein Handbuch zur Tourismuswissenschaft. – München.

HALL, C. M.; PAGE, S. J. (1999): The Geography of Tourism and Recreation. – London, New York.

HALL, E. T. (1976): Beyond culture. – New York.

HARRISON, D. (1995): Development of Tourism in Swaziland. – In: Annals of Tourism Research, Vol. 22, No. 1.

HARTMANN, K. D. (1962): Gruppierung von Urlaubsbedürfnissen aufgrund der Studie DIVO, unveröffentl. Manuskript; Studienkreis für Tourismus. – Starnberg.

HARTMANN, R. (1988): Combining Field Methods in Tourism Research. – In: Annals of Tourism Research. Vol. 15.

HARTUNG, T. (2000): Die Betten-Millionäre sahnen weiter ab. – In: FVW – spezial, Nr. 10.

HECKHAUSEN, H. (1980): Motivation und Handeln. – Berlin.

HENNIG, C. (1997): Reiselust. Touristen, Tourismus und Urlaubskultur. – Frankfurt a. M.

HENTSCHEL, B. (1992): Dienstleistungsqualität aus Kundensicht. Vom merkmals- zum ereignisorientierten Ansatz. – Wiesbaden.

HERMANNS, A. (1997): Sponsoring. Grundlagen, Wirkungen, Management, Perspektiven. – München.

HESSELMANN, G. (1998): Verbände in der Tourismuswirtschaft. – In: HAEDRICH, G.; KASPAR, C.; KLEMM, K.; KREILKAMP, E. (Herg.): Tourismus-Management. Tourismus-Marketing und Fremdenverkehrsplanung. – Berlin, New York.

HEYMANN, T. (1989): Komplexität und Kontextualität des Sozialraumes. – In: Erdkundliches Wissen, Heft 9.

HILDEBRANDT, K. (2000): C & N wird zur dritten Kraft in Großbritannien. – In: FVW, Nr. 31.

HILDEBRANDT, K.; KRANE, M. (2001): „Für unser Vorhaben gibt es kein Modell". – Interview mit C. GURASSA und R. CORSTEN. – In: FVW, Nr. 3.

HILGER, S.; STEINBACH, J. (1998): Marktpotential für einen Gesundheits- und Wellnesstourismus in traditionellen Fremdenverkehrsregionen. – In: Tourismus Journal, Heft 4, Bd. 2.

HILKE, W. (1989): Dienstleistungs-Marketing. – Wiesbaden.

HIRSCH, S. (1967): Location of industry and international competitiveness. – Oxford.

HOBSON, J. S. P. (1993) : Analysis of the U.S. cruise line industry. – In: Tourism Management, Vol. 14, No. 6.

HOCHSCHILD, A. R. (1983): The Managed Heart. Commercialization of Human Feeling. – Los Angeles.

HÖFLICH, J. R. (1993): Interkulturelle Kommunikation. – In: HAHN, H.; KAGELMANN, H. G. (Herg.): Tourismussoziologie und Tourismuspsychologie. – München.

HOFMANN, W. (2000): Die Flugpauschalreise. – In: LANDGREBE, S. (Herg.): Internationaler Tourismus. – München, Wien.

HOFSTEDE, G. H. (1991): Cultures and Organizations: Software of the Mind. – London.

HOFSTEDE, G. H. (1993): Interkulturelle Zusammenarbeit: Kulturen – Organisationen – Management. – Wiesbaden.

HRADIL, S. (1987): Sozialstrukturanalyse einer fortgeschrittenen Gesellschaft. Von Klassen und Schichten zu Lagen und Milieus. – Opladen.

HRADIL, S.; SCHIENER, J. (1999): Soziale Ungleichheit in Deutschland, 7. Auflage. – Opladen.

IATA (INTERNATIONAL AIR TRANSPORT ASSOCIATION, 1994): International Travel Agents Training Programme. Standard Course, Module 1. – Montreal, Geneva.

INGLEHARD, R. (1979): Wertewandel in den westlichen Gesellschaften. Politische Konsequenzen von materialistischen und postmaterialistischen Prioritäten. – In: KLAGES, H.; KMIECIAK, P. (Herg.): Wertewandel und gesellschaftlicher Wandel. – Frankfurt/Main.

ISHII, S. A.; BRUNEAU, T. (1988): Silence and silcences in cross-cultural perspective : Japan and the United States. – In: SAMOCAR, L.; PORTER, R. E. (eds.): Intercultural communication: A Reader. – Belmont, CA.

JEGMINAT, G.; SCHÄFER, T.; JÜNGERT, T.; JUNGHÄNEL, S. (2000): Wir bringen Licht in den Booking-Dschungel. – In: FVW, Nr. 20.

JEGMINAT, G.; SCHÄFER, T. (2001): Hille will jetzt Tempo gewinnen. Start Amadeus mit neuer Strategie. – In: FVW, Nr. 3.

JILG, A. (1992): Radfahren – ein freizeitrelevantes Element. – Schriftenreihe des Informationszentrums Naturpark Altmühltal, Heft, 4, Eichstätt.

KAISER, M. (1994): Freizeit und Stadtentwicklungsplanung. – Osnabrücker Studien zur Geographie, Bd. 15.

KANIG W. F.; KREUZIG, K. H.; MERK J.; SCHMID, R. (1995): Betriebsvergleich Hotelerie und Gastronomie Deutschland 1994. – Düsseldorf: BBG – Consulting GmbH.

KÄRTNER TOURISMUS GESELLSCHAFT (1997): Kärnten Card Bericht. – Velden/W.

KARIEL, H. G. (1993): Tourism and Society in four Austrian Alpine Communities. – In: Geo Journal, Vol. 31, No. 4.

KASPAR, C. (1975): Die Fremdenverkehrslehre im Grundriß. – Bern, Stuttgart.

KASPAR, C. (1996): Gesundheitstourismus im Trend. – In: Jahrbuch der Schweizer Tourismuswirtschaft 1995/96, Institut für Tourismus und Verkehrswirtschaft. – St. Gallen.

KERLE, A. (1998): Tourist-Cards als neue Angebotsformen im Fremdenverkehr. Dargestellt an Beispielen aus Deutschland und Österreich. – Diplomarbeit an der Katholischen Universität Eichstätt.

KESSEL, S. (2001): Kreuzfahrttourismus, Grundstrukturen und neue Angebotsformen. – Seminararbeit im Fach Geographie der Katholischen Universität Eichstätt – Ingolstadt.

KIEFER, K. (1968): Die Diffusion von Neuerungen. Kultursoziologische und kommunikationswissenschaftliche Aspekte der agrarsoziologischen Diffusionsforschung. – Heidelberger Sociologica 4.

KLEIN, P. (2000): Die Bedeutung länderkundlicher Informationen in Reiseführern. Nachfragestrukturen und Gestaltungskonzepte. – Diplomarbeit an der Katholischen Universität Eichstätt.

KLUGMAN, K. (1995): The Alternative Ride. – In: Inside the Mouse: Work and Play at Disney World. – London.

KNEUBÜHL, U.; KELLER, P. (1982): Möglichkeiten und Grenzen der Entwicklungssteuerung in einem Tourismusort. – In: KRIPPENDORF, J.; MESSERLI, P.; HÄNNI, H. (Herg.): Tourismus und regionale Entwicklung. – Diessenhofen.

KNOPF, A. J. (ed., 1995): Bali, Archipelago Guide. – New York.

KÖHLER, U. (1995): Ausgewählte betriebswirtschaftliche Probleme von Leistungsträgern im Sporttourismus. – In: DREYER, A; KRÜGER, A. (Herg.): Sporttourismus. Management- und Marketing-Handbuch. – München, Wien.

KRANE, M. (2000): Teamwork für die große Kraftanstrengung. – In: FVW, Nr. 32.

KRAUS, K. (1998): Alpiner Erlebnistourismus auf Skirouten, dargestellt am Beispiel der „Sella Ronda". – Diplomarbeit an der Katholischen Universität Eichstätt.

KRAUSE, C. L.; ADAM, K.; SCHÄFER, B. (1983): Landschaftsbildanalyse. Methodische Grundlagen zur Ermittlung des Landschaftsbildes. – Schriftenreihe für Landespflege und Naturschutz, Heft 25. – Bonn, Bad Godesberg.

KRAUSS, H. (1993): Motivationspsychologie. – In: HAHN, H.; KAGELMANN, H. G . (Hrsg.): Tourismuspsychologie und Tourismussoziologie. – München.

KRIPPENDORF, J. (1971): Marketing im Fremdenverkehr. – Bern, Frankfurt/M.

KRIPPENDORF, J. (1984): Der Ferienmensch. – Zürich.

KRIPPENDORF, J. (1986): Alpsegen, Alptraum – Für eine Tourismus-Entwicklung im Einklang mit Mensch und Natur. – Bern.

KUHN, S. (1998): Regionales Tourismusmanagement: Ein integriertes Konzept, dargestellt am Beispiel des Naturparks Altmühltal. – Diplomarbeit an der Katholischen Universität Eichstätt.

KULINAT, K. (1998): Touristischer Strukturwandel in Torremolinos. Der Tourismus-Lebenszyklus (TLZ) an der Costa del Sol (Provinz Málaga/Spanien). – In: Regensburger Geographische Schriften, Bd. 27.

LAWTON, L. J.; BUTLER, R. W. (1987): Cruise ship industry – patterns in the Caribbean. – In: Tourism Management, Vol. 8, No. 6.

LATOUR, B. (1987): Science in action: how to follow scientists and engineers through society. – Cambridge, MA.

LAW, R.; LEUNG, R. (2000): A Study of Airlines' Online Reservation Systems on the Internet. – In: Journal of Travel Research, November.

LEBORGNE, D.; LIPIETZ, A. (1992): Conceptual Fallacies and Open Questions on Post-Fordism. – In: STORPER, M.; SCOTT, A. J. (eds.): Pathways to Industrialization and Regional Development. – London, New York.

LEINOR, D. (1996): Erholung im Wohnumfeld. Untersucht am Beispiel von drei Münchner Umlandgemeinden. – Diplomarbeit an der Katholischen Universität Eichstätt.

LEITNER, W. (1984): Winterfremdenverkehr: Entwicklung, Erfahrungen, Kritik, Anregungen; Bundesland Salzburg 1955/56 – 1980/81. – Salzburg.

LEFEBVRE, H. (1991): The Production of Space. – Oxford.

LEHMANN, D. (2000): Reisen im Internet. Der Weg durchs Labyrinth. – In: GEOSaison, Nr. 11.

LETTL-SCHRÖDER, M. (2001): Mehr Spielraum für neue Zielgruppen. – In: FVW, Nr. 1.

LEWIN, K. (1963): Feldtheorie in den Sozialwissenschaften. – Bern, Stuttgart.

LIPIETZ, A. (1986): New Tendencies in the International Division of Labor; Regimes of Accumulation and Modes of Regulation. – In: SCOTT, A. J.; STORPER, M. (eds.): Production, Work, Territory. The Geographical Anatomy of Industrial Capitalism. – London.

LIPPS, T. (1906): Ästhetik. – Hamburg, Leipzig (2 Bände).

LOHMANN, M. (1998): Die Reiseanalyse. – In: HAEDRICH, G.; KASPAR, C.; KLEMM, K.; KREILKAMP, E. (Herg.): Tourismus-Management. Tourismus-Marketing und Fremdenverkehrsplanung. – Berlin, New York.

LOHMANN, M. (1999): Gesundheit – ein Urlaubsziel? Gesundheit und Tourismus in der Reiseanalyse. – In: Heilbad und Kurort, Heft 4.

LOHMANN, M.; ADERHOLD, P. (2000): Trendstudie 2000 - 2010: Trends in der touristischen Nachfrage. – Hamburg.

LUHMANN, N. (1974): Rechtssystem und Rechtsdogmatik. – Stuttgart u.a.

LYNCH, K. (1965): Das Bild der Stadt. – Berlin, Frankfurt/M., Wien.

LYTH, P. J. (1996): Air transport. – Aldershot.

MABBETT, H. (1985): The Balinese. – Wellington.

MADRIGAL, R. (1995): Resident's Perceptions on the Role of Government. – In: Annals of Tourism Research, Vol. 22, No. 86.

MAGGI, R. (1988): Haushaltsproduktion und Tourismusnachfrage. Ein ökonomisches Modell. – Referat gehalten auf der dritten „Tagung für Regionalforschung und Geographie" in Zell am Moos.

MARTIN, H. P.; SCHUMANN, H. (1996): Die Globalisierungsfalle. Der Angriff auf Demokratie und Wohlstand. – Reinbek.

MASLOW, A. (1954): Motivation and personality. – New York.

MERTON, R. K. (1957): Social Theory and Social Structure, Towards the Codification of Theory and Research. – Glencoe.

MESSERLI, P. (1989): Mensch und Natur im alpinen Lebensraum: Risken, Chancen, Perspektiven. – In: Zentrale Erkenntnisse aus dem schweizer MAB-Programm. – Bern.

MIGLBAUER, E.; SCHULLER, E. (1991): Wie reisen Radler? Ergebnisse einer wissenschaftlichen Untersuchung des Donau-Radweg-Tourismus. – In: ADFC (Herg.): Fahrradtourismus – eine neue Reiseform. – München.

MINCA, C. (2000): 'The Bali Syndrome': the explosion and implosion of 'exotic' tourist spaces. – In: Tourism Geographies, Vol. 2, No. 4.

MIOSSEC, J. M. (1976): Elements pour une Theorie de l'Escape Touristique. – In : Les Chasiers der Tourisme, C-36. – Aix-en-Provence.

MITCHELL, D. (1995a): There's no such thing as culture: towards a reconceptualization of the idea of culture in geography. – In: Transactions of the Institute of British Geographers, Vol. 20.

MITCHELL, D. (1995b): The End of Public Space?: People's Park, Definitions of the Public, and Democracy. – In: Annals of the Association of American Geographers, Vol. 85.

MOUTINHO, L. (1987): Consumer Behavior in Tourism. – In: European Journal of Marketing, Vol. 21.

MÜLLER, G. (1994): Touristische Routen als Marketinginstrument. Grundlagen, Analyse und Empfehlungen. – Forschungsinstitut für Tourismus. – Dresden.

MÜLLER, H. R. (1999): Freizeit und Tourismus. Eine Einführung in Theorie und Politik. – Bern.

MÜNZER, U. (1998): Internationale Computer-Reservierungs-Systeme. – In: HAEDRICH, G.; KASPAR, C.; KLEMM, K.; KREILKAMP, E. (Herg.): Tourismus Management. Tourismus-Marketing und Fremdenverkehrsplanung. – Berlin, New York.

MUNDT, J. W. (1998): Einführung in den Tourismus. – München, Wien.

MURPHY, P. E. (1985): Tourism: A Community Approach. – New York.

ÖSTERREICH WERBUNG (o. J., Herg.): Marketing 2000. – Wien.

OLIE, R. (1994): The 'culture' factor in personnel and organization policies. – In: HARZING, A. W.; VAN RUYSSEVELDT, J. (eds.): International Human Resource Management, an Integrated Approach. – London, New Delhi.

OPASCHOWSKI, H. W. (1977): Urlaub – Der Alltag reist mit. – In: Psychologie Heute, 4 Jg., Heft 6.

OPASCHOWSKI, H. W. (1993a): Freizeit und Lebensqualität. Perspektiven für Deutschland. – Hamburg.

OPASCHOWSKI, H. W. (1993b): Lebensstile. – In: HAHN, H.; KAGELMANN, H. G. (Herg.): Tourismuspsychologie und Tourismussoziologie. – München.

OPASCHOWSKI, H. W. (1996): Tourismus. Systematische Einführung – Analysen und Prognosen. – Opladen.

OPPERMANN, M. (1993): Tourism Space in Developing Countries. – In: Annals of Tourism Research, Vol. 20.

OWEN, S. D. (1989): Cruise craze crowds Bahamas, Caribbean Islands. – In: Journal of Commerce and Commercial, 24. August.

PAGE, S. J. (1997): Urban Tourism : Analyzing and Evaluating the Tourist Experience. – In: RYAN, C. (ed.): The Tourist Experience. A New Introduction. – London.

PALME, G. (1986): Produktzyklen im Reiseverkehr, dargestellt am Beispiel der Steiermark. – In: Monatsberichte des Österreichischen Instituts für Wirtschaftsforschung, Nr. 11.

PARKES, D. N.; THRIFT, N. (1975): Timing Space and Spacing Time. – In: Environment and Planning, Vol. 7.

PARSONS, T. (1952): The Social System. – New York, London.

PARSONS, T. (1976): Sozialsysteme. – In: JENSEN, S. (Herg.): Talcott Parsons. Zur Theorie sozialer Systeme. – Studienbücher zur Sozialwissenschaft, Bd. 14.

PEARCE, D. G. (1998): Tourist Districts in Paris: Structure and Functions. – In: Tourism Management, Vol. 13, No. 1.

PEARCE, D. G. (1999): Tourism in Paris. Studies at the Microscale. – In: Annals of Tourism Research, Vol. 26, No. 1.

PEARCE, P. (1993): The fundamentals of tourist motivation. – In: PEARCE, P.; BUTZER, R. (eds.): Tourism Research: Critique and Challenges. – London.

PECK, J.; TICKELL, A. (1994): Jungle law breaks out: neoliberalism and global-local disorder. – In: Area 26.4.

PFEIFFER, A. (2002): Flußkreuzfahrten in Europa. – Zulassungsarbeit zum Lehramt an Gymnasien, Katholische Universität Eichstätt – Ingolstadt.

PIZZININI, M. (2000): Willkommen in Alt-Tirol! Ein Blick zurück: Das touristische Angebot vor 1914. – In: Saison Tirol, Nr. 5.

PLOG, S. C. (1987): Understanding Psychographics in Tourism Research. – In: RITCHIE, J. R. B. (ed.): Travel, Tourism and Hospitality Research. – New York.

POLLAK, A. (2001): Der Kreuzfahrtenmarkt 2000. – Frankfurt/Main.

POLLARD, J.; DOMINGUEZ RODRIGUEZ, R. (1995): Unconstrained Growth. The Development of a Spanish Resort. – In: Geography, Vol. 80, No. 1.

PORTER, M. E. (1992): Wettbewerbsstrategie: Methoden zur Analyse von Branchen und Konkurrenten, 7. Auflage. – Frankfurt am Main, New York.

PREUSSAG (2001a): Bilanzpressekonferenz 30.03.2001 – Unterlagen.

PREUSSAG (2001b): Kennzahlen und Kontakte zur Touristik. – Hannover.

PRIDEAUX, B. (2000): The resort development spectrum – a new approach to modeling resort development. – In: Tourism Management, Vol. 21.

PRIESTLEY, G.; MUNDET, L. (1998): The Post-Stagnation Phase of the Resort Cycle. – In: Annals of Tourism Research, Vol. 25, No. 1.

PRÖLL, B.; RETSCHITZEGGER, W. (2000): Discovering Next Generation Tourism Information Systems: A Tour on TISCOVER. – In: Journal of Travel Research, Vol. 39.

RAO, S. S. (2000): E-Commerce: The Medium is the Mart. – In: New Library World, 101.

REIMANN, H. (1968): Kommunikations-Systeme. Umrisse einer Soziologie der Vermittlungs- und Mitteilungsprozesse. – Heidelberger Sociologica 7.

RENNER, E. (1999): Gesellschaft – Freizeit – Lebensraum. Humanökologie und Freizeitforschung: Engagierte Geographie im lokalen Kontext. – In: Publikationen der Ostschweizerischen Geographischen Gesellschaft, Neue Folge, Heft 4. – St. Gallen.

RETHFELD, R. (2001): Die Zeit läuft zu Gunsten der Big Player. – In: FVW, Nr. 3.

RETTIG, R. (1980): Multiplikatoren. – In: W. ALBERS u.a. (Herg.): Handwörterbuch der Wirtschaftswissenschaft, Bd. 5. – Stuttgart, Tübingen.

RIFKIN, J. R. (1995): Das Ende der Arbeit. – Frankfurt/Main.

RITTBERGER, B. (2001): Die Reisebüros haben vor dem Internet keine Angst mehr. – In: Süddeutsche Zeitung Nr. 55, 7.3.

RITTER, W. (1993): Allgemeine Wirtschaftsgeographie. 2. Auflage. – München, Wien.

RITZER, G.; LISKA, A. (1997): „McDisneyzation" and „Post-Tourism": Complementary Perspectives on Contemporary Tourism. – In: ROJEK, C.; URRY, J. (eds.): Touring Cultures: Transformations of Travel and Theory. – London.

ROJEK, C. (1997): Indexing, Dragging and the Social Construction of Tourist Sights. – In: ROJEK, C.; URRY, J. (eds.): Touring Cultures: Transformations of Travel and Theory. – London.

ROSACKER, H. D. (1993): Kulturschock. – In: HAHN, H.; KAGELMANN, H. G. (Herg.): Tourismuspsychologie und Tourismussoziologie. – München.

ROSTOW, W. W. (1960): The Stage of Economic Growth. – Cambridge.

ROTH, P.; SCHRAND, A. (1992): Touristik-Marketing. – München.

RYAN, C. (1991): Recreational Tourism: A Social Science Perspective. – London.

RYAN, C. (1997): From Motivation to Assessment. – In: RYAN, C. (ed.): The Tourist Experience. A New Introduction. – London, New York.

RYAN, C.; HUGHES, K.; CHIRGWIN, S. (2000): The Gaze, Spectacle and Ecotourism. – In: Annals of Tourism Research Vol. 27, No. 1.

RÜTTER, H.; MÜLLER, H. R.; GUHL, D.; STETTLER, J. (1995): Tourismus im Kanton Bern, Wertschöpfungsstudie. – Berner Studien zu Freizeit und Tourismus, Bd. 34.

SALEH, F.; RYAN, C. (1992): Client perception of hotels – a multi-attribute approach. – In: Tourism Management, Vol. 13, No. 2.

SAVERLSBERG, J. J. (1980): Kommunale Autonomie – Autonomie, Macht und Entscheidungen in Gemeinden. – Frankfurt/Main.

SCHÄFER, C. (1998): Kreuzfahrten, die touristische Eroberung der Ozeane. – Nürnberger Wirtschafts- und Sozialgeographische Arbeiten, Bd. 51.

SCHERHORN, G. (1974): Gibt es eine Hierarchie der Bedürfnisse? Thesen zur Entwicklung der Bedarfe in der Konsum- und Arbeitswelt. – In: BIEVERT, K. H.; SCHAFFARTZIK, B.; SCHMÖLDERS, G. (Herg.): Konsum und Qualität des Lebens. – Opladen.

SCHMOLL, H. D. (2000a): Welt Seilbahn Geschichte, Band I: bis 1945. – Eugendorf, Salzburg.

SCHMOLL, H. D. (2000b): Welt Seilbahn Geschichte, Band II: 1945 – 2000. – Eugendorf, Salzburg.

SCHNABEL, G.; RESCHENAUER, A. E. (2000): Match im Reise-Biz. – In: News 35.

SCHOLZ, B. (1998): Funshiptourismus in Deutschland – Ein Marketingkonzept für die amerikanische Kreuzfahrtgesellschaft Carnival Cruise Lines. – Diplomarbeit an der Katholischen Universität Eichstätt.

SCHULZE, G. (1992): Die Erlebnisgesellschaft. – Frankfurt/Main.

SCOTT, A. J.; STORPER, M. (1989): The Geographical Foundations and Social Regulation of Flexible Production Complexes. – In: WOLCH, J.; DEAR, M. (eds.): The Power of Geography. – Boston, London, Sidney.

SEITZ, E; MEYER, W. (1995): Tourismusmarktforschung, ein praxisorientierter Leitfaden für Touristik und Fremdenverkehr. – München.

SENNETT, R. (1991): Civitas – Die Großstadt und die Kultur des Unterschieds. – Frankfurt/M.

SHAW, G.; AGARWAL, S.; BULL P. (2000): Tourism consumption and tourist behavior: a British perspective. – In: Tourism Geography, Vol. 2, No. 3.

SIMON, H. (1978): Simulation of Large-Scale Systems by Aggregation. – In: GEYER, F.; ZOUWEN, J. (eds.): Sociocybernetics, Vol. 2.

SINGER, G. (1976): Person, Kommunikation und soziales System. Paradigmata soziologischer Thesenbildung. – Wien, Köln, Graz.

SMITH, S. (1990): A Test of Plog's Allocentric/Psychocentric Model: Evidence from Seven Nations. – In: Journal of Travel Research, Vol. 28, No. 4.

SPAETH, A. (2001): Groß gegen schnell. Die erste Runde im Kampf der Giganten geht an Airbus. – In: FVW spezial, 22.6.2001.

SPÖREL, U. (1998): Die amtliche deutsche Tourismusstatistik. – In: HAEDRICH, G.; KASPAR, C.; KLEMM, K.; KREILKAMP, E. (Herg.): Tourismus-Management. Tourismus-Marketing und Fremdenverkehrsplanung. – Berlin, New York.

START MEDIA PLUS (2000): Tiscover Germany. – http://www.deutschlandreise.de

STAUDACHER, C. (1995): Fremdenverkehrs-Freizeit-Dienstleistungen. Ansätze zu einer Geographie der Tourismus- und Freizeit-Unternehmungen. – In: Wirtschaftsgeographische Studien, Heft 19/20.

STAUSS, B. (1994): Markteintrittsstrategien im internationalen Dienstleistungsmanagement. – In: Thexis 11, Nr. 3.

STAUSS, B.; WEINLICH, B. (1996): Die sequentielle Ereignismethode – ein Instrument der prozeßorientierten Messung von Dienstleistungsqualität. – In: Der Markt 35, Nr. 136.

STEINBACH, J. (1980): Theoretische und methodische Grundlagen zu einem Modell des sozialbestimmten räumlichen Verhaltens. – Wiener Beiträge zur Regionalwissenschaft, Bd. 3.

STEINBACH, J.; FEILMAYR, W.; HAUG, H. (1983): Regionalanalysen im Land Salzburg. – Wiener Beiträge zur Regionalwissenschaft, Bd. 6.

STEINBACH, J. (1984): Einflüsse der räumlichen Umwelt auf das individuelle Verhalten. Beiträge der Sozialgeographie zur Theorie des menschlichen Handelns. – In: Mitteilungen der Österreichischen Geographischen Gesellschaft, Bd. 126.

STEINBACH, J.; HAUG, H. (1984): Zur Bewertung von Investitionen in touristische Aufstiegshilfen. Ein „Skiliftmodell". – In: DISP (Dokumente und Informationen zur Schweizerischen Orts-, Regional- und Landesplanung), Nr. 77.

STEINBACH, J.; SCHÖNHOFER, H.; KAIL, E. (1985): Strukturwandel in alpinen Fremdenverkehrsgemeinden – Eine theoretische und empirische Analyse. – In: STEINBACH, J. (Herg.): Beiträge zur Fremdenverkehrsgeographie. – Arbeiten aus dem Fachgebiet Geographie der Katholischen Universität Eichstätt, Bd. 1.

STEINBACH, J. (1989): Das räumlich-zeitliche System des Fremdenverkehrs in Österreich. – Arbeiten aus dem Fachgebiet Geographie der Katholischen Universität Eichstätt, Bd. 4.

STEINBACH, J. (1991): The Functions of Roads According to Regional Political Criteria. – In: Geo Journal, Vol. 24, No. 4.

STEINBACH, J. (1991): Wandel von Angebot und Nachfrage im Fremdenverkehr. – In: STEINBACH, J. (Herg.): Neue Tendenzen im Tourismus. Wandeln sich Urlaubsstile und Urlaubsaktivitäten? – Arbeiten aus dem Fachgebiet Geographie der Katholischen Universität Eichstätt, Bd. 6.

STEINBACH, J.; KAISER, M. u.a. (1992): Fremdenverkehrskonzept für die Gemeinde Solnhofen. – Materialien und Diskussionsgrundlagen des Faches Wirtschaftsgeographie, Katholische Universität Eichstätt, Heft 2.

STEINBACH, J. (1994): Urbanität – Beiträge zu einem verhaltenstheoretischen und planungsbezogenen Konzept. – In: Raumforschung und Raumordnung 3.

STEINBACH, J. (1995a): Regionalpolitik mit Netzen. – In: Raum, Nr. 20.

STEINBACH, J. (1995b): River-Related Tourism in Europe – An Overview. – In: Geo Journal, Vol. 35, Nr. 4.

STEINBACH, J.; SCHLÜTER, K. u.a. (1995): Grundlagen eines Planungskonzeptes für den Städtetourismus in Regensburg. – Materialien und Diskussionsgrundlagen des Faches Wirtschaftsgeographie, Katholische Universität Eichstätt, Heft 5.

STEINBACH, J. (1996): Natur als Angebotselement des österreichischen Fremdenverkehrs. – Materialien und Diskussionsgrundlagen des Faches Wirtschaftsgeographie, Katholische Universität Eichstätt, Heft 7.

STEINBACH, J.; SCHLÜTER, K. (1996): Bedürfnisstrukturen und Zufriedenheitsstrukturen bezüglich des touristischen Angebotes im Kultur-, Unterhaltungs- und gastronomischen Bereich. – In: Zeitschrift für Fremdenverkehr, 2.

STEINBACH, J. (1997): Politische, ökonomische und räumliche Restriktionen im Verhalten von Minderheiten. – In: Arbeiten aus dem Institut für Geographie der Karl-Franzens-Universität Graz, Bd. 36.

STEINBACH, J. (1997): Entwicklungsperspektiven der Wiener Zentren- und Siedlungsstruktur. – In: STADTPLANUNG WIEN (Herg.): Zentrenentwicklung in Wien. – Beiträge zur Stadtforschung, Stadtentwicklung, Stadtgestaltung, Nr. 39.

STEINBACH, J.; HILGER, S.; u. a. (1997): Grundlagen eines Planungskonzeptes für den Kur- und Wellnesstourismus in der Gemeinde Längenfeld/Ötztal (Tirol). – Materialien und Diskussionsgrundlagen des Faches Wirtschaftsgeographie, Katholische Universität Eichstätt, Heft 8.

STEINBACH, J. (1998): Kommunale Verkehrspolitik und Städtetourismus. – In: Standort, Heft 3.

STEINBACH, J. (1999): Uneven Worlds. Theories, Empirical Analysis and Perspectives to Regional Development. – Bergtheim bei Würzburg.

STEINBACH, J.; HILGER, S. u.a. (1999): Die „VIA RAETICA" – Grundlagen für die Planung eines Teilabschnittes einer touristischen Route. – Materialien und Diskussionsgrundlagen des Faches Wirtschaftsgeographie, Katholische Universität Eichstätt, Heft 9.

STEINBACH, J.; HOLZHAUSER, A. u.a. (2000): Grundlagen für ein Ausbau- und Marketingkonzept der Altmühltherme. – Materialien und Diskussionsgrundlagen des Faches Wirtschaftsgeographie, Katholische Universität Eichstätt, Heft 11.

STEINECKE, A. (1993): Geographie der Freizeit und des Fremdenverkehrs. – In: HAHN, H.; KAGELMANN, H. (Herg.): Tourismuspsychologie und Tourismussoziologie. – München.

STERZENBACH, R. (1996): Flugverkehr. – München, Wien.

STUDIENKREIS FÜR TOURISMUS (1991): Reiseanalyse 1990. – Starnberg.

SWARBROOKE, J.; HORNER, S. (1999): Consumer Behavior in Tourism. – Oxford, Auckland, Boston.

THRIFT, N. (1977): An introduction to time – geography. – Concepts and techniques in modern geography, No. 13. – Ashford.

TIS GmbH (2000a): TISCover Austria. – http://www.tiscover.com

TIS GmbH (2000b): TISCover Switzerland. – http://www.tiscover.ch

TOURISMUS ZENTRALE HAMBURG (1997): Geschäftsbericht.

TOMLJENKOVIC, R.; FAULKNER, B. (1999): Tourism and Older Residents in a Sunbelt Resort. – In: Annals of Tourism Research, Vol. 27, No. 1.

TORKILDSEN, G. (1992): Leisure and Recreation Management. – London.

TURNER, L.; ASH, J. (1975): The Golden Hordes: International tourism and the pleasure periphery. – London.

URRY, J. (1990): The Tourist Gaze. – London.

URRY, J. (1992): The tourist gaze revisited. – In: American Behavioral Scientist, Vol. 36, No. 2.

URRY, J. (1995): Consuming Places. – London.

VERNON, R. (1966): International investment and international trade in the product cycle. – In: Quarterly Journal of Economics 2.

VESTER, H. G. (1991): Emotion, Gesellschaft und Kultur. Grundzüge einer soziologischen Theorie der Emotionen. – Opladen.

VESTER, H. G. (1999): Tourismustheorie. Soziologischer Wegweiser zum Verständnis touristischer Phänomene. – München, Wien.

VORLAUFER, K. (1994): Transnationale Ferienclubketten – raumzeitliche Entfaltung, Struktur, Probleme. – In: Festschrift für E. GORMSEN (Mainzer Geographische Studien 40). – Mainz.

VORLAUFER, K. (2000): Die Internationalisierung der Hotelerie: Determinanten, Strategien, Strukturen. – In: S. LANGREBE (Hrsg.): Internationaler Tourismus. – München, Wien.

WALDER, B.; WERDER, A. (1982): Probleme der touristischen Entwicklung in einer peripheren Region – Eine Fallstudie im Unterengadin. – In: KRIPPENDORF, J; MESSERLI, P.; HÄNNI, H. (Herg.): Tourismus und regionale Entwicklung, Diessenhofen.

WALDNER, R. (1998): Bali: Touristentraum versus Lebensraum. Ökosystem und Kulturlandschaft unter dem Einfluß des internationalen Tourismus in Indonesien. – Bern.

WALMESLEY D. J.; JENKINS J. (1992): Tourist cognitive mapping of unfamiliar environments. – In: Annals of Tourism Research, Vol. 19, No. 3.

WARF, B. (2001): Segueways into cyberspace. – In: Environment and Planning B: Planning and Design, Vol. 28, No. 1.

WEAVER, D. B. (2000): A broad context model of destination development scenarios. – In: Tourism Management, Vol. 21.

WEBER, M. (1922/1972): Wirtschaft und Gesellschaft. Grundriß der verstehenden Soziologie. – Tübingen.

WEISS, E. A. (1991): Whitewater medicine. – In: Journal of Wilderness Medicine 2.

WEISSENBORN, B. (1997): Kulturtourismus. – Trierer Tourismus Bibliographien, Bd. 10.

WILLKE, H. (1993): Systemtheorie. 4. Auflage, Uni-Taschenbücher 1161. – Stuttgart, Jena.

WITTMANN, B. (1998): Grundlagen und Ansätze eines Marketing-Konzeptes für den Lufthansa Airport Bus. – Diplomarbeit an der Katholischen Universität Eichstätt.

WÖHLER, K. H. (2000): Konstruierte Raumbindungen. Kulturangebote zwischen Authentizität und Inszenierung. – In: Tourismus Journal, Heft 4, Bd. 1.

WÖRRLEIN, T. (1997): Studienreisen als Marktsegment für „Junge Alte". – Diplomarbeit an der Katholischen Universität Eichstätt.

WTO (1993): Empfehlungen zur Tourismusstatistik. – Madrid.

WTO (1999): Changes in Leisure Time: The Impact on Tourism. – Madrid.

WTO (2000a): Tourism 2010 Vision, Executive Summary Updated. – Madrid.

WTO (2000b): Tourism 2020 Vision, Vol. 1: Africa, Vol. 2: Amerika, Vol. 3: East Asia & Pacific, Vol. 4: Europe, Vol. 5: Middle East, Vol. 6: South Asia. - Madrid.

ZEITHAML, V. A.; PARASURAMAN, A.; BERRY, L. L. (1992): Qualitätsservice: was Ihre Kunden erwarten – was Sie leisten müssen. – Frankfurt/M.

Tabellenverzeichnis

Abbildungsverzeichnis

Kartenverzeichnis

Stichwortverzeichnis